中国区域金融稳定报告

（2021）

China Regional Financial Stability Report

(2021)

中国人民银行上海总部金融稳定分析小组　编

中国金融出版社

责任编辑：王雪珂
责任校对：潘　洁
责任印制：程　颖

图书在版编目（CIP）数据

中国区域金融稳定报告．2021/中国人民银行上海总部金融稳定分析小组编．—北京：中国金融出版社，2021.7
ISBN 978-7-5220-1291-9

Ⅰ．①中…　Ⅱ．①中…　Ⅲ．①区域金融—研究报告—中国—2021　Ⅳ．①F832.7

中国版本图书馆CIP数据核字（2021）第171124号

中国区域金融稳定报告．2021
ZHONGGUO QUYU JINRONG WENDING BAOGAO. 2021
出版
发行 中国金融出版社
社址　北京市丰台区益泽路2号
市场开发部　（010）66024766，63805472，63439533（传真）
网 上 书 店　www.cfph.cn
（010）66024766，63372837（传真）
读者服务部　（010）66070833，62568380
邮编　100071
经销　新华书店
印刷　北京市松源印刷有限公司
尺寸　210毫米×285毫米
印张　31
字数　806千
版次　2021年9月第1版
印次　2021年9月第1次印刷
定价　198.00元
ISBN 978-7-5220-1291-9
如出现印装错误本社负责调换　联系电话（010）63263947

《中国区域金融稳定报告（2021）》编写组

组　　长：孙　辉

总　　纂：饶庆文　于松柏　廖鹤琳　韩向国　李　强

统　　稿：张国文　郑振东　周正清　贾　喆

执　　笔：第一章　贾　喆

第二章　杨　敏　郑境辉　王聿孜

第三章　袁　媛　禤沛生　徐　融

第四章　樊永升　岳昕巍　李梦瑶　郭艳芸

第五章　高　霞　纪　晗　董　磊

第六章　贾　喆

专　题　吴　超　李晓迟　严云珊　张继仁

石　实　郭　涛　郭艳芸　李昱君

玉米提·吾普尔　鲁玉祥　慈庆琪

苏宏召　廖睿琳　郝雨时　周格旭

本报告涉及四个区域：东部地区10个省、直辖市，包括北京、天津、河北、上海、江苏、浙江、福建、山东、广东和海南；中部地区6个省，包括山西、安徽、江西、河南、湖北和湖南；西部地区12个省（自治区、直辖市），包括内蒙古、广西、重庆、四川、贵州、云南、西藏、陕西、甘肃、青海、宁夏和新疆；东北地区3个省，包括辽宁、吉林、黑龙江。

本报告不含港、澳、台。

目　录

中国各地区金融稳定报告摘要（2021）

第一章 概 述

2020年是极不平凡的一年，面对新冠肺炎疫情的严重冲击，日益复杂严峻的国际经济形势，以及艰巨繁重的国内改革发展稳定任务，各地区[①]在以习近平同志为核心的党中央坚强领导下，坚持稳中求进工作总基调，支持构建以国内大循环为主体、国内国际双循环相互促进的新发展格局，统筹推进金融支持疫情防控和经济社会发展，扎实做好“六稳”[②] 工作，全面落实“六保”[③] 任务。各地区经济运行稳步恢复，就业民生保障有力，经济社会发展主要目标任务完成情况好于预期。“十三五”规划圆满收官，脱贫攻坚战取得全面胜利，金融业改革不断深化，防范化解重大金融风险攻坚战取得重要阶段性成果。总体来看，各地区经济运行逐季改善、逐步恢复常态，内生动能不断增强，金融业保持平稳健康运行。

一、区域经济运行与金融稳定

2020年，各地区继续推进供给侧结构性改革，贯彻落实积极的财政政策和稳健的货币政策，经济高质量发展成效显著，区域协调发展进一步深化，全国经济总量迈上百万亿元台阶。

（一）各地区经济稳步复苏，区域协调发展成效显著

2020年，各地区经济运行稳步恢复，绝大部分省（自治区、直辖市）经济实现正增长，经济运行表现出巨大韧性。东部、中部、西部和东北地区生产总值分别达到52.58万亿元、22.22万亿元、21.33万亿元和5.11万亿元，同比分别增长2.97%、1.30%、3.36%和1.14%（见表1）。西部地区经济增长速度继续高于东部地区和东北地区，中部地区受疫情影响较为严重，经济增速回落明显，但仍保持正增长。在地区生产总值增速超过2.3%的20个省（自治区、直辖市）中，西部地区占9席、东部地区占7席、中部地区占4席（见图1）。其中，西部地区西藏自治区的经济增速为7.8%，位列全国首位，贵州省、云南省增速分别为4.5%和4.0%，位列第2、第3名。受疫情影响，湖北省是全国唯一GDP负增长的省份，但得益于其经济逐季保持复苏态势，中部地区全年GDP占全国比例仅小幅下降0.05个百分点，经济运行展现出较强韧性。西部地区占全国GDP比重持续上升，与其他地区经济发展相对差距继续缩小。东北地区持续培育经济增长新动能，与上年相比，GDP占全国比重基本保持平稳，区域经济发展结构进一步优化。

---

① 指东部地区、中部地区、西部地区和东北地区。

② 指稳就业、稳金融、稳外贸、稳外资、稳投资、稳预期。

③ 指保居民就业、保基本民生、保市场主体、保粮食能源安全、保产业链供应链稳定、保基层运转。

区域协调发展稳步推进。2020 年京津冀地区生产总值 8.64 万亿元，较上年增长 2.4%；长江经济带地区生产总值 47.16 万亿元，较上年增长 2.7%；长江三角洲地区生产总值 24.47 万亿元，较上年增长 3.3%。

表 1　　2020 年各地区生产总值及增长率　　单位：亿元、%

项目	东部地区		中部地区		西部地区		东北地区	
	2020 年	2019 年	2020 年	2019 年	2020 年	2019 年	2020 年	2019 年
地区生产总值	525752.35	511161.46	222246.05	218737.81	213292.11	205185.15	51124.82	50249.02
占全国 GDP 比例	51.93	51.88	21.95	22.20	21.07	20.82	5.05	5.10
增长率	2.97	6.25	1.30	7.35	3.36	6.78	1.14	4.55

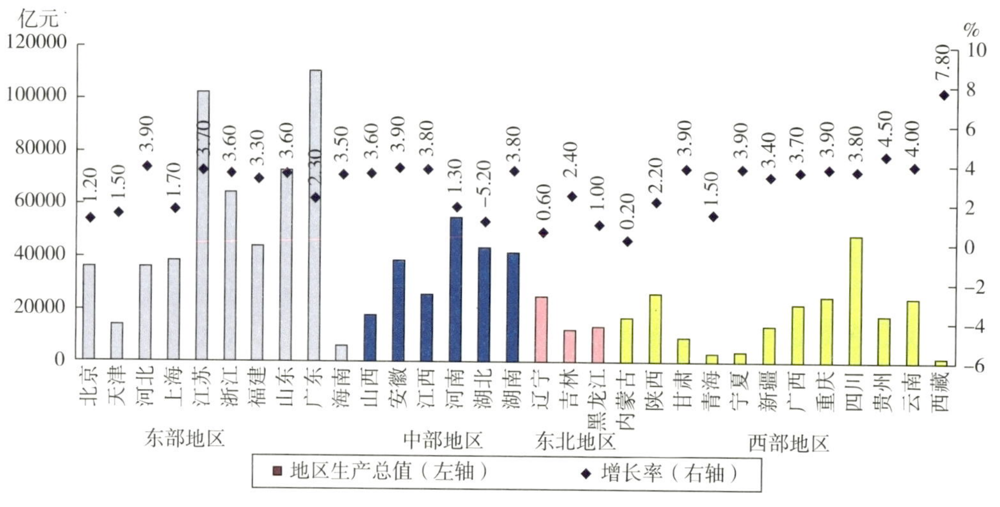

图 1　2020 年各省（自治区、直辖市）生产总值及增长率

（二）各地区产业结构持续优化，农业生产向好，工业、服务业逐步恢复

2020 年，东部、中部、西部和东北地区第一产业增加值分别为 2.50 万亿元、2.01 万亿元、2.53 万亿元和 0.73 万亿元，同比分别增长 2.65%、3.82%、4.77%和 2.65%，其中东部、中部和西部地区增速较上年分别上升 0.54 个、0.93 个和 0.36 个百分点，东北地区增速下降 0.13 个百分点。各地区全年粮食产量共 66949 万吨，较上年增产 0.9%；谷物产量 61674 万吨，较上年增产 0.5%；棉花产量 589 万吨，较上年增产 0.4%；猪牛羊禽肉类总产量 7639 万吨，较上年减产 0.1%；水产品产量 6545 万吨，较上年增产 0.1%。全年新增耕地灌溉面积 43 万公顷，新增高效节水灌溉面积 160 万公顷。

东部、中部、西部和东北地区第二产业增加值分别为 19.85 万亿元、9.03 万亿元、7.85 万亿元和 1.72 万亿元，同比分别增长 2.84%、0.45%、3.56%和 2.92%。各地区增速较上年均有所回落，分别回落 2.08 个、7.20 个、3.10 个和 1.39 个百分点。各地区第二产业占 GDP 比重均有所下降，东部、中部、西部和东北地区占比分别为 37.75%、40.62%、36.83%和 33.66%，较上年分别下降 1.17 个、1.16 个、1.09 个和 0.73 个百分点。全年规模以上工业中，汽车制造业产值较上年增长6.6%，计算机、通信和其他电子设备制造业产值较上年增长7.7%。

东部、中部、西部和东北地区第三产业增速放缓。其中，东部、中部和西部地区全年实现增加值分别为30.23万亿元、11.19万亿元和10.94万亿元，同比分别增长3.04%、1.45%和2.81%，增速分别回落4.49个、6.36个和4.50个百分点；东北地区全年实现增加值2.66万亿元，同比下降0.58%，增速回落5.70个百分点。东部、中部和西部地区第三产业占GDP比重持续上升，分别为57.49%、50.34%和51.29%，较上年分别上升1.00个、0.30个和0.16个百分点；东北地区第三产业占GDP比重为52.10%，较上年小幅回落0.28个百分点（见图2）。

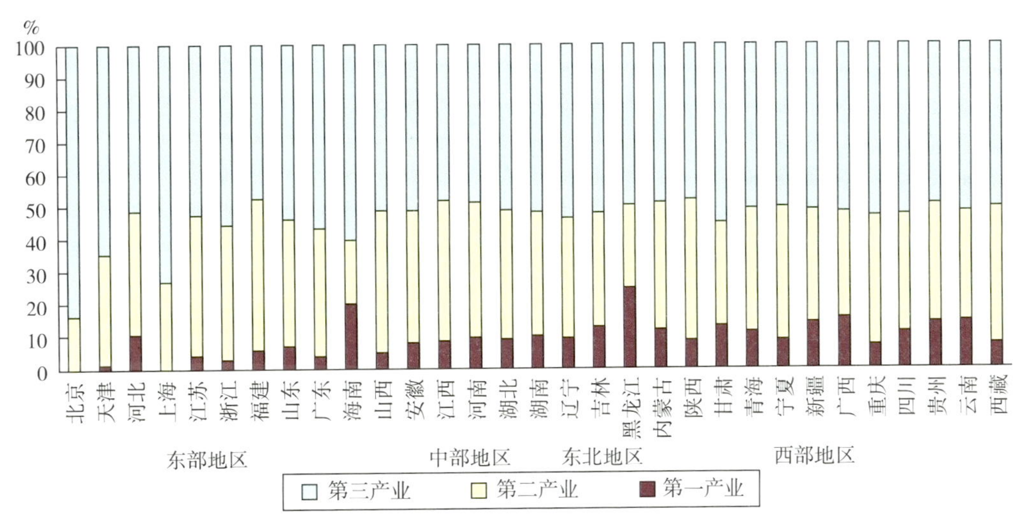

图2 2020年各省（自治区、直辖市）三次产业结构

（三）各地区投资、消费较快恢复，对外贸易展现出强大韧性

各地区固定资产投资小幅增长。2020年，各地区全社会固定资产投资52.73万亿元，同比增长2.7%，增速较上年回落2.4个百分点。其中固定资产投资（不含农户）51.89万亿元，同比增长2.9%，增速较上年回落2.5个百分点。分地区看，东部、中部、西部和东北地区固定资产投资同比分别增长3.8%、0.7%、4.4%和4.3%，其中，东部、中部和西部地区增速分别较上年回落0.3个、8.8个和1.2个百分点，东北地区增速较上年上升4.6个百分点。分产业看，第一产业固定资产投资1.33万亿元，较上年增长19.5%，增速较上年大幅上升18.9个百分点；第二产业固定资产投资14.92万亿元，较上年增长0.1%，增速较上年下降3.1个百分点；第三产业固定资产投资35.65万亿元，较上年增长3.6%，增速较上年下降2.9个百分点。民间固定资产投资28.93万亿元，较上年增长1.0%，占固定资产投资（不含农户）的比重为55.75%。基础设施投资增长0.9%，增速较上年放缓2.9个百分点。

各地区消费对经济拉动作用逐步恢复。2020年，各地区社会消费品零售总额达39.2万亿元，同比下降3.9%，增速较上年下降12.1个百分点，增速较上半年提高7.5个百分点。最终消费支出对经济增长的贡献率为54.3%，较上年下降3.5个百分点。网上零售类商品持续快速增长，全年实物商品网上零售额9.76万亿元，同比增长14.8%，占社会消费品零售总额的比重为24.9%，较上年提高4个百分点。城镇消费品零售额33.91万亿元，同比下降4.0%；乡村消费品零售额5.29万亿元，同比下降3.2%。按消费类型看，商品零售额35.24万亿元，同比增长2.3%；餐饮收入额3.95万亿元，同比下降16.6%。分地区看，东部、中部、西部和东北地区社会消费品零售总额分别为20.08万亿元、9.22万亿元、7.92万亿元和2.21万亿元，同比分别下降3.31%、5.77%、3.26%和8.40%（见图3）。

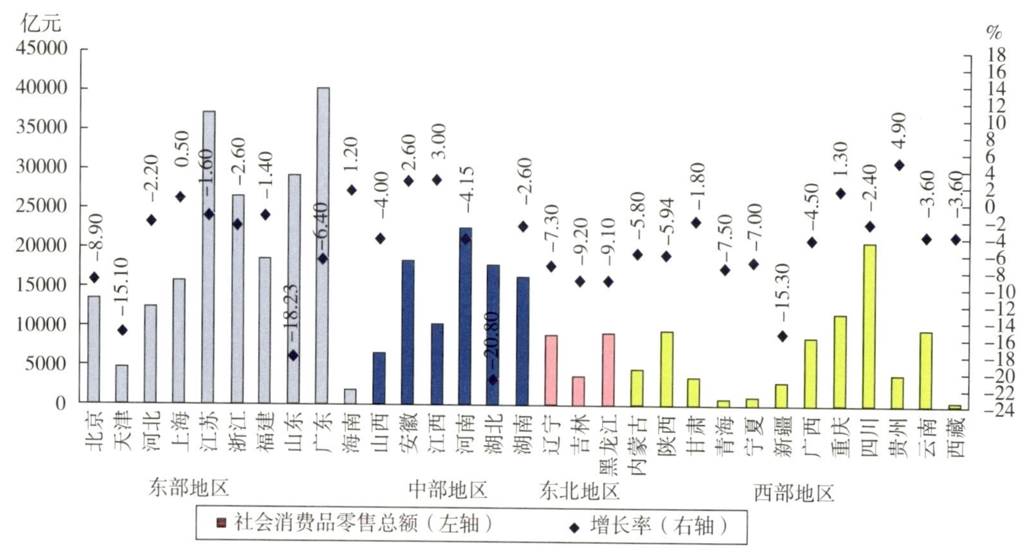

图3　2020年各省（自治区、直辖市）社会消费品零售总额及增长率

各地区进出口逆势增长好于预期，进出口总额再创历史新高。2020年，对外贸易实现正增长，全国货物进出口总额32.16万亿元，连续三年超过30万亿元，较上年增长1.9%，增速较上年回落1.5个百分点。其中，货物出口17.93万亿元，同比增长4.0%；货物进口14.22万亿元，同比小幅下降0.7%。货物进出口顺差3.71万亿元，较上年增加7976亿元。贸易结构持续优化，民营企业进出口增长11.1%，占比提升3个百分点至46.6%。出口产品不断向价值链上游攀升，机电产品出口增长6%，占比提高1.1个百分点至59.4%。全年服务进出口总额4.56万亿元，同比下降15.7%。其中，服务出口1.94万亿元，同比下降1.1%；服务进口2.63万亿元，同比下降24.0%。服务进出口逆差0.69万亿元，服务出口总额在服务进出口总额中的比重达42.54%，较上年提高6.4个百分点。分地区看，东部、中部、西部和东北地区进出口贸易总额分别为38491.57亿美元、3945.74亿美元、5236.59亿美元和1362.63亿美元，其中东部、中部和西部地区同比分别增长2.29%、14.26%和5.87%，东北地区同比下降9.76%（见图4）。

与“一带一路”沿线国家和地区经贸合作持续加深。2020年，我国对“一带一路”沿线国家和地区进出口总额9.37万亿元，较上年增长1.0%。其中，出口5.43万亿元，较上年增长3.2%；进口3.94万亿元，较上年下降1.8%。全年外商直接投资（不含银行、证券、保险领域）新设立企业38570家，较上年下降5.7%，实际使用外商直接投资金额达1万亿元，较上年增长6.2%。“一带一路”沿线国家和地区对华直接投资新设立企业4294家；对华直接投资金额574亿元，与上年基本持平。我国对“一带一路”沿线58个国家和地区投资178亿美元，同比增长18.3%，占对外总投资的16.2%，占比提升2.6个百分点。

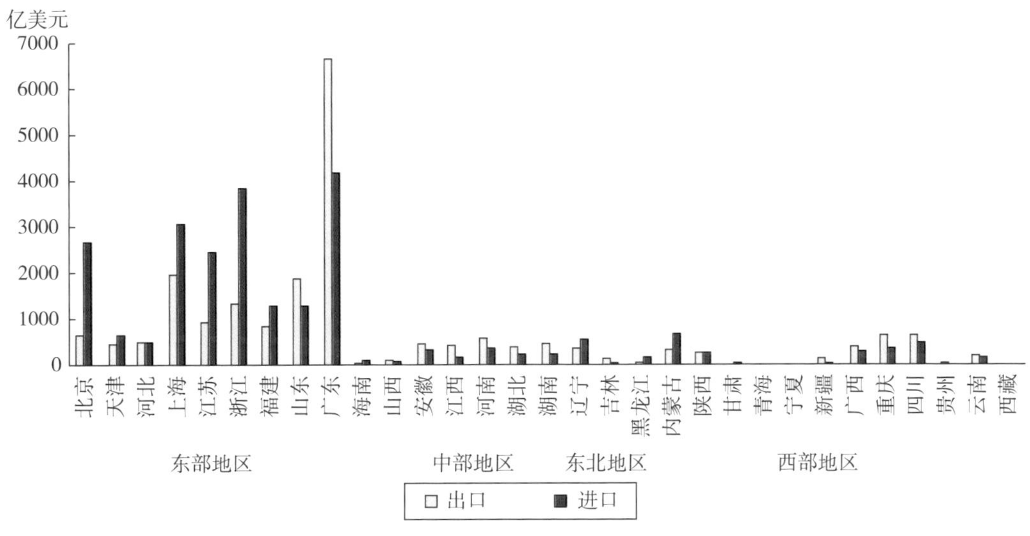

图4 2020年各省（自治区、直辖市）进出口情况

（四）各地区消费价格指数涨幅回落，工业生产者价格同比下降

2020年，各地区消费价格指数涨幅回落。CPI同比上涨2.5%，涨幅较上年回落0.4个百分点，处于温和区间，较好地完成了年初预期目标。其中，城市上涨2.3%，农村上涨3.0%。分类别看，衣着、居住、生活用品及服务、交通和通信、教育和文化、医疗保健、其他用品和服务分别上涨-0.2%、-0.4%、0.9%、-3.5%、1.3%、1.8%和4.3%。食品烟酒价格上涨8.3%，涨幅较上年收窄0.9个百分点，其中猪肉价格继续保持大幅上涨，同比上涨49.7%；鲜菜价格上涨7.1%。核心CPI（不包括食品和能源）温和上涨0.8%，涨幅较上年回落0.8个百分点。分省份看，云南省、四川省和山西省CPI涨幅居全国前3位，同比分别上涨3.6%、3.2%和2.9%；北京市、新疆维吾尔自治区和宁夏回族自治区CPI涨幅居全国后三位，同比分别上涨1.7%、1.5%和1.5%。

2020年，工业生产者价格同比下降。工业生产者出厂价格同比下降1.8%，降幅较上年扩大1.5个百分点；工业生产者购进价格同比下降2.3%，降幅较上年扩大1.5个百分点。分省份看，青海省、宁夏回族自治区和重庆市的工业生产者出厂价格位居前三位，同比分别上涨1.9%、1.9%和0.4%。

（五）各地区财政运行逐步恢复，精准脱贫攻坚战取得决定性成就

2020年，全国一般公共预算收入18.29万亿元，同比下降3.9%，增速较上年回落7.7个百分点，全年降幅较2020年上半年收窄6.9个百分点。其中税收收入15.43万亿元，同比下降2.3%。财政金融支持实体经济力度进一步加大，2020年减税降费超2.5万亿元，较上年增加0.2万亿元。分地区看，东部、中部、西部和东北地区全年分别实现地方一般公共预算收入6.00万亿元、2.02万亿元、1.80万亿元和0.49万亿元，东部和西部地区同比分别增长0.30%和0.05%，中部和东北地区同比分别下降3.89%和2.77%（见图5）。财政支出逐步回升，2020年全国一般公共预算支出24.56万亿元，同比增长2.8%，较上年回落5.3个百分点，全年较2020

年上半年回升8.6个百分点。分地区看，东部、中部、西部和东北地区全年分别实现地方一般公共预算支出8.71万亿元、4.65万亿元、5.68万亿元和1.56万亿元，同比分别上升2.38%、4.08%、4.17%和6.04%。

各地区居民收入与经济增长基本同步，脱贫攻坚战取得全面胜利。2020年，全国居民人均可支配收入32189元，较上年名义增长4.7%，扣除价格因素，实际增长2.1%，居民收入稳定增长。按常住地分，城镇居民人均可支配收入43834元，较上年增长3.5%，扣除价格因素，实际增长1.2%；农村居民人均可支配收入17131元，较上年增长6.9%，扣除价格因素，实际增长3.8%。城乡居民人均收入比继续缩小，2020年城乡居民人均收入倍差为2.56，较上年缩小0.08。贫困地区农村居民人均可支配收入12588元，较上年增长8.8%，扣除价格因素，实际增长5.6%。按照每人每年2300元（2010年不变价）的农村贫困标准计算，551万农村贫困人口全部实现脱贫。党的十八大以来，9899万农村贫困人口全部实现脱贫，贫困县全部摘帽，绝对贫困历史性消除。

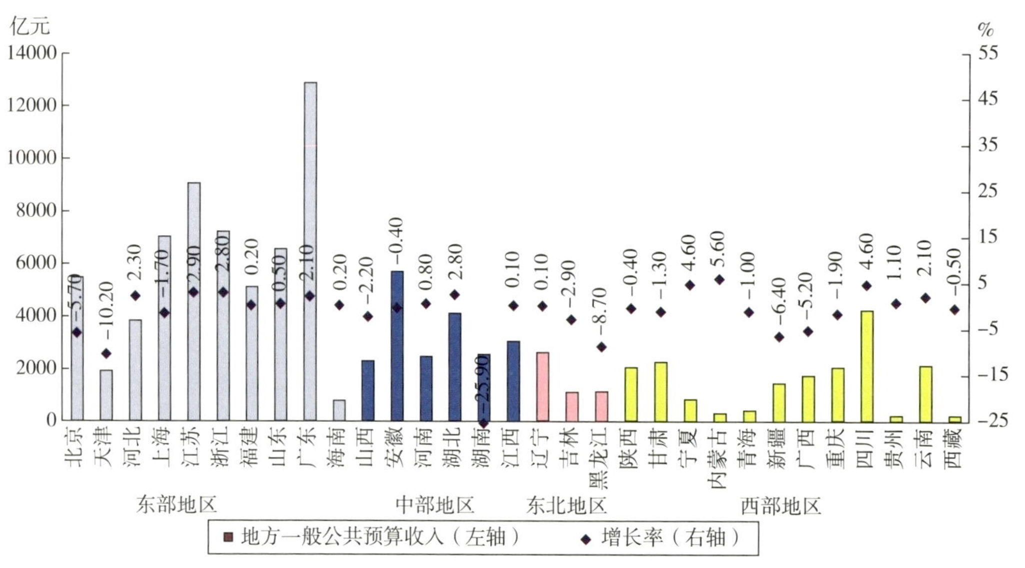

图5 2020年各省（自治区、直辖市）地方一般公共预算收入及增长率

（六）各地区房地产开发投资增速回落，商品房销售有所增加

2020年，全国房地产开发投资14.14万亿元，较上年增长7.0%，增速同比下降2.9个百分点。其中，住宅投资10.44万亿元，同比增长7.6%，增速同比下降6.3个百分点，住宅投资占房地产开发投资比重为73.83%，同比上升0.66个百分点；办公楼投资6494亿元，同比增长5.4%；商业营业用房投资1.31万亿元，同比下降1.1%。分地区看，东部、中部、西部和东北地区房地产开发投资分别为7.46万亿元、2.88万亿元、3.27万亿元和0.54万亿元，较上年分别增长7.6%、4.4%、8.2%和6.2%。

2020年，商品房销售面积17.61亿平方米，同比增长2.6%，增速较上年提高2.7个百分点，其中住宅销售面积增长3.2%。分地区看，中部和东北地区销售面积有所下降，分别为4.91亿平方米和0.71亿平方米，同比分别下降1.9%和5.3%，降幅分别收窄1.4个和1.7个百分点。东部和西部地区商品房销售面积分别为 7.13 亿平方米和 4.86 亿平方米，同比分别增长 4.4% 和 2.5%。全国商品房销售额 17.36 万亿元，增长 8.7%，增速较上年提高 2.2 个百分点。分地区看，东部、中部、西部和东北地区商品房销售额分别为 9.57 万亿元、3.59 万亿元、3.63 万亿元和 0.58 万亿元，同比分别增长 14.1%、1.0%、5.1% 和 -1.5%，东部、西部和东北地区增速分别回升 1.5 个、0.7 个和 1.7 个百分点，中部地区回落 3.9 个百分点。2020 年末商品房待售面积 49850 万平方米，较上年末增加 29 万平方米。其中，商品住宅待售面积 22379 万平方米，较上年末减少 94 万平方米。

（七）新动能逆势增长，“蓝天、绿水、净土”污染防治攻坚战成效显著

2020 年，各地区大力促进科技创新，市场活力不断增强，供给侧结构性改革持续推进。新冠肺炎疫情对以高技术制造业为代表的新发展动能行业产生了一定冲击，但随着各地区统筹疫情防控和经济发展取得重大战略成果，高技术制造业加快恢复，对经济实现正增长起到重要支撑作用。2020 年 3 月，高技术制造业增加值增速由降转增，全年同比增长 7.1%，增速较规模以上工业快 4.3 个百分点，占规模以上工业增加值的比重为 15.1%。高技术制造业实现利润同比增长 16.4%，全年增速比前三季度快 3.5 个百分点。高技术产业投资增长 10.6%，增速快于全部投资增速 7.7 个百分点。2020 年全国研发投入彰显创新驱动新格局，全年研发（R&D）经费支出达 2.44 万亿元，占 GDP 比重达 2.4%，基本进入创新型国家行列。“放管服”改革深入推进，全年新登记市场主体 2502 万户，日均新登记企业 2.2 万户，年末市场主体总数达 1.4 亿户。全年网上零售额 11.76 万亿元，较上年增长 10.9%。

2020 年，各地区进一步加大污染防治力度，生态环境明显改善。在监测的 337 个地级及以上城市中，全年空气质量达标的城市占比达 59.9%，PM2.5 未达标城市年平均浓度 37 微克/立方米，较上年下降 7.5%。长江、黄河、海岸带等重要生态系统保护和修复工程深入实施，成果显著。在 1940 个国家地表水考核断面中，全年水质优良（Ⅰ～Ⅲ类）断面比例为 83.4%，Ⅳ类断面比例为 13.6%，Ⅴ类断面比例为 2.4%，劣Ⅴ类断面比例为 0.6%。

二、区域金融业与金融稳定

2020 年，面对复杂多变的国际经济金融形势以及新冠肺炎疫情的冲击，各地区金融业总体平稳运行，金融体制改革不断深化，服务实体经济能力不断增强，为落实“六稳六保”、促进各地区经济高质量发展创造了良好的金融环境。

（一）银行业

2020 年，各地区银行业保持平稳运行，资产负债规模稳步增长，存贷款增长基本匹配，资产质量保持稳定，信贷结构持续优化，普惠、小微信贷支持脱贫攻坚成效显著，金融支持疫情防控精准有力，为经济社会发展快速复苏创造了适宜的货币金融条件。

1. 各地区银行业资产负债规模较快增长，负债增速略高于资产增速

截至 2020 年末，各地区银行业金融机构总资产 319.7 万亿元，总负债 293.1 万亿元，同比

分别增长 10.1% 和 10.2%，增速较上年分别回升 1.8 个和 2.6 个百分点。东部、中部、西部和东北地区银行业总资产同比分别增长 13.25%、10.21%、8.53% 和 7.32%，占全国的比重分别为 59.27%、16.25%、18.26% 和 6.23%（见图 6）；总负债同比分别增长 13.55%、10.43%、8.64% 和 7.31%，占全国的比重分别为 59.10%、16.35%、18.32% 和 6.24%。

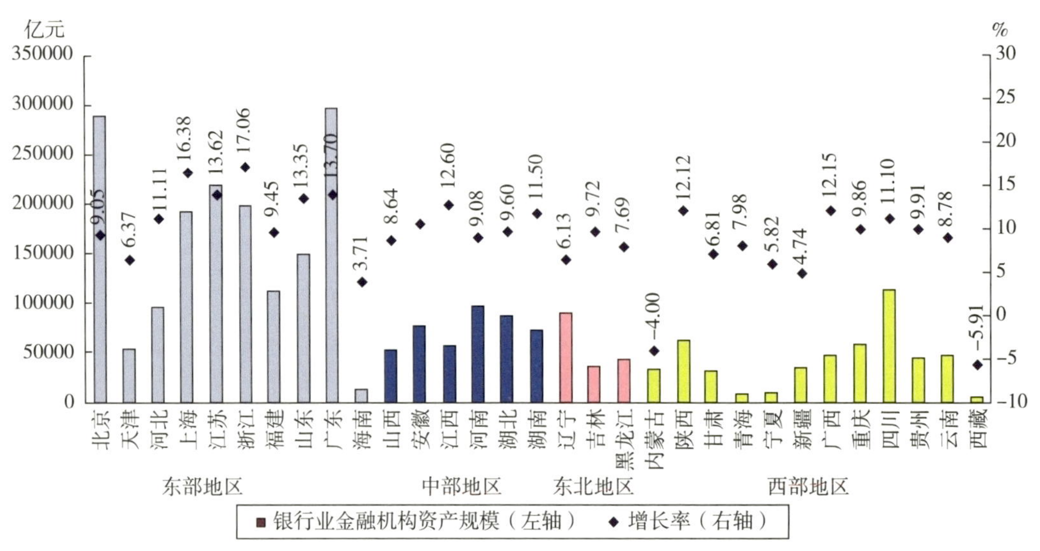

图 6 2020 年各省（自治区、直辖市）银行业金融机构资产规模及增长率

2. 各地区银行业存款稳步增长，贷款增速有所分化，贷款加权利率创新低

2020 年，各地区存款保持上升态势。截至 2020 年末，东部、中部、西部和东北地区金融机构本外币各项存款余额分别为 121.41 万亿元、34.10 万亿元、36.77 万亿元和 12.68 万亿元，同比分别增长 15.15%、10.13%、8.01% 和 10.57%，东部、中部和西部地区分别较上年加快 2.55 个、2.57 个和 1.59 个百分点，东北地区增速放缓 1.00 个百分点。分部门看，人民币各项存款新增额较上年均实现正增长，同比变化情况呈分化态势。其中，住户存款全年新增 11.29 万亿元，同比多增 1.59 万亿元，增速 13.9%，较上年提高 0.4 个百分点，是拉动存款规模增长的主要驱动因素；非金融企业存款全年新增 6.57 万亿元，同比多增 3.27 万亿元，增速 10.9%，较上年提高 5.1 个百分点，成为拉动存款规模增长的次要因素；机关团体存款和非银行业金融机构存款全年分别新增 1569 亿元和 10645 亿元，同比分别少增 9818 亿元和 891 亿元，增速分别为 0.6% 和 6.8%。

各地区贷款规模稳步增加，增速呈分化态势。截至 2020 年末，东部、中部、西部和东北地区金融机构本外币各项贷款余额分别为 96.18 万亿元、29.79 万亿元、34.29 万亿元和 9.75 万亿元，同比分别增长 14.10%、14.33%、11.19% 和 6.06%（见图 7）。其中，东部地区增速较上年提高 0.78 个百分点，中部和东北地区增速较上年分别回落 0.77 个和 3.04 个百分点，西部地区增速与上年基本持平。分部门看，住户部门贷款增速继续放缓，2020 年末为 14.2%，较上年末降低 1.3 个百分点，降幅收窄 1.4 个百分点。企（事）业单位贷款同比多增 2.7 万亿元，增速 12.6%，同比多增 1.7 个百分点。非银行业金融机构贷款同比少增 3773 亿元，较上年下降 47.9%。

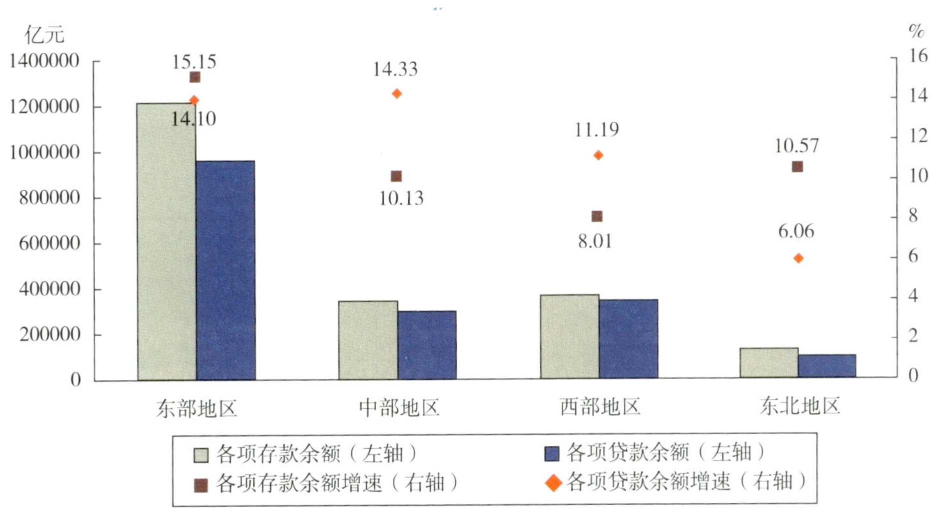

图7 2020年各地区银行业金融机构存贷款余额及增长率

从人民币贷款期限看，中长期贷款增量持续上升。2020年末，中长期贷款余额较年初增加19.55万亿元，同比多增8.25万亿元。分地区看，东部、中部、西部和东北地区中长期贷款余额分别为62.34万亿元、20.48万亿元、24.42万亿元和5.90万亿元，同比分别增长27.70%、19.21%、9.61%和11.02%（见表2）。

表2 2020年各地区银行业金融机构中长期贷款情况 单位：亿元、%

项目	东部地区		中部地区		西部地区		东北地区	
	2020年	2019年	2020年	2019年	2020年	2019年	2020年	2019年
中长期贷款余额	623428.51	488202.26	204846.06	171835.10	244165.37	222758.19	59021.11	53163.31
增长率	27.70	7.61	19.21	15.24	9.61	11.75	11.02	11.56

2020年，贷款市场报价利率（LPR）改革不断推进，贷款利率隐性下限被打破，贷款利率总体低位运行。2020年12月，1年期LPR较上年同期下降0.3个百分点至3.85%；贷款加权平均利率为5.03%，同比下降0.41个百分点，创有记录以来新低。

3. 各地区银行业总体风险状况良好，抗风险能力较强

截至2020年末，东部、中部、西部和东北地区银行业不良贷款余额分别为12299.67亿元、6131.88亿元、7550.05亿元和4057.80亿元，东部、中部和东北地区同比分别增长6.97%、17.66%和1.65%，西部地区同比下降11.94%。东部、中部、西部和东北地区不良贷款率分别为1.28%、2.06%、2.20%和4.16%，东部、西部和东北地区较上年分别下降0.09个、0.58个和0.18个百分点，中部地区提高0.06个百分点。西部地区不良贷款余额、不良贷款率实现双降。从资本充足率和拨备覆盖率来看，截至2020年末，全国商业银行（不含外国银行分行）核心一级资本充足率、一级资本充足率和资本充足率分别为10.72%、12.04%和14.70%，拨备覆盖率和贷款拨备率分别为184.47%和3.39%，均与上年基本持平，银行业金融机构保持较强的损失吸收能力。

4. 各地区信贷结构持续优化，普惠、小微信贷有力支持脱贫攻坚

2020 年各地区积极运用支农、支小再贷款、再贴现和抵押补充贷款工具，引导金融机构继续加大对小微、民营企业、“三农”等国民经济重点领域和薄弱环节的支持力度。年末人民币普惠金融贷款余额 21.5 万亿元，较上年末增加 4.2 万亿元。主要农村金融机构（农村信用社、农村合作银行、农村商业银行）人民币贷款余额 21.6 万亿元，较上年末增加 2.5 万亿元，同比多增 0.4 万亿元。运用好专项扶贫再贷款支持扩大“三区三州”信贷投放，降低融资成本，促进实现精准扶贫、精准脱贫目标。2020 年第一至第四季度分别发放专项扶贫再贷款 63 亿元、80 亿元、72 亿元、79 亿元，年末专项扶贫再贷款余额 370 亿元。2020 年末，全国支农再贷款余额 4572 亿元，支小再贷款余额 9756 亿元，扶贫再贷款余额 2153 亿元，再贴现余额 5784 亿元。

5. 对冲新冠肺炎疫情影响，银行业支持经济复苏精准有力

各地区积极配合落实金融支持疫情防控和经济发展相关政策。落实好三批次共计 1.8 万亿元再贷款、再贴现政策，支持抗疫保供、复工复产和中小微企业等实体经济发展。2020 年 6 月末，3000 亿元专项再贷款基本发放完毕，支持有关银行向 7597 家全国性和地方性重点企业累计发放优惠贷款 2834 亿元，贴息后实际融资利率约为 1.25%，有效缓解了疫情暴发初期物资紧张的局面；5000 亿元再贷款、再贴现发放完毕，支持地方法人银行向 59 万家企业累计发放优惠利率贷款 4983 亿元，加权平均利率为 4.22%，切实解决了企业复工复产面临的融资问题。2020 年 12 月，1 万亿元普惠性再贷款、再贴现全部发放完毕，引导地方法人银行支持了 158 万家企业，加权平均利率为 4.67%，低于全年加权平均利率 36 个基点。配合落实普惠、小微企业贷款延期还本付息政策和信用贷款支持计划，银行部门对普惠小微贷款应延尽延，实体部门获得感明显增强，生产生活较快恢复，就业形势持续改善。

（二）证券期货业

2020 年，股票市场指数震荡上行，期货市场交易活跃，证券投资基金业快速发展，直接融资规模明显扩大，证券业机构经营成效显著，多层次资本市场建设稳步推进。

1. 股票市场指数震荡上行，期货市场交易规模稳步扩大，基金业高速发展

2020 年，沪、深两市股指总体呈震荡上涨走势，涨幅较大（见图 8）。截至 2020 年末，上证综合指数收于 3473.07 点，较上年末上涨 13.9%；深证成分指数收于 14470.68 点，较上年末上涨 38.7%；创业板指数收于 2966.26 点，较上年末上涨 64.96%。

股票市场热度持续上升，成交额保持大幅上升态势。2020 年，沪、深股市累计成交 206.84 万亿元，同比增长 62.29%，增速加快 21.59 个百分点，日均成交 8511 亿元；科创板累计成交 6.59 万亿元，日均成交 273 亿元；创业板累计成交 46.67 万亿元，同比上涨 101.52%。截至 2020 年末，沪、深股市 A 股流通市值 66.86 万亿元，同比增加 38.43%；创业板流通市值 6.96 万亿元，同比增加 73.07%；科创板总市值 33490.72 亿元，流通市值 10002.11 亿元，同比增加 676.54%。

各地区期货成交量、成交额显著上升，金融期货占比不断提高。2020 年，全国期货市场累计成交量 61.53 亿手，同比上升 55.29%；累计成交额 437.5 万亿元，同比增长 50.56%。其中，商品期货成交量 60.38 亿手，占总成交量的 98.13%，成交额 322.1 万亿元，占总成交额的

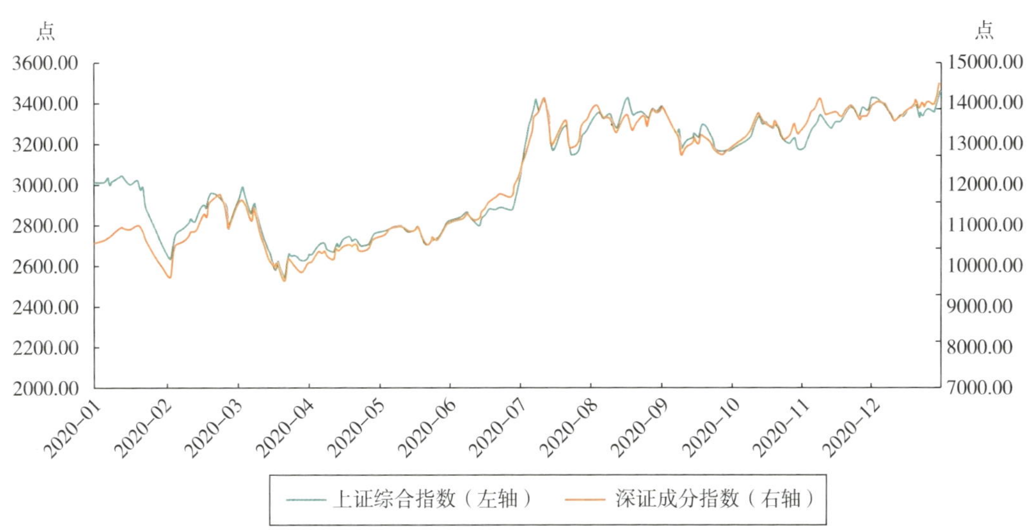

图 8 2020 年上证综合指数和深证成分指数走势

73.59%；金融期货全年累计成交量 1.15 亿手，累计成交额 115.3 万亿元，同比分别增长 73.59% 和 65.80%，分别占全国市场的 1.87% 和 26.38%，占比实现双升。上海期货交易所累计成交量和成交额同比分别上升 46.76% 和 44.42%；郑州商品交易所累计成交量和成交额分别增长 55.74% 和 51.97%；大连商品交易所累计成交量和成交额分别增长 62.83% 和 65.80%。

基金业发展较快。公募基金方面，截至 2021 年 3 月末，各地区共有公募基金管理人 150 家。其中，公募基金管理公司 134 家，证券公司及其资管子公司 14 家，保险资管公司 2 家，以上机构管理的公募基金资产合计 17.03 万亿元，同比增长 24.39%。其中，货币基金净值 80521.47 亿元、债券基金净值 27286.59 亿元、股票型基金净值 20607.94 亿元、混合型基金净值 43600.75 亿元、QDII 基金净值 1288.94 亿元、封闭式基金 25609.21 亿元。私募基金方面，截至 2020 年末，各地区在中国证券投资基金业协会已登记的私募基金管理人 24561 家，已备案私募基金 96852 只，同比分别增长 0.37% 和 18.53%，管理基金规模总计 15.97 万亿元，同比增长 16.23%。分省市看，上海市、深圳市和北京市私募基金管理人数量位列全国前三，分别为 4648 家、4472 家和 4336 家，分别管理基金数量 27224 只、16361 只和 15832 只，分别管理基金规模 4.01 万亿元、2.06 万亿元和 3.75 万亿元。

2. 境内直接融资比重稳步提高，债券融资规模显著上升

2020 年，各地区新增直接融资规模达 5.34 万亿元，较上年增加 1.75 万亿元，同比大幅增长 48.75%。其中，企业债券新增 4.45 万亿元，非金融企业境内股票融资新增 0.9 万亿元。从占比来看，2020 年新增直接融资规模占新增社会融资规模的比例为 15.32%，较上年提高 1.29 个百分点。

股票市场方面，2020 年沪、深交易所 A 股累计筹资 15417 亿元，较上年增加 1883 亿元。首次公开发行 A 股 394 只，筹资 4742 亿元，较上年增加 2252 亿元，其中科创板股票 145 只，筹资 2226 亿元；A 股再融资（包括公开增发、定向增发、配股、优先股、可转债转股）10674 亿元，较上年增加 370 亿元。分省市看，股票市场融资总额在千亿元以上的有五个省市，从高到低分别

为上海市、浙江省、广东省、北京市和江苏省。浙江省、江苏省、广东省、北京市和上海市的IPO企业数量位居前五名，全年首发过会家数分别达62家、61家、60家、42家和39家；广西壮族自治区、山西省、宁夏回族自治区、甘肃省、内蒙古自治区全年无企业IPO。首发募集资金方面，北京市、上海市、江苏省、广东省和浙江省位列首发募集资金前五位，共募集资金3533.63亿元，占全部首发募集资金的74.78%。

债券市场方面，2020年累计发行各类债券57.3万亿元，同比大幅增长26.5%，增幅扩大24.4个百分点。其中，银行间债券市场发行量为48.7万亿元，同比增长27.9%，占发行总量的85%。各类债券托管余额117.0万亿元，同比增长18.1%。分省市看，北京市、江苏省、广东省、浙江省和山东省企业债券融资额居全国前五位，企业债券融资规模分别为6063亿元、5861亿元、5260亿元、5193亿元和3555亿元。

3. 证券业机构资产负债规模持续增长，盈利能力持续上升，行业风险整体可控

法人证券公司资产和负债规模延续增长态势。截至2020年末，各地区法人证券公司资产总额和负债总额分别为67316.01亿元和49267.15亿元，分别较上年增长22.36%和26.10%。东部、中部、西部和东北地区法人证券公司资产总额分别为52801.80亿元、6594.23亿元、6781.71亿元和1138.27亿元，东部、中部和西部地区同比分别增长25.22%、15.34%和14.44%，东北地区同比下降5.44%（见图9）。东部、中部、西部和东北地区法人证券公司负债总额分别为39390.46亿元、4704.27亿元、4347.56亿元和824.56亿元，东部、中部和西部地区同比分别增长30.05%、16.70%和12.73%，东北地区同比下降7.73%。

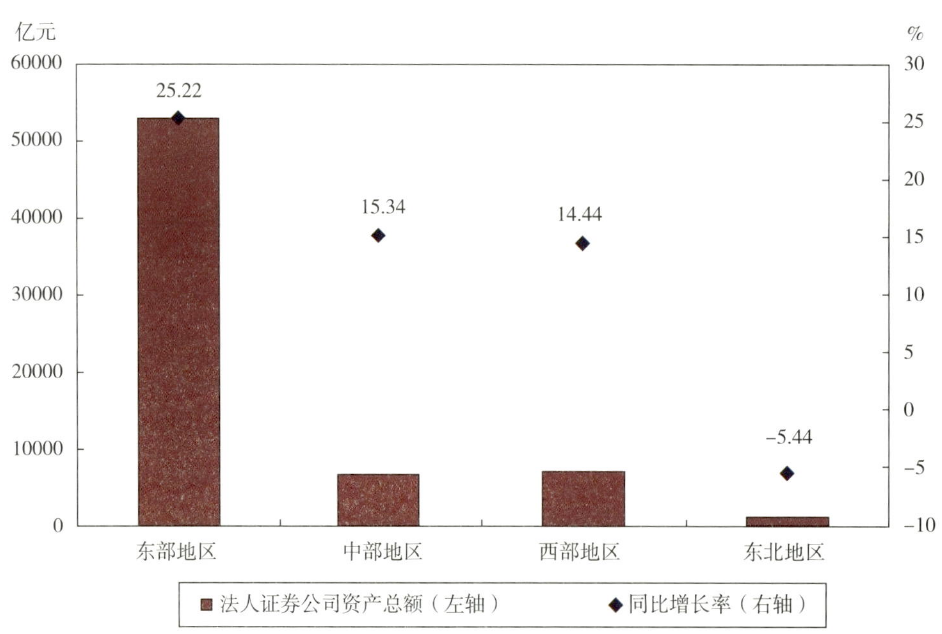

图9 2020年各地区法人证券公司资产规模变化情况

2020年，各地区共有127家法人证券公司实现盈利，营业收入和利润水平呈现大幅上升态势，全年营业收入和净利润分别为4484.79亿元和1575.34亿元，同比分别增长24.41%和27.98%。2020年末，证券业净资本1.82万亿元，其中核心净资本1.60万亿元。行业平均风险

覆盖率252.34%，平均资本杠杆率23.59%，平均流动性风险覆盖率235.89%，平均净稳定资金率153.66%，行业整体风控指标均优于监管标准，合规风控水平健康稳定。

4. 新三板市场推进中小企业优胜劣汰，市场改革成效不断显现

全国中小企业股份转让系统（新三板）改革取得阶段性成效，市场结构发生较大转变，推出以精选层为代表的内部多层次市场板块，匹配差异化信息披露制度、交易制度以及合格投资者制度等，显著激发了市场活力，进一步增强了新三板的市场投融资功能。截至2020年末，各地区企业在新三板挂牌家数为8953家，较上年减少766家，其中新增135家挂牌公司，摘牌901家。新三板企业总股本5335.28亿股，总市值2.65万亿元，同比分别下降5.00%和9.72%。要积极开展新三板市场改革，不断夯实服务中小企业定位。2020年成交金额1294.64亿元，同比上升56.79%，成交量260.42亿股，同比上升18.27%。

（三）保险业

2020年，各地区保费[①]收入平稳增长，保险业机构资产规模稳步扩张，产品结构不断优化，保险资金支农模式不断创新，保险业持续回归保障本源，保障疫情防控和推动复工复产成效显著，较好地发挥社会“稳定器”作用。

1. 各地区保费收入增幅放缓，保险深度有所上升

2020年，东部、中部、西部和东北地区保险业分别实现保费收入24394.89亿元、9137.60亿元、8627.73亿元和3035.62亿元，同比分别增长6.56%、5.97%、5.79%和3.91%，增速较上年分别下降7.75个、4.90个、4.18个和3.61个百分点。从结构上看，东部地区保费收入占比53.98%，较上年上升0.23个百分点，中部、西部和东北地区保费收入占比分别为20.22%、19.09%和6.72%，较上年分别下降0.03个、0.14个和0.06个百分点。从保险深度来看，东部、中部、西部和东北地区保费收入占比分别为4.64%、4.11%、4.05%和5.94%，较上年分别提高0.16个、0.17个、0.07个和0.12个百分点，保险业在国民经济中的地位不断上升。

2. 保险业总资产平稳增长，资金运用呈现多元化趋势

截至2020年末，各地区保险业资产总额23.30万亿元，较上年末增加2.73万亿元，同比增长13.29%。其中，财产险公司总资产2.34万亿元，同比增长2.10%；人身险公司总资产19.98万亿元，同比增长17.82%；再保险公司总资产0.50万亿元，同比增长16.32%；保险资管公司总资产760.63亿元，同比增长18.66%。

全年各地区保险公司资金运用余额21.68万亿元，同比增长17.02%，增速较上年提高4.11个百分点。其中，银行存款2.60万亿元，同比增长2.96%，占比11.98%；债券7.93万亿元，同比增长23.89%，占比36.59%；股票和证券投资基金2.98万亿元，同比增长22.39%，占比13.76%；其他投资8.17万亿元，同比增长14.00%，占比37.67%。

3. 各地区财产险业务增速回落，健康险业务高速发展

2020年，东部、中部、西部和东北地区财产险分别实现保费收入6360.71亿元、2336.01亿元、2599.26亿元和825.85亿元，同比分别增长1.59%、-1.17%、3.26%和6.10%，增速较

---

① 指原保险保费收入。

上年分别回落6.64个、11.64个、5.16个和2.57个百分点（见表3）。农业险和责任险业务维持较快发展态势。其中，农业险方面，东部、中部、西部和东北地区分别实现保费收入234.31亿元、192.24亿元、285.55亿元和114.11亿元，同比分别增长43.98%、20.52%、20.66%和20.99%；责任险方面，东部、中部、西部和东北地区分别实现保费收入548.52亿元、146.93亿元、164.79亿元和43.65亿元，同比分别增长34.18%、31.24%、22.81%和36.53%。受车险综合改革影响，车险保费收入增速放缓。东部、中部、西部和东北地区分别实现保费收入4268.00亿元、1726.78亿元、1578.98亿元和515.59亿元，同比分别增长0.55%、-0.02%、-5.66%和0.27%，增速分别下降4.01个、6.92个、6.02个和4.21个百分点，西部地区增速连续两年下降。

表3　　2020年全国各地区保险业分险种保费收入情况　　单位：亿元、%

项目	东部地区		中部地区		西部地区		东北地区	
	2020年	2019年	2020年	2019年	2020年	2019年	2020年	2019年
人身险保费收入	18034.18	16633.16	6801.61	6259.06	5865.54	5193.63	2209.75	2143.18
同比增长	8.42	16.78	8.67	10.93	12.94	2.19	3.11	7.08
占保险收入比例	73.93	72.65	74.44	72.59	67.98	63.68	72.79	73.36
财产险保费收入	6360.71	6260.89	2336.01	2363.63	2599.26	2517.14	825.85	778.34
同比增长	1.59	8.23	-1.17	10.47	3.26	8.42	6.10	8.67
占保险收入比例	26.07	27.35	25.56	27.41	30.13	30.86	27.21	26.64

2020年，各地区人身险保费收入均实现正增长，除西部地区外其他地区增速均有所回落。东部、中部、西部和东北地区人身险分别实现保费收入18034.18亿元、6801.61亿元、5865.54亿元和2209.75亿元，同比分别增长8.42%、8.67%、12.94%和3.11%。东部、中部和东北地区增速较上年分别下降8.36个、2.26个和3.97个百分点，西部地区增速较上年上升10.75个百分点。健康险延续增长态势，2020年保费收入占保险业保费收入的比例为18.06%，较上年增长2.45个百分点。健康险保额1833.11万亿元，同比大幅增长50.26%。

4. 各地区保险业赔款给付支出总体稳中有升，保险业有力支持疫情防控

2020年，东部、中部、西部和东北地区保险业各项赔款和给付支出分别为7226.24亿元、2820.58亿元、2814.49亿元和1003.14亿元，同比分别增长7.68%、9.16%、7.82%和7.02%。分险种来看，财产险赔款和给付支出增速有所回落，东部、中部、西部和东北地区全年财产险赔款支出分别为3719.72亿元、1354.96亿元、1577.04亿元和480.39亿元，同比分别增长5.28%、7.93%、12.88%和4.93%，增速较上年分别回落2.34个、5.19个、4.89个和12.13个百分点。其中，责任保险赔款支出持续高速增长，同比分别增长27.74%、79.67%、25.11%和32.72%。人身险赔款和给付支出方面，各地区赔付支出均实现正增长，增速显著回升。东部、中部、西部和东北地区人身险赔款和给付支出分别为3506.08亿元、1465.61亿元、1237.53亿元和522.19亿元，同比分别增长10.34%、10.33%、1.84%和8.89%，增速较上年分别上升8.74个、13.65个、8.55个和6.09个百分点（见表4）。从风险保障看，2020年，面对新冠肺炎疫情的冲击，保险业通过捐赠保险、扩大承保责任、开发专属产品等，全力支持疫情防控和复工复产，保险保障程度稳步提高，各地区保险业共提供风险保障金额8709.91万亿元，同比大

幅增长34.62%。

表4 2020年全国各地区保险业赔款和给付支出情况 单位：亿元、%

项目	东部地区		中部地区		西部地区		东北地区	
	2020年	2019年	2020年	2019年	2020年	2019年	2020年	2019年
赔款和给付支出	7226.24	6710.65	2820.58	2583.83	2814.49	2610.32	1003.14	937.34
增长率	7.68	4.68	9.16	4.03	7.82	4.53	7.02	9.30
占全国比例	52.12	52.25	20.34	20.12	20.30	20.33	7.24	7.30
其中：人身险	3506.08	3177.45	1465.61	1328.45	1237.53	1215.20	522.19	479.54
增长率	10.34	1.60	10.33	-3.32	1.84	-6.71	8.89	2.80
占总赔款和给付支出比例	48.52	47.35	51.96	51.41	43.97	46.55	52.06	51.16
财产险	3719.72	3533.19	1354.96	1255.35	1577.04	1397.15	480.39	457.80
增长率	5.28	7.62	7.93	13.12	12.88	17.77	4.93	17.06
占总赔款和给付支出比例	51.48	52.65	48.04	48.58	56.03	53.52	47.89	48.84

5. 完善保险资金支农试点新模式，助推精准脱贫攻坚战

2020年，各地区积极完善保险资金支农试点新模式，深入探索保险资金深度参与服务普惠金融新路径。海南省创新推出水果价格保险和椰子苗木综合保险，推动生猪“保险+信贷”落地，全年累计为生猪养殖户提供贷款支持670万元；浙江省宁波市深化农村保险服务创新，全国首创“抗疫保供”叶类蔬菜价格指数保险、早稻种植“完全成本+收益保险”；云南省积极推动价格保险、“保险+期货”等新型险种试点落地，为助力农业发展提供良好的保险保障环境；广西壮族自治区深化“保险+期货”模式的糖料蔗价格指数保险试点，探索开展生猪饲料成本期货价格保险，新增食用菌种植等地方特色险种；河南省推动特色优势农业保险扶贫，为155万户次农户提供风险保障247亿元，向23万户次农户支付赔款4.5亿元；江西省积极推动农业保险提标、扩面、增品，加强脱贫攻坚与乡村振兴统筹衔接，完善防贫保险机制。2020年，东部、中部、西部和东北地区农业保险保费收入分别为234.31亿元、192.24亿元、285.55亿元和114.11亿元，同比分别增长43.98%、20.52%、20.66%和20.99%，增速分别加快15.81个、8.31个、7.36个和7.46个百分点。东部、中部、西部和东北地区农业保险赔付支出分别为145.00亿元、142.92亿元、182.54亿元和90.81亿元，东部和中部地区同比分别大幅增长27.10%和28.68%，西部和东北地区同比分别下降4.82%和5.46%。

三、区域金融市场与金融稳定

2020年，金融市场运行整体平稳有序，货币市场交易量增加，货币政策传导效率不断提高；债券市场现券交易量平稳上升，发行规模显著扩大；外汇市场交易量小幅增长；票据市场业务总量持续增长。金融市场在满足企业融资需求、降低融资成本等方面继续发挥重要作用，为金融支持疫情防控及服务实体经济提供强有力支撑。

（一）货币市场整体运行平稳，市场利率有所下行

2020年，各地区金融机构银行间市场信用拆借、回购交易活跃，总成交量1106.9万亿元，

同比增长14.0%。其中，同业拆借累计成交147.1万亿元，同比减少2.6%，日均成交5909亿元。银行间市场债券回购累计成交959.8万亿元，同比增长17.6%，日均成交3.9万亿元。其中，质押式回购成交952.7万亿元，同比增长17.6%；买断式回购成交7.1万亿元，同比下降26.3%。从期限结构看，市场交易集中于回购和拆借隔夜品种，成交量分别占各自总成交量的84.7%和90.2%，占比较上年分别下降0.5个和1.2个百分点，基本保持稳定。交易所债券回购累计成交287.3万亿元，较上年上升20.3%。其中，上交所债券回购累计成交259.60万亿元，同比增长20.5%；深交所债券回购27.82万亿元。从交易主体看，同业拆借市场交易主体以银行为主，占比85.92%。

货币市场利率整体下行。2020年12月，同业拆借月加权平均利率为1.3%，较上年同期下降79个基点；质押式回购月加权平均利率为1.36%，较上年同期下降74个基点；全年加权平均利率较上年下行63个基点。全年日加权成交利率极差为207个基点，较上年下降3个基点。2020年末，隔夜和1周Shibor分别为1.09%和2.38%，较上年末分别下降60个和36个基点。

利率互换成交量稳步上升。2020年，人民币利率互换市场达成交易27.4万笔，同比增长15.3%；名义本金总额19.6万亿元，同比增长7.8%。从期限结构看，1年及1年期以下品种名义本金为12.5万亿元，占总量的63.8%。

（二）债券市场现券交易量保持增长，债券发行规模显著扩大

2020年，债券市场现券交易额253万亿元，同比增长16.5%，增速回落22.1个百分点。其中，银行间债券市场现券累计交易232.8万亿元，同比增长11.5%，增速较上年回落27个百分点，占比92.0%；交易所现券成交20.2万亿元，同比增长141.6%，增速大幅上升100.8个百分点，占比8.0%。从交易品种看，政策性金融债、同业存单、国债和地方政府债是交易量前四名的品种，占比分别为36.7%、20.1%、19.3%和5.6%。

债券发行规模显著扩大。2020年，各地区累计发行各类债券57.3万亿元，同比增长26.5%，增速提升23.4个百分点。其中，银行间债券市场发行债券48.7万亿元，同比增长27.9%，占比85.0%；交易所债券市场发行8.63万亿元，同比增长18.2%，占比15.0%。从交易品种看，同业存单、公司信用类债券和金融债券占比位列前三位，发行量分别为19.0万亿元、12.9万亿元和9.3万亿元，分别较上年增长5.6%、33.1%和196.8%。国债和地方政府债分别发行7.0万亿元和6.4万亿元，较上年分别增长75.0%和47.7%。截至2020年末，国内各类债券托管余额117.0万亿元，同比增长18.1%。

在产品创新方面，推出抗疫主题债券助力疫情防控，2020年顺利发行1万亿元抗疫特别国债，发行645亿元抗疫主题金融债、1078亿元公司债和750亿元疫情防控ABS；稳步发行脱贫攻坚相关专题债券；推出补充中小银行资本专项债；发行绿色债券规模达1.25万亿元。

（三）外汇市场交易量小幅增长，人民币汇率先贬后升

受新冠肺炎疫情影响，2020年外汇市场交易量增速较上年明显降低，累计成交36.42万亿美元，同比增长1.79%，增速较上年下降3.51个百分点。其中，人民币外汇即期交易累计成交金额折合8.4万亿美元，同比增长5.6%；人民币外汇掉期交易累计成交金额折合16.3万亿美

元，同比减少0.2%；人民币外汇远期交易累计成交金额折合1044亿美元，同比增长37.4%。外币对即期市场成交17.61万亿美元，同比增长30.99%。外汇衍生品成交17.61万亿元，同比增长1.32%。外币利率市场成交10.21万亿美元，同比下降0.80%。

人民币汇率年内走势呈先贬后升之势。2020年初，人民币对美元汇率中间价报6.9614，5月28日报7.1277，较上年末贬值2.17%（1515个基点），为年内最低。此后呈震荡上行走势，年末人民币对美元汇率中间价报6.5249，较上年末升值6.47%（4513个基点）。

（四）票据市场业务总量持续增长，主要利率总体下行

2020年，各类票据业务总量148.24万亿元，同比增长12.77%。其中，企业累计签发商业汇票22.1万亿元，同比上升8.4%，增速回落3.2个百分点；商业汇票未到期金额14.1万亿元，同比增长10.7%。票据承兑余额保持快速增长，年末余额较年初增加1.4万亿元，其中由中小微企业签发的银行承兑汇票占比70.3%。金融机构累计贴现40.4万亿元，同比增长17.7%。其中，票据融资余额8.4万亿元，同比上升9.7%，占各项贷款的比重为4.8%，同比上升0.2个百分点。

票据贴现和回购利率总体下行。2020年全年转贴现、质押式回购加权平均利率分别为2.71%和1.87%，同比分别下降60个和64个基点；票据贴现加权平均利率2.98%，同比下降47个基点，较一年期LPR低92个基点，表明票据融资对于降低企业融资成本具有较大优势。

四、区域金融生态环境与金融稳定

2020年，各地区持续加强金融基础设施建设，完善宏观审慎政策框架，进一步补齐金融市场制度短板，稳妥有序推进金融风险处置，不断提高金融业对外开放水平，金融生态环境进一步优化。

一是进一步加强金融基础设施统筹监管。2020年3月，经中央全面深化改革委员会第十次会议审议通过，人民银行等六部门联合印发《统筹监管金融基础设施工作方案》，进一步加强对我国金融基础设施的统筹监管与建设规划，提升服务实体经济水平和防控金融风险能力。2020年7月，人民银行、证监会联合发布公告（〔2020〕第7号），决定同意银行间债券市场与交易所债券市场相关基础设施机构开展互联互通合作，并将加强监管合作与协调，促进债券市场要素自由顺畅流动。

二是继续完善宏观审慎政策框架，不断筑牢金融安全网。为促进银行业金融机构稳健经营，2020年9月，人民银行、银保监会联合发布《关于建立逆周期资本缓冲机制的通知》，明确建立逆周期资本缓冲机制。同月，人民银行发布《金融控股公司监督管理试行办法》，明确非金融企业投资控股形成的金融控股公司须依法准入，并对其资本、行为和风险实施全面、持续、穿透监管。2020年12月，人民银行、银保监会联合发布《系统重要性银行评估办法》，明确我国系统重要性银行的评估指标、评估流程和工作分工。同月，人民银行、银保监会联合发布《关于建立银行业金融机构房地产贷款集中度管理制度的通知》，建立了房地产贷款集中度管理制度，对银行业金融机构房地产贷款、个人住房贷款占全部贷款的比重设置上限要求。

三是进一步完善金融市场制度建设，推动市场健康发展。债券市场方面，2020 年，相关部门发布《关于企业债券发行实施注册制有关事项的通知》等一系列政策文件[①]，允许符合条件的银行、保险机构参与国债期货交易；健全完善债券违约风险防范和处置机制；进一步完善主承销商团机制和加强中介机构尽职履责；明确标债资产与非标资产界限、认定标准及监管安排，引导市场规范发展；加强银行间市场现券做市商的事中事后管理；统一公司信用类债券信息披露标准；明确存续期管理机构的责任边界；加大对欺诈发行、信息披露造假、中介机构提供虚假证明文件等犯罪的刑罚力度，为债券市场高质量发展提供坚实的法治保障。

票据市场方面，2020 年 6 月，人民银行出台《标准化票据管理办法》，将票据市场与债券市场联通，发挥债券市场的专业定价和投资功能，提高票据交易的规范性，增强票据融资功能。12 月，人民银行发布公告（〔2020〕第 19 号），规范商业承兑汇票信息披露要求，完善市场化约束机制，保障持票人合法权益。

资本市场方面，2020 年 3 月 1 日起修订后的《证券法》正式实施，为有效防控市场风险，维护投资者合法权益，打造规范、透明、开放、有活力、有韧性的资本市场提供了坚强的法治保障。7 月，最高人民法院发布《关于证券纠纷代表人诉讼若干问题的规定》，中国版证券集体诉讼制度正式落地。同月，新三板新设精选层的首批企业正式挂牌，多层次资本市场建设取得重要进展。8 月，创业板改革并试点注册制正式落地，股票发行注册制改革取得重要成果。10 月，国务院印发《关于进一步提高上市公司质量的意见》，从提高上市公司治理水平、推动上市公司做优做强等六个方面提高上市公司质量。11 月，中央全面深化改革委员会审议通过《健全上市公司退市机制实施方案》，从完善退市标准、简化退市程序等六个方面完善上市公司退市机制，强化退市监管力度。

四是高风险金融机构处置取得阶段性成果。2020 年，各地区努力克服疫情影响，高风险中小金融机构处置取得关键进展和重要阶段性成果，恒丰银行、锦州银行等重点金融机构的改革重组方案顺利实施，确保了关键敏感时期金融体系的平稳运行，守住了不发生系统性金融风险的底线。包商银行改革重组工作已平稳落地，收购承接包商银行业务的蒙商银行和徽商银行资本充足、运行平稳。2020 年 11 月 23 日，北京市第一中级人民法院裁定受理包商银行破产清算，指定包商银行清算组担任包商银行管理人。目前包商银行破产清算各项工作正在稳妥有序进行。

五是金融业对外开放高水平推进。证监会分别自 2020 年 1 月 1 日、4 月 1 日起在全国范围内取消期货公司和证券公司、基金管理公司外资股比限制。3 月，银行间债券市场推出循环结算服务和灵活结算周期服务，满足境外机构投资者多样化需求，进一步提升操作便利度。9 月，人民银行、证监会、外汇管理局共同起草《关于境外机构投资者投资中国债券市场有关事宜的公告（征求意见稿）》，明确中国债券市场对外开放的整体性制度安排，就进一步便利境外机构投资者配置人民币债券资产有关安排征求市场意见。同月，富时罗素公司宣布中国国债将纳入富时世界国债指数（WGBI）。至此，全球三大债券指数提供商都已经或计划将中国债券纳入相关指数，

① 2020 年 3 月发布《关于企业债券发行实施注册制有关事项的通知》，6 月发布《全国法院审理债券纠纷案件座谈会纪要》《银行间债券市场非金融企业债务融资工具中介服务规则》，7 月发布《标准化债权类资产认定规则》，12 月发布《完善银行间债券市场现券做市商管理有关事宜》《公司信用类债券信息披露管理办法》《银行间债券市场非金融企业债务融资工具存续期管理工作规程》等。

体现了境外投资者对于中国经济长期高质量发展、金融持续扩大开放的信心。

五、区域金融改革创新与金融稳定

2020 年，各地区稳步推进区域金融改革开放创新，充分发挥地区改革的积极性和主动性，有力推动金融服务实体经济高质量发展，总结了大量可复制可推广的有益经验和做法，形成了各地区你追我赶、区域创新协调发展的改革格局。

东部地区继续充当金融改革创新的“先遣队”，深化区域金融改革试点，为全面深化改革积累丰富实践经验。《海南自由贸易港建设总体方案》公布，海南自由贸易港建设蓬勃展开，自由贸易账户功能不断完善，已有 10 家金融机构通过直接接入模式提供自由贸易账户金融服务，2020 年实现资金收付 313.25 亿元，同比增长 130%。上海金融改革创新先行先试成效显著，《关于进一步加快推进上海国际金融中心建设和金融支持长三角一体化发展的意见》有效落地，围绕临港新片区金融先行先试、金融业高水平对外开放、金融支持长三角一体化发展等方面，全年共实现 87 项目标，并创造性地推出 28 项“自选动作”，为基本建成上海国际金融中心提供了重要支持。在全球金融中心指数（GFCI）分项排名中，上海金融科技位列全球第二位。粤港澳大湾区金融改革“试验田”作用进一步发挥，《关于金融支持粤港澳大湾区的意见》90% 以上举措已落地实施，创新发展跨境人民币、融资租赁、绿色金融等金融业务，深入推进跨境金融合作，构筑粤港澳金融双向开放新格局。2021 年 3 月末，广东省赴港上市企业 278 家，居全国第一。深港通累计交易金额突破 29 万亿元。共有 188 家港资、澳门资金融机构进驻广东，港资银行营业性机构在广东所有地级市全覆盖。招商银行、平安银行、广发银行和东莞银行已先后在香港设立分行或代表处，招商银行全资控股香港永隆银行，广发银行、招商永隆银行在澳门设立分行。深圳市全力打造全球创新中心、全球金融资本形成中心，推动深圳证券交易所创业板改革并试点注册制，主板与中小板合并，率先开展央行法定数字货币试点，试点过程平稳有序。宁波市全面启动普惠金融改革试验区创建，持续推进普惠金融平台建设，平台 2.0 版一期工程顺利上线试运行，已采集入库 300 多项信用信息约 11 亿条，日均查询超万次。

中部地区金融改革取得新进展，普惠金融、消费者权益保护创新稳步推进。河南省“一平台四体系”兰考模式更加成熟完善，复制推广进度加快，“普惠通”App 累计下载量突破 750 万人次，普惠金融服务站已覆盖全省 73.3% 的行政村，累计发放普惠贷款 994 亿元。江西赣州、吉安争创国家级普惠金融改革试验区获得成功，农村普惠金融服务站创建深入推进。截至 2020 年末，江西省共建成服务站 4945 个，标杆站点共 155 个。山西省共建设农村“金融综合服务站”2.9 万个，实现有条件的行政村全覆盖。湖南省持续推进世界银行普惠金融全球倡议（FIGI）中国项目平江试点，加大普惠领域贷款投放力度。2020 年末，全省金融精准扶贫贷款同比增长 20.0%；普惠小微企业贷款新增 771.7 亿元，增速 22.2%。湖北省深入开展“百行进万企”融资对接，受惠企业覆盖面居全国前列，截至 2020 年末，全省普惠型小微企业贷款较年初增长 26.9%。山西省积极探索开展金融教育示范基地建设试点工作，推进建设首批 12 家金融教育示范基地。

西部地区金融改革聚焦普惠、绿色金融等重点领域，金融创新支持复工复产成效显著。云南省金融业聚焦“三区三州”和深度贫困地区，2015 年以来累计发放金融精准扶贫贷款 6233. 4 亿元。各政策性银行云南省分支机构根据改革方案积极强化自身职能定位，全力推进再贷款、主题债、降息让利等政策落实，高质量完成金融服务脱贫攻坚任务。陕西省金融精准扶贫贷款余额 1612. 5 亿元，同比增长 26. 8%，普惠小微贷款余额 2165. 8 亿元，同比增长 10. 6%，累计为 133 个省级重点建设项目新提供资金 1019. 1 亿元，为全省 94 个补短板重点项目新提供 536. 1 亿元资金支持。甘肃省全年累计投入专项扶贫资金 837. 2 亿元，75 个贫困县全部摘帽，7262 个贫困村全部退出，现行标准下农村贫困人口全部脱贫，“牛羊菜果薯药”六大特色产业增加值达到 753 亿元，占农业增加值的比重达到 60. 9%。新疆维吾尔自治区绿色金融支持力度不断加大，配套支持政策不断完善。2020 年末，三个绿色金融改革创新试验区[①]已实现银行业金融机构绿色专营机构全覆盖，共设绿色专营机构 59 家。绿色项目库已纳入纯绿项目 546 个、总投资 2885. 8 亿元，覆盖地区由试验区扩展到伊犁等 12 个地市。2020 年末，试验区绿色贷款同比增长 10. 3%；贷款平均利率为 4. 61%，同比下降 0. 23 个百分点。西藏自治区绿色贷款余额 717. 33 亿元，同比增长 10. 71%。2020 年，四川省省级绿色企业（项目）库第一批已完成入库，绿色贷款余额 5164. 47 亿元，比年初增长 19%，绿色金融发展成效明显。2020 年 7 月，绵阳市商业银行成为全省首家、中国大陆第五家赤道银行。贵州省贵安新区绿色金融改革创新试验区成立以来，在管理机制、抵（质）押模式、担保模式等方面实现绿色金融产品和服务方式创新达 62 项。广西壮族自治区出台“复工贷”“稳企贷”和“桂惠贷”政策，及时为受疫情影响的民营企业、小微企业复工复产、增产增收。青海省创新开发“青信融”平台开启银企线上融资无缝对接新局面，平台上线试运行首日，4 家小微企业与商业银行现场在线 5 分钟内办结 1030 万元信用贷款，平台功能便捷高效。

东北地区持续深化乡村振兴金融改革，金融支农支小提质增效。2020 年，东北地区共有 4 家农村信用社改制为农村商业银行，较上年多增 1 家，其中，辽宁省 2 家，黑龙江省 2 家。吉林省自主研发，基于互联网和大数据分析技术的银企服务平台“吉企银通”投入运行，累计为小微企业提供贷款 2361 笔，发放贷款 77. 5 亿元。此外，吉林省积极引导金融机构加大涉农产品创新力度。截至 2020 年末，全省涉农贷款余额 5309 亿元，占各项贷款比重 23. 9%。大连市涉农金融机构积极探索创新，大力推进县域便民工程建设，累计建成银联基础惠农站 1207 个，积极为农户、企业搭建线上销售平台，促进农村支付服务环境提档升级。

① 指哈密市、昌吉州、克拉玛依市绿色金融改革创新试验区。

第二章　东部地区

面对突如其来的新冠肺炎疫情及复杂多变的国际经济金融形势，东部地区坚持以习近平新时代中国特色社会主义思想为指导，坚持稳中求进工作总基调，统筹推进金融支持疫情防控和经济社会发展，争当金融支持复工复产“排头兵”。宏观经济稳步复苏，房地产业运行平稳，进出口逆势增长；金融业保持稳健发展态势，金融服务实体经济质效不断提升。但在全球经济衰退和疫情持续影响的背景下，东部地区经济复苏基础仍不牢固，结构问题依然存在。宏观经济下行压力与金融风险相互交织，风险防控压力上升。

一、宏观经济稳步复苏，结构性问题依然存在

2020 年，东部地区实现地区生产总值 52.58 万亿元，同比增长 2.97%。一是产业结构持续优化，工业转型升级迈出新步伐。上海市工业战略性新兴产业增加值占全市规模以上工业总产值的 40%，同比提高 7.6 个百分点；浙江省人工智能、高技术、装备和战略性新兴产业等行业增加值同比分别增长 16.6%、15.6%、10.8% 和 10.2%，均高于规模以上工业增速；广东省先进制造业增加值占比达规模以上工业企业的 56.1%。东部地区服务业对经济增长的拉动作用有所增强，第三产业增加值同比增长 3.04%，三次产业结构由 2019 年的 4.59:38.92:56.49 调整为 4.76:37.75:57.49，第三产业占比较上年提高 1 个百分点。得益于自由贸易港建设，海南省第三产业增加值同比增长 5.7%，居东部地区首位；北京市、上海市第三产业增加值占比分别为 83.8% 和 73.1%，接近发达经济体平均水平。二是固定资产投资增速稳步回升，投资结构调整稳中有进。上海市、海南省和广东省固定资产投资增幅居前三位，分别为 10.3%、8.0% 和 7.2%。北京市高技术制造业和高技术服务业投资同比分别增长 87.7% 和 16.5%；福建省高技术制造业投资同比增长 16.2%。三是居民收入稳步增长，物价指数温和上涨。居民人均可支配收入同比增速集中于 2.2% ~5.7%，其中河北省、广东省和宁波市同比增速居前三位，分别为 5.7%、5.2% 和 5.2%。各省市居民消费价格指数涨幅均低于 3%，其中山东省涨幅最高，达到 2.8%。

2020 年，东部地区经济复苏势头良好，呈现稳中加固、稳中向好的良好态势，但经济金融运行中的突出矛盾和薄弱环节依然存在。一是疫情影响下消费市场尚未完全恢复。2020 年，东部地区实现社会消费品零售总额 20.08 万亿元，同比下降 3.31%，其中山东省、天津市和北京市同比降幅最大，分别达 -18.23%、-15.10% 和 -8.9%。二是内生性投资动力仍显不足。浙江省 31 个制造行业中，有 15 个投资为负增长；河北省全年工业技改投资同比下降 9.9%，41 个

工业大类行业中有29个技改投资下降。三是工业经济下行压力较大。北京市、天津市、河北省、江苏省、浙江省、福建省、广东省和海南省八个省市规模以上工业企业增加值同比增速呈回落态势。规模以下工业企业受疫情影响较为明显，天津市全年规模以下工业企业增加值同比增速低于规模以上工业企业4.8个百分点。四是工业企业盈利受到挤压。北京市、河北省、上海市、江苏省、福建省、山东省和广东省工业品出厂价格指数同比降幅扩大。上海市与河北省规模以上工业企业利润同比分别下降2.3%和1.4%，天津市石油和天然气开采业利润下降54.2%，黑色金属冶炼和压延加工业下降58.1%。

二、房地产金融管理趋严，部分房地产企业资金链承压

2020年，东部地区各省市房地产调控继续坚持“房住不炒”的定位，按照“稳地价、稳房价、稳预期”的要求，因城施策，促进房地产市场平稳健康发展。随着中央加快建立房地产金融管理长效机制，相关部门陆续出台房地产政策，房地产金融管理逐渐收紧。全年来看，房地产市场开发投资稳步增长，房地产开发贷款增速加快。东部地区完成房地产开发投资7.46万亿元，同比增长7.65%。除天津市外其他省市房地产开发投资均为正增长；厦门市、深圳市和上海市同比增速居前三位；天津市和福建省房地产开发投资同比增速降幅明显，分别回落16.88个和8.6个百分点。房地产开发贷款余额6.73万亿元，同比增长15.74%，增速较上年提高4.75个百分点。江苏省、浙江省及河北省同比增速位列前三位。商品房销售面积增速呈现区域分化，个人住房贷款占比小幅下降。商品房销售面积7.13亿平方米，同比增长4.4%；销售额9.57万亿元，同比增长14.1%。厦门市、河北省和江苏省商品房销售面积同比分别增长15%、14.1%和10.4%，明显高于其他省市；天津市和海南省销售面积同比分别下降11.60%和9.4%。个人住房贷款余额20.13万亿元，同比增长13.15%，占各项贷款余额的20.93%，较上年末下降0.18个百分点。其中，北京市、江苏省、浙江省、福建省和广东省个人住房贷款余额占比小幅下降；天津市、河北省、上海市和山东省占比略微上升，海南省上升2.58个百分点，幅度最大。

部分房地产企业资金链承压，房地产市场潜在风险值得关注。一方面，部分省市房地产市场明显回暖，居民偿债风险需高度关注。房地产市场回暖刺激购房需求，如2020年深圳市房地产市场成交住宅15.6万套，同比增长23.2%，二手住宅销售价格同比上涨14.1%；广东省、河北省商品房销售额同比分别增长19.60%和14.30%。居民部门债务上升较快，经营贷、消费贷等资金违规流入房地产市场现象仍未杜绝，未来居民偿债风险需高度关注。另一方面，房地产业资金链承压，金融风险逐步显现。随着重点房地产企业资金监测、融资监管规则和房地产贷款集中度管理等制度接连出台，银行对发放房地产开发贷款更加审慎，房地产企业银行信贷融资难度加大。前期激进扩张的个别房地产开发企业流动性紧张，银行贷款出现逾期，需关注其经营情况及对银行信贷资产质量的冲击，如2020年福建省房地产业不良贷款余额较年初大幅增长37.9%。

专栏1　上市房地产企业风险情况分析

2020年，全国房地产市场在疫情影响下呈现先抑后扬的发展态势，房地产开发投资与商品房销售回暖。但在宏观调控持续、行业融资政策趋严的背景下，上市房地产企业资金链紧张，风险逐步显现。

一、基本情况

2020年末，沪深证券交易所共有131只房地产行业股票，市值20571.7亿元，占交易所总市值的2.4%。共涉及123家房地产企业，其中103家位于东部地区，占比83.7%。上海市、深圳市和北京市上市房地产企业数位列前三，分别有21家、17家和13家。伴随国家宏观调控、房价上升以及疫情影响，上市房地产企业扩张速度明显放缓。截至2020年末，上市房地产企业资产总计134777.3亿元，同比增长13.8%，增速较上年回落3.7个百分点。

二、主要风险

（一）资产负债率高位运行，个别企业资不抵债。截至2020年末，上市房地产企业资产负债率中位数为67.8%，与上年持平。其中，4家企业资产负债率超过90%，31家企业资产负债率介于80%～90%。天津松江股份有限公司（＊ST松江）资产负债率高达134.7%，已严重资不抵债。2020年末，上市房地产企业平均净资产收益率为1.1%，较上年下降6.1个百分点。上市房地产企业资产收益率持续下降，未来资产负债率或将进一步上升。

（二）到期债务压力较大，企业偿债风险上升。上市房地产企业到期债务压力持续攀升，资金链高度紧张。2020年末，上市房地产企业一年内到期债务11414.6亿元，整体现金短债比由1.3下降至1.2，到期债务压力较往年明显上升。

（三）个别企业发生违约，风险可能向外传导。2020年以来，部分上市房地产企业出险，新华联集团、泰禾集团、华夏幸福等相继发生债务违约。上市房地产企业违约风险可能向大型企业集团转移，对上下游企业和商业伙伴产生次生冲击。部分跨领域经营的上市房地产企业出现房地产板块拖累其他优质资产的情况，风险可能放大外溢。

三、政策建议

一是加强部门联动，强化跨部门跨地区潜在风险应对。监管方面，上市房地产企业监管由中央金融管理部门、住房建设部门、自然规划部门等分别负责，同时又涉及税务、司法、市场等其他部门；在地域上，上市房地产企业一般跨区域经营，注册地地方政府难以全面掌握企业风险情况。需进一步推动加强各地区、各部门之间的联动协作，建立跨地区、跨部门的常态化信息交流沟通渠道。

二是关注出险企业，针对风险隐患进行早期干预。为应对上市房地产企业出险数量增多、出险企业规模扩大的趋势，要深入分析其风险模式和具有普遍性的出险诱因，摸排其他上市房地产企业潜在风险隐患。压实地方政府在风险处置中的属地责任，及时对风险隐患进行早期干预。鼓励上市房地产企业改善资金结构，提高销售回款能力，提升企业应对金融市场波动的能力，督促企业合理安排长期债务偿还计划，提前做好资金筹集和债务协商等工作。

三是鼓励住房租赁市场建设，落实租售并举政策。鼓励上市房地产企业进一步加大住房租赁市场投入，通过建立租售并举的房地产市场格局以提升企业资金回流能力。支持企业将长期积压的商住房、住宅改变为租赁住房，从而盘活企业库存。

资料来源：中国人民银行营业管理部。

此外，2020 年长租公寓行业风险集中暴露。疫情对长租公寓行业产生显著影响，行业个别头部企业出险，并通过租金贷业务传导至金融机构。2020 年 3 月，上海某银行发生较大规模的租客群体聚访事件，引发涉众风险。

专栏 2 商业银行“租金贷”业务的问题与建议

加快培育住房租赁市场是国内大城市解决多层次居住需求的重要举措，长租公寓行业因此得以快速发展。部分银行响应市场需求，探索发放住房租金贷款，取得较好的经济效益和社会效益。但由于长租公寓企业盈利模式尚不清晰，大多数企业处于亏损状态，疫情冲击下长租公寓企业“跑路”“爆雷”事件增多，商业银行“租金贷”业务风险日渐显露。

一、业务模式

商业银行“租金贷”业务一般基于消费贷款或信用卡分期产品，由租房人向商业银行申请办理住房租赁贷款，购买长租公寓一年期租赁权，银行机构一次性将全部贷款资金发放给长租公寓，租房人按月还款，类似于按期缴纳住房租金。

二、存在的主要问题

一是长租公寓企业经营模式较为激进，加大“租金贷”业务信用风险。长租公寓企业大多采取“高进低出”“长收短付”的高风险经营模式，现金流不可持续、入不敷出的问题突出，因市场震荡调整容易出现资金链断裂、倒闭甚至恶意“跑路”等情况。一旦长租公寓企业倒闭或者房东不履约，租房人将被迫搬离，其按期足额支付“租金贷”的不确定性将显著上升，银行机构“租金贷”业务小额分散风险极易演变成大额集中风险。2018 年上海寓见公寓“爆雷”，涉案金额超过亿元。

二是长租公寓行业监管不足，“租金贷”业务存在合规风险。由于缺乏有效市场监管，个别长租公寓企业利用“租金贷”业务沉淀的大量资金抢占房源、盲目扩大规模，甚至违规挪用贷款资金涉嫌非法集资。个别长租公寓企业在租房合同中套加融资合同条款，诱导租房人在不知情的情况下签署房租贷款合同，甚至贷款资金不通过租房人账户转出，侵犯租房人的知情权。若租房人以未明确告知“租金贷”内容为由拒绝支付贷款本息，最终风险则可能将由银行机构承担。

三是长租公寓企业的经营风险可能向银行机构传导。目前长租公寓行业处于起步阶段，抗风险能力偏弱，“爆雷”后的租赁纠纷往往演化成众多租房人与银行机构间的融资纠纷，易引发涉众风险。南京和上海等地就曾因长租公寓平台出险而发生租房人群体性事件。

三、相关建议

一是加快推进住房租赁法律法规建设，强化长租公寓机构市场准入和资金用途监管，规范长租公寓企业的运营管理。二是研究制定金融扶持政策，拓展长租公寓企业的融资渠道，引导长租公寓行业健康发展。三是金融管理部门要加强对“租金贷”业务的监管，督促银行机构合规运作并建立合作机构“白名单”，加强集中度管理。

资料来源：中国人民银行上海总部、南京分行。

三、进出口逆势增长，对外贸易面临诸多挑战

2020 年初，东部地区对外贸易受疫情冲击明显，下半年在宏观经济复苏和稳企业保就业等各项政策的持续推动下，进出口快速回稳并逆势增长，展现出强大韧性。全年实现进出口总额 38491.57 亿美元，同比增长 2.29%。其中，出口总额 18376.23 亿美元，同比增长 5.15%；进口总额 20115.35 亿美元，同比增长 0.01%。东部地区大部分省市进出口保持增长。广东进出口总额达 7.08 万亿元，其中对“一带一路”沿线国家和地区进出口同比增长 2.3%。厦门市对“一带一路”沿线国家和地区进出口同比增长 13.2%；对台进出口同比增长 2.4%，连续 13 年保持大陆对台最大进口口岸地位。仅北京市和天津市进出口总额同比下跌。其中，受原油及天然气价格影响，北京市进出口总额 23215.9 亿元，同比下降 19.1%。

东部地区尽管对外贸易呈现良好发展态势，但由于全球经济复苏艰难曲折，与疫情冲击叠加共振，逆“全球化”思潮抬头，对外贸易仍面临诸多挑战。一是海外疫情持续蔓延，严重冲击全球产业链供应链，干扰生产要素跨境流动和布局。受国际货运供需失衡影响，江苏省外贸出口企业面临集装箱“有去无回”“一箱难求”的局面，产销不畅以及运输物流成本飙升，利润空间大幅缩小。福建省传统劳动密集型产品出口降幅较为明显，加工贸易同比下降 10.9%。二是部分高新技术产品进出口受阻、科技合作交流受限，对外贸产业转型升级造成一定阻碍。企业高端机器设备和重要关键元器件进口限制逐年增加，迟滞生产线改造和高科技企业投产，在低端产能加速外移、高新技术产业尚未形成支撑效应的背景下，产业转型升级“阵痛期”可能延长。三是国际大宗商品价格持续攀升，部分进口原材料供应不足，价格明显上涨，输入性通货膨胀风险上升。

四、银行业有力支持疫情防控，部分银行机构经营压力较大

2020 年，东部地区银行业整体保持平稳运行，资产负债加速扩张，存贷款余额保持较快增长。2020 年末，银行业金融机构资产总额 162.22 万亿元，较上年末增加 18.98 万亿元，同比增长 13.25%。其中，贷款余额 96.18 万亿元，同比增长 14.10%。信贷结构逐步优化。北京市制造业人民币中长期贷款余额同比增长 58.9%，河北省普惠小微企业贷款余额较年初增加 979.5 亿元，深圳市普惠小微贷款与制造业中长期贷款余额同比分别增长 40.9% 和 42.0%。银行业金

融机构负债总额155.05万亿元，较上年末增加18.5万亿元，同比增长13.55%。其中，存款余额121.41万亿元，同比增长15.15%。营业收入和中间业务收入小幅增长。银行业金融机构全年实现营业收入3.61万亿元，同比增长3.14%。其中，利息净收入2.9万亿元，同比增长6.23%，占营业收入的80.32%。银行业机构通过成立理财子公司、加快净值化转型等举措稳步推进资产管理业务转型升级，取得积极成效，全年实现中间业务收入5998.44亿元，同比增长4.67%。

东部地区银行业机构积极支持疫情防控和经济社会发展，助企纾困政策落地显效。上海市中资银行业金融机构中小微企业贷款延期还本付息规模达2507.55亿元，在沪金融机构累计投放疫情防控贷款4527.02亿元。浙江省再贷款再贴现直达企业和农户28万余户；地方法人银行累计为31.3万户普惠小微企业实施阶段性延期还本付息，向226.1万户普惠小微企业发放符合央行政策条件的信用贷款。金融让利惠企力度显著。深圳市通过减息向实体经济让利507.5亿元。上海市对受疫情影响严重的企业减免本息1.41亿元，对个人减免贷款17.58亿元。

专栏3　商业银行理财公司资管业务发展运营分析

——以建信理财和招银理财为例

2019年以来，商业银行理财公司陆续成立，在推进理财业务整改转型过程中发挥了重要作用。总体来看，理财公司发展运行平稳，资产规模稳步上升，但也存在一些问题值得关注。

一、基本情况

截至2020年末，建信理财有限责任公司管理资产规模6972.68亿元，总资产规模161亿元，实现净利润3.35亿元。招银理财有限责任公司管理资产规模2.45万亿元，其中7878.19亿元为自有管理金额，剩余部分为代招商银行管理，总资产规模80.6亿元，实现净利润24.53亿元。

二、发展中存在的主要问题

一是部分老产品资产端整改难度大。部分房地产类业务、政府引导基金项目回表面临合规风险，部分长期限非标资产难以对接期限匹配的新产品等。

二是理财公司部分产品及业务功能受限。理财公司发行的产品无法在银行间市场开户；无法进行债券投资；商业银行转移到理财公司的理财产品，其底层资产在办理权属转移过程中存在客观障碍。

三是税收负担相对较重。理财产品仅所得税一项就将整体收益率拉低近75个基点（以货币基金收益率3%估算），对其平稳转型产生一定影响。

四是投资者教育有待进一步加强。2020年5—6月，债券市场大幅波动导致部分市值法计价的纯债产品净值回撤，产品业绩比较基准持续下滑，部分投资者无法接受净值下降，市场出现一定的负面舆情。

三、对策建议

一是完善资管整改配套细则。尽快出台风险资产回表、信托产品估值指引等资管新规相关配套细则，统一部署安排，稳妥推进资产管理业务规范发展和转型升级，促进行业公平竞争。

二是加强金融监管协调。强化对资管新规过渡期整改工作的指导与协调，统一把握政策执行的节奏和力度，有序引导金融机构分批次进行产品整改，防范处置风险的风险。

三是加强投资者教育。通过舆论引导、政策宣讲、一对一精准宣传等方式，自上而下打造多层次的投资者教育体系。强化投资者适当性管理，加强市场沟通，有效引导市场预期，密切关注并妥善处置舆情风险，在打破刚兑和落实资管新规之间取得平衡。

四是跟踪监测资管业务整改进展。持续监测金融机构资管业务的整改转型和风险状况，重点关注存量资管业务收敛轨迹和个案资产处置预案，督促金融机构优化整改方案，提高整改效率，按时完成整改任务。

资料来源：中国人民银行深圳市中心支行。

2020 年，东部地区金融管理部门为适应形势发展变化，及时传递监管导向，推进银行业金融机构跨周期财务配置，加快不良资产处置，未雨绸缪应对信用风险潜在上升的局面。银行业金融机构资产质量保持稳定，不良贷款余额小幅攀升，关注类贷款余额下降。2020 年末，东部地区银行业金融机构不良贷款余额 1.23 万亿元，同比增长 6.97%；整体不良贷款率 1.28%，同比下降 0.09 个百分点；关注类贷款余额 2.42 万亿元，同比下降 5.84%。各省市资产质量趋于分化，部分省市信用风险防控压力增大。天津市、浙江省、海南省、深圳市、宁波市和厦门市不良贷款率同比上升。其中，海南省不良贷款率最高，较上年提高 2.35 个百分点，高于东部地区平均不良贷款率 6.59 个百分点，资产质量持续下滑。河北省关注类贷款余额较上年初增加 1027.19 亿元，同比多增 976.46 亿元。山东省 16 个地市中有 3 个地市不良贷款率高于监管标准，6 个县市不良贷款率达到监管标准的 2 倍以上，不良贷款“前清后冒”问题突出，金融生态环境修复难度较大。

专栏 4　地方法人银行跨周期财务配置实践与成效

做好跨周期政策设计，以丰补歉是维护金融安全稳定的内在要求。面对突如其来的新冠肺炎疫情冲击，东部地区金融管理部门按照跨周期调节工作要求，全力以赴支持疫情防控和经济社会发展，指导地方法人银行机构加大拨备计提和风险处置，在促发展与防风险之间取得平衡。

一、主要做法和取得的成效

（一）主要做法。一是组织开展资产质量核查，摸清风险底数，有序引导地方法人银行机构做实资产质量。如浙江省推动省农村信用联社出台政策，将逾期 90 天以上所有贷款和逾期 60 天以上对公贷款全部纳入不良贷款，要求当年不良贷款处置金额要大于上年，并通过绩效考核“指挥棒”鼓励风险暴露和处置。二是推动金融机构前瞻性增提拨备和补充资本。福建省召开专题会议对法人银行机构跨周期财务配置工作进行布置，要求按真实不良贷款计算的拨备覆盖率要明显提升，并将落实情况纳入季度央行金融机构评级范围。深圳市指导地方法人银行机构设计差异化的拨备计提政策，提足资产减值损失准备，应对非预期损失。三是指导金融机构加大不良贷款处置力度。厦门农村商业银行“前置60天”部署推进不良贷款处置。广东省、江苏省、山东省、上海市和海南省等地人民银行积极为金融机构不良贷款处置创造条件。

（二）取得的成效。一是不良贷款处置加快推进。2020年，东部地区地方法人银行处置不良贷款4341.19亿元，较上年增加217.18亿元；关注类贷款率2.86%，较上年下降0.31个百分点。二是损失吸收能力增强。截至2020年末，地方法人银行信用风险减值损失准备余额同比增长64.45%；拨备覆盖率221.32%，较上年提高17.63个百分点。三是资本充足程度改善。地方法人银行通过发行二级资本债、永续债和增发股份等补充资本1872.62亿元，较上年增加386.55亿元；通过增加利润留存补充资本1589.58亿元。四是服务实体经济质效提升。全年地方法人银行新增小微企业首贷户数16.68万户，新增首贷户金额7617.77亿元；新增制造业中长期贷款1335.34亿元，同比多增717.34亿元。

二、面临的难点

一是面临盈利能力制约，各方利益协同难度加大。跨周期财务配置的本质是根据风险变化，促进跨周期合理配置财务资源，熨平经济周期波动影响。金融机构盈利是基础，但当前县域金融市场竞争加剧，地方法人银行机构盈利能力趋势性减弱，盈利在增提拨备、保障员工绩效和满足股东收益诉求等方面的平衡难度加大。

二是现行政策不完全配套。《商业银行绩效评价办法》对金融机构拨备覆盖率水平的评价导向为“适度”，满分标准为100%~200%，低于或高于此区间都将扣分，导向与当前形势下推进跨周期财务配置工作不完全一致。同时该办法对净资产收益率、人均利润等评价指标考核导向设定为“正向”，在一定程度上也会限制金融机构拨备计提的积极性。

三是历史包袱较重的金融机构存在更多制约。这些机构化解历史问题资产占用的财务资源比例较高，财务资源调整的空间有限，应对经济金融环境变化的能力相对较弱。

三、措施建议

一是持续推进跨周期财务配置。充分发挥央行金融机构评级等手段作用，并将其融入完善地方法人银行机构公司治理体系，以跨周期政策调节的思维指导地方法人银行机构提前进行年度财务规划，实现稳健平稳发展。

二是加大政策支持配套力度。加强金融政策与财政政策协同，结合实际情况积极协调财政部门阶段性调整考核标准，如以金融管理部门计算的金融机构拨备覆盖率作为绩效评价的依据，支持金融机构适应形势变化及时增提拨备。

三是支持困难地方法人银行发展。加快创新适合中小法人银行的资本补充工具，进一步拓宽地方法人银行资本补充渠道。压实地方政府金融风险处置属地责任，加大政策帮扶力度，推进困难地方法人银行回归健康发展轨道。

资料来源：中国人民银行福州中心支行。

东部地区地方法人银行经营总体稳健，但部分银行机构经营压力较大，相关领域风险逐步显现。一是风险抵补能力不足。广东省辖内5家城商行资本充足率达标压力较大，其中某城商行核心一级资本充足率仅高于监管标准0.5个百分点。厦门市中小法人银行不同程度面临资本补充压力，资本对业务发展的约束不断加大。二是流动性风险管理压力较大。河北省部分地方法人银行过于依赖同业负债，高杠杆逆周期快速扩张，资产负债期限错配，流动性缺口较大。福建省银行业金融机构存贷比达106.16%，高存贷比制约贷款增长，银行体系流动性存在隐患。三是高风险银行机构风险化解需持续推进。个别地区高风险机构数量不降反升，呈现历史包袱重、化解难度高的特点。同时，地方法人银行舆情风险突出，需进一步加强金融突发事件应急管理。四是公司治理水平有待提升。部分银行机构公司治理不健全，股东干预银行正常经营，部分由大型民营企业参股控股的地方法人银行机构存在关联交易、利益输送等问题，加剧金融风险交叉传导。广东省某城商行主要股东自身经营状况恶化，非但无法落实补充资本的承诺，而且自身在银行机构的融资也难以按时归还。

五、资本市场融资能力不断增强，证券业潜在风险仍需重点关注

2020年，东部地区证券行业总体保持稳健运行，资本市场支持作用有效发挥。一是市场参与主体进一步扩大。2020年末，东部地区共有法人证券期货类机构333家，全年新增8家；资产余额5.28万亿元，同比增长25.22%。境内上市公司2937家，全年新增597家。二是盈利能力显著增强。在沪深股市上涨行情的带动下，东部地区法人证券公司全年实现营业收入3365.9亿元，同比增加612.15亿元，增长22.23%；净利润1325.84亿元，同比增加354.77亿元，增长36.53%。三是首发融资能力不断提升。上市公司在股票市场累计募集资金11385.14亿元。其中，首发筹资金额3956.6亿元，占募资总额的34.75%，同比增加1450.55亿元，增长57.88%；再融资金额7428.54亿元，占募资总额的65.25%，同比减少3063.89亿元，下降29.2%。北京市各类企业利用多层次资本市场实现直接融资1.16万亿元；上海市IPO融资和股票再融资同比分别增长475%和99.97%；宁波市企业在资本市场融资872.95亿元，同比增长212.68%。四是债券市场融资持续增长。上海市82家企业公司债融资合计4419亿元，同比增长62.11%；山东省公司债券募集资金2485亿元，同比增长46%，融资规模创历史新高。五是证券业对外开放加速推进。2020年，上海市已设立或开业2家外资控股证券公司和1家外资全资公募基金管理公司；3家境内证券公司获准开展跨境业务试点；19家证券期货业机构在香港设立子公司，2家期货公司在新加坡设立子公司。

证券期货行业有力支持企业直接融资，助力实体经济恢复发展，但部分风险因素不容忽视。一是股票质押风险需持续重点关注。东部地区股票质押市值达8392.08亿元，涉及988家上市公司，尤其是小盘股，成交量低迷，股价持续下跌，股权质押平仓风险较大。深圳市有21家上市公司大股东股票质押比例偏高，涉及融资金额292亿元。二是债券违约持续承压。2020年，东部地区共有110只债券违约，余额高达1354.80亿元，占东部地区债券融资余额的0.92%。北京市有59只债券发生实质性违约，金额775.9亿元，同比增长137.1%；广东省有7家债券发行主体出现违约，金额185.62亿元，同比增长84.5%；山东省有14只债券违约，金额116.5亿元。

三是私募基金风险防控有待加强。部分私募机构违反监管规定，存在拆分转让、代持、虚假宣传、资金挪用、募新还旧等行为；部分已出险机构受损群体庞大，资金托管行可能面临舆论风险及诉讼压力。2020 年末，某市共有高风险隐患的私募机构 58 家，投资者群访风险较为突出。四是部分上市公司退市风险较高。深圳市共有 *ST 公司 10 家、ST 公司 3 家，其中，5 家公司被立案调查，4 家公司股价已连续多日低于 1.5 元，1 家公司因连续两年被出具无法表示意见的审计报告而被暂停上市。五是上市公司经营管理水平亟待提高。部分上市公司治理结构和机制不完善，存在信息披露质量不高、财务核算不规范等问题，部分公司存在违规对外担保、大股东资金占用等情况，如 2020 年广东省上市公司发生违规事件达 273 件。

六、保险业保障功能持续发挥，行业高质量发展任重道远

2020 年，东部地区保险市场总体保持平稳健康运行，保险业回归保障功能的定位和方向更加清晰，服务实体经济发展的能力不断提升。一是保险公司规模持续扩张。2020 年，东部地区保险公司实现保费收入 2.44 万亿元，同比增长 6.56%。其中，财产险保费收入 6360.71 亿元，人身险保费收入 18034.18 亿元，同比分别增长 1.59% 和 8.42%。2020 年末，保险公司资产总额 7.52 万亿元，同比增长 15.34%。其中，财产险公司资产总额 5196.75 亿元，人身险公司资产总额 6.62 万亿元，同比分别增长 16.41% 和 15.53%。二是行业转型发展取得新进展。财产险公司非车险业务保费收入 2092.71 亿元，同比增长 3.79%，高于车险保费增速 3.24 个百分点，成为拉动行业发展的主要因素。浙江省财产险公司非车险保费收入同比增长 15.7%，占比提高 2.8 个百分点。人身险业务逐步回归保障本源，天津市人身险公司普通寿险保费收入占比同比提高 3.74 个百分点，山东省普通寿险保费同比增长 20.45%。三是保障功能持续增强。2020 年，东部地区保险公司赔款和给付支出 7226.24 亿元，同比增长 7.68%，其中财产险和人身险赔款和给付支出分别增长 5.28% 和 10.34%。为有效应对疫情冲击，保险业积极扩展保险责任。宁波市依托国家保险创新示范区，首创政策性小微企业复工防疫保险，获工信部重点推介。福建省人身险公司扩大服务保障范围，部分团体保险责任范围扩展至新冠肺炎，覆盖各类企业 2.3 万家，涉及员工 95 万人，合同风险保额 3475 亿元。四是人身险公司退保风险显著下降。人身险公司退保总额 1611.09 亿元，同比下降 36.18%。各省市寿险公司退保率在 2% ~3%，总体趋于稳定。

东部地区保险业保障功能持续发挥，服务经济民生能力不断提升，但仍存在以下问题值得关注。一是发展不平衡问题较为突出。2020 年末，东部地区保险密度 4327.51 元/人，同比增加 100.79 元/人；保险深度 4.64%，同比上升 0.16 个百分点。各省市保险业发展差距较为明显，保险密度最高的为北京市，达 10518.88 元/人，最低的为海南省，仅 2042.51 元/人，两者差距高达 8476.37 元/人；保险深度最高的为北京市，达 6.38%，最低的为福建省，仅 2.83%，两者差距达 3.55 个百分点。二是保险公司业务转型面临多重挑战。车险综合改革进一步加速财险市场主体两极分化，中小财产险公司车险业务竞争压力上升，在非车险市场又面临业务深耕不足、盈利空间有限等问题；人身险市场产品同质化严重，简单价格竞争的初级产品供给过剩，高层次健康和养老保障产品供给不足，中小寿险公司盈利承压。如厦门市承保亏损机构 22 家，亏损面达 56.4%，较上年扩大 12.8 个百分点。三是保险资金运用难度加大。在宏观经济下行、打破

刚性兑付以及疫情等因素叠加影响下，保险资金运用收益波动和减值压力进一步增加。某大型保险公司投资华夏幸福股票和债券分别为180亿元和360亿元，受对方违约影响形成浮亏。因信托计划项目违约和持仓债券违约，北京市6家保险公司发生资金运用损失。四是保险公司经营管理规范性有待提高。部分公司因虚列费用、虚假报告、违规编制财务数据等多次被金融监管部门行政处罚，销售不合规现象时有发生。公司治理结构不完善，合规及风控短板突出。2020年，宁波市保险业报送案件12起，涉案金额2.48亿元，是上年同期的67倍。河北省发生业内诈骗案4起，涉案金额1295.45万元；财产险公司业外保险金诈骗案21起，涉案金额422.07万元。

专栏5 车险新规影响分析

2020年9月，银保监会发布《关于实施车险综合改革的指导意见》，新一轮包含交强险、商业车险的车险新规正式实施。本次车险综合改革有效规范了行业运行，进一步推动了行业生态重塑和险企的转型发展，但改革后行业也面临保费增速下滑、承保亏损等问题和风险，需要加以关注。

一、综合改革的主要影响

（一）对车险行业运行的影响。一是车险保费增速下滑。2020年，东部地区实现车险保费收入4268亿元，同比仅增长0.55%，增速较上年下降4个百分点。车险保费收入占财产险公司总保费收入的67.1%，与上年（67.8%）基本持平。二是车险赔付上升。交强险限额提高，商业车险责任范围扩大，叠加保费充足率下降，导致车险赔付攀升。2020年车险赔付支出2493.58亿元，同比增长1.56%。三是行业集中度提升。大型险企得益于较强的直销直控渠道及议价能力，更具竞争优势，中小型险企则面临更大竞争压力。2020年，财产险“老三家”人保、平安和太平洋保险的车险保费收入合计占车险市场的67.6%，较上年提高0.4个百分点。

（二）对市场主体的影响。一是渠道博弈显现。改革后各主体电销渠道更为活跃，部分主体采取低费用加增值服务策略，价格较中介渠道低10%～15%。二是车险市场从“价格战”转为“服务战”。改革后车险价格更加透明，消费者比价行为更普遍，客户流动性更大，服务水准、时效、差异化以及增值服务的价值等要素成为新的竞争焦点。三是中小型险企面临转型压力。附加费用率的进一步下降，将倒逼中小型险企降本增效、优化内部管理、提升产品创新能力和服务能力，应尽快实现专业化转型。四是中介代理机构盈利空间压缩，行业秩序进一步规范。改革后，受制于成本管控压力以及产品服务同质化等因素，险企对中介机构的依赖度降低，市场信息更加公开透明。

二、存在的主要问题和风险点

一是部分地区存在高费用和非理性折扣竞争等问题。尽管整体费用随着改革明显下降，但部分地区、部分业务仍存在高手续费、套取费用、费用不及时入账、给予合同外其他利益等问题；部分险企为抢占新车市场，仍然采取高定价、高费用模式，存在强制捆绑销售情形。

二是中介违规出单风险。个别保险中介利用各省市在费率、手续费等方面存在的地区差异，将部分团单业务或渠道业务跨省出单甚至违规出单，严重扰乱市场秩序。

三是恶意骗保风险。据保险公司反映，行业内普遍存在车辆尤其是高端二手车保额高于实际价值的现象。在保费不变的情况下，改革实际上增加了商车险全车盗抢、自燃、涉水等保险责任，骗保概率因此可能加大。

三、对策建议

一是强化内部管理，推进降本增效。摒弃以往粗放的经营模式，注重效益质量、服务品质和消费者体验。降低运营成本，加快直销平台建设，撤销非必要柜台，利用科技赋能车险定价、风险管控和服务能力提升。

二是加快推进业务转型和产品创新。财产险公司要不断优化业务结构，加快非车责任险、农业险、健康险等业务领域的发展，聚焦客户个性化需求，打造差异化、特色化的发展模式。加快对新能源汽车、智能汽车产品及UBI类等产品的研发设计。

三是强化监管，规范市场运行。围绕推动财产险公司稳健经营、规范竞争、合规销售理赔、严格管理等方面建立分类监管体系，有扶有控、有保有压，进一步引导保险公司优化考核、调整结构、合规经营。

资料来源：中国人民银行济南分行。

七、定量评估

运用区域金融稳定定量评估模型，对东部地区的区域金融稳定状况进行评估。从定量评估结果来看，东部地区2020年金融稳定状况综合得分为72.7分，比上年下降4.1分，高于全国平均水平1.1分，处于较稳定区间①。其中，宏观经济、银行业、证券业、保险业和金融生态环境得分均高于全国平均水平（见图1）。

从具体指标变动情况来看，东部地区共有12项指标较上年有所改善，10项指标较上年有所下降，3项指标与上年基本持平。在宏观经济方面，受新冠肺炎疫情影响，地区生产总值增长率、第三产业增加值增长率、全社会固定资产投资增长率、社会消费品零售总额增长率、实际利用外资增长率、进出口总额增长率、城镇居民可支配收入增长率和农村人均纯收入增长率均有不同程度放缓，宏观经济整体得分较上年有所下降。东部地区银行业资本充足水平和流动性指标得分有所上升，盈利能力指标有所下降，银行业总得分与上年总体持平。证券业得分延续上年回升态势，盈利能力指标大幅上升，资本充足水平不断提高，净资本负债率下降，得分较上年显著提高。保险业保费收入指标较上年下降明显，得分同比有所回落。除地方财政收入占GDP比重指标基本保持平稳外，金融生态环境其他指标均有不同程度上升，总得分有所提高（见表1）。

① 将定量评估结果进行五大区间的等级评估：非常稳定（95分及以上）、稳定（85~94分）、较稳定（70~84分）、较不稳定（60~69分）和不稳定（60分以下）。

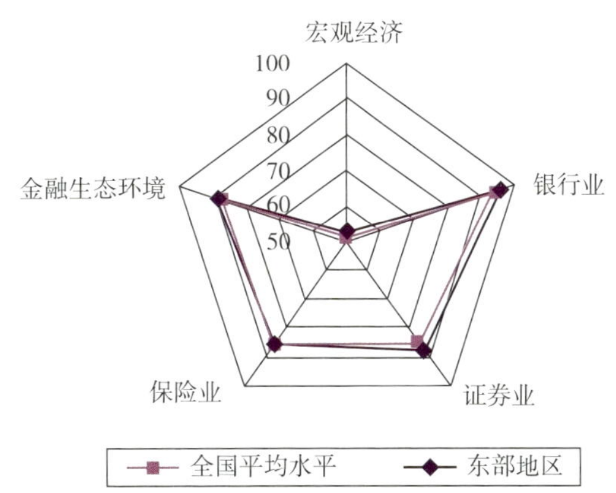

图 1　2020 年东部地区金融稳定状况和全国平均水平的比较

表 1　2020 年东部地区评价指标及变动情况

<table>
<tr><th colspan="2" rowspan="2">指标分类</th><th rowspan="2">变动方向</th><th rowspan="2">评价指标</th><th colspan="3">变动情况</th></tr>
<tr><th>改善</th><th>稳定</th><th>下降</th></tr>
<tr><td colspan="2" rowspan="11">宏观经济</td><td rowspan="11">↓</td><td>地区生产总值增长率</td><td></td><td></td><td>√</td></tr>
<tr><td>第三产业增加值增长率</td><td></td><td></td><td>√</td></tr>
<tr><td>全社会固定资产投资增长率</td><td></td><td></td><td>√</td></tr>
<tr><td>社会消费品零售总额增长率</td><td></td><td></td><td>√</td></tr>
<tr><td>实际利用外资增长率</td><td>√</td><td></td><td></td></tr>
<tr><td>进出口总额增长率</td><td></td><td></td><td>√</td></tr>
<tr><td>城镇居民可支配收入增长率</td><td></td><td></td><td>√</td></tr>
<tr><td>农村人均纯收入增长率</td><td></td><td></td><td>√</td></tr>
<tr><td>居民消费价格指数</td><td>√</td><td></td><td></td></tr>
<tr><td>城镇登记失业率</td><td></td><td>√</td><td></td></tr>
<tr><td>典型城市房地产销售价格指数</td><td>√</td><td></td><td></td></tr>
<tr><td rowspan="10">金融机构</td><td rowspan="4">银行业</td><td rowspan="4">→</td><td>核心资本充足率</td><td>√</td><td></td><td></td></tr>
<tr><td>不良贷款率</td><td></td><td>√</td><td></td></tr>
<tr><td>资产利润率</td><td></td><td></td><td>√</td></tr>
<tr><td>流动比率</td><td>√</td><td></td><td></td></tr>
<tr><td rowspan="3">证券业</td><td rowspan="3">↑</td><td>净资本充足率</td><td>√</td><td></td><td></td></tr>
<tr><td>净资本负债率</td><td></td><td></td><td>√</td></tr>
<tr><td>资产利润率</td><td>√</td><td></td><td></td></tr>
<tr><td rowspan="3">保险业</td><td rowspan="3">↓</td><td>应收保费率</td><td>√</td><td></td><td></td></tr>
<tr><td>保费收入增长率</td><td></td><td></td><td>√</td></tr>
<tr><td>寿险公司退保率</td><td>√</td><td></td><td></td></tr>
<tr><td colspan="2" rowspan="4">金融生态环境</td><td rowspan="4">↑</td><td>法治环境调查综合得分</td><td>√</td><td></td><td></td></tr>
<tr><td>地方财政收入占 GDP 比重</td><td></td><td>√</td><td></td></tr>
<tr><td>银行服务密度</td><td>√</td><td></td><td></td></tr>
<tr><td>征信数据库覆盖率</td><td>√</td><td></td><td></td></tr>
</table>

注：表中“↑”代表改善，“↓”代表下降，“→”代表稳定。

综合历史数据考察区域金融稳定变动趋势，东部地区2020年金融稳定综合得分有所下降（见图2），但仍处于较稳定区间。分项来看，宏观经济得分下降明显；银行业得分与上年相比基本保持平稳；受证券市场交易活跃和证券公司盈利能力大幅上升影响，证券业得分呈高速上升态势；保险业受保费收入回落影响，得分小幅回落；金融生态环境得分稳中有升，多年来一直都处于稳定区间（见图3）。

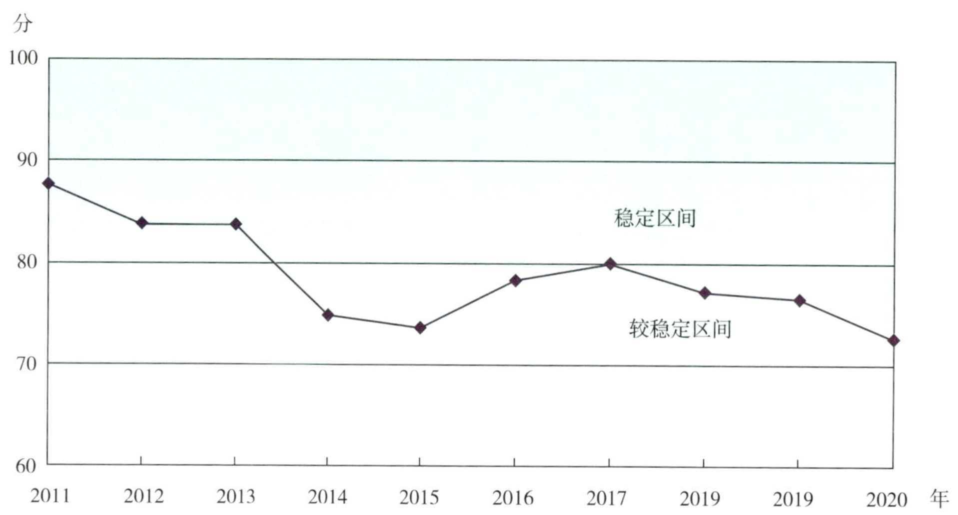

图2　2011—2020年东部地区金融稳定综合得分趋势图

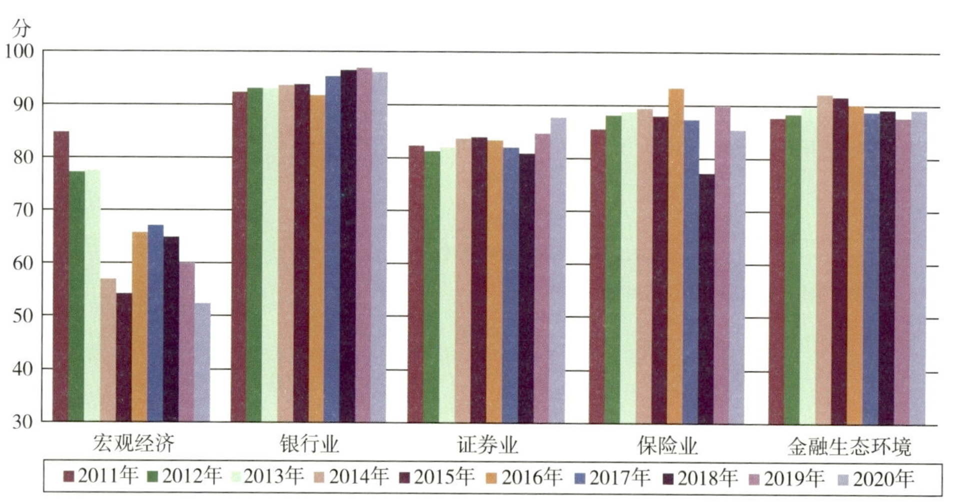

图3　2011—2020年东部地区金融稳定状况的比较

第三章　中部地区

2020年，面对复杂严峻的国内外经济金融形势特别是新冠肺炎疫情的严重冲击，中部地区坚持以习近平新时代中国特色社会主义思想为指导，深入实施创新引领开放崛起战略，统筹疫情防控和经济社会发展，实现了经济平稳复苏和健康发展，金融风险总体可控，但持续稳增长压力仍然较大，部分领域金融风险较为突出。

一、经济发展逐步回暖，持续稳增长压力仍然较大

2020年，中部地区生产总值22.22万亿元，同比增长1.30%，增速较上年下降6.05个百分点，低于全国平均水平1.0个百分点，其中，湖北省同比下降5.0%，全年降幅较第一季度收窄34.2个百分点。一是产业结构持续调整，第一产业稳中向好。三次产业结构由2019年的8.18:41.78:50.04调整为9.04:40.62:50.34，第一、第三产业占比分别提高0.86个、0.3个百分点，第二产业占比下降1.16个百分点；第一产业增加值同比增长12.35%，增速快于地区生产总值11.05个百分点，农牧业综合生产能力稳步提高。二是固定资产投资平稳增长，对外贸易规模持续扩大。2020年，中部地区全社会固定资产投资（不含农户）19.98万亿元，同比增长0.7%，其中房地产开发投资2.88万亿元，同比增长4.41%。社会消费品零售总额9.22万亿元，同比下降5.77%。进出口总额3945.74亿美元，同比增长14.26%；其中进口、出口总额分别为1429.67亿美元和2516.07亿美元，同比分别增长19.06%和12.79%。三是物价水平保持温和上涨，居民生活质量持续改善。2020年，除湖北省外的中部地区其他五省城镇、农村居民可支配收入持续增长，同比涨幅分别介于1.6%~5.5%和6.2%~7.8%，增速略高于经济增长；居民消费价格指数温和上涨，同比涨幅为2.3%~2.9%，增长势头有所收窄，其中，湖北省居民消费价格同比上涨2.7%，较第一季度回落3.4个百分点，经济逐步复苏回稳。

专栏1　疫情后湖北省经济复苏的经验与成效

2020年面对疫情的严重冲击，湖北全省上下保持“大战”状态、“大考”作风，从第一季度“按下暂停键”、第二季度“重启恢复”，到2020年下半年“全面恢复”，全省经济复苏势头向好。年末地区生产总值43443.46亿元，恢复至2019年同期的95%，降幅逐季快速收窄，经济呈“V”形曲线反弹上扬，体现了全省经济的强大韧性和良好的修复能力。

一、抢抓机遇，推进中央扶持政策扎实落实

一是建立推进政策落实制度机制。积极协调全省金融部门落实中央一揽子支持政策，成立工作专班，制定《贯彻落实支持湖北发展一揽子政策（金融）工作方案》。开展政银企对接，助推企业纾困解难，坚决打好疫情后重振民生保卫战、经济发展战。2020 年末 6 项中央一揽子金融政策已全部落实。二是结合实际推出促进经济社会发展细则。抢抓中央支持湖北一揽子政策机遇，审时度势推出“促进经济社会发展 30 条”“扩大有效投资 22 条”等政策措施，印发《提振消费促进经济稳定增长若干措施》，着力化政策优势为发展优势，促进全省经济加快复苏。

二、央地联动，组织政银企项目精准对接

一是借中央之力促投资项目落地。2020 年 6 月国务院国资委与省政府召开湖北疫后重振发展会议，34 家央企与湖北签约 72 个项目，投资总额 3277 亿元。7 月国务院联防联控机制联络组和省政府联合主办“稳链补链强链”产销对接会，最终签约 12 个项目，合同金额约 10 亿元。二是借金融机构之力促资源倾斜。力促各金融机构向其总部争取对湖北专项支持政策 200 余项，单列信贷规模 7157 亿元，开发专项产品 40 多种。开展政银企对接活动并推动各项协议落地，截至 2020 年末签订授信协议和贷款合同共计 4917.7 亿元，受益企业 4.69 万家。

三、精准施策，投放资金解决企业发展难题

一是实施稳健货币政策和逆周期调节。积极运用再贷款再贴现、两项直达工具等政策加强逆周期调节，引导信贷投放。2020 年末全省贷款余额同比增长 14.6%，增速高于全国平均水平 2.12 个百分点；全年新增贷款 7629.5 亿元，新增额居全国第六、中部第一。二是发挥债券市场融资功能。实施“绿色通道”机制，推动债券市场融资。2020 年债务融资工具发行金额 1686.44 亿元，同比增长 20.4%；净融资规模 673.84 亿元，同比多增 44.53 亿元，均创历史新高。三是创新开展“金融服务方舱”建设。为帮助流动性暂时困难的企业恢复生产，创新推动“企业金融服务方舱”全覆盖。截至 2020 年末，共建立方舱 150 个，入舱企业 2.69 万家，纾困金额达 2091.7 亿元，财政补贴 16.9 亿元，税务扶持 41.6 亿元。

四、制度先行，助推营商环境持续优化

一是推进地方金融法治建设。成立优化营商环境工作专班，出台相关工作实施方案。全面实行行政执法公示、行政执法全过程记录、重大行政执法决定法制审核制度，建立公平竞争审查机制，开展规范性文件合法性审查，依法行政水平显著提升。二是出台金融营商环境评价指标体系。设立信贷获得便利度与匹配度指数、金融服务便利指数、地方金融发展指数等评价指标，并将地方信用信息体系、风险分担体系和司法保障体系建设情况纳入其中，定期评分排名通报，促进各项金融政策真正落地。

资料来源：中国人民银行武汉分行。

在复杂严峻的国际经济金融形势特别是新冠肺炎疫情冲击下，中部地区经济发展面临一些困难和挑战。一是有效投资增长乏力，受疫情影响较严重的省份多项经济指标表现不佳。从增速上看，湖北省、安徽省、河南省、湖南省全社会固定资产投资（不含农户）增速同比分别下降29.4个、4.1个、3.7个和2.5个百分点。受疫情影响严重的湖北省各主要经济指标降幅较第一季度均大幅收窄，但生产总值增长率、全社会固定资产投资增长率、社会消费品零售总额增长率、实际利用外资增长率等多项指标仍为负数。二是产业结构有待进一步优化调整。近年来中部地区经济稳步增长，服务业对经济增长贡献不断提高，但第一、第二产业占比偏高，第三产业占比偏低问题仍然存在。2020年，中部地区第一、第二、第三产业增加值分别占地区生产总值的9.04%、40.62%和50.34%，分别高于全国平均水平1.34个、2.82个百分点和低于全国平均水平4.16个百分点。三是就业压力仍然较大。一方面，失业率同比上升。2020年末，中部各省城镇登记失业率同比分别上升0.08～0.4个百分点。另一方面，就业质量有所下降。分部门看，非私营单位工资涨幅明显放缓。2020年，中部地区城镇非私营单位就业人员年平均工资较上年增长6.4%，增速分别低于东部、西部和东北地区1.6个、1个和1.8个百分点。分行业看，服务业企业人均工资呈负增长态势。针对湖南省342家企业用工情况的调查显示，2020年末，服务业人均工资同比下降2.17%。四是企业债券违约风险上升。永煤债券违约事件以来，中部地区多家大型企业陷入发债困境，多家企业延迟或取消发行计划，2020年12月，中部地区信用债发行规模2728.25亿元，同比减少6.33%。

专栏2　信用债违约对区域融资环境的影响

2020年10月以来，华晨、永煤债券出现违约，债券市场信用分层现象加剧，中部地区个别省份和行业融资受到较大影响，企业债务接续及兑付压力加大，影响区域金融稳定。

一、信用债违约情况

2020年，中部地区有7家大型企业债券出现违约，其中国有企业1家，民营企业5家，外资企业1家；河南省4家，山西省1家，湖南省1家，安徽省1家。当年违约债券24只，规模133.37亿元。2020年首次出现违约的企业有3家，均为河南省企业，其余4家为已违约主体存量债券后续违约。

二、信用债违约影响

一是债券发行难度上升，融资环境恶化。2020年11—12月，受永煤事件影响，中部地区信用债发行规模2728.25亿元，同比下降6.33%，其中，河南省信用债融资规模下降61.60%；中部地区取消发行债券34只、规模193.9亿元，涉及企业31家，其中，山西、河南两省取消发行债券规模分别为55.6亿元、32.5亿元，合计占比达45.4%。永煤事件后，河南省多家大型企业陷入发债困境，部分机构收紧对河南省国有企业授信，资本市场对河南省债券持质疑观望态度，存量债务接续压力较大；山西省煤炭企业债券发行基本停滞，部分金融机构限制对山西省煤炭企业债券的认购，新发债券以省内金融机构持有为主，债券后续发行不可持续。

二是债券利率明显走高，企业发债成本上升。违约事件导致债券市场发行利率整体上升，区域和行业利差扩大。事件发生前，河南省公司债与国债利差在100～200个基点。事件发生后，河南省某公司发行的两笔债券与同期国债利率利差均在500个基点以上，而同期全国一般公司债信用利差在200个基点以下。2021年1—2月，山西省煤炭企业累计发行债务融资工具31亿元，仅为2020年1—2月同期的7.1%，加权平均发行利率6.05%，同比上升2.01个百分点。

三是企业风险向金融体系传导。中部地区部分债券违约企业在金融机构贷款较多，且债券持有人以地方金融机构为主，其债券违约对区域金融体系造成较大影响。如河南省永城煤电控股集团和河南能源化工集团涉及的银行贷款，一旦全部转为不良，全省不良贷款率将显著上升。山西省煤炭企业债券融资占全部融资近1/3，其余主要为银行贷款，如果债券接续出现问题，势必影响银行资产质量。

三、相关建议

一是加强债券违约事前防范预警机制建设。健全企业债券风险联防联控机制，定期开展风险排查，力争风险早发现、早预警、早处置。

二是多措并举稳妥化解信用债券违约风险。通过债务重组和企业重整，综合考虑减债、债转股、展期、降息等方式，减轻企业财务负担，激发企业自身经营活力。

三是严厉打击债券发行人恶意逃废金融债务等违法违规行为。政府部门、监管部门应明确逃废金融债务行为的界定标准，依法严肃查处债券发行人欺诈发行、虚假信息披露、恶意转移资产等各类违法违规的“逃废债”行为，切实保护投资者合法权益。

资料来源：中国人民银行太原中心支行。

二、银行业经营总体稳健，重点领域风险防控能力仍需加强

2020年，中部地区银行实力稳步增强，对实体经济支持力度进一步提升。一是整体规模稳步增长。2020年末，中部地区地方法人银行机构1114家，同比增加4家；银行业资产、负债总额分别为44.47万亿元、42.89万亿元，同比分别增长10.21%、10.43%；存款、贷款余额分别为34.10万亿元、29.79万亿元，同比分别增长10.13%、14.33%。二是信贷结构持续优化。2020年，中部地区银行业金融机构中长期贷款余额同比增长19.21%，高于各项贷款增速4.88个百分点；房地产行业贷款[①]占比较上年下降0.93个百分点。山西省房地产贷款同比少增111.3亿元，其中房地产开发贷款较上年初减少16.2亿元，同比少增149.2亿元，房地产融资政策约束效应逐渐显现。三是重点领域和薄弱环节支持力度持续加大。2020年，中部地区金融系统切实助力资金直达实体经济，中小微企业金融服务继续保持“量增、价降、面扩”的良好态势。湖南省金融精准扶贫贷款同比增长20%，较各项贷款增速高3.5个百分点，普惠小微企业贷款增速达22.2%，较各项贷款增速高5.7个百分点，2020年新发放普惠小微企业贷款利率同比下降60个基点；山西省普惠小微企业信用贷款较上年初增加130.9亿元，同比多增26.3亿元；江西省制造业中长期贷款、先进制造业和高新技术制造业贷款增速分别高于各项贷款增速27个、

① 包括房地产开发贷款和个人住房贷款。

17.5个和21.6个百分点。四是金融风险防范化解有成效。江西省、山西省、湖南省、安徽省银行业不良贷款率同比分别下降0.37个、0.36个、0.29个和0.21个百分点。2020年，江西省高风险金融机构实现全面退出；湖南省进一步压实各方风险处置责任，“4+1”风险处置机制[①]成效不断显现，全省高风险机构数量明显下降，风险得到有效缓释。

专栏3　中小银行不良贷款处置难点和问题分析

一、中小银行不良贷款处置基本情况

2020年，中部六省中小法人银行不良贷款处置率[②]为44.74%，较上年下降0.11个百分点。分机构类型看，城商行、村镇银行、农信机构的不良贷款处置率分别为60.36%、45.11%、39.49%，农信机构的处置率相对较低。分地区看，山西省整体不良贷款处置率最高，为65.30%，其中城商行处置率高达90.02%；河南省受农信机构处置减缓影响，整体处置率较低，为29.25%；其他四省处置率分布在40%~60%。从处置方式看，清收、核销两种方式合计处置金额占七成以上，以物抵债、置换、盘活、债权转让、股东溢价购买等其他处置方式处置金额较小。

二、不良贷款处置存在的困难和问题

（一）不良贷款处置手段有限，效率较低

中小银行不良贷款处置渠道较窄，受监管制度和自身条件限制，较难通过资产重组、资产证券化、市场化债转股、不良贷款打包拍卖、批量转让等方式进行处置。如一些省份农信机构主要通过省联社开发的资产交易竞价平台转让不良债权，但平台入驻会员少，债权定价难，成交率较低。

（二）抵押物瑕疵问题多，处置难度大

一是中小银行抵押物（权证）瑕疵较多、纠纷乱象多。如抵押物被第三方查封或房产存在“假租赁”现象，抵押物将无法登记过户或及时处置。二是固定资产类抵押物处置周期长、变现能力差，处置较困难。三是抵押物拍卖渠道少，目前司法拍卖信息只通过阿里拍卖网公告，流拍概率大。

（三）抵债资产税费成本高，处置时限严格

一是银行在接收和处置抵债资产时均需缴纳多项税费，甚至需补缴企业所欠税款，税费成本约占抵债资产价值的15%，财务负担重。二是部分机构取得的抵债资产大多难以在规定时限内完成处置，导致风险资产大幅增加，且存在一定的法律风险。

（四）司法诉讼执行效果不佳，依法核销存在诸多困难

一是中小银行通过司法诉讼途径处置不良贷款时，胜诉率虽高，但借款人可能会存在跑路、隐藏转移资产、无力偿还等情形，执行回收率总体较低。二是在当前经济下行叠加疫情影响下，中小银行盈利空间收窄，拨备计提压力加大，自主核销能力不足。加之部分核销无法在税前扣除，财务成本难以降低。

---

① “4+1”风险处置机制，是指机构自救、行业履职、监管到位、政府担责、人民银行发挥最后贷款人和提供流动性支持作用。

② 不良贷款处置率=当年不良贷款累计处置金额/（年末不良贷款余额+当年不良贷款累计处置金额）。

（五）客群信用意识不强，存在恶意逃废债行为

中小银行的主要客户群体文化程度偏低，信用意识不高，部分借款人通过提前转移资产等各种手段阻碍法院执行，甚至有些企业联合集体欠息，部分县域逃废债现象突出，不良贷款清收处置困难。

三、政策建议

（一）提升不良贷款防控与处置能力

从信贷源头严格把控风险，优化业务结构，强化利润留存，提升自主核销能力。压实金融机构、地方政府、监管部门、行业管理部门风险处置责任，合力推进中小银行不良贷款清收处置工作。

（二）探索创新不良贷款处置方式

探索设立中小银行不良贷款救助基金或资本购买项目，通过基金市场化运作、专项资本集中购买等方式化解不良贷款。鼓励中小银行探索开展资产重组、剥离、资产证券化、债转股和资产批量转让等方式，进一步拓宽不良贷款处置渠道。

（三）加大政策支持力度

研究出台不良贷款处置税收优惠政策，扩大可税前抵扣的核销资产范围，减免以物抵债等方式中涉及的突出税负。扩大中小银行不良贷款处置自主权。强化司法保障，简化诉讼程序，提高押品司法评估的科学性和变现速度。

（四）加强信用环境建设

依法严厉打击恶意逃废债行为，优化金融生态环境。开展金融知识宣传教育，着力提高中小银行客群的信用意识，加快社会信用体系建设，降低中小银行不良贷款形成概率。

资料来源：中国人民银行郑州中心支行。

中部地区银行业整体运行稳健，但重点领域风险防控压力仍然较大。一是个别省份信用风险防控化解压力较大。截至2020年末，湖北省和河南省银行业金融机构不良贷款余额同比分别增长41.70%和41.28%，不良贷款率较上年初分别上升0.32个和0.81个百分点。随着延期还本付息等政策的退出，后续贷款质量下迁压力仍较大。同时，在风险处置过程中，不良贷款处置存在手段有限、效率较低、税费成本高、司法诉讼执行效果不佳等问题，影响不良资产进一步压降。二是部分地区高风险机构数量多，风险化解存在难度。2020年第四季度，山西省高风险机构较上年初增加9家，个别机构多项监管指标严重恶化，机构自身“造血”功能低下，风险化解难度较大。三是法人金融机构利润降幅明显。2020年，受疫情冲击、减费让利和增提拨备等因素影响，中部地区银行业金融机构账面利润总额3306.37亿元，同比下降12.43%；分省份来看，中部六省中，四省银行业金融机构利润同比下滑，其中山西省和湖北省降幅分别达56.87%和32.29%；分机构类别来看，村镇银行业务发展面临困境较多，利润下降较快，中部六省村镇银行利润同比下降15.02%，较平均水平高出2.59个百分点。四是部分重点领域风险值得关注。部分机构舆情风险较为突出，2020年，山西省某城商行发生了集中取款事件，舆情

扩散导致多家法人机构流动性受到冲击。部分机构投资业务发生违约，风险抵补能力不足，2020 年，湖南省法人机构购买的企业债和非标资产共 80.94 亿元出现违约，省内农商行投资业务拨备缺口达 8.92 亿元，债券违约压力测试显示，在轻、中、重度情景冲击下，全省将分别有 37.18%、53.85%、60.26%的农商行资本充足率降至监管标准之下。

专栏 4　中部地区村镇银行可持续发展分析

一、村镇银行概况

截至 2020 年末，中部地区村镇银行共 432 家，其中 60.65%由农村商业银行发起，25.46%由城市商业银行发起。存款和贷款余额分别为 3952.20 亿元和 3062.95 亿元，同比分别增长 14.33%和 17.36%，净利润 34.57 亿元，同比下降 15.02%；不良贷款余额 77.94 亿元，同比增长 18.80%，整体不良贷款率 2.54%，同比上升 0.03 个百分点；各省平均拨备覆盖率为 69.61%~289.73%，平均资本充足率为 12.91%~23.21%[①]。

二、发展中存在的主要问题

（一）公司治理结构不完善

一是股东治理驱动力不足，股东关注短期利益多于长期发展。如某村镇银行股东 80%以上的诉求均与年度分红相关。二是董事会履职难到位。大部分村镇银行董事长由主发起行派驻兼任，在村镇银行现场办公时间有限。三是高管层权力集中。部分村镇银行未遵循分离原则，前中后台分管行领导交叉重合，存在“一言堂”情况。

（二）业务发展偏离主业

一是房地产贷款占比较高。截至 2020 年末，中部地区村镇银行房地产行业贷款[②]余额 389.32 亿元，同比增长 25.85%，高于同期各项贷款增速 8.49 个百分点，房地产行业贷款占贷款总规模的 12.71%，较上年上升 0.86 个百分点，湖南省近八成村镇银行房地产行业贷款占比超标。二是同业业务风险积聚。山西省某村镇银行 2016 年 6 月大额贷款风险开始暴露，2017 年 2 亿元同业案件案发后，不良贷款率始终在 60%以上。

（三）盈利能力较弱

一是资金来源少，吸存成本高。村镇银行主要依靠吸收个人储蓄存款增加资金来源，绝大多数村镇银行接近存款利率上限，吸收存款的成本高。二是资金运用渠道窄，贷款产品竞争力不足。一方面，村镇银行资金运用限于发放贷款和少量存放同业。另一方面，贷款产品竞争力不足，贷款利率定价明显高于农村商业银行和国有商业银行，如湖北省某村镇银行贷款平均利率约为 11%，是当地农商行的 1.2 倍。三是品牌影响力不足。与大行相比，村镇银行社会认知度和品牌影响力不够；与当地农商行相比，存在产品同质性高而种类相对较少、线上服务有待加强等问题。

---

① 中部地区村镇银行平均拨备覆盖率和资本充足率最高和最低的省份分别是湖南省和山西省。

② 包括房地产开发贷款和个人按揭贷款。

（四）主发起行管理边界模糊

一方面，主发起行对村镇银行指导缺位，对村镇银行的系统和人员支持力度不足。另一方面，部分发起行出于跨地域经营布局的考虑，将村镇银行视为分支机构，对信贷审批、费用控制等层层把关，影响了村镇银行发展的积极性和主动性。

三、政策建议

（一）完善法人治理结构，增强治理驱动力

一是稳定股东预期，统一股东与经营层战略发展目标。二是完善内部监督机制，提升内审有效性。建立权责分明、风险隔离的经营层，防止“一言堂”现象。三是主发起行对村镇银行进行合理管控，培育村镇银行自主发展能力，加强业务指导和系统支持，给予村镇银行业务发展自主权。

（二）坚持品牌培育，坚持支农支小定位

一是做好服务下沉，发挥服务全覆盖对机构全覆盖的部分替代作用。二是深耕本土，加大支农支小力度，信贷投放符合国家宏观调控和产业政策，控制贷款行业集中度。三是探索开发适合于村镇银行的风控、报表及信贷系统，利用科技手段解决人力薄弱问题。同时，提升信用风险管理能力和抗风险能力。四是加大存款保险宣传力度，增强客户认可度。

资料来源：中国人民银行长沙中心支行。

三、多层次资本市场稳步发展，证券公司评级下调等问题值得关注

2020 年，中部地区证券业发展总体平稳，市场主体数量持续增加，综合实力有所增强，服务实体经济能力进一步提升。一是证券机构综合实力提升。2020 年末，中部地区共有法人证券公司 12 家，与上年初持平。总资产和总负债分别为 6594. 23 亿元和 4704. 27 亿元，同比分别上升 15. 34% 和 16. 70% 。2020 年实现净利润 89. 90 亿元，同比上升 23. 02% ，其中山西省、安徽省、河南省法人证券公司净利润分别增长 77. 59% 、50. 89% 和 38. 33% 。二是上市公司数量增长较快。2020 年末，中部地区共有上市公司 538 家，较上年增加 62 家，同比增长 13. 03% 。其中，安徽省增加 21 家，江西省、湖南省分别增加 12 家。三是新三板挂牌交易企业减少。2020 年末，新三板挂牌企业总数 1247 家，较上年初减少 72 家，同比下降 5. 46% ，其中，湖北省、河南省分别减少 20 家。四是区域性股权交易市场更加活跃。2020 年，湖北省、河南省和安徽省区域性股权交易中心挂牌展示企业分别新增 311 家、1835 家和 2029 家。截至 2020 年末，河南省中原股权交易中心挂牌展示企业已达 9737 家。山西省区域性股权市场全年融资 11. 91 亿元，同比增长 65. 76% ，更多中小企业借力资本市场转型升级。

中部地区法人证券公司被降级，部分债券违约风险突出。一是多家法人证券公司被下调券商分类评级。例如，国元证券、华安证券和湘财证券三家证券公司因部分监管指标下降、受到证监会处罚、涉诉案件较多等，评级均由 A 级下调至 BBB 级。二是上市公司融资能力有所下降。2020 年，中部地区境内上市公司股票市场累计募集资金 2694. 3 亿元，同比下降 11. 7% 。其中，

河南省、山西省、湖北省和安徽省股票市场累计募集资金同比分别下降 58.1%、39.11%、32.04%和 10.04%。三是部分公司信用债违约风险较为突出。2020 年，中部地区共有 7 家公司、24 只债券发生违约，违约金额 133.37 亿元。其中，河南省有 4 家企业、11 只债券违约，违约金额 58.73 亿元；山西省有 1 家企业、4 只债券违约，违约金额 39 亿元。

四、保险市场总体运行平稳，部分财产险公司出现承保亏损

2020 年，中部地区保险业总体运行平稳，保险保障功能充分发挥。一是保费收入增长稳定。2020 年，中部地区保险公司保费收入 9137.60 亿元，同比增长 5.97%。其中，人身险保费收入 6801.61 亿元，同比增长 8.67%；财产险保费收入 2336.01 亿元，同比下降 1.17%。二是寿险公司退保率普遍下降。2020 年，中部地区六省退保率均在 5% 以下，五个省份的寿险公司退保率下降。其中，河南省、安徽省和湖北省的退保率分别为 2.91%、2.54% 和 3.20%，同比分别下降 2.88 个、2.86 个和 1.14 个百分点。三是保险保障功能充分发挥。2020 年，在新冠肺炎疫情暴发的背景下，中部地区保险公司赔付支出 2820.58 亿元，同比增长 9.16%，高于保费收入增幅 3.19 个百分点。疫情期间，安徽省、江西省保险业分别累计捐赠风险保障保额 5370 亿元和 1425 亿元。江西省保险业创新推出企业“复业保”“复工保”等保险产品，累计为近 2.1 万家企业提供 515 亿元风险保障。安徽省保险业在汛情期间共接到报案 6.48 万件，估损金额 22.38 亿元，已决赔案 2.02 万件，已决赔款 2.85 亿元。四是保险支农扶贫工作取得明显成效。河南省推动特色优势农业保险扶贫，江西省保险业积极推动农业保险提标、扩面、增品，加强脱贫攻坚与乡村振兴统筹衔接，完善防贫保险机制。五是个别出险公司风险得到积极稳妥化解。安徽省长安责任险公司因巨额赔付引发风险，经营陷入困境，后创新风险处置方式，通过“地方政府平台 + 地方资产管理公司”的方式顺利增资纾困。

专栏 5　保险公司纾困方案及成效

——以长安责任险公司为例

长安责任保险股份有限公司（以下简称长安责任险公司）2018 年因踩雷网贷履约险而遭受巨额赔付，偿付能力大幅下降，公司经营陷入困境。为化解偿付能力不足风险，长安责任险公司于 2019 年进行增资扩股，通过“地方政府平台 + 地方资产管理公司”的方式纾困，取得初步成效。

一、风险情况及纾困模式

（一）风险情况

2018 年，因合作的多家网贷平台出现兑付困难、跑路失联、资金链断裂问题，长安责任险公司按照保险合同集中支付大量赔付垫款，进而导致公司财务状况急剧恶化，流动性风险上升，主要风险监管指标大幅下滑。此外，公司因股东违规代持股权、业务踩雷 P2P 平台、偿付能力不足等问题，引发媒体广泛关注报道，面临较大声誉风险。2018 年 12 月和 2019 年 5 月，监管部门对长安责任险公司采取责令增资、暂停接受新业务、停止增设分支

机构、限制高管人员薪酬等多项监管措施。

（二）纾困模式

2019年4月，长安责任险公司召开临时股东大会，审议通过《长安责任保险股份有限公司增资协议》。2019年8月，监管部门批复同意增资事项。此次增资由安徽国厚资产管理股份有限公司和蚌埠高新投资集团有限公司认购，持股比例分别为31.68%和18.45%，分别成为长安责任险公司第一、第二大股东。2020年2月，长安责任险公司将注册地从北京市迁至安徽省蚌埠市。通过“地方政府平台+地方资产管理公司”方式进行增资纾困，长安责任险公司在业务发展和资产处置方面得到了地方政府和地方资产管理公司的有力支持，有效提升了公司资本实力和偿付能力。

二、纾困后经营发展情况

一是偿付能力大幅改善。截至2020年末，长安责任险公司综合偿付能力充足率和核心偿付能力充足率分别为157.43%和78.72%，较纾困前分别提高310.03个和231.32个百分点，2020年第四季度风险综合评级由D类恢复至B类。

二是公司治理能力提升。长安责任险公司对治理架构进行了重组，大幅调整董事、监事和高管层，提升专业治理能力。

三是业务经营稳步改善。2019年10月，监管部门对其解除停止接受新业务、停止增设分支机构及限制高管人员薪酬等多项监管措施，承保业务逐渐恢复。

四是风险管理机制逐步完善。建立健全包括风险偏好、风险容忍度及风险限额组成的风险管理体系。

三、思考与建议

一是综合采取原股东增资、引入战略投资者或者提高利润留存比例等方式，加大应收代位追偿款催收力度，持续改善偿付能力。

二是持续推进保险业务结构转型，大力发展责任险、健康险、农业险，加强金融科技运用，加快线上线下融合发展。

三是加强投资管理能力建设，动态评估各项投资管理能力达标及合规情况，逐步拓宽投资范畴。

四是加强与地方政府沟通，争取更多支持，大力拓展财产损失保险、信用保险和保证保险等业务。

资料来源：中国人民银行合肥中心支行、蚌埠市中心支行。

中部地区保险业在稳健发展的同时也存在一些风险和问题。一是车险综合改革对财产险公司经营产生冲击。当前，财产险公司对车险的依赖度较高，在机动车数量增长放缓和车险综合改革的双重因素影响下，车险收入增长放缓。2020年，中部地区车险保费收入1726.78亿元，与上年基本持平。其中，湖北省车险保费收入275.56亿元，同比下降7.89%。二是部分财产险公司出现承保亏损。2020年，山西省中煤财险综合成本率连续9个月超过100%，承保业务亏损6933.21万元，主要原因是车险综合改革政策实施导致车险费率降低和赔付增多，以及冻灾导致农险赔付较多。安徽省30家财产险分公司中，11家综合成本率超过100%。三是保险行业乱象仍然高发。部分保险公司存在长险短做、诱导客户退保、捆绑销售、落实可回溯要求不到位等行为；通过虚列费用和虚挂中介套取费用支出，破坏了市场公平竞争环境。四是个别领域保险高质量发展的基础仍较为薄弱，保险服务的覆盖面和精准度有待提升。商业健康险在快速发展的同时，也暴露出产品同质化严重、非理性竞争、赔付支出走高、缺乏信息支撑等问题，在一定程度上也影响了业务的可持续健康发展。

专栏6　中部地区商业健康险发展存在的问题及建议

在国家政策的大力支持下，近年来商业健康险高速增长，已成为保险行业发展的新动力和国家多层次医疗保障体系的重要组成部分，但其发展过程中存在的问题需引起关注。

一、基本情况

2020年，中部地区健康险保费收入1671.49亿元，同比增长12.26%，比总保费收入增速高出6.29个百分点。健康险保费收入占总保费收入的18.29%，较上年同期提高1.03个百分点。分省份看，山西省、河南省、湖北省、安徽省、江西省和湖南省健康险保费收入同比增速分别为7.70%、9.93%、11.11%、12.15%、13.70%和19.78%，均高出同期总保费收入增速。

二、发展中存在的问题

（一）产品同质化严重，非理性竞争趋势显现。目前健康险产品主要集中在疾病保险和医疗保险，以重疾险和住院医疗保险最为常见，而护理与失能类保险不足2%，无法满足市场上健康险的有效需求。健康险产品相对单一，保障范围与免责条款趋同，保险公司过度依靠升级产品（如重疾险保障疾病种类不断增加、不分组的多次赔付等）以及压降价格来获取市场份额，而不是依靠提供有特色、能满足各类消费者需求的产品来扩大市场份额。

（二）赔付支出走高，保险风险值得关注。目前最主要的两类险种赔付支出不断增加，如百万医疗类产品赔付支出数额不大但件数多，重大疾病检出率提高以及重疾险产品的多次赔付等责任，导致赔付率上升。2020年中部地区六省健康险赔付支出666.81亿元，同比增长13.54%，高出赔付总支出增速4.38个百分点；近两年赔付率接近40%，高出总赔付率近10个百分点。此外，部分保险公司主要通过互联网进行销售，对于风险的筛查能力有限，赔付压力可能进一步加大。

（三）缺乏全行业数据共享平台，制约健康险发展。目前医疗机构和保险公司都有各自的数据信息平台，多系统、多标准，形成了大量“信息孤岛”。由于缺乏疾病发生率、医疗费用支出、投保人医疗信息等资料，部分保险公司在设计健康险产品时，降低了其数据分析的可靠性，如在核保时无法有效核定客户是否存在带病投保行为，在赔付时难以评估医生是否进行了合理医治。大数据的缺乏不利于保险公司对风险进行精细化预估和管理，制约健康险发展。

三、政策建议

（一）加强合作，满足多元化保障需求。保险公司要加强健康产业链“医、养、药、护”机构的广泛合作，打造覆盖客户全生命周期的健康管理平台，提升健康险产品竞争力。

如与健康管理机构合作，在保险产品条款中附加健康管理服务，在提升客户体验的同时也有助于降低赔付风险。

（二）加大人才培养力度，提升风险管控能力。一方面，保险公司要大力发展专业健康险精算师队伍，不断提高偿付能力评估水平，推动健康险业务顺利运行。另一方面，引导保险公司构建完善的风险管理组织架构，加强专业队伍组建，增强风险管理独立性。同时，通过开展压力测试、改进风险计量模型等方式提升风险评估的准确性和全面性。

（三）支持信息共享，提高健康险管理水平。建议由行业主管部门、行业协会等牵头协调，搭建商业健康险与医疗大数据的对接交互平台。在充分保护客户隐私安全的前提下，尽量实现客户健康信息的共享与互联，从而解决商业保险公司在产品设计、承保风险、核赔等经营环节中的关键问题，提高商业健康险管理水平，为消费者提供更优质的健康管理服务。

资料来源：中国人民银行长沙中心支行。

五、金融支持抗疫复产力度加大，金融生态环境不断优化

一是金融基础设施建设不断优化，金融支持抗疫和实体经济复工复产力度持续加大。疫情期间，湖北省制订 ACS 系统特殊运行方案，确保系统运行稳定和防疫资金汇划渠道畅通，银行机构累计办理防疫资金汇划业务达 1600 多亿元，通过“绿色通道”为各类单位新开立单位银行结算账户达 1800 余户；全力以赴稳企业保就业，开展“金融稳保百千万”活动，扎实推进银企对接。山西省共开立防疫相关单位账户 176 户；全省银行、支付机构累计减免费用 1876. 54 万元，切实减轻企业商户负担。江西省共开立防疫紧急账户 584 户，保障防疫救助资金及时到位，向全省 828 家防疫和物资保障重点企业发放优惠利率贷款 91. 4 亿元。湖南省建立省级地方征信平台 1 个、市级平台 4 个、县级平台 2 个，累计为 122 万户中小微企业建立信用档案，有效促进中小微企业融资。河南省超额完成小微企业应收账款融资目标任务；推动建成 2 家省级和 7 家市级地方征信平台，充分发挥征信助力疫情防控、复工复产和稳企业保就业作用。安徽省所有地市均建成中小微企业和农村信用信息平台，基本实现全省信息主体全覆盖，中小微企业综合金融服务平台接入金融机构、类金融机构 62 家，上线金融产品 140 项，解决融资需求 4. 3 万笔，为企业提供融资 1412. 84 亿元。

二是金融生态环境不断优化，发展普惠金融成效显著。江西省共建成普惠金融服务站 4945 个，标杆站点共 155 个，省内赣州、吉安争创国家级普惠金融改革试验区获得成功，农村普惠金融服务站创建深入推进。山西省共建设农村“金融综合服务站”2. 9 万个，实现有条件的行政村全覆盖。湖南省持续推进世界银行普惠金融全球倡议（FIGI）中国项目平江试点，加大普惠领域贷款投放力度，创新推出“湘女贷”，重点支持贫困地区妇女创业就业。河南省“一平台四体系”兰考模式更加成熟完善，“普惠通”App 累计下载量突破 750 万人次，普惠金融服务站已覆

盖全省73.3%的行政村。湖北省突出抓好产业扶贫金融服务，率先完成首笔“农股贷”签约，深入开展“百行进万企”融资对接，受惠企业覆盖面居全国前列。

六、定量评估

从定量评估结果来看，2020年中部地区金融稳定状况综合得分为70.3分，较上年下降8.4分，比全国平均水平低1.3分，仍处于较稳定区间。其中，宏观经济、银行业、证券业和保险业得分均低于全国平均水平，金融生态环境得分与全国平均水平相近（见图1）。

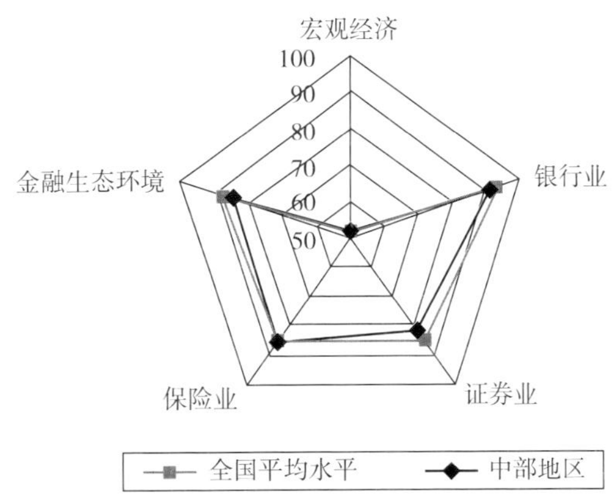

图1　2020年中部地区金融稳定状况和全国平均水平的比较

从具体指标变动情况来看，中部地区共有9项指标较上年有明显改善，12项指标较上年有所下降，4项指标基本与上年持平。在宏观经济方面，实际利用外资增长率、居民消费价格指数和城镇登记失业率指标有所改善，进出口总额增长率保持平稳，其他指标得分均有不同程度下降，宏观经济得分较上年回落明显。银行业资本充足水平和盈利能力指标较上年有所下降，流动性指标有所改善，银行业得分较上年略有下降。证券业资本充足指标有所改善，净资本负债率指标小幅下降，证券业得分较上年保持平稳。保险业保费收入增长率指标有所下降，其他指标有所改善，保险业得分较上年小幅回落。金融生态环境得分略有上升，主要源于法治环境调查综合得分和银行服务密度指标有所改善（见表1）。

表1　2020年中部地区评价指标及其变动情况

指标分类	变动方向	评价指标	变动情况		
			改善	稳定	下降
宏观经济	↓	地区生产总值增长率			✓
		第三产业增加值增长率			✓
		全社会固定资产投资增长率			✓
		社会消费品零售总额增长率			✓
		实际利用外资增长率	✓		
		进出口总额增长率		✓	
		城镇居民可支配收入增长率			✓

续表

指标分类		变动方向	评价指标	变动情况		
				改善	稳定	下降
宏观经济		↓	农村人均纯收入增长率			✓
			居民消费价格指数	✓		
			城镇登记失业率	✓		
			典型城市房地产销售价格指数			✓
金融机构	银行业	↓	核心资本充足率			✓
			不良贷款率		✓	
			资产利润率			✓
			流动比率	✓		
	证券业	→	净资本充足率	✓		
			净资本负债率			✓
			资产利润率		✓	
	保险业	↓	应收保费率	✓		
			保费收入增长率			✓
			寿险公司退保率	✓		
金融生态环境		↑	法治环境调查综合得分	✓		
			地方财政收入占 GDP 比重			✓
			银行服务密度	✓		
			征信数据库覆盖率		✓	

注：表中“↑”代表改善，“↓”代表下降，“→”代表稳定。

从历年综合得分变动趋势看，中部地区金融稳定状况综合得分下降较明显，但 2020 年得分仍处在较稳定区间（见图 2）。分项来看，中部地区金融生态环境得分小幅回升，证券业得分保持平稳，宏观经济、银行业和保险业得分有所回落，其中宏观经济得分显著下降（见图 3）。

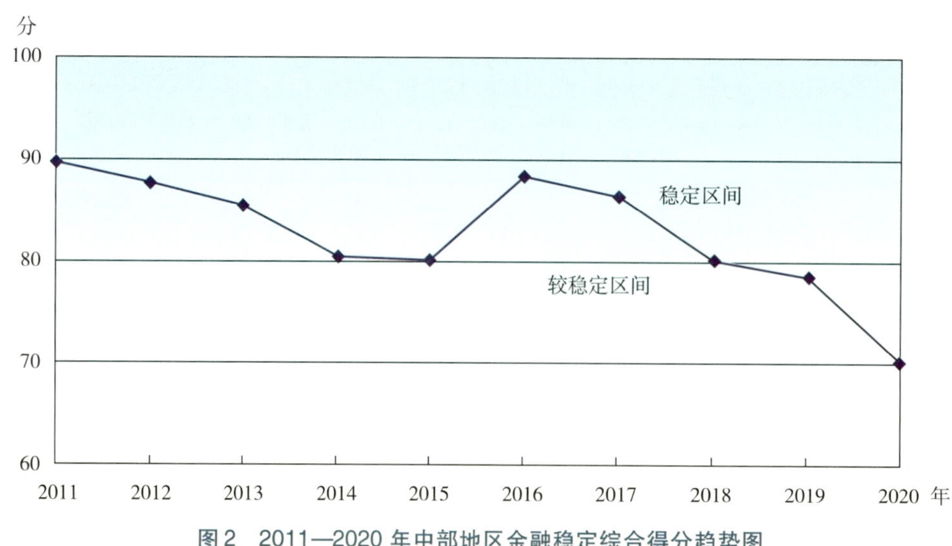

图 2　2011—2020 年中部地区金融稳定综合得分趋势图

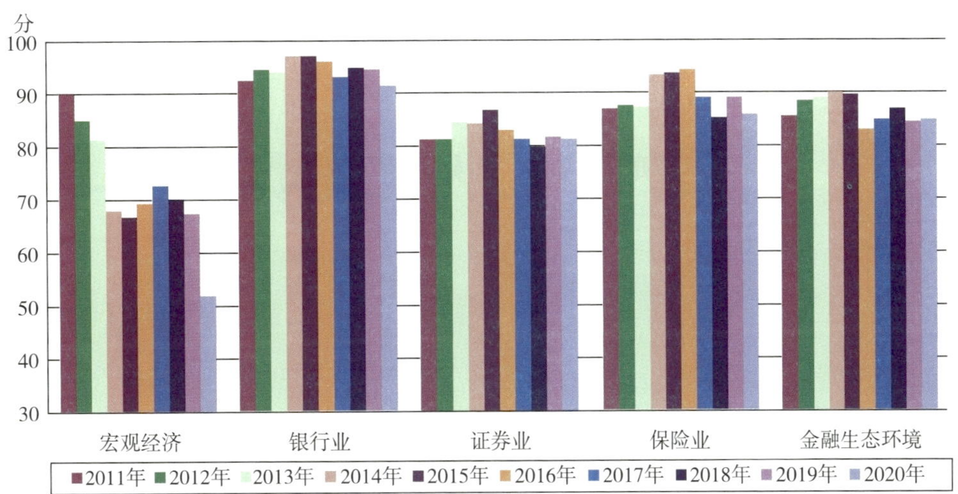

图3 2011—2020 年中部地区金融稳定状况的比较

第四章　西部地区

2020年，面对突如其来的新冠肺炎疫情冲击及错综复杂的国际经济形势，西部地区坚持稳中求进工作总基调，统筹推进疫情防控、脱贫攻坚和经济社会发展，持续打好防范化解重大金融风险攻坚战，脱贫攻坚取得决定性胜利，经济运行平稳向好，金融对实体经济恢复和发展的支撑力度明显加大，银行业风险整体可控，证券期货业运行稳健，保险业坚守保险本源。但受经济下行和疫情常态化影响，经济增长内生动力不足，不良贷款反弹压力加大，一些风险隐患可能加速释放，维护金融稳定任重道远。

一、经济运行平稳恢复，增长动力仍需加强

2020年，西部地区经济运行逐渐恢复，全年实现地区生产总值21.33万亿元，同比增长3.36%，增速高于全国1.06个百分点。三次产业结构继续优化调整，由2019年的10.95:37.92:51.13调整为11.89:36.83:51.28。消费和对外贸易均保持增长，2020年，西部地区实现社会消费品零售总额7.92万亿元，同比减少3.26%；实现进出口总额5236.59亿美元，同比增长14.26%。疫情防控成效突出有利于市场投资恢复，供给端的较快恢复有效对接了国内外需求，全社会固定资产投资稳步回升，增速好于预期。其中有10个省区全社会固定资产投资增长率呈现正增长，增速均高于全国平均水平。

西部地区在经济稳步复苏的同时，增长动力仍需加强。一是工业持续增长动力不足。2020年，西部地区工业产品产销率同比下降0.41个百分点，工业利润总额1.16万亿元，同比下降5.99%。二是市场消费乏力。宁夏住宿业、批发业和餐饮业销售额同比分别下降22.4%、18.2%和5.0%，市场消费潜力仍需释放；2017—2020年，云南省社会消费品零售总额同比分别增长12.2%、11.1%、10.4%和-3.6%，消费需求增长乏力进一步凸显。三是企业成本收入压力上升。陕西省工业生产者出厂价格和购进价格同比分别下降4.9%和2.4%，青海省工业生产者出厂价格和购进价格同比分别下降3.9%和3.4%，出厂价格走势弱于购进价格，企业成本收入压力加大。四是投资增长基础尚不牢固。贵州省基础设施投资呈现负增长，较上年初下降2.5%；宁夏计划投资10亿元以上的项目137个，完成投资下降8.7%，平均每个项目完成投资下降11.4%，大项目带动作用发挥不足；青海省三次产业投资全面下行压力加大，其中第一产业、第二产业和第三产业投资同比分别下降9.1%、13.9%和11.4%。五是房地产投资进一步上升，风险隐患仍存。西部地区有7个省区房地产开发贷款余额同比上升，较上年增加749.1亿元；广西个人按揭不良贷款余额同比增长58.37%，较上年初增加14.96亿元，同比多增10.63

亿元。西宁市各月新房和二手房价格同比涨幅持续位于全国 70 个大中城市前五，其中 2020 年 12 月新建商品住宅价格同比上涨 9.1%。

二、金融助力脱贫攻坚成效明显，金融战“疫”稳保工作有序推进

2020 年，西部地区持续加大重点领域和薄弱环节的支持力度，各地为脱贫攻坚战取得决定性胜利提供了强有力的金融支撑，脱贫攻坚成果显著。截至 2020 年末，贵州省金融精准扶贫贷款余额 4533 亿元，余额位列全国第一，同比增长 3.75%；云南省金融业聚焦“三区三州”等深度贫困地区，2015 年以来累计发放金融精准扶贫贷款 6233.4 亿元，127.6 万建档立卡贫困人口和 123.7 万已脱贫人口直接获得信贷支持；陕西省银行机构累计为 133 个省级重点建设项目新提供资金 1019.1 亿元，为全省 94 个基础设施领域补短板重点项目新提供 536.1 亿元资金支持，薄弱环节信贷保持快速增长；甘肃省全年累计投入财政专项扶贫资金 837.2 亿元，75 个贫困县全部摘帽，7262 个贫困村全部退出，“牛羊菜果薯药”六大特色产业增加值达到 753 亿元，占农业增加值的比重达 60.9%。

2020 年，西部地区金融业坚决贯彻落实疫情防控和“六稳六保”相关政策，切实用好用足再贷款、再贴现政策工具，加大两项直达实体经济工具使用力度，积极有效应对疫情冲击。西藏认真落实中小微企业贷款阶段性延期还本付息政策，确保普惠小微贷款“应延尽延”，普惠小微贷款余额达 128.79 亿元，同比增长 66.40%；陕西省银行机构对实体经济发放的贷款余额增加 4872.38 亿元，同比增长 38.78%，普惠小微贷款余额 2165.8 亿元，同比增长 41.2%；云南省累计购买普惠小微信用贷款 17.5 亿元，签订利率互换协议 72.4 亿元，贷款延期率逐月提升，应收账款融资业务累计办理 749.3 亿元，同比大幅增长 103%；广西出台“复工贷”“稳企贷”和“桂惠贷”政策，及时为受疫情影响的民营企业、小微企业复工复产、增产增收，注入金融力量，截至 2020 年末，广西对各类市场主体的贷款余额 2.13 万亿元，惠及市场主体 58 万户；四川省有力支持实体经济恢复发展，资本市场全年实现直接融资 4206.6 亿元[①]，同比增长 16%，股权和债券融资实现“双增”，融资规模分别为 294.9 亿元和 3564.9 亿元，同比分别增长 100%和 21.2%，为民营企业、中小微企业和“三农”、扶贫领域提供融资近 610 亿元。

三、银行业机构规模稳步增长，风险防控压力不容忽视

2020 年，西部地区银行业金融机构规模稳步增长，经营情况整体改善，服务实体经济的能力继续增强。截至 2020 年末，西部地区法人银行业金融机构合计 1405 家，较上年增加 5 家。银行业金融机构资产总额 49.97 万亿元，同比增长 8.53%；负债总额 48.06 万亿元，同比增长 8.64%；各项存款余额 36.77 万亿元，同比增长 8.01%；各项贷款余额 34.29 万亿元，同比增长 11.19%。2020 年，西部地区银行业金融机构继续加强风险管理，不良贷款余额和不良贷款率实现双降，整体信用风险明显收敛。不良贷款余额 7550.05 亿元，同比减少 1023.44 亿元，降幅达

① 不含银行间市场债券。

11.94%，4个省区不良贷款规模同比下降10%以上；不良贷款率2.2%，同比下降0.58个百分点，10个省区不良贷款率呈下降趋势，其中内蒙古和青海省不良贷款率同比分别下降4.17个和3.61个百分点，降幅居前两位，不良资产化解和资产质量管控水平有所提升。

受疫情及国内外经济金融形势复杂多变影响，西部地区银行业金融机构重点领域风险逐步显现。一是个别地区信用风险防控压力依然较大。西部地区整体不良贷款率尽管同比有所下降，但仍高于全国平均水平，有2个省区不良贷款率同比上升；关注类贷款同比上升3%，有4个省区同比增幅超过10%，资产质量劣变压力上升，信用风险防控形势严峻。延期还本付息政策有效缓解了企业短期还款压力，但应持续关注未来政策到期对资产质量的后续影响。二是让利实体经济导致利润增速放缓。西部地区银行业金融机构积极支持复工复产，落实各项优惠政策，通过降低贷款利率、减免各类手续费等方式支持实体经济发展，盈利空间收窄，全年共实现净利润4046.18亿元，同比增速仅为0.87%。三是流动性风险不容乐观。受金融市场信用分层影响，前期短期同业负债占比高、逆周期扩张快、资产负债期限错配严重的部分中小银行融资出现困难，流动性风险进一步加剧。个别法人机构爆发由负面舆情引发的流动性风险，网点出现集中取款事件。提高公众存款保险认知度有助于在全社会形成存款安全有保障的稳定预期，对有效避免舆情引发挤兑事件具有重要意义。

专栏1　提升欠发达地区存款保险公众认知度的对策建议

为进一步提高公众对存款保险的认知度，在全社会形成存款安全有保障的稳定预期，西部地区人民银行分支行组织金融机构通过“线上+线下”等方式开展了形式多样、内容丰富、贴近群众的宣传活动，公众对存款保险认知有了明显提升。同时，调查结果显示，仍有部分公众对存款保险的理解存在表面化和碎片化现象，认知程度还有待进一步提高。

一、存款保险宣传工作开展情况

2020年，西部地区充分发挥金融机构网点资源优势和辐射作用，搭建网格化宣传阵地，宣传队伍进机关企业、社区校园、乡村牧区和集市开展丰富多彩的宣传活动，通过线上线下媒体开展宣传，打通宣传“最后一公里”。参与宣传活动的营业网点达5.7万个，发放宣传品1341.59万份，网点、现场和媒体宣传受众人数分别达5197.31万人、1083.29万人和3748.78万人。

二、公众对存款保险的认知情况

从2000份问卷的调查结果看，公众对存款保险最高偿付限额、是否需要自己缴纳保费、存款保险覆盖范围等涉及切身利益的问题认知程度较高；对存款保险偿付期限、保障范围等问题的理解仍停留在经验层面，不能准确理解存款保险含义及实施意义，认知度有待进一步提高。具体来看，6.87%的调查对象不知道存款保险，21.57%的听说过但不够了解，47.07%的大概了解，只有24.50%的非常了解；多数调查对象大体了解《存款保险条例》实施时间、最高偿付限额、保费缴纳主体、覆盖范围、标识启用时间；近五成调查对象大体了解存款偿付时限、保障范围、存款保险基金管理主体。总体来看，存款保险宣传工作取得一定成效，但西部地区地域辽阔，多民族聚集，存款保险宣传工作仍有待进一步加强。

三、制约存款保险认知度提高的主要因素

（一）自然条件恶劣，经济基础薄弱。西部地区地域辽阔、居民居住较为分散，交通极不发达，金融机构网点设置较少，深入农牧区开展金融知识宣传次数少、力度不够强，金融机构营业网点的辐射带动能力不足，制约了公众对存款保险的认知程度。

（二）民族语言多样，宣传难度加大。西部地区是多民族聚集区域，民族语言种类较多，金融机构能够开展双语宣传的人员有限，现场宣传工作存在一定困难。如贵州省共有少数民族55个，少数民族人口1254.8万人，占全省人口总数的36.11%，语言的多样性使存款保险宣传难度加大。

（三）金融意识薄弱，认识存在偏差。在偏远及金融生态脆弱地区，部分群众对金融知识的认知度和理解力较低，将存款保险从字面简单理解为保险产品，无法准确区分存款保险和商业保险。此外，部分金融机构宣传人员对存款保险了解程度不够深入，无法为公众提供专业解答，在一定程度上影响了宣传效果。

四、对策建议

（一）提高宣传针对性，确保宣传质量。对于偏远地区和多民族区域，通过墙体广告、乡村广播、电视台等多种形式加强日常宣传，利用集市、走街串巷等形式开展现场宣传，扩大宣传覆盖范围。进一步发挥基层网点、普惠金融服务点作用，将宣传工作嵌入业务流程，加强金融机构人员培训，将巡查、抽查暗访作为督促金融机构开展日常宣传的有力方式，及时纠正不当宣传行为，将宣传工作开展情况纳入金融机构年度综合评价、央行评级等，推动宣传工作持续深入开展。

（二）丰富宣传形式，提升宣传公信力。除通过金融机构日常宣传、公众号、朋友圈等方式宣传外，还可以将宣传与赛马节、那达慕等民俗节日及地方特色曲艺相结合，多渠道全面开展宣传。加强与地方党政部门、乡镇、街道等基层政府的联动，借助居委会、村委会等平台进行存款保险宣讲和案例警示，提高影响力和可信度。

（三）加强金融消费者教育，形成宣传合力。将存款保险宣传与金融知识普及教育紧密结合，充分发挥各行业管理部门、市场主体作用，整合线上线下资源，调动广大民众的积极性和主动性。同时，实现对不同人群的精准投放，引导金融消费者全面、客观认识存款保险。

资料来源：中国人民银行西宁中心支行。

四、证券期货业整体运行稳健，个别机构存在经营压力

2020年，西部地区证券期货业多措并举支持实体经济复苏，市场主体不断增多，资本市场稳健发展。一是境内上市公司数量持续增多。截至2020年末，西部地区共有境内上市公司524家，较上年增加30家，其中四川省增加11家，占比36.67%。二是市场融资功能持续增强。西部地区上市公司通过股票市场全年累计募集资金1492.42亿元，同比增长28.15%；通过债券市场全年累计筹资19020.43亿元，同比增长0.99%。其中，广西资本市场直接融资880.79亿元，同比增长

88.45%，融资规模创历年新高，交易所市场融资首次实现辖区 14 个地市全覆盖。三是市场交易量大幅增加。西部地区全年证券市场交易额 52.80 万亿元，同比增长 44.61%。四是创新能力不断提升。四川省机构创新设计“区间累计期权”助力复工复产，帮助口罩生产企业锁定原材料价格风险，助力抗疫企业恢复生产；云南省证券期货机构获批“保险 + 期货”天然橡胶、白糖现货产量合计 10 万吨，专项支持资金 6100 万元，为服务实体经济和助力脱贫攻坚注入源头活水。

在总体保持稳步发展的同时，西部地区证券期货业整体经营压力有所上升。一是证券公司部分经营指标出现下滑。2020 年，西部地区法人证券公司营业收入 327 亿元，较上年减少 50.49 亿元，同比下降 13.38%。重庆市法人证券公司营业收入和净利润分别同比下降 12.87% 和 39.25%，业绩压力较大。二是上市公司股权质押风险较大。贵州省有 4 家公司控股股东股权质押比例超过 80%，可能引发平仓风险、诉讼风险、持续经营风险及控制权转移风险，且证券公司股权质押业务存在波动率高、违约处置耗时长、难度大等问题，若市场波动加大或出现大规模失信事件，上市公司将面临一定流动性压力。三是退市风险值得关注。受多重因素影响，个别上市公司出现较大亏损，融资能力受限，持续盈利能力面临考验。云南省有 3 家公司被实施退市风险警示，3 家公司被交易所实施特别风险警示。四是债券违约风险处于高位。部分证券公司自营债券因违约出现亏损，承销的债券出现实质性违约，处置压力和难度加大。某省到期或存在回售选择权的公司债券 61 只，为历年之最，部分债券面临持有人回售，兑付存在一定困难。另外，私募基金通过投资于未上市企业股权和债券等标的进行资本增值，债券违约对其经营也会产生一定影响。

专栏 2　私募基金行业发展存在的问题及建议

近年来，我国私募基金投资规模加速发展壮大，截至 2020 年末，西部地区完成登记的私募基金管理机构 1670 家，同比增加 3 家；管理的私募基金产品 4757 只，同比增长 11.7%；管理基金规模 13487.95 亿元，同比增长 12.1%。当前，私募基金行业存在产品备案制度执行效果差、产品销售行为不规范、资金管理与运用不审慎、非法集资隐患较大等问题，反映出行业监管仍存在短板和薄弱环节，亟待补齐增强。

一、行业发展存在的问题

（一）产品备案制度执行效果差，“备少募多”埋下非法集资隐患。根据 2014 年《私募投资基金监督管理暂行办法》（证监会第 105 号令）要求，各类私募基金募集完毕后，私募基金管理人应当根据基金业协会的规定办理基金备案手续。但在实际执行中，一些基金管理人只备案少部分产品，然后借用备案产品名义发行未备案产品。

（二）产品销售行为不规范，易误导投资者和引发权责纠纷。在业绩激励下，私募基金产品销售人员或代销人员容易出现夸大宣传、诱导宣传等行为，从而对投资者形成误导，侵害投资者合法权益，埋下权责纠纷等隐患。

（三）资金管理与运用不审慎，存在合规问题和资金损失风险。在资金管理上，部分私募基金产品未进行托管，资金使用缺乏有效监督，存在管理人擅自挪用资金、将资金投向关联方（即自融业务）、大量开展基金互投和非标业务等风险隐患。

（四）信息披露不充分，掩盖真实风险。部分私募基金公司信息披露不完整或不及时，甚至信息造假，误导投资者决策，损害投资者权益。监管部门通报的风险类机构中，多家机构存在信息披露违规行为。

（五）异地展业现象突出，加大监管难度。私募基金管理人出于享受政策优惠、税收筹划等目的，往往将主要经营地与基金注册地相分离，现行属地监管模式对私募基金机构异地展业难以有效覆盖，存在风险隐患。

（六）投资者适当性管理不到位，易侵害投资者权益并引发社会问题。部分私募基金存在自然人投资者或小额投资人占比过高问题，易引发投资者集体上访等群体性事件，不利于社会稳定。

二、行业监管短板和不足

（一）行政监管与行业自律有效性不足。从当前监管制度体系来看，缺乏专门针对私募基金的上位法，相关规章制度法律层级较低。虽然《私募投资基金监督管理暂行办法》明确将私募基金主要监管职责划转至证监部门，但实际上仍以中基协牵头的行业自律为主，如对信息披露的要求仅为行业自律规范，缺乏权威性，而证监部门主要履行适当监管和底线监管，日常监管强度相对较弱。

（二）准入门槛标准不统一，机构水平参差不齐。准入门槛偏低，私募基金公司成立和产品发行只需在中基协备案且要求较低，行业容易集聚风险。如重庆等部分省市金融监管部门会对私募基金公司相关资质进行审核，相对提高了该地区私募基金公司的准入门槛，但一般都是一事一议，缺乏统一标准和要求。

三、政策建议

（一）尽快完善相关法律制度。加快制定出台相关管理条例，提高对私募基金参与主体的准入要求，严格规范管理人募集活动、投资运作、信息披露、投资者适当性管理等行为。同时，积极研究出台相应配套政策，形成适用于私募基金的完整监管框架体系，促进行业规范运行。

（二）着力提高行业监管标准。一是提高私募机构股东和高级管理人员资格标准，对不同资产规模的机构股东设置不同标准。二是加强日常运行监管，监管标准向公募基金靠拢。三是加强信息报送，完善报送制度，对错报、漏报、迟报以及报送虚假信息等加大处罚力度。

（三）加大监管科技运用力度。进一步加大对监管科技的运用，及时识别和发现行业中存在的潜在风险。针对私募基金报送和披露的相关信息，运用科技手段加强监测，确保信息的真实性和完整性。

（四）持续加强投资者教育。利用互联网等现代媒体手段拓展投资者教育方式，提高投资者教育效率。创新教育内容，加强对非法集资、投资风险等内容的教育，提高投资者风险意识。

资料来源：中国人民银行重庆营业管理部。

五、保险业有力支持经济稳步复苏，潜在风险仍需关注和防范

2020 年，西部地区保险业有力支持经济稳步复苏，保险市场业务结构调整不断持续深入。一是行业保持增长势头，综合实力日益提升。截至 2020 年末，西部地区共有 504 家省级分公司以上保险公司，较上年增加 35 家。保险业总资产 1.83 万亿元，同比增长 15.63%。全年累计实现原保险保费收入 8627.73 亿元，累计发生赔付支出 2814.49 亿元，同比分别增长 5.79% 和 7.82%。二是支持经济稳步复苏，防风险惠民生作用有效发挥。宁夏各类健康险提供风险保障金额 1.9 万亿元，同比增长 35.9%，复工复产疫情防控综合保险为 821 家小微企业、商户提供 3.7 亿元风险保障；重庆市推出“复工保”等复工复产保险产品，安全生产责任险覆盖面持续扩大，累计提供保障金额 1036.3 亿元，积极应对暴雨洪水灾害，提供抗灾风险保障金额超过 2 万亿元，累计赔付支出 4.5 亿元；内蒙古大病保险筹资规模达到 11.29 亿元，人均筹资标准提高至 67.5 元，参保患者实际报销比例平均提高近 15 个百分点；青海省全面实现“基本医疗 + 大病保险 + 医疗救助”的“一体化”服务模式，有效解决了低收入群体“小病扛、大病拖”困境。三是业务结构调整持续深入，保障功能不断强化。广西深化“保险 + 期货”模式的糖料蔗价格指数保险试点，探索开展生猪饲料成本期货价格保险，新增食用菌种植等地方特色险种，保险产品体系不断丰富；四川省出台加快农业保险高质量发展实施方案，进一步明确农业保险业务经营条件，积极推进中央奖补地方特色保险方案，农险电子化平台线上制单率达 98%；广西车险综合改革平稳落地，辖内商业车险投保率、保障水平分别较改革前上升 2.9%、4.2%，整车车均保费较改革前下降 13%。

西部地区保险行业潜在风险仍需关注和防范。一是保险业发展压力上升。2020 年，西部地区原保费收入增长率回落 4.18 个百分点，其中 10 个省区保费收入增长率均较上年同期有所回落，最高的达 9.26%。财产险公司受经济下行叠加车险综合改革影响，财产险赔付支出增速高于保费收入增速 9.62 个百分点，发展压力加大；人身险公司受“趸交转期交，短期转长期，偏理财转主保障”业务转型因素影响，保费收入增速呈逐步下降态势，同比增长率仅为 4.96%[①]。二是车险综合改革以来保费收入下滑明显。自 2020 年 9 月车险综合改革正式施行以来，甘肃省车险原保费收入连续三个月下滑，2020 年车险保费收入 95.66 亿元，同比增长仅为 1.81%；云南省车险单均同比降幅达 38.66%，车险保费收入全年负增长 0.68%。车险综合改革通过降低渠道费用进一步让利消费者，但对财产险公司尤其是对车险依赖度较高、竞争力不强的中小型公司影响较大。三是市场乱象形势依然严峻。目前保险公司转型压力较大，业务竞争激烈，部分险企为取得竞争优势，存在突破监管合规底线行为，如承保控制不严格、理赔管理不规范、虚列业务及管理费用、虚构保险中介业务套取费用、违规发布保险营销信息等，破坏了市场公平竞争环境，侵犯了保险消费者的合法权益。

---

① 因云南省 2019 年人身险保费收入数据缺失，同比数据中予以剔除。

六、防范化解重大金融风险取得实效，风险防控任务依然艰巨

2020 年是打好防范化解重大金融风险攻坚战的收官之年，西部地区各省（自治区、直辖市）按照党中央、国务院部署，以金融委办公室地方协调机制为依托，结合地方政府工作要求，牢固树立金融风险防范化解“一盘棋”思想，坚持底线思维和问题导向，推动压实各方责任，集中力量处置重点领域风险，有力地维护了区域金融稳定。一是落实精准拆弹要求，顺利完成重点领域风险处置。四川省以合并新设四川银行为突破口化解攀枝花、凉山州城商行风险；内蒙古稳步推进包商银行风险处置和改革重组工作，稳妥推进新时代信托等金融机构的风险处置与化解工作，蒙商银行如期成立；甘肃省通过提前部署、监管协调、同业规范、成立专班等措施，着力应对金融机构挤兑事件，维护辖区金融稳定。各省（自治区、直辖市）通过有序处置重点领域突出风险，实现稳增长和防风险长期均衡。二是多渠道处置不良资产，高风险机构风险化解工作持续推进。四川省对高风险机构采用“一行一策”分类处置，持续加大不良资产处置力度，全年处置不良贷款 1180 亿元，同比增加 38.68 亿元；贵州省首单不良资产证券化产品成功发行，全年不良贷款处置额达 409.79 亿元。三是机构风险抵补能力增强，资本补充压力有所缓解。截至 2020 年末，西部地区有 9 个省区法人银行业金融机构的核心资本充足率优于监管标准，资本充足水平和风险抵御能力持续提升。四川省中小法人银行积极发行债务工具补充资本，4 家城商行发行资本补充债券共计 132 亿元，泸州银行为西部地区发行首单永续债的银行；广西银行业金融机构通过进一步增加利润留存和发行 118 亿元地方政府专项债补充资本，资本充足率同比提高 1.27 个百分点；内蒙古银行业金融机构通过成功处置包商银行和发行 85 亿元地方政府专项债补充资本，核心资本充足率同比提高 7.62 个百分点；贵州省银行业金融机构资本充足率 12.41%，拨备覆盖率 193.39%，均处于历史高位。四是坚持市场化法治化原则，有序化解企业债务风险。青海省 3 家企业完成市场化法治化债转股 387 亿元，有效降低了负债率和资金成本，部分重点企业通过司法重整和改革实现扭亏为盈，上市公司股权质押比例较攻坚战前下降 8.61 个百分点；鄂尔多斯银行创新债权转让和债权转股权“两步走”模式，完成首单市场化债转股。五是存量资管业务整改转型有序推进，影子银行风险大幅降低。青海省银行资管业务余额同比减少 1977.45 亿元，同业理财余额较 2017 年末下降 98.43%；广西待整改资管业务规模较上年初下降 28.7%，预计能够如期完成整改。

专栏 3　过渡期延长后西部地区法人金融机构资管业务转型分析

2020 年 7 月资管新规过渡期延长以来，西部地区地方法人金融机构结合实际情况及时调整整改计划，平稳有序推动资管业务整改转型，存量待整改业务逐渐压缩，非标资产规模逐步下降，资管业务不断规范。

一、总体情况

截至 2020 年末，西部地区法人金融机构整体上已完成待整改余额的一半，非净值化产品有序压降。目前各机构的整改进度普遍快于计划进度，少数机构已经提前完成全部存量

业务整改，青海、广西等省区已有个别机构提前完成整改。整改方式主要包括自然到期、提前终止、新产品续接、市场化转让、合同变更、回表等方式。截至2020年末，西部地区法人金融机构发行的资管产品余额6.06万亿元，银行、证券、信托、基金、期货发行余额占比分别为14.13%、11.98%、67.15%、6.54%、0.2%。其中，净值型产品余额同比上升26.8%，非净值型产品余额同比下降19.24%。

二、整改主要措施及成效

（一）多方协作促整改。资管新规过渡期延长以来，各金融管理部门进一步加强信息沟通，积极调整思路，指导各机构及时制订新的整改计划，着力保障资管业务平稳转型，督促各机构如期完成整改。

（二）积极谋划促转型。西部地区法人机构按照过渡期延长的相关要求，全面梳理存量待整改资产，认真制订并严格落实整改计划。各机构新发行产品均符合资管新规要求，西部地区资管业务逐步规范转型。

（三）分类施策促规范。在产品端，西部地区法人机构建立健全投资风险管理机制，提升自主投研能力，加大产品系统改造力度，强化投资者教育，逐步规范净值化管理。在资产端，通过与合作机构共同设计新的资产承接方案、与委托人协商退出机制、参与债委会统一行动等方式，逐步实现去通道、非标资产承接、化解风险资产等目标。

三、工作建议

一是落实金融机构主体责任。金融机构是整改工作落实的第一责任人，在统一的过渡期政策框架内，根据自身资管产品和存量资产的实际情况调整整改计划。建立健全工作机制，明确各级责任部门和人员，加强各业务条线、各部门、总行与分支机构、总公司与子公司之间的工作协调。

二是建立健全激励约束机制。金融管理部门要加强对整改计划实施的跟踪监测和督促，确保过渡期内老产品规模持续缩减，同时在监管评级、资本补充工具发行和开展创新业务等方面，采取激励或约束措施，推动金融机构尽早完成整改。

三是强化监管协调，推动政策落地实施。各金融管理部门要加强政策统筹协调，为整改工作创造良好的政策环境。

资料来源：中国人民银行南宁中心支行。

西部地区风险防控任务依然艰巨。一是金融机构资本持续补充存在困难。受银行业持续向实体经济让利、信贷资产加速增长、不良贷款核销力度加大和拨备计提要求更加严格等因素影响，部分金融机构面临利润留存不足、限制条件较多、机制建设不完善等问题，资本持续补充存在较大难度。二是高风险金融机构风险化解难度大。目前存量高风险机构历史包袱重，公司治理和内部控制不完善导致案件防控不力，且此类机构多分布在金融生态环境较为薄弱的县域地区，其中甘肃、内蒙古、广西等省区高风险机构数量较多，风险化解进展缓慢。三是债券面临集中兑付风险。2021年西部地区部分省区将进入债券兑付高峰期，多只公司债券将到期兑付或面临回售，个别发行人偿债能力和抗风险能力较弱，存在兑付风险隐患。四是企业风险尚未完全出清。近年来，由于经济增长压力加大、部分行业产能过剩、股东占款、企业高杠杆经营等原因，部分企业生产经营遇到较大困难，虽然当前通过破产重整、引入战略投资者和债务重组等方式推进风险处置，但仍有部分企业生产经营几乎停滞，其风险仍未得到有效缓释。

专栏4　高风险村镇银行风险成因及化解处置分析

截至2020年末，西部地区已设立482家村镇银行，占西部地区法人银行业金融机构总数的34.73%。这些村镇银行在发展过程中存在公司治理不完善、脱农脱小、违规经营等问题，近年来风险水平快速上升。

一、风险成因分析

（一）激进发展，风险积聚

受成立时间短、业务规模小及社会认知度低等因素限制，村镇银行在市场竞争中相对处于劣势，吸储成本较高，传统信贷业务拓展较为困难。部分村镇银行为快速打开市场、提升业务规模，在经营过程中“重发展、轻风控”现象较为普遍，个别村镇银行公司治理失效，内控制度不完善，审贷分离流于形式，贷款“三查”形同虚设，导致风险逐步积聚。

（二）偏离定位，违规展业

部分村镇银行经营方向偏离政策初衷，在市场定位上未体现立足当地、支农支小的要求，严重忽视发展质量，将资金大量投向房地产、煤炭、钢贸等高风险行业。个别村镇银行在未建立有效风险管理体系的情况下，突破监管限制开展非信贷业务，出租账户、违规开展票据和同业业务等情况时有发生，不良资产快速积累，形成重大损失。

（三）管理缺位，失去约束

部分村镇银行发起行前期对如何平衡村镇银行独立法人地位和发起行管理职责方面认识不到位，发起行职责履行不到位，未及早对风险进行有效监督、管理和问责，从而导致村镇银行违法违规问题未能得到及时规范和遏制。部分高风险村镇银行对内部人员尤其是高管人员缺乏有效的约束机制，部分从业人员法律意识淡薄、道德扭曲，只顾攫取高额收益和个人利益，埋下风险隐患。

二、风险化解措施

（一）依托机制，统筹风险化解工作

结合各村镇银行实际情况，西部各省区市依托地方金融监管协调机制，将村镇银行风险化解纳入金融风险攻坚战，形成地方政府统一领导下的全省风险化解“一盘棋”，为村镇银行风险处置提供了坚实的组织保障，有效推动了风险化解和处置进程。

（二）强化协作，形成监管合力

通过金融委办公室地方协调机制，金融管理部门之间不断加强信息共享和政策沟通，确保宏观审慎管理和微观审慎监管同频共振，形成监管合力，持续加大监管纠偏力度，引导高风险村镇银行明确支农支小的战略定位，完善法人治理，健全制度体系，提升经营管理和风险防控水平。

（三）多措并举，各方主体共同发力

一是高风险机构严格落实主体责任。高风险村镇银行积极制订风险化解方案和应急处置预案，切实增强经营管理、内部治理和风险防控能力，不断加大不良资产压降力度，同时严防流动性风险，扎实开展自救。二是发起行主动履行管理责任。发起行督促指导高风险村镇银行拟定并落实风险化解方案和应急处置预案，从派驻高管、资金支持等方面助其实施改革重组、充实资本实力、优化股权结构、完善法人治理、纠正发展方向等，签署流动性救助协议，村镇银行业务经营和风险管控能力有效提升。三是属地政府积极承担属地责任。按照风险化解和处置方案，地方政府承担属地风险化解职责，积极协调公检法相关部门，加强舆情管控，部分地区探索地方政府与发起行共补资本模式，推动地方与发起行联合向高风险村镇银行注资，真金白银化解风险，营造良好金融生态环境。

在各方的共同努力下，西部地区村镇银行信用风险持续缓释，高风险村镇银行数量稳步下降。截至2020年末，西部地区村镇银行整体不良贷款率较2018年末下降近2个百分点，高风险机构数量减少近三分之一。但是，目前村镇银行风险化解基础尚不牢固，疫情对资产质量的影响有一定滞后性，风险反弹压力较大，防范化解金融风险仍不能松懈。要坚持以深化金融供给侧结构性改革为主线，统筹推进村镇银行改革发展与风险化解，构建村镇银行健康发展长效机制。

资料来源：中国人民银行贵阳中心支行。

七、定量评估

从定量评估结果来看，2020年西部地区金融稳定状况综合得分为67.2分，由较稳定区间下调至较不稳定区间，较上年下降0.9分，比全国平均水平低4.4分。其中证券业得分高于全国平均水平，宏观经济和银行业得分均低于全国平均水平，保险业和金融生态环境得分与全国平均水平相近（见图1）。

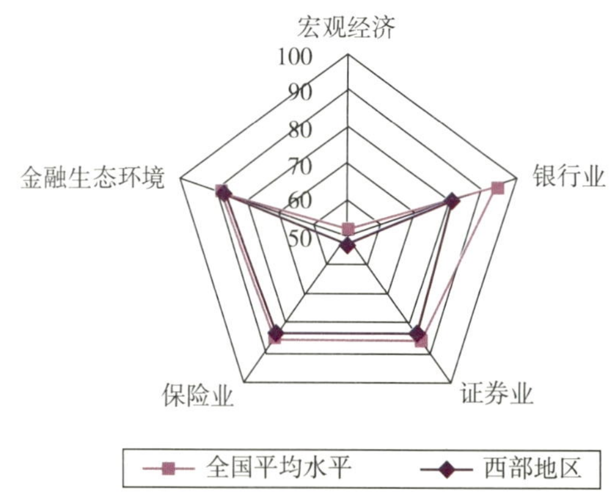

图1 2020年西部地区金融稳定状况和全国平均水平的比较

从具体指标变动情况来看，西部地区共有7项指标较上年有所改善，13项指标较上年有所下降，5项指标与上年持平。在宏观经济方面，全社会固定资产投资增长率、居民消费价格指数和典型城市房地产销售价格指数指标有所改善，城镇登记失业率指标与上年持平，但地区生产总值增长率、第三产业增加值增长率、社会消费品零售总额增长率等指标得分出现不同程度下降，宏观经济得分较上年明显回落。银行业不良贷款指标有所改善，但资本充足率等指标均不同程度下滑，银行业得分整体下降。证券业资本充足水平和盈利能力指标保持稳定，得分与上年基本持平。保险公司保费收入增速有所回落，保险业得分较上年小幅下降。金融生态环境得分与上年基本保持一致，银行服务密度指标略有下降（见表1）。

表1　　2020年西部地区评价指标及其变动情况

<table>
<tr><th colspan="2" rowspan="2">指标分类</th><th rowspan="2">变动方向</th><th rowspan="2">评价指标</th><th colspan="3">变动情况</th></tr>
<tr><th>改善</th><th>稳定</th><th>下降</th></tr>
<tr><td colspan="2" rowspan="11">宏观经济</td><td rowspan="11">↓</td><td>地区生产总值增长率</td><td></td><td></td><td>✓</td></tr>
<tr><td>第三产业增加值增长率</td><td></td><td></td><td>✓</td></tr>
<tr><td>全社会固定资产投资增长率</td><td>✓</td><td></td><td></td></tr>
<tr><td>社会消费品零售总额增长率</td><td></td><td></td><td>✓</td></tr>
<tr><td>实际利用外资增长率</td><td></td><td></td><td>✓</td></tr>
<tr><td>进出口总额增长率</td><td></td><td></td><td>✓</td></tr>
<tr><td>城镇居民可支配收入增长率</td><td></td><td></td><td>✓</td></tr>
<tr><td>农村人均纯收入增长率</td><td></td><td></td><td>✓</td></tr>
<tr><td>居民消费价格指数</td><td>✓</td><td></td><td></td></tr>
<tr><td>城镇登记失业率</td><td></td><td>✓</td><td></td></tr>
<tr><td>典型城市房地产销售价格指数</td><td>✓</td><td></td><td></td></tr>
<tr><td rowspan="10">金融机构</td><td rowspan="4">银行业</td><td rowspan="4">↓</td><td>核心资本充足率</td><td></td><td></td><td>✓</td></tr>
<tr><td>不良贷款率</td><td>✓</td><td></td><td></td></tr>
<tr><td>资产利润率</td><td></td><td></td><td>✓</td></tr>
<tr><td>流动比率</td><td></td><td></td><td>✓</td></tr>
<tr><td rowspan="3">证券业</td><td rowspan="3">→</td><td>净资本充足率</td><td></td><td>✓</td><td></td></tr>
<tr><td>净资本负债率</td><td></td><td></td><td>✓</td></tr>
<tr><td>资产利润率</td><td></td><td>✓</td><td></td></tr>
<tr><td rowspan="3">保险业</td><td rowspan="3">↓</td><td>应收保费率</td><td></td><td>✓</td><td></td></tr>
<tr><td>保费收入增长率</td><td></td><td></td><td>✓</td></tr>
<tr><td>寿险公司退保率</td><td>✓</td><td></td><td></td></tr>
<tr><td colspan="2" rowspan="4">金融生态环境</td><td rowspan="4">→</td><td>法治环境调查综合得分</td><td>✓</td><td></td><td></td></tr>
<tr><td>地方财政收入占GDP比重</td><td>✓</td><td></td><td></td></tr>
<tr><td>银行服务密度</td><td></td><td></td><td>✓</td></tr>
<tr><td>征信数据库覆盖率</td><td></td><td>✓</td><td></td></tr>
</table>

注：表中“↑”代表改善，“↓”代表下降，“→”代表稳定。

从历年综合得分变动趋势看，西部地区2020年金融稳定综合得分明显回落，由较稳定区间下调至较不稳定区间，得分自2016年起呈现逐年下降态势（见图2）。分项来看，2020年西部地区宏观经济、银行业和保险业得分均有所下降，证券业和金融生态环境得分与上年基本持平（见图3）。

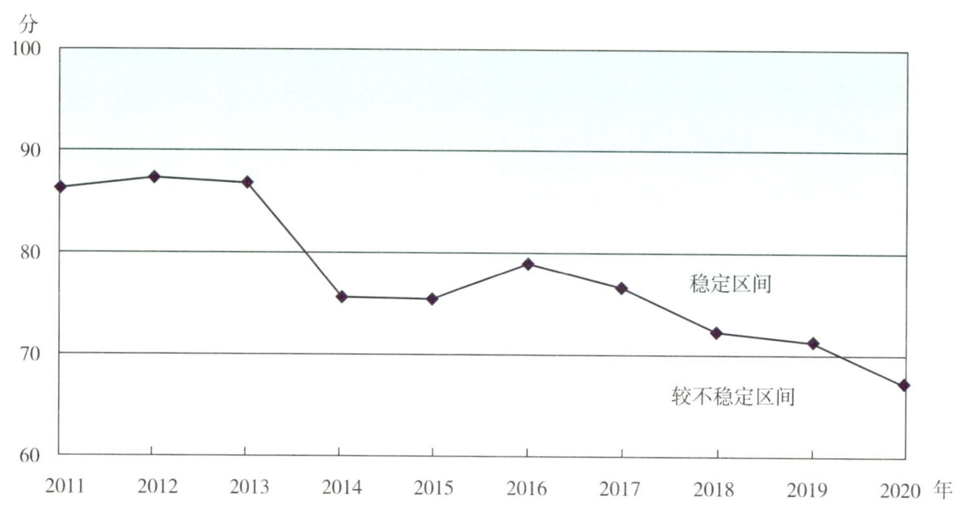

图2　2011—2020年西部地区金融稳定综合得分趋势图

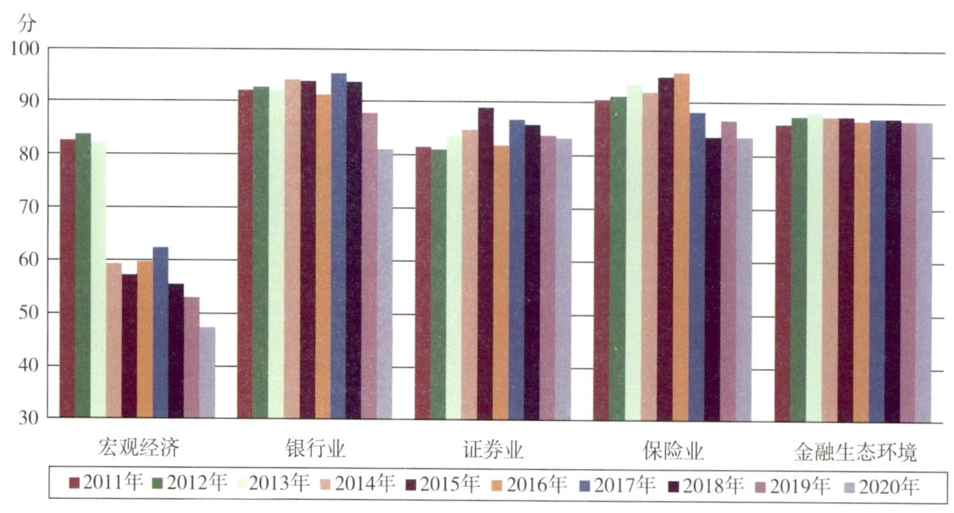

图3　2011—2020年西部地区金融稳定状况的比较

第五章　东北地区

2020年，东北地区以习近平新时代中国特色社会主义思想为指导，坚持稳中求进工作总基调，全面贯彻新发展理念，统筹推进疫情防控和经济社会发展，扎实做好“六稳”工作，全面落实“六保”任务，经济运行逐季回升向好，决胜建成小康社会取得决定性成就。金融体系运行整体稳健，金融支持实体经济能力进一步增强，但部分领域存量金融风险化解任务依然艰巨，风险防控压力仍然较大。

一、经济运行平稳向好，持续增长压力较大

2020年，东北地区经济运行逐季回升向好，地区生产总值5.11万亿元。其中，辽宁省、吉林省和黑龙江省地区生产总值分别为2.51万亿元、1.23万亿元和1.37万亿元，同比分别增长0.6%、2.4%和1.0%，增速分列全国第29位、第20位和第28位。辽宁省、吉林省和黑龙江省固定资产投资同比分别增长2.6%、8.3%和3.6%，第一产业固定资产投资增速均有较大幅度提升，三省同比分别增长79.9%、68.3%和120%，分别较上年提高68.8个、119.7个和150.8个百分点。辽宁省城镇、农村常住居民人均可支配收入同比分别增长1.5%和8.3%；网上消费增势强劲，全年实物商品网上零售额1271.1亿元，同比增长18.1%。吉林省加快建设现代农业，保护性耕作面积达到1852万亩，规模全国最大；新建高标准农田300万亩，农作物耕种收综合机械化水平达到91%；粮食产量760.6亿斤，连续8年稳定在700亿斤以上。黑龙江省克服疫情和连续三次台风影响，粮食总产量达到1508.2亿斤，占全国粮食总产量的11.3%，连续十年居全国首位，粮食第一大省地位继续稳固提升，国家粮食安全“压舱石”地位更加突出。

虽然经济运行整体回升向好，但经济增长基础尚不牢固，持续增长压力较大。一是消费回落明显。辽宁省、吉林省和黑龙江省社会消费品零售总额同比分别下降7.3%、9.2%和9.1%。二是外贸进出口整体萎缩。2020年，东北地区进出口总额合计为1362.63亿美元，同比下降9.76%，其中进口总额同比下降7.91%，出口总额同比下降12.97%，贸易逆差402.95亿美元。辽宁省、吉林省、黑龙江省进出口总额同比分别下降10.3%、1.7%和18.1%。三是部分省份有效投资不足。辽宁省固定资产投资增速仍低于全国平均水平，制造业投资降幅明显，投资额同比下降7个百分点，基建项目投资额增速低于全国平均水平0.2个百分点；房地产投资增速回落，增幅较上年下降3.9个百分点。四是民营经济发展相对滞后。在“2020年中国民营企业500强”榜单中，东北地区仅有12家企业入围，其中，辽宁省8家，吉林省3家，黑龙江省仅有1家；排在前100名的仅有3家。

二、供给侧结构性改革持续推进，经济结构调整任务艰巨

2020年，东北地区深入推进供给侧结构性改革，加强创新能力建设，发展新动能加速积蓄。辽宁省持续推进高端装备制造、新材料等战略性新兴产业发展，科技创新步伐逐步加快。建成5G基站2.3万座，重点培育100个“5G+工业互联网”示范工厂和园区；碳化硅复合材料助力嫦娥五号探月，110兆瓦级重型燃机总装下线；新增高新技术企业1508家，雏鹰、瞪羚和独角兽企业[①]达到2163家，高新技术制造业投资增长33.4%。吉林省全面实施“一主、六双”产业空间布局，经济布局和结构调整不断优化。公主岭划归长春代管，长春现代化都市圈初见雏形；高铁变轨等关键核心技术取得突破，时速400公里跨国联运高速列车正式下线；“吉林一号”一箭九星海上成功发射；新认定国家高新技术企业1085户、科技“小巨人”企业302户，分别增长46.9%、40.4%。黑龙江省科技创新日趋活跃，为全年经济回升作出积极贡献。全省高新技术企业1932家，同比增长54%，高新技术产业投资较上年增长11.7%；新成立科技型企业12000家左右。

虽然经济增长的新动能正在逐渐积蓄，但东北地区对传统产业的依赖程度一直较高，战略性新兴产业发展尚不充分，经济增长旧动力减弱和新动力不足的结构性矛盾尚未得到根本解决。一是东北地区产品以粮食、石化、冶金等大宗商品为主，高附加值产品与高新技术产品占比较低，企业盈利水平较低。2020年，辽宁省41个工业大类行业中，21个行业利润总额同比减少；亏损工业企业数量占比达29.8%，高于全国12.5个百分点。二是国有企业改革仍任重道远。黑龙江省国有企业资产总额接近1.65万亿元，国有企业掌控了大部分社会资源，但部分“老字号”国有企业体制机制僵化、负担沉重，生存陷入危机，相关经济运行制约因素值得关注。三是经济结构转型缓慢。辽宁省三大产业占生产总值比重为9.1:37.4:53.5，吉林省三大产业占生产总值比重为12.6:35.1:52.3，黑龙江省三大产业占生产总值比重为25.1:25.4:49.5，三省第二产业增加值比重分别低于全国平均水平0.4个、2.7个和12.4个百分点，第三产业增加值比重分别低于全国平均水平1个、2.2个和5个百分点，结构调整任务仍然艰巨。

专栏1　黑龙江省经济运行制约因素及对策建议

2000—2012年，黑龙江省GDP增速长期高于全国平均水平，但2012年之后经济增速急速下滑，经济由盛转衰，2020年居全国31个省份倒数第4位，低于全国平均水平1.3个百分点。近年来黑龙江省GDP增速持续低位运行，相关经济运行特点及制约因素值得深入剖析和高度重视。

一、黑龙江省经济发展特点

（一）经济低位运行，收入增长持续乏力。2013年以来，黑龙江省经济增速持续低位运行，全省公共预算收入增长持续乏力。2020年受疫情和经济下行多重因素叠加影响，公共

① 雏鹰企业是指注册时间在10年内，具有较强的创新能力，在某一细分领域取得突破，未来具有较高的发展潜力，得到市场认可的创新型企业。瞪羚企业是指注册时间在20年内，表现出成长速度快、科技含量高、创新能力强、发展前景好等特征，营收或人员增长率及科技活动投入强度达标的企业。独角兽企业是指注册时间在10年内，具有平台、跨界等属性，表现出颠覆式创新、爆发式成长、竞争优势强、未来价值大等特征，获得过较大数额私募投资的未上市企业。

预算收入 1152.5 亿元，较 2019 年下降 8.7%。

（二）税收收入减收，预算收入质量不高。2020 年，受疫情影响以及各项减税降费政策的落实，黑龙江省公共预算收入中占比较高的税收收入 811.9 亿元，同比下降 12.2%。税收收入减收幅度高于公共预算收入下降幅度，公共预算收入质量进一步下滑。

二、黑龙江省经济发展制约因素分析

（一）区域经济发展不均衡、不充分。2020 年，黑龙江省地区生产总值（13698.5 亿元）居全国第 23 位，连续 7 年 GDP 增速低于全国增速。省内各城市发展差异明显，其中哈尔滨市地区生产总值占全省比重约 40%，整体呈现出哈尔滨市一枝独秀的态势。

（二）国有企业改革任重道远。2020 年末，黑龙江省地方国有企业资产总额接近 1.65 万亿元，国有企业掌控了大部分的社会资源，但是一些“老字号”国有企业体制机制僵化、设备老化、负担沉重、市场拓展滞后，生存陷入危机。

（三）经济活力不足，经济结构转型缓慢。2020 年，黑龙江省第二产业增加值占 GDP 比重为 25.4%，较上年下降 1.1 个百分点，低于全国平均水平 12.4 个百分点，工业经济增长乏力。第三产业增加值 6776.7 亿元，占 GDP 比重达到 49.5%，服务业已成为区域经济增长的首要拉动力，但仍低于全国平均水平 5 个百分点。黑龙江省经济增长新动力不足和旧动力减弱的结构性矛盾突出，经济下行压力较大。

（四）人口流失及老龄化严重，优秀人才稀缺。黑龙江省已呈现收缩型社会的特征。2015 年全省自然人口增长率出现断崖式下跌，而老年人口占比自 2011 年起持续较快提高，至 2014 年已超过全国平均水平，且幅度持续走阔。2020 年全省常住人口 3185 万，自 2014 年起常住人口一直呈负增长态势。此外，受客观地理位置和经济发展环境影响，黑龙江省对人才的吸引力不强。

（五）营商环境仍需不断改善。近年来，黑龙江省大力整治营商环境，出台了《黑龙江省优化营商环境条例》等一系列保障制度，但是多年来积累的官僚主义、形式主义尚未完全转变，相关法律法规有待完善，基层有法不依、执法不力等现象仍时有发生。

三、黑龙江省未来经济发展的对策建议

（一）进一步优化企业营商环境。以普惠性减税政策为重点，建立本省营商环境评价机制，促进营商环境进一步优化。强化机制体制保障，大力吸引“头雁”“春雁”等人才扎根黑土地，为黑龙江振兴添砖加瓦。

（二）进一步促进产业转型升级。充分利用国家发展战略，促进产业间融合，充分利用创新技术转型升级三次产业，逐步形成高质量产业集群，重点发展装备、制造等支柱行业，推进重大技术装备生产的自主化。

（三）进一步加快企业发展步伐。加强国有企业顶层设计与战略部署，促进企业快速转型。进一步发挥龙头企业的带头作用，聚焦森工、农垦、能源等领域企业。促进金融助推民营和小微企业，引导金融机构加大对民营企业的金融支持力度，增强对民营和小微企业的信贷供给能力。

资料来源：中国人民银行哈尔滨中心支行。

三、银行业总体运行稳健，资产质量管控压力依然较大

2020 年，东北地区银行业金融机构资产负债规模稳步增长。截至 2020 年末，银行业金融机构资产总额 17.05 万亿元，同比增长 7.32%，其中，辽宁省、吉林省和黑龙江省资产总额分别为 9.11 万亿元、3.58 万亿元和 4.35 万亿元，同比分别增长 6.13%、9.72% 和 7.89%；负债总额 16.37 万亿元，同比增长 7.31%，其中，辽宁省、吉林省和黑龙江省负债总额分别为 8.75 万亿元、3.44 万亿元和 4.19 万亿元，同比分别增长 6.09%、9.55% 和 8.10%。本外币各项存贷款业务较快增长。东北地区银行业金融机构本外币各项存款总额 12.68 万亿元，同比增长 10.57%。其中，辽宁省、吉林省和黑龙江省同比分别增长 8.44%、12.80% 和 13.43%。银行业金融机构本外币各项贷款总额 9.75 万亿元，同比增长 6.06%。其中，辽宁省、吉林省和黑龙江省同比分别增长 5.30%、8.90% 和 5.02%。2020 年，东北地区银行业金融机构积极承担社会责任，向实体经济让利，全年实现利润同比下降 12.20%，合计 488.16 亿元，其中，辽宁省和黑龙江省银行业金融机构利润降幅较大，同比分别下降 30.92% 和 20.76%。部分城商行和民营银行通过非自营互联网平台开展线上存款业务，相关业务特殊性及新政策的后续影响值得关注。

专栏 2　互联网平台存款对金融稳定的影响及建议

——基于辽宁省银行业金融机构的调查

自 2018 年京东金融上线首只银行存款产品以来，全国有超过 80 家银行通过互联网金融平台发行存款产品，其中辽宁省有 7 家。银行和互联网平台合作打破了传统的存款竞争模式，在客户群体、产品期限、收益水平、销售方式、开户流程等方面有着不同于线下存款业务的特殊性，对金融市场秩序和金融稳定都产生了较大影响。

一、业务开展情况

目前开展互联网平台存款业务的金融机构以民营银行、城商行为主力军，如辽宁省 7 家机构中有民营银行 1 家和城商行 6 家，均通过非自营平台吸收存款，存续的互联网平台存款产品以 1 年期和 5 年期定期为主，且 3～5 年期中多为按周期付息产品，有效持有期限小于 1 年。

二、存在的问题和风险

（一）资金成本刚性强，“高息揽存”现象普遍

民营银行和城商行受网点数量限制，存款规模增长相对乏力，缺乏持续稳定的资金来源，对资金的迫切需求推动其积极探索开展互联网平台存款业务，同时为吸引客户机构通过靠档计息、周期付息等方式变相抬升存款利率。为对冲负债成本高企带来的影响，银行在资金投向上偏好于高收益的限制性行业、高风险企业和联合贷款等领域，以此提高生息资产的收益率，但相关资产的质量存在较大的不确定性，为机构的持续经营埋下风险隐患。

（二）资金来源稳定性差，易引发流动性风险

一是获客容易留客难。银行传统的线下吸储可以通过有形的服务与客户建立多方面联系，但机构难以通过互联网平台开展差别化的客户营销，客户考量的核心要素为存款利率水平、计息方式和期限等，这将直接影响存款产品的接续和客户黏性，存款集中到期时机构存款规模可能出现急剧下滑。二是定期存款短期化。银行机构发行的线上存款产品普遍可随时支取、可提前赎回，且部分机构通过按周期付息等方式模糊了不同期限利率水平区分度，客户更倾向于购买 1 年期及以内产品，期限短、稳定性差的互联网平台存款占比上升，增加机构流动性管理难度，成为期限错配的潜在风险因素。

（三）舆情风险突发性强，易引发短期偿付风险

依托互联网金融平台发展的线上存款业务，信息的不对称性正在弱化，舆情风险呈现出影响范围广、涉及主体多、传播速度快等特点。对银行而言，与线下营业网点集中取款不同，线上客户对负面舆情的灵敏度更高，单一客户对机构的质疑将借助网络快速得到群体性响应，若负面舆情未得到及时控制和正确引导，可能会引发流动性风险。

（四）信息科技依赖性强，易引发支付结算风险

互联网平台存款业务具有高频、高并发特征，银行原有信息系统在支持大批量资金流入流出和对账结算方面承受的压力较大，容易出现交易处理速度下降甚至业务发生中断。一旦操作或对接中稳定性或安全性存在缺陷，不仅会带来直接的信息科技风险，而且与信息技术风险相伴而来的往往还有声誉风险、流动性风险等其他风险。

三、相关建议

2021 年 1 月，银保监会、人民银行联合发布《关于规范商业银行通过互联网开展个人存款业务有关事项的通知》，明确要求商业银行不得通过非自营网络平台开展定期存款和定活两便存款业务，存量业务到期后自然结清，不得叙做。为进一步规范和发展互联网平台存款业务，建议如下：

（一）稳妥有序规范机构存量业务

对互联网存款依赖度较高的机构，建议结合机构实际情况，在压实机构主体责任的基础上，稳妥有序规范机构存量违规业务，引导机构拓展负债来源渠道，防止由于“一刀切”的处置方式造成风险。

（二）切实做好流动性应急准备工作

对于个别存在流动性问题的机构，在存款集中到期的特殊时点，持续跟踪监测存款流失情况和流动性状况，同时督促机构提前做好流动性安排。相关部门应做好应急准备，加强信息共享，合力维护区域金融稳定。

（三）密切关注政策的后续影响

建议金融管理部门进一步督促通过自营网络平台开展存款业务的机构加强自身平台建设、风险管理、网络安全防护等，进一步关注民营银行经营模式改革，在监管框架下形成差异化竞争优势，维持并发展业务。

资料来源：中国人民银行沈阳分行。

尽管东北地区银行机构采取多种措施稳妥化解存量风险，银行业风险总体可控，但信用风险尚未完全暴露和实质性出清，后续仍需高度重视。随着延期还本付息等金融支持政策的逐步退出，银行资产质量下行压力较大。截至2020年末，东北地区银行业金融机构不良贷款余额4057.80亿元，同比增长1.65%；不良贷款率4.16%，同比下降0.18个百分点。其中，辽宁省银行业不良贷款余额2710.4亿元，同比增长6.4%，不良贷款率5.18%，比上年初上升0.05个百分点，高于全国3.26个百分点，不良贷款余额和不良贷款率仍呈“双升”态势。资产质量下迁趋势仍然明显，2020年末不良贷款迁徙率同比增加1.13个百分点，关注类贷款同比增长24.13%，信用风险形势较为严峻。吉林省银行业金融机构不良贷款余额703.03亿元，较上年下降12.82亿元，不良贷款率3.09%，较上年下降0.77个百分点。虽然不良贷款处置取得较大进展，但从结构来看，不良贷款的处置主要来自政策性银行、国有商业银行和城市商业银行，其不良贷款余额分别比上年初减少26.25亿元、70.25亿元和33.72亿元。而股份制商业银行、农村商业银行和信托投资公司的不良贷款出现了较大规模的增长，分别比上年初增长12.55亿元、11.84亿元和5.28亿元。同时，关注类贷款余额达到1673.35亿元，同比增长6.75%，占全部贷款的7.36%，未来仍有可能部分会转为不良贷款。黑龙江省不良贷款余额644.4亿元，较上年初增加6.5亿元；不良贷款率2.7%，较上年初下降0.1个百分点。关注类贷款余额持续快速攀升，2020年末达到2008.48亿元，同比增长20.68%；关注类贷款率达8.39%，较上年同期提高1.12个百分点。银行业金融机构前期对部分问题贷款采取了展期、重组、借新还旧等风险缓释措施，随着相关金融支持政策的逐步退出，资产质量劣变风险仍然值得重点关注。

四、法人银行机构经营稳定，部分机构抗风险能力有待提升

截至2020年末，东北地区共有法人银行机构376家，包括18家城市商业银行、119家农村商业银行、164家村镇银行、2家民营银行和73家农村信用社。2020年，东北地区共有4家农村信用社完成改制，成立农村商业银行，其中，辽宁省2家，黑龙江省2家。辽宁省地方法人银行机构资产负债规模保持增长，截至2020年末，资产总额44421.28亿元，同比增长1.77%，负债总额41266.64亿元，同比增长1.41%。吉林省法人银行机构积极补充资本，提高资本充足率，全年共有9家机构实施了增资扩股，抗风险能力进一步提高。其中，吉林银行完成15亿股增发，募集资金52.5亿元，年末资本充足率达到12.02%，同比提高0.7个百分点；同时，不良贷款处置力度加大，年末不良贷款余额同比减少53.86亿元，不良贷款率1.85%，较上年初下降2.54个百分点。农村信用社改革持续推进，宁江农村信用联社通过增资扩股募集股金4.18亿元，达到改制标准。黑龙江省法人银行机构平均资本充足率11.39%，资本状况整体较为充足，其中，城市商业银行、农村商业银行、农村信用社、村镇银行平均资本充足率分别为11.73%、11.53%、8.69%和13.74%，农村信用社平均资本充足率较上年同期提高2.79个百分点。

东北地区部分法人银行规模相对较小，公司治理尚不完善，抗风险能力较低，部分机构在落实资管新规整改要求方面仍面临一些难点和问题。2020年，辽宁省地方法人银行发展速度趋

缓，资产负债增速分别为1.77%和1.41%，增速分别比上年下降2.73个和3.32个百分点；部分机构信用风险和流动性风险隐患较大，辽宁省法人银行不良贷款余额1706.32亿元，占全省银行业不良贷款余额的62%，不良贷款率7.11%，高于全国5.19个百分点，个别法人机构出现流动性紧张情况。吉林省农村商业银行和村镇银行信用风险防控压力较大，不良贷款余额同比分别增加11.84亿元和2.58亿元，资本充足率同比分别下降1.21个和0.92个百分点，个别机构同业投资业务逾期，农信社改制难度较大，不良贷款率较高，拨备覆盖率、资本充足率等指标均远低于监管要求。黑龙江省城商行风险意识不高，高风险农合机构边清边增，部分改制后农商行未实现战略定位和经营理念的有效转换，监管指标出现不同程度的劣变。

专栏3　资管新规对地方法人金融机构业务的影响

《关于规范金融机构资产管理业务的指导意见》（银发〔2018〕106号，以下简称资管新规）颁布以来，各金融机构积极落实，制订过渡期整改计划，完善组织架构，加强风险防控，转变业务模式。截至2020年末，东北地区共有34家开展资管业务的地方法人金融机构，存续资管业务中，信托类产品占68.9%，银行理财占27.5%，证券业资产管理计划等其他产品占3.6%。从落实资管新规的整改要求情况来看，推行净值化管理、压缩通道业务等方面取得积极进展，但中小法人金融机构面临的一些问题也不容忽视。

一、整改进展情况

（一）逐步健全管理体系

建立健全与资管新规要求相适应的管理体系和管理框架。一是各地方法人商业银行均设立理财业务的专营一级部门，按照单独建账、单独管理、单独核算的原则，建立独立核算的风险隔离机制。二是将资产管理业务风险管理纳入全面风险管理体系之中，修订和完善风险管理流程、销售和业务运作流程、信息披露等制度。三是加强投资者适当性管理，按照“合格投资者”条件对个人投资者和机构投资者予以区分，加强投资者教育，提高客户对净值型产品的认知。四是加快推进研发适应新的制度要求和市场环境的理财销售管理系统和资产管理系统。

（二）持续改善业务结构

各金融机构积极调整业务结构，设计开发净值型产品，增加投资标的中标准化产品比例，不断压缩预期收益型产品规模。截至2020年末，东北地区净值型产品余额2049.52亿元，净值化管理的资管产品比例和规模较2018年大幅提升，整改效果明显。其中，辽宁省三家法人证券公司的资管业务整体净值化比例达到64.85%。吉林省法人金融机构净值化资管产品比例提高到45%，其中吉林银行存续净值型理财产品177只，本金327.9亿元，占比已超过该行全部存续理财产品的80%。

（三）有序压缩通道业务

按照资管新规要求，东北地区金融机构在通道业务到期后终止业务，尚不能终止的业务在减少通道层级、穿透底层资产、增强抵押担保、明确债权债务关系的基础上叙做。券商和信托机构逐步退出存量并停止新增通道业务，大力发展主动管理业务。

二、面临的难点问题

（一）中小机构净值化管理能力不强

资管业务净值化转型在研发能力、风险控制、信息系统等方面对金融机构提出较高要求。但是东北地区中小金融机构尤其是地方法人银行理财业务起步较晚，多数机构缺乏专业团队，投研能力不足，信息系统和运营管理对转型的支持力度有限，规模较小的法人银行机构整改理财业务成本较高，只能选择退出相关业务领域。

（二）部分存量资产业务整改难度较大

部分机构的存量业务底层非标资产存在结构复杂、多层嵌套、过渡期内不能自然到期、违约风险较高等问题，增加了存量资产整改难度，处置进度相对滞后；部分信托计划、证券资产管理业务难以按期完成整改，需要申请个案处理。

三、政策建议

（一）强化市场监督，促进规范发展

金融管理部门应进一步完善配套法律法规，加强协调配合、各司其职、强化沟通、共享信息，推动资管业务逐步回归业务实质。建立激励约束机制和动态考核机制，鼓励金融机构采取多种措施有序处置存量待整改资产。坚持“新老划断”原则，严禁机构新发行或续期违规产品。

（二）做好政策指导，鼓励合理创新

指导中小金融机构整合资源，培育高素质人才队伍，提升研发能力，提高业务科技含量，依法依规创新业务模式，充分利用金融科技支撑理财业务转型，强化资管业务主动管理能力，形成健康可持续的资管业务发展模式。

资料来源：中国人民银行长春中心支行。

五、证券期货业稳步发展，上市公司经营风险较为突出

2020 年，东北地区证券业总体运行较为平稳，交易规模持续上升，资本市场服务实体经济功能得到有效发挥。截至 2020 年末，东北地区共有法人证券公司 6 家，其中辽宁省 3 家，吉林省 2 家，黑龙江省 1 家。法人证券公司资产总额 1138.27 亿元，同比下降 5.44%，负债总额 824.86 亿元，同比下降 7.73%；2020 年营业收入合计 66.39 亿元，同比增长 15.67%，实现利润合计 15.14 亿元，同比增加 8.04 亿元。证券市场全年交易总额 20.97 万亿元，同比增长 67.85%。东北地区上市公司共计 160 家，较上年增加 5 家，其中辽宁省 76 家，吉林省 45 家，黑龙江省 39 家。全年股票市场募集资金合计 392.97 亿元，较上年增加 206.21 亿元。其中，首发募集资金 46.60 亿元，较上年增加 20.78 亿元，再筹资 346.37 亿元，较上年增加 185.43 亿元。

东北地区证券期货业发展中一些潜在的风险隐患仍需关注。一是上市公司经营风险较为突出，个别上市公司遭遇退市风险警示。辽宁省有 6 家公司被实施退市风险警示，2020 年度

扣除非经常性损益后均为净亏损状态。部分上市公司尽管净利润扭亏为盈，但利润来源主要依靠重组收益，主营业务能否持续形成竞争优势进而转化为盈利能力仍需市场动态检验。吉林省有6家拟退市高风险上市公司，部分公司股权质押、资金占用、违规担保、强制退市以及其他债务风险等相互交织叠加，风险化解难度较大。黑龙江省上市公司中有5家存在退市风险，部分上市公司为控股股东违规担保，涉案涉诉致使上市公司需承担全部或部分赔偿责任。二是法人证券经营机构资本实力较弱，风险隐患持续存在。辽宁省个别证券公司银行间债券市场业务风险仍未完全消除，受此影响，公司的净资本和大部分风控指标持续不符合监管要求。吉林省证券公司与期货公司净资本水平在同行业中处于中下游，核心竞争力不强，专业服务能力有待提升。三是私募行业风险需重点关注。私募基金风控水平整体偏低，“伪私募”混杂其中，利用微信、网络直播等互联网手段开展非法投资咨询、场外配资等违规业务，影响行业规范水平。此外，私募基金管理人“失联”“跑路”以及非法集资等风险也需重点防范。

六、保险业保障功能持续增强，行业潜在风险仍需防范

2020年，东北地区保险行业规模持续增长，保险保障功能进一步发挥。截至2020年末，东北地区保险公司资产总额8320.25亿元，同比增长13%，全年实现原保险保费收入3035.62亿元，同比增长3.91%；赔款和给付支出合计1003.14亿元，同比增长7.02%。辽宁省、吉林省和黑龙江省保险深度分别为5.33%、5.77%和7.29%。农业险保持快速发展势头，保障功能得到进一步增强，有力支持农业生产。截至2020年末，东北地区农业险业务保费收入合计114.11亿元，同比增长20.99%。其中，辽宁省农业险保费收入35.98亿元，较上年增加27.5亿元。吉林省全年累计为147万户次农户提供风险保障809亿元，同比增长10.13%。黑龙江省累计实现农业险保费收入51.2亿元，保费规模位于全国第3位，同比增长18.3%。其中，种植业（含林业）保费收入48.7亿元，同比增长17.4%；养殖业保费收入2.5亿元，同比增长40.8%。全省政策性种植险承保面积1.5亿亩，同比增长15%，承保覆盖率71%，同比提高12个百分点。全年农业险为246.4万户次农户提供风险保障1001亿元，赔款支出46.3亿元，受益农户达143.2万户次。在农业险快速发展的同时，随着农产品价格波动加剧，保险业服务农业现代化机制有待进一步探索。

东北地区保险业发展中面临的主要问题有：一是财产险公司盈利能力降低。大部分基层财产险公司业务品种较为单一，车险保费收入在总体保费收入所占比重过大。车险综合改革直接影响车险险种保费收入，冲击基层财产险公司总体保费收入。2020年，吉林省财产险公司承保利润3558.23万元，较上年同期减少7.34亿元，同比下降95.38%；综合赔付率60.74%，同比提高1.34个百分点；综合费用率39.06%，同比提高3.06个百分点。车险、农业险、意外伤害险承保盈利，其他险种全部承保亏损。黑龙江省除车险、农业险外的其他险种业务占比始终处于低位，长期维持在20%左右，中小保险公司份额占比更低，受基础管理、技术和研发能力弱等因素影响，保险公司在责任保险、科技保险等对实体经济贡献较大的创新型险种方面推进难度较大。二是保险欺诈问题突出。保险经营者为抢占更多市场份额，一方面在业务发展上依然

秉持“重规模、重速度、轻效益”的策略，放宽理赔政策；另一方面仍将保费增长作为评判保险业务人员业绩优劣的主要标准，无形中助推了保险欺诈。保险中介机构违法成本低，惩戒措施不具震慑力，部分领域出现“真空地带”游离于监管之外，保险中介行业自律组织建设不够完善，保险中介市场乱象形势依然严峻。

专栏4　农产品“保险＋期货”模式可持续发展的问题及建议

近年来，随着国内外农产品贸易局势紧张，我国农产品市场价格波动加剧，农产品价格风险成为制约农业发展和农民增收的重要因素。在长期以来实施的托市收购政策下，国内农产品市场仍存在供需结构失衡、国内外粮价持续倒挂等一系列问题，保险业服务农业现代化机制有待进一步探索。

一、发展现状

为深入推进农业供给侧结构性改革，探索保险服务农业现代化新机制，2015 年 8 月，大连率先启动农产品“保险＋期货”模式试点，有效帮助农户规避农产品价格下跌风险。随后，“稳步扩大‘保险＋期货’试点”连续 5 年被纳入中央一号文件。试点 5 年来，该模式试点范围已覆盖玉米、大豆、棉花、白糖、橡胶、鸡蛋、苹果等品种，试点区域扩大至 20 多个省、自治区和直辖市，功能延伸至助推农产品价格市场化机制形成、精准扶贫、扶持新型农业生产主体发展等领域，试点取得了显著效果。

二、面临的主要问题和困难

“保险＋期货”模式帮助越来越多的农户和农村合作社规避了农产品价格风险造成的利益损失，但在试点运作中也暴露出一些问题，影响其可持续发展。

一是风险意识薄弱制约农户参保意愿。“保险＋期货”模式试点主要面向贫困地区的小农户或农合社，一方面农户普遍文化水平较低，风险意识薄弱，存在侥幸心理，另一方面部分农户因对“保险＋期货”模式相对陌生而存在顾虑，参与的积极性不高，一旦发生价格下跌，农户往往自认倒霉。

二是保费补贴不足，参与机构和农户承担较大保费压力。目前，“保险＋期货”项目尚未列入政策性保险补贴范畴，保费资金主要依靠交易所、期货公司和农户自担，参与各方保费压力较大，严重限制了试点覆盖范围和模式推广。

三是保费定价未能进一步匹配农户需求。“保险＋期货”模式保费定价合理是该模式得到广泛推广的关键。调研发现，大部分农户希望降低保费价格，部分农户希望拓宽保险保障范围并适当延长保障期限，以获得更加充分的农产品出售时间。如果将这些更细致的需求纳入保险产品之中，必然会对保险保费定价方式方法提出更高要求。

四是场内期权品种不足，期货市场容量有限。我国农产品场内期权品种较为缺乏，保险公司需要通过期货公司的场外期权产品进行价格风险转移，期货公司再复制场外期权到期货市场进行对冲操作。操作成本的提升既增加了保险公司的权利金和农户的保费，也增加了期货公司的操作风险。此外，期货市场容量有限也限制了该模式的流动性。

三、发展建议

一是加大宣传力度，发挥期货市场价格引导作用。加大对“保险＋期货”的宣传和培训力度，结合目前试点案例向农户宣讲期货市场价格信息及相关分析报告，引导农户合理运用“保险＋期货”模式规避价格风险。

二是完善配套支持政策体系。从国外经验看，政府提供财政补贴是推动“保险＋期货”模式可持续发展的重要条件。建议以“保险＋期货”试点为契机，探索农业补贴制度改革新途径，进一步推动金融服务“三农”提质增效。

三是细化保险费率定价策略。价格保险定价需要充分考虑农户现实需求，坚持“保费低廉、应赔尽付、恰当匹配、风险可控”的原则，最大限度地发挥“保险＋期货”模式独特保障作用。

四是加快农产品期货期权市场建设。进一步扩大期货市场容量，提升期货市场流动性，推出更多农产品期货上市，针对不同农产品生产周期和需求设计与之相匹配的期权产品，探索推出符合我国实际情况的欧亚期权保险和美亚期权保险产品。

资料来源：中国人民银行大连市中心支行。

七、定量评估

从定量评估结果来看，2020 年东北地区金融稳定状况综合得分为 67.0 分，较上年下降 0.2 分，较全国平均水平低 4.7 分，仍处在较不稳定区间。其中，宏观经济、银行业、证券业和金融生态环境得分均低于全国平均水平，保险业得分与全国平均水平接近（见图 1）。

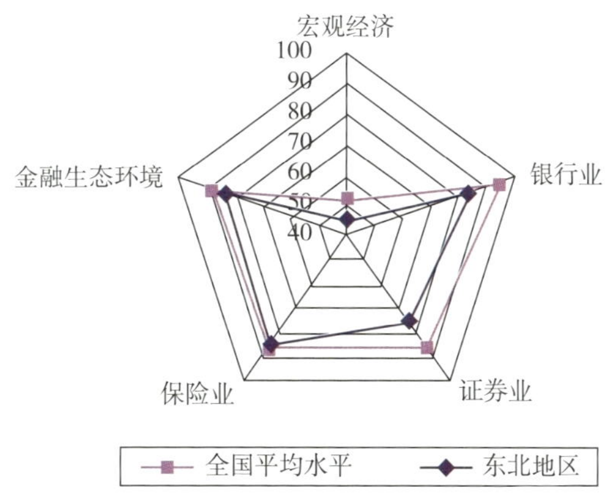

图 1　2020 年东北地区金融稳定状况和全国平均水平的比较

从具体指标变动情况来看，东北地区共有 6 项指标较上年有所改善，9 项指标较上年有所下降，10 项指标与上年持平。宏观经济方面，全社会固定资产投资增长率、城镇登记失业率等指标得分较上年有所改善，但地区生产总值增长率、社会消费品零售总额增长率等指标有所下降，宏观经济最终得分与上年基本持平。银行业所有指标与上年相比均未出现显著变化，得分与上年持平。证券业净资本负债率指标有所改善，资本充足水平和盈利能力指标有所下降，得分与上年基本持平。受保费收入增长率指标较上年明显下降影响，保险业得分略微下降。金融生态环境得分与上年基本持平，银行服务密度指标略微上升（见表1）。

表1　　2020年东北地区评价指标及变动情况

<table>
<tr><th colspan="2" rowspan="2">指标分类</th><th rowspan="2">变动方向</th><th rowspan="2">评价指标</th><th colspan="3">变动情况</th></tr>
<tr><th>改善</th><th>稳定</th><th>下降</th></tr>
<tr><td colspan="2" rowspan="11">宏观经济</td><td rowspan="11">→</td><td>地区生产总值增长率</td><td></td><td></td><td>✓</td></tr>
<tr><td>第三产业增加值增长率</td><td></td><td></td><td>✓</td></tr>
<tr><td>全社会固定资产投资增长率</td><td>✓</td><td></td><td></td></tr>
<tr><td>社会消费品零售总额增长率</td><td></td><td></td><td>✓</td></tr>
<tr><td>实际利用外资增长率</td><td></td><td>✓</td><td></td></tr>
<tr><td>进出口总额增长率</td><td></td><td></td><td>✓</td></tr>
<tr><td>城镇居民可支配收入增长率</td><td></td><td></td><td>✓</td></tr>
<tr><td>农村人均纯收入增长率</td><td></td><td></td><td>✓</td></tr>
<tr><td>居民消费价格指数</td><td>✓</td><td></td><td></td></tr>
<tr><td>城镇登记失业率</td><td>✓</td><td></td><td></td></tr>
<tr><td>典型城市房地产销售价格指数</td><td>✓</td><td></td><td></td></tr>
<tr><td rowspan="10">金融机构</td><td rowspan="4">银行业</td><td rowspan="4">→</td><td>核心资本充足率</td><td></td><td>✓</td><td></td></tr>
<tr><td>不良贷款率</td><td></td><td>✓</td><td></td></tr>
<tr><td>资产利润率</td><td></td><td>✓</td><td></td></tr>
<tr><td>流动比率</td><td></td><td>✓</td><td></td></tr>
<tr><td rowspan="3">证券业</td><td rowspan="3">→</td><td>净资本充足率</td><td></td><td></td><td>✓</td></tr>
<tr><td>净资本负债率</td><td>✓</td><td></td><td></td></tr>
<tr><td>资产利润率</td><td></td><td></td><td>✓</td></tr>
<tr><td rowspan="3">保险业</td><td rowspan="3">↓</td><td>应收保费率</td><td></td><td>✓</td><td></td></tr>
<tr><td>保费收入增长率</td><td></td><td></td><td>✓</td></tr>
<tr><td>寿险公司退保率</td><td></td><td>✓</td><td></td></tr>
<tr><td colspan="2" rowspan="4">金融生态环境</td><td rowspan="4">→</td><td>法治环境调查综合得分</td><td></td><td>✓</td><td></td></tr>
<tr><td>地方财政收入占GDP比重</td><td></td><td>✓</td><td></td></tr>
<tr><td>银行服务密度</td><td>✓</td><td></td><td></td></tr>
<tr><td>征信数据库覆盖率</td><td></td><td>✓</td><td></td></tr>
</table>

注：表中“↑”代表改善，“↓”代表下降，“→”代表稳定。

从历年综合得分变动趋势看，2020年，东北地区金融稳定综合得分基本保持稳定，仍处在较不稳定区间（见图2）。分项来看，2020年东北地区宏观经济、银行业、证券业和金融生态环境得分与上年基本持平，保险业得分略有下降（见图3）。

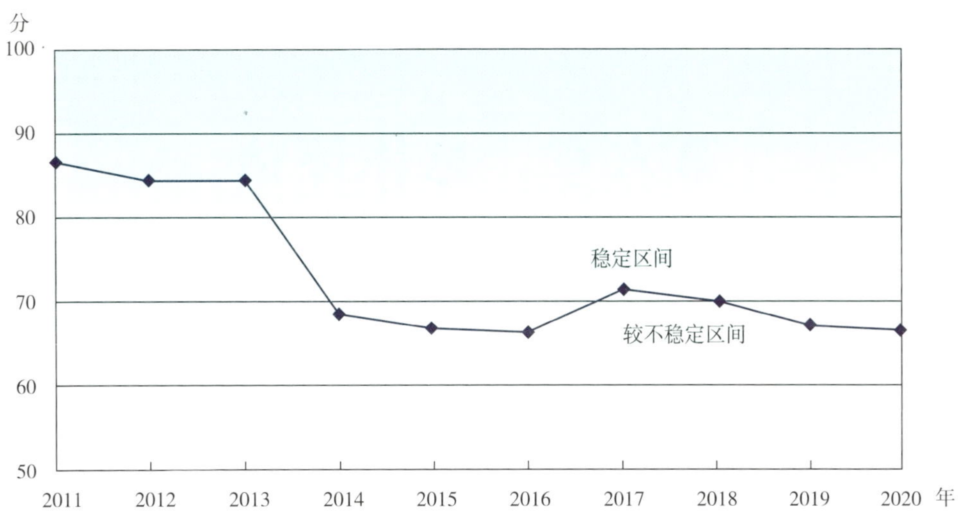

图 2　2011—2020 年东北地区金融稳定综合得分趋势图

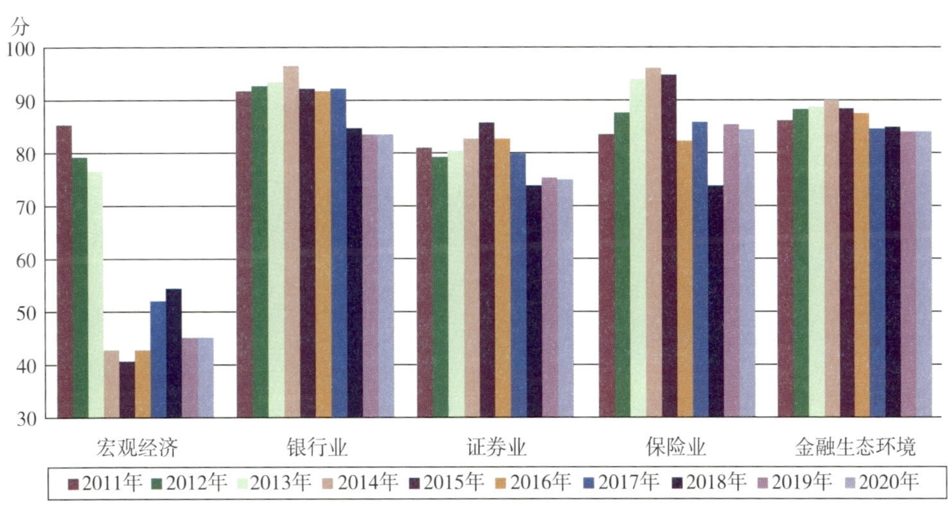

图 3　2011—2020 年东北地区金融稳定状况的比较

第六章　总体评估

一、总体情况

2020 年，各地区经济运行稳步恢复，稳就业保民生成效显著，“十三五”规划圆满收官，区域协调发展呈现新格局，三大攻坚战取得决定性进展，全面建成小康社会胜利在望。农业生产向好，工业生产持续发展，服务业对经济增长拉动作用逐步恢复。消费实现恢复性增长，投资呈现稳定增长态势，进出口情况好于预期。就业民生得到较好保障，CPI 和 PPI 走势明显收敛，市场预期稳定，经济运行中的积极因素持续增多，为“十四五”良好开局打下了坚实基础。各地区稳步推进区域金融改革创新，金融支持疫情防控精准有力，为经济社会发展快速复苏营造了适宜的货币金融环境。银行业运行总体平稳，存贷款增长基本匹配，信贷结构持续优化，普惠、小微信贷支持脱贫攻坚成效显著，资产质量总体良好，风险抵补能力较强。证券业保持高质量发展态势，机构盈利能力持续上升，直接融资比重不断提高，多层次资本市场建设取得显著成就，行业风险整体可控。保险业持续回归保障本源，保费收入平稳增长，保险资金支农模式不断创新，较好发挥社会“稳定器”作用。

2020 年，各地区经济金融运行逐步回归正轨，趋向常态化，金融风险防控和化解取得阶段性成效，但国内外疫情变化和外部环境存在诸多不确定性，各经济体疫情态势与经济复苏存在显著错期，我国经济恢复基础尚不牢固，防范疫情输入和国际经济金融风险的压力仍然较大，各地区仍存在一些影响经济发展和金融稳定的因素。

经济发展方面，我国成为 2020 年全球唯一实现经济正增长的主要经济体，但也要注意到，国内出现点状疫情反弹可能会给消费复苏带来消极影响，有效投资增长后劲不足，宏观杠杆率因疫情防控出现阶段性上升，中小微企业和个体工商户生产经营面临较多困难，就业压力仍然较大，人口老龄化加剧，持续稳增长存在较大压力。金融运行方面，银行业金融机构不良贷款上升等信用风险可能滞后显现，部分高风险机构风险程度较深，潜在风险挑战仍然存在；部分证券业金融机构面临合规风险、创新驱动力不足等问题，部分上市公司经营风险凸显，债券违约风险不容忽视；保险业发展压力加大，车险综合改革对财产险公司特别是中小型公司经营产生冲击，人身险业务转型导致保费收入有所下滑，市场乱象形势依然严峻。

分地区看，各区域经济发展和金融运行中面临的突出矛盾和薄弱环节有所差异。其中，东部地区消费尚未完全恢复，内生性投资动力仍显不足，工业经济下行压力较大，企业盈利能力受成本上升影响下降明显，房地产市场潜在风险值得关注；部分省市信用风险防控压力增大，部分中小法人银行机构经营压力凸显；股票质押、上市公司退市、债券违约风险不容忽视；保险业发展不平衡问题较为突出，业务转型面临多重挑战。中部地区有效投资增长乏力，消费复苏缓慢，产业结构有待进一步优化调整，受疫情影响严重的湖北省部分经济指标仍为负；银行业法人金融机构利润降幅明显，个别省份信用风险防控化解压力较大；上市公司融资能力有所下降；保险业合规风险突出，部分机构存在长险短做、诱导客户退保、捆绑销售等问题。西部地区工业发展动力不足，产业结构单一化、重型化、资源型特征明显，消费需求增长乏力，投资增长基础不牢固，房地产市场交易活跃，个别省份房价涨幅较大；银行业整体不良贷款率仍高于全国平均水平，个别法人机构出现舆情引发的流动性风险；部分上市公司股权质押风险较大；保险业转型调整面临较大压力，保费收入增速回落。东北地区经济持续增长压力较大，消费回落明显，部分省份固定资产投资增速仍低于全国平均水平，外贸进出口整体萎缩，民营经济发展不活跃，经济增长旧动力减弱和新动力不足的结构性矛盾未得到根本解决；银行业资产质量下行压力较大，信用风险尚未完全反映和实质性出清，法人银行业金融机构公司治理尚不完善，风险管控水平有待提高；部分上市公司面临退市风险，法人证券机构资本实力较弱，风险隐患持续存在；财产险公司盈利能力降低，大部分基层财产险公司业务品种较为单一，责任保险、科技保险等创新型险种推进难度较大，保险欺诈问题突出。

从定量评估的结果来看，2020 年区域金融稳定状况综合得分排序结果为：东部地区得分超过中部地区得分位列各地区首位，中部地区退居第二，西部和东北地区分列第三和第四。受新冠肺炎疫情影响，各地区宏观经济得分下降，进而不同程度地拉低综合得分。分维度来看，各地区宏观经济得分有所分化，东部和中部地区得分显著高于西部和东北地区得分；各地区银行业得分基本保持稳定，东部地区银行业得分蝉联各地区得分首位，东北地区银行业得分赶超西部地区得分，位列第三；东部、中部和西部地区证券业得分均超过 80 分，位于稳定区间，稳定程度明显强于东北地区；各地区保险业得分差距较上年继续缩小，中部地区得分超过东部地区位列各地区第一；各地区金融生态环境得分与上年基本持平，各地区排名与上年一致（见图 1）。

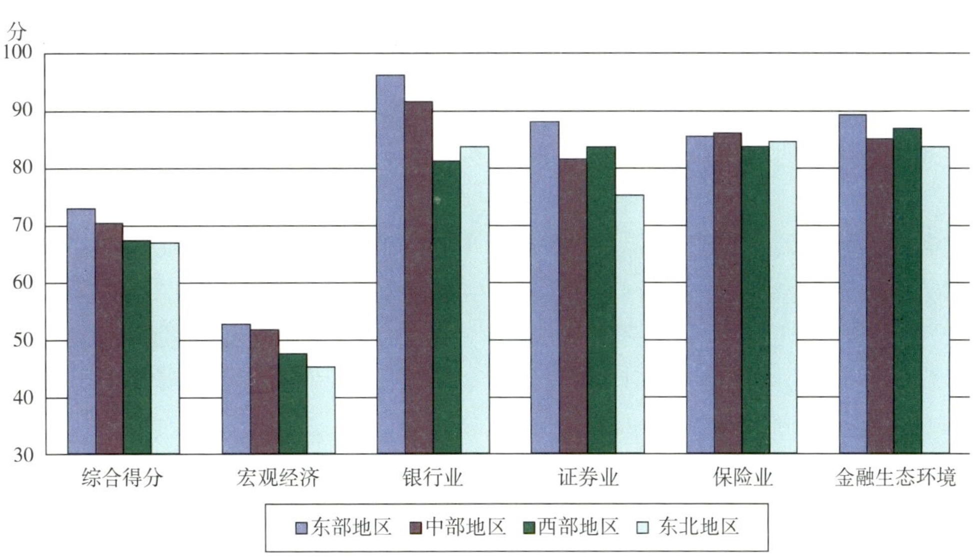

图 1　2020 年全国各地区金融稳定综合得分对比

二、维护区域金融稳定需关注的方面

从国际上看，新冠肺炎疫情仍在全球范围内蔓延，世界经济复苏不平衡不稳定日益凸显，主要经济体持续宽松的货币政策外溢效应持续显现，部分经济体偿债风险和再融资风险不断上升，全球金融稳定受到潜在威胁。从国内看，我国统筹疫情防控和经济社会发展成效显著，经济增长企稳回升，但经济恢复尚不均衡、基础尚不牢固，区域性金融风险隐患仍然存在。因此，需要高度关注和重视经济金融运行中存在的问题，坚持底线思维，增强风险意识和机遇意识，巩固经济恢复性增长态势，守住不发生系统性金融风险的底线，确保金融体系健康可持续发展。

（一）区域经济运行中值得关注的方面

1. 各地区经济恢复基础尚不牢固，消费承压明显，投资增长乏力

2020 年，各地区经济企稳回升，但较疫情前仍有较大差距，增速回落明显。东部、中部、西部和东北地区生产总值增速较上年分别回落 3.28 个、6.05 个、3.42 个和 3.41 个百分点，经济恢复尚不均衡，中部地区生产总值增速回落幅度明显高于其他地区，受疫情影响最严重的省份增速仍为负值。各地区消费恢复仍存在较大压力，社会消费品零售总额较上年下降 3.9%，增速较上年下降 12.1 个百分点。其中，餐饮收入额 3.95 万亿元，较上年大幅下降 16.6%。限额以上单位商品零售额中，服装、鞋帽、针纺织品类、金银珠宝类、家用电器和音像器材类、家具类、石油及制品类和汽车类分别较上年下降 6.6%、4.7%、3.8%、7.0%、14.5% 和 1.8%。有效投资增长乏力，第二、第三产业投资增速持续下滑。2020 年，第二产业固定资产投资增速和第三产业固定资产投资增速分别较上年下降 3.1 个和 2.9 个百分点。部分省市，如湖北省、青海省和安徽省全社会固定资产投资（不含农户）增速同比分别下降 29.4 个、12.2 个和 4.1 个百分点。

2. 政府杠杆率上升较快，增幅达历史最高水平

2020 年，我国宏观杠杆率①共上升 23.6 个百分点，增至 270.1%。其中，政府部门杠杆率升至 45.6%，同比大幅上升 7.1 个百分点，增幅较上年提高 5.0 个百分点，高于 2009 年国际金融危机期间 5.8 个百分点的增幅，达到有杠杆率数据统计以来的历史最高水平。2020 年政府债务规模增加 8.24 万亿元，其中中央政府债务和地方政府债务分别增加约 3.88 万亿元和 4.35 万亿元。政府债务的增幅达到了历史最高水平，占 GDP 的 8.3%，广义政府赤字率达 8.3%，高于预算赤字率 4.7 个百分点。其中，地方政府专项债增长较多，全年地方政府专项债新增 3.48 万亿元，年末余额为 12.9 万亿元，规模超过地方政府一般债，但部分地区仍存在资金使用效率不高、资金闲置、“钱等项目”等问题。2020 年各地区政府部门财政收支缺口延续扩大态势，东部、中部、西部和东北地区地方财政收支缺口分别为 2.70 万亿元、2.63 万亿元、3.88 万亿元和 1.07 万亿元，缺口较上年分别扩大 8.43%、25.23%、0.52% 和 10.31%。部分地区地方政府债务偿还压力较大，要重点监测财政风险，完善财政风险预警及处置机制，对财政收支困难加剧的局

① 杠杆率相关数据来源于国家金融与发展实验室。

部地区及时采取相关措施。

3. 房地产市场交易活跃，居民部门杠杆率增幅较大

2020 年，居民部门杠杆率较上年上升 6.1 个百分点，增至 62.2%，仍处于 2008 年以来的快速上升期。房地产市场活跃是推动居民债务增长的主因，房地产贷款大幅增长对居民杠杆率的拉升具有显著作用。在全部居民债务中，居民中长期消费贷款（主要是住房按揭贷款）占比 65%，2020 年末与 GDP 之比达到 40.1%。2020 年全国十大城市商品房成交套数达 79.2 万套，同比增长 7.8%，其中一线城市成交达 36.5 万套，同比增长 13.1%。此外，信用环境相对宽松和利率下行进一步促进房地产市场的活跃和房价上涨。要清楚地认识到，住房市场稳定健康发展是居民部门稳杠杆的关键，应进一步加强对住房相关贷款的宏观审慎管理，坚持“房住不炒”，切实做到稳地价、稳房价、稳预期。

4. 全球新冠肺炎疫情继续蔓延，外部因素可能对国内经济复苏形成冲击

当前，全球新增新冠肺炎仍在肆虐，病毒持续发生变异，疫苗效果、接种率不及预期等，将拖累全球经济复苏进程，导致产业链、供应链以及国际贸易投资格局发生重大调整，进而对全球劳动生产率、通货膨胀等产生深远影响，可能存在长期“伤痕效应”，我国作为全球第二大经济体，势必会受到上述不利因素的影响。其次，受疫情冲击，全球经济经历了第二次世界大战以来最严重的衰退，为应对疫情，发达经济体实施极度宽松的货币政策和大规模的财政刺激计划，2020 年美联储、欧洲中央银行、日本银行资产负债表分别扩张了 77%、50%、23%，全球流动性极为宽裕，要警惕大国货币政策的溢出效应，防范相关风险。此外，近年来经济全球化遭遇逆流，贸易保护主义、单边主义、地缘政治风险抬头，而疫情及其造成的经济衰退进一步强化了部分国家内顾倾向，国际环境日趋复杂，不稳定性不确定性明显增加。

（二）区域金融业发展中需要关注的方面

1. 区域银行业方面

一是部分地区信用风险防控压力较大，资产质量承压明显。2020 年末，东部、中部和东北地区银行业不良贷款余额同比分别增长 6.97%、17.66% 和 1.65%，中部地区不良贷款余额增长率较上年大幅提高 15.77 个百分点。东部地区 7 省市不良贷款率同比上升。西部地区整体不良贷款余额下降，但不良贷款率仍高于全国平均水平。此外，截至 2020 年末，东部、中部、西部和东北地区关注类贷款率分别为 2.5%、2.7%、3.6% 和 7.8%，除东部地区外，中部、西部和东北地区关注类贷款余额较上年分别增长 9.03%、3.00% 和 15.95%。部分地区信用风险尚未完全反映和实质性出清，随着前期延期还本付息等风险缓释措施的逐步退出，资产质量后续下迁压力将显著提高，不良贷款处置难度依然较大。

二是部分高风险机构风险程度较深，中小金融机构抗风险能力较差，公司治理亟待加强。东部地区个别省市高风险机构数量不降反升，地方法人银行舆情风险突出，部分呈现历史包袱较重、化解难度较高的特点。中部地区部分高风险机构风险程度较深，某省高风险机构较年初增加 9 家，个别机构多项监管指标严重恶化，自身“造血”功能低下，风险处置面临较大压力。西部地区部分中小银行受金融市场信用分层影响，金融市场融资出现困难，流动性趋紧。个别省区法人机构爆发由舆情引发的流动性风险，网点出现集中取款等风险事件，风险防控形势严

峻。东北地区部分法人银行规模相对较小，抗风险能力低。个别机构公司治理不健全，风险管控水平有待提高，信用风险和流动性风险隐患较大，资产质量下行压力和金融风险交叉传导风险值得关注。

三是互联网存款、联合贷款潜在风险值得关注，需进一步监测市场发展情况。近年来，金融科技的快速发展，不断催生金融新业态、新模式、新产品。其中，互联网存款、联合贷款在丰富金融业态、促进金融普惠的同时，也存在一定风险隐患。互联网存款方面：第一，资金成本刚性较强，“高息揽储”现象普遍；第二，资金来源稳定性差，易引发流动性风险；第三，舆情风险突发性强，易引发短期偿付风险；第四，信息科技依赖性强，易引发支付结算风险。互联网联合贷款方面：首先，商业银行传统风险管理难以有效甄别新业态风险，全流程风控体系建设面临挑战；其次，商业银行业务模式通道化，产生委托代理、次生风险等问题；最后，商业银行突破传统物理渠道局限，增加区域性金融外溢效应和信息安全隐患。部分地方性银行借助与互联网平台企业开展“联合贷款”突破区域经营范围的限制，客户区域分布向全国范围扩散。下一步应稳妥有序规范机构存量业务，密切监测业务发展态势，促进相关市场平稳健康发展。

2. 区域证券业方面

一是信用债违约成常态。2020 年共有 150 只债券违约，涉及金额 1697.02 亿元，较上年增长 13.52%。债券违约呈现两个新特征：第一，2020 年前，企业债违约主要发生于民营企业，国企尤其是央企的违约事件比较罕见。但 2020 年北大方正集团和紫光集团等央企发生违约事件，永城煤电、海航机场、华晨汽车等地方国企也相继违约。国企的违约数量和违约规模都大幅度上升。第二，大量违约主体在违约前的评级较高。例如，紫光集团和海航集团的评级都为 AAA 级，海航机场的评级为 AA + 级。

二是私募基金行业合规风险较为突出。2020 年私募基金行业管理基金规模总计 15.97 万亿元，同比大幅增长 16.23%，但是行业高速发展的同时也暴露出了一些问题。例如，部分机构产品销售环节不规范，存在未履行推介程序、向非合格投资者募集资金、承诺保本保收益等行为易误导投资者和引发权责纠纷。部分机构产品备案制度执行效果差，“备少募多”“伪私募”埋下非法集资隐患。此外，行业还存在资金运用不规范、信息披露不规范、投资者适当性管理不到位等情况，反映出监管仍存在一定短板和薄弱环节，亟待补齐增强。

3. 区域保险业方面

一是车险综合改革进一步加速财产险市场主体两极分化，潜在风险值得关注。2020 年 9 月发布的《关于实施车险综合改革的指导意见》正式实施，切实推动了行业生态重塑和险企转型发展。但财产险公司对车险的依赖度较高，在机动车数量增长放缓（全年限额以上单位商品零售额中汽车消费同比下降 1.8%）和车险综合改革的双重因素影响下，部分财产险公司短期内面临车险业务增长较慢、保费增速下滑、承保亏损等问题；部分地区财产险公司还存在高费用和非理性折扣竞争等现象。头部财产险公司得益于较强的直销直控渠道及议价能力，竞争优势更加明显，行业排名前三位的财产险公司车险保费收入合计占车险市场的 67.6%，市场份额和集中度进一步提升；中小财产险公司车险业务竞争压力显著上升，在非车险市场又面临展业难度高、盈利空间有限等问题，容易陷入经营困境。

二是部分保险公司经营合规性有待提高，市场秩序仍需进一步规范。目前保险公司转型面临多重挑战，业务竞争激烈，部分保险公司治理结构不完善，重规模、重速度、轻效益，合规及风控短板突出，存在违规编造财务数据、长险短做、诱导客户退保、捆绑销售、落实可回溯要求不到位等问题；通过虚列费用、虚假理赔和虚挂中介套取费用支出，破坏了市场公平竞争环境，突破监管合规底线，多次被金融监管部门处罚，严重侵犯消费者合法权益，甚至出现群体性事件。要持续加大保险市场乱象整治力度，鼓励行业创新，推动行业健康可持续发展。

三、展望

2020 年是“十三五”规划收官之年，也是新中国历史上极其特殊、极不平凡的一年。面对严峻复杂的国内外环境，特别是新冠肺炎疫情的严重冲击，各地区在党中央的坚强领导下，上下齐心协力，保持战略定力，精心谋划部署，采取果断行动，交出了一份人民满意、世界瞩目、可以载入史册的答卷。我国成为全球唯一实现经济正增长的主要经济体，金融体系运行平稳有序，三大攻坚战取得决定性成就，全面建成小康社会胜利在望，区域协调发展齐头并进。

展望未来，2021 年是“十四五”规划开局之年，也是构建国内国际双循环新发展格局的关键之年。我国发展环境面临深刻复杂变化，疫情变化和外部环境存在诸多不确定性，经济恢复基础尚不牢固，对此要增强机遇意识和风险意识，将改革和调控、短期和长期、内部均衡和外部均衡结合起来，努力实现高质量发展。下一步，要以习近平新时代中国特色社会主义思想为指导，全面贯彻落实党的十九届五中全会和中央经济工作会议精神，坚持稳中求进工作总基调，立足新发展阶段，贯彻新发展理念，构建新发展格局，坚定不移地深化改革开放创新，巩固拓展疫情防控和经济社会发展成果，扎实做好“六稳”工作、全面落实“六保”任务，全力推动“一带一路”建设、京津冀协同发展、长三角一体化发展、粤港澳大湾区建设等重大战略，促进区域间相互融通互补，努力实现区域协调发展新格局。科学精准实施宏观政策，保持经济运行在合理区间，健全金融风险预防、预警、处置、问责制度体系，维护金融安全，牢牢守住不发生系统性金融风险的底线，努力在“十四五”规划开局之年迈好第一步、见到新气象，以优异的成绩庆祝建党 100 周年。

专题一　新冠肺炎疫情对商业银行运行的影响分析

突如其来的新冠肺炎疫情对全球经济社会发展产生了巨大冲击，其传染性、复杂性和严峻性都远超市场预期。面对国内外疫情的变化和经济下行的压力，我国适时加大逆周期调节力度，出台了一系列抗疫防控措施和复工复产支持政策，率先实现经济增长由负转正。商业银行积极贯彻落实国家政策，强化疫情防控金融支持，在助力国内生产生活秩序加快恢复和经济形势修复回暖等方面发挥了重要作用，但同时自身运行也受到了一定影响。

一、疫情冲击下商业银行经营压力明显加大

2020 年，我国商业银行努力克服疫情冲击，稳妥应对风险挑战，保持稳健运行的良好态势，但经营压力明显加大。2020 年末，商业银行总资产 265.79 万亿元，同比增长 10.98%，增速较上年同期上升 1.86 个百分点。尽管资产扩张速度加快，但受利差缩窄、减费让利等因素影响，净利润近 10 年来首次下降。全年实现净利润 1.94 万亿元，同比下降 2.71%；资产利润率 0.77%，同比下降 0.10 个百分点。疫情对信贷资产质量形成负面影响，第一、第二、第三季度商业银行不良贷款率环比分别上升 0.05 个、0.03 个和 0.02 个百分点，在风险处置力度加大作用下，第四季度不良贷款率回落 0.12 个百分点，降至 1.84%。为提高风险抵御能力，全年商业银行贷款损失准备余额增加 4925 亿元，但拨备覆盖率、贷款拨备率同比仍分别下降 1.61 个和 0.07 个百分点。

银行体系分层分化进一步加剧。从 2020 年第四季度央行金融机构评级结果看，农合机构（包括农村商业银行、农村合作银行、农村信用社）和村镇银行风险较高，高风险机构数量分别为 285 家和 127 家，资产分别占本类型机构的 8% 和 10%。从银保监会披露的部分商业银行[①]数据情况看，农村商业银行风险较为突出。一是信贷资产质量相对较差，年末农村商业银行不良贷款率达 3.88%，为同期商业银行平均水平 2.11 倍。二是风险抵御能力低位下降，年末农村商业银行拨备覆盖率同比下降 5.97 个百分点，指标值不足同期商业银行平均水平的 2/3。三是盈利能力走低，2020 年农村商业银行资产利润率同比下降 0.20 个百分点，高于同期商业银行平均降幅 0.10 个百分点。

① 银保监会对外披露数据的商业银行包括大型商业银行、股份制商业银行、城市商业银行、民营银行、农村商业银行和外资银行。

二、疫情对商业银行的潜在影响和风险将逐步显现

（一）信贷违约风险上升，商业银行资产质量下行压力较大

疫情对经济的影响呈现出全面性和结构性特点。从短期看，疫情的突然暴发对经济增长形成了较大的冲击，2020 年第一季度我国 GDP 比上年同期下降 6.8%。此后，随着疫情防控成效日渐显现、复工复产有序进行，疫情对经济金融的全面影响逐步减弱，但结构性影响仍然存在。一方面，受就业困难、收入减少等因素影响，部分个贷客户还款意愿和还款能力下降，以信用卡为代表的个贷业务不良率增长较快。另一方面，住宿餐饮、文化旅游、批发零售等受疫情影响较大的行业尚未完全恢复，待延期还本付息等政策到期后，部分经营困难企业偿债压力加大，甚至可能面临破产重整或者清算，商业银行不良贷款处置和资本消耗压力将进一步上升。

（二）重点领域风险加剧，易形成对商业银行的风险传导

长期以来，我国房地产企业一直利用高财务杠杆推动规模扩张，资产负债率较高，行业发展表现出较强的顺周期性，应对市场波动的能力不足。尽管近年来该势头得到一定遏制，但房地产金融化、泡沫化倾向依然比较强。疫情对房地产企业项目建设和回款产生不利影响，部分房地产企业利润水平下降、资金链紧张。2021 年房地产企业还将迎来债券集中到期的高峰，叠加“五档房贷”“严防个人消费和经营贷款违规流入房地产”等监管升级，中小房地产企业前期累积的高负债、高杠杆风险可能集中爆发，一些前期利用经营贷或消费贷购房的个人和小微企业也可能面临资金链断裂风险，进而加剧商业银行经营压力。

此外，商业银行风险状况还与区域金融风险形势密切相关。受疫情冲击和大规模减税降费影响，2020 年地方政府财政压力有所加大，其中地方一般公共预算本级收入同比下降 0.9%、地方一般公共预算支出同比增长 3.3%。部分地方政府融资平台及类平台企业还款能力不足，自身现金流及营业收入难以支撑现有债务，对财政的依赖性较强，易形成区域金融风险隐患。同时，2020 年国企债务违约风险明显上升，如不加以妥善处置，也有可能形成对商业银行的风险传导。

（三）中小银行风险加速暴露，资本补充压力加大

与大型银行相比，中小银行资本充足率一直处于较低水平。2016—2019 年，城市商业银行、农村商业银行平均资本充足率分别为 12.67%、13.28%，分别低于同期大型商业银行 2.56 个、1.95 个百分点。疫情暴发后，受经营模式单一、流动性储备不足、风险抵御能力较弱等因素影响，中小银行风险呈加速暴露态势，资本补充压力进一步加大。2020 年末，城市商业银行、农村商业银行资本充足率与同期大型商业银行的差距分别扩大至 3.50 个、4.12 个百分点。当前，我国商业银行可采取的资本补充方式主要包括利润转增、股市融资、定向增资以及发行二级资本债、永续债等。从中小银行自身情况看，疫情期间大量信贷资产投放加速资本消耗，而盈利水平下降导致内源性资本补充减少。此外，中小银行外源性资本补充还面临着资本工具成本较高、投资者范围较小等困难。

（四）金融市场波动加大，对商业银行风险管控构成挑战

为应对疫情冲击、遏制可能出现的严重的经济衰退，世界主要经济体以及一些发展中国家相继推出了大规模财政金融刺激政策，导致全球流动性宽松，国外资产价格攀升，与实体经济背道而驰，金融资产泡沫问题进一步加剧。当前世界经济已高度全球化，我国不可避免地受到全球刺激政策的外溢效应影响。国内外息差的扩大、政策的稳定性和资产价值的增长使得我国金融资产吸引力不断提高，而跨境资本的加速流动在活跃我国金融市场的同时，也加大了金融市场的波动性，对商业银行适应市场变化带来更大的挑战。

三、推进商业银行持续稳健发展的建议

（一）优化风险管理体制机制，夯实高质量发展基础

商业银行应持续做好疫情影响的监测分析评估，主动加大拨备计提，加快推进不良资产处置，多渠道增强资本实力。不断健全信用风险、市场风险和流动性风险应急预案，加强突发事件应急演练，提升危机处理能力。进一步提高公司治理水平，把完善激励约束、内控机制和风控体系有机结合起来，在安全稳健的基础上实现高质量发展。

（二）回归本源专注主业，打造特色化经营优势

在构建以国内大循环为主体、国内国际双循环相互促进的新发展格局背景下，商业银行应重构战略思维，准确把握自身在银行体系中的差异化定位，调整优化资源配置和业务结构，为不同客户群体提供特色化服务，打造专业化竞争优势。特别是中小银行应加快改革步伐，将自身经营优势与地方特色结合起来，深耕本地业务和客户资源，丰富中小微企业金融资源供给，满足多元化金融服务需求。

（三）抢抓发展机遇，以金融科技提升核心竞争力

为实现“十四五”时期的新目标、新任务，商业银行应加快推进由外延式增长向精细化管理转型，依托金融科技开发与应用，改变以往依赖网点和人员规模扩张的运营模式，用数字思维和手段重塑产品结构、服务流程和营销体系，实现各渠道之间互联互通、线上线下相互渗透，从而构建可持续的发展模式。

资料来源：中国人民银行天津分行。

专题二　互联网联合贷款运行情况及潜在风险

——基于东部地区法人银行机构视角

近年来，金融科技被广泛应用，并不断催生金融新业态、新模式、新产品。作为大数据在个人贷款领域的有效运用，互联网联合贷款（以下简称联合贷款）是商业银行拓展个人贷款领域的重要抓手，在丰富金融业态、提高居民和企业资金可得性的同时，也存在一定风险隐患。

一、联合贷款业务的运行情况

（一）业务发展由快速增长转为有序压降

2016 年，东部地区法人银行机构[①]联合贷款业务逐步兴起，个别城商行与微众银行合作推出线上联合贷款产品。2018—2019 年，联合贷款参与银行、合作机构数量明显增加，合作方式更为多样，联合贷款规模快速增长，尤其以蚂蚁集团推出的“借呗”与“花呗”为典型代表。截至 2019 年末，东部地区共有 90 家法人银行机构开展联合贷款业务，联合贷款余额 10910.76 亿元，分别为 2017 年末、2018 年末的 7.5 倍、1.6 倍，占个人贷款的比重由 2017 年末的 3.88% 上升至 18.11%。2020 年以来，受市场环境和疫情影响，联合贷款需求收窄。加之风险客户陆续暴露及《商业银行互联网贷款管理暂行办法》（银保监会令 2020 年第 9 号）等落地，联合贷款增速趋缓。截至 2020 年末，联合贷款余额 12791.68 亿元，同比增长 17.24%，增速较 2019 年末下降 40.85 个百分点，占个人贷款比重 18.05%，较 2019 年末下降 0.06 个百分点。

（二）业务模式以与具有放贷资质的机构共同出资为主

目前，商业银行开展联合贷款主要有两种模式。一是共同出资模式，为当前主流业务模式。即合作机构（通常为互联网银行或小贷公司）将自身场景内的小微客户和基于客户授权的风险数据经审核后推送给出资银行，由出资银行开展风控并做出授信决策，最终共同出资放贷。合作机构主要负责客户引流、系统初审、征信报送与处理、贷款发放与回收等；出资银行主要负责对准入客户的终审、贷后风险管理等。二是全额出资模式。合作机构（通常为保险或融资担保公司）将经甄选初审后的客户推送给出资银行，由出资银行独立开展风控并做出授信决策，最终直接向客户放贷。在该模式下，征信报送与处理、贷款发放与回收均由出资银行负责。

---

① 法人银行机构包括股份制银行、城市商业银行、农村商业银行、村镇银行、民营银行及外资法人银行。

表 1 联合贷款业务模式

业务模式	合作机构	产品名称	商业银行出资比例	利润分成	增信方式
共同出资（互联网银行）	微众银行、网商银行、武汉众邦银行、中信百信银行、富民银行、新网银行	微粒贷、网商贷、众易/链贷、百分贷、富民贷、好人贷	通常为90%、80%	根据出资比例获取利息收入，定期支付收息的30%左右作为平台费及服务费	通常为信用，仅百分贷提供担保
共同出资（小贷公司、消费金融公司）	蚂蚁小贷、度小满小贷、国美小贷、小米小贷、美团小贷、马上消费金融	花呗/借呗、有钱花、美易分、小米贷、生活费、安逸花	通常为99%	根据出资比例获取利息收入，定期支付收息的30%左右作为平台费及服务费	通常为信用，美易分、小米贷、安逸花提供担保
全额出资（担保公司）	平安普惠融资担保、平安财险、福州三六零融资担保	平安易贷、平安普惠、360借条	全额出资	利息均归出资方银行所有，客户需缴纳合作机构一定保费	担保/保险
全额出资（互联网平台）	蚂蚁智信、财付通	借呗、理财通客群消费贷款	全额出资	按照实收利息的30%左右收取服务费	信用

（三）客群集中于尾部客户，单笔贷款金额小，贷款利率高

从客群分布来看，联合贷款多集中于大中型商业银行较少触及的尾部客户。据某民营银行反映，其联合贷款客群中三成以上为首贷户，七成客户分布于三四线及以下城市。从客群画像来看，呈现“男性、年轻、低学历、非白领”特征。如某农商行联合贷款客户中，男性占比66%，年龄在25～35岁，占比60%，大专及以下学历占比84%，非白领客户占比77%。从贷款规模来看，单笔贷款金额小。如“微粒贷”笔均贷款仅8000元，超过70%已结清贷款的利息低于100元。从贷款定价来看，利率高于个人贷款平均水平。截至2020年末，联合贷款加权平均利率以10%～15%居多，个别超出20%，同期个人贷款加权平均利率集中于5%～10%。

（四）信用风险逐步暴露，城商行及农商行风险较明显

一是2019年起联合贷款资产质量趋于下降。随着联合贷款业务的快速扩张，前期发放的联合贷款风险逐渐暴露，截至2020年末，联合贷款不良率达1.64%，高于个人贷款不良率54个基点，高于2018年末联合贷款不良率102个基点。二是城商行、农商行联合贷款占比低、风险高。分机构类型来看，民营银行、外资银行联合贷款占个人贷款比重均在45%以上，不良率分别为1.41%、1.27%；城商行、农商行联合贷款占比分别为20.54%、11.78%，不良率分别为1.63%、1.67%。三是通过率与不良率呈正相关关系。据抽样调查，七成以上联合贷款通过率在70%以上，其不良率较通过率低于70%的高95个基点，表明银行机构自主风控审核能在一定程度上排除部分风险客户。

二、联合贷款业务的潜在风险

（一）商业银行传统风险管理模式难以有效甄别新业态风险，全流程风控体系面临挑战

一是尾部风险较为显著。银行传统风控模型主要基于线下业务模式，无法有效甄别较少触

及的尾部客户风险；部分合作机构为做大规模而采用过于激进的客户下沉策略，数据来源不合规、覆盖不全面、有效性难以验证。尤其在疫情冲击下，尾部风险越发突出。二是资金流向监测存在障碍。银行仅能监测本行内账户，难以对资金通过他行账户转入违规领域进行监测，从而无法要求提前收回。三是不良贷款处置难度较大。联合贷款具有笔数多、金额小、分布广等特点，较少涉及抵（质）押等增信措施，银行通过诉讼方式收回面临人力成本高、处置周期长、回收率低等问题，多以直接核销进行处置。

（二）商业银行业务模式“通道化”，产生次生风险、“委托代理”等问题

一是风险分担机制不健全。一方面，作为合作机构的互联网巨头依靠市场垄断地位，在联合贷款中拥有较高的话语权及议价能力，存在与商业银行合作中权责和收益分配不对等问题；另一方面，商业银行将客户调查、贷款发放、贷后管理等关键环节大部分委托给合作机构，商业银行自身沦为资金通道，虽承担绝大部分风险但客户增长和风控等脱离银行体系，失去内生发展动能。二是合作机构输入性风险。目前银行机构主要通过合作机构提供的方式获取其经营风险、股权结构、业务开展等情况，对合作机构准入及风险评估手段有限，当合作机构风险暴露时，传统贷款固有风险与平台风险交叉叠加，可能引发次生风险。三是催生“委托代理”问题。如在逾期催收环节，除全额出资模式外，均由合作机构负责，部分合作机构还将催收委托给第三方机构，银行缺乏催收主动性。

（三）商业银行突破传统物理渠道局限，增加区域性金融外溢效应和信息安全隐患

一是异地贷款难以界定。基于互联网开放性、无边界的特性，联合贷款本身并无严格的本异地客群差异之分，如何识别和认定客户属地目前没有统一标准，实操中多以身份证号码界定客户地域归属，无法准确判断客户常驻地，对异地客户风险监测存在不足。二是跨区域经营现象普遍。部分地方性银行借助与互联网平台开展“联合贷款”突破区域经营范围的限制，客户区域分布向全国范围扩散。据调研，多家城商行、农商行联合贷款中异地贷款占比超八成。在贷款增量有限的情况下，必然削弱信贷支持本地实体经济的能力，偏离地方性银行市场定位，也与自身营销、服务和风险防控能力不相匹配。三是借款人信息保护不到位。在收集和共享客户数据时，不注重消费者数据权益和个人隐私保护，主要表现为过度收集客户信息、数据来源存在法律瑕疵、信息使用不规范等。

三、联合贷款稳健发展的相关建议

（一）风险管理“去空心化”，强化商业银行独立风控主体责任

商业银行应加大自身互联网、移动通信、大数据风控等技术的研发及应用，构建更加契合互联网金融新业态的风险治理架构、风险管理制度及风险管理模型。同时，按照《商业银行互联网贷款管理暂行办法》关于“自主风控、适度分散、限额管理”要求，将互联网贷款业务纳入全面风险管理体系，尤其是在授信审批、合同签订、贷后管理、贷款清收等核心环节落实主

体责任，保证银行对贷款风险评估和授信审批的独立性。

（二）把控存量整改进度，建立监管考核和激励约束机制

一方面，商业银行应对照互联网贷款业务相关监管规则，制定整改时间表，有序整改存量业务，审慎开展新增业务，重点关注共同出资模式下联合贷款的出资比例、集中度管理等方面。地方法人银行应加强联合贷款属地管理，通过手机号服务区、水电煤地址、物流收发货地址等信息综合判断客户所属区域，并限制跨区域经营，对于异地存量贷款积极进行风险控制，消化存量。另一方面，金融管理部门应探索将金融机构互联网贷款整改情况纳入央行评级、监管评级等管理机制中予以充分考量，充分发挥各类评级对银行机构的激励约束作用。

（三）优化配套措施，推动信用数据共享和司法线上化进程

一是完善征信系统建设，促进征信系统与网络借贷信息中介、小额贷款公司等机构数据互联互通，提高信用系统的覆盖面。二是加强数据信息共享，建议打造统一的政务数据平台，整合各地公积金、社保、纳税、住房等更多维度的部门数据，在用户授权和隐私保护的基础上，逐步向持牌金融机构开放。三是探索创新互联网不良贷款处置方式，包括网络仲裁、网络赋强公证、在线批量诉讼和在线批量执行等方式，进一步推广线上司法运用，提升不良贷款处置效率。

资料来源：中国人民银行杭州中心支行。

专题三 中小银行风险成因分析及相关建议

中小银行是我国金融体系的重要组成部分，在服务小微企业和“三农”等方面发挥着重要作用。近年来，中小银行底子薄弱、管理混乱等短板逐步显现，相关金融风险易发多发。包商银行、锦州银行等相继发生重大风险，多家中小银行出现集中取款事件，这都对区域金融稳定产生了较大影响。2020 年以来，在业务转型压力和新冠肺炎疫情的叠加冲击下，中小银行发展面临着更加严峻的挑战。习近平总书记在党的十九大强调，打好防范化解重大风险攻坚战，重点是防控金融风险。因此，摸清我国中小银行的风险根源并探索出一套行之有效的风险化解和改革方案意义重大。

一、整体风险情况

我国城商行、农商行大多起源于 20 世纪八九十年代以来的城市、农村信用社改制，目前仍有 600 余家农信社尚未完成改制。村镇银行、农村资金互助社等新型农村金融机构则起源于 2006 年银监会出台的《关于调整放宽农村地区银行业金融机构准入政策 更好支持社会主义新农村建设的若干意见》。自 2014 年银监会批准首批 5 家民营银行试点以来，目前已有 19 家民营银行获批筹建并开业。

根据 2020 年第四季度央行金融机构评级结果，4399 家参评机构中，评级结果为 8 – D 级的高风险金融机构共 442 家，以城商行、农合机构（包括农村商业银行、农村合作银行、农村信用社）和村镇银行为主，其中农合机构 285 家，占比 64.48%，村镇银行 127 家，占比 28.73%。当前，我国中小银行风险主要体现为以下四个方面。

一是资产质量承压，优质资金投向不足（见图 1）。截至 2020 年末，城商行和农商行的不良贷款率分别为 1.81% 和 3.88%，农商行不良率持续高于银行业平均水平，虽然城商行不良率近两年来首次降至银行业平均水平以下，但 2021 年第一季度又反弹至平均水平以上。中小银行资产质量与区域经济发展密切相关，产业转型缓慢地区的中小银行资产质量承压明显较大，且信用风险的暴露本身具有滞后性，在疫情和延期还本付息政策到期退出的双重影响下，未来资产质量或将进一步承压。

二是利润空间缩窄，新盈利点尚未形成（见图 2）。近年来，城商行和农商行的盈利水平呈连续下降趋势，截至 2020 年末，两类机构资产利润率分别为 0.55% 和 0.62%，均低于行业平均水平。在负债端，地方中小银行业务模式单一，利息收入是主要的营收来源，依靠高存款利率作为竞争优势的经营模式直接提高了及负债成本；在资产端，中小银行议价能力不强，收息率较低。在资产端和负债端的双重影响下，中小银行盈利水平逐渐下降，部分机构净利润由正转负。加之在疫情冲击下，机构向实体经济让利和大行加大向中小微企业信贷投放，中小银行的市场被压缩，利润空间进一步收窄。

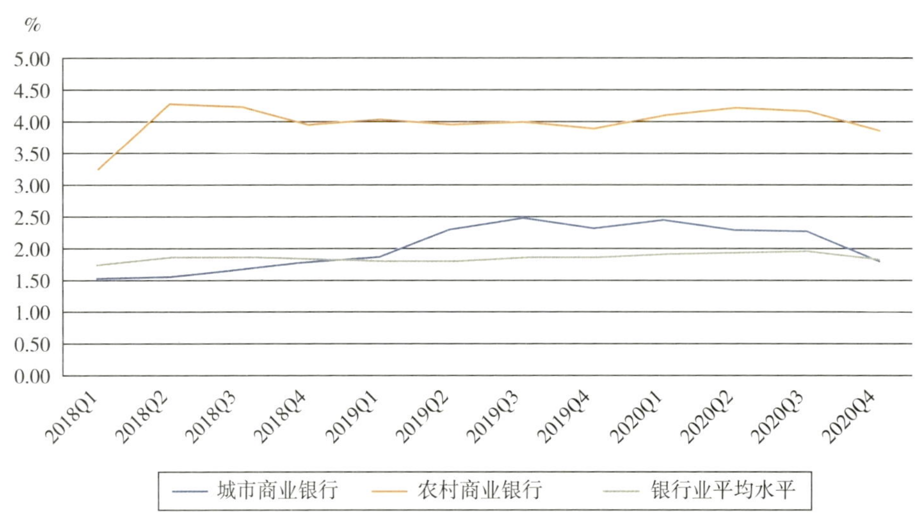

图1 分机构类型不良贷款率变化趋势

（数据来源：银保监会官网）

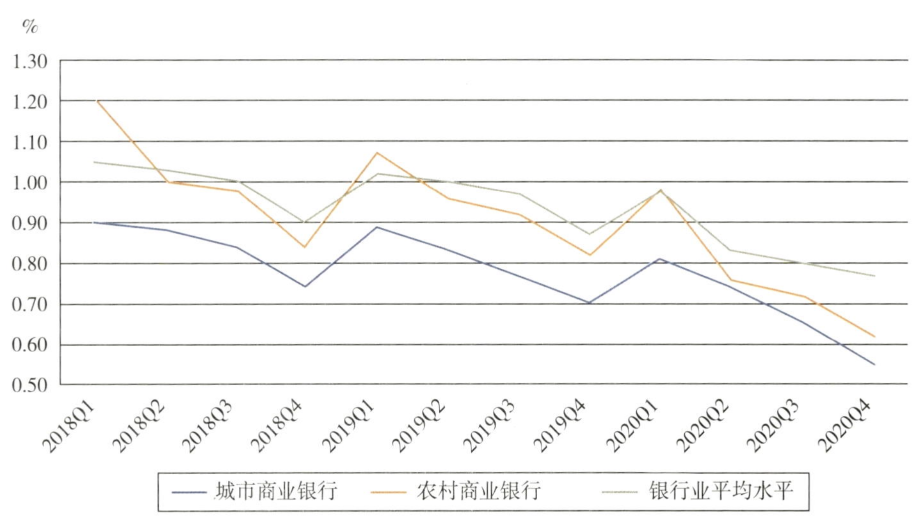

图2 分机构类型资产利润率变化趋势

（数据来源：银保监会官网）

三是内源资本补充不足，外源补充渠道有限（见图3）。截至2020年末，城商行资本充足率为12.99%，农商行资本充足率为12.37%，都明显低于银行业平均水平。内源资本补充以留存利润为主，中小银行利润空间缩小和不良贷款增加都加大了拨备计提和资本补充压力。此外，由于大部分中小银行未上市，外源资本补充渠道主要为定向增资、二级资本债和永续债。而包商银行首例二级资本债全额减记导致市场对中小银行发行的二级债认可度大幅下降，中小银行发债难度提高，资本补充压力进一步加大。

四是流动性压力显现，风险应对能力差（见图4）。截至2020年末，城商行、农商行流动性

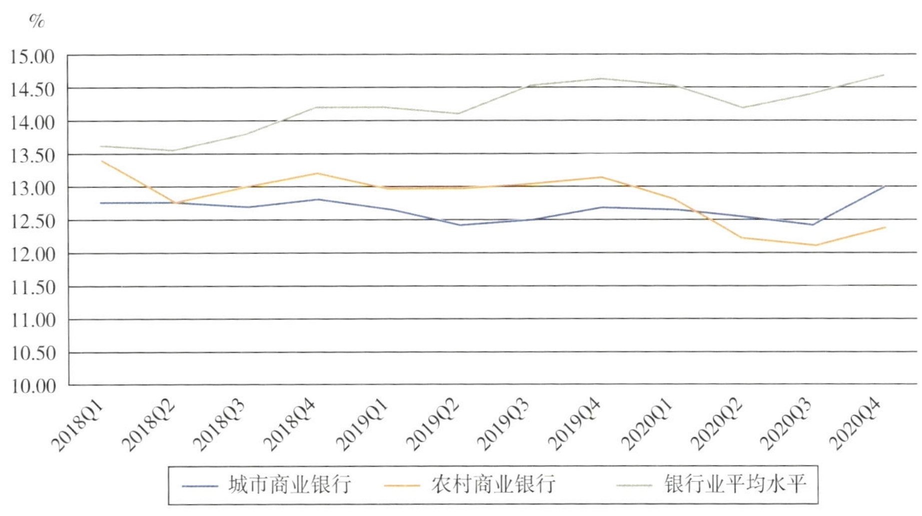

图 3　分机构类型资本充足率变化趋势

（数据来源：银保监会官网）

比例分别为 67.6%、65.2%，整体流动性水平充足，但个别中小银行潜在流动性压力不容忽视。在资金来源上，一方面，随着金融市场化进程加快，商业银行作为主要金融中介的地位有所降低，互联网金融等新业态的发展对依赖传统存贷款业务的中小银行造成较大竞争压力。另一方面，包商银行事件以来，由于金融市场信用分层，中小银行融资难度增加。此外，在资金运用上，个别中小银行贷款集中度较高，当资产端客户信用风险集中暴露时，一定规模的资金量无法按时足额收回，可能导致银行出现流动性风险。

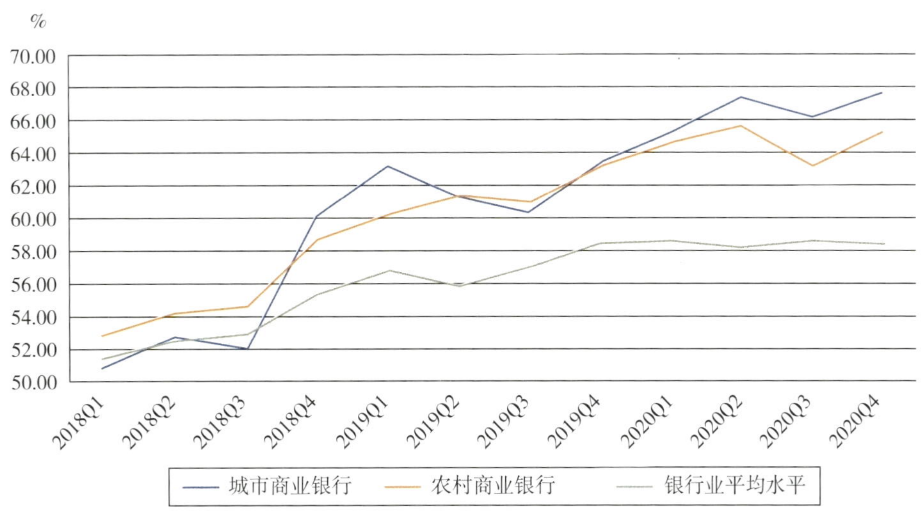

图 4　分机构类型流动性比例变化趋势

（数据来源：银保监会官网）

二、风险成因分析

中小银行起步晚、规模小，成立之初的主要定位是扎根当地，为小微、个体和“三农”提供金融服务。在改制初期经历了一段快速发展期后，由于自身治理体系不完善、市场定位不清晰、员工整体素质不高、风控和资本实力有限等因素影响，叠加经济转型、监管趋严、市场化竞争加剧等外部冲击，其风险和短板进一步暴露。

（一）公司治理体系不完善是造成中小银行风险的根本原因

包商银行接管组组长，原中国人民银行金融稳定局局长周学东指出，“诸多中小银行的风险，其背后的根源在于公司治理失灵，以及与之相关的金融腐败和违法犯罪”。尽管经过改制后，以城商行、农商行为主的中小银行不断优化股权结构，逐步建立了以“三会一层”为主体的现代公司治理架构，但在实践层面仍存在诸多问题，具体表现为以下方面。

一是股权结构失衡。一方面，一些机构股权过于集中，在改制引入战投过程中缺乏对股东的穿透监管，而部分股东的出资动机不纯，运用资本运作等手段获得绝对控股权后，将银行变为“提款机”。例如，“明天系”集团实际持股包商银行比例高达89.27%，因此可轻易操纵股东大会，进行利益输送，将包商银行逐渐“掏空”，最终导致风险暴露。另一方面，一些机构股权结构过于分散，容易出现所有者缺位和“内部人控制”问题，例如重组前的锦州银行，股东结构分散且资质差，原董事长在该行任职长达17年，并通过第二大股东中企发展投资（北京）有限公司对该行实施内部控制，对银行的关键经营管理决策实施全面掌控，公司治理失效和道德风险逐渐累积，并进一步导致银行风险事件的发生。

二是治理架构流于形式。一些机构未能有效落实公司治理机制，机制安排多为应对监管部门规定而走形式，缺乏有效的监督制衡，“形似而神不似”的问题较为突出，主要表现在，一方面，“三会一层”的构成和体制安排不合理，一些机构的经营层在董事会中占据优势地位，形成“经营型董事会”，对经营层人员的有效监督缺失。另一方面，未能形成有效的监督、激励约束和信息披露机制。监督机制方面，监事会和独立董事的实际监督职责体现不够充分，实践中多由董事会分管审计部门工作，难以保证对董事会和高管层的有效监督；激励约束机制方面，中小银行普遍存在激励机制不健全的情况，薪酬往往与短期业绩挂钩，银行过度追求短期利益和规模效应，不注重长远发展目标，造成风险不断积聚；信息披露机制方面，中小银行普遍存在信息披露不充分、透明度不高等问题，部分机构刻意隐瞒或掩盖关键经营和风险信息，无法客观反映机构的真实情况，从而导致公众和外部监督部门无法有效对银行的经营管理进行评估。

（二）风险管理不到位是造成中小银行风险的直接原因

地方法人银行风险管理起步晚、基础弱，虽在监管框架要求下建立了全面风险管理的制度体系，但在经营活动中作用发挥有限，具体表现如下。

一方面，抵御外部风险能力存在不足。由于对宏观经济环境和行业发展趋势的研判能力有限，中小银行经营策略相对短视，难以适时调整发展战略和布局，这导致其容易在经济结构调整中受到较大冲击。例如，前期中小银行将资金过多投放到两“高一剩”、房地产等行业，而当国有银行和股份制银行已经识别风险并选择性撤出时，这些中小机构受风险识别能力所限而容易成为风险的最终承担者。此外，利率市场化的推进对中小银行定价能力提出考验，由于缺乏灵活精准的定价机制和定价模型支持，中小银行仍然依靠抬高利率揽储，负债成本被推升，并进一步促使其将资金投放到高风险领域，以期获得高收益来平抑资金成本。

另一方面，内部风险管理理念和能力薄弱。风险管理理念方面，中小银行多存在重视程度不够、被动应付监管等问题。风险防控与处置方面，中小银行仍以经验化和主观性的风险防控为主，风险预警识别的技术手段、计量工具和专业团队欠缺，很难站在全局角度进行风险评估和处置，加之盈利水平、资本水平等限制了其风险缓冲和损失吸收能力，难以依靠自身力量实现自救和脱险。

（三）发展定位不明晰是造成中小银行风险的主要原因

与大型银行业务种类多、客户范围广不同，中小银行在业务定位、服务对象、经营区域等方面更具特殊性，但当前中小银行个性化经营特色并未能有效发挥，在简单的粗放竞争后相关风险问题凸显，具体表现如下。

一是规模驱动模式后的缩表压力增加。在经济快速增长时期，中小银行信贷扩张，资产规模不断扩大，仅依靠存款难以满足资产端的资金需求量，资金来源由以存款为主向依赖同业负债、表外业务转变。但是，在经济增速放缓、监管趋严和刚兑打破后行业分层的共同作用下，中小银行在同业市场中融资难度增大，依靠短期同业资金支撑中长期信贷规模增长的模式难以为继，同业负债规模下降、表外业务回表，隐藏在资产负债扩张背后的高杠杆、高风险偏好、低风控水平等问题持续显现。

二是业务扩张策略下的竞争优势弱化。中小银行在快速发展期不断做大规模、拓展业务，部分机构已偏离最初业务定位，服务客户逐渐向大型企业延伸。通过贷款主体拆分授信、利用通道间接授信、集团客户单独授信等方式向大型企业和集团企业超集中度放贷，突破监管限制。同时，地方性中小银行还通过直接设立分支机构、参控股异地银行机构、直销银行、直接发放异地贷款等方式跨区域开展业务，但通常是以市场跟随者的身份参与行业同质化竞争，竞争优势并不明显，加之决策链条长、信息获取及时性和准确性不足等问题，其风险管理的局限性会加速暴露和显现。

三、政策建议

（一）完善顶层设计，解决公司治理问题

一是进一步完善公司治理监管的制度框架。针对前期监管中发现的模糊之处出台相应细则，尽快补齐监管短板，切实履行监管职责，严格实施股东准入与穿透管理，并强化对关联交易的监管，防范风险滋生和蔓延。二是优化中小银行股权结构。推动形成由国有股东、机构投资者和社会公众共同持股的多元化股权结构，从根本上起到制衡作用，并通过政策引导，督促机构

建立良好的激励机制与治理文化，提高治理效果。三是进一步发挥外部治理的约束作用。探索建立针对会计、审计等中介机构的奖惩机制，督促其切实履行自身职责，强化对银行行为和信息披露的监督约束，确保银行信息披露的真实性、准确性和完整性。

（二）拓宽资本补充渠道，提升风险抵御能力

在中小银行资本补充方面予以进一步政策支持，研究增加资本补充工具种类，降低资本工具发行门槛，创新中小银行增信方式，提升资本补充工具的灵活性、多样性及适用性。此外，在拓宽中小银行外源资本补充渠道的同时，督促其提升自身内源资本管理能力，以促进长期可持续发展。

（三）回归本源找准定位，更好地服务于当地经济

中小银行应摒弃之前“大而全”的发展理念，回归深耕当地、服务本地经济的本源，并结合自身禀赋，找准定位，形成特色化、差异化发展路径，从而有效避免过度同质化而导致的恶性竞争，提升银行业整体服务实体经济的能力。此外，中小银行可结合自身实力，通过金融科技等手段，逐步发展线上经营和数字化运作，在提升自身管理水平的同时，为本地客户提供更便捷优质的服务。

资料来源：中国人民银行沈阳分行。

专题四　中小银行公司治理问题及对策建议

截至2020年末，我国共有中小银行3999家[①]，以城市商业银行和农村金融机构为主，资产规模分别为41.07万亿元、41.53万亿元，合计占比超过全部银行业金融机构资产总额的四分之一，已经成为我国银行业金融机构的重要组成部分，其稳健发展对于推进整体银行业高质量发展至关重要。然而，近年来我国中小银行风险事件频发，对区域金融稳定发展造成了一定影响，究其原因，最关键的是公司治理存在严重缺陷。实际上，公司治理问题是我国中小银行规范发展长期存在的薄弱环节和制约因素。本专题选取全国62家城商行和162家农村金融机构开展调研，重点分析中小银行公司治理存在的问题，并提出相关政策建议。

一、中小银行公司治理概况

我国中小银行以产权改革为核心，通过财务重组、引进战略投资者或公开上市等多种方式实现了股权结构多元化，并搭建了包括股东大会、董事会、监事会和高级管理层在内的“三会一层”组织架构，在形式上逐步确立了符合现代企业制度的治理体系。

（一）股权结构多元化水平逐步提升，城商行国有性质有所稀释

近年来，我国中小银行陆续引进战略投资者，积极登陆资本市场，已上市的城商行和农商行近40家，实现了资本补充和股权结构的多元化，各类社会资本的加入逐步稀释了中小银行的国有持股比例，但大部分城商行第一大股东仍是地方财政局或地方国有企业。调查显示，2017—2019年，样本城商行第一大股东为国有性质的占比呈逐年下降态势，分别为61.29%、59.67%、58.06%，这与2004—2009年平均占比82.4%[②]差距明显，说明在市场化进程中，城商行的股权结构逐渐多元化，持有方式也更加市场化（见图1）。

（二）“三会一层”治理架构基本形成，党的领导与公司治理逐步融合

受调查的城市商业银行、农村商业银行和农村信用社普遍建立了以“三会一层”为主体的公司治理组织架构，均成立了党委，并由上级党组织任命党委书记。近七成的村镇银行成立了党的基层组织，过半数的农村金融机构党委书记兼任董事长。部分银行已将加强党的建设写入公司章程，党组织与“三会一层”之间通过“双向进入、交叉任职”的方式发挥党的领导作用。

---

① 3999家中小银行中，城市商业银行133家、农村商业银行1533家、农村合作银行27家、农村信用社612家、村镇银行1635家、民营银行及其他20家、外资法人银行42家。

② 祝继高，饶品贵，鲍明明．股权结构、信贷行为与银行绩效——基于我国城市商业银行数据的实证研究［J］．金融研究，2012（7）：31-47.

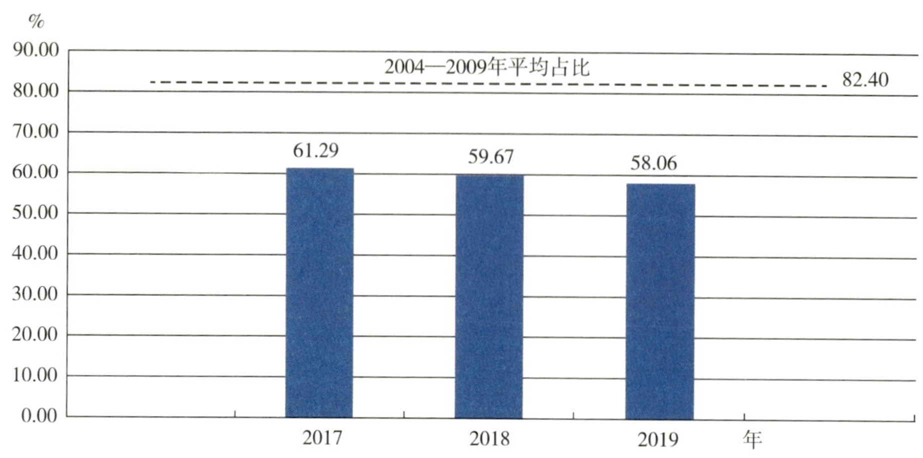

图 1　城商行第一大股东国有性质占比

（三）强化监督指导，着力完善中小银行公司治理

党的十九大以来，金融监管部门着力推进矫正金融机构公司治理缺陷、完善关联方及关联交易监管。国务院金融委第九次会议指出“要健全适应中小银行特点的公司治理结构和风险内控体系，从根源上解决中小银行发展的体制机制问题”。在 2018 年监管部门整治银行业市场乱象中，“公司治理不健全”被列为整治工作的首位。旨在规范股东行为、弥补监管短板的《商业银行股权管理暂行办法》《银行保险公司治理监管评估办法（试行）》等相继出台，成为推动金融机构完善公司治理的重要举措。2020 年 7 月，银保监会首次向社会公开了 38 名银行保险机构重大违法违规股东名单，在规范金融机构股东资质、排查整治股东异常行为等方面采取了严厉措施，发挥了震慑作用。

二、存在的主要问题

近年来频繁发生的一系列风险事件表明，中小银行公司治理“形似而神不至”，一些阻碍公司治理正常运转的缺陷和深层次问题并未得到有效解决。调查发现，股权结构不完善和股东行为缺乏约束等是导致治理机制失效的最主要因素。

（一）股权结构失衡

一是股权高度集中易导致“大股东掏空”行为。调查显示，股权集中度与银行的风险水平显著正相关，高度集中的股权结构容易形成“一股独大”，导致大股东过多干预银行经营管理，进而容易形成较为严重的利益侵占问题。部分银行存在隐形股东、股权代持等现象，如“明天系”实际控制包商银行股权 89. 27%，通过注册 200 余家空壳公司套取千亿元信贷资金，包商银行沦为大股东的“提款机”。

二是股权高度分散易导致“内部人控制”。锦州银行出险前，任一股东持股比例均未超过 5%，前十大股东合计持股仅 26. 02%。锦州银行由于股权分散，股东频繁变动，实控股东的缺失导致大部分股权被控制在高管手中，形成严重的“内部人控制”。

（二）股东资质良莠不齐

大部分中小银行在组建或合并重组改制的过程中，有较大比例的资本金来源于地方各类市场主体，个别银行股东一开始就存在资质不良或处于不合规边缘。调查显示，30%的样本银行存在股东被列入“失信被执行人”“限制消费令”“经营异常名录”等情况，部分银行股东资质和信誉较差，个别股东多次被法院强制执行。某城商行的十大股东中，近一半在中国执行信息公开网有被执行人信息，第十大股东被执行高达73次。

（三）股东行为缺乏约束

一是股东过度投资金融机构。调查显示，部分银行股东参股、控股金融机构数量超过监管部门“两参一控”要求。例如，某城商行主要股东及其关联方共持有11家银行股权，其中10家持股比例超过5%；某农商行主要股东除该行外还参股了5家农商行，其中1家的持股比例为11.43%；某村镇银行主要股东除该行外还参股了1家城商行和1家村镇银行，3家持股比例均超过5%。

二是股东质押拍卖银行股权较为频繁。中小银行股东以民营企业居多，近年来受宏观经济下行影响，民营企业运营资金普遍紧张，股东频繁进行资产质押和拍卖抵债。调查显示，绝大多数样本银行都存在股东出质银行股权甚至被冻结的情况，15.15%的样本银行股权质押率超过20%的监管标准，最高达55.75%。阿里拍卖网显示，以“银行股权”为拍卖标的的数量逐年递增，在2019年出现拐点，但2020年上半年仍有2371件，远高于2017年全年数量，2020年下半年监管趋严后，“银行股权”拍卖标的的数量明显减少。

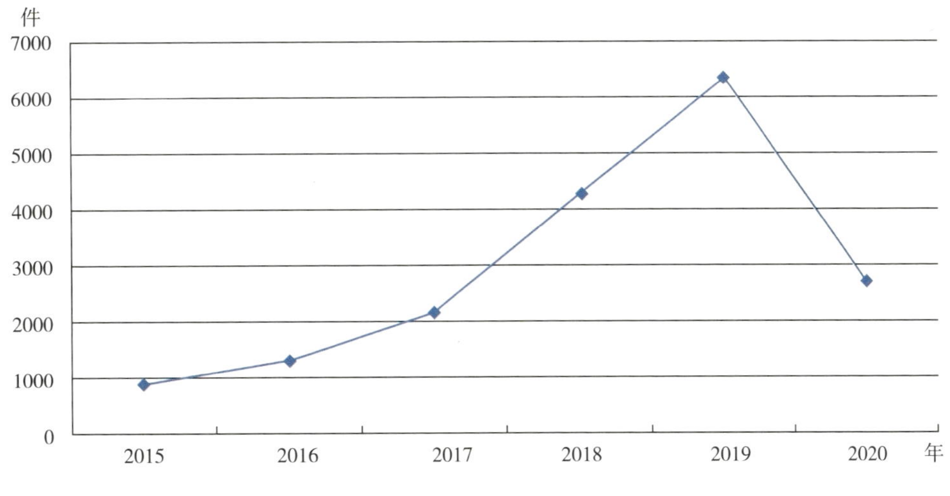

图2　2015—2020年银行股权拍卖标的的数量

三是关联交易偏多，个别指标超过监管标准。调查显示，样本银行股东关联交易贷款占全部贷款的平均值为4.4%，最高达62.13%。此外，有5.16%的样本银行单一客户贷款集中度超过10%的监管标准，最高达66%；17.74%的样本银行最大十家客户贷款集中度超过50%的监管标准，最高达150%。某农商行直接或借道同业、理财、表外等业务向某企业及其关联企业提供融资授信32.32亿元，占资本净额的比例高达477.40%，远超15%的监管要求。

（四）股东治理及内外部控制监督不力

目前监管部门和中小银行自身对股东及高管的动态管理仍然较为薄弱。如某村镇银行股东违规代持股权，甚至涉黑涉恶，但相关各方并未采取限制股东权利、清退违规股权等措施。部分银行的高管人员曾因违法违纪受到严重行政处分，调整岗位后仍继续担任高管。某村镇银行原行长发放大量违规贷款，造成资产损失，但仅被免职处理，换了一家同类机构后继续担任高管职务。

（五）股东及高管层对加强党的领导的重要性缺乏认识

一是部分中小银行党组织应建未建。目前金融机构党组织的批设及隶属关系没有明确规范，特别是村镇银行党组织的批设和隶属关系较为混乱，部分村镇银行在接受上级党组织领导以及发挥党的基层组织战斗堡垒作用方面基本处于真空地带。某村镇银行党员16人，但开业8年一直未成立党的基层组织，缺乏在经营过程中把方向、管大局的核心引领力量，导致大量资金通过存放同业违规开展异地委托投资业务，资金流向空壳公司，酿成较大风险隐患。

二是部分中小银行党组织作用弱化。党组织在法人治理中缺乏明晰的职责定位，对于党组织成员在“三会一层”中如何履职等方面缺乏统一细化的规定，部分农村金融机构的董事长、行长均不是党员，九成村镇银行未设立纪委书记，党组织作用无法体现。在样本银行中，有5家村镇银行的董事长、行长均不是党员，也未设立纪委书记，支部书记由副行长担任，其中4家属于存款保险问题投保机构。

（六）信息披露不充分掩盖了公司治理失灵问题

中小银行发布的年报质量参差不齐，且公布的数据大多进行了“粉饰”，并未呈现真实的经营状况和交易状况。如包商银行2016年的年报写明：“前十名股东之间无任何关联情况；报告期无重大关联交易发生，关联交易中无不良贷款情况。”而真实情况是大股东及其关联方、一致行动人拥有绝对控股权，大量资金被大股东违规占用，带来严重的信用风险。此外，部分银行公布的年报中缺少股权质押比例、股东异常情况说明等内容，信息披露不充分不完整，相关潜在风险难以准确判断。

三、对策建议

（一）把加强党的领导和党的建设落到实处

在高管选用方面，完善“双向进入、交叉任职”领导体制，通过党管干部实现党管金融。在组织架构方面，严格按照党章规定建立并完善党组织架构，将党组织与“三会一层”有机融合。在监督管理方面，将党内监督问责、监事会监督以及董事会下设的风控委员会监督三者之间形成一体化的风险防控体系，积极发挥党内外监督对风险的预防和早纠作用。

（二）将股东异常情况作为风险预警的重要指标

坚持“穿透”原则识别股权的最终受益人，规范隐形股东和变相代持现象，提高股权透明度，持续优化股权结构。强化金融监管与市场监管、司法部门之间的有效协作，将“失信被执行人”“限制消费令”“经营异常名录”以及涉黑涉恶等股东异常情况作为预警风险的重要指标，从源头上避免或减少不当关联交易产生的可能。

（三）强化内控合规管理，提高违法违规行为惩戒力度

压实金融机构风险防控主体责任，指导其建立健全与自身业务经营管理相匹配的全面风险管理体系。持续保持对金融机构违法违规行为的高压态势，加大违规行为惩处力度，防范股东或内部人以股权质押、关联交易等方式抽逃资本，进而“掏空”银行。

（四）提高信息披露水平

在《商业银行信息披露办法》基础上，根据中小银行特点，制定有别于国有大行、上市银行的信息披露细则，对信息披露内容、格式、财务报表附注真实性审查等作出具体规定，通过市场约束促进其规范经营。

资料来源：中国人民银行贵阳中心支行、中国人民银行太原中心支行。

专题五　西部地区农合机构风险处置问题探析

2018 年以来，西部各省、自治区、直辖市按照党中央、国务院决策部署，积极推动各类风险处置，防范化解金融风险攻坚战取得重要阶段性成果，农合机构金融风险总体趋于收敛，农信系统韧性明显增强。但随着风险处置进程加快推进，西部地区农合机构资本、利润明显消耗，潜在不良贷款规模大、风险处置后劲不足等问题值得关注。

一、主要成效及做法

2020 年末，西部地区共有农合机构 814 家，其中农村商业银行 432 家、农村信用社 356 家、农村合作银行 26 家，资产总额 8.64 万亿元，负债总额 8 万亿元。2018 年以来，针对农合机构金融风险突出问题，西部各省区市开展集中整治，取得积极成效。

（一）主要成效

一是金融风险总体趋于收敛。2020 年末，西部地区农合机构整体不良贷款率 6.46%，较 2018 年末下降 0.63 个百分点，其中 8 个省区市整体不良贷款率低于 5%。二是关注类贷款率明显下降。2020 年末，西部地区农合机构关注类贷款余额 3324.3 亿元，关注类贷款率 6.93%，较 2017 年末下降 2.41 个百分点。三是不良贷款处置大步推进。2018—2020 年，西部地区农合机构累计处置不良贷款 5783.4 亿元，是 2020 年末不良贷款总额的 1.87 倍。四是主要监管指标趋于改善。截至 2020 年末，西部地区各省区市农合机构整体流动性比例均超过 40%，明显高于 25% 的监管标准；7 个省区市整体拨备覆盖率高于 150%，较 2018 年增加 4 个；9 个省区市整体资本充足率高于 10.5%，较 2018 年增加 1 个。

（二）主要做法

1. 通过多种方式处置化解不良贷款。一是加大现金清收、呆账核销等处置力度。2018—2020 年，西部地区农合机构通过现金清收、呆账核销、以资抵债等方式化解不良贷款，分别占处置总额的 37.4%、32.1% 和 11.6%。二是开展不良资产市场化处置。贵州省联社分别与四大国有资产管理公司和贵州省资产管理公司合作，促成 18 家农合机构向资产管理公司批量转让不良资产 84.8 亿元；推动农合机构通过贵州阳光产权交易所成功处置不良贷款 5.7 亿元，平均成交价格 8.5 折。

2. 通过市场化途径提升机构资本实力。一是引入战略投资，2018—2020 年，西部地区农合机构累计引入战略投资机构 36 家、投资 9.0 亿元。二是通过增资扩股累计补充资本 108.7 亿元。2016 年以来，广西农合机构定向募股 40.81 亿股，累计溢价 13.87 亿元，用于消化不良贷款。

三是合并重组壮大机构资产实力。2015—2018 年，西安市 6 家农合机构通过股权改制重组合并成立秦农银行；2017—2018 年，秦农银行全资控股西安地区 3 家农信社，并改制为农商行；2020 年秦农银行出资 20 亿元收购 1 家机构不良贷款。

3. 积极争取地方政府注资。广西地方政府通过专项债累计向农合机构注资 107 亿元，支持 18 家农合机构补充资本金；内蒙古赤峰红山区政府向红山区农信社注资 3989. 73 万元化解不良贷款。

二、风险处置中存在的主要问题

（一）不良贷款处置消耗资本和利润明显

一方面，西部地区总体经济发展相对落后、财力薄弱，靠地方政府注资化解风险能力普遍不足。另一方面，目前西部地区多数省地市不良资产市场化处置机制不健全、渠道不畅通，如新疆等 8 个地区使用市场化方式处置不良贷款基本为空白。因此，西部地区农合机构风险处置主要依靠现金清收、呆账核销、以资抵债等传统手段，对资本、利润形成明显消耗，加大农合机构经营压力。

（二）抵押物处置难，处置周期长、成本高

目前，经司法判决执行的抵押物，多数只有阿里拍卖一种方式，因受众面较小、信息不对称，抵押物处置“成交难”、有价无市。该问题在欠发达地区尤为突出，2020 年某农商行流拍率高达 90. 1%。大多数流拍的抵押物流动性差，变现周期长，债权银行在持有期间还要承担相关税费和管理费用，从而进一步推高综合处置成本。

（三）盈利能力下降，吸收损失空间受限

2018 年以来，西部地区农合机构核销不良贷款超过处置总额的 35%，虽然尽力压降开支、减少分红，但仍无法弥补拨备的快速消耗。2020 年，西部地区农合机构总体资产利润率未达到监管标准，净利润同比下降 26. 35%。受利率市场化、同业竞争加剧叠加疫情冲击影响，农合机构盈利空间进一步压缩，不良资产核销的内生能力不足。

（四）资本补充困难，风险处置后劲不足

从内源性资本补充看，盈利能力下降、股东资金实力有限，农合机构依靠内生渠道补充资本的规模和速度都受到限制。从外源性资本补充路径看，西部地区特别是县域经济总量较小，财政收入低，地方偿债压力较大，财政部门充当国有资本出资人的能力有限。同时，大部分农合机构难以满足上市和发行债券的条件，依靠外部融资补充资本难度较大。

（五）潜在不良贷款规模较大，风险处置面临一定困难

一是关注类贷款占比较高。2018 年以来，西部地区农合机构关注类贷款占比有所下降，但

仍高于全国商业银行平均水平4.36个百分点，其中4个省区市关注类贷款占比超过8%，最高达12.07%。二是行业救助金[①]使用规模迅速上升，风险并未实质性化解。2020年，6个省区市农合机构使用行业救助金处置不良贷款294.9亿元，是2019年的6倍，风险救助金偿还压力较大。

三、政策建议

（一）着力提升风险防控能力

一是加强风险管控，风险防控“端口前移”，由事后处置向事前预防、事中控制转变，实现风险早发现、早介入、早处置。二是引导机构压减分红、增加拨备提取、加大不良资产核销处置力度，主动应对可能的不良资产反弹。三是引导机构回归本源，发挥本土优势，服务本地，做强、做精“三农”、民营和小微企业金融服务。

（二）多渠道加快资本补充

一是提高内源性资本积累。制订合理分红计划，平衡股东利益和盈余留存，加大资本积累，健全内源性资本补充机制。同时压缩高风险业务规模，降低资本消耗。二是加强外源性资本补充。关注地方政府专项债、可转债等补充资本融资工具，提前做好相关规划和准备。

（三）完善市场化处置及配套机制

一是扩大不良资产证券化和个人不良资产批量处置试点工作范围，逐步将农合机构纳入两项试点工作。二是鼓励引导专业机构为农合机构不良资产处置提供价值调查、代位清偿、增值咨询等多元化、针对性服务。三是探索搭建统一的省级银行业抵押品资产信息平台，为不良资产处置市场供需双方及相关投资主体提供实时、权威、规范的信息服务。

（四）发挥部门合力推动风险化解

一是加强地方公、检、法、行业主管部门及金融管理部门的协调联动，聚焦重点领域和重点客户风险防范与化解，严厉打击各种“逃废债”行为，形成合力，依法维护社会秩序和金融稳定，营造良好信用环境。二是对抵债资产处置、呆账核销等不良资产处置给予适当税费、财政等政策优惠，降低农合机构综合处置成本。

资料来源：中国人民银行乌鲁木齐中心支行。

① 指农合机构参与缴纳的互助性资金，或省级政府财政和省联社出资组建，用于提供流动性支持和置换不良贷款。

专题六　票据业务风险及防范

——以中部地区农商行为例

近年来，各类票据市场业务快速增长，在拓宽企业融资渠道、优化银行授信结构、支持地方经济发展等方面发挥了积极作用。但是，在业务开展过程中，部分农商行存在对贸易背景真实性审核不严、异地授信内部管理制度不健全、利用票据业务调整业务规模等不规范行为，相关业务风险不容忽视。本专题梳理了中部地区六省农商行票据业务的基本情况，分析了在农商行票据业务开展过程中存在的风险隐患和成因，并提出相关政策建议。

一、基本情况

截至2020年末，中部六省共有农商行543家，票据业务开展呈现以下特征。一是银票承兑规模有所下降。截至2020年末，中部地区农商行签发未到期银行承兑汇票合计金额608.48亿元，同比减少21.19%；保证金总额340.21亿元，保证金比例平均为55.91%。二是转贴现交易增长较快。截至2020年末，中部地区农商行票据资产项目余额合计4537.16亿元，占农商行系统各项贷款的11.08%。其中，转贴现业务规模较大，金额达3846.37亿元，同比增长22.95%；直贴业务余额669.57亿元，同比增长9.66%。三是票据业务总量有所上升，重点地区支持有力。2020年以来，中部地区票据业务总量占全国比重为15.3%，较2019年有所上升。在抗击疫情的关键时期，票据市场对湖北地区支持有力，有效推动企业复工复产，实现区域经济企稳回升。截至2020年3月末，湖北省票据业务总量达5039.39亿元，较2月末增长179.61%；武汉市票据业务总量3247.58亿元，较2月末增长199.49%。

二、需关注的问题和风险

（一）票据业务贸易背景真实性审核不严

一是银行承兑汇票的签发金额与增值税发票金额不匹配。如某农商行为企业办理的银行承兑汇票金额远高于增值税发票金额，另有部分出票企业业务档案中未见增值税发票。此外，对于已办理票据承兑的增值税发票，农商行也未按规定在发票正面注明承兑的银行名称、日期、金额等相关信息。二是交易合同雷同，缺少相关单据支撑，有虚构贸易背景之嫌。一些农商行在短时间内集中签发大量银行承兑汇票，且相关出票人与收款人从签订的购销合同文本、交易货物到支付时间均相同，付款金额均规定以每次提货的产品及数量为准，但在业务档案中未见运输单据及交货清单。三是存在为票据业务量与其实际经营情况不匹配的企业办理承兑和贴现业务情况。如某农商行为合同金额大幅超过其资产负债规模的企业办理票据业务。

（二）异地授信内部管理制度不健全，资金流向难以监控

一些农商行跨省票据业务规模大、增速快，与其跨省授信管理能力明显不相匹配，且未建立关于票据承兑、贴现的异地授信管理制度。此外，票据签发后，通过农商行电子汇票系统尽管可以查询部分票据流转情况，但无法掌握票据背书、贴现等情况。如果涉及大量异地企业，农商行对企业的资金流向监控难度更大，难以有效把控风险，可能会导致风险跨区域传导。从发生垫款的开票企业地域分布看，一些农商行省外开票企业信用违约风险发生比例远高于省内。

（三）利用票据业务调整业务规模，“粉饰”监管指标

一是部分农商行利用承兑汇票业务短期虚增业务规模和利润。例如，违规将贷款和贴现资金转存保证金，虚增存款；通过滚动签发银行承兑汇票，以票吸存，虚增资产负债规模；或通过集中大量签发银行承兑汇票，短期内营业收入和利润快速增长。二是个别农商行通过票据转贴现业务转移规模，降低资本占用。如利用“卖断 + 买入返售 + 到期买断”、“假买断、假卖断”、附加回购承诺等交易模式，实现假卖断真出表，或帮助其他银行做通道、消规模，出具抽屉协议或承诺办理转贴现，帮助其他银行调节信贷规模。三是部分农商行通过票据贴现业务为企业办理借新还旧，信贷质量难以真实反映。

三、成因分析

（一）机构内控机制不完善、风险意识淡薄

部分农商行在办理票据业务过程中，对申请人的资信状况、还款能力等缺少全面的调查和了解，未能有效识别授信集中风险及关联客户授信风险。此外，疏于对承兑汇票签发后的跟踪、监管及催收，对承兑申请人的资金使用情况监督不严，甚至存在允许承兑申请人将保证金转出使用的现象。

（二）套利空间存在为票据空转提供滋生土壤

一方面，票据签发承兑表外核算为资金空转提供了便利。银行签发承兑票据保证金比例在10% ~100%，资信良好的企业能以30%保证金签发票据，收票企业如果将票据贴现后，再以30%保证金继续签发银票，或申请更大金额的票据，容易虚增票据融资规模、形成资金空转。另一方面，利率市场分割形成票据套利空间。如中部地区一些省份银行承兑汇票的手续费为万分之五左右，贴现加权平均利率2.55%，转贴现利率2.22%，但部分银行大额存单、结构性存款年化收益率在3.5%以上，最高可达4.5%，存款和贴现之间存在较大利差。如果企业购买农商行结构性存款或大额存单，再以存单为质押从银行开具汇票，既能得到利差收入，又能保持流动性，还能帮助银行增加存款规模。

（三）行业管理机构风险管理不到位

部分地区省联社对辖内农商行业务开展风险管理和内部审计等方面的监督指导不到位。一是省联社的全面风险管理体系不完善。对系统内农商行同业和票据等相关业务的潜在关联性和违规风险识别能力不足，业务风险监测和数据分析预警水平有待进一步提升。二是省联社内部审计检查相对滞后。针对表外和同业业务的专项审计连续性不够，未能及时发现农商行以表外之名行表内之实、变相为客户提供融资等违规情形，相关业务问题不能得到及时整改、纠正。

四、政策建议

（一）农商行应加强票据业务内部控制与风险管理

一是明确内部责任分工，加大对票据业务的经营管理、授权管理、合规管理和风险管理力度，并强化对票据业务的定期审计。二是将票据业务纳入统一风险管理框架，加强对其风险的识别、监测和评估，完善票据业务风险管理制度。三是加强票据业务岗位操作风险管理，强化票据业务培训，全面提高从业人员对票据真伪和贸易背景资料的识别技能。四是确保表外业务适度合理增长，做好期限匹配和流动性管理，防范表外风险向表内转移。

（二）行业管理机构应加强对票据业务指导与风险提示

省联社应加强对农商行票据业务规范与日常核查，降低违约风险，防止风险在系统内传染。一方面，加强对系统内农商行业务指导，督促其合理审慎开展票据业务，保持表外资产规模合理适度增长，不断完善相关业务管理制度和操作流程，严防大额票据业务违约风险。另一方面，加强内部审计，加大票据业务风险提示力度，及时预警各类风险苗头事件，督促引导农商行依法合规经营。

（三）金融管理部门应加大监管力度，防范票据业务风险

一是加强对农商行票据业务违规行为的监管核查，按照“实质重于形式”的原则，强化穿透式监管，追溯资金流向，严防利用票据业务将资金投入禁止类行业或领域。二是加强对票据领域突出问题的监管，限制风控能力较弱的农商行办理跨区域客户授信，加强对承兑保证金来源、贴现资金流向监管。三是加强票据业务合规性监督检查，严防农商行利用票据业务调整业务规模，或通过票据业务完成信贷指标任务，规避货币信贷调控政策。

资料来源：中国人民银行合肥中心支行。

专题七　我国债券市场违约现状及原因分析

近年来，受国内宏观经济金融环境及去杠杆等政策影响，我国信用债违约总体呈上升态势，违约风险集中于大型企业集团及周期性行业，中期票据、公司债和私募债违约占比较高，违约风险由民营企业向国有企业蔓延。华晨汽车集团、永煤集团、紫光集团等债券违约事件造成了较大的负面影响，影响了区域金融稳定，信用债违约相关问题值得深入剖析。

一、债券市场违约概况

（一）违约规模呈上升态势

2016—2020 年，我国企业信用债违约金额共 5105.78 亿元[①]，其中 2018 年、2019 年和 2020 年分别为 1209.61 亿元、1494.89 亿元和 1697.02 亿元，同比分别上升 287.09%、23.58% 和 13.52%，2018 年出现爆发式增长，2019—2020 年呈持续上升态势。从区域分布看，债券违约涉及 29 个省市，其中北京市违约金额最高，达 1521.33 亿元，主要是受北大方正集团（436.9 亿元）、中国城市建设控股集团（314.5 亿元）、中信国安集团（254 亿元）巨额违约的影响；上海市、辽宁省、山西省、山东省、江苏省、浙江省违约金额均超过 300 亿元。

表 1　2016—2020 年债券违约规模及主要地区分布情况　单位：亿元

年份 / 地区	2016	2017	2018	2019	2020	合计
全国	391.77	312.49	1209.61	1494.89	1697.02	5105.78
北京	85.87	121.00	234.69	313.89	765.88	1521.33
上海	66.00	0.00	311.91	139.10	110.64	627.65
辽宁	69.70	73.70	116.15	64.50	258.00	582.05
山西	6.00	0.00	315.20	92.50	39.00	452.70
山东	31.20	39.50	27.25	163.20	101.49	362.64
江苏	19.20	12.00	53.80	202.78	57.00	344.78
浙江	4.00	24.79	138.44	136.42	38.30	341.95

（二）中期票据、公司债和私募债违约占比较高

分债券类型看，2016—2020 年中期票据、公司债、私募债违约金额分别为 1551.26 亿元、

① 本专题债券违约数据均来自 Wind 金融终端。

1311.96 亿元和 865.59 亿元，分别占违约总额的 30.38%、25.70% 和 16.95%（见表 2），三者占比合计高达 73.03%。分市场看，全国银行间市场债券违约金额 2754.33 亿元，占比 53.95%；上海证券交易所、深圳证券交易所违约金额 2351.44 亿元，占比 46.05%，其中 2018 年 620.54 亿元，同比大幅上升 2157.34%，2019—2020 年违约金额逐年递增。

表 2　2016—2020 年债券违约类型分布情况　单位：亿元

债券类型＼年份	2016	2017	2018	2019	2020	合计
中期票据	110.50	139.90	228.57	492.50	579.79	1551.26
公司债	0.00	13.60	418.02	435.23	445.11	1311.96
私募债	7.37	13.89	138.44	302.32	403.58	865.59
定向工具	163.70	98.70	64.00	53.50	62.80	442.70
短期融资券	67.50	0.00	122.10	75.10	30.00	294.70
超短期融资券	34.00	18.00	139.00	77.60	38.10	306.70
企业债	8.00	28.40	35.40	9.53	61.08	142.40
可交换债	0.00	0.00	64.08	49.11	60.00	173.19
交易商协会 ABN	0.00	0.00	0.00	0.00	16.57	16.57
总计	391.77	312.49	1209.61	1494.89	1697.02	5105.78

（三）违约集中于大型企业集团和传统周期性行业

从行业看，2016—2020 年综合类行业债券违约金额最高，为 605.37 亿元，占比 11.86%，主要包括一些多元化经营的大型企业集团，如新华联控股、东旭集团等。排在第 2 位至第 6 位的行业分别为建筑与工程、石油与天然气的炼制和销售、互联网软件与服务、电力、汽车制造，违约金额分别为 647.64 亿元、436 亿元、366.13 亿元、264.90 亿元、203.60 亿元（见表 3），除互联网软件与服务外，其余四个均属传统周期性行业。综合类行业和四个周期性行业占比合计 42.26%，违约风险行业分布相对集中。

表 3　2016—2020 年债券违约部分行业分布情况　单位：亿元

所属行业（Wind）①＼年份	2016	2017	2018	2019	2020	合计
综合类行业	4.00	8.00	60.50	261.23	271.64	605.37
建筑与工程	85.50	134.60	77.00	219.80	130.74	647.64
石油与天然气的炼制和销售	0.00	0.00	285.50	100.50	50.00	436.00
互联网软件与服务	0.00	0.00	0.73	20.00	345.40	366.13
电力	0.00	0.00	156.90	69.00	39.00	264.90
汽车制造	0.00	0.00	0.00	0.00	203.60	203.60

注：①指 Wind 金融终端的行业分类。

（四）违约风险由民营企业向国有企业蔓延

从企业性质看，2016—2020 年民营企业债券违约金额最高，达 3450.65 亿元，占比为 67.58%，近三年民营企业债券违约持续处于高位，其中 2018 年违约 1070.74 亿元，同比大幅上升 309.01%，2019 年、2020 年分别为 1136.74 亿元和 802.52 亿元。地方国有企业和中央国有企业分别居第二、第三位，违约金额分别为 626.14 亿元、590.60 亿元，占比分别为 12.26%、11.57%，其中 2020 年分别为 277.65 亿元和 421.40 亿元（见表 4），同比分别上升 169.33% 和 556.39%，华晨汽车集团、永煤集团、紫光集团等违约事件集中于 2020 年爆发，国有企业债务违约风险逐渐暴露。

表 4　　2016—2020 年债券违约企业类型分布情况　　单位：亿元

企业性质＼年份	2016	2017	2018	2019	2020	合计
民营企业	178.87	261.79	1070.74	1136.74	802.52	3450.65
地方国有企业	157.20	50.70	37.50	103.09	277.65	626.14
中央国有企业	41.00	0.00	64.00	64.20	421.40	590.60
公众企业	0.00	0.00	34.37	175.16	142.00	351.53
中外合资企业	14.00	0.00	0.00	0.00	30.00	44.00
外资企业	0.00	0.00	3.00	15.70	23.46	42.16
其他	0.70	0.00	0.00	0.00	0.00	0.70
总计	391.77	312.49	1209.61	1494.89	1697.02	5105.78

二、债券违约原因分析

（一）经营不善导致偿付能力不足

部分企业未能根据市场环境的变化及时调整经营战略，出现经营困难、流动性不足及偿付能力下降，进而引发违约风险。广东省某上市公司主业为中成药生产与销售，但公司并未聚焦主业，公司实际控制人利用上市公司平台进行资本运作、炒作房地产和本公司股票，公司 2019 年和 2020 年分别巨亏 46.55 亿元和 277.5 亿元，出现流动性危机，最终引发公司 2020 年有两笔、合计 44 亿元的债券违约。

（二）过度扩张、大规模并购引发流动性风险

个别企业经营扩张过快导致债务负担沉重，严重影响其流动性和再融资能力，引发债务风险。河北省上市公司东旭光电自 2012 年开始大规模并购和巨额融资，2012—2020 年累计参与并购 40 多起，完成并购 10 起，交易金额超 100 亿元；截至 2020 年末，公司银行借款余额高达

108.43 亿元、债券余额 47 亿元，最终因资金调配问题引发流动性危机，分别于 2019 年和 2020 年发生债券违约 47 亿元和 56.56 亿元。

（三）股东或关联方对企业产生重大负面影响

个别企业的重大风险可能传导至子公司或关联方，引发其流动性风险和债务违约。山东胜通集团与其关联方东辰控股集团长期通过相互担保方式套取银行信贷资金，截至 2018 年末，双方对外担保余额分别为 38.59 亿元和 38.05 亿元，其中胜通集团对东辰控股担保 9.84 亿元。2019 年 3 月，东辰控股因重大诉讼、主要资产被冻结等问题陷入债务危机；胜通集团因承担连带担保责任，声誉受损、融资能力下降，最终资金链断裂，分别于 2019 年和 2020 年发生债券违约 70 亿元和 10 亿元。

三、值得关注的问题

（一）债券集中到期加大兑付压力

预计 2021—2025 年我国信用债到期金额分别为 9.00 万亿元、5.69 万亿元、5.89 万亿元、3.58 万亿元、3.61 万亿元，其中 2021 年到期额占比高达 32.42%，为 5 年之最；分券种看，2021 年银行间市场融资券（包括短期融资券和超短期融资券）、中期票据和公司债到期额分别为 26765.93 亿元、18589.34 亿元和 17987.09 亿元，三者占比合计达当年的 70.38%，其中银行间市场融资券兑付压力最大，中期票据次之。

（二）债券推迟发行和发行失败情况增多

受市场环境影响，2020 年我国推迟发行和发行失败的债券共计 782 只，比上年增加 344 只，增长 78.54%，涉及发行金额 5944.97 亿元，比上年上升 83.58%。受违约事件频发、推迟发行和发行失败案例增多等负面因素影响，市场投资者目前普遍持观望态度，债券发行方融资成本上升，流动性压力加大，潜在违约风险上升。

（三）高评级债券违约占比上升

2018 年以来，债券违约呈现由低评级向高评级迁移的特征，企业首次违约前一个月被评为高评级债券①数量占比由 2017 年的 33.33% 大幅上升至 2018 年的 70%，2020 年仍有 20 只高评级债券发生违约，占当年的 67%，首次违约时债券余额 132.24 亿元，占当年的 54.11%。高评级债券违约数量和金额占比均居高不下，反映出外部评级对违约风险的预警作用缺失。同时，以永煤集团、紫光集团为代表的大型国企违约事件打破了市场对国企的刚兑预期，严重影响了市场信心。

① 指主体评级为 A 级及以上的债券（包含 AAA、AA+、AA-、AA、A+、A 六个级别）。

四、相关建议

（一）建立健全债券违约风险监测预警机制

完善债券违约的动态监测机制，对房地产等重点行业及大型企业集团风险隐患进行排查，将负债率过高、流动性紧张的高风险企业纳入重点监测名单，对存在偿债困难的企业持续跟踪监测，做到风险早发现、早预警、早化解。

（二）建立和完善监管协调机制，推动信息共享

建立健全银行间市场、交易所市场的债券监管标准，合理划分各监管部门的职责和监管范围，避免监管真空和监管重复。完善各部门间的信息共享机制，形成多方联动监管格局，提高债券市场监管效率，防范风险交叉传染，有效维护金融稳定。

（三）强化对债券市场中介机构的监督管理

进一步严格落实债券承销机构、担保机构、评级机构等中介机构的责任，建立问责机制，加大对相关中介机构的监管力度和违规处罚力度。加快制定相关行业规范，完善外部约束机制。同时充分借鉴国际经验，探索建立更加科学、有效的行业风险管理体系，进一步规范中介机构行为。

资料来源：中国人民银行广州分行。

专题八　资本市场退市制度比较研究

目前我国上市公司退市制度仍处于持续完善阶段，与境外典型证券交易所的退市标准、退市流程和退市配套机制相比，我国仍存在退市程序难以严格执行、市场无法自行优胜劣汰、规避退市有较大操作空间、投资者保护相对不足等问题，应从优化强制退市标准、加快多层次资本市场建设、强化退市监管力度、拓宽投资者权益保护渠道等方面，不断健全与上市标准相匹配的退市机制。

一、我国 A 股市场退市制度现状

（一）整体退市率明显偏低

截至 2020 年末，A 股退市公司累计 126 家，剔除吸收合并、私有化等情况，真正退市公司数量仅 82 家，历年退市率①均不足 1%，2016 年甚至低至 0.03%。与纽约证券交易所年均 6% 和纳斯达克市场年均 10% 的退市率相比，A 股退市率明显偏低。

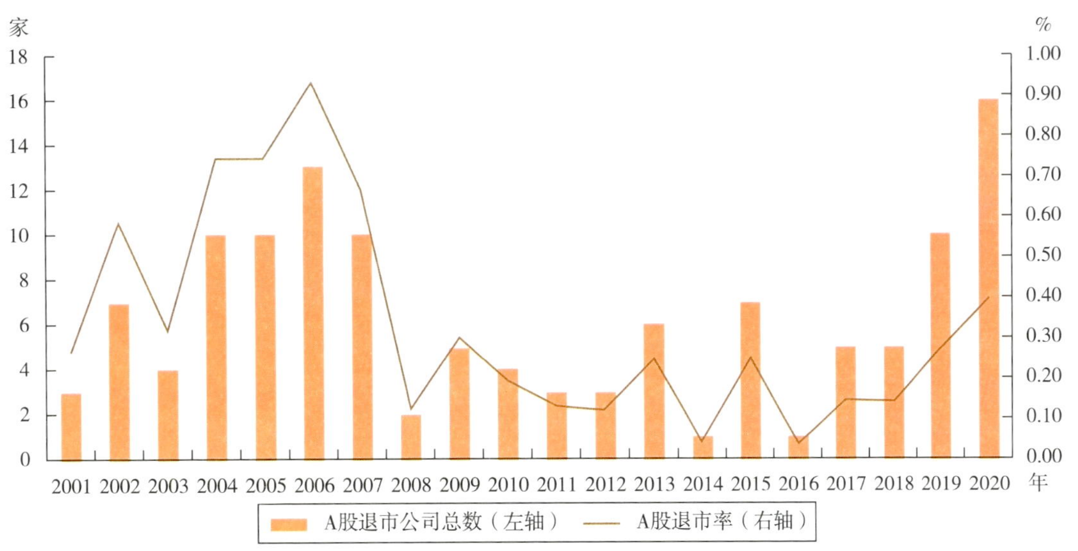

图 1　2001—2020 年 A 股退市公司数量和退市率

（数据来源：Wind 金融终端）

（二）财务指标不达标是退市主要原因

A 股退市分为主动退市和被动退市，前者包括私有化、新设合并或吸收合并等，后者则主

① 退市率为退市公司数量与全部上市公司数量的比值。

要依据财务类、交易类、信息披露类和重大违法类等标准判断。A 股上市公司以被动退市[①]为主，截至 2020 年末，被动退市累计 82 家，占比 65.08%。其中，财务指标不达标是退市主要原因，如因连续亏损而退市的上市公司占比达 45.57%。

（三）退市标准更加严格和精细

随着监管政策趋于严格，A 股退市标准也有所拓宽。新《证券法》施行后，不再规定终止上市情形及暂停上市等实施程序，明确由证券交易所进行规定。主板市场已取消暂停上市和恢复上市环节，并逐步形成包括重大违法强制退市、1 元退市在内的多元退市指标体系和有力的规则执行机制。暴风集团因 2019 年度报告"难产"而触及规范类指标引发退市，9 家公司因触及交易类指标遭遇投资者"用脚投票"而被淘汰出市场。

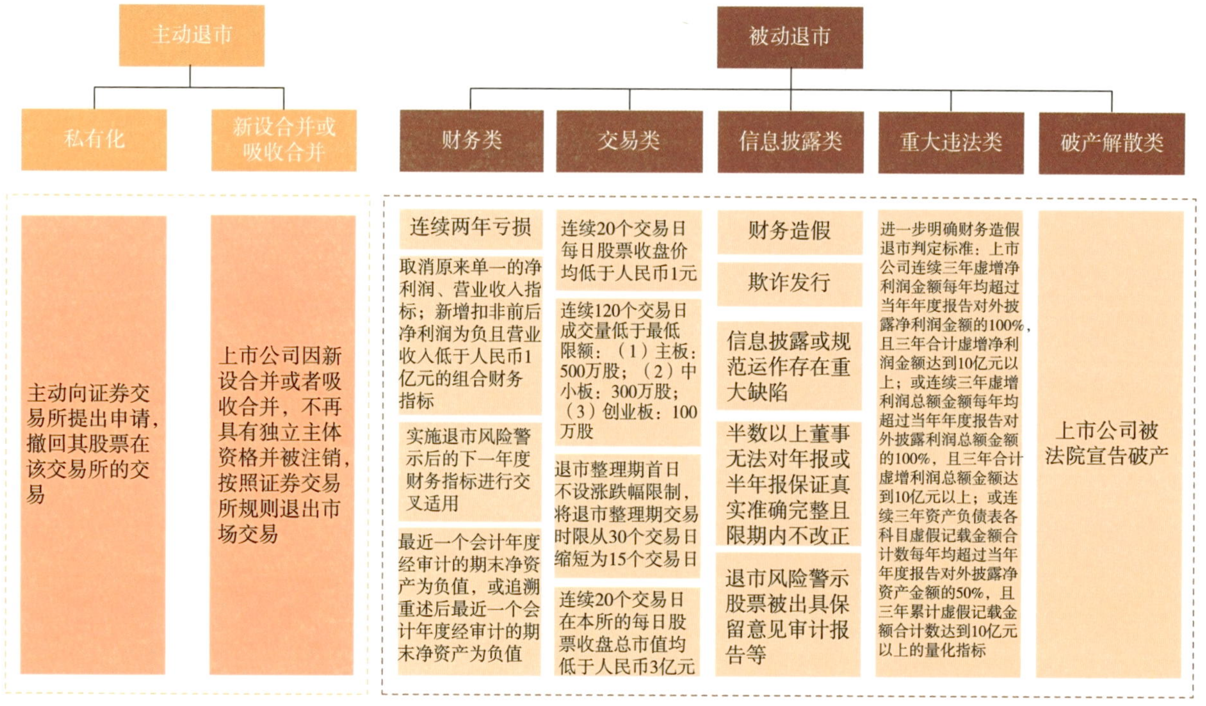

图 2　A 股现行退市标准总结

（资料来源：证监会和沪深证券交易所官网）

二、境外成熟证券市场退市实施情况

（一）成熟证券市场退市率普遍高于新兴市场

2009—2019 年，美股市场[②]退市数量共计 2659 家，同期上市公司数量仅 2066 家。伦敦证券交易所、东京证券交易所和香港证券交易所分别累计退市 1833 家、653 家和 171 家，年均退市

① 除私有化和新设合并为主动退市情况，其余均为被动退市情况。

② 美股市场主要以纽约证券交易所和纳斯达克交易所为例。

率分别达 6.8%、2.02%和 0.92%，对比 A 股年均不足 1%的退市率，成熟资本市场退市率普遍较高。

（二）退市标准具有多样性和可操作性

纽约证券交易所、伦敦证券交易所、东京证券交易所和香港证券交易所的退市标准均包含定量和定性标准，普遍赋予交易所较大的裁量权和灵活性。其中，纽约证券交易所侧重在市值、股东人数及股价方面进行明确规定，财务指标规定不多；东京证券交易所的定性标准则较全面，且退市标准低于公司上市标准，体现“严进宽出”的监管原则。

（三）退市流程设计强调渐进式退出

上述四家证券交易所[①]均设立了申诉复核环节，给予退市公司整改宽限期，最大限度地维护公司的上市资格。纽约证券交易所还给退市公司提供了降板机会，只有在不满足资本市场持续上市条件下，才会退市到场外市场。香港证券交易所则对上市公司提供立即除牌和等待补救两种选择。

（四）退市配套机制更注重投资者保护

美国证券交易委员会和行业自律组织全程监管美国上市公司的退市过程，允许投资者通过威慑力巨大的证券集团诉讼寻求司法救济。英国投资者若对退市处置有异议，可以在限定时间内向法院或金融服务管理局申诉。此外，美国的集体诉讼制度和中国香港的准司法保护也有力地维护了投资者合法权益。

表 1　国际主要证券交易所退市制度比较

退市制度		纽约证交所	伦敦证交所	东京证交所	中国港交所	中国上交所
退市标准	自愿退市	• 并购； • 私有化； • 自愿清算	• 上市公司完成反向收购； • 清偿结算或停止营业； • 交易所依据上市规则认为该有价证券不再适宜继续交易	• 有银行书面证明其交易停止的上市公司； • 吸收合并； • 完全成为子公司或子公司化	• 经股东大会表决同意转往其他受认可的公开证券交易所上市； • 经过股东大会同意撤回上市地位； • 发行人被全面要约收购或私有化	• 吸收合并； • 私有化
	强制退市	• 是否拥有活跃的交易； • 是否具备持续经营能力； • 是否满足合规性要求	• 财务类状况； • 资产收入情况； • 纳税状况； • 重大违法状况	• 股份的分布状况； • 市价总额、净资产标准及持续经营能力； • 合规经营要求	• 公众持股数量； • 财务指标中的资产负债比； • 发行人能否履行持续责任	• 财务类标准； • 交易类标准； • 信息披露类标准； • 重大违法类标准； • 破产解散类标准

① 四家证券交易所分别是纽约证券交易所、伦敦证券交易所、东京证券交易所和香港证券交易所。

续表

退市制度		纽约证交所	伦敦证交所	东京证交所	中国港交所	中国上交所
退市流程	发起强制退市机构和终裁机构	纽交所董事委员会	伦敦证交所	东京证交所	中国港交所	中国上交所
	是否有退市警示	有	有	无	无	有
	是否支持发行人整改/补救	是	是	是	是	是
	是否支持降板	OTC 及粉单市场	OTC	中小板	无	新三板
退市配套机制		投资者保护权益法案：《证券法》《萨班斯—奥克斯利法案》《华尔街改革和个人消费者保护法案》 投资者保护机构：美国证券交易委员会（SEC）、美国金融业监管局（FINRA）以及证券投资者保护公司（SIPC）	《金融服务与市场法》明确上市公司退市标准、退市程序和退市情形，同时规定证交所及时公告声明，警示投资者注意投资风险	为了保护中小投资者权益，退市规则中提到 5 年没有发放股息也列入必须退市的情形	事前防范：颁布《证券及期货条例》《公司条例》 事中监管：《交易规则》 事后保护：设立了金融纠纷调解中心，以调节金钱纠纷、设立市场失当行为审裁处	2018 年 11 月 16 日，上海证券交易所发布《上市公司重大违法强制退市实施办法》，深化违法认定情形，提高交易所退市效率，再上市标准从严化

三、我国 A 股退市制度存在的问题及影响

（一）退市损害多方利益，退市程序难以严格执行

一是由于信誉受损、融资渠道收窄，上市公司退市后易出现流动性紧张等问题，严重时甚至会导致企业破产。二是地方政府受制于“证券化率”等指标考核，倾向于对困难上市公司开展无差别救助，协助企业“保壳”。三是上市公司退市可能会导致中小投资者的投资受损，引发群体性事件。

（二）缺少做空机制，市场无法自行优胜劣汰

通过做空挤出泡沫也是价值投资，但由于缺乏有效的做空机制，A 股出现了康得新、乐视网和康美药业等公司肆意造假，甚至混入指数权重股的怪象。

（三）退市规则仍不完善，为规避退市操作留有空间

一方面，A 股现行退市规则①已将出险公司退市缓冲期从 4 年减少至 2 年，且增加了营业收入和净利润需满足的最低标准，大大强化了退市约束。但短期内，新规仍给 A 股上市公司通过

① 上市公司连续两年亏损即终止上市，并新增扣非前后净利润为负且营业收入低于人民币 1 亿元的组合财务指标，同时对实施退市风险警示后的下一年度财务指标进行交叉适用。

非公允价值收购、调整商誉等行为调整利润规避退市留有空间。据统计，近十年间，A 股共有 931 次退市风险警示（股票特别处理）和 684 次撤销操作，部分上市公司已习惯于通过调整利润逃避退市。另一方面，现行退市规则虽提高了公司退市需满足的交易类指标限额①，但从实际情况看，相关指标的市场平均水平仍高于退市标准，交易类退市指标的约束力度仍待进一步加强。

表 2　2020 年 A 股市场交易类退市指标总体情况

指标类型	日均成交量（万股）	最低收盘价（元）	日均收盘总市值（亿元）	公众持股比例（%）	股东户数（户）
全部样本中位数	920.99	8	57.39	65.52	29829
排位最后 25% 平均值	251.35	3.1	24.09	40.91	11089
排位最后 100 只股票平均值	90.5	1.27	13.55	25.27	4982
主板、中小板市场退市标准	4.17	1	3	25	2000
创业板市场退市标准	1.67	1	3	25	200

数据来源：根据 Wind 金融终端统计，全部样本为 2020 年及以前上市的 4130 家 A 股上市公司。其中，排位最后 25% 平均值是指在相应指标中排在最后 25% 范围内的股票数据平均值；排位最后 100 只股票平均值，是指在相应指标中排在最后 100 位的股票数据平均值。

（四）投机行为盛行，投资者保护相对不足

一是许多面临退市的股票依靠概念炒作吸引散户跟风，存在风险隐患。二是目前先行赔付制度只是一项自愿性制度安排，并非强制性义务，先行赔付主体的主动性和积极性有待加强。三是对上市公司因强制退市所造成的经济损失，投资者不能获得赔偿，另外诉讼救济成本过高，中小投资者诉讼救济渠道狭窄，维权难度较大。

四、政策建议

（一）加快多层次资本市场建设，完善市场出清机制

新三板的扩容铺就了退市公司的"缓冲地带"，建议进一步推动新三板市场改革力度，引入社保、保险等长期资金入市，探索在精选层建立做市商制度，改善市场流动性。同时逐步放开对做空机制的股票范围、种类、做空交易的规模以及保证金比例的限制，不断完善做空机制。

（二）加大退市监管执行力度，优化退市监管体系

强化对退市警示上市公司的日常监管，严格审核其出售资产、并购重组等事项，严厉打击内幕交易、操纵市场等行为，提高市场透明度。此外，完善重大违法行为认定，明确欺诈发行、重大信息披露违法的标准，划清强制退市红线，增强退市标准的约束力。

---

①　根据现行 A 股退市标准，如果一家上市公司连续 120 个交易日累计股票成交量低于 500 万股（中小板上市公司连续 120 个交易日累计股票成交量低于 300 万股，创业板上市公司连续 120 个交易日累计股票成交量低于 100 万股），或者连续 20 个交易日每日股票收盘价均低于人民币 1 元，连续 20 个交易日每日收盘总市值均低于人民币 3 亿元，该公司应当退市；如果上市公司公众持股比例低于 25%（公司股本总额超过 4 亿元的，该比例为 10%），或者股东户数少于 2000 户，该公司应当退市。

（三）健全配套制度体系，加强投资者保护力度

借鉴美国《联邦民事诉讼规则》集团诉讼中的“声明退出”制度[①]，增加集体诉讼的法律保护。同时完善先行赔付制度，明确先行赔付责任大小和标准，提高先行赔付主体的积极性，不断健全投资者保护机制。

资料来源：中国人民银行南京分行。

① 该项制度是指集团诉讼所涉及的成员，没有明确提出退出的成员视为自动加入集团成员，这样可以更好地保护中小股东的合法权益。

中国各地区
金融稳定报告摘要
（2021）

北京市金融稳定报告摘要

2020年，面对突如其来的疫情冲击和多重风险挑战，北京市坚决贯彻党中央、国务院决策部署，科学统筹推进常态化疫情防控和经济社会发展，扎实做好“六稳”工作，全面落实“六保”任务，化危为机推动经济高质量发展，保持经济平稳健康持续向好态势。金融运行保持平稳，货币信贷保持合理增长，信用风险整体可控；证券期货业总体经营稳健，直接融资规模增长；保险行业稳步发展，保险保障功能进一步增强。

一、北京市经济运行情况[①]

2020年，面对新冠肺炎疫情带来的严峻考验和复杂多变的国内外环境，北京市全年经济呈现稳步回升向好态势。产业转型升级持续推进，固定资产投资回升企稳，市场消费回暖步伐加快，对外贸易大幅下滑，房地产市场运行平稳，消费价格温和上涨，就业形势总体平稳。

（一）经济运行稳步向好，产业转型升级持续推进

2020年，北京市实现地区生产总值36102.6亿元，按可比价格计算，比上年增长1.2%。分产业看，第一、第二、第三产业分别实现增加值107.6亿元、5716.4亿元、30278.6亿元。三次产业构成比为0.3∶15.8∶83.9，与上年的0.3∶16.1∶83.6相比，第三产业比重进一步提高。农业生产结构进一步调整，都市农业逐步回暖。2020年，北京市农林牧渔业总产值263.4亿元，同比下降6.5%。随着疫情的有效防控，北京市休闲农业和乡村旅游全年实现收入25亿元，恢复至上年同期水平的66.4%，人均消费增长22.2%。工业生产有所恢复，高端产业增势良好。全年，北京市规模以上工业增加值增长2.3%，其中，高技术制造业、战略性新兴产业[②]增加值分别增长9.5%和9.2%，占GDP的比重分别为25.6%和24.8%，均比上年提高1个百分点以上。第三产业韧性增强，信息、金融行业保持领先。2020年，北京市第三产业总体保持平稳，增加值同比增长1%。信息服务和金融业是服务业恢复的主要支撑力量，分别增长14.4%和5.4%。

（二）固定资产投资回升企稳，投资结构持续优化

2020年，北京市固定资产投资（不含农户）同比增长2.2%，其中，房地产开发投资增长2.6%，基础设施投资下降12.3%。分产业看，三大产业完成投资增速分别为－22.8%、28.0%和1.0%。符合首都发展方向的行业投资较快增长，投资结构进一步优化。高技术产业、民生领域投资

① 本部分数据来源于北京市统计局。

② 高技术制造业、战略性新兴产业有交叉。

增势较好，高技术制造业投资增长 87.7%，高技术服务业投资增长 16.5%，教育、卫生等领域投资分别增长 34.9% 和 22.7%。

（三）市场消费回暖步伐加快，网上零售表现活跃

2020 年，受疫情影响，北京市消费需求下降明显，市场总消费额同比下降 6.9%。从结构看，服务性消费下降 4.9%，社会消费品零售总额下降 8.9%。其中，商品零售 12844.7 亿元，下降 7.1%；餐饮收入 871.7 亿元，下降 29.9%。分商品类别看，饮料类、通信器材类、体育娱乐用品类均实现两位数增长，分别增长 49.7%、49.2% 和 17.3%。网上零售表现活跃，限额以上批发零售业、住宿餐饮业实现网上零售额 4423.3 亿元，增长 30.1%。

（四）对外贸易大幅下滑，利用外资回升企稳

2020 年，北京地区进出口总值 23215.9 亿元，同比下降 19.1%。其中，进口 18561.0 亿元，同比下降 21.1%，原油和天然气进口“量价齐跌”是进口下降的主要原因；出口 4654.9 亿元，同比下降 10%，北京地区成品油出口占全国成品油出口的七成以上，受疫情影响，海外成品油市场需求下滑且价格大幅下跌，明显对地区出口形成拖累。2020 年，北京市实际利用外资 141 亿美元，较上年同比下降 0.8%，增速较年内最低点上升 25.7 个百分点。

（五）房地产市场运行平稳，新建商品住房成交价格符合预期

2020 年，北京市商品房销售面积为 970.9 万平方米，同比增长 3.4%。其中，住宅销售面积为 733.6 万平方米，下降 7.0%；办公楼销售面积为 73.2 万平方米，增长 37.1%；商业营业用房销售面积为 53.4 万平方米，增长 62.8%。全年新建商品住宅销售价格指数同比上涨 2.3%，二手住宅销售价格指数同比上涨 6.3%。全市房地产开发企业到位资金为 5820.9 亿元，同比增长 2.6%。其中，国内贷款为 1423.1 亿元，增长 5.7%；自筹资金为 1406.5 亿元，增长 16.7%；定金及预收款为 2450.9 亿元，下降 2.6%。

（六）消费价格温和上涨，生产价格小幅下降

2020 年，北京市居民消费价格同比上涨 1.7%，涨幅较上年下降 0.6 个百分点。食品价格上涨 6.1%，非食品价格上涨 0.9%，涨幅分别较上年下降 0.1 个、0.7 个百分点。猪肉价格延续上涨态势，食品价格涨幅保持高位。成品油价格处于低位，居民服务消费需求下降，非食品价格涨幅收窄。工业生产出厂价格和购进价格小幅下降。2020 年，北京市工业生产者出厂价格同比下降 0.9%，购进价格同比下降 0.5%，降幅较上年分别扩大 0.5 个、0.1 个百分点。汽车、电子产品等工业品消费需求疲软向生产环节传导，原油、钢铁等原材料价格低位运行，导致工业品价格整体下行。

（七）居民收入实际增速回升，就业形势总体平稳

2020 年，全市居民人均可支配收入 69434 元，同比增长 2.5%，扣除价格因素，实际增长 0.8%。四项收入“三升一降”：工资性收入增长 0.5%，转移净收入增长 9.3%，财产净收入增长 4.7%，经营净收入下降 32.4%。就业形势稳定，北京市城镇调查失业率为 4.1%。

二、北京市金融业运行状况

（一）银行业

2020 年，北京市银行业整体稳健，货币信贷保持合理增长，支持抗新冠肺炎疫情和稳增长成效显著，对重点领域支持力度进一步加大，表外业务保持合理增速，信用风险整体可控。

1. 资产负债规模稳步增长，存贷款占比保持平稳

2020 年末，北京市辖内银行业金融机构资产总额 28.62 万亿元，同比增长 9.1%；负债总额 27.34 万亿元，同比增长 9.3%。其中，各项存款占负债的 73.2%，较上年同期下降 1.0 个百分点；各项贷款占资产的 39.9%，较上年同期上升 0.6 个百分点。

2. 人民币贷款保持较快增长，有力推动经济秩序恢复

2020 年末，北京市金融机构本外币各项贷款①余额 8.4 万亿元，同比增长 9.9%，增速较上年同期提高 0.8 个百分点。其中，人民币贷款余额 8.1 万亿元，同比增长 10.4%；外币贷款余额 501.7 亿美元，同比增长 6.1%。从主体看，非金融企业级机关团体人民币贷款余额同比增长 12.5%，比上年同期提高 1.3 个百分点，占人民币贷款增加额的 87.5%，同比多增 1309.9 亿元；住户贷款平稳增长，人民币贷款余额同比增长 6.4%，较上年同期略低 0.6 个百分点。

重点领域信贷支持力度进一步增强。2020 年末，北京市金融机构普惠小微人民币贷款余额同比增长 30.4%，较各项贷款增速提高 20 个百分点。民营经济（剔除集体控股企业）本外币贷款余额同比增长 7.8%；制造业中长期人民币贷款余额同比增长 58.9%，较上年同期提高 52.5 个百分点。2020 年，累计新发放高新技术产业贷款 5580.6 亿元，同比增长 20%，惠及企业数同比增长 27%；累计新发放文化产业贷款 1577 亿元，惠及企业数同比增长 42.2%。

3. 各项存款余额平稳增长，企业存款增速大幅提升

2020 年末，北京市金融机构本外币各项存款余额 18.8 万亿元，同比增长 9.9%，较上年同期提高 1.0 个百分点。其中，人民币存款余额 18.1 万亿元，同比增长 10.2%，较上年同期提高 0.9 个百分点；外币存款余额 0.7 万亿元，同比增长 11.1%。

按主体划分，非金融企业存款余额同比增长 10.3%，为近四年同期最高值，较上年同期提高 3.5 个百分点，比年初增加 6033.9 亿元，同比多增 2319 亿元。住户部门存款余额同比增长 15.0%，比上年同期提高 0.2 个百分点，比年初增加 5579.8 亿元。非银行金融机构存款余额同比增长 12.7%，较上年同期降低 1.7 个百分点。财政性存款余额同比下降 1.4%，较上年同期降低 5.1 个百分点。机关团体存款余额同比增长 4.3%，比上年同期降低 1.2 个百分点。

4. 表外业务规模保持合理增速，影子银行业务清理有序推进

2020 年末，北京银行业表外业务（剔除托管资产）余额同比增长 6.8%，较上年同期降低 0.9 个百分点。其中，担保类业务余额同比下降 2.8%；承诺类业务余额保持较快增长，同比增长 14.8%；委托投资余额同比下降 12.6%，委托贷款余额同比增长 10.5%；法人银行非保本理财产品余额同比增长 6.3%。

---

① 存款、贷款数据来源于中国人民银行营业管理部调查统计数据，其他数据均来源于北京银保监局。

5. 不良贷款率保持全国最低水平，风险抵补能力充足

2020 年末，辖内银行业金融机构不良贷款余额 633.1 亿元，同比增长 12.3%；不良贷款率 0.55%，与年初持平，保持全国最低水平。不良贷款余额前五大行业分别是批发和零售业、制造业、租赁和商务服务业、信息传输和信息技术服务业、个人贷款。

6. 法人银行规模稳步增长，各项指标保持良好

2020 年末，北京辖内法人银行资产负债余额分别为 4.30 万亿元和 3.96 万亿元，同比分别增长 7.4% 和 7.5%。存款和贷款余额分别为 2.56 万亿元和 2.02 万亿元，同比分别增长 7.3% 和 8.5%。全年实现利润 300.53 亿元，较上年减少 6.55 亿元。不良贷款余额同比增长 17.6%，不良贷款率 1.40%，同比上升 0.1 个百分点。贷款拨备率 3.38%，同比上升 0.11 个百分点；拨备覆盖率 240.96%，同比下降 11.85 个百分点。流动性比例 67.27%，同比上升 2.18 个百分点，整体流动性较好。

7. 非银行金融机构平稳增长，不良贷款率保持较低水平

2020 年末，北京辖内非银行金融机构资产和负债余额分别为 5.08 万亿元和 4.25 万亿元，同比分别增长 12.9% 和 13.1%；全年实现利润 618.97 亿元，较上年减少 50.95 亿元；不良贷款余额合计 62.70 亿元，同比增长 8.6%，不良贷款率 0.25%，与上年持平。

（二）证券业

2020 年，证券期货行业总体经营稳健。在京法人证券公司实力显著增强，基金公司机构数量保持稳定，期货公司规模上升明显，新三板挂牌公司数量继续减少。

1. 法人证券公司实力显著增强，各项监管指标良好

2020 年末，北京辖区 17 家法人证券公司资产总额 1.32 万亿元，同比增长 28.2%；净资产 3068.74 亿元，同比增长 24.8%。平均流动性覆盖率 270.65%，净稳定资金比率 148.79%，资本杠杆率 51.8%。2020 年累计实现营业收入 653.97 亿元，同比增长 30.93%，净利润 229.60 亿元，同比增长 50.9%。

2. 基金公司机构数量保持稳定，盈利状况良好

2020 年末，总部设在北京辖区的基金管理公司共 36 家，其中法人基金管理公司 21 家，较上年增加 2 家。基金管理公司总资产 726.36 亿元，净资产 539.27 亿元，全年实现管理费收入 246.90 亿元，同比增长 41.55%，净利润 87.62 亿元，同比增长 60.36%。截至 2020 年末，基金公司管理公募基金产品 1682 只，公募基金管理规模（不含私募资管产品）3.65 万亿元。

3. 期货公司规模上升明显，期货代理交易品种稳步增长

2020 年末，北京共有法人期货公司 19 家，与上年持平；期货营业部 116 家，比年初增加 4 家。总资产 1122.01 亿元，同比增长 43.5%；净资产 172.71 亿元，同比增长 12.4%；2020 年全年营业收入 42.67 亿元，净利润 11.80 亿元，同比增长 36.1%。期货公司代理交易品种稳步增长至 93 个，代理交易额 10.87 万亿元，保证金余额 920.69 亿元。

4. 上市公司数量增加，直接融资能力有所增强

2020 年末，北京辖区共有沪深上市公司 381 家，同比增加 47 家，总市值 15.17 万亿元，同比增长 8.9%。其中，主板公司 176 家、中小板公司 60 家、创业板公司 111 家、科创板公司 34 家。2020 年，辖区各类企业利用多层次资本市场实现直接融资 1.16 万亿元，同比增长 9.9%。

5. 新三板挂牌公司数量减少，总市值居全国前列

2020 年末，北京辖区共有新三板挂牌公司 1073 家，同比减少 117 家；占全国的 13.7%，较上年同期增加 0.4 个百分点；其中精选层企业 7 家，占全国的 18.3%。总股本 948.61 亿股，总市值 3635.67 亿元。挂牌公司数量、总市值、精选层公司数量、创新层公司数量排名全国第一。

（三）保险业

2020 年，北京地区保险业[①]实现原保险保费收入（以下简称“保费收入”）2302.91 亿元，同比增长 10.91%；累计赔付支出 751 亿元，较上年增长 4.5%；保险深度 6.38%，较上年提高 0.51 个百分点；保险密度 10693.7 元/人，较上年提高 10.93%。截至 2020 年末，在京注册的法人人身险公司 31 家，法人财产险公司 14 家，保险分公司 112 家。

1. 财产险公司保费收入放缓，业务质量持续向好

受新冠肺炎疫情和车险综合改革影响，财产险公司保费收入增速整体放缓。2020 年，财产险公司实现保费收入 523 亿元，同比增长 2.15%；累计赔款支出 289 亿元，与上年持平。财产险公司非车险业务 271.50 亿元，增速 11.20%，高于车险增速 17.39 个百分点，业务占比 51.90%，同比上升 4.25 个百分点。

2. 人身险公司保费收入稳步增长，回归本源趋势显著

人身险公司实现保费收入 1780 亿元，同比增长 13.81%；赔付支出 462 亿元，同比增长 7.44%。人身险公司寿险业务新单期交率 58.14%，高于全国 6.41 个百分点；10 年期及以上长期期交业务占比 30.28%，同比上升 2.57 个百分点。

3. 法人保险公司偿付能力充足，超半数机构高于 200%

截至 2020 年末，辖内 45 家法人保险公司中，40 家法人保险公司综合偿付能力充足率均满足 100% 的监管要求。其中，综合偿付能力充足率大于 150% 的保险公司有 39 家，占全部法人保险公司的 86.7%；综合偿付能力充足率大于 200% 的保险公司有 24 家，占全部保险公司的 53.3%。

4. 保险保障能力不断提升，有效履行社会职责

辖内保险业累计承担风险保障 730.69 万亿元，同比增长 108.06%，其中，责任险和健康险保险金额增速高达 1844.74% 和 76.47%；寿险和长期健康险为人民群众未来的养老和健康积累准备金 7507.46 亿元，同比增长 16.06%。向新冠肺炎疫情一线医护人员及家属赠送的意外险、医疗险等专项保险产品累计保额近 4000 亿元。

（四）金融市场

1. 社会融资规模扩大，结构持续优化

2020 年，北京地区社会融资规模增加 1.66 万亿元，同比多增 2029.9 亿元。其中，对实体经济发放的人民币贷款新增 7913.4 亿元，占地区社会融资规模增量的 47.6%；企业债券净融资 6063.3 亿元，占地区社会融资规模增量的 36.5%；境内股票融资 1304.2 亿元，占地区社会融资规模增量的 7.8%；地方政府债券净融资 1676.1 亿元，同比多 667.1 亿元；委托贷款、信托贷款和未贴现的银行承兑汇票共减少 2502.8 亿元。

---

① 数据来源于北京银保监局。

2. 货币市场交易以隔夜交易为主，大型商业银行和政策性银行是主要的资金供给方

2020 年，北京市同业拆借市场累计成交 121.52 万亿元，同比下降 9.09%，占全国交易量的 41.29%；净拆出 27.51 万亿元，同比下降 1.36%。分机构看，2020 年，大型商业银行、政策性制银行是拆借资金的主要供给方，净拆出资金 37.98 万亿元，是总净拆出资金的 1.38 倍；城市商业银行、财务公司净拆入资金增长幅度较大，分别净拆入 6.30 万亿元、5.95 万亿元，同比分别增长 58.78%、58.72%。市场交易以短期为主，隔夜拆借成交 110.07 万亿元，占全部拆借成交量的 90.58%。债券回购成交 612.33 万亿元，同比增长 16.02%，占全国交易量的 31.90%，其中，质押式回购成交 611.02 万亿元，占全部回购交易的 99.79%。

3. 债券市场交易量有所下降，到期收益率全线下行

2020 年，北京市金融机构现券买卖成交 65.74 万亿元，同比下降 11.98%，现券买卖成交量占全国交易量的 14.12%；现券净买入 4874.04 亿元，较上年同期下降 50.27%。债券到期收益率全线下行。2020 年，债券平均到期收益率 2.94%，同比下降 32.69 个基点。成交量较大的政策性金融债、同业存单、国债加权平均到期收益率分别为 2.97%、2.47%、2.60%，同比分别下降 35.42 个、49.81 个、25.29 个基点。市属企业在银行间市场发展融资稳步推进，2020 年，北京市市属企业在银行间市场发行债券 335 只，募集资金 4265 亿元，同比分别上升 27.9%、33.1%。

4. 外汇市场结售汇交易下降，外币对交易增长

2020 年，北京地区外汇市场结售汇交易合计成交折合 23.36 万亿美元，同比下降 2.49%。其中，售汇降幅较大，售汇累计成交折合 11.37 万亿美元，同比下降 3.12%。按交易品种划分，外汇掉期交易占比最大，累计成交折合 14.92 万亿美元，占 63.87%。外币对交易大幅增长。2020 年，北京地区外币对累计成交折合 7979.57 亿美元，同比增长 93.5%。外币对交易相对集中的欧元/美元、美元/港元、美元/日元交易，同比分别增长 89.75%、75.28%、89.77%。

（五）金融基础设施

1. 支付清算服务系统水平持续提高，金融为民不断深入

全国首批开展本外币合一银行结算账户体系试点。远程开立企业单位银行结算账户试点“全国唯一”。扎实推进北京冬奥会支付服务筹备工作。全国首个基于区块链技术的“通银”支付平台正式落地京津冀，率先出台优化企业开户服务措施，率先实现减免企业首个基本存款账户开户费，率先联合发文扫除破产管理人、强制清算组账户业务办理障碍，率先提升银行卡线上缴税限额至 100 万元。

2. 征信服务便民水平进一步提升，金融业综合统计高效推进

打造“信用北京查”服务品牌，率先完成企业和个人“二合一”自助查询升级。搭建全国首个线上征信维权调解平台，完成全国首笔疫情异议。金融基础数据统计制度扎实落地，地方金融组织统计制度落地工作准备就绪。全面加强数据治理，全方位支持国家金融基础数据库建设。

3. 消费者权益保护力度加大，金融知识普及力度增强

在全国首次构建“多元调解 + 司法速裁”一站式金融纠纷多元化解机制，调解成功率达 97.6%。上线全国首个“金融消费者投诉数据可视化”平台，创新金融广告治理新模式。创新编排“金融公开课”系列课程，多维打造普及金融知识宣教品牌。

4. 金融科技高效赋能，推进金融科技基础设施建设

率先开展金融科技创新监管试点，北京试点数量最多、场景应用广泛，持续领跑 9 个试点省份。

稳步推进“创信融”等大数据建设，积极推进平台可视化和应用场景建设。参与金融标准化“十四五”规划编写，助力总行金融标准化研究院建设工作。

三、需要关注的问题和政策建议

（一）需要关注的问题

1. 银行业信用风险持续承压，中小金融机构风险值得关注

2020年末，北京市银行业不良贷款率0.55%，与年初持平，保持全国最低水平。但是，疫情变化和外部环境存在诸多不确定性，经济恢复基础尚不牢固，银行业资产质量存在劣变趋势。部分中小金融机构资本实力不强，风险管控能力不高，处置不良资产手段不多，潜在信用风险需要高度关注。

2. 债券市场违约风险上升，个别发行企业偿付压力较大

2020年，北京地区共有59只债券发生实质违约，较上年增加34只；违约债券总额775.9亿元，同比增长137.1%。随着债券市场逐渐回归价值理性，企业信用处于重塑阶段，个别发行企业到期债务规模较大，需要高度关注兑付风险和交易价格异动风险。

3. 保险公司资金配置值得关注，部分保险公司赔付金融较大

截至2020年末，北京地区6家保险公司发生资金运用损失，主要原因是信托计划项目违约和持仓债券违约，保险公司资金配置风险值得关注。受疫情、自然灾害等因素影响，个别人身险公司和财产险公司发生重大赔付支出。

（二）政策建议

1. 聚焦首都经济发展重点领域，在高质量发展中防范化解金融风险

围绕首都“四个中心”功能建设，加快健全科创金融、绿色金融和文化金融政策体系，大力支持制造业高质量发展，构建金融有效支持实体经济体制机制，继续推动金融支持稳企业保就业工作，在推动高质量发展中防范化解风险。

2. 提升金融治理能力，不断健全防范化解金融风险长效机制

进一步加强风险排查，持续研判新冠肺炎疫情下金融风险边际变化，积极做好存量和增量风险监测、预警和应对。稳妥有序推进风险应对，建立常态化风险处置机制，明确风险处置优先顺序，抓好存量风险化解收尾工作，做好重大风险处置工作。

3. 构建更加紧密的监管协作机制，优化区域金融生态环境

进一步发挥好金融委办公室地方协调机制作用，加强中央和地方在金融监管、风险处置、信息共享和消费者权益保护等方面的协作，更好地服务实体经济、防范金融风险、深化金融改革。

中国人民银行营业管理部金融稳定分析小组

组　　长：杨伟中
副 组 长：姚　力
成　　员：周军明　贾淑梅　余　剑　周　丹　李海辉　张涵宇
　　　　　秦　瑜　樊武星

《北京市金融稳定报告（2021）》编写组

总　　　　纂：姚　力

统　　　　稿：周军明　贾淑梅　梁珊珊

执　　　　笔：张　萍　赵伟欣　张　岩　武士杰

参与写作人员：周林燊　朱　静　惠争勤　潘　铭　薛宇博　王　丽

天津市金融稳定报告摘要

2020年，面对新冠肺炎疫情的巨大冲击和复杂严峻的国内外环境，天津市坚持稳中求进工作总基调，贯彻新发展理念，科学统筹疫情防控和经济社会发展，扎实做好“六稳”工作，全面落实“六保”任务，全市经济加速恢复。金融服务实体经济水平有所提升，防范化解重大风险攻坚战持续深化，债务风险化解稳步推进。与此同时，天津经济发展中存在一些长期性、体制性、结构性问题，实现高质量发展还有一些短板弱项，加之疫情的冲击，部分企业债务违约风险加大，可能传导至金融体系，金融领域面临的困难和风险较多。

一、经济运行情况

2020年，天津市地区生产总值14083.73亿元，按可比价格计算，同比增长1.5%。其中，第一产业增加值210.18亿元，下降0.6%；第二产业增加值4804.08亿元，增长1.6%；第三产业增加值9069.47亿元，增长1.4%。

（一）产业结构调整优化

农业生产保持稳定，全年粮食作物播种面积525.3万亩，增长3.2%，粮食总产量228.2万吨，增长2.2%，连续5年稳定在200万吨以上。粮食总产量再创历史新高，粮食安全得到巩固。工业生产不断加快，规模以上工业增加值5月当月速度转正，前三季度累计速度转正且此后增速逐月加快，全年同比增长1.6%。39个行业大类增长面接近50%，尤其是制造业表现出较强的支撑动力，当月增加值连续7个月增长，全年增长1.5%，占比达到72.9%，比上年提高5.2个百分点。服务业生产持续改善，服务业增加值占全市生产总值的比重为64.4%，比上年提高0.9个百分点。疫情催生了新型商业模式，与互联网、软件和信息技术相关的新兴服务业发展势头良好，高技术服务业和战略性新兴服务业营业收入增速快于规模以上服务业平均水平。

（二）动能转换持续推进

全年固定资产投资（不含农户）增长3.0%。分领域看，制造业投资速度由负转正，增长0.6%；基础设施投资增长20.0%；房地产开发投资下降4.4%。从发展动力看，新动能引领作用凸显。新动能投入不断加大，全年全市高技术产业在建项目370个，增长11.8%，投资增长14.0%；智能制造在建项目246个，投资增长22.9%，占制造业投资的比重为37.3%，比上年提高6.8个百分点，其中完成投资超亿元智能制造项目达到39个。新产业发展持续向好，全年全市高技术产业（制造业）增加值增长4.6%，快于规模以上工业3.0个百分点，比上年加快1.5个百分点；工业战略性新兴产业增加值增长 4.4%，快于规模以上工业 2.8 个百分点，比上年加快 0.8 个百分点。

（三）国计民生进一步改善

就业形势总体稳定，2020 年天津市出台实施“稳就业 32 条”“强化稳就业举措 76 条”等一系列助企稳岗措施，全年新增就业 37.09 万人。居民收入加速增长，全年全市居民人均可支配收入 43854.09 元，增长 3.4%。其中，城镇居民人均可支配收入 47658.50 元，增长 3.3%；农村居民人均可支配收入 25690.63 元，增长 3.6%。物价水平温和上涨，全年全市居民消费价格上涨 2.0%，涨幅比上年回落 0.7 个百分点。民生保障投入增加，全年教育、卫生和社会工作、文化体育和娱乐、公共管理社会保障和社会组织等社会领域投资增长 12.8%。生态环境持续改善，全年生态保护和环境治理业投资增长 2.1 倍，PM2.5 平均浓度同比下降 5.9%。

二、金融运行情况

2020 年，天津市金融运行总体稳健，金融让利实体经济成效明显。银行业资产负债、存贷款规模稳步增长，风险抵补能力持续增强。证券业、保险业服务实体经济水平进一步提升。全年全市社会融资规模达到 4508.11 亿元，同比增加 1641.74 亿元，有力支撑经济增长。

（一）银行业运行稳健

1. 资产负债规模平稳增长。近 5 年来，天津市银行业金融机构资产负债增速在经历了 2016—2018 年的阶段性下降后，逐步企稳回升。2020 年末，资产总额 54217.98 亿元，同比增长 6.37%，增速较上年同期提高 3.27 个百分点；负债总额 51661.47 亿元，同比增长 6.21%，增速较上年同期提高 3.02 个百分点。

2. 存款增长主要依靠住户存款拉动。2020 年末，全市银行业金融机构各项存款余额 34145.00 亿元，比年初增加 2356.22 亿元，增量为上年同期的 2.96 倍，同比增长 7.41%，增速较上年同期提高 4.81 个百分点。分项目看，非金融企业存款实现正增长，2020 年末，非金融企业存款余额 13493.51 亿元，同比增长 1.75%，增速较上年同期提高 6.59 个百分点。住户存款是各项存款增加的主要来源，2020 年末，住户存款余额 15067.45 亿元，比年初增加 2228.71 亿元，占各项存款增量的 94.59%。

3. 贷款对经济恢复增长支撑作用明显。2020 年末，银行业金融机构各项贷款余额 38859.42 亿元，同比增长 7.52%，增速较上年提高 1.49 个百分点。其中，住户贷款余额 10506.84 亿元，同比增长 11.29%；企（事）业单位贷款余额 28002.49 亿元，同比增长 6.39%。普惠小微贷款保持较快增长。2020 年末，普惠小微企业贷款余额 2009.66 亿元，同比增长 45.5%。

4. 不良贷款余额、不良贷款率“双升”。受部分国企债务风险加剧、不良贷款清收处置难度增加等因素的叠加影响，全市银行业金融机构资产质量有所下降。2020 年末，不良贷款余额 1241.96 亿元，比年初增加 359.63 亿元；不良贷款率 3.04%，比年初上升 0.76 个百分点。为增强抵御风险能力，银行业加大拨备计提力度，2020 年末，贷款损失准备余额 1908.88 亿元，比年初增加 389.52 亿元。

5. 资本充足水平稳中有升。信贷加速扩张、资产质量下行导致银行业资本补充压力不断增大，法人金融机构积极推进重点领域改革，采取多种渠道补充资本。2020 年末，中小法人银行业金融机构资本净额 2793.89 亿元，比年初增加 95.44 亿元；资本充足率 15.40%，比年初上升 0.18 个百分点。其中，核心一级资本净额 2396.63 亿元，比年初增加 145.57 亿元；核心一级资本充足率 13.21%，比年初上升 0.51 个百分点。

（二）证券业平稳发展

1. 证券公司资产规模和盈利水平稳步增长。2020 年末，天津市共有证券公司 1 家，较上年无变化；证券分公司 35 家，较上年增加 2 家；证券营业部 150 家，较上年减少 3 家。其中，证券营业部资产总额 237.58 亿元，同比增长 37.81%；净资产 14.63 亿元，同比增长 12.45%；实现净利润 0.09 亿元，同比增长 28.57%。客户交易结算资金余额 209.37 亿元，同比增长 44.5%；指定与托管市值 5114.26 亿元，同比增长 56.24%；资金账户 391.3 万户，同比增长 11.79%。

2. 基金公司管理规模持续增长。2020 年末，全市共有基金管理公司 1 家，与上年相同。管理基金 93 只，同比增加 31 只；基金份额 14256.27 亿份，同比增长 11.46%；基金净值 14475.78 亿元，同比增长 12.86%。

3. 期货公司代理交易规模增长较快。2020 年末，全市共有期货公司 6 家，较上年无变化；期货分公司 5 家，比上年增加 1 家；期货营业部 28 家，较上年减少 2 家。其中，期货公司资产合计 201.99 亿元，同比增长 47.23%；净资产总额 31.26 亿元，同比增长 27.59%。全年代理交易额 96933.39 亿元，同比增长 31.49%；代理交易量 15392.15 万手，同比增长 28.94%。

4. 上市公司盈利水平有所下降。2020 年末，全市共有上市公司 60 家，比上年增加 6 家；新三板挂牌公司 148 家，比上年减少 14 家；拟上市公司 27 家，比上年增加 6 家。其中，上市公司总股本 883.68 亿股，同比增长 11.74%；总市值 9230.87 亿元，同比增长 28.06%；流通市值 6492.93 亿元，同比增长 44.38%；流通市值占总市值的比例为 70.34%，同比提高 7.95 个百分点。全年实现主营业务收入 5795.35 亿元，同比增长 72.45%；实现净利润 226.13 亿元，同比下降 1.9%。

（三）保险业服务实体经济水平进一步提升

1. 保险公司资产增速加快。2020 年末，天津市共有 7 家法人保险公司，比上年增加 1 家；70 家省级分公司，比上年增加 1 家。保险公司在天津分支机构资产总额 1762.97 亿元，同比增长 13.85%，较上年提高 3.47 个百分点。其中，财产险公司资产总额 142.26 亿元，同比增长 8.45%，较上年提高 2.92 个百分点；人身险公司资产总额 1620.71 亿元，同比增长 14.34%，较上年提高 3.49 个百分点。

2. 保费收入增长平稳。全年全市保险公司共实现保费收入 672.09 亿元，同比增长 8.77%。其中，财产险保费收入 164.26 亿元，同比增长 7.93%；人身险保费收入 507.83 亿元，同比增长 9.05%。2020 年末财产险公司非车险保费收入占比 38.04%，同比提高 3.89 个百分点，占比逐年上升。人身险公司普通寿险保费收入占比 36.74%，同比提高 3.74 个百分点。

3. 盈利能力差别较大。2020 年末，财产险保费收入增长率同比提高 2.57 个百分点，赔款和给付支出增长率同比提高 6.85 个百分点，全年实现利润总额 10.57 亿元，净利润 10.03 亿元，扭转了上年亏损的局面。人身险保费收入增长率同比下降3.02个百分点，赔款和给付支出增长率同比提高13.01个百分点，全年亏损92.55亿元，同比多亏损17.15亿元。

4. 法人保险公司资产配置风险偏好下降。2020年末，法人保险公司保险资金运用余额8147.07亿元，同比增长24.63%，比上年提高10.35个百分点。从资金运用结构来看，股票投资和未上市公司股权投资占比下降明显，银行存款和债权投资占比有所上升。

（四）金融市场运行平稳

1. 货币市场拆借资金集中度有所下降。全年全市银行间同业拆借市场累计完成信用拆借17872.36亿元，同比下降46.78%；净融入资金10771.42亿元，同比增长42.48%。市场交易仍以短期为主，隔夜和7天拆借占全部拆借成交金额的82.18%，7天以内的回购产品占全部回购交易额的72.44%。资金集中度有所下降，拆借金额前4位金融机构占全市总量的72.91%，同比下降5.23个百分点。

2. 银行间债券市场收益率走低。全年全市企业在银行间债券市场发行规模2352.50亿元，同比增长34.61%。全品种加权平均发行利率为4.39%，同比下降24个基点。创新产品运用持续拓宽，先后实现全国首单民企支持工具增信的公募疫情防控债券、全国首单民营融资租赁公司疫情防控债券和全国首单城商行创设的疫情防控信用风险缓释凭证等多项创新产品的成功发行。全年全市现券买卖收益率呈下降趋势，现券买入收益率和卖出收益率分别为2.73%、2.70%，同比分别下降0.44个、0.48个百分点。

3. 票据市场贴现、再贴现业务较快增长。2020年末，全市银行承兑汇票余额2561.42亿元，同比下降16.33%。贴现及买断式转贴现余额1417.22亿元，同比增长8.77%，较年初增加114.23亿元。再贴现余额83.04亿元，同比增长62.86%，全年累计发生额214.64亿元，同比增长82.72%。

4. 跨境收支继续呈现“经常逆差、资本顺差”的格局。全年全市跨境收支总量① 1384.91亿美元，同比增长5.67%。其中跨境收入606.23亿美元，同比增长1.72%；跨境支出778.68亿美元，同比增长8.91%。跨境收支逆差172.45亿美元，同比扩大44.89%，其中经常项目逆差221.47亿美元，同比扩大33.67%；资本项目顺差49.02亿美元，同比扩大5.06%。

三、经济金融运行中需要关注的方面

2020年初，新冠肺炎疫情暴发对天津经济形成较严重冲击，第一季度经济增速下行幅度在全国仅次于湖北省。从第二季度开始，随着复工复产复商复市的加快推进，积极变化不断累积，经济运行逐步企稳回升。总体来看，全市经济逐季加速恢复，但恢复程度慢于全国，经济复苏呈现不均衡特征；金融业对经济增长的支持作用明显，但疫情影响下金融机构面临新的风险和挑战。

（一）主要指标增速仍慢于全国

全年全市规模以上工业增加值增速低于全国1.2个百分点，社会消费品零售总额降幅高于全国11.2个百分点，外贸出口总额增速慢于全国2.1个百分点，一般公共预算收入降幅高于全国6.3个

① 数据来源：国际收支统计分析子系统。

百分点。2020 年，全市规模以上服务业营业收入增速低于全国 9.2 个百分点；规模以上工业企业利润同比下降 24.7%，与全国增长 4.1% 相比差距较大。营业收入利润率为 5.35%，低于全国 0.75 个百分点。石化产业和冶金产业利润下降明显，石油和天然气开采业利润下降 54.2%，石油、煤炭及其他燃料加工业下降 2.5 倍，黑色金属冶炼和压延加工业下降 58.1%。

（二）规模以下企业受疫情影响突出

规模以下企业由于规模偏小，在抗冲击、防风险方面较为脆弱，生产恢复较为缓慢。从工业生产看，全年规模以下工业增加值速度慢于规模以上工业 4.8 个百分点；从流通市场看，全年限额以下销售额速度慢于限额以上销售额速度 21.5 个百分点。2020 年 10 月底最新规模以下企业生产经营和景气情况调查结果显示，仅 1/4 的企业达到正常生产经营水平的 80% 以上。

（三）消费品市场持续低迷

全年全市社会消费品零售总额下降 15.1%，其中限额以上社会消费品零售总额下降 12.9%。限额以上汽车类零售额和石油制品类合计在全市限上零售额中占比超过四成，这两类商品分别下降 11.9% 和 20.1%；网络消费等新兴业态在经过前些年高速增长后出现疲软，支撑力不足，全年限额以上商品网上零售额下降 2.2%；实体零售场所受疫情影响较大，家用电器和音像器材类零售额下降 36.1%，服装、鞋帽和针纺织品类零售额下降 11.8%。

（四）银行业金融机构潜在风险进一步加大

疫情对银行业经营和风险管控形成了较大的考验。金融机构虽已通过贷款展期、续贷、免息等方式对流动性遇到暂时困难的企业给予了延期还本付息安排，但不良贷款余额、不良贷款率仍呈上升态势。随着应对疫情政策的逐步退出，一些企业行业风险可能进一步暴露。特别是中小金融机构抗风险能力较低，资本金不足，在近年来国有大型银行和股份制银行向小微和普惠金融业务转型和下沉的情况下，生存空间受到挤压，经营压力持续加大，具有一定的风险隐患。

（五）证券业机构风险防控能力尚需加强

全年部分证券机构风控指标波动较大；期货公司整体盈利水平有所下降；基金管理公司个别货币基金产品规模逐步下降，需要持续关注流动性情况。部分上市公司盈利能力下降，60 家上市公司中，有 7 家公司出现亏损，超过 40% 的公司利润同比下降。

（六）部分保险公司可持续发展能力不足

车险综合改革直接带来财产险公司单均保费走低，商业车险责任范围扩大，商业车险赔付率可能提高，车险市场竞争将进一步加剧。从投保行为看，由于车险产品简洁化、价格更加透明，消费者的比价行为将更为普遍，增加了保险公司续保留存难度，中小财产险公司经营压力加大。人身险公司保费收入来源主要依靠个人代理和银邮代理渠道，二者合计贡献了人身险公司保费收入的 89.13%。销售渠道较为集中，虽然有利于市场快速扩张，但降低了对保险产品销售的控制能力和信息反馈的清晰度，不利于长远发展。

四、维护区域金融稳定的重要举措

（一）全力落实金融支持稳企业保就业任务要求

1. 快速响应强化组织谋划，推动部署落实。围绕党中央、国务院决策部署，结合天津实际，深入研究部署具体工作，提出“一摸、二抓、三协调、四调研监测”的工作思路，召开全市金融机构工作部署会、推动会，指导督促各金融机构不等不靠，全面有序开展各项工作。制订出台《天津市金融支持稳企业保就业工作方案》，建立5项工作机制，提出11项措施，确保各项任务目标得到有效贯彻落实。

2. 搭建机制深化协作，形成工作合力。充分整合调动各有关部门力量，营造“几家抬”良好氛围，加大金融支持稳企业保就业工作落实推动力度。依托金融委办公室地方协调机制（天津），搭建12家单位的协作机制，做好重点企业名单筛选以及财税奖补等数据信息交流，研究支持措施、出台政策文件，形成工作合力。密切关注金融机构工作推进和企业政策享用情况，部署开展“金融支持稳企业保就业疏通堵点难点专项行动”，协调推动相关部门解决政策传导中遇到的困难问题，合力促进金融支持政策充分落地落实。

3. 分类施策精准发力，深化银企对接。丰富银企对接形式，提升对接质效，大幅提高市场主体融资覆盖面和需求满足率。一是面向广大中小微企业，实现科技赋能，搭建“津e融”线上政银企对接平台，提升普惠小微企业融资的便利性、成功率。2020年末，帮助已建立数据模型的4817户小微企业获得信用贷款2.41亿元。二是聚焦重点行业企业和重点群体，加强沟通协作，健全政银企对接机制。建立部门间企业名单筛选推送机制，最大限度地帮助企业获得信贷支持。全年重点名单企业对接成功率91.72%，提供贷款支持858.75亿元，促进稳定就业岗位34.97万个。三是围绕重点机构重点企业，开展点对点督导帮扶。将大型地方法人银行作为政策落实的“压舱石”，督促其充分发挥两项创设工具落地的引领带动作用。3—12月，3家大型地方法人银行合计发放普惠小微信用贷款490.45亿元。

4. 多方联动完善配套，优化融资环境。一是推动政府信息共享，提供增信支持。推动税务、市场监管等部门与银行共享企业纳税、注册登记等信用信息；将企事业单位欠缴电费等非银行信息纳入金融信用信息基础数据库。二是加强财税奖补力度，建立风险补偿机制。开展财政支持深化民营和小微企业金融服务综合改革试点区绩效评价，已有部分区政府设立基金用于民营小微企业贷款风险补偿。三是实现融资担保降费，降低贷款成本。2020年末，政府性融资担保公司的小微企业融资担保费率已低于1%。四是健全发债增信机制，支持企业发债。推动天津市首家信用增进机构成立运营，为全市企业在银行间市场融资提供增信支持，帮助民营企业发债融资。

（二）坚决打好防范化解重大金融风险攻坚战

1. 进一步完善风险监测、评估及处置机制。通过完善监测、评估评级、压力测试和现场检查核查等一系列举措，多维度掌握金融机构特别是中小银行的真实经营状况和风险水平，实现风险防控“全覆盖”。及时分类处理重大事项报告，做到风险的早发现、早报告、早处置；完善大型有问题企业风险排查机制，防范企业债务风险向区域金融风险演化。制定金融机构挤兑事件风险处置预案标准规范和银行业金融机构异常集中取款事件处置操作指引，明确风险事件的组织体系和职责分工，细化处置流程，压实地方法人银行主体责任，全面提升风险防范水平。

2. 稳妥做好重点领域风险化解工作。一是有序处置高风险金融机构风险。密切关注高风险机构经营发展变化，加强日常监测分析，多措并举摸清机构风险底数；压实各方责任，加强沟通协调，督促机构积极改善内部管理，化解存量风险。二是推进国有大型企业债务处置。做好物产集团债务风险化解相关工作，有效防范风险外溢。督促各债权人将渤钢集团司法重组方案、钢管集团协议重组方案落实、落地。三是稳妥做好“明天系”有关机构接管工作。持续跟踪监测接管工作进展，全面摸排相关机构与被接管机构的业务往来及相关风险情况，要求金融机构做好风险预案，切实防范处置风险的次生风险。四是有效化解互金专项整治领域风险。2020 年末，136 家 P2P 网贷机构中已分类化解 135 家，1 家正在向网络小贷公司转型；79 家资管跨界类机构全部完成处置，机构退出率 100%，存量余额“归零”；完成 20 家网络炒汇平台的清理整治。

（三）充分发挥金融基础设施建设的保障作用

1. 支付结算体系进一步完善，服务水平持续提升。一是支付清算系统安全稳定运行，全年全市各类支付清算系统共处理人民币业务 140.30 万亿元，同比增长 3.8%，支付清算系统覆盖率达 83.56%。二是优化支付服务环境，在全国率先实现“云闪付” App 社保缴费功能应用；打造“小二生活”平台，创新利用聚合支付数据破解小微商户信用首贷难题；开展票据电子化“通银”项目试点，运用区块链技术解决移动支付端无对公产品的空白。三是严厉打击电信网络诈骗及跨境赌博违法犯罪行为，开展“断卡”行动，以斩断涉赌涉诈资金链为核心，构建各项工作机制，加强信息共享，深入开展风险排查，压实银行主体责任。

2. 征信基础设施建设日趋完善，征信体系建设取得新进展。一是持续推进征信系统的建设与应用，2020 年末全市金融信用信息基础数据库收录的企业法人数达到 89.31 万户，57 个网点布放 73 台个人信用报告自助查询机。二是推动地方征信平台建设，促进小微商户融资，2020 年末地方征信平台已入驻小微商户 9.45 万家，其中 1.07 万家小微商户已获得银行发放的信用贷款。三是推广应用应收账款融资服务平台，全年推动 3 家核心企业和 2 家银行总行与应收账款融资服务平台对接。推动小微企业及农村信用体系建设，组织 8 家涉农金融机构，累计为 45.62 万户农户建立信用档案，评定信用户 40.99 万户。

3. 反洗钱和反恐融资体系建设进一步加强。一是贯彻风险为本和法人监管原则，深入开展反洗钱监管工作。依法实施反洗钱行政处罚，综合运用走访、约谈、质询、风险评估和现场检查等多种监管方式，加强对风险较高的法人机构及跨境、网银等高风险业务的监管力度。二是加强反洗钱资金监测，深化重点领域反洗钱调查。指导金融机构进一步完善非法集资资金交易监测预警工作机制，妥善处理非法集资可疑交易线索，不断提高涉嫌非法集资可疑交易报告质量，组织相关金融机构排查风险线索，强化涉嫌非法集资的资金交易监测预警。

4. 金融统计体系建设再上新台阶。一是扎实做好全市地方金融组织纳入金融业综合统计准备工作，全面摸底调查七类地方金融组织底数和情况，并研究提出地方金融组织统计可行性工作预案。二是认真落实金融基础数据库建设工作要求，推动落实金融基础数据中心建设相关工作，实现全市 49 家地方法人金融机构单位贷款逐笔统计全覆盖，积极做好金融基础数据统一采集平台测试和系统维护登记。三是扎实做好各项常规制度性调查，探索开展银行家访谈试点，及时监测市场主体受疫情影响情况，累计完成涉企相关调查12次。

五、评估结论与展望

（一）定量分析

为全面、客观评估天津市经济金融稳定状况，结合经济运行和金融业发展状况，运用区域金融稳定定量评估模型量化分析了区域金融风险程度。基于评价指标的可获得性，模型从宏观经济、银行业、证券业、保险业和金融生态环境5个方面选取了22个指标进行分析。结果显示，2020年天津市宏观经济运行得分明显下降，除居民消费价格指数、城镇登记失业率两个指标没有明显变化外，地区生产总值增长率、第三产业增加值增长率、实际利用外资增长率等指标明显劣于上年，经济指标恢复与全国仍有差距；银行业得分与上年基本持平，核心资本充足率、流动比率有所改善；证券业得分整体较高，维持了较好的发展水平；保险市场发展平稳，保险业退保率、应收保费率指标好于上年；金融生态环境得分与上年持平（见图1）。

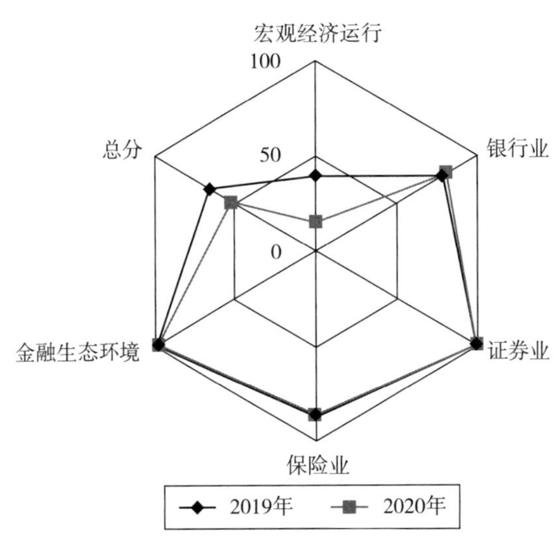

图1　2019年和2020年天津市金融稳定定量评估情况

（二）总体评估及趋势展望

2020年，疫情突如其来，外部环境错综复杂。面对前所未有的挑战，天津市坚持以新发展理念引领高质量发展，科学统筹疫情防控和经济社会发展，全市经济加速恢复，产业结构调整优化，动能转换持续推进，民计民生进一步改善。金融体系平稳运行，银行业风险总体可控，证券业稳步发展，保险业稳中有进，金融支持稳企业保就业取得显著成效，防范化解重大金融风险攻坚战扎实推进，金融基础设施服务经济社会民生水平进一步提升。但全市经济仍处于爬坡过坎、向高质量发展转型的关键时期，叠加疫情对经济社会产生的冲击，在原有问题尚未得到根本解决的同时，又产生了新的矛盾问题，一些长期积累的问题也在逐步显现，进而影响到金融体系稳定，对防范化解金融风险提出了新的挑战。

2021 年是实施“十四五”规划和 2035 年远景目标的开局之年，全市发展环境存在非常多的不确定性，经济快速增长的基础比较薄弱，但随着疫情防控取得稳步效果，促进经济持续回升的积极因素增加，预计全市经济将延续复苏态势，金融业保持稳健和适度增长，总体与经济复苏节奏相匹配。下一步将继续引导全市金融机构保持对实体经济的支持力度，进一步统筹金融发展和安全稳定，健全地方金融监管和风险防控体系，精准化解国有企业债务风险，全面落实中小银行深化改革和补充资本金的各项举措，确保不发生区域性、系统性金融风险。

中国人民银行天津分行金融稳定分析小组

组　　长：王晓明
副 组 长：杨红员
成　　员：吴　超　李　鹏　张丽军　柴志新　郭　巍　侯胜洪
　　　　　穆晓东

《天津市金融稳定报告（2021）》编写组

总　　撰：杨红员
统　　稿：吴　超　宁　悦
执　　笔：杨彩丽　李晓迟
参与写作人员：刘　丹　杨　捷　车沛柳　刘　冬　魏昆利　郝慧刚
　　　　　苗润雨　刘酉鸣　张　珺　杨冬梅　谢　坤　朱芮菁
　　　　　刘亚楼

河北省金融稳定报告摘要

2020 年，面对严峻复杂的国内外环境特别是新冠肺炎疫情的严重冲击，河北省人民银行系统深入学习贯彻习近平新时代中国特色社会主义思想，坚持稳中求进工作总基调，践行新发展理念，扎实做好“六稳”工作、全面落实“六保”任务，坚持“三六八九”工作思路和“稳进好准度”工作要求，统筹推进新冠肺炎疫情防控和经济社会发展，经济运行持续稳中向好，金融支持稳企业保就业工作取得显著成效，防范化解重大金融风险攻坚战取得决定性成就。但河北省经济高质量发展还面临较大压力，新冠肺炎疫情影响还存在诸多不确定性，金融体系稳定运行还面临诸多挑战，相关风险仍需高度关注。

一、河北省经济金融体系平稳运行

（一）经济运行加快回升向好，转型升级迈出重要步伐

2020 年，河北省经济增速逐季上行，实现“V”形反转，呈加快回升向好态势。全省生产总值实现 3.62 万亿元，较上年增长 3.9%，高于全国 1.6 个百分点。分季度来看，第一季度受疫情影响严重，下降 6.2%，第二季度当季实现正增长，前三季度增速由负转正，增长 1.5%，全年恢复至增长 3.9%。其中，第一产业增加值 3880.1 亿元，增长 3.2%；第二产业增加值 13597.2 亿元，增长 4.8%；第三产业增加值 18729.6 亿元，增长 3.3%。

产业结构持续优化，“三二一”产业格局进一步巩固拓展，三次产业比例由上年的 10.0:38.7:51.3 调整为 2020 年的 10.7:37.6:51.7，第三产业增加值比重同比提高 0.4 个百分点，超过第二产业 14.1 个百分点。转型升级步伐加快，工业主导产业较快发展，规模以上工业八大重点产业增加值增长 6.4%，快于全省规模以上工业增速 1.7 个百分点，其中，生物医药健康产业增长 15.0%，新能源产业增长 13.7%，信息智能产业增长 6.1%，新材料产业增长 6.2%；新动能加快成长，工业战略性新兴产业增加值增长 7.8%，快于规模以上工业增速 3.1 个百分点；高新技术产业增加值增长 6.6%，快于规模以上工业增速 1.9 个百分点；新产品产量快速增长，集成电路产量增长 6.6 倍，新能源汽车增长 25.3%，工业机器人增长 26.5%，太阳能电池增长 21.7%；新产业加快成长，新业态加速壮大，网上零售额实现 2735.8 亿元，增长 16.0%，增速快于全国 5.1 个百分点，快递业务量和业务收入增速同比全国分别增长 29.5 个和 20.9 个百分点。

消费市场稳步复苏，全年社会消费品零售总额实现 1.27 亿元，虽较上年下降 2.2%，但降幅持续收窄，比第一季度、上半年、前三季度分别收窄 14.1 个、3.4 个和 1.5 个百分点，其中第四季度当季增长 1.4%。消费升级类商品较快增长，限额以上化妆品类商品零售额增长 39.9%，家用电器

和音像器材类增长 34.5%，建筑及装潢材料类增长 33.8%。有效投资稳步扩大，全社会固定资产投资较上年增长 3.2%，高于全国 0.3 个百分点。大项目带动突出，10 亿元及以上项目完成投资增长 9.2%，占全省固定资产投资的比重为 28.6%，较上年提高 1.6 个百分点。基础设施投资补短板效果明显，完成投资增长 16.5%，比上年增长 0.9 个百分点。进出口和利用外资较快增长。进出口总值 4410.4 亿元，增长 10.2%，其中，出口总值 2521.9 亿元，增长 6.4%；进口总值 1888.5 亿元，增长 15.8%。实际利用外资 110.3 亿美元，增长 7.3%，其中，外商直接投资 108.5 亿美元，增长 10.2%。

居民收入稳步增长，全省居民人均可支配收入 2.71 万元，较上年增长 5.7%。其中，城镇居民人均可支配收入 37286 元，增长 4.3%；农村居民人均可支配收入 16467 元，增长 7.1%。财政保障能力充分发挥，一般公共预算收入 3826.4 亿元，增长 2.3%；一般公共预算支出 9021.7 亿元，增长 8.5%。企业效益有所下滑，规模以上工业利润总额 2038.1 亿元，下降 1.4%，规模以上工业主营业务收入利润率为 4.8%，较上年降低 0.4 个百分点。

（二）银行业总体平稳，信贷结构持续优化

2020 年末，河北省银行业金融机构资产负债规模双超 9 万亿元。全省银行业资产总额 9.70 万亿元，较上年增长 11.11%；负债总额 9.30 万亿元，较上年增长 11.03%，增速分别高于全国平均增速 0.61 个和 0.35 个百分点。本外币存款余额 8.13 万亿元，较上年增长 11.0%，高于全国平均水平 0.8 个百分点；本外币贷款余额 6.10 万亿元，较上年增长 13.4%，高于全国平均水平 0.9 个百分点。贷款结构不断优化，贷款投向主要集中在个人贷款、制造业、基础设施行业①、批发和零售业、租赁和商务服务业、建筑业，合计占全部贷款增量的 87.1%；对实体经济特别是对小微民营企业的资金支持力度不断加大，普惠小微贷款②余额 4643.6 亿元，较年初增加 979.5 亿元；民营贷款③余额 23386.9 亿元，较上年增长 14.6%。LPR 改革的政策效应继续显现，贷款利率降幅明显，一般贷款加权平均利率 6.06%，较上年下降 0.64 个百分点；企业贷款加权平均利率 5.57%，较上年下降 0.57 个百分点。

票据市场发展较快，承兑和贴现量均实现两位数增长，2020 年，全省累计签发银行承兑汇票 5180.4 亿元，办理票据融资额 9258.1 亿元，较上年分别增长 10.9% 和 14.8%，分别高于全国增速 2.5 个百分点和 7.1 个百分点。短期融资券规模下降，2020 年末，非金融企业发行短期融资券余额 516.5 亿元，较上年下降 15.74%；全国占比 2.47%，全国排名第 12 位。法人金融机构同业拆借市场交易活跃，全年累计发生 5264 笔拆借交易，较上年增加 555 笔；拆借发生额累计 7224.04 亿元，较上年减少 1128.88 亿元。

法人机构拨备指标稳中有升，法人银行业机构各项减值准备合计 1246.72 亿元，较上年增加 234.27 亿元；贷款拨备率 4.69%，较上年提高 0.25 个百分点；平均拨备覆盖率 155.16%，较上年提高 8.97 个百分点。资本净额持续增加，资本充足率略有下降，全省平均资本净额 3659.16 亿元，较上年增加 332.94 亿元；全省平均资本充足率 13.15%，较上年下降 0.09 个百分点。流动性总体平

---

① 自 2020 年 4 月起，按照人民银行调查统计司数据使用口径，基础设施行业调整为交通运输、仓储和邮政业，电力、热力、燃气及水生产和供应业以及水利、环境和公共设施管理业。

② 普惠小微贷款包括个体工商户及小微企业主经营性贷款、单户授信小于 1000 万元的小微企业贷款。

③ 民营贷款包括集体控股、私人控股、港澳台控股、外商控股企业贷款及个人经营性贷款。

稳，法人机构平均流动性比例85.16%，人民币超额备付金率5.21%，存贷款比例69.22%，流动性风险总体可控。

（三）证券业健康发展，多层次资本市场体系日趋完善

2020年末，河北省证券机构共计294家，其中，法人证券公司1家，证券分公司39家，证券营业部254家，辖区证券营业部数量居全国第16位。受股市回暖，交易活跃等因素影响，证券机构经营效益大幅增长，证券交易额7.38万亿元，较上年增长48.53%；营业收入27.63亿元，较上年增长40.38%；利润总额8.58亿元，较上年增长107.00%，为近五年来最高。

2020年末，河北省期货机构47家，其中，法人期货机构1家，分公司10家，营业部36家。期货代理交易8760.04万手，较上年增长52.47%；代理交易额4.92万亿元，较上年增长35.22%；营业收入39825.70万元，较上年增长355.75%。

2020年末，河北省上市公司61家，较上年增加3家；新三板挂牌公司203家，较上年减少13家；石家庄股权交易所挂牌企业2146家，较上年增加109家。河北省企业通过多层次资本市场实现直接融资1043.71亿元，较上年增加158.40亿元。其中，上市公司直接融资540.36亿元，非上市公司债券融资450.19亿元，新三板挂牌公司直接融资5.06亿元，石家庄股权交易所挂牌企业实现直接融资16.89亿元，资产证券化融资31.21亿元。

（四）保险业平稳运行，保险保障功能得到充分发挥

2020年末，河北省法人保险公司1家，省级分公司77家，较上年增加2家；跨京津冀区域经营中心支公司15家，较上年增加1家；省级以下分支机构5378家，较上年增加75家，保险业分支机构数量稳步增加，营业网点覆盖面更为广泛。

2020年，河北省保险公司总资产4962.52亿元，居全国第8位，较上年增长19.69%，增速同比提高5.76个百分点，高于全国增速0.64个百分点；全年累计实现保费总收入2088.64亿元，居全国第8位，较上年增长5.00%，低于全国增速1.13个百分点。保险业务结构持续优化，财产险中车险业务保费收入占比较上年下降1.79个百分点，保费规模居第二位至第五位的险种分别是农业保险、健康险、责任保险、保证保险。人身保险中保障型业务、健康险业务保费收入占比分别较上年提高6.39个、1.41个百分点；分红寿险占比较上年下降6.34个百分点；投连产品和万能产品保费收入增速分别较上年下降0.82%和7.73%。承担风险总额平稳较快增长，保险业累计承担风险总额146.05万亿元，较上年增长56.69%；累计赔付支出599.04亿元，较上年增长8.95%。

（五）社会融资机构发展缓慢，风险抵御能力较弱

2020年末，河北省小额贷款公司525家，较上年减少42家，连续四年下降；贷款余额249.61亿元，较上年减少31.95亿元，连续6年呈萎缩态势；营业收入9.11亿元，较上年下降15.41%，净利润0.05亿元，较上年下降97.99%，为2012年以来的最低值；不良贷款余额44.93亿元，较上年增加22.69亿元，不良贷款率18%，较上年上升10.1个百分点，信用风险压力较大。河北省融资性担保法人机构272家，较上年增加7家；融资性担保责任余额351.16亿元，较上年减少57.62亿元，业务规模连续6年萎缩；主营业务收入和利润水平有较大上升，分别增长70.17%和20.83%；担保代偿余额45.22亿元，较上年增加5.62亿元；风险抵补能力持续下降，担保准备金余额18.43

亿元，较上年减少0.01亿元。河北省典当企业345家，较上年减少9家，年内发放当金260.84亿元，较上年增加22.59亿元，增长9.48%；不良贷款余额5.98亿元，较上年增加0.38亿元，增长6.78%；不良贷款率9.9%，较上年上升0.3个百分点。河北省融资租赁机构22家，与上年持平，注册资本总额125.40亿元，总资产158.9亿元，大部分融资租赁机构开展融资租赁业务时间较短，尚处于起步阶段。

（六）金融基础设施持续加强

支付清算系统安全平稳运行，银行卡服务领域和市场规模迅速扩大，农村支付服务环境建设进一步完善，支付清算体系在维护金融稳定工作中的作用日益提高。金融信用信息基础数据库覆盖面日益扩大，对经济的信息支持作用不断加强；河北省信用信息共享平台实现多方联通，京津冀三地联动机制初步完善，社会信用体系建设取得积极成效。反洗钱监管制度进一步完善，反洗钱监管力度持续加强。金融消费者投诉受理处理机制逐步完善，金融消费投诉处理更加高效，金融消费环境持续向好；金融宣传不断深入，消费者金融素养不断提升。反假货币工作体系日臻完善，反假货币工作成效明显，数字人民币试点工作积极推进，货币流通环境进一步优化。外汇服务改革开放成效显著，跨境贸易结算及投融资更加便利，外汇检查和监管力度不断增强，外汇市场秩序更加规范。金融监管环境建设不断完善，金融业综合统计加快推进，金融科技创新监管试点有序开展，金融生态环境得到持续改善。

二、维护河北省金融稳定需关注的问题

（一）经济恢复的基础尚不牢固

一是工业生产增长动力不足。工业新动能支撑不足，代表先进制造业发展方向的高端装备制造产业占规模以上工业比重仅为19.2%，比钢铁产业低11.6个百分点；信息智能、生物医药健康、新能源、新材料等产业虽然较快增长，但还未形成有效支撑。工业消费品结构不优，河北省工业消费品多为低端产品，竞争力偏弱，发展动能不足。企业效益尚未扭转下降局面，企业生产经营仍面临较多困难。规模以上工业利润总额较上年下降1.4%，营业收入利润率较上年下降0.4个百分点，第四季度工业企业生产经营及景气状况调查结果显示：71.6%的企业面临原材料成本的压力，49.4%的企业面临用工成本压力。新增规模以上工业企业规模偏小，营业收入在5000万元以下的企业占新增企业总数的80%左右，抗风险能力较差。二是投资增长后劲不足。受市场需求疲软、企业效益下降、投资回报预期不明确等因素影响，民间投资持续低迷，全年民间投资下降5.1%，占全部投资比重较上年降低2.8个百分点。工业技改投资大幅下降，全年完成投资较上年下降9.9%，降幅比前三季度扩大1.6个百分点，下拉全省工业投资6.2个百分点。工业41个大类行业中，有29个行业技改投资下降。三是消费品市场承压运行。受汽车、石油及传统消费商品等市场持续下探，以及住宿和餐饮业复苏迟缓等因素影响，全年社会消费品零售总额处于下降区间，全年下降2.2%。

（二）金融服务实体经济质效仍需提升

信贷资金相对宽裕推升宏观杠杆率，2020年，全省各项贷款增速高出生产总值增速9.49个百分

点，信贷债务杠杆率（各项贷款余额/GDP）168.46%，同比上升14.11个百分点。薄弱环节金融服务仍须加力，各类机构小微金融服务考核目标完成情况参差不齐，73家机构未完成小微贷款增速目标，33家机构未完成户数目标，30家机构未实现利率压降目标；涉农贷款低于各项贷款增速，全省银行业涉农贷款增长10.20%，低于同期各项贷款增速3.19个百分点；县域机构资金“抽水机”问题仍然存在，全省县域机构存贷比58.80%，低于全省平均存贷比11.45个百分点。绿色信贷增长情况不及预期，全省银行业绿色信贷增长10.64%，同比降低0.70个百分点；“两高一剩”行业贷款增长17.82%，同比加快18.54个百分点。经营贷、消费贷等资金违规流入房地产市场的行为仍未杜绝，全省银行业信贷资金疑似违规流入房地产领域的金额合计达20.36亿元。

（三）信用风险防控压力较大

一是不良贷款持续暴露风险。2020年末，河北省银行业金融机构不良贷款余额1201.61亿元，较年初上升9.95亿元；不良贷款率1.97%，高于全国0.03个百分点，较年初下降0.24个百分点，但关注类贷款余额2950.78亿元，较年初增加1027.19亿元，同比多增976.46亿元。受疫情等多重因素影响，部分大型企业债务风险突出，企业风险向银行业传导加剧。二是零售业务信用风险突出。河北省银行业个人经营性和个人消费性贷款不良贷款较上年分别增长4.18%、48.18%。其中，信用卡、汽车、住房按揭不良贷款分别增长28.30%、37.55%和59.16%。三是区域风险积聚。部分地区受经济持续下行、产业结构调整、环保治理加大等因素影响，域内企业经营困难，部分县域担保圈、区域信用风险积聚。四是债券违约风险显著上升。2020年11月末，全省银行业债券投资本息违约金额较上年增长108.24%，信用评级出现下调的债券余额较上年增长174.67%。

（四）中小银行经营风险需密切关注

一是部分法人机构存在较为严重经营风险，第四季度央行评级高风险机构9家，个别机构经营风险突出。二是中小银行舆情风险，近两年中小银行特别是城商行由于爆发案件、经营不善等因素而受外部关注较多，面临的舆情风险相对突出，挤兑事件时有发生。三是同业业务风险。部分法人机构前期依靠同业业务监管套利，降低资本消耗，规避信贷规模管制和拨备监管，通过过桥机构实现信贷类资产腾挪，存在较大风险敞口。部分机构过度依赖同业负债，高杠杆逆周期快速扩张，资产负债期限错配严重，流动性缺口较大。四是大额授信损失造成经营压力。部分机构经营不审慎，盲目追求短期收益，在授信过程中通过多种形式对单一客户集中授信，存在“垒大户”现象，风险过度集中。授信企业经营恶化后，导致风险集中爆发，影响金融机构的正常经营。五是案件影响短期难以消除。近两年，部分机构内部管理失控，监督控制不力，内部员工违规操作，内外勾结，案件时有发生，且涉案金额较大。这些案件给金融机构带来了极大的声誉损失和经济损失。六是股东干预和关联交易加剧风险传导。部分机构法人治理不健全，股东干预银行正常经营，一些由大型民营企业参股控股的法人金融机构，存在关联交易、利益输送等问题，个别规模巨大，陆续出现违约，加剧了风险向金融机构传导。

（五）证券保险业高质量发展面临挑战

河北省证券期货保险业发展缓慢，均只有一家法人机构，且均存在资本实力偏弱、经营管理落后、转型缓慢、盈利模式单一等问题。资本市场发展滞后，上市公司数量较少，仅占全国上市公司的1.48%，现有上市公司主要集中于传统行业，总体质量不高，高新企业比重较小，个别上市公司法人治理不规范，经营困难、连续亏损，公司债券违约风险和流动性风险突出；全国股转系统挂牌公司及私募基金需进一步规范发展。财产保险机构经营面临较大压力，部分险种过度依赖政策和政府支持，企业投保意愿低，车险业务在整体业务中仍占据绝对份额，机构服务水平和创新能力有待提高；人身险机构满期给付和退保金额仍在高位；保险市场仍需规范，虚列费用、夸大收益、销售误导等违法违规问题依然存在；保险案件风险需关注，2020年，河北省发生业内诈骗案4起，涉案金额1295.45万元，财产险公司业外保险金诈骗案21起，涉案金额422.07万元。

（六）非法金融活动多发频发影响金融稳定

近几年，河北非法集资和非法社会金融活动高发频发，仅2020年河北省就发生并立案查处涉嫌非法集资刑事案件255起，涉案金额134.49亿元，涉及参与集资人数26.69万人。这些案件呈区域广、金额大、涉众多、手段翻新、隐蔽性强的特征，人民群众蒙受巨额经济损失，不仅破坏了正常的金融秩序，而且增加了人们对金融风险的敏感心理和恐慌情绪，一旦金融机构出现谣言或负面舆情，储户极易被影响蛊惑，从而可能引发异常挤兑事件等群体性事件。

三、维护金融业健康稳定发展的建议

（一）持续推动经济高质量发展

一是大力夯实产业基础。深化农业供给侧结构性改革，加强农业基础设施建设，深入实施现代种业提升工程，稳定粮食生产；加大企业帮扶力度，用好各种政策红利，及时解决企业生产经营存在的困难，引导企业加强技术更新，增强企业竞争力；做精生产性服务业、做强做优流通服务业、做大做活社会服务业、做亮做细居民服务业，增强服务业对经济增长的支撑作用。二是持续扩大内需。发挥消费和投资拉动作用，实现需求牵引供给、供给创造需求的更高水平动态平衡。努力扩大消费规模，着力提升消费质量，加快发展新型消费，把扩大消费同改善人民生活品质结合起来，推动消费新业态、新模式健康发展，促进消费提速提质。积极拓展投资空间，破除市场准入壁垒，进一步破除民间资本进入基础设施和公用事业等领域的各类门槛，探索创新多渠道融资模式，发挥政府投资撬动作用，统筹用好中央投资、政府投资基金等资金，为市场主体营造良好投资环境；围绕“两新一重”领域，聚焦雄安新区、自贸区、京津冀协同发展、北京冬奥会等，组织实施一批具有影响力的大项目，做好土地、资金等要素保障，提振企业投资信心，发挥好投资对经济发展的关键作用。三是大力培育经济增长新动能。坚持创新驱动发展，深化京津冀协同创新共同体建设，鼓励科研机构和企业建立技术联盟。大力发展数字经济、战略性新兴产业和现代服务业，打造一批创新平台、服务平台和融资平台。加快建设现代化经济体系，发挥好头部企业引领示范作用，推动产业链再造和价值链提升，加快传统产业数字化、智能化、绿色化改造，培育新的增长点。

（二）不断增强金融业服务实体经济质效

一是积极推动银行业高质量发展，引导金融机构加大对实体经济的支持力度，完善金融支持制造业高质量发展“几家抬”工作机制，加大对科技创新的金融支持，推动绿色金融发展，引导鼓励金融机构创新绿色金融产品和服务，鼓励支持发行绿色债券。引导银行业金融机构将金融资源配置到经济社会发展的重点领域和薄弱环节，加强对“三件大事”的服务支撑，继续做好稳企业保就业金融服务工作，运用延期还本付息和信用贷款支持工具等优惠政策，深化民营小微企业金融服务，有效缓解中小企业还贷压力和普惠小微企业融资难问题，保障受疫情影响的企业金融供给能力。加大乡村振兴战略金融支持力度，将金融支持精准扶贫与乡村振兴战略有效衔接，合理调配信贷资源，重点针对农村基础设施建设、新型城镇化、新型农业经营主体等领域加大金融支持。二是提升资本市场服务实体经济的能力，完善上市企业培育计划，推动更多优质企业上市融资，增加直接融资比重。三是引导保险公司继续调整产品结构、拓宽发展空间，充分发挥经济发展“助推器”作用，引导保险资金投向国际重大战略和基础设施建设。

（三）进一步提升金融风险防控能力

一是不断提升金融风险监测预警水平。综合运用各项工具和手段，密切监测经济金融运行指标趋势和结构变化，动态分析金融业经营情况，加强对出现的新情况、新问题的分析，做好新常态下经济金融运行形势分析和判断，提高金融风险的研判和预警能力。加强大型有问题企业监测，实施分类动态管理，防范风险向金融业传导。二是加强风险排查，全面排查重点区域、重点领域金融风险，坚持市场化、法制化原则，把握力度和节奏，稳妥处置突出风险点，严防处置风险中产生次生风险。三是金融机构要履行好主体责任，完善现代风险管理体系，细化完善内控体系，严格实行审慎经营，遏制大案要案滋生；强化机构自身资本管理和偿付能力，保证充足的风险吸收能力；严格落实执行各项监管要求，在风险发生后强化履行自我救助责任，把风险控制在源头。四是加强金融监管。地方政府和金融管理部门要落实属地责任和监管主体责任，共享监测信息，做好应急预案衔接，形成反应迅速、协同高效的金融风险防控体系，坚决守住不发生系统性区域性金融风险底线。

（四）着力构建良好金融生态环境

持续保持打击非法集资高压态势，提升对非法集资风险预警的科学性和前瞻性，准确判断非法集资风险隐患，建立健全长效机制，加大对非法集资处置力度。加快社会信用体系建设，继续扩大和提升征信系统的覆盖面与公信力，完善信用联合奖惩系统。健全金融法制建设，加大金融诉讼案件的执法力度，提高金融债权的执行回收率；严厉打击逃废金融债务行为，整顿规范金融市场秩序。加强金融知识宣传，充分利用各种新闻媒体，多渠道、多层次、多样式地开展金融消费者教育，提升社会公众金融素养，强化投资者价值投资、理性投资和风险防范意识，引导社会公众自觉远离非法金融活动，自觉维护自身合法权益。

中国人民银行石家庄中心支行金融稳定分析小组

组　　长：贺同宝

副 组 长：卢　钦

成　　员：李　博　牛素中　曹增和　张军辉　刘莉亚　付先军
刘吉龙　张新文　郑向阳　李　伟　袁新民　穆建敏
闫胜国

《河北省金融稳定报告（2021）》编写组

总　　　纂：张军辉

审　　　核：杨辉平　张国坤　李　鹏

执　　　笔：靳凤菊　张佳婧　樊伟谦　刘冰欣　梁雅楠　黄　倩
刘石涵　王聿孜　高　远　林红家　韩　佼　陈小我
李颖超　赵俊泽　叶海东　焦欣欣

山西省金融稳定报告摘要

2020年，面对突如其来的新冠肺炎疫情，山西省政府牢牢把握疫情防控主动权，坚持稳中求进工作总基调，贯彻新发展理念，全面做好“六稳”工作，扎实推进三大攻坚战，全省经济在爬坡过坎中奋力前行，转型在夯基垒台中积厚成势，经济社会发展全面呈现新气象、迈上新台阶。全省金融业总体运行平稳，社会融资规模稳步增长，资产质量总体向好，资本市场发展稳中向好，保险业风险保障水平明显提升，金融业服务经济社会发展的能力进一步增强。但消费复苏缓慢，部分领域金融风险仍较突出，防范化解任务依然艰巨。

一、区域经济运行

（一）经济稳步复苏

1. 经济稳步复苏，财政支出较快增长

2020年，山西省GDP实现17651.9亿元，增长3.6%，呈现“急剧下降—持续回升”的特征，与全国走势一致。三次产业分别增长3.6%、5.5%和2.1%，分别较上年高1.5个、低0.2个和4.9个百分点。全省一般公共预算收入2296.5亿元，下降2.2%，一般公共预算支出5110.9亿元，增长8.4%。

2. 产业结构持续优化，服务业增加值增速由负转正

农业生产形势较好，山西省粮食总产量142.4亿公斤，增长4.6%，产量创历史新高。工业经济恢复较快，全省规模以上工业增加值增长5.7%，快于上年0.4个百分点，高于全国2.9个百分点，其中，煤炭工业增长8.4%，成为拉动工业增长的主要动力。服务业年内实现由负转正，全省服务业增加值增长2.1%。

3. 总需求运行平稳

一是投资增长较快。2020年，山西省固定资产投资增长10.6%，快于全国7.7个百分点，为2016年以来最高点。其中工业投资和房地产开发投资分别增长16.4%、10.5%，对固定资产投资贡献率分别为55.9%、24.8%。二是消费降幅收窄。2020年，全省社会消费品零售总额6746.3亿元，下降4%，低于全国0.1个百分点，降幅较1—11月收窄1.8个百分点。三是进出口稳步增长。全年进出口总额218.7亿美元，增长4.2%。其中，出口总额127.3亿美元，增长8.9%；进口总额91.4亿美元，下降1.7%。全省跨境收支规模创历史新高，总额415.4亿美元，增长21.4%。

4. 物价及就业形势总体稳定

一是居民消费价格温和上涨，工业生产者出厂价格与购进价格处于“高进低出”状态。山西省

居民消费价格上涨 2.9%，较全国高 0.4 个百分点；工业生产者出厂价格下降 3.3%，购进价格下降 2.8%，二者相差 0.5 个百分点，降幅分别高于全国 1.5 个、0.5 个百分点。二是就业形势稳中向好。全省城镇新增就业 48.8 万人、农村劳动力转移就业 37.7 万人，超额完成全年目标；城镇登记失业率为 3.1%，控制在 4.5% 目标以内。

5. 重点领域改革持续深化

2020 年，国资国企改革稳步推进，在全国率先开展国有企业“六定”改革，省属企业集团总部机构、员额分别压减 40% 和 72%，省属企业从 28 家优化调整至 19 家。传统产业改造步伐加快，退出煤炭过剩产能 1.57 亿吨，煤炭先进产能占比达到 68%，关停煤电机组 425.6 万千瓦，退出僵尸企业 238 家。能源革命综合改革试点扎实推进，电力体制改革领跑全国，风光发电装机规模进入全国前列，非常规天然气增储上产，年产量达到 85.2 亿立方米。全力打造转型综改示范区，开发区数量由 26 个增至 88 个。

6. 三大攻坚战取得决定性成就

2020 年，山西省委省政府主动排雷、精准拆弹，一体推进地方法人金融机构改革反腐化险工作，着力打造一流农商行城商行，稳妥应对金融突发事件，严厉打击非法集资，守住不发生系统性区域性风险底线。全力攻坚深度贫困，58 个贫困县全部摘帽，7993 个贫困村全部退出，329 万贫困人口全部达到脱贫标准。全力打好蓝天、碧水、净土保卫战，全省优良天数比例达到 71.9%，PM2.5 平均浓度降到 44 微克/立方米，设区市建成区黑臭水体全部消除，58 个地表水国考断面全部退出劣 V 类，完成营造林 2300 万亩，“两山七河一流域”生态修复治理扎实推进。

（二）经济运行中需要关注的问题

1. 消费复苏缓慢

山西省消费市场从 3 月以来逐月回暖，但回暖速度慢于全国。一是餐饮和旅游消费恢复缓慢，餐饮消费和旅游收入同比分别下降 10.7% 和 63.6%，拖累消费回升。二是收入水平较低，2020 年，山西省城镇和农村居民收入分别只有全国平均水平的 79.4%、81%。三是城乡居民平均消费倾向下降，全省城镇和农村居民平均消费倾向分别为 0.58 和 0.74，分别低于全国 0.04 个、0.06 个百分点，连续三年呈下降趋势，为近 8 年最低点。

2. 地方政府偿债压力持续加大

一般公共预算收支缺口连续三年逐步扩大，2020 年达 3285.83 亿元，地方政府债券成为弥补收支缺口的重要支撑。从债务需求看，2020 年财政自给率①为 44.93%，同比下滑近 5 个百分点，近 5 年政府债务余额平均增速高达 18.09%，且政府债务余额增速自 2019 年起均远高于经济增速和财政收入增速。从偿债风险看，政府债务余额的快速增加使未来三年成为新一轮偿债高峰期，特别是 2022 年和 2023 年，需分别偿还本金 477.01 亿元和 474.31 亿元。

3. 企业债券违约风险上升

一是债券兑付压力向金融机构传导。永煤债券违约事件以来，山西省煤炭企业在一级市场仅发行两只短期融资券，发行利率上升、期限趋短，且债权人以省内金融机构为主，不具有发债可持续性，后期，煤炭企业融资势必向银行转移。二是金融机构支持煤企融资难度大。当前，煤企重组缓

① 财政自给率 = 当期财政收入总额/当期财政支出总额。

慢，资产和负债关系、存量债务的归属仍未变更，金融机构对煤企新增授信存在授信用户和资产、负债不匹配问题，金融机构对煤企后期授信支持恐有压力。

二、金融业运行

（一）银行业

1. 银行业运行和发展情况

（1）资产负债规模稳步增长。2020 年末，全省银行业资产、负债总额同比分别增长 8.64%、9.19%。分机构类型看，政策性银行、国有银行、股份制银行、城市商业银行、农村中小金融机构资产规模分别占总资产的 9.4%、40.6%、12.2%、10.2%、24.7%，保持稳定。

（2）贷款增长稳中趋缓，全年增速波动较大。2020 年末，全省金融机构本外币各项贷款余额较年初增加 2521.5 亿元，同比少增 231 亿元。贷款同比增速由 1 月末的 9.6% 上升至 4 月末的 11.5%，之后下滑至 12 月末的 9%，走势与全国趋同，但与全国差距拉大。

（3）重点领域投放力度加大。一是继续加大支柱行业的支持力度。全省采矿业、电力、燃气及水的生产和供应业贷款较年初增加 650.1 亿元，是上年同期的 7.1 倍。二是积极支持受疫情影响较大的服务业企业。全省教育、文化、体育和娱乐业贷款增加 28.1 亿元，是上年增量的 4 倍。三是支持经济转型发展初现成效。全省转型综改领域各项贷款余额同比增长 3.7%。四是普惠小微企业信用贷款支持计划和“房住不炒”政策得到有效落实。全省普惠小微企业信用贷款较年初增加 130.9 亿元，同比多增 26.3 亿元；房地产贷款较年初增加 479.4 亿元，同比少增 111.3 亿元，其中开发贷款较年初减少 16.2 亿元，房地产融资政策约束效应逐渐显现。

（4）存款增量创历史新高，结构性存款明显减少。2020 年末，全省金融机构本外币各项存款余额同比增长 10.7%，快于上年同期 2.1 个百分点，较年初增加 4115.6 亿元，同比多增 1086.6 亿元；住户和非金融企业存款保持稳定增长，同比分别多增 757 亿元和 733.8 亿元；全省住户和企业结构性存款较年初分别减少 470.4 亿元和 103.4 亿元，同比多减 283.6 亿元和 14.4 亿元。

（5）金融体系流动性总体充裕，贷款利率明显下降。2020 年末，人民银行太原中心支行有效落实总行降准政策，释放流动性约 285.41 亿元；累计发放支农再贷款 199.76 亿元、支小再贷款 235.74 亿元，办理再贴现 347.22 亿元。积极落实贷款市场报价利率（LPR）改革政策，全省企业贷款加权平均利率 5.552%，同比降低 0.715 个百分点，其中普惠小微贷款加权平均利率 6.99%，同比降低 1.3 个百分点。

（6）不良贷款双降，利润降幅扩大。2020 年末，全省金融机构不良贷款余额比年初减少 51.9 亿元，不良贷款率比年初下降 0.36 个百分点；全省银行业金融机构同比少盈 263.1 亿元，降幅达 53.6%。

2. 银行业稳健性评估

（1）案件风险不容忽视。全省共 33 家机构 70 名高管和员工、2 名监管部门领导干部涉案被采取强制措施，案件类型涉及职务侵占、违法发放贷款、贷款诈骗等。案件处置在相关金融机构形成了风险共振，对辖区金融体系造成冲击，1 家城商行发生集中取款事件，多家法人机构流动性受到冲击，虽未产生次生风险，但仍存在后续影响。

（2）信用风险依然严峻。一是不良贷款反弹压力大。2020 年上半年，全省银行业不良贷款余额持续增长，7 月达到年度峰值；下半年，各机构加大不良贷款处置力度，但年末不良率仍高于全国平均水平 0. 04 个百分点。二是非信贷资产质量恶化严重。全省银行业金融机构账面信托产品、拆放同业、应收款项不良率超过 18%，部分机构资产分类不准，实际不良远高于账面数据。

（3）高风险金融机构风险防控压力大。2020 年第四季度央行金融机构评级结果显示，高风险机构较年初增加 9 家，主要原因是多家机构涉案触发红线调整和牵涉多起全国性风险事件。高风险机构各项监管指标严重恶化，部分机构自有央行评级以来持续居于高风险行列，超过四成高风险机构净利润为负，机构自身造血功能低下、难以化解风险。

（4）信贷资源集中度较高。一是信贷向传统行业集中。煤焦冶电等行业贷款余额占各项贷款余额的 31. 7%，同比提高 0. 4 个百分点，贷款增量占各项贷款增量的 27%，同比提高 16. 6 个百分点。二是信贷客户趋同。全省大型企业、国有控股企业贷款余额分别占全部企业贷款余额的 54. 5%、74. 1%，同比分别上升 1. 4 个和 2. 9 个百分点。三是信贷区域集中度较高。近一半贷款集中于太原市，太原市新增贷款占全省各项贷款的 40. 3%，较上年同期下降 8. 7 个百分点。

（二）证券业

1. 证券业运行和发展情况

（1）上市公司发展稳中向好，并购重组稳步推进。2020 年末，山西省共有 A 股上市公司 39 家，新增 2 家，其中主板 31 家、中小板 5 家、创业板 3 家；新三板挂牌公司 84 家，新增 4 家；上市公司总股本、流通股本、总市值、流通市值同比分别增长 16. 36%、16. 95%、49. 01%、51. 10%，总市值在全国排第 19 位，在中部六省排第 5 位；共有 3 家上市公司通过并购重组成功剥离不良资产，涉及金额 17. 98 亿元；1 家上市公司以 1. 28 亿元完成对电子商务行业公司部分股权的收购。

（2）证券经营机构交易规模稳中有增，盈利能力有所提高。2020 年末，山西省有山西证券、大同证券 2 家证券公司、40 家证券公司分公司和 185 家营业部，较上年新增 3 家分公司；投资者资金账户总数、客户总资产、累计代理证券交易总额同比分别增长 15. 13%、54. 15%、32. 38%。2 家证券公司营业收入、净利润同比分别增长 42. 88%、77. 42%，其中经纪业务收入占比下降 3. 43 个百分点，盈利模式持续改善。

（3）期货经营机构交易规模稳定增长。2020 年末，山西省共有 3 家期货公司、7 家期货公司分公司和 23 家期货营业部，较 2019 年增加 1 家分公司；投资者开户数、客户保证金余额、期货市场累计成交额同比分别增长 30. 94%、41. 51%、130. 95%。3 家期货公司总资产同比增长 51. 01%；累计营业收入同比增长 161. 66%，累计净利润同比增长 836 倍。山西省浑源县、临猗县开展玉米、苹果“保险 + 期货”项目，保费规模 1081. 53 万元，提供价格风险保障金额 3319 万元，理赔 123 万元，服务“三农”成效明显。

（4）基金行业稳步发展。2020 年末，山西省仅有山西证券 1 家证券公司具有公开募集证券投资基金管理资格，共管理 10 只公募基金，较年初增加 3 只，存续规模同比增长 25. 22%。山西省共有 65 家私募基金管理人在中国证券投资基金业协会登记，较年初增加 4 家，全国排名第 25 位；在中基协备案运作的基金 136 只，较 2019 年增加 20 只，基金净值同比增长 28%。

（5）资本市场直接融资规模扩大，服务实体经济成效显著。2020 年末，山西省资本市场直接融资同比增长 10. 34%，其中，IPO 融资、优先股融资和配股融资实现近五年来零的突破；27 家公司债券融资同比增长60.88%；新三板市场挂牌公司定向增发融资同比增长277.69%；区域性股权市场融资同比增长65.76%，共有46家中小微挂牌企业在区域性股权市场定向增发融资，数量是2019年的7.6倍，市场活力进一步激发。

2. 证券业稳健性评估

（1）证券期货公司抗风险能力较强。2家证券公司总资产、3家期货公司总资产同比分别增长12.73%、51.01%，资产规模稳步扩大；证券公司风险覆盖率等四项风控指标均高于监管标准，期货公司净资本与风险资本准备总额的比例等四项主要监管指标均满足监管要求，两类机构资本充足，流动性良好，风险抵御能力较强。

（2）上市公司发展差距大。一是上市公司数量少、规模小，增速在全国居于靠后位置。山西省上市公司数量仅占上市公司总数的0.94%，市值仅占上市公司总市值的0.96%，2020年全国新增A股上市公司394家，山西省仅新增2家。二是拟上市资源严重不足。在山西证监局备案的拟上市企业仅有15家。三是新三板挂牌公司数量有待增加。辖区挂牌公司数量占全国挂牌公司的1.02%。

（3）资本市场直接融资结构有待优化。一是债券融资在直接融资中占比高。2020年末，公司债与企业债融资规模占山西省资本市场融资规模的58.32%，较上年提高14.35个百分点。二是股权融资占比低。上市公司股权融资仅占全省资本市场融资规模的4.85%。三是部分直接融资渠道融资规模大幅下滑。证券公司柜台市场融资、资产证券化（ABS）融资及私募股权、创投基金融资规模同比分别减少39.07%、67.68%、82.94%。

（4）重点领域存量风险难化解。一是民营上市公司大股东股票质押风险。17家民营上市公司中，4家第一大股东股票质押比例超80%。二是公司债券违约风险。龙跃集团发行的可交换债“17龙跃E1”“17龙跃E2”未能按期兑付，涉及利息1.02亿元，持续处于违约状态。三是上市公司退市风险。当代东方因2018年、2019年持续两年亏损被实施退市风险警示。四是证券期货经营机构资管产品违约风险。大同证券、和合期货资管子公司分别有10.38亿元、2.88亿元资管计划到期未兑付；大同证券标准化资管产品仍持有违约债券8.94亿元。

（三）保险业

1. 保险业运行和发展情况

（1）市场主体有所增加。2020年末，山西省共有保险公司总公司1家，省级分公司54家，较上年增加1家分公司，为财产险分公司。保险经纪机构分支机构较上年增加24家。

（2）业务规模保持增长。2020年末，全省保险业资产总额同比增长21.05%。为全省提供风险保障近60万亿元，是上年的1.5倍。保费收入同比增长5.6%，增速处于合理区间。分险种看，财产险保费收入同比增长4.62%；人身险保费收入同比增长5.94%，其中，意外险增速较快，同比增长13.26%。

（3）赔付支出较快增长。2020年末，山西省保险业赔款与给付支出同比增长11.74%，快于上年同期7.53个百分点，其中，财产险赔付支出增长较快，同比增长18.11%，增幅高出财产险保费收入增速13.49个百分点，主要原因一是灾情导致农险赔付较多；二是受疫情影响，保证保险赔付较多。人身险赔付支出同比增长6.97%。

（4）服务社会能力增强。车险综改全面推进，交强险、商车险单均保费分别下降8.42%、27.11%。农业保险提供风险保障864亿元，支付赔款16亿元，受益农户204万户。城乡居民大病保险为2530万居民提供风险保障12万亿元，赔付比例提高20个百分点。新增商业健康保险产品404款，保障金额同比增长67%。保险机构新增债权投资115亿元，支持产业转型和市政建设。

2. 保险业稳健性评估

（1）法人保险公司经营困难。2020年，中煤财险承保业务处于亏损中，亏损来自车险和农险，一是车险综改政策实施引起车险费率降低和赔付增多；二是冻灾导致农险赔付较多。中煤财险综合成本率连续9个月超过100%的监管标准，应收保费余额同比增长37.13%，滚动12月应收率同比上升1.05个百分点。

（2）市场秩序不规范。部分保险公司存在虚列费用套取资金、给予投保人保险合同约定以外的利益、虚假记载财务数据、未按规定使用经备案的保险条款费率等问题，个别保险从业人员存在委托未取得合法资格的机构从事保险销售活动、隐瞒与保险合同有关的重要情况、未按规定进行客户回访、利用自媒体对保险产品进行虚假宣传、欺骗投保人和被保险人等违规行为。

（3）案件风险集中暴露。部分保险机构因前期违规业务、金融反腐及内控管理漏洞等问题，案件风险陆续暴露。人保寿险大同中支和中国人寿祁县支公司保险从业人员以虚假单证向消费者收取资金，涉案金额约4700万元。

（4）其他风险不容忽视。一是部分机构存在经营压力。财产险公司中7家保费收入负增长，比上年增加5家，16家综合成本率超过100%；8家人身险公司保费收入负增长，比上年增加3家。二是健康险保费增速大幅回落。健康险保费增速回落至7.7%，打破了2015年以来年均38.39%的高增长态势，尤其疾病保险保费收入同比下降7.76%。三是保证保险经营风险上升。受疫情影响，部分企业和个人还款能力下降，违约增加，导致保证保险赔付支出增长87.44%，保费收入下降17.15%，综合成本率同比上升26个百分点达到110.74%。四是车险竞争不规范。综改后，个别保险机构新车自主定价系数突破要求，高费用抢业务问题有所抬头。

三、地方金融监管领域

2020年，山西省地方金融监管领域整体运行平稳，在缓解“三农”、小微企业融资难、化解区域金融风险方面发挥了积极作用。截至2020年末，全省共有小额贷款公司等7类机构1031家，小额贷款公司贷款余额231.01亿元，融资担保业在保余额454亿元、实现净利润4.77亿元，地方资产管理公司新增收购不良资产12.03亿元、年末余额达96.42亿元，区域股权市场年末展示企业1618家，挂牌企业738家。

地方金融领域发展面临问题和困难，如小额贷款公司经营管理粗放、法律法规不健全；融资性担保公司机构考核评价体系不完善、运营机制不顺畅；典当行公司治理薄弱、业务开展不规范；地方资产管理公司收购不良资产功能作用发挥不充分等。此外，地方金融监管领域的监管制度建设仍需加快推进。

四、金融基础设施

（一）金融法治环境及消费权益保护工作进一步改善

金融法治宣传工作进一步加强，金融法治环境持续改善。2020年，全省人民银行、金融机构面向社会开展反洗钱、征信知识、票据管理、反假货币、支付结算、银行卡管理、金融消费权益保护等方面的金融法治宣传活动。全省各级人民法院审结银行借款、担保、保险等案件20079件，惩处非法集资、“套路贷”等犯罪案件320件；审结各类合同纠纷、不正当竞争案件137800件；全省人民银行系统共作出行政处罚案件59件，罚款金额1447.22万元，有效维护了金融秩序。

金融消费者保护工作高效开展。2020年，山西省人民银行系统共接收金融消费者投诉702件，同比增长5.72%，解答咨询6867件，同比增长53.21%。建立小额纠纷快速（非诉）解决机制，调解各类金融纠纷21件。印发《山西省首批金融消费者教育示范基地建设工作方案》，确定了12家首批山西省金融教育示范基地，示范基地建设试点成功落地。

（二）支付结算体系运行安全稳健

支付结算业务系统平稳运行。2020年，山西省共有65家银行网点加入现代化支付系统；全省各银行业金融机构通过人民银行现代化支付清算系统共清算资金21381.56万笔、79.90万亿元，同比分别增长4.36%、4.99%。

支付领域特色服务落地见效。建立疫情防控银行账户服务“绿色通道”，通过“绿色通道”开立单位账户176户，保障防疫救助资金及时到位；落实降成本政策，全省银行、支付机构累计减免费用1876.54万元。助力政府电子消费券发放活动，累计核销各类政府消费券4.79亿元，直接拉动消费金额达38亿元。全省所有县域全部建成1~2个与扶贫、特色产业结合的特色示范服务站，其中，58个贫困县共建成与扶贫产业深度结合的特色服务站738个，支付业务助推脱贫攻坚成效显著。

（三）征信管理和服务水平稳步提升

征信赋能支持实体经济发展。2020年，山西省二代征信系统上线运行，累计为120.89万户企业建立信用档案，提供企业征信系统查询14.01万次；指导全省银行类接入机构全部调整受疫情影响“四类人员”和相关企业逾期信用记录认定和报送规则，涉及2.79万个人、4066户企业；累计减免征信服务费用435.67万元；全省县域自助查询服务及查询机“聚合支付”全覆盖；通过中征平台促成应收账款融资547笔、350.48亿元。

优化社会信用环境。推动综改区政府采购平台与中征平台对接，实现政采贷全流程线上融资业务落地；推进农村信用体系建设“百县千村”示范工程，以“整村授信”促乡村振兴；推动社会信用体系建设“联合惩戒”纵深发展，报送“信用山西”案例120余例。

全面排查治理征信乱象。联合成立征信乱象治理工作小组，严厉打击“征信修复”等扰乱市场行为；对名称或营业范围带有“征信”字样的机构逐一排查，开展分类监管；指导不符合备案要求的机构有序退出征信市场，将10家机构撤销关注企业名单，6家机构列入监测备案名单，对9家机构下发整改通知书。

（四）反洗钱工作向纵深推进

风险为本，强化洗钱风险管控与反洗钱监督检查。一是制度先行，提升反洗钱监管效能。制定《山西省反洗钱行政处罚裁量基准实施细则》《义务机构反洗钱执法检查后续整改工作指引》，推动反洗钱工作规范开展。二是持续推动法人机构洗钱风险评估工作。对 34 家法人金融机构开展风险评估，组织自评估业务培训，加强对机构自评估工作的指导。三是扎实做好反洗钱基础性工作。对 837 家义务机构进行分类评级，重点选取 89 家机构开展督导走访，对 33 家新设机构进行核验，与省地方金融监管局联合制定《山西省网络小额贷款从业机构反洗钱监管协调机制》。

部门联动，深入推进各类专项行动。一是扫黑除恶专项斗争工作向纵深推进，成功推动 2 起山西省涉黑洗钱案件宣判。二是配合开展禁毒专项行动，与山西省禁毒委联合印发《山西省涉毒反洗钱工作规定（试行)》，向省公安厅禁毒总队移交线索 19 条，其中 8 条线索已经破案。三是持续做好涉恐融资工作，与省国家安全厅联合签订《关于联合建立跨境可疑交易反洗钱反恐怖融资监测预警实验室的合作协议》，搭建高效智能的跨境可疑交易行为监测和预警工作模式。

（五）现金管理和反假货币工作持续加强

2020 年，山西省现金收支运行总体平稳，全省金融机构现金收入 18027.3 亿元，支出 18384.3 亿元，现金净支出 357 亿元。建立疫情防控五确保工作机制，确保群众用上“放心钱”“卫生钱”；建立现金供应分级分类关注机制，有效应对金融风险突发事件。积极开展拒收现金专项整治工作，排查行业场景 45 个、各类线索 164 条，对 4 家单位和个体户作出经济处罚。

反假货币工作持续加强。积极发挥山西省反假货币工作联席会议作用，努力实现对金融机构现金业务及从业人员的检查监督无死角、无空白；组织开展跨区域联合反假行动，筑牢反假工作防护墙。全年累计收缴假人民币 5778763 元、66521 张（枚），同比分别下降 37.02%、37.76%。新版 5 元纸币发行工作顺利推进，指导全省各银行业金融机构完成 28024 台机具升级等工作。

五、总体评估与政策建议

（一）总体评估

参照人民银行上海总部定量评估方案，采用专家调查法、层次分析法等技术方法，对山西省金融稳定状况进行了综合评估。结合山西省经济金融发展对部分指标阈值及标准值计算方法进行修正，在纵向比较中为排除指标权重变化对评价结果的影响，全部采用 2020 年专家调查法的权重进行计算。评估结果表明，2020 年山西省综合得分较上年明显下降，金融稳定等级评估处在 D 类区间。纵向对比评估结果，宏观经济、金融机构和金融生态环境得分均有所下降。

（二）政策建议

1. 持续深化重点领域改革，释放蹚新路动力活力

一是深化国资国企改革。完善现代企业制度，提高数智化管理水平，加强流动性管理，提高企业资本回报率。加大资产证券化力度，支持培育企业上市。二是聚焦培育现代产业体系。实施非均衡发展战略、换道领跑战略、数字山西战略，着力打造战略性新兴产业集群，推动基础产业高端化智能化绿色化，加快发展现代服务业，统筹推进产业基础高级化、产业链现代化，促进经济社会数字化转型。三是深化财政金融体制改革。提升财政资源配置效率和资金使用效益，强化普惠金融服务，加强融资担保体系建设，支持引导风投创投发展，打击恶意逃废债和非法集资行为，深化地方

法人金融机构改革。

2. 多措并举，加大金融对实体经济的支持力度

聚焦山西省国企改革、制造业升级、能源革命综合改革试点等重点领域以及乡村振兴等薄弱环节，提升金融供给能力。银行业要进一步优化内部资源配置、授信审批、内部考评激励、尽职免责及容错纠错等机制，提升服务能力和动力；积极创新金融产品和服务，改进信贷管理模式，强化金融科技运用，提高资金使用效率；强化银企对接，加强政策宣传和产品推介，为企业提供一揽子综合性金融服务，增进银企互信。证券业要增强资本实力、拓展产品和业务服务，积极支持省内企业开展股权、债券融资，更好地满足实体经济多元化融资需求。金融管理部门要督导金融机构回归本源，聚焦主责主业，对全省营造诚实守信金融生态环境、维护良好金融秩序的地方继续采取激励措施。财政部门要完善对新兴行业、民营小微、涉农等重点薄弱环节的奖补政策，充分发挥融资担保风险分担作用，提高民营及小微企业抗风险能力。

3. 合力攻坚，推动高风险金融机构出清

坚持“统筹协调、防化并举、在改革发展中化解风险”的思路，扎实推进常态化金融风险防控和处置。金融机构要提高风险防范意识，做实资产质量分类，加大不良贷款清收力度，审慎合规授信，化存量控增量。法人金融机构要完善公司治理，强化股权及关联交易管理，强化资本约束，通过增资扩股、留存利润、发行新型资本工具等方式充实资本金，完善风险防范化解方案和突发事件应急预案，大力开展存款保险宣传，提升风险管控能力。村镇银行的发起行、省联社要切实承担起责任，推动高风险机构风险化解。金融管理部门强化监管信息的交流和共享，及时监测预警提示，督促金融机构采取有效措施化解风险，运用货币信贷政策工具提供流动性支持，引导金融机构在支持实体经济中化解风险。地方政府要继续履行好属地风险处置和维稳职责，守住不发生区域性金融风险的底线。

4. 加强金融基础设施建设，改善金融生态环境

强化金融法治建设，加大金融法规宣传力度，持续推进金融消费者权益保护工作；健全支付结算体系，提供安全高效便捷的清算服务；提高征信服务管理水平，规范征信市场秩序，依法开展信用评级工作；扎实做好反洗钱基础性工作，加大差别化监管力度；有序开展反假货币和现金管理工作，优化货币流通环境；稳步推进互联网金融风险整治，严厉打击非法集资、非法金融机构和非法金融活动，严厉打击逃废债行为，保护金融机构合法债权，营造良好的金融环境。

中国人民银行太原中心支行金融稳定分析小组

组　　长：高　波

副 组 长：杜　斌

成　　员：范广明　张育春　任桂花　陈爱书　周文峰　李　清
李建兵　褚　文　白　静　毛晓东　张　园　王瑞林
李　兵

《山西省金融稳定报告（2021）》指导小组

潘跃飞　侯广庆　鲁家焱

《山西省金融稳定报告（2021）》编写组

总　　　纂：高　波　杜　斌

统　　　稿：张育春　张晓红

执　　　笔：吴晋科　杨琳蕊　郭　涛

参与写作人员：白　鑫　岳浩中　丁　浩　赵泽慧　常丽婧　李　绚

李彤彤　高雅丽　宋建伟　陈宬旭　董梦阳　毛茗茗

刘　飞　郭　帅　祝丽君　武卓然　王轶英　张会玉

内蒙古自治区金融稳定报告摘要

2020年，内蒙古自治区坚持稳中求进工作总基调，科学统筹疫情防控和经济社会发展，扎实做好“六稳”工作，落实“六保”任务，全区经济持续回稳，发展质量逐步提升，“十三五”规划顺利收官。全区金融业总体运行平稳，金融体系不断健全，资产负债结构进一步优化，金融服务实体经济能力稳步提升，金融风险总体可控。但在疫情常态化和经济下行因素叠加的背景下，金融机构存贷款期限错配问题突出，流动性风险和资产质量下行压力均较高，不良贷款清收处置难度加大，高风险金融机构数量较多，金融风险防控形势依然严峻。

一、宏观经济环境

（一）经济运行放缓，三次产业协调发展

初步核算，2020年全区实现地区生产总值17359.8亿元，按可比价计算，比上年增长0.2%，同比少增5.9个百分点。其中，第一产业增加值2025.1亿元，增长1.7%；第二产业增加值6868亿元，增长1%；第三产业增加值8466.7亿元，下降0.9%。三次产业比例为11.7:39.6:48.8。

（二）工业生产增长放缓，企业效益下降明显

2020年，全区规模以上工业增加值增长0.7%。全区工业经济效益水平下降明显，全年规模以上工业企业实现营业收入16640.4亿元，比上年增长0.1%；实现利润1315.1亿元，下降10.9%；营业收入利润率7.9%，同比下降0.9个百分点，规模以上工业企业产品销售率为99.7%，同比上升0.4个百分点。

（三）供给侧结构性改革深入推进，财政收支总体平稳

2020年，全区规模以上工业企业资产负债率59.3%，比上年末下降1.8个百分点。规模以上工业企业每百元营业收入成本80.2元，比上年下降3.9元。固定资产投资关键领域补短板力度加大，全年生态保护和环境治理业投资比上年增长23.2%，教育投资增长12.5%，高技术制造业投资增长26.1%。全年一般公共预算收入2051.3亿元，比上年下降0.4%。一般公共预算支出5268.2亿元，比上年增长3.3%。

（四）固定资产投资回落，消费价格温和上涨，对外贸易总额下降

2020年，全区全社会固定资产投资（不含农户）下降1.5%，民间固定资产投资比上年增

长3.4%，占固定资产投资（不含农户）的比重为52.2%。全区居民消费价格比上年上涨1.9%。全区进出口总额1043.3亿元，比上年下降4.9%。其中，出口总额349.1亿元，下降7.4%；进口总额694.2亿元，下降3.7%。与“一带一路”沿线国家进出口总额628.7亿元相比，下降12%。

二、金融业发展情况

（一）银行业

2020年末，全区共有银行业金融机构200家，其中全国性银行分支机构20家，地方法人银行业金融机构180家。年内新成立1家城市商业银行（蒙商银行），6家农信社获准筹建农商行，其中2家已挂牌开业（内蒙古库伦农村商业银行和内蒙古杭锦农村商业银行），另外4家已进入开业准备。辖内地方法人金融机构产权制度改革稳步推进，金融服务能力进一步提升。

1. 资产负债规模下滑，全国性银行和地方法人银行业机构增速分化。2020年末，全区银行业金融机构资产总额34137.3亿元，同比下滑4%，增速同比下降5.5个百分点；负债总额32870.5亿元，同比下滑3.9%，增速同比下降5.6个百分点[①]。全国性银行与地方法人银行业机构资产负债变动呈分化趋势。2020年末全国性银行资产总额21740.4亿元，同比增长2.2%；负债总额21688.4亿元，同比增长5.3%。地方法人银行业机构资产12394.3亿元，同比下降16.7%；负债总额11181.9亿元，同比下降17.7%。

2. 各项存款增速上升，住户存款成为主要增长点。2020年末，全区金融机构人民币各项存款余额24970亿元，同比增长5.6%，增速高于上年同期3.9个百分点。住户存款全年增加1715.5亿元，为各项存款新增额的1.3倍，同比多增100.4亿元。企业存款规模持续收缩，较年初减少93.8亿元。包商银行风险事件后通过同业市场融资的门槛明显提高，导致非银行业金融机构存款持续下滑，全年净减少173.9亿元。

3. 各项贷款同比微增，政策效应作用明显。2020年末，全区人民币各项贷款余额23327.6亿元，同比增长0.7%，增速低于上年同期3.9个百分点。区内银行业金融机构积极支持企业复工复产，增加贷款投放缓解企业资金困难，年内在政策和流动性较为充裕的驱动下，信贷投放平稳增长，但由于年末包商银行宣布破产清算，最终全区各项贷款同比微增。分机构看，除政策性银行、国开行和城市商业银行受个别机构拉动贷款出现下降外，各类型机构贷款均呈现增长趋势。分部门看，个人住房按揭贷款增长幅度较大，全年住户贷款增长494.8亿元，企事业单位贷款下降323.7亿元。分地区看，仍存在地区间信贷增长不均衡问题，呼和浩特市、鄂尔多斯市和赤峰市增加额较大，锡林郭勒盟和赤峰市增速较快，增速均超5%；包头市、呼伦贝尔市、乌海市和巴彦淖尔市出现负增长。

（二）证券业

2020年末，全区共有法人证券公司2家，证券分支机构123家，其中证券分公司22家，证券营

① 全区银行业金融机构资产负债规模下滑主要是受包商银行破产数据剔除影响。

业部101家。全区无期货法人，设有期货营业部10家，已登记的私募基金管理人54家。全区共有境内上市公司26家，连续8年无新增，全国排名第29位。其中，A股上市公司25家，B股上市公司2家（内蒙古鄂尔多斯资源股份有限公司同时在A股、B股上市）；境外上市公司6家；新三板挂牌公司50家，拟发行上市辅导备案企业7家。全区多层次资本市场稳中求进，服务实体经济高质量发展。

1. 法人券商受股市上扬影响，利润实现稳步增长。2020年，2家法人证券公司受市场行情变化影响，经纪、投行、资管等业务收入均实现增长。2020年末，2家法人证券公司股民开户总数267.1万户，新增客户9.1万户，客户总数同比增长3.5%；托管股票总市值1288.2亿元，同比上升21.7%；累计实现证券交易额33840亿元，同比上升12.8%；累计实现营业收入28.6亿元，同比下降9.1%，其中经纪业务收入、资管业务收入、利息收入和投资收益分别为15.8亿元、1.3亿元、8.4亿元和7.9亿元，最终全年实现净利润6.8亿元，同比增加32.2%。

2. 期货经营机构交易规模上升，经营状况好转。2020年，辖区期货机构交易规模上升，但经营业绩和收入未实现增长，经营状况改善不明显。截至2020年末，全区期货公司累计开户11399户，同比增加2768户，增长36.3%；全年实现成交金额0.6万亿元，同比上升18.6%；实现主营业务收入0.1亿元，同比下降44%，佣金收入0.1亿元，同比下降45.8%。2020年全区期货机构亏损0.01亿元，同比少亏损0.01亿元。

3. 上市公司数量未发生变化，市值受市场行情影响实现增长。2020年末收盘时辖内沪深两市上市公司总市值6326.1亿元，同比上升24.1%。其中，主板市场总市值5971亿元，同比上升24.6%；中小板市场总市值245.1亿元，同比上升18.8%；创业板市场总市值110亿元，同比上升8.9%。从融资情况看，各层次市场差异明显，总融资量微降。2020年全年，辖内在主板市场、中小板、创业板上市公司和在新三板挂牌公司合计新增融资58.3亿元，同比微降4.9%，其中主板市场新增融资46.6亿元，同比上升34.5%；中小板市场无新增融资；创业板市场新增融资8亿元，同比上升244.8%；新三板市场新增融资3.7亿元，同比上升227.7%。

（三）保险业

2020年末，全区共有保险公司省级分公司43家，同比增加1家，下设分支机构2932家，同比增加50家，其中财产险公司分支机构1866家，寿险公司分支机构1066家。全区保险业继续保持稳健发展态势，风险保障功能逐步健全。

1. 保险业市场稳步回暖，保费收入同比微增。2020年全区累计实现原保费收入740亿元，同比增长1.4%，增速同比下降9.3个百分点，增速全国排名第32位。其中，财产险保费收入216.9亿元，同比增长1.9%；人身险保费收入523.1亿元，同比增长1.2%。保险公司累计赔款与给付支出224.5亿元，同比增长11.8%。其中，财产险赔款支出124.7亿元，同比增长14.4%；人身险公司赔付支出99.9亿元，同比增长8.8%。

2. 保费收入增长多元化，业务结构持续优化。财产险逐渐摆脱车险独大局面，农业险、责任险、短期健康险等险种协同发展，人身保险中健康险成为保费收入增长重要来源。一是全年农业保险实现保费收入43.9亿元，同比增长10.9%，保费规模居全国第7位。二是全区非车非农险种累计实现保费收入66.7亿元，同比增长13.44%，较行业平均增速快10个百分点。三是全区人身保险公司累计实现健康保险保费收入128.5亿元，同比增长16.7%，正逐步成为保费收入增长的重要带动力量。

3. 风险保障功能逐步健全，服务实体经济能力不断提升。一是继续拓宽农业保险保障领域。部分地区将高原冷菜、贝贝南瓜等暂未享受省级以上财政补贴的险种纳入旗县级财政补贴范围。二是强化非车非农保险保障。全区非车非农保险承保主体 25 家，签单险种包含 11 个险类百余个险种，在灾害管理和风险防控方面发挥了有效作用。三是强化城乡居民大病保险等险种保障。2013 年以来，全区商业保险公司承办大病保险累计筹集保费 46. 37 亿元，赔付支出 43. 62 亿元，共有 107. 65 万人次受益，单次最高赔付金融 54. 5 万元。

三、金融稳定状况评估

（一）银行业[①]

1. 不良贷款较年初“双降”，但资产质量下迁压力仍然较大。2020 年，全区银行业金融机构不良贷款余额 857. 1 亿元，较年初减少 1000. 2 亿元，不良贷款率 3. 7%，较年初下降 4. 17 个百分点。总体来看，全区银行业金融机构不良贷款下降但仍处于高位，部分金融机构存在不良贷款反映不实或不良资产非洁净出表问题，同时考虑到无还本续贷、延期还本付息等政策退出后，预计仍会有不良贷款持续暴露，未来不良贷款反弹的压力仍然较大。

2020 年，全区不良贷款呈现以下三个特点。

（1）全国性银行不良贷款降幅明显，信用风险化解取得积极成效。2020 年，辖内全国性银行通过贷款重组和贷款核销等方式，全年实现清收处置额 337. 2 亿元，同比多清收处置 66. 5 亿元。年末全国性银行不良贷款余额 376. 1 亿元，较年初下降 131. 4 亿元，不良贷款率 2. 2%，较年初下降 0. 9 个百分点。逾期贷款和逾期 90 天以上贷款分别较年初下降 18. 7% 和 31. 5%，逾期 90 天以上贷款占不良贷款的比例较年初下降 4. 4 个百分点，信用风险得到有效缓释，贷款分类趋于审慎。

（2）法人银行业金融机构不良贷款长期处于高位，资产质量继续下迁压力较大。按照可比口径计算（不考虑包商银行和蒙商银行因素），全区地方法人机构不良贷款较年初增加 102. 4 亿元，不良贷款率较年初上升 1. 5 个百分点。其中农村合作金融机构和城市商业银行增长最为显著。个别机构通过重组、转让、以物抵债等方式处置不良贷款的真实性、洁净性存疑，财政还款客户、小微企业贷款风险暴露加剧，不良贷款高位运行的基本面还会长期持续。

（3）部分盟市信用风险突出。截至 2020 年末，全区 12 个盟市中有 6 个盟市平均不良贷款率超过 5%，阿拉善盟不良贷款率达 9. 1%；乌兰察布市、巴彦淖尔市和鄂尔多斯市地方法人机构不良贷款率分别高达 16. 1%、12. 3% 和 11. 1%，法人机构信用风险进一步凸显，年内有 6 个盟市的地方法人机构信用风险呈恶化趋势。

2. 盈利实现增长，但地方法人机构盈利承压。2020 年全区银行业金融机构实现利润 156 亿元，同比增长 28. 9%。其中全国性银行实现净利润 166. 2 亿元，同比多盈利 65. 1 亿元，增长 64. 4%。地方法人机构亏损 10. 2 亿元，同比少盈利 30. 1 亿元，下滑 150. 9%，经营状况进一步恶化。随着利率市场化推进，银行业金融机构净息差水平持续收窄，加之不良贷款持续高位运行，法人机构未来盈

① 由于包商银行数据披露不及时，除大中小微企业不良贷款分析外，本部分数据均不含包商银行。

利状况依然承压。

3. 地方法人机构风险进一步暴露，多项监管指标恶化

（1）资本充足水平下降，资本补充渠道有限。2020 年末，全区地方法人银行业金融机构平均资本充足率（可比口径）10.1%，同比下降 0.5 个百分点，有 60 家机构资本充足率低于 10.5% 的监管标准，占比 33.3%，同比增加 16 家。地方法人银行业金融机构自身盈利承压，内源性资本补充渠道进一步收窄，2020 年靠利润留存仅补充资本 19.5 亿元。外源性资本补充难度也较大，2020 年通过增资扩股和其他渠道补充资本仅 3.6 亿元。年内有 2 家城市商业银行通过地方政府专项债补充资本 85 亿元，严重依赖于政策性补充。按照 150% 的拨备覆盖要求和核心一级资本充足率补充到 7.5% 的水平初步测算，2020 年末全区地方法人机构仍存在超 400 亿元的资本缺口。

（2）拨备覆盖水平下降，贷款损失准备缺口仍然较大。2020 年末，全区地方法人银行业金融机构（可比口径）拨备覆盖率仅为 61%，较上年同期下降 12.8 个百分点。全区有 84 家机构拨备覆盖率低于 150%，占地方法人银行业金融机构总数的 46.7%，同比增加 29 家。2020 年末贷款损失准备金余额 256.4 亿元，较年初减少 7.2 亿元，贷款损失准备缺口 264.7 亿元，同比扩大 90.6 亿元，靠自身利润来增加拨备计提和处置不良贷款的压力与日俱增。

（3）整体流动性风险有所缓解，但部分机构风险隐患仍然较大。2020 年以来，受 3 次降准和存款准备金率下调政策的影响，整体流动性压力有所缓解。截至 2020 年末，全区地方法人机构流动性比例 58.7%，较年初上升 8.9 个百分点，9 家机构的核心负债依存度低于 60%，较年初减少 13 家。但全区部分地方法人银行业金融机构由于自身经营风险压力较大、长期流动性管理能力不足，流动性风险隐患仍然较大。特别是城市商业银行负债发展较不平衡，单位存款占比 41.1%，高于全区平均水平 6.2 个百分点。

（二）证券业

1. 法人证券公司存在一定经营风险，但风险总体可控。恒泰证券与天风证券并购重组工作进入人员团队磨合期，但目前仍存在公司治理不规范等问题；另外公司在一些产品或项目上产生了一些违约项目进而引发信访投诉。国融证券因前期违规被采取行政监管措施，私募债承销业务、债券自营业务、资产管理业务受到限制（国融证券私募债承销业务已于 2020 年 5 月恢复，债券自营业务已于 2020 年 6 月恢复），目前风险可控；国融证券因现有股权结构不符合证监会《证券公司股权管理规定》相关要求，大股东拟转让部分股份，目前正在积极寻找对手方。2 家法人证券公司主要是自身经营风险和股东变更而引发的变化，2020 年末公司的风险覆盖率、资本杠杆率、流动性覆盖率、净稳定资金率、净资本/净资产、净资本/负债、净资产/负债、自营权益类证券及其衍生品/净资本和自营非权益类证券及其衍生品/净资本等风险控制指标均符合监管标准，总体风险可控。

2. 部分上市公司股票质押风险和经营风险高企

（1）股权质押风险。2020 年辖内高比例质押（80% 以上）上市公司新增 3 家，高峰时达 8 家，年末高比例质押上市公司数量降至 6 家，较年初增加 1 家。此外，全区存在 5% 以上大股东股权质押的 A 股上市公司共 19 家，同比增加 1 家，控股股东股权质押比例超过 50% 的有 11 家，同比减少 1 家，质押用途主要是融资和为资产交易提供担保。

（2）经营风险和退市风险。2020 年以来，辖内风险类上市公司数量高峰时达 10 家，年末时降至

5家，另外由于退市新规的实施，部分上市公司退市风险进一步增加。如辖内有2家上市公司股价一度进入1~2元的区间，投资者“用脚投票”的趋势明显，存在面值退市风险；2家上市公司扣除非经常性损益后的净利润连续多年为负，经营状况多年来无改观，退市风险较大。

（三）保险业

1. 回归保障态势明显，民生类险种发展形势良好。一是普通型寿险实现同比6.7%增速，新单期缴占比59.9%，高于全国平均占比13.5个百分点，其中10年期及以上新单保费占新单期缴总保费的53.4%，占比不断上升。二是全区人身保险公司累计实现健康险保费收入128.54亿元，同比增长16.7%，在人身险公司原保险保费收入中占比不断上升，正逐步成为保费增长的重要带动力量。三是大病保险筹资规模达到11.29亿元，人均筹资标准提高至67.5元，参保患者实际报销比例平均提高近15个百分点。

2. 市场集中度高，头部公司品牌效应明显。辖内保险业市场业务主要集中在头部公司，财险市场前六大公司保费收入合计占比达81.8%，人身险市场前六大公司保费收入合计占比达83.9%，头部公司品牌效应逐步扩大，中小公司市场份额遭挤压严重。

四、金融改革及基础设施建设

（一）存款保险制度稳步推进

2020年，全区存款保险制度稳步推进。一是有序开展存款保险保费管理工作。2020年，全区投保机构累计缴纳存款保险保费3.78亿元。二是积极发挥存款保险风险差别费率的校正作用。2020年，对辖内投保机构进行了69项适用费率调整，及时纠正经营数据不真实问题。三是履行存款保险风险警示职能。全区累计下发早期纠正通知书56份、存款保险风险警示函4份。督导2家早期纠正试点机构开展风险化解。四是加大存款保险宣传力度。组织各机构的5088个营业网点开展宣传，举办集中宣传活动2924场（次），编发存款保险宣传定制短信息约872万条，累计受众人数为1199.9万人（次）。五是顺利启用存款保险标识。组织全区吸收存款的金融机构于2020年11月28日营业开始时准时启用存款保险标识，标识启用后各金融机构舆情平稳，营业网点有序经营。

（二）利率市场化改革稳步推动

2020年，稳步推进利率市场化改革，提高金融资源配置效率。一是持续深化利率市场化改革。截至2020年末，存量贷款利率定价基准转换工作任务全面完成，地方法人银行业金融机构提前支取靠档计息定期存款产品如期清零。二是认真开展合格审慎评估和定价行为评估工作。全年共推动86家地方法人金融机构申请参加合格审慎评估，56家机构通过合格审慎评估成为全国自律机制成员，较上年增加2家。按季开展定价行为评估。2020年第四季度，辖内178家参评机构全部通过利率定价行为评估。三是积极推动两单业务备案发行。2020年，完成10家地方法人金融机构同业存单备案工作，共计发行722.2亿元；完成15家地方法人金融机构大额存单备案工作，共计发行284.2亿元。四是提前完成贷款年化利率明示工作。

（三）充分运用货币政策工具支持地区经济发展

2020 年，货币政策工具充分发挥作用。一是认真落实 1.8 万亿元再贷款、再贴现政策。累计为 38 家全国重点保障企业发放优惠利率贷款 20.6 亿元，积极推动金融机构运用 5000 亿元再贷款专用额度为 10338 家农牧户、1888 家普惠小微企业发放贷款 50 亿元。二是精准落实普降、定向降准和差别化存款准备金率政策。2020 年为地方法人金融机构释放可用资金 149.9 亿元。三是积极推进两项直达实体经济货币政策工具的广泛使用。2020 年，累计为 49872 家（次）企业办理延期还本付息 1014.9 亿元。年末企业信用贷款余额 4905.1 亿元，比年初增加 402 亿元。

（四）支付服务能力和水平稳步提升

2020 年，全区支付清算系统安全稳定运行，支付服务能力和水平稳步提升。一是账户管理服务成效显著。推动全区银行业金融机构建立内蒙古自治区人民币银行结算账户自律机制，联合内蒙古自治区市场监管局深入开展政银合作。二是切实维护支付市场秩序。深入开展涉赌涉诈资金链治理和“断卡”行动，配合公安机关破获“10·18”“8·24”等跨境网络赌博案，冻结银行卡 490 张，冻结涉案资金 7400 余万元。三是移动支付便民工程建设规模稳步扩大。2020 年实现城市公交、地铁和高速公路人工半自动收费车道（MTC）移动支付受理全覆盖。完成 72 个旗县示范县建设、3700 余个“助农金融服务点”移动支付受理改造。全区农村地区助农取款服务点 16281 个，村级行政区覆盖率 96.51%。

（五）反洗钱工作机制进一步健全

2020 年，全区反洗钱工作继续稳步推进。一是持续巩固金融监管协调机制。联合四部门印发《关于协调推动预防打击洗钱犯罪工作的意见》，为全区预防打击洗钱犯罪工作提供制度保障。2020 年全区以《刑法》第一百九十一条洗钱罪立案侦查 7 起。二是继续加大执法检查与处罚力度。全年对 11 家违反反洗钱法律法规的义务机构实施“双罚”，共处罚人民币 408.7 万元。三是充分发挥资金监测作用。全年配合自治区有权机关开展协查 54 起，向金融机构发出调查通知书 573 份，共查询交易主体 830 个，涉及资金账户 2691 个，共协助各级有权机关破获洗钱及上游犯罪案件 16 起。

（六）征信体系建设成效显著

2020 年，征信体系建设成效明显。一是征信服务持续优化。2020 年，全区征信系统共收录企业和其他组织信息 87.36 万户，企业信用报告月均查询 1.48 万次。新增金融机构代理个人信用报告查询点 54 个，查询网点新增自助查询机 70 台。落实阶段性减免部分征信服务收费要求，全年共减免登记费用 18.27 万元，政策减免查询服务费 657.92 万元。二是征信信息安全管理不断增强。2020 年，全区完成 13 家接入机构征信业务现场检查，辖内地方性接入机构按照政策要求累计为受到新冠肺炎疫情影响的 1.09 万个人信息主体及 557 家企业调整还款安排或征信记录。三是发挥应收账款融资服务平台功能。截至 2020 年末，全区累计注册中征应收账款融资服务平台用户 4288 个，累计促成融资交易 3319 笔，融资金额 2073.59 亿元，其中带动中小微企业融资 2347 笔，金额 1615.36 亿元。

（七）金融法制环境建设不断完善

2020 年，金融法制环境建设不断完善。一是统筹推进综合执法检查。2020 年全区共对 27 家金融机构及 24 名相关责任人作出 55 次行政处罚决定，对机构罚款 660.45 万元，相关行政处罚信息全部予以公示。二是修订完善金融法律制度体系。2020 年共废止自治区系统内规范性文件 29 件。

（八）促进国库基础工作高质量信息化发展

2020 年，国库基础工作平稳进行，信息化发展加速推进。一是夯实基础。2020 年全区国库会计业务达标率实现 100%，各级国库共办理各项预算收入 3359 万笔，金额 1.63 万亿元，同比增长 9.5%；办理各项预算支出 273 万笔，金额 1.60 万亿元，同比增长 8.7%；全区国库库存余额 446.37 亿元，同比增长 18%。二是推动信息化发展。2020 年，全区各级国库共办理预算收入退库 131 万笔，金额 142.46 亿元，同比增长 52.9%。三是强化监督。2020 年，全区各级人民银行共对 13 家银行业金融机构的 226 个分支机构代理国库业务进行全面执法检查，发现延压税款及占压财政性资金等 6 类 52 项问题，并及时督导整改。

五、影响金融稳定的因素分析

（一）信用风险高企，地方金融风险防化压力较大

部分地方法人金融机构在经营中偏离主业、隐匿不良，加之延期还本付息政策延迟了部分贷款风险暴露，需要高度警惕未来疫情支持政策退出的影响是否会产生“悬崖效应”，地方金融风险防化压力较大。受包商银行破产清算影响，全区银行业金融机构不良贷款同比大幅减少，但仍处于高位，位居全国前列，且主要集中在批发零售业、农林牧渔业和制造业。此外核查发现部分机构账实偏离度较大，抵债资产减值计提不足且处置困难，实质风险未得到充分反映。

（二）声誉风险上升，可能引发其他风险事件

当前，全区银行业金融机构不良贷款率、高风险机构数量长期处于全国前列，金融机构信贷资产质量差，金融腐败案件频发，加之包商银行风险处置事件对辖内部分中小银行经营环境造成较大影响，金融机构面临的声誉风险形势日益严峻。通过舆情监测及重大事项报告渠道反映的情况来看，中小银行面临的声誉风险有上升趋势，且出现被区内外其他机构风险事件及舆情风险所波及的情形。

（三）机构自主化险能力不足，外部政策助力有限

部分金融机构法人治理不健全，股东股权和关联交易乱象突出，内部管理薄弱，合规文化缺失，经营风险和信用风险不断积聚，并且经过多年的专项清收后剩余不良贷款很大比例清收无望，只能依靠金融机构核销或者“贱卖”处理，直接影响金融机构的风险抵补能力和利润水平，依靠自身力量化解风险缺乏有效手段，效率不高。同时，在经济下行压力下地方财政收支矛盾突出，部分高风险机构所在地地方政府注资困难，同时在引入战略投资者、清退现有不合格股东、不良贷款处置等

方面也存在一系列困难，资本补充和资产质量长期得不到实质性改善。

中国人民银行呼和浩特中心支行金融稳定分析小组

组　　　长：肖龙沧
副　组　长：韩向国
成 员 单 位：办公室　法律事务处　货币信贷管理处　跨境办
　　金融稳定处　调查统计处　支付结算处　反洗钱处
　　货币金银处　国库处　金融研究处　征信管理处
　　外汇综合处

《内蒙古自治区金融稳定报告（2021）》编写组

总　　　纂：韩向国
统　　　稿：樊永升　张　燕　乔海滨　王　璐
执　　　笔：岳昕巍　李牧臻　李梦瑶　温建刚
参与写作人员：石琛皓　刘家佳　张晨阳　倪　嘉　杨禄艳　魏　桐
　　魏　敏

辽宁省金融稳定报告摘要

2020年，辽宁省经济运行逐季回升，综合实力有所提升。全省金融业运行总体平稳，金融支持实体经济能力进一步增强。银行业资产负债规模与上年基本持平，总体风险可控。证券业稳步发展，交易规模持续上升。保险业赔付支出大幅增长，保险保障功能进一步发挥。地方“7+4”类机构盈利能力有所改善，法人治理体系需要进一步优化。金融基础设施不断完善，金融服务水平明显提升。

一、区域经济运行与金融稳定

（一）经济运行状况

1. 经济运行逐季回升，主要经济指标实现正增长

2020年，辽宁省实现地区生产总值25115亿元，全国排名第16位，同比增长0.6%，增速较上年下降4.9个百分点。其中，第一产业同比增长3.2%，第二产业同比增长1.8%，第三产业同比下降0.7%。三大产业占生产总值比重为9.1:37.4:53.5。规模以上工业增加值同比增长1.8%，同比少增4.9个百分点，低于全国1个百分点。

2. 固定资产投资小幅增长，工业投资继续下降

2020年，辽宁省固定资产投资同比增长2.6%，增速低于全国0.3个百分点。从产业结构看，三大产业投资增长态势出现分化。第一产业固定资产投资同比增长79.9%，增幅较上年提高68.8个百分点；第二产业同比下降5.1%，降幅较上年下降1.3个百分点；第三产业同比增长4.9%，较上年提高2.1个百分点。

3. 消费回落明显，居民收入保持增长

2020年，受新冠肺炎疫情影响，辽宁省社会消费品零售总额8961亿元，同比下降7.3%，降幅比全国高1.9个百分点，但网上消费增势强劲，全年实物商品网上零售额实现1271.1亿元，同比增长18.1%。城镇常住居民人均可支配收入40376元，同比增长1.5%，较上年下降5.0个百分点；农村常住居民人均可支配收入17450元，同比增长8.3%，较上年少增1.6个百分点。

4. 居民消费价格水平小幅上涨，工业生产者出厂价格指数有所回落

2020年，辽宁省居民消费价格指数（CPI）同比上涨2.4%，增速与上年持平，低于全国平均水平0.1个百分点。工业生产者出厂价格指数（PPI）同比下降3.0%，降幅较上年扩大2.5个百分点。

5. 外贸总额同比下滑，跨境人民币结算量增加

2020年，辽宁省进出口总额944.6亿美元，同比下降10.3%，比全国多降11.8个百分点。其

中，出口下降15.6%，进口下降6.3%，贸易逆差178亿美元，较上年增加34.2亿元。跨境人民币收付金额合计1765.10亿元，同比增长40.6%，结算量排名全国第9位，在全国8个边境省份中居第1位。人民币持续保持跨境收支第二大结算货币，资本项下第一大结算货币。

6. 财政收支实现正增长，财政赤字规模同比扩大

2020年，辽宁省一般公共预算收入2655.5亿元，同比增长0.1%，较上年同期少增1.3个百分点，增速高于全国4个百分点。一般公共预算支出6002亿元，同比增长4.5%，较上年同期少增3.4个百分点，高于全国2.8个百分点。财政赤字3346亿元，比上年同期增加237亿元。

7. 房地产开发投资增速回落，销售量价齐升

2020年，辽宁省房地产开发投资2978.9亿元，同比上升5.1%，增幅较上年回落3.9个百分点。商品房销售面积3743.2万平方米，同比增长1.3%；商品房销售额3366亿元，同比上升6.8%，增幅较2019年提升4个百分点。

（二）经济运行中需要关注的问题

1. 新旧动能转换矛盾犹存，工业支撑力不强

经济运行基础还不牢固，对传统产业依赖程度较高，转型发展任务艰巨，经济增长旧动力减弱和新动力不足的结构性矛盾未得到根本解决，41个工业大类行业中，21个行业利润总额同比减少，亏损工业企业覆盖面达到29.8%，高于全国12.5个百分点。在自主原始创新、资源配置效率、产业融合发展、竞争性优势等方面短板仍需补齐，多点支撑多业并举多元发展的产业体系尚未形成。

2. 固定资产投资后劲乏力，投资拉动力不强

2020年，全省固定资产投资增速实现由负转正，但仍低于全国平均水平，未达到预期目标，有效投资仍显不足，难以对经济增长形成稳健支撑。三大投资板块中制造业投资降幅明显，投资额同比下降7个百分点，企业投资动力不足，对投资支撑方面的潜力有限；基建项目投资渐趋饱和，有效投资空间收窄；房地产投资增速回落，对经济的拉动作用正在减弱。

3. 民营经济发展不活跃，创新引领力不强

省内民营经济发展不协调、不充分，综合实力不强。大多数民营企业处于产业链低端，技术创新能力不强，依靠劳动密集型的低附加值产品维持生存，受市场波动影响较大。在“2020年中国民营企业500强”榜单中，辽宁省仅8家企业入围，较2019年减少3家，在行业中处于领军地位的企业比较少。

4. 市场的软环境有短板，营商环境服务力不强

营商软环境建设仍需迭代更新、提档升级、持续优化，还存在制约市场投资、创新和发展的因素。扶持高新技术企业的普惠性政策落实和配套服务尚不完善，科技进步与金融创新融合发展效果不明显，在产学研用协同创新和科技成果转化方面仍需发力，凝聚人才、发展人才的生态环境需进一步优化。

二、金融业与金融稳定

（一）银行业

1. 运行状况

资产负债规模与上年基本持平，各类机构增速有所分化。截至2020年末，辽宁省银行业金融机

构资产总额91143.69亿元，同比增长6.13%；负债总额87452.46亿元，同比增长6.09%。资产负债增速分别比上年同期提高0.85个和1.33个百分点。从机构类型来看，股份制商业银行和消费金融公司的资产规模增长较快，而外资银行资产规模增速放缓。地方法人银行机构资产负债规模与上年基本持平，截至2020年末，法人机构资产总额44421.28亿元，同比增长1.77%，负债总额41266.64亿元，同比增长1.41%。

存贷款余额有所增加，小微企业贷款增长较快。截至2020年末，辽宁省内银行业各项存款余额67988.17亿元，同比增长8.44%。各项贷款余额52209.39亿元，同比增长5.3%。从机构类型看，农信社和村镇银行贷款整体呈收缩状态，城商行和农商行贷款保持较快增速。从行业看，信贷投向更趋合理，传统产业及产能过剩行业贷款增速放缓或出现负增长，个人贷款增速加快。从企业类型看，大型企业、中型企业、小型企业、微型企业贷款余额分别同比增长为4.48%、0.3%、6.2%和14.77%。

货币政策精准发力，为实体经济发展提供支持。2020年，辽宁省金融机构通过专项金融支持政策向8583户市场主体提供低成本资金415.2亿元。地方法人金融机构通过两项直达实体货币政策工具对8245户普惠小微企业贷款本息合计226.7亿元进行了延期，发放普惠小微信用贷款3.14亿元。2020年末，全省小微企业贷款余额13896.5亿元，比年初增加1182.5亿元，同比增长9.3%。其中，小微企业信用贷款余额1049.8亿元，比年初增加193亿元，同比增长21.9%。普惠口径小微贷款余额2595.4亿元，比年初增加289亿元。金融精准扶贫工作扎实推进，2020年末，辽宁省金融精准扶贫贷款余额276.6亿元，比年初新增53.7亿元，同比增长23.75%。

贷款利率整体下行，实体经济融资成本进一步降低。2020年，辽宁省贷款市场报价利率（LPR）改革持续推进，省内地方法人金融机构存量浮动利率贷款转换率超95%，引导贷款利率稳步下行。2020年末，辽宁省一般贷款加权平均利率同比下降47个基点。小微企业金融服务工程持续推进，金融机构加大对普惠金融领域的信贷支持力度。2020年末，辽宁省普惠口径下小微企业贷款利率较年初下降76个基点。

2. 需要关注的问题

不良贷款持续“双升”，信用风险形势依然严峻。截至2020年末，辽宁省银行业不良贷款余额2710.4亿元，同比增长6.4%，不良贷款率5.18%，比年初上升0.05个百分点，高于全国3.26个百分点，不良贷款余额和不良贷款率仍呈“双升”态势。资产质量下迁趋势仍然明显，年末不良贷款迁徙率同比增加1.13个百分点，关注类贷款同比增长24.13%，信用风险形势严峻。从行业分布来看，辽宁省不良贷款主要集中在制造业、批发零售业和农林牧渔业，以上三类行业不良贷款余额合计占比68.11%。

银行整体业务发展趋缓，经营业绩下滑较多。2020年，辽宁省银行业贷款增速显著放缓。截至2020年末，银行机构贷款同比增长5.3%，增速下降4.92个百分点。大型企业的接续出险对省内金融生态环境影响较大，国有银行、股份制银行等机构对省内企业授信态度日趋谨慎，省内新增贷款大幅下降。2020年，辽宁省新增贷款仅为2626.76亿元，同比下降41.42%。受表外业务收缩、投资渠道减少、不良资产逐步暴露、存款成本较高等因素影响，辽宁省银行业整体盈利水平连续两年下滑。2020年，辽宁省银行业实现盈利110.32亿元，同比下降41.5%。

法人机构风险暴露，风险承受能力较弱。2020年，省内法人银行发展速度趋缓，部分机构的信用风险和流动性风险隐患较大。具体表现在以下几个方面：一是资产负债增速放缓。2020年，辽宁省法人银行资产负债增速分别为1.77%和1.41%，分别比上年增速下降了2.73个和3.32个百分点；二是信用风险逐渐暴露，不良贷款规模较大。2020年，辽宁省法人银行不良贷款余额1706.32亿元，占全省银行业不良贷款余额的62%，不良贷款率7%，高于全国5.08个百分点；三是法人机构流动性紧张情况较为突出。2020年，有34家法人银行机构优质流动性资产充足率不达标，部分法人机构出现流动性紧张情况，个别银行部分网点发生集中取款事件。

企业信用风险向金融体系传导，银行资产质量下行压力较大。近几年来，辽宁省大型企业的风险事件频发，企业风险逐渐向银行体系传导。主要体现在两个方面：一是问题企业体量大，在银行机构的融资余额较多，不良贷款占比较高。大型企业信用风险的逐渐暴露，将对债权银行的资产质量造成进一步冲击；二是部分问题企业通过参控股银行、占用银行资金等方式影响银行经营战略。一方面，企业股东通过各种融资形式大规模占用银行资金，一旦自身经营出现问题或出现负面舆情，资金链紧张，极易导致银行流动性紧张，继而影响银行声誉；另一方面，企业通过各种方式控股银行，股权高度集中于大股东，导致银行公司治理机制形同虚设，银行无法保证经营的独立性，也无法实现有效的风险防控。

（二）证券业

1. 运行状况

上市公司数量略有增加，多层次资本市场持续助力企业拓展融资渠道。截至2020年末，辽宁省共有境内上市公司76家，同比增加1家。其中，2家公司首发上市，1家公司由外埠迁至省内，2家公司退市。上市公司总股本1267.12亿股，同比增长2.71%；总市值8166.56亿元，同比增长17.23%。2020年，辽宁省在全国中小企业股份转让系统（新三板）挂牌企业170家，同比减少11家。2020年，辽宁省企业通过各类资本工具实现直接融资额共计433.59亿元，其中股票市场融资66.66亿元，通过交易所市场发行公司债券融资347.1亿元，通过发行资产支持证券融资19.83亿元。

经营机构数量市场化调整，更好发挥金融服务实体经济功能。截至2020年末，辽宁省共有法人证券公司3家，证券分公司62家，比上年增加4家；证券营业部325家，比上年减少17家；2020年，辽宁省共有法人期货公司2家，期货分支机构108家（分公司51家，营业部57家），与上年持平；2020年，辽宁省共登记私募基金管理人164家，与上年持平，管理的362只基金产品规模合计230.32亿元。各类经营机构根据市场变化进行调整，为投资者和资金需求方提供了更加丰富和多元化的金融服务。

证券交易规模增长较快，基金公司无新发基金。截至2020年末，辽宁省证券交易额100458.65亿元，同比增长34.72%；证券经纪业务手续费收入47408.48万元，同比增长24.88%；期货开户数15.23万户，同比增长9.41%；累计期货代理交易量41665.3万手，同比增长24.23%。2020年，与全国新发行基金数量激增态势不同，辽宁省内基金管理公司无新发行基金（不含私募），增量为零。

2. 需要关注的问题

经营机构风险隐患持续存在，私募行业风险需重点关注。一是辖内个别证券公司大股东出现兑付危机，无法确定风险交叉传导的潜在风险。二是个别证券公司银行间债券市场业务风险仍未完全消除，受其影响，公司的净资本和大部分风控指标持续不符合监管标准。三是私募整体风控水平偏低，有大量“伪私募”混杂其中，严重影响行业规范水平。

上市公司经营风险较为突出，个别上市公司遭遇退市风险警示。辽宁省 76 家上市公司中，有 6 家公司被实施退市风险警示。已披露的 2020 年业绩预告显示，6 家上市公司 2020 年扣除非经常性损益后均为净亏损状态。部分上市公司尽管净利润扭亏为盈，但利润来源主要依存于重组收益，该部分归属于非经常性损益，主营业务能否持续形成竞争优势进而转化为盈利能力仍需市场动态检验。此外，个别公司营业收入指标触及退市新规，不能排除被实施退市风险警示的可能。个别公司前期高杠杆、高溢价并购产生的大额商誉可能存在减值风险。此外，存量高比例质押公司化解难度较大。

交易场所存量风险有所抬头，深入推进风险处置工作刻不容缓。部分交易场所存量业务风险未完全处置，仍存在维稳压力。其中，个别交易所业务存量依然较大，是市场上唯一业务扩张的金融资产交易所，虽然监管部门已要求其停止所有新增业务，有序清退存量业务，但后续能否全部如期兑付仍存在较大不确定，可能引发涉众型风险。

（三）保险业

1. 运行状况

市场总体平稳运行，行业规模持续提升。截至 2020 年末，辽宁省共有省级以上保险公司 123 家，其中省级财产险公司 52 家，省级人身险公司 64 家，人身险法人公司 3 家，财产险法人公司 2 家，保险资产管理公司 1 家，省级政策性保险公司 1 家。保险从业人员 33. 25 万人。2020 年，共实现原保险保费收入 1338. 27 亿元，同比增长 3. 75%，其中，财产险业务保费收入 386. 45 亿元，同比增长 4. 00%；人身险业务保费收入 951. 82 亿元，同比增长 3. 64%。全省保险业总资产 3921. 20 亿元，同比增长 13. 21%，其中人身险公司资产总额 3616. 12 亿元，同比增长 13. 95%；财产险公司资产总额 305. 08 亿元，同比增长 5. 10%。

赔付支出大幅增长，改革创新持续推进。一是继续发挥积极的经济补偿作用。2020 年，全省赔付支出 473. 33 亿元，其中财产险业务共发生赔付支出 226. 02 亿元，同比增长 9. 75%；人身险业务赔付支出 246. 76 亿元，同比增长 23. 14%。车险业务实现赔付支出 147. 84 亿元，同比下降 0. 97%；责任保险继续发挥在社会管理中的重要作用，发生赔付支出 13. 29 亿元，同比增长 40. 78%；农业保险保持较快增速，实现赔付支出 27. 37 亿元，同比增长 36. 17%。保险功能作用得以进一步发挥，为保障地方经济运行的安全和社会大局的稳定发挥了重要作用。二是改革创新持续推进。辽宁省保险业于 2020 年 9 月 19 日正式在辖内启动车险综合改革工作，本次车险综合改革以“保护消费者权益”为主要目标，包括建立市场化条款费率形成机制、扩大保障责任、丰富保险产品、促进车险市场有序竞争，短期内主要体现为“降价、增保、提质”。

人身险业务期限结构持续调整，期趸比例有所下降。一方面，在规范中短存续期产品的监管政策引导下，人身险业务期限结构持续调整，但受多方面因素影响，2020 年新单期交业务指标与上年相比仍然呈现出下降态势。全省人身险公司寿险业务实现新单保费收入 246. 60 亿元，其中新单期交保费 139. 13 亿元，期趸比例从上年的 1∶0. 5 下降到 1∶0. 8。另一方面，2020 年寿险公司退保率继续下降，由 2019 年的 3. 65% 下降至 2. 71%，同比下降 0. 94 个百分点。

2. 需要关注的问题

车险改革叠加业务品种单一背景，财险公司盈利能力降低。当前，省内大部分基层财险公司业务品种较为单一，使得保险公司车险保费收入在总体保费收入中所占比重过大。尤其是车险综合改革的启动，将直接影响车险险种保费收入，冲击基层财险公司总体保费收入。此外，受疫情影响，部分客户可用投保资金短缺，应收保费存在延期催缴困难，部分客户退保风险加大，给财险公司稳健经营带来不利影响。在多重因素作用下，没有及时拓展新业务规模的基层财险公司的盈利能力面临极大挑战。

疫情影响伴随寿险公司业务结构持续调整，流动性风险不容忽视。一是受新冠肺炎疫情影响，人身险公司面临业务收入下降、赔付支出增长的双重压力，2020 年满期给付增长较快，相关领域突发情况仍需重点关注，流动性风险增大。二是随着控制中短存续期产品销售规模政策的深入，人身险公司业务结构持续调整，辖区中小保险公司受此影响，部分机构面临较大的现金流压力。

内外部环境不利，保险欺诈问题突出。一是保险业粗放式经营为保险欺诈创造有利空间。保险经营者为了抢占更多的市场份额，在业务发展上依然秉持“重规模、重速度、轻效益”的策略，竞争中放宽其理赔政策，对涉嫌保险欺诈的业务睁一只眼闭一只眼，促成了保险欺诈的产生，同时，保费增长仍为评判保险业务人员业绩优劣的主要标准，直接与保险业务人员的绩效考核挂钩，这也降低了有欺诈意图的恶意投保人获得承保的难度。二是保险中介机构违法成本低，惩戒措施不具震慑力。部分领域出现“真空地带”游离于监管之外，保险中介行业自律组织建设不够完善使保险中介市场乱象依然严峻。

三、地方“7+4”类机构与金融稳定

（一）融资性担保机构

1. 基本情况

截至 2020 年末，辽宁省共有融资担保机构 321 家，其中政府性融资担保机构 15 家，比上年减少 46 家；注册资本 509.0 亿元，同比下降 5.0%。2020 年，辽宁省融资担保机构资产总额 539.6 亿元，同比上升 13.2%；在保责任余额 947.3 亿元，同比上升 4.6%；全年实现净利润 2.66 亿元，同比上升 485.3%。当前，辽宁省融资担保主要面向中小微企业和“三农”等领域提供业务服务。

2. 风险状况分析

一是银担合作困难，银行普遍提高合作门槛，与银行合作的担保机构数量不断下降，民营担保机构入围困难。同时，银担合作地位不平等，与银行较难建立起风险共担的业务合作机制，担保公司常处于被动状态，担保费率相对较低。二是资产流动性不足，不良贷款和代偿资产较高，法人治理结构、内控机制有待完善。三是辽宁省融资担保机构存在数量多、规模小的现象。

（二）小额贷款公司

1. 基本情况

截至 2020 年末，全省小贷公司营业家数 458 家（其中外资入股 6 家），同比下降 12.9%；平均注册资本 0.71 万元，同比上升 4.4%；贷款余额 288.2 亿元，同比下降 5.5%；净利润总额 1.2 亿元，同比上升 39.3%。当前，辽宁省小贷公司主要针对小微企业和“三农”等领域提供信用贷款。

2. 风险状况分析

一是行业景气度不高，社会资本投资小贷公司的意愿不强；二是资金流动性下降，贷款回收困

难，不良资产难以清收，资金周转缓慢；三是金融机构属性始终得不到确认，致使小贷公司在发放小微企业和“三农”贷款时，不能享受国家给予金融机构的各项优惠政策。

（三）典当行

1. 基本情况

截至2020年末，全省（不含大连）共有典当行及分支机构435家，其中，典当行429家，分支机构6家；企业实缴注册资本42.5亿元；发放当金累计总额67.1亿元，同比增长47.7%；当金余额23.4亿元，同比增长7.4%；主营业务收入1.4亿元，同比增长11.8%；从业人数1283人，同比下降9.6%；净利润－1658.6万元，同比减亏5348万元。

2. 风险状况分析

辽宁省典当行业总体实力不强，部分机构业务经营不规范，行业整体盈利能力较弱。

（四）金融权益类交易场所

截至2020年末，辽宁省共有4家金融权益类交易场所：辽宁股权交易中心、辽宁金融资产交易中心、辽宁北方金融资产交易中心和大连股权交易中心。辽宁股权交易中心注册资本1亿元，累计挂牌企业2335家，累计实现各类融资75.89亿元。辽宁金融资产交易中心注册资本1000万元，挂牌金融资产1082.46亿元，累计成交额144.08亿元。辽宁北方金融资产交易中心注册资本3亿元，全年实现投资收益513.74万元。大连股权交易中心注册资本5000万元，挂牌企业643家。

（五）地方资产管理公司

1. 基本情况

截至2020年末，辽宁省共有2家地方资产管理公司，分别为辽宁富安金融资产管理公司和辽宁省国有资产经营有限公司。辽宁富安金融资产管理公司资产规模16.7亿元，当年累计收购不良资产83.7亿元（账面值），实现净利润0.8亿元。辽宁省国有资产经营公司资产规模58.4亿元，当年累计收购不良资产30.1亿元（账面值），实现净利润1.8亿元。

2. 风险状况分析

两家企业均存在资本实力弱、业务规模小等问题，在批量处置不良资产特别是帮助地方法人银行处置不良资产方面作用发挥不够充分。

（六）非法集资

1. 基本情况

2020年，辽宁省非法集资案件全年新发案件142起，同比减少51.37%；涉案金额66.8亿元，同比减少75%；参与集资人数5.5万人，同比减少47.12%。整体体现了“打早打小”成果，千万元规模及以下的案件占大多数。

2. 风险状况分析

2020年，辽宁省非法集资新发案件数量、涉案金额以及参与集资人数等大幅下降，风险总体处于可控状态。陈案的批量化解，有效遏制了风险积聚（三年来批量化解陈案276起，占原有陈案总量的69.7%）。千万元规模及以下的案件占大多数，极大地减轻了维稳工作压力。

四、金融基础设施与金融稳定

2020 年，辽宁省金融基础设施不断完善，支付系统运行稳定，法律环境持续优化，反洗钱监管效率不断提升，社会信用体系建设稳步推进。

（一）支付体系

2020 年，辽宁省支付系统稳定运行，支付便民工程成效显著，农村支付环境更趋完善。

1. 支付工作状况

支付系统平稳运行。2020 年，全省共处理大额支付系统业务 2772.2 万笔，金额 138.9 万亿元，同比减少 47.9% 和 6.6%；小额支付系统共处理业务 12715.5 万笔，金额 5.95 万亿元，同比增长 17.3% 和 156.9%；网上支付跨行清算系统共处理业务 7676.5 万笔，金额 11373.4 亿元，同比增长 24.9% 和 122.9%；人均持卡数量 6.7 张，同比增长 8.06%。

支付体系建设成效显著。一是移动支付便民工程有序推进，辽宁省 11 个地市城区公交和 34 个县域公交 1.2 万余台公交车，以及沈阳、大连地铁全线开通受理移动支付，民生领域支付水平显著提升。二是助农取款服务点规范化建设逐步完善，制定《关于推进助农取款服务点标准化建设的指导意见》，围绕准入流程、服务点环境、服务点功能、收费定价、终端机具五个具体方面制定详细标准，推动农村银行卡助农取款服务点可持续发展。2020 年，辽宁省共设立 22519 个银行卡助农取款服务点，农村地区人均持卡量 3.52 张，同比增长 17.3%。

2. 需要关注的问题

一是支付产业数字化全面提速带来的数据安全问题不容忽视。二是支付产业如何助力经济双循环发展格局的落地实施是新形势下支付领域的重大课题。

（二）法律环境

2020 年，辽宁省坚持法治引领，推进法治政府建设，大力推动法治环境改善，努力打造良好营商环境，切实保障人民群众自身利益。

1. 法律工作状况

（1）法治环境进一步改善。2020 年，辽宁省统筹推进疫情防控和经济社会发展，加强法治政府建设，废止和修改政府规章 36 件、行政规范性文件 1693 件。全省法院共受理各类案件 110.36 万件，审结 104.61 万件，结案率 94.79%，同比上升 1.31%。全省检察机关精准对接辽宁振兴发展所需，加强检察服务保障，推进法治化营商环境建设，起诉破坏金融管理秩序犯罪 1488 人，起诉涉及非法高利放贷、欺行霸市等黑恶犯罪 244 件。协力筑牢抗疫法治防线，依法严惩哄抬物价、诈骗等破坏疫情防控各类犯罪，“从严、从快”起诉 271 人。

（2）金融普法教育持续推动。2020 年共开展宣传活动 13112 次，普及受众消费者 1257 余万人，发放宣传材料 241 万份，线上推送点击量 256 万余次，媒体报道 861 次。基本形成以日常宣传教育为基础，“金融消费者权益日”“普及金融知识守住钱袋子”“金融知识普及月”宣传为重点的多层次、全覆盖的宣传格局。

（3）投诉管理工作不断优化。2020 年，辽宁省 12363 呼叫中心运行平稳，辖内共受理有效投诉

790 件，解答咨询 7488 件，涉及支付结算、征信、人民币类等，服务水平和运行效率不断提升，金融消费者满意度保持在较高水平。

2. 需要关注的问题

违法违规金融广告已成为危害金融稳定和社会稳定的重大隐患，治理金融产品违法违规广告行为、整治干扰金融市场秩序的广告乱象是当前亟须解决的问题。

（三）反洗钱

2020 年，辽宁省不断完善反洗钱协调机制建设，持续加大反洗钱执法检查力度，反洗钱非现场监管工作效能明显提升。

1. 反洗钱工作状况

反洗钱协调机制建设走在全国前列。召开辽宁省反洗钱工作联席会议，22 家成员单位在制度完善、举措落实、协同推进等方面取得显著效果。人民银行沈阳分行与省人民检察院、国家安全厅签订合作备忘录并联合公检法部门印发指导意见，共同推动洗钱罪立案起诉审判工作，配合省国家安全厅调查 3 起涉嫌国家安全案件线索，配合公安部门开展禁毒大会战专项行动，移送、调查涉毒线索 13 件，涉毒洗钱定罪 1 起。

反洗钱执法检查力度持续加大。创新检查方式，突出问题导向，精准确定检查内容，督促被查机构做出系统性、根本性的整改。2020 年，共完成 30 家银行业金融机构的现场检查工作，严格按照裁量基准对违规行为实施处罚，查罚率明显提升。

反洗钱非现场监管工作效能明显提升。靶向金融机构洗钱风险管理薄弱环节，将分类评级与洗钱风险评估有机融合，对辖区 1521 家机构开展反洗钱分类评级。按问题导向、防控为本、依法行政的工作原则，采取有针对性的分类评级后续监管措施，共约见谈话 93 家，监管走访 60 家，质询 32 家。完善 6 个行业洗钱风险评估体系，对 27 家机构开展现场洗钱风险评估，有效发现金融机构洗钱风险漏洞，提升了监管资源投放的准确性。

反洗钱基础工作实现提质增效。积极开展反洗钱宣传，组织辖区 20 万余人参与线上答题，走进社区及贫困地区，有效提高社会公众履行反洗钱义务的自觉意识。

2. 需要关注的问题

一是风险评估机制尚不完善，反洗钱工作机制的健全性和系统性需要进一步完善。二是当前金融业态以及传统金融业务呈现线上化迁移态势，使得犯罪资金转移链条更为复杂，洗钱证据收集固定更加困难，对反洗钱工作提出了更高的要求。

（四）征信体系

2020 年，辽宁征信体系运行平稳，社会信用体系建设持续推进，征信服务有效供给显著提升。

1. 征信体系状况

金融信用信息基础数据库平稳运行。截至 2020 年末，个人信用信息基础数据库收录辽宁省 3994. 6 万个自然人信息，其中有信贷记录的 2038. 9 万人；企业信用信息基础数据库共采集辽宁省内 179 万户企业和其他组织的信贷信息。2020 年在互联网查询服务平台新增注册用户 31. 47 万个，申请查询服务 69. 08 万次；全省各级人民银行累计提供企业信用报告查询服务 3. 86 万次，个人信用报告查询服务 238. 33 万次。

社会信用体系建设持续推进。一是中小微企业信用服务平台建设逐步完善。2020 年，辽宁省各平台收录地方企业法人数量 20 余万户，平台累计查询使用近 20 万次，企业信用档案覆盖率 74.3%。二是农村信用体系建设持续深化。建设“辽宁省农户信用信息管理系统”，累计采集录入 195.5 万农民信用信息，35.3 万户建档立卡贫困户信息，基本实现建档立卡贫困户全覆盖。

征信服务有效供给显著提升。2020 年，共开设 224 个个人信用报告查询网点，54 个企业信用报告查询网点，投入 241 台个人信用报告自助查询设备。同时为保障疫情期间信息主体征信权益，辽宁省银行业金融机构疫情防控期间累计为 66546 个自然人、2183 户企业调整还款安排或征信记录。

2. 需要关注的问题

当前社会公众的基础信用信息存在一定程度割裂和浪费，这直接束缚了征信行业的发展和信用体系的建设，如何打破征信信息共享瓶颈是当前征信领域的重要课题。

五、2021 年展望

2021 年是我国现代化建设进程中具有特殊重要性的一年。辽宁省将以习近平新时代中国特色社会主义思想为指导，全面贯彻党的十九大和十九届二中、三中、四中、五中全会精神，深入贯彻落实习近平总书记关于东北、辽宁振兴发展的重要讲话和指示精神，落实中央经济工作会议部署，坚持稳中求进总基调，立足新发展阶段，贯彻新发展理念，构建新发展格局，统筹推进“五位一体”总体布局，协调推进“四个全面”战略布局，以推动高质量发展为主题，以深化供给侧结构性改革为主线，以改革创新为根本动力，以满足人民日益增长的美好生活需要为根本目的，坚持系统观念，统筹发展与安全，继续做好“六稳”工作，全面落实“六保”任务，保持经济运行在合理区间，社会大局和谐稳定，党的建设全面加强，确保“十四五”开好局、起好步，以优异成绩庆祝中国共产党成立 100 周年。

中国人民银行沈阳分行金融稳定分析小组

组　　长：朱苏荣
副 组 长：李　强
成　　员：王　刚　王　莹　王　涛　尹　久　李　珺　李维康
　　　　　苏　存　姚　勇　徐振江　龚　科　魏忠全

《辽宁省金融稳定报告（2021）》编写组

总　　纂：王　刚　于大鹏　胡秋慧　许　胜
统　　稿：高　霞　丁祎宁
执　　笔：由　华　高　鹏　张新宜　孟　楠　张继仁　刘晓东
　　　　　纪　晗　田睿璇　张　帆　孙楚涵　温　琳　李洋帆
参与写作人员：白　地　李万超　李璐媚　宋杭倩　张　冰　阿　荣
　　　　　郑冬蔚　郑维臣　高新宇　郭晓旭　崔　冬

吉林省金融稳定报告摘要

2020年是“十三五”规划收官之年，吉林省经受了突如其来的新冠肺炎疫情、历史罕见的3场台风和雨雪冰冻灾害考验，全省上下坚持以习近平新时代中国特色社会主义思想为指引，坚持稳中求进工作总基调，全面贯彻新发展理念，实现了经济金融的稳定运行。银行业存贷款保持较快增速，资本市场直接融资功能提升，保险保障功能持续发挥。金融支持“稳企业、保就业”，推进供给侧结构性改革发挥重要作用，防范化解重大金融风险攻坚战取得显著成果。

一、区域经济运行与金融稳定

2020年吉林省面对新冠肺炎疫情对经济造成的严峻考验，及时出台《关于进一步支持打好新型冠状病毒感染的肺炎疫情防控阻击战的若干措施》（以下简称“34条”）、《关于进一步做好金融支持吉林省防控新型冠状病毒感染肺炎疫情工作的通知》（以下简称“金融支持疫情防控29条”）、《关于锚定稳企业保就业目标进一步做实做细中小微企业金融服务的实施意见》（以下简称“金融稳保吉林40条”）等一系列稳增长以及复工复产政策“组合拳”，大力开展“五项攻坚”行动，推进“十个聚力”“双创”“双引”等举措，扎实做好“六保”“六稳”，推动经济恢复增长。全省实现地区生产总值12311.32亿元，增长2.4%，增速居全国第20位，是党的十八大以来最好水平。其中，第一、第二、第三产业分别实现增加值1553亿元、4326.2亿元和6432.1亿元，同比分别增长1.3%、5.7%和0.1%。三大产业结构占比为12.6∶35.1∶52.3。

（一）着力扩大内需效果明显

1. 固定资产投资较快增长。2020年，吉林省固定资产投资（不含农户）同比增长8.3%，增速比上年同期提高24.0个百分点。分产业看，第一、第二、第三产业固定资产投资增速分别为68.3%、9.0%和7.1%。从重点领域看，基础设施投资增速为4.3%，房地产开发投资1460.78亿元，同比增长11.0%，民间投资规模同比增长9.8%。一汽红旗新能源汽车工厂、玲珑1420万条轮胎、嘉吉200万吨玉米深加工扩能等一批重大项目开工建设。扎实推进新基建“761”工程，长春轨道交通三期工程全面启动，新建5G基站8042个，敦白铁路、沈白高铁加快建设，松原至通榆、双辽至洮南等5条高速公路建成通车。新增高速公路通车里程718千米，居全国第5位。

2. 消费需求加速回暖。2020年上半年受新冠肺炎疫情影响，吉林省居民消费需求大幅下降。为此，吉林省出台支持服务业《关于应对疫情影响支持服务业健康发展的若干政策措施》《关于新一轮促消费扩内需的若干政策举措》等政策。新型消费强势增长，网络零售额增长

19.2%，居全国第6位；启动旅游体育消费年活动，全年接待国内游客1.53亿人次。居民消费自第三季度开始逐步企稳回升，前三季度社会消费品零售总额同比下降15.1%，但降幅较上半年收窄4.9个百分点；第四季度社会消费需求快速回暖，社会消费品零售总额增速由降转升，单季同比增长6.7%。全年社会消费品零售总额同比下降9.2%，降幅比前三季度收窄5.9个百分点，其中限额以上社会消费品零售总额下降11.1%。按经营单位所在地分，城镇消费品零售总额下降9.3%，农村下降8.4%。按消费类型分，零售业和餐饮业受影响较大，商品零售下降9.2%，餐饮收入下降9.7%。

3. 外贸出口总量下降的同时亮点显现。2020年，受新冠肺炎疫情冲击海外经济体需求走弱，中美贸易摩擦影响不断累积，吉林省出口形势较上年明显走低。全年吉林省实现进出口总值1280.12亿元，同比下降1.7%。其中，进口989.32亿元，同比增长1.1%，出口290.80亿元，同比下降10.3%。与此同时，一批对外经济合作的重点项目取得进展，中韩（长春）国际合作示范区、珲春海洋经济发展示范区、长春临空经济示范区等获批。中欧班列货运量增长43.4%。通化港货物吞吐量达到1000万吨。

（二）深入推进供给侧结构性改革

1. 农业生产基本稳定。2020年，吉林省坚持农业农村优先发展，加快建设现代农业，大力提高粮食综合生产能力。农林牧渔业总产值同比增长1.5%，其中农业增长2.7%，牧业增长0.2%。保护性耕作面积达到1852万亩，规模全国最大，“梨树模式”获习近平总书记高度评价。新建高标准农田300万亩，农作物耕种收综合机械化水平达到91%。粮食产量760.6亿斤，连续8年稳定在700亿斤以上。但疫情也对农业生产产生了一定影响，从主要畜牧业产品看，生猪出栏量下降2.9%，降幅比前三季度收窄2.6个百分点。牛出栏量下降7.7%，羊出栏量增长10.1%，家禽出栏量增长0.3%。家庭农场、农民合作社分别发展到14.6万户、8.4万户。

2. 工业增长势头强劲。2020年，吉林省规模以上工业增加值同比增长6.9%，高于全国平均水平4.1个百分点，行业增长面逐步扩大（见图1）。从重点产业看，汽车制造业同比增长12.8%，增

图1 1982—2020年吉林省规模以上工业增加值实际增长率

（数据来源：吉林省统计局）

速高于全国平均水平6.2个百分点。一汽集团在吉林省生产整车265.4万辆，其中一汽大众年产销量均突破200万辆，红旗品牌汽车年产销量均突破20万辆。其他重点行业生产逐渐回升也不同程度实现增长，石油化工产业增长0.6%，食品产业增长1.3%，医药产业增长1.9%，装备制造业增长8.4%。

3. 服务业稳步复苏。2020年，吉林省服务业增加值同比增长0.1%，增速比前三季度提高1.2个百分点。服务业占GDP比重为52.3%，在新冠肺炎疫情冲击影响下仍保持较高占比。从重点行业看，金融业增长5.5%，交通运输、仓储和邮政业增长0.4%，批发零售业下降4.3%，住宿和餐饮业下降18.7%，房地产业下降1.6%。全年铁路货物发送量增长10.3%，公路货运量增长2.8%。

4. 经济布局和结构调整不断优化。全面实施"一主六双"产业空间布局，产业结构、经济结构、区域结构调整等取得重要进展。公主岭市划归长春市代管，长春现代化都市圈初见雏形。长吉接合片区国家城乡融合发展试验区加快推进。前郭、珲春、公主岭、梅河口入选全国县城新型城镇化建设示范。创建省级特色产业小镇80个。高铁变轨等关键核心技术取得突破，时速400公里跨国联运高速列车正式下线。"吉林一号"一箭九星海上成功发射，在轨卫星达到25颗。新认定国家高新技术企业1085户、科技"小巨人"企业302户，分别增长46.9%、40.4%。"数字吉林"加快建设，线上教育、网红经济等新业态新模式不断涌现。

（三）房价过快上涨势头得到遏制

2020年，吉林省房地产投资相对稳定，房地产开发投资同比增长11%，较上年同期下降0.9个百分点。受新冠肺炎疫情、经济下行压力增大等因素影响，商品房交易活跃度有所下降，商品房销售面积和销售额下滑，同比分别下降13.7%和12.6%。房地产企业因此减少了新开工项目，延长竣工交付时间，工程施工进度放缓，新开工和竣工面积均有下降。其中，房屋新开工面积同比减少9.7%，增速较上年同期下降28.6个百分点；房屋竣工面积同比减少21.0%，降幅较上年扩大1.4个百分点。房价过快上涨势头得到遏制，长春市和吉林市新建商品住宅销售价格指数分别为102.3%和104.1%，涨幅较上年同期分别下降7.1个和6.1个百分点。

（四）物价水平整体保持平稳

2020年，吉林省居民消费价格指数累计上涨2.3%，较上年同期下降0.7个百分点（见图2）。分类别看，构成CPI的八大类商品和服务项目价格"五升三降"。其中，食品烟酒类价格上涨7.5%，其他用品和服务类价格上涨4.2%，医疗保健类价格上涨1.8%，教育文化和娱乐类价格上涨1.4%，生活用品及服务类价格上涨0.8%；交通和通信类价格下降3.5%，衣着类价格下降0.6%，居住类价格下降0.2%。

吉林省工业生产者出厂价格略有下降，2020年同比下降1.4%，12月同比下降0.4%，环比上涨1.0%。全年工业生产者购进价格较上年下降1.3%，12月同比上升0.2%，环比上涨1.6%。

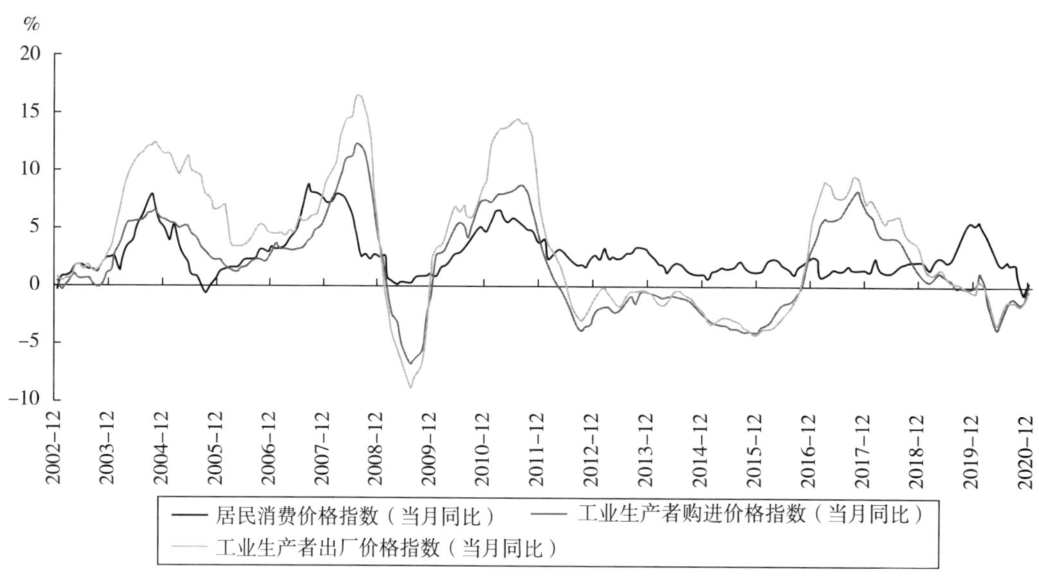

图2 2002—2020 年吉林省居民消费价格和工业生产者价格变动趋势

（数据来源：吉林省统计局）

二、金融业与金融稳定

（一）银行业分析

1. 支持实体经济发展重要作用凸显。2020 年吉林省银行业金融机构加强服务，支持抗击疫情，推动经济稳步复苏。2020 年末，吉林省银行业资产总额 35847.83 亿元，同比上升 9.72%；负债总额 34408.21 亿元，同比上升 9.55%。本外币各项贷款余额 22751.1 亿元，同比增长 8.9%；本外币各项存款余额 27246.54 亿元，同比增长 12.8%，高于上年同期 3.29 个百分点。全年实现净利润 159.99 亿元，同比增长 31.85%。积极响应落实“金融支持疫情防控 29 条”“央行吉林 30 条”“金融稳保吉林 40 条”等一系列政策精神，加大疫情防控相关领域的信贷投入，卫生防疫、物流运输贷款分别同比增长 12.6% 和 6.4%。加大受疫情影响严重的消费性服务行业的支持力度，住宿餐饮、商务服务、文体娱乐等行业贷款余额分别增长 27.4%、14.3%、21.1%。积极支持重大项目建设，年末全省中长期贷款余额同比增长 13.9%，快于各项贷款增速 5.1 个百分点，主要支持基础设施、保障性安居工程等领域建设。大力支持科技创新，促进产业结构转型升级，科学研究和技术服务业贷款同比增长 62.3%，工业企业技术改造升级服务贷款同比增长 59.3%，软件信息业贷款同比增长 50.2%（见图 3）。

2. 助力“稳企业保就业”加大金融支持力度。充分运用货币政策工具扩大信贷供给，降低企业融资成本，全省运用3000 亿元防疫专项再贷款政策累计发放防疫优惠利率贷款 48.1 亿元，发放额居东北三省一区首位；运用 1.5 万亿元再贷款再贴现政策累计发放优惠利率贷款 157.9 亿元。同时，累计为 6 万户市场主体办理延期还本付息 648.6 亿元，2020 年 12 月延期率达到 42.7%，有效缓解企业债务偿付压力。开展线上、线下政银企对接 20 余次，向金融机构推送重点稳保企业名单，累计发放

图3 2018—2020年吉林省金融机构本外币存贷款增速变化

（数据来源：中国人民银行长春中心支行）

贷款395亿元。2020年6月，吉林省自主研发，基于互联网和大数据分析技术的银企服务平台“吉企银通”投入运行，上线以来累计为小微企业提供贷款2361笔，发放贷款77.5亿元。持续深化乡村振兴金融服务工作，引导金融机构加大涉农产品创新力度。截至2020年末，全省涉农贷款余额5309亿元，占各项贷款的23.9%。其中，农户贷款余额779亿元，余额同比增长6.7%。

3. 指导市场利率有序下行合理降低融资成本。存款定价自律管理加强，推进清理不规范存款创新产品，建立大额存款投标预备案制度，积极以降低银行资金成本创造贷款利率“降价”的市场条件。持续深化LPR改革，引导贷款利率下行，全省企业贷款加权平均利率5.54%，降至历史新低。推动企业利用银行间市场累计发行债务融资工具543亿元，加权平均利率4.3%，较上年同期下降1.19个百分点，节约企业财务成本约3.6亿元。欧亚集团成功发行东北地区首单疫情防控专项债5亿元，利率4.7%。

4. 防范化解重大风险攻坚战取得显著成果。银行业不良贷款实现双降，2020年，吉林省银行业金融机构累计处置不良贷款520亿元，不良贷款余额和不良贷款率分别下降103.36亿元和0.77个百分点，不良贷款率降至近十年来最低水平。发挥金融委办公室地方协调机制（吉林省）作用，全面加强金融机构风险防范化解工作，金融机构针对风险问题积极完善公司治理架构，全面加强贷款“三查”，稳妥应对突发事件。吉林省个别金融机构涉及的“明天系”“先锋系”“海航系”风险处置、包商银行二级资本债减记、法人机构异地吸收存款整顿等工作顺利平稳进行，未对区域金融稳定造成影响。合力控制房地产贷款增速，坚持“房住不炒”原则，避免信贷资金过度流向房地产市场。2020年吉林省房地产贷款余额同比增长13.51%，增速较上年下降1.53个百分点。其中，个人住房贷款余额同比增长14.92%，较上年回落6.46个百分点。房地产贷款不良率和个人住房按揭贷款不良率分别为0.68%和0.56%，房地产信用风险控制在较低水平。

5. 地方法人金融机构资本实力得到提升。2020年吉林省法人银行机构积极补充资本，提高资本充足率，全年共有9家机构实施了增资扩股，包括1家城商行、1家农商行、5家村镇银行、1家农村信用社和1家财务公司，抗风险能力进一步提高。其中，吉林银行年内分两次完成15亿股的增发，募集资金合计 52.5 亿元，年末资本充足率达到 12.02%，同比提高 0.7 个百分点；同时，不良贷款处置力度加大，年末不良贷款余额同比减少 53.86 亿元，不良贷款率 1.85%，较年初下降 2.54 个百分点。亿联银行增资扩股募集 10 亿元，总股本达到 30 亿股，年末资本充足率 12.35%。农村信用社改革持续推进，宁江农村信用联社通过增资扩股募集股金 4.18 亿元，达到改制标准。

当前，银行业仍需关注一些主要风险问题。

一是在新冠肺炎疫情影响下，信用风险仍是银行业面临的主要风险。2020 年吉林省银行业金融机构虽然不良贷款处置有较大成果，但从结构来看，不良贷款的处置主要来自政策性银行、国有商业银行和城市商业银行，而股份制商业银行、农村商业银行和信托投资公司的不良贷款仍出现了增长。同时，全省银行业金融机构的关注类贷款总量仍在增加，部分关注类贷款未来可能会转变为不良贷款。

二是大型企业违约形成不良贷款增加。2020 年，吉林省经营出现问题的大型企业数量增长，不良贷款规模有所增加。出险企业中，部分企业属于产能过剩行业，经营周转处于停滞状态，个别企业已进入破产重组程序，在短期内还款存在较大的困难。

三是法人机构风险防控压力仍然较大。个别地方法人金融机构在公司治理、同业业务和资产质量等方面存在不同程度的突出风险，不良资产占比较高，流动性较为紧张。农村信用社补充资本需求较大，股份制改革进入攻坚阶段。

（二）证券业分析

1. 证券机构经营总体稳健。2020 年末，吉林省共有法人证券公司 2 家，证券分支机构 156 家，其中，证券公司分公司 23 家、同比减少 6 家，证券营业部 133 家、同比减少 5 家；法人期货公司 2 家，期货营业部 8 家，与上年一致；证券期货从业人员 4963 人，同比上升 22.69%。

2. 证券交易平稳增长。2020 年，吉林省证券交易情况稳步向好，业务规模有所上升，证券交易额为 54482.74 亿元，同比增长 44.19%，其中，股票交易额 23002.44 亿元，债券交易额 30135.32 亿元，基金交易额 1286.34 亿元。2020 年，吉林省期货交易量 4221.32 万手，同比增长 122.54%；期货交易额 25235.85 亿元，同比增长 30.97%。

3. 直接融资规模持续扩大。2020 年，吉林省通过资本市场直接融资 515.20 亿元，同比增长 74.75%。其中，4 家上市公司定向增发融资 217.57 亿元，1 家上市公司发行定向可转债融资 4.50 亿元，3 家上市公司发行股票融资 22.08 亿元，8 家新三板挂牌公司发行股票融资 4.05 亿元，上市公司发行 21 只公司债券融资 259.24 亿元，处于相关进程但未完成融资的共有 347.90 亿元。其中，2 家公司申请发行 35 亿元非公开发行股票已通过证监会核准，3 家公司增发 69 亿元股票申请已通过但尚未发行，10 家公司提出 243.90 亿元的融资方案。

4. 私募基金市场业务规模不断扩张。吉林省私募市场快速发展，在服务居民理财、优化资本市场结构、支持实体经济发展方面发挥积极作用。2020 年末，在基金业协会登记的吉林省私募基金管理人 69 家，同比减少 7 家；管理私募基金 122 只，同比增加 11 只；管理基金规模 300.44 亿元，同比增加 4.69 亿元，增长 1.59%。

吉林省证券业在发展过程中存在一些问题需要高度关注。一是吉林省证券公司与期货公司净资本水平在同行业中处于中下游水平，核心竞争力不强，专业服务能力有待提升。二是部分证券公司的主要股东将所持股票进行质押融资，质押比例超过 50% 且出现经营亏损，易对证券公司的未来业务许可产生不良影响。三是个别证券公司、期货公司的股东所持股份因债务纠纷被司法冻结，也给证券公司的经营造成一定的不确定性。四是期货公司盈利能力严重不足，面临较大经营压力。五是吉林省45家A股上市公司中，有6家为拟退市高风险上市公司，部分公司股权质押、资金占用、违规担保、持续经营、强制退市以及其他债务风险等相互交织叠加，风险化解的难度较大。

（三）保险业分析

1. 资产实力稳步增强，市场经营主体不断完善。2020年，吉林省保险业平稳发展，资产实力稳步增强，全行业分公司以上资产总额达到1927.87亿元，同比增加218.9亿元，增长12.81%。吉林省法人保险公司3家，分别为安华农业保险公司、都邦财产保险公司、鑫安汽车保险公司。省级保险分公司38家，按业务性质划分，财产险公司18家，人身险公司20家；按资本属类划分，中资保险公司37家，外资保险公司1家。各保险公司从业人员23.78万人，同比增加1.97万人，增长9.03%。

2. 保费收入平稳增长，保险保障功能逐步提升。2020年，吉林省保险业实现原保费收入710.09亿元，同比增长4.52%，增速低于上年同期3.33个百分点。其中，财产险公司实现原保险保费收入212.04亿元，同比增长3.66%，增速低于上年同期5.91个百分点；人身险公司原保险保费收入498.04亿元，同比增长4.89%，增速低于上年同期2.34个百分点。保险保障功能进一步发挥，2020年，吉林省保险业赔付支出220.55亿元，同比增长6.55%。其中，财产险公司赔款支出112.45亿元，同比增长1.89%；人身险公司赔付支出108.10亿元，同比上升11.86%。

3. 财险公司成本上升，法人机构偿付能力相对充足。2020年末，吉林省财产险公司承保利润3558.23万元，较上年同期减少7.34亿元，同比下降95.38%。综合赔付率60.74%，同比提高1.34个百分点；综合费用率39.06%，同比提高3.06个百分点。保险业务在成本上升的情况下，除车险、农业保险、意外伤害险承保保持盈利外，其他险种出现承保亏损。吉林省三家法人保险公司均为财产险公司，风险总体可控，偿付能力充足率指标均保持达标，满足保监会偿付能力充足Ⅱ类。

4. 人身险公司退保压力减弱，流动性总体充裕。人身险公司满期给付金额42.05亿元，同比增长27.09%，较上年同期提高43.78个百分点；退保金额大幅回落，退保金额同比下降60.32%，较上年同期降低45.07个百分点。人身险公司满期给付金额虽有所增长，但暂未迎来高峰，同时退保压力回落，行业整体现金流充裕。

5. 行业服务功能稳步提升，服务“三农”小微企业效果明显。2020年，吉林省保险业在全力做好疫情防控、持续推进复工复产的基础上，切实以增强金融服务水平为抓手，全力做好“六稳”“六保”金融支持工作，服务经济社会能力不断提升。吉林省保险业资金通过债权、股权、信托计划等方式支持稳投资促销费，累计投资额超200亿元；农业保险全年累计为147万户次农户提供风险保障809亿元，同比增长10.13%；保险业全年累计为13.9万家小微企业提供企业财产保险、责任保险、货运保险、意外伤害保险等类型的风险保障6384亿元。

在吉林省保险业平稳发展的过程中，需要关注以下几方面问题。一是受市场竞争影响，非车险费率持续下降，部分非车险险种的综合成本率均超过100%，保险公司承担的风险扩大。二是受新冠肺炎疫情影响和国内经济形势复杂多变等多种因素叠加，信用保证保险风险加速暴露，综合赔付率较上年同期提高20.03个百分点，风险管控压力持续加大。

三、金融市场与金融稳定

2020 年，吉林省金融市场运行平稳，各市场交易量活跃。全省拥有全国银行间同业拆借市场会员机构 53 家；场外融资电子备案系统备案的会员机构 78 家；参与全国银行间债券市场 87 家（含信托理财资管专户 31 个）。

（一）同业拆借市场情况

2020 年，吉林省同业拆借市场资金面总体呈现宽松局面，银行间同业拆借利率整体下行，同业拆借市场融资成本降低，融资规模大幅减少。2020 年末，42 家机构参与银行间同业拆借市场业务，累计成交 6075.01 亿元，同比减少 13.14%。利率水平持续下行，表现为场内市场同业拆入加权利率 1.93%，同比下降 0.63 个百分点；同业拆出加权利率 1.95%，同比下降 0.8 个百分点。

（二）债券现券市场情况

现券市场进入调整期，交易规模缩减，现券平均收益率保持高位。2020 年，现券市场累计成交 59784 笔，交易金额 4.45 万亿元，同比减少 5.32%。2020 年现券买入加权收益率 3.05%，卖出加权收益率 3.21%。在基础资产价格下行的形势下，债券投资成为金融机构增加闲置资金使用效率，调整资产负债结构，合理匹配资金运用期限的重要手段。

（三）债券回购市场情况

回购市场成交额高位回落，但仍保持较高水平，回购利率水平下行。2020 年，吉林省银行间回购市场累计成交金额 10.51 万亿元，同比减少 1.78%。金融机构通过债券回购业务，累计净融出 9.58 万亿元，净融出资金日均余额 27.28 亿元。2020 年质押式正回购加权利率 1.76%，下降 0.54 个百分点，质押式逆回购加权利率 1.71%，下降 0.51 个百分点；买断式正回购加权利率 1.84%，下降 0.53 个百分点，买断式逆回购加权利率 2.26%，下降 0.58 个百分点。

（四）人民币跨境结算情况

2020 年，吉林省结售汇总额同比增长 3.93%，其中，结汇同比下降 4.4%，售汇同比增长 6.41%，逆差同比扩大 10.97%。全年，吉林省跨境收支总额同比微降 0.94%，其中，跨境收入同比下降 16.05%；跨境支出同比增长 3.64%；收支逆差同比扩大 12.20%。受中美贸易摩擦影响，吉林省涉外企业对美贸易规模有所下降。2020 年，吉林省对美进出口总额同比下降 19.82%，但由于对美进出口总额占全省进出口总额比例较小，仅为 2.44%，对跨境收支整体影响不大。

四、金融基础设施与金融稳定

（一）征信体系建设

2020 年，吉林省信用体系建设工作持续深入，征信监管力度持续增强，区域信用环境不断向好，征信在抗击新冠肺炎疫情、落实“稳企业、保就业”总体要求等方面发挥了积极作用。

一是有效助力复工复产，降低新冠肺炎疫情对区域经济的冲击。2020 年，省内各金融机构通过中征应收账款融资服务平台实现融资 215 笔，融资总金额 170.48 亿元。指导省内各接入机构做好“四类人群”征信报告调整工作，2020 年累计为 11.09 万自然人、5015 户企业调整信用报告。落实减免省内相关金融机构、企业部分征信服务收费的优惠政策，减轻实体经济负担。

二是持续推进信用体系建设，金融生态环境持续向好。履行吉林省社会信用体系建设联席会议牵头部门职责，指导金融机构积极参与守信激励、失信惩戒工作。推动 1 家省级、1 家市级地方征信平台上线运行，截至 12 月末，省级地方征信平台为省内金融机构提供征信服务 8531 次，助力企业获得融资 77.44 亿元，推动 189 户中小微企业实现首贷，首贷金额 8.16 亿元；市级地方征信平台向辖内金融机构提供企业信息查询服务 2642 次，助力企业获得融资 54.5 亿元，推动 59 户企业实现首贷，首贷金额 6675 万元。累计为 347 万余户农户、5 万余户中小企业建立信用档案，省内建档立卡贫困户实现信用档案全覆盖；累计评定信用村 2579 个、信用乡 122 个、信用农户 162 万余户。

三是金融信用信息基础数据库建设工作稳步推进，信息不对称现状得到有效缓解。2020 年末，103 家金融机构分支机构接入金融信用信息基础数据库，累计收录吉林省 2529.5 万自然人、51.41 万户企业的信贷信息；全年各类市场主体查询个人信用报告 582.7 万次、企业信用报告 39.6 万次。在省内 144 个信用报告自助查询网点布设自助查询机 209 台，全年提供个人信用报告自助查询服务 152.97 万次、企业信用报告自助查询服务 1.29 万笔。

四是征信合规监管力度不断加强，有力保障征信信息安全。对省内 7 家机构开展征信现场检查，督导存在风险隐患的机构限时整改，加强客户信息安全保护工作。

（二）支付体系建设

2020 年，吉林省支付体系稳定运行，全省各支付系统全年共处理支付业务 4.47 亿笔，同比下降 1.39%；金额 41.82 万亿元，同比增长 6.11%。全年共发生票据、银行卡等非现金支付业务 30.66 亿笔、金额 25.86 万亿元，同比分别下降 22.77% 和 5.62%。支付服务能力不断优化，全省联网商户达 32.3 万户。助农取款服务点达到 1.37 万个，银行卡助农取款、“联银快付”等项目助推农村地区支付环境持续提升。银行卡受理环境持续优化，银行卡消费稳步增长。2020 年末，银行卡跨行清算系统联网商户 32.3 万户、联网 POS 机具 40.2 万台、ATM 1.57 万台，同比分别下降 20.44%、14.83% 和增长 9.79%。累计发行银行卡 1.37 亿张，同比增长 4.44%，人均持有银行卡 5.1 张。全年银行卡消费 1.57 万亿元，同比增长 2.61%。银行卡信贷规模稳步增长，授信使用率持续提升。2020 年末，银行卡授信总额 2514.45 亿元，同比增长 9.82%，应偿信贷余额 1073.83 亿元，同比增长 9.82%。授信使用率达 42.71%，较上年下降 0.97 个百分点。信用卡逾期半年透支余额 10.61 亿元，同比增长 7.06%，占应偿信贷余额的 0.99%。

持续开展无证经营支付业务整治，防范违规无证业务重启。保持对重点无证机构违规业务整改、持证机构承接等情况的监测排查，保障客户权益。深入推进警银联动，打击电信网络诈骗和跨境赌博违法犯罪工作取得阶段性成效。联合公安、海关、银保监等部门建立联合打击工作机制，组织银行、支付机构配合公安做好犯罪案件会商、移送和调取工作。

（三）反洗钱体系建设

2020 年，吉林省反洗钱工作发挥合力，在防范洗钱风险、打击洗钱犯罪方面发挥积极作用。强化工作机制，修订了《吉林省反洗钱工作部门联席会议制度》并召开吉林省反洗钱工作部门联席会议。人民银行长春中心支行联合省高法、省检察院、省公安厅印发《预防打击洗钱犯罪协作机制》，加大洗钱犯罪打击力度，年内推动辖内4起案件以《刑法》第一百九十一条“洗钱罪”宣判。以风险为导向进行差异化监管，依托对916家反洗钱义务机构分类评级的结果，开展现场检查14次、风险评估18次、监管走访127次、约见谈话及质询24次，指导义务机构有效履职。对吉林省金融系统反洗钱岗位人员开展履职风险排查工作，确保反洗钱信息安全。通过跨境协查、线索移送等方式增强反洗钱情报价值，主动移送线索被有关部门立案23起，破案12起。利用自主研发的“反洗钱监管调查系统”开展调查协查83次，在扫黑除恶、地下钱庄、涉税等专项行动中协助相关部门破获多起案件。发挥金融领域对扫黑除恶专项斗争的支持作用，指导义务机构开展违规金融放贷排查。充分发挥反洗钱资金监测职能深挖涉黑线索、配合案件侦办，精准实现“打财断血”。围绕打击“非法集资、电信诈骗、网络赌博”“校园贷、套路贷”“个人和公司账户安全”等与群众利益紧密相关的内容开展反洗钱宣传，“反洗钱一直在路上”徒步宣传、“反洗钱与野生动物保护”短视频宣传等大型活动在省内营造良好舆论氛围。

（四）金融消费者权益保护

2020年，吉林省金融消费者权益保护工作质效进一步提升。12363金融消费权益保护咨询投诉电话接听应答质量和水平全面提升，全年解答消费者咨询投诉4397笔，受理消费者投诉150笔，投诉办结率98.67%。联合省高法、银保监局建立“吉林省金融消费纠纷人民调解委员会”已经调解51例案件。打造金融宣教“阵地化工程”，在“3·15金融消费者权益日”“普及金融知识，守住‘钱袋子’”“金融知识普及月”期间，通过组织开展“吉林省金融系统金融消费者权益保护十佳品牌评选活动”，联合FM 99.6“一本财经”节目开展金融知识直播访谈节目等形式，实现广泛参与、寓教于乐，扩大金融知识普及覆盖面，全年共组织宣传12000余场，受众消费者超过700万人次，发放各种宣传资料2万份，媒体报道450次。打造高水平“金融教育示范基地”，指导兴业银行长春分行高水平打造吉林省首家“金融教育示范基地”、吉林银行延边分行打造全国首家少数民族双语教育示范基地，示范引领、以点带面深入推进全省“金融教育示范基地”建设工作。

（五）打击非法金融活动

2020年，吉林省打击防范非法集资工作有序推进，互联网金融风险专项整治行动取得阶段性成果。打击非法集资工作机制不断完善，通过各类新闻媒体大力开展非法集资风险警示宣传，群众对非法集资的防范意识进一步增强。一大批非法集资陈案、积案得到处置化解，新发非法集资案件、涉案金额、集资参与人数同比分别下降40.8%、78.8%、59.4%，陈案、积案结案率80.1%。2020年3月17日，发布《吉林省网贷机构取缔公告》，吉林省已依法依规取缔了全部网贷机构，完成既定的网贷机构清退任务。

（六）持续加大反假币宣传力度

利用“3·15金融消费者权益日”“5·15打击防范经济犯罪日”等组织开展反假货币理论知识主题宣传、举办群众举报制贩假币线索奖励办法宣传活动。结合2020年版第五套人民币5元纸币发行，举办“2020年新版人民币防伪知识问答”活动，共34.20万人次参与。加强对金融机构工作人员的反假币培训，通过电话、现场座谈方式进行督导和帮扶，有效推进金融机构反假货币培训，筑牢金融机构堵截假币的坚实防线，保障金融安全。完善打击整治假币犯罪活动联动机制，2020 年全省破获假币犯罪案件 17 起，抓获犯罪嫌疑人 27 名，捣毁伪造货币窝点 4 处。建立农村假币监测网络试点，加大假币线索收集和分析工作，推进“反假货币示范村”建设。构建农民直接参与、金融机构与农民有机结合的农村反假货币宣传新型工作机制，2020 年建立了 29 个示范村，农村群众反假货币意识得到增强。

五、评估和政策建议

（一）总体评估

2020 年，吉林省金融业克服新冠肺炎疫情的不利影响，积极贯彻落实中央“六保”“六稳”工作要求，有力地支持实体经济转型升级。银行业存贷款增速领跑东北地区，不良资产处置效果明显，法人金融机构资本进一步充实，抗风险能力得到提升。证券业稳健运行，资本市场融资服务功能进一步发挥。保险业保持平稳增长，风险保障功能持续发挥。金融市场有效发挥资源配置功能，各市场交易量活跃。金融基础设施建设不断完善，监管工作力度加强，有力维护了市场秩序。但外部发展环境依然复杂严峻，吉林省经济增长基础尚不牢固，全面深化改革、防范化解重大风险任务艰巨等问题仍需引起重视。

（二）政策建议

1. 持续推进金融供给侧结构性改革，支持经济转型升级。坚持稳中求进工作总基调，坚持新发展理念，推动经济高质量发展，深化供给侧结构性改革。有效应对新冠肺炎疫情影响，有针对性地加大“六保”“六稳”工作力度，对接落实东北全面振兴、全方位振兴战略部署，创新金融产品和金融服务，支持和促进实体经济高质量发展。增强对重点项目和民生项目的融资服务支持，加大对科技领域和产业升级的金融支持，积极发展绿色金融，不断优化普惠金融和乡村振兴战略的金融服务。

2. 加强金融监管协调机制建设，有效防控金融风险。完善地方金融风险防范处置机制，大力维护金融市场秩序，打击违法违规行为，督促金融机构按照资管新规完成资管业务整改要求，有效处置化解交叉性金融业务和影子银行风险。指导金融机构利用多种方式补充资本，合理利用拨备核销不良贷款，扩宽不良资产处置渠道。密切关注在新冠肺炎疫情影响下金融机构可能面临的不良资产上升、利润水平下降等问题，加强房地产、地方政府债务、声誉风险、流动性风险、信息科技风险等领域的风险防控力度，“早识别、早预警、早报告、早处置”，持续推进金融风险处置。

3. 持续深化区域金融改革，完善金融机构公司治理。继续推进农村信用社补充资本等改革工作，帮扶经营困难的上市公司纾困重组，督促法人保险公司提高偿付能力。引导金融机构完善公司治理水平，坚守功能定位、聚焦主责主业、强化公司治理、增强内生动力，把党的领导融入公司治理全过程，强化“三会一层”以及对高管人员的履职评价和问责，加强股东股权管理，牢固树立稳健经营理念。充分利用大数据、人工智能金融科技提升金融服务质量，创新金融产品，提高风险识别和防控能力。

4. 加强区域金融生态环境建设，强化社会信用体系建设，加大打击逃废债力度，提高逃废债违法成本。不断完善征信、支付、反洗钱等金融基础设施建设，提升金融发展和金融安全的保障水平。加强金融知识普及宣传和舆论引导，坚决打击非法集资、制贩假币等非法金融活动，增强社会公众的金融素养，切实保护金融消费者合法权益，净化金融生态环境。

中国人民银行长春中心支行金融稳定协调机制工作小组

组　　长：付喜国
副 组 长：裴绍军
成　　员：梁　伟　李清峰　王景瑞　丁树成　刘晓鑫　刘　哲
张淑霞　乔继红　张九春　王国玉　张　洁

《吉林省金融稳定报告（2021）》编写组

主　　任：付喜国
副 主 任：裴绍军
总　　纂：梁　伟　白云峰
统　　稿：刘　健
撰写人员：王宇洋　王伟树　叶骏骅　孙庆嘉　孙雨婷　毕　聪
朱雪巍　杨　珩　金　珊　姜思同

黑龙江省金融稳定报告摘要

2020年，面对严峻复杂的国内外环境，特别是新冠肺炎疫情的巨大冲击，黑龙江省坚决贯彻落实党中央决策部署，统筹推进疫情防控和经济社会发展，扎实做好“六稳”工作，全面落实“六保”任务，经济运行逐季好转，生产需求全面回升，就业民生保障有力，金融业稳健发展，风险总体可控。

一、经济运行与金融稳定

（一）经济运行基本情况

1. 统筹推进疫情防控和经济发展，经济实现正增长。2020年，面对各种困难挑战叠加的严峻形势，黑龙江省统筹推进疫情防控和经济社会发展，扎实做好“六稳”工作，全面落实“六保”任务，抗疫斗争取得重大战略成果，经济实现正增长，社会大局和谐稳定。初步核算，黑龙江省全年实现地区生产总值13698.5亿元①，按可比价格计算，同比增长1.0%，低于全国平均水平1.3个百分点（见图1）。

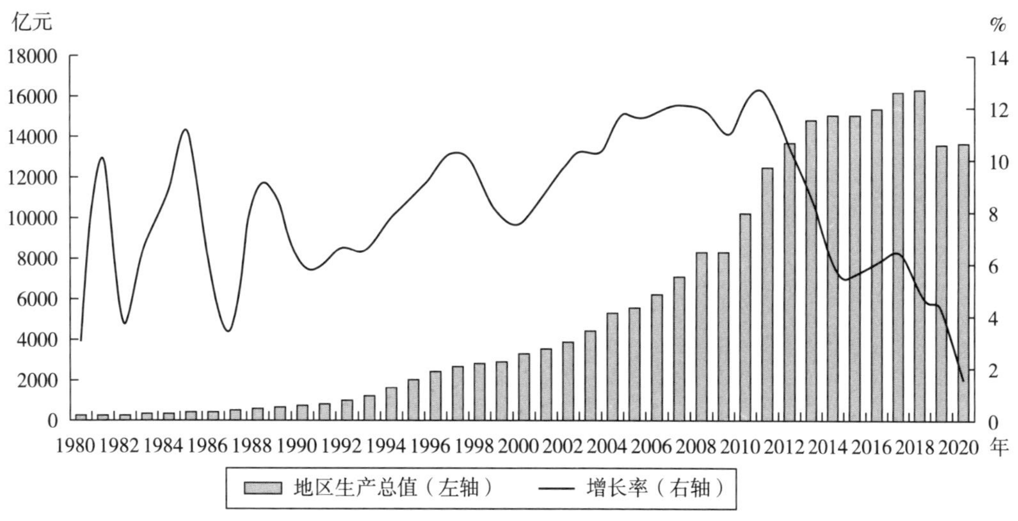

图1 1980—2020年黑龙江省地区生产总值及增长率

（数据来源：《黑龙江统计年鉴》《黑龙江统计月报》）

---

① 按照我国地区生产总值统一核算和数据发布制度规定，地区生产总值核算包括初步核算和最终核实两个步骤。经最终核实，黑龙江省2019年地区生产总值（GDP）现价总量为13544.4亿元。

2. 坚决打好三大攻坚战，取得决定性成就。剩余贫困人口全部实现脱贫，“两不愁三保障”全部达标；实施散煤污染、工业污染、黑臭水体等专项治理，加快治理三江平原地下水超采，统筹秸秆综合治理；金融风险趋于收敛，重点领域突出风险得到有序处置，不良贷款率下降，非法集资陈案积案处置完成三年攻坚任务，全省32家P2P网贷机构全部退出市场，守住不发生区域性系统性金融风险的底线。

3. 三次产业均衡发展，产业结构小幅波动。2020年，黑龙江省三次产业分别实现增加值3438.3亿元、3483.5亿元和6776.7亿元。三次产业构成比由2019年的23.4:26.5:50.1调整为25.1:25.4:49.5，总体呈现第一产业巩固发展、第二产业小幅下降、第三产业受疫情影响有所回落的特点。

粮食生产“十七连丰”。2020年，黑龙江省克服疫情和连续三次台风影响，粮食总产量达到1508.2亿斤，占全国粮食总产量的11.3%，连续十年居全国首位，粮食第一大省地位继续稳固提升，国家粮食安全“压舱石”地位更加突出。全年新建成高标准农田886.7万亩，超额完成任务。畜牧业生产形势向好，全年全省猪牛羊禽等禽畜存栏、出栏数量和肉蛋奶等畜产品产量实现全面增长。农业综合机械化率达98%、科技贡献率达68.3%。农村居民人均可支配收入持续增长。

工业生产稳步回升。2020年黑龙江省规模以上工业增加值同比增长3.3%，增幅高于全国0.5个百分点。重点行业支撑有力，装备和石化工业较快增长。装备工业增加值增长13.5%，石化工业增加值增长10.5%，食品工业增长2.0%。科技创新日趋活跃，为全年经济回升作出积极贡献。全省高新技术企业总数达到1932家，同比增长54%。全省新成立科技型企业12000家左右。全省高技术产业投资较上年增长11.7%。

第三产业整体负增长。受疫情多次反复影响，2020年，黑龙江省第三产业增加值6776.7亿元，同比下降1.0%，其中，住宿和餐饮、旅游业发展受冲击严重。社会消费品零售总额较上年下降9.1%，降幅从两位数逐季收窄至个位数。基本生活类商品平稳增长，限额以上单位粮油、食品类商品零售额较上年增长17.2%。网上零售持续活跃，全年全省限额以上单位网上商品零售额较上年增长1.1倍。

4. 财政收支继续回升，收支缺口扩大仍较为明显。2020年，全省一般公共预算收入完成1152.5亿元，同比下降8.7%，从年初两位数降幅逐步收窄至个位数；一般公共预算支出完成5449.4亿元，同比增长8.7%，为年内最高增幅。在财政收支平衡持续承压的情况下，民生方面投入力度不减。全省民生支出4742.7亿元，同比增长9.2%，占一般公共预算支出的87%。全省地方财政收支差额较上年增加548亿元，财政收支缺口扩大仍较为明显（见图2）。

5. 固定资产投资保持增长，社会领域投资增势强劲。2020年黑龙江省固定资产投资完成额同比增长3.6%，增幅较上年下降2.7个百分点，增幅高于全国0.7个百分点。从三次产业看，第一产业投资增长1.2倍，在生猪养殖项目带动下持续高位运行；第二产业投资下降0.8%，降幅比前两个月收窄32.5个百分点；第三产业投资增长1.7%。黑龙江省将投资方向着眼于补齐民生短板等重点领域。全年全省基础设施投资增长4.4%，社会领域投资增长23.4%，其中卫生和社会工作投资增长83.2%（见图3）。

6. 就业物价总体稳定，城乡居民收入实现双增长。2020年，全省就业超额完成预期目标，全省实现城镇新增就业37.47万人，完成年计划的149.9%；失业人员再就业25.97万人，完成年计划的152.7%；就业困难人员就业8.71万人，完成年计划的174.3%。全省实有城镇登记失业人员31.02万人，同比减少3.67万人；城镇登记失业率3.37%，同比下降0.16个百分点。全年全省居民消费

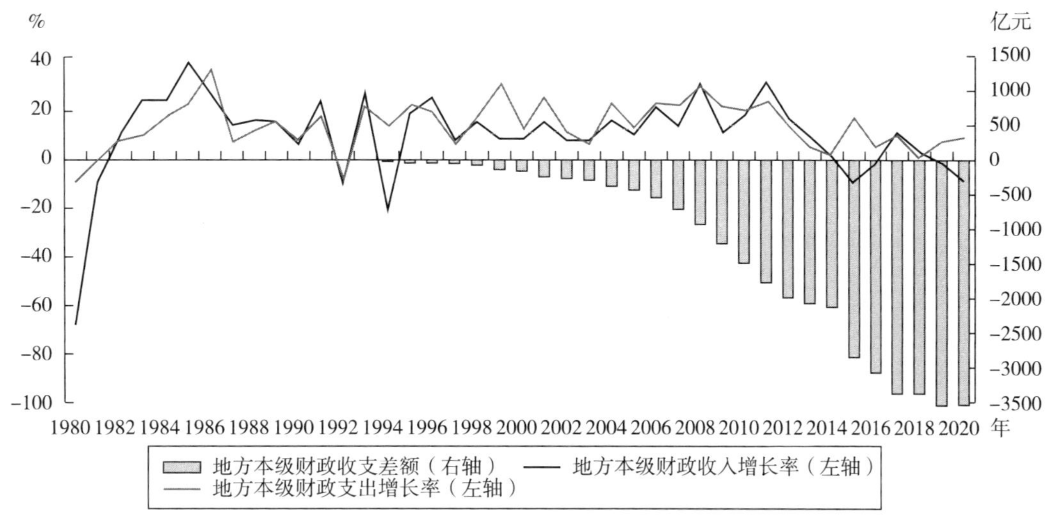

图 2　1980—2020 年黑龙江省财政收支状况

（数据来源：《黑龙江统计年鉴》《黑龙江统计月报》）

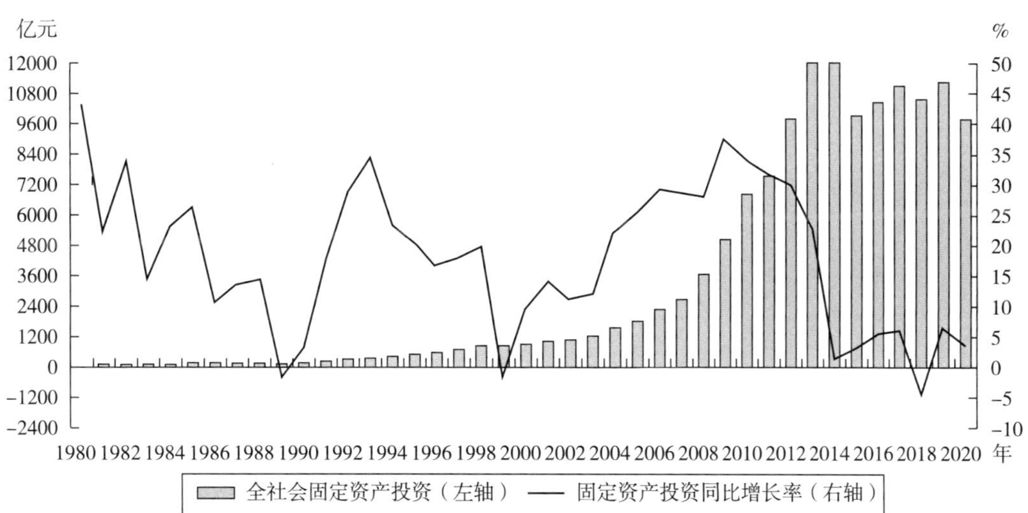

图 3　1980—2020 年黑龙江省固定资产投资状况

（数据来源：《黑龙江统计年鉴》《黑龙江统计月报》）

价格（CPI）同比上涨 2.3%，涨幅逐月回落至年内最低。全年全省城镇常住居民人均可支配收入 31115 元，增长 0.5%，增速由负转正；农村常住居民人均可支配收入 16168 元，增长 7.9%，增幅高于全国 1.0 个百分点。

7. 进出口贸易总额大幅下降，利用外资实现正增长。2020 年，黑龙江省实现进出口贸易总额 222 亿美元，同比下降 18.1%，同期全国进出口增长 1.5%。进出口总额在全国排名 21 位，保持东北三省第 2 位。其中，出口总额 52.05 亿美元，增长 2.7%，低于同期全国出口增速 0.9 个百分点。进口总额 169.95 亿美元，下降 22.9%，高于同期全国进口降速 21.8 个百分点，原油、锯材等大宗商品量价齐跌是影响黑龙江省进口增速的主要原因。进出口逆差 117.9 亿美元，同比收窄 21.75 亿美元。全省新签利用外资项目 113 个，合同金额同比增长 19.2%；实际利用外资 5.4 亿美元，同比增长0.2%，其中，第二产业实际利用外资同比增长12.7%（见图4）。

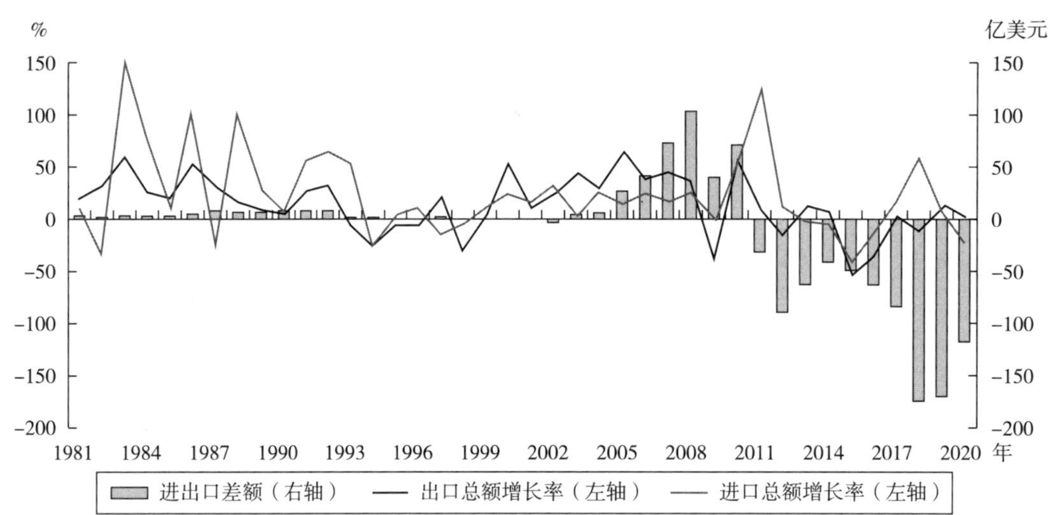

图4　1981—2020年黑龙江省外贸进出口变动情况

（数据来源：《黑龙江统计年鉴》《黑龙江统计月报》）

（二）宏观经济运行中影响金融稳定的风险因素

1. 区域经济发展不均衡、不充分。2020年，黑龙江省地区生产总值居全国第25位，连续6年GDP增速低于全国GDP增速。省内各城市发展差异明显，其中哈尔滨市地区生产总值占全省比重约40%，整体呈现出哈尔滨市一枝独秀，且其他城市与哈尔滨市差距逐渐拉大的趋势。

2. 国有企业转型不彻底。2020年全省地方国有企业资产总额接近1.65万亿元，国有企业掌控了大部分的社会资源，但是一些“老字号”国企体制机制僵化、设备老化、负担沉重、市场拓展滞后，生存陷入危机，国有企业改革仍任重道远。

3. 经济活力不足，经济结构转型缓慢。黑龙江省粮食产量持续多年位居全国首位，农业对地区经济的贡献高于全国平均水平，而受工业经济增长乏力影响，服务业已逐步成为区域经济增长的首要拉动力。2020年第三产业增加值6776.7亿元，占GDP比重达49%，同比下降1%。黑龙江省经济增长新动力不足与旧动力减弱的结构性矛盾突出，经济下行压力较大。

二、金融业与金融稳定

（一）银行业

1. 银行业基本情况

2020年，黑龙江省银行业金融机构积极贯彻落实疫情期间各项货币政策和财政政策，承担社会责任，降低企业融资成本，强化金融服务，支持实体经济恢复发展，进一步提升风险管控水平，运行总体稳健。

资产负债平稳增长，传统表外业务扩量明显。截至2020年末，全省银行业金融机构资产、负债总额分别为4.3万亿元和4.2万亿元，同比分别增长7.9%和8.1%。信贷资产仍是资产的主要构成部分，全省银行业金融机构信贷资产总额 2.4 万亿元，占全部资产总额的 55.8%，是表内资产的主要构成部分。表外业务持续回归本源，2020 年以来，受银行业金融机构加大供应链金融业务开展力度及互联网金融平台推送客户增加影响，表外业务逐渐回归传统担保类及承诺类业务，全省表外承兑汇票业务增长 10.2%，承诺类业务增长 60.3%。同时，通道类业务及非保本理财业务进一步收窄，金融机构委托贷款大幅下滑 89.8%。

不良贷款总体可控，处置力度仍处高位。截至 2020 年末，全省不良贷款余额 644.4 亿元，较年初增加 6.5 亿元，不良贷款率 2.7%，较年初下降 0.1 个百分点。从地域分布看，全省 13 个地市中，7 个地市实现不良贷款“双降”。目前，新增不良贷款仍大多集中于经济核心地区及农业地区。佳木斯、哈尔滨、绥化不良贷款余额增量居前三位，分别为 5.7 亿元、3.7 亿元和 3.1 亿元，三市不良贷款增量是全省不良贷款增量的近 2 倍。从机构分布看，地方中小法人机构仍是新增不良的重灾区。从处置情况看，2020 年各家机构积极提高拨备计提水平，加大不良贷款处置力度，全年累计处置不良贷款 277.2 亿元，完成 2020 年预期计划的 169.9%。

持续推进减费让利，利润反哺实体经济。2020 年，全省银行业金融机构累计实现净利润 262.3 亿元，同比下降 20.8%，为 2018 年以来最大降幅。银行业金融机构利润增长尚未走出低谷。疫情期间各银行业金融机构积极承担自身社会责任，降低企业融资成本，向实体经济让利。2020 年全省银行业金融机构向实体经济让利 55.6 亿元，超额完成全年计划 15.3 亿元，其中近八成均为贷款利率下降让利，这也导致银行利润增长的主要来源——净利息收入全年仅微增 0.02%，同比下降 2.1 个百分点。疫情以来，银行业金融机构强化金融服务，对符合条件企业采取优惠利率、减免手续费等优惠措施，全省银行业金融机构手续费及佣金净收入下滑 12.0%，中间业务收入下滑 11.0%。2020 年全省银行业累计计提资产减值准备 157.8 亿元，同比增长 20.5%，资产减值损失进一步吞噬利润。

法人机构经营稳定，风险抵补能力有所增强。2020 年，黑龙江省法人存款类金融机构不良贷款情况整体可控，不良贷款率为 3.17%，同比增长 0.03 个百分点。其中，农村信用社不良贷款余额因资产置换同比下降 59.57%，不良贷款率较上年同期下降 3.48 个百分点。辖内农信社和村镇银行拨备覆盖率大幅上升，较上年同期分别提高 138.13 个和 15.64 个百分点，风险抵补能力明显提升。辖内法人存款类金融机构平均资本充足率为 11.39%，资本状况整体较为充足，其中，城市商业银行、农村商业银行、农村信用社、村镇银行平均资本充足率分别为 11.73%、11.53%、8.69% 和 13.74%，农村信用社平均资本充足率较上年同期提高 2.79 个百分点。

2. 银行业面临的主要问题

新旧信用风险交织叠加。传统风险尚未完全消化。疫情发生前，银行业金融机构对前期部分问题贷款采取了展期、重组、借新还旧等风险缓释措施，信用风险尚未完全反映和实质性出清。伴随着疫情对经济的冲击，部分借款人经营状况未出现明显好转，导致风险未从根本上化解，甚至有再次暴露的风险。疫情带来的新风险尚未完全暴露。疫情“黑天鹅”冲击下，新的风险接踵而至，特别是受疫情影响严重的线下服务业、制造业等，以及抗风险能力较弱的民营小微企业经营困难增多。受益于疫情期间各项优惠政策，2020 年新增贷款主要集中于疫情防控相关企业，但特殊时期的投放政策难以长期维系，此部分贷款目前尚未明显体现至账面不良数据，随着延期还本付息等金融支持政策的逐步退出，潜在风险贷款将劣变为实质不良，不良贷款上升及处置压力依然较大。

银行内外源资本补充受限。疫情背景下，银行信贷、债券投资大幅增加，风险加权资产加速增长。同时，不良资产处置力度持续加大，拨备和资本大量消耗，资本补充需求迫切。从内部看，银行业大幅让利实体、利差收窄、增提拨备，银行利润增长承压，内源性资本补充受限。从外部看，外资、险资多青睐高分红资产，2020年银行盈利、分红等不确定性加大，削弱了此类投资方增持银行股的积极性，银行股的吸引力下降。银行内外源资本补充渠道同步收紧，后续信贷扩张受限，从而影响服务实体经济能力。

法人机构改革化险压力较大。城商行风险意识不高，风险管控水平有待提高。高风险农合机构边清边增，具有参股资质的企业偏少，在战投引进方面愈发艰难。部分改制后农商行未实现战略定位、经营理念有效转换，监管指标出现不同程度的劣变。

（二）证券期货业

1. 证券期货业基本情况

2020年，黑龙江省证券期货业运行总体稳健，行业主体风险防控意识不断增强，风险总体可控。

证券市场运行平稳。截至2020年末，黑龙江省有法人证券公司1家，证券分支机构185家；法人期货经纪公司2家，期货分支机构15家。已登记的私募基金管理人60家，其中，证券投资基金15家，私募股权、创业投资基金45家；备案基金92只，实缴资金规模103.05亿元。投资者股票账户数840.71万户，较上年同期增加74.37万户，证券市场交易额54754.96亿元，较上年同期增加14824.55亿元。

证券机构经营稳健。截至2020年末，黑龙江省法人证券机构——江海证券资产总额275.43亿元，同比下降20.17%；负债总额176.66亿元，同比下降28.34%。营业收入16.89亿元，同比增长9.75%；净利润1.05亿元，同比下降44.44%。2020年辖区证券分支机构营业收入合计17.4亿元，较上年增加4.36亿元，其中手续费及佣金收入13.82亿元，较上年增加3.98亿元。净利润合计5.19亿元，较上年增加3.2亿元。影响利润增加的主要原因是手续费及佣金收入同比增长33.44%。

期货机构仍处于亏损状态。截至2020年末，黑龙江省2家期货公司资产总计4.88亿元，较上年增加1.95亿元，营业收入878.34万元，同比增加63.74万元，净亏损426.78万元，同比减少亏损145.91万元。期货营业部代理交易额10449.34亿元，同比增加2968.63亿元，营业收入1843.74万元，同比增加349.65万元，净亏损437.62万元。

上市公司数量略有增加。截至2020年末，黑龙江省共有A股上市公司39家，较上年增加1家，其中，沪市公司27家，深市公司12家（主板5家、中小板4家、创业板3家）。A股上市公司总股本579.40亿股，总市值3605.02亿元；首次公开发行股票并上市（IPO）在审企业4家，在辅导企业10家。新三板挂牌公司66家，总市值225.33亿元。

企业直接融资取得新进展。2020年黑龙江省企业直接融资201.06亿元，同比增长6.8%。其中，上市公司首发融资9.39亿元，上市公司配股融资8.73亿元，定向增发募集配套资金9.99亿元，发行可转换债券5亿元；新三板挂牌公司定向增发融资2.26亿元；企业发行公司债券融资164.73亿元，企业发行ABS融资0.95亿元。

2. 证券期货业面临的主要问题

金融机构及上市公司内控风险。金融机构开展业务过程中内控制度不健全、履行不到位等问题，被监管部门采取行政监管措施。部分金融机构控股股东涉案涉诉，致使股东持股被司法冻结。部分上市公司为控股股东违规担保，涉案涉诉致使上市公司需承担全部或部分赔偿责任。

债券违约风险。2020年已发生公司债券发行人发行的公司债券面临回售或到期，债券违约事件频发，个别国企违约“逃废债”行为等，对金融机构造成较大损失。2021 年债券到期规模较大，风险集中度较高，债券违约风险防控形势较为严峻。

资管计划兑付风险。部分金融机构通过设立资管子公司，将发行的资管计划嵌套投向非标产品。受经济下行、投资标的质量差等负面因素影响，部分资管计划无法兑付本息，涉及产品违约规模大，投资者人数多，处置化解难度大、过程长。

私募基金及非法证券期货活动风险。“伪私募”和私募基金管理人“失联”“跑路”风险，以及私募基金非法集资等违法违规风险需防范；对不法分子利用微信、网络直播等互联网手段开展非法投资咨询、场外配资业务等非法证券期货活动需保持警惕。

（三）保险业

1. 保险业基本情况

2020 年，黑龙江省保险业运行总体稳健，风险保障能力进一步提高，经济补偿功能进一步发挥。

保险市场体系逐步完善。截至 2020 年末，黑龙江省保险市场主体 52 家，较上年增加 3 家，当年新增阳光农业、中原农险、国寿养老 3 家保险公司省级分公司。其中，财产险公司 23 家（含 1 家法人机构），人身险公司 29 家。保险专业中介法人机构 46 家，同比减少 2 家，保险兼业代理机构 7764 家，同比减少 639 家，保险销售从业人员 38.2 万人，同比减少 2.7 万人。

行业整体实力持续增强。截至 2020 年末，黑龙江省保险公司总资产 2471.2 亿元，同比增长 12.8%。全年共实现原保险保费收入 987.3 亿元，同比增长 3.7%，保费规模全国排名第 17 位。其中，产险业务原保险保费收入 209.9 亿元，同比增长 3.9%，寿险业务 528.3 亿元，同比增长 0.2%，健康险业务 230.9 亿元，同比增长 12.8%，意外险业务 18.1 亿元，同比增长 1.1%。

经济补偿功能有效发挥。2020 年，黑龙江省保险业为经济社会提供风险保障金额 58.2 万亿元，同比增长 58.1%，服务地方社会功能作用进一步发挥。全省保险公司累计赔付支出 309.2 亿元，同比减少 4.5%，其中，财产险业务赔款支出 133.3 亿元，人身险业务赔款与给付 175.9 亿元。保户储金与投资款余额 922.8 亿元，同比增长 15.0%。

农业保险业务持续快速增长。2020 年，全省累计实现农业保险保费收入 51.2 亿元，保费规模居于全国第 3 位，同比增长 18.3%。其中，种植业（含林业）保费收入 48.7 亿元，同比增长 17.4%；养殖业保险保费收入 2.5 亿元，同比增长 40.8%。全省政策性种植险承保面积 1.5 亿亩，同比增长 15%，承保覆盖率 71%，同比提高 12 个百分点。全年农业保险为 246.4 万户次农户提供风险保障 1001 亿元，赔款支出 46.3 亿元，受益农户达 143.2 万户次。

2. 保险业面临的主要问题

传统财险业务推进受阻。全省除车险、农险外的非车业务占比始终处于低位，长期维持在 20% 左右，部分中小保险公司份额占比更低，受基础管理、技术和研发能力弱等因素影响，保险公司在责任保险、科技保险等对实体经济贡献较大的创新型险种方面推进难度较大。

农业保险发展动能尚未完全释放。一方面，政策性种植险普遍仅保障物化成本，能够保障收入损失的险种仍以试点地区为主，无法满足全省农业发展多层次的风险管理需求。另一方面，受极端天气影响，全省政策性种植险连年亏损，保险公司经营持续承压。尽管 2020 年地方财政资金缺口有所提升，但政策性农业保险保费补贴资金匹配难的问题仍然存在。

“代理退保”形势日趋恶劣。2020 年以来，“代理退保”呈现高发趋势，“由暗转明”，从零散代理转向公司化运作，地区范围日趋扩大，且模式日趋专业化和利益化。辖内非正常退保案件、投诉量均出现倍增趋势，不仅扰乱了保险公司正常运作，侵犯消费者权益，也严重干扰了正常的金融市场环境。

（四）具有融资功能的非金融机构

1. 基本情况

小额贷款行业持续收缩。截至2020年末，黑龙江省共有小额贷款公司300家，其中，法人机构299家，省外分支机构1家，机构总数量比年初减少12家，减幅3.8%。从业人员1557人，比年初增加462人。全省小额贷款公司贷款余额179.8亿元，较年初下降2.4%；不良贷款余额65.3亿元，不良贷款率36.3%，较年初增长5.1个百分点。全行业总营业收入3.3亿元，同比增长161.9%；净利润-12.4亿元，同比减少1375.3%。2020年，全省小额贷款行业持续开展清理整顿工作，已有24家小贷公司被监管部门认定为“失联”并发出了限期整改公告，其中1家被取消试点资格，另有12家小贷公司主动注销或被吊销营业执照。

融资担保行业持续发展。截至2020年末，黑龙江省共有融资担保机构134家，其中，法人机构131家，省外分支机构3家。按照机构性质划分：国有法人机构63家（其中政府性融资担保机构46家），民营法人机构68家。全行业注册资本369.9亿元，平均注册资本2.8亿元。现有从业人员2116人。全省融资担保机构全口径在保余额870.6亿元，同比增长40.4%。从代偿情况看，累计代偿额为56.25亿元，其中本年新增为27.6亿元，代偿率4.7%，较年初增长3.4个百分点。全年共实现担保业务收入7.4亿元，同比增长19.4%，净利润3.3元，同比减少34%。

典当行业发展形势平稳。截至2020年末，黑龙江省共有典当企业257家，其中，法人企业251家，分支机构6家。251家法人企业分布于全省13个市（地）及农垦系统。全行业注册资本35.7亿元。典当总额7.0亿元，其中，房地产典当总额5.51亿元。典当余额6.9亿元。全行业主要经营指标总体呈下滑趋势，但在稳健发展的态势下，净利润同比扭亏为盈。

2. 存在的主要问题

当前，具有融资功能的非金融机构运行平稳，金融风险总体可控，但存在的经营、合规、监管风险三大问题需重点关注。

经营风险。一是部分机构受疫情影响2020年新增业务大幅下降，影响了金融机构资金流动，造成部分机构日常经营困难。二是部分客户由于疫情原因，出现了延期还款、还款困难等情况，使得机构经营风险进一步扩大。三是部分机构专业性人才匮乏，部分专业岗位甚至由股东公司非业内人员兼职。四是部分机构亏损面加剧，各项主要指标下降明显，总体盈利能力减弱。五是部分机构由于疫情或者其他原因，处于停业或半停业状态。

合规风险。一是部分机构为了追求超额利润，从事一些未经批准甚至违法违规的业务，存在超比例放贷、资产配置不达标、风险指标违反监管规定等情况。二是部分机构法人治理结构不完善，决策机制不健全，未严格执行贷审制度。

监管风险。一是部分机构存在应备案未备案、公司注册地与实际经营地不符情况。二是部分机构长期游离在监管体系之外，存在部分机构失联、不配合现场检查情况，监管部门无法掌握其经营和风险状况。三是信息报送质量较差，数据报送不及时，变更各类事项后不按时间规定申报审批等。

三、金融市场与金融稳定

（一）金融市场平稳健康运行

2020 年，黑龙江省金融市场继续发挥融资功能，各市场虽出现分化，但运行总体保持平稳健康。

1. 人民币贷款和政府债券形成社会融资双支柱，拉动总体规模增长。2020 年，黑龙江省社会融资规模增量为 1899. 1 亿元，同比下降 38. 7%。从结构看，人民币贷款增加 1065. 3 亿元，同比下降 3. 8%；政府债券增加 933. 5 亿元，同比增长 27. 4%，两项增量分别占地区社会融资规模增量的 56. 1% 和 49. 2%，是全省社会融资规模增长的主要拉动因素。

2. 同业拆借市场成交量萎缩，市场利率呈上行态势。2020 年，黑龙江省累计进行信用拆借交易 884 笔，同比下降 58. 77%；同业拆借市场累计成交金额 1340. 51 亿元，同比下降 80. 34%。其中，拆入金额 441. 16 亿元，同比下降 41. 89%；拆出金额 899. 35 亿元，同比下降 85. 16%；拆借利率 3. 08%，同比增长 9. 22%。

3. 债券市场成交量整体下降，债券融资发展速度放缓。2020 年，黑龙江省银行间债券市场累计成交金额 12. 9 万亿元，同比下降 10. 34%。其中，融入资金金额 4. 9 万亿元，同比下降 7. 0%；融出资金金额 7. 9 万亿元，同比下降 12. 3%。债券回购交易和现券交易量皆同比大幅下降。全省新发行非金融企业直接债务融资工具 124. 6 亿元，龙江银行新发行二级资本债券 12 亿元，资本充足率得到提升。截至 2020 年末，全省共有 31 家企业累计发行 1619 亿元直接债务融资工具，法人金融机构补充二级资本累计发行金融债券 129 亿元。

4. 汇票承兑业务缓慢增长，票据贴现利率震荡波动。受疫情影响，企业生产经营活跃度不足，全省银行承兑汇票业务累计发生额同比下降 66. 9%。票据贴现业务快速增长，累计发生额和余额分别同比增长 56. 5% 和 12. 9%。票据贴现利率全年各季度受市场利率及供需情况影响呈较大幅度震荡波动。其中，年末票据贴现利率和回购式转贴现利率高于第一季度利率水平；年末买断式转贴现利率略低于第一季度利率水平。

（二）黑龙江省金融市场发展需关注的问题

1. 东北企业债券投资意愿较弱。由于受疫情影响企业活跃度总体偏低、东北地区债券违约事件频发导致投资者谨慎投资东北企业债券，表外融资和直接融资分别减少 313. 5 亿元和 21. 0 亿元，其中，信托贷款同比少增 1448. 5 亿元，是全省社会融资规模增量回落的主要影响因素。

2. 债务融资发行主体较为单一。目前，黑龙江省发债企业仍然局限于省内已在公开市场发行过信用债的传统大型企业，其他更多类型的企业尚未纳入发债储备库及发债，内控管理规范、披露机制健全、经济增长点较突出的高新技术企业、小微企业、绿色食品企业等有待挖掘发债潜力。

四、金融基础设施与金融稳定

（一）金融基础设施建设情况

1. 支付清算体系

2020 年，支付系统安全稳定运行，为黑龙江省经济社会持续健康发展提供高效安全的支付服务。

支付系统业务量呈下降趋势。2020 年，大小额支付系统共计处理业务 4096.92 万笔，日均 12.67 万笔，同比分别下降 21.75%、29.52%；金额 41.30 万亿元，日均 1633.65 亿元，同比分别下降 12.19%、12.61%，受疫情影响，整体业务笔数及金额呈下降趋势。省内支付系统直接参与者 4 家，间接参与者 3422 家，支付清算纪律整体良好。同城票据清算系统业务量总体保持下降趋势。2020 年，同城清算票据总量 30.45 万笔，同比下降 47.33%；同城清算票据总金额 1165 亿元，同比下降 30.21%，同城业务呈下降趋势，原因主要为各行电子化转款程度的提高，导致同城提出票据大量萎缩。第三方支付服务市场稳步发展。截至 2020 年末，形成以 2 家法人支付机构、34 家支付机构分公司等 36 家第三方支付机构为主体的第三方支付服务市场格局，分别从事网络支付、银行卡收单、预付卡发行与受理等业务。2020 年，黑龙江省法人支付机构共发行预付卡 1.54 万张，金额 2279.24 万元；受理预付卡 3.54 万笔，金额 2431.03 万元；互联网支付发生 2.14 万笔、2.08 亿元；客户备付金余额达到 1702.16 万元。

2. 征信体系

2020 年，黑龙江省持续推进信用体系建设，助力小微企业融资能力提升。征信系统平稳运行。截至 2020 年末，企业征信系统收录全省企业及其他组织 111.8 万户，同比增长 1.7%；入库各类信贷业务余额 14919.48 亿元（本外币合计），同比增长 9.49%；个人征信系统收录全省 2996.7 万自然人信息，同比增长 1.7%；入库各类信贷业务余额 7249.49 亿元（本外币合计），同比增长 16.17%。中小企业信用等级评价工作稳步开展。截至 2020 年末，大庆市企业信用信息数据库为全市共计 8.2 万户中小企业建立信用档案，建档覆盖率达 95%；“2 平台”和“1 中心”累计入驻金融机构 27 家，注册企业 4283 家，发布金融产品数量 121 个，采集政府部门信息 15.2 万条，解决融资总额 11.36 亿元。疫情期间，“2 平台”共收集企业新增贷款需求 305 家、9.2 亿元，采取视频会等方式，组织 100 多场线上银企对接会，已帮助 67 家企业线上获得信用贷款、应收账款质押贷款近 2.5 亿元。推动建立地方融资服务平台。2020 年，先后推动哈尔滨、大庆和绥化地方政府建立融资服务平台。依托平台整合银企融资供需信息、政务数据信息、商业数据信息，为银企搭建政府部门、公共事业单位掌握的小微企业替代数据为核心的信息共享平台。目前大庆市地方征信平台已投产运营，哈尔滨、绥化地方征信平台正在建设中。

3. 反洗钱工作

2020 年，黑龙江省反洗钱工作扎实开展，取得明显成效。建成上下联动、内外协调反洗钱组织体系。加强全省人民银行省、市、县三级纵向联动，加强与公、检、法、海关、税务、地方金融监督管理局等相关部门的协调合作，建立线索研判、信息共享、监管互动机制，充分发挥部门横向联动作用，共同推动全省反洗钱工作向纵深发展。反洗钱监管工作发挥出强有力的指导、震慑作用。全年完成对 28 家义务机构执法检查，对 1138 家义务机构分类评级，对 34 家义务机构监管走访，对 25 家义务机构约见谈话，对 33 家义务机构质询，对 13 家义务机构行政处罚，处罚金额 699.3 万元，同比增长 391%，查罚比增长 31%，有力推动义务机构规范、高效履行反洗钱义务。突破互联网金融监管障碍，将网络小额贷款从业机构纳入反洗钱常态化监管。完成对社会服务机构、支付机构行业风险评估专项工作。洗钱定罪工作取得突破性进展。成功推动省扫黑办督办的涉黑洗钱案件——2 起涉黑洗钱案、4 起涉腐洗钱案及 1 起涉毒洗钱案共计 7 起 19 名犯罪嫌疑人以洗钱罪宣判，充分发挥对洗钱等违法犯罪活动的打击和遏制作用。可疑资金监测分析成效显著。全年接收重点可疑交易报告 263 份，主要涉及赌博、地下钱庄、非法集资和传销等犯罪类型，经对重点可疑交易线索分析研判，全年向公安、税务等部门移送线索77份，同比增长184%，其中根据移送线索破获涉毒案件1起。

4. 金融法治环境

2020年，黑龙江省积极深化“放管服”改革，优化营商环境，继续推进重点任务的落实，全力配合落实中国（黑龙江）自由贸易试验区试点各项任务，促进自贸区“证照分离”改革稳步推进。黑龙江省人民银行系统依法从严对金融违法违规行为实施查处，严肃追究机构及相关责任人的违法违规责任，对26家金融机构、26名责任人作出共计757.5万元的处罚。畅通投诉咨询渠道，努力提高“12363”投诉咨询电话服务质量。全年共受理投诉394件，受理咨询699件，调解纠纷11起，未发生群体性投诉事件。黑龙江省金融纠纷多元化解机制落地，金融ADR组织调处途径日臻丰富。

（二）金融基础设施建设的薄弱环节

1. 支付清算系统业务连续性管理需进一步加强

建立全省支付清算系统业务连续性管理机制，进一步强化支付清算系统的应急管理。督促支付清算系统相关参与者切实履行主体责任，加强风险排查，增强支付系统高峰等关键时点的系统稳健性，强化业务连续性管理。加强辖区对支付系统参与者的风险监测，引导支付系统参与者积极参与支付与市场基础设施建设，促进参与者业务合作并提升支付系统性能。强化境内外币支付系统参与者的日常业务指导与管理，对集中代收付中心的业务指导和监督管理，维护支付清算秩序，确保支付清算业务健康有序发展。加大跨境支付系统建设工作，提高辖内法人银行机构和俄罗斯辖内银行机构加入CIPS的积极性和主动性。

2. 信用信息使用及管理仍需加强

目前，社会信用意识有待加强，企业提供虚假信息、违约骗贷、制假、售假、商业欺骗时有发生。公共信用信息领域的基础设施不完善，政府部门和公共事业单位尚未建立起合理有效的信用信息共享机制。公共信用信息共享开放供需脱节，政府部门向社会公开的信息主要是政策法规、办事流程、行政许可及行政处罚等信息，一些关键性信息存在较多的选择性公开与单项公开问题，数据实用性不强。2020年，黑龙江省通过开展“信用龙江”建设工作，在辖区营造“用征信、助融资、促发展”的良好市场和社会环境，提升社会公众诚实守信的道德水准，提高中小微企业信用管理水平。建立并完善公共信用信息领域基础设施。推动地方政府部门建立以小微企业替代数据为核心的地方征信平台，助力政府部门、公共事业部门掌握的信息应用于金融领域，帮助了解小微企业信用状况。

3. 反洗钱制度体系尚需完善，洗钱犯罪难以立案亟待解决

随着国际社会对反洗钱工作标准的不断提高以及金融创新、金融科技的快速发展，现有反洗钱法律法规、规章制度已不能完全满足反洗钱履职实际需要，亟待结合国内外反洗钱工作实际进一步修订完善。针对洗钱罪构成要件、证据认定理解掌握不够，从而导致洗钱罪立案难，数量少。应进一步构建与公、检、法以及金融监管部门等多部门联合打击洗钱犯罪协作框架，在线索发现、立案打击、审查起诉、审判定罪等方面寻求深度合作，着力打破洗钱罪立案难的困局，形成打击洗钱犯罪整体合力。

4. 金融纠纷多元化解机制应进一步发挥作用

进一步发挥金融纠纷调解组织作用，指导金融纠纷调解组织不断壮大调解员队伍，探索建立小

额纠纷快速解决机制。扩大金融纠纷多元化解机制影响力，提高金融机构对机制的接受度和认可度，推动辖区内金融机构逐步树立“能调尽调”的多元解纷意识。加强“12363”投诉咨询管理工作，提高投诉工作业务水平。大力推动辖区法治央行建设。持续深化“放管服”改革，优化金融为民环境。加强执法检查统筹，推进综合执法检查。依法从严处理金融违法违规行为，提高金融违法违规成本。持续加强金融法治宣传和教育，落实普法任务和分类教育责任。

五、2021 年展望

2021 年是实施“十四五”规划、开启全面建设社会主义现代化国家新征程的第一年，也是中国共产党成立 100 周年，黑龙江省将以习近平新时代中国特色社会主义思想为指导，全面贯彻党的十九大和十九届二中、三中、四中、五中全会及中央经济工作会议精神，深入学习贯彻习近平总书记重要讲话重要指示批示精神，坚持稳中求进工作总基调，立足新发展阶段，贯彻新发展理念，自觉全面融入新发展格局，以推动高质量发展为主题，以深化供给侧结构性改革为主线，以改革创新为根本动力，以满足人民日益增长的美好生活需要为根本目的，坚持系统观念，巩固拓展疫情防控和经济社会发展成果，更好统筹发展和安全，继续做好“六稳”工作、落实“六保”任务，坚持扩大内需战略，强化科技支撑，扩大高水平对外开放，保障和改善民生，努力保持经济运行在合理区间，持续防范化解金融风险，增强金融风险治理能力，为经济高质量发展营造良好的金融环境。

2021 年经济社会发展的主要预期目标：地区生产总值增长 6% 左右，规模以上工业增加值增长 6% 左右，固定资产投资增长 6% 以上，一般公共预算收入增长 6% 左右，居民收入稳步增长，城镇新增就业 30 万人，城镇调查失业率低于上年水平，居民消费价格涨幅控制在 3% 左右，粮食产量稳定在 1500 亿斤以上。

中国人民银行哈尔滨中心支行金融稳定分析小组

组　　长：张远军

副 组 长：张　星

成　　员：董建华　管公明　刘树宪　何志刚　李大中　毛晓杰
丁　勇　史秀芬　王　舵　王玉凯

《黑龙江省金融稳定报告（2021）》编写组

总　　纂：董建华

统　　稿：亢　玉

执　　笔：董　磊　梁　蒙　李卓南　周明佳

参与写作人员：王　晶　王品芝　孙　杨　高　磊　刘　爽　别丹丹
那　颂　李珅萱　李婷婷　苏彩玲　杨　捷　胡春娜
徐　扬　郭瑛瑛　鲁　荣

上海市金融稳定报告摘要

2020年是我国历史上极不平凡的一年，上海市坚决贯彻习近平总书记和党中央关于统筹推进疫情防控和经济社会发展工作的决策部署，坚持稳中求进工作总基调，迎难而上，主动作为，推动金融支持疫情防控阻击战，促进复工复产和推进实体经济恢复发展，在金融支持临港新片区、上海国际金融中心建设和长三角一体化发展等方面取得扎实成效。但是疫情后期经济复苏不稳定不平衡，经济回稳的微观基础尚不牢固，全球金融震荡加大风险输入可能，辖内相关经济金融风险仍需密切关注。

一、经济与金融环境

（一）上海经济金融从疫情冲击中稳步恢复

2020年，面对新冠肺炎疫情的严峻考验和复杂多变的国内外环境，上海市坚持疫情防控和经济发展两手抓，经济运行稳步复苏向好。全年实现地区生产总值3.87万亿元，同比增长1.7%，增速比第一季度、上半年和前三季度分别提高8.4个、4.3个和2.0个百分点。第三产业占全市生产总值的比重达到73.15%，较上年同期高0.45个百分点，第三产业比重进一步提高。工业战略性新兴产业增加值较上年增长8.9%，占全市规模以上工业总产值的比重达到40%，同比提高7.6个百分点。

1. 固定资产投资增长较快。2020年，上海全社会固定资产投资总额同比增长10.3%，自2008年以来首次达到年度两位数增长。其中，制造业围绕高端芯片、新能源汽车等重点领域加大投资力度，制造业投资同比增长20.6%，连续12个季度两位数增长。房地产开发投资同比增长11%，城市基础设施投资同比下降3.6%。

2. 消费逐步回暖。2020年，上海市社会消费品零售总额同比增长0.5%，同比增速由前三季度的-4.6%转正，其中11月社会消费品零售总额增长17.1%，增速创“十三五”时期以来新高。

3. 外贸进出口恢复增长。2020年，上海实现进出口总额5031.9亿美元，同比增长1.9%。其中，进口3050.82亿美元，增长3.4%；出口1981.07亿美元，下降0.4%。上海涉外收支逆差1365.4亿美元，同比减少25%，主要是证券投资跨境资金流入、资本和金融项目收支顺差扩大导致。

4. 财政收支小幅下降。2020年，上海市一般公共预算收入7046.3亿元，同比下降1.7%，降幅比前三季度收窄4.2个百分点。一般公共预算支出8102.1亿元，同比下降0.9%，降幅比前三季度收窄6.6个百分点。

5. 工业企业效益降幅收窄。2020年，上海市规模以上工业企业实现营业收入和利润分别为

39174.8 亿元和 2831.81 亿元，同比分别下降 1.7% 和 2.3%，降幅比前三季度分别收窄 2.7 个和 2.3 个百分点。

6. 居民收入增速低位回升。2020 年，全市居民人均可支配收入 72232 元，同比增长 4.0%，比前三季度提高 0.5 个百分点。新增就业岗位 57.04 万个，同比减少 1.87 万个。截至 2020 年末，全市城镇登记失业人数 13.54 万人，同比减少 5.8 万人，城镇登记失业率为 3.67%。

7. 金融市场运行稳健。全年金融市场交易总额达到 2274.83 万亿元，同比增长 17.6%。银行间市场总成交金额 1618.23 万亿元，同比增长 11.2%。上海黄金交易所总成交金额 21.66 万亿元，同比增长 50.7%。上海证券交易所总成交金额 366.70 万亿元，同比增长 29.4%。上海期货交易所总成交金额 152.80 万亿元，同比增长 35.8%。中国金融期货交易所总成交金额 115.44 万亿元，同比增长 65.8%。

（二）改革发展与风险防控的重要举措

1. 建设国际金融中心，开放力度不断深化。发布《关于进一步加快推进上海国际金融中心建设和金融支持长三角一体化发展的意见》（以下简称“30 条意见”），从积极推进临港新片区金融先行先试、在更高水平加快上海金融业对外开放和金融支持长三角一体化发展等方面提出 30 条具体措施。全球资源配置和开放枢纽门户功能不断强化，低硫燃料油期货、国际铜期货正式挂牌交易，债券作为期货保证金业务在境内期货市场全面实施。新一轮金融业扩大开放成效显著，金融市场国际化程度稳步提升，金融营商环境持续优化。

2. 落实重大战略任务，金融支持长三角一体化稳步开展。2020 年，沪苏浙皖人民银行继续扎实推动金融支持长三角一体化重要工作部署，健全完善一体化合作机制，建立“30 条意见”上海层面推进工作机制，继续发挥“金融服务长三角高质量一体化发展合作机制”的协调联动作用。积极推动区域金融改革创新，支持长三角生态绿色一体化发展示范区金融政策先行先试，推动长三角 G60 科创走廊先进制造业高质量发展。一体化工作成效显著，推进长三角地区数字政务、医疗健康服务领域移动支付服务互联互通，推进 G60 科创走廊创新创业债发行，推动成立“长三角征信机构联盟”，编制长三角金融稳定季度指数，撰写《长三角金融运行分析报告》，建立“长三角普惠金融指标体系”，长三角经济金融领域步入更深层次、更高质量的融合。

3. 金融支持疫情防控，积极推动复工复产。认真贯彻习近平总书记和党中央关于统筹推进疫情防控和经济社会发展工作的决策部署，切实落实好中小微企业信贷支持政策，充分发挥再贷款再贴现精准滴灌作用，引导辖内银行发挥各自优势加大信贷支持力度，全力落实两项直达性货币政策工具，支持延期还本付息和信用贷款发放。印发《关于进一步做好金融支持稳企业保就业工作的指导意见》，打造金融稳保特色政策工具箱，完善小微信贷奖励和保障机制。精准推动政银企对接，开展“温暖浦江”金融保市场主体系列对接行动，开发重点支持企业名录库管理系统。建立银行账户开立、征信服务收费、外汇业务办理、跨境人民币结算等抗击疫情和复工复产绿色通道，为市场主体提供更为便利的金融服务。

4. 打好防范化解重大风险攻坚战，稳妥推进金融风险处置。成立金融委办公室地方协调机制（上海市），加强规章制度建设，发布支持企业复工复产和稳外贸稳外资稳投资的政策措施，建立重大金融风险排查常态化机制，加强金融信息共享。稳步推进私募基金领域风险出清，集中对高风险隐患私募机构进行专项核查，细化风险处置方案，督促相关机构压降风险规模。持续压降互联网金融风险，上海在营 P2P 机构已经全部清零，基本完成网贷风险专项整治，在此基础上继续抓好停业网贷机构的存量风险消化工作。加强房地产金融审慎管理，部署逆周期房地产信贷调控政策，启动上海个人住房贷款规则管理，指导辖内地方法人银行落实房地产贷款集中度管理制度，建立“一梁三柱”房地产风险监测分析框架，健全“三个不高于”全口径房地产融资监测机制。切实防范跨境资金流动风险，严厉打击地下钱庄、跨境赌博等违法行为，大力推进网络炒汇平台清理整治，严格规范资本市场外汇业务，严厉打击违规跨境购房炒股、违规移民财产转移等新型案件。

（三）经济金融运行中需要关注的方面

1. 疫情冲击加速重点领域信用风险累积。疫情后期经济复苏不稳定不平衡，仍然是 2021 年经济走势最大的不确定因素，疫情背景下，市场主体经营风险逐步向金融领域传递。疫情冲击严重的重点领域信用风险加速上升，零售业、制造业全年分别新增大额不良贷款 101.21 亿元、31.99 亿元，多与疫情影响经营资金周转密切有关。金融支持疫情防控、稳企业保就业和延期还本付息等系列政策下，企业、居民、政府债务均有大幅提高，宏观杠杆率较 2019 年末明显提升。

2. 全球金融震荡加大风险输入可能。受疫情大规模暴发影响，全球经济全面衰退，金融市场大幅震荡，大宗商品价格波动加大，跨境资本流动频繁，对我国金融市场和金融体系造成的冲击需高度关注。部分银行衍生产品亏损严重，衍生产品制度不健全，产品设计及平仓机制存在缺陷。部分外资法人银行母行所在地的经济受到较大冲击，母行加速海外战略调整，关闭或收缩中国市场业务。2020 年辖内外资银行已有 2 家分行、2 家代表处关闭，后续仍有 4 家分行可能退出。

3. 部分领域乱象回潮干扰金融市场秩序。在金融支持疫情防控等逆周期调节政策下，银行业信贷资产扩张迅速，但实体经济依然呈弱复苏态势，信贷需求尚不强。在宽货币和弱需求的扭曲下，部分领域乱象出现回潮。信贷资金借道流入违规领域现象严重，部分个人消费贷款、房抵经营贷资金、甚至普惠贷款通过多道划转、分散账户、关联企业交易等手法绕道回流至股市房市。保险业合规案防风险依然严峻，部分保险公司违规销售非保险金融理财产品易引发案件风险，“退保黑产”呈现行业化蔓延趋势。

4. 跨业创新业务易引发交叉风险。上海金融机构种类齐全、数量众多，金融跨业和科技创新发展在国内处于整体领先地位，但金融机构体制机制不够健全、内控不完善等问题也随着业务创新更为凸显，跨市场、跨业态、跨区域风险传染性增大。部分金融机构以技术名义开展“伪创新”，忽视风险合规，在对外合作过程中职责边界不清晰，容易引发交叉性金融风险。如前期已叫停的银行与互联网平台联合贷业务，近期消费金融公司和互联网平台的合作业务，均存在借“金融科技”之名行“金融牌照出租”之实等问题。

二、银行业

（一）上海银行业运行情况

1. 资产增速显著提升。2020 年末，上海银行业资产总额 19.22 万亿元，比年初增加 2.71 万亿元，同比增长 16.38%，增速同比上升 9.33 个百分点。同业业务同比压降 15.79%，其中信托公司金融同业通道业务和主动管理融资类业务同比分别下降 38.3% 和 15.8%，房地产信托业务规模同比下降3.92%，理财产品净值化占比提高，业务转型不断推进。

2. 存贷款稳步增长。2020年末，辖内各项贷款余额8.42万亿元，比年初增加5153.85亿元，同比增长6.52%，较上年同期回落0.56个百分点。辖内银行积极加大对制造业、民生基建领域信贷支持，提升中长期、信用贷款占比，传统“贷大、贷房、重抵押”的倾向有所改观。各项存款余额12.55万亿元，比年初增加1.58万亿元，同比增长14.42%，同比多增4979.16亿元，增速上升3.45个百分点。存款去结构性化显著，个人存款定期化趋势显著，个别银行存款业务揽存承压。

3. 扩大开放和创新转型。印发《全面推进中国（上海）自由贸易试验区临港新片区金融开放与创新发展的若干措施》等文件，鼓励业务创新和高质量发展，完善银行业务创新监管互动机制，推进上海银行业持续深化金融供给侧结构性改革和实现高质量发展。积极落实对外开放新政，推动在上海率先落地一批有影响力的标志性项目，进一步巩固和提升上海国际金融中心地位，提升服务上海自贸区与长三角一体化质效。

4. 支持疫情防控和复工复产。积极推动落实中小微企业贷款临时性延期还本付息政策，截至2020年末在沪中资银行业金融机构中小微企业到期贷款本息延期规模达2507.55亿元。建立信贷“绿色”通道，全力支持企业抗击疫情，在沪金融机构（含信用卡中心）累计投放疫情防控贷款4527.02亿元。提升减费让利幅度，全年累计投放疫情防控贷款的综合资金成本为4.11%，对受疫情影响严重的企业减免本金及利息金额1.41亿元，对受疫情影响严重的个人延迟还款670.46亿元，减免17.58亿元。

（二）上海银行业机构稳健性评估

1. 拨备远超监管要求。2020年末，在沪法人银行业机构拨备覆盖率358.14%，比年初上升69.5个百分点。各项资产减值损失准备1475.34亿元，比年初增加142.99亿元。贷款拨备率3.48%，比年初下降0.04个百分点。在沪法人银行业机构各项拨备指标远高于监管要求，风险抵补能力较强。

2. 资产质量总体改善。2020年末，上海辖内银行业机构不良贷款余额662.19亿元，比年初减少69.5亿元，不良贷款率0.79%，比年初下降0.14个百分点，远低于1.94%的全国平均水平。信托公司近两年的不良贷款率、不良贷款额呈逐季递增态势，不良贷款余额同比增长15.64%，不良贷款率高达34.34%，比年初上升10.05个百分点。

3. 净利润显著下滑。2020年，上海银行业机构累计实现净利润1433.22亿元，同比下降10.3%，降幅较上年同期扩大2.79个百分点。净息差大幅收窄、资产减值损失大幅增加、非息收入减少等多因素叠加作用是净利润下降的主要原因。

（三）上海银行业发展中需要关注的方面

1. 疫情冲击下银行业资产质量承压。2020年末上海辖内商业银行不良贷款余额544.97亿元，较年初增长12.18%。此外，银行业资产质量还有两个隐性风险尚未完全暴露：一是临时性的延期还本付息政策2021年末到期后部分延期贷款或将转为不良贷款；二是部分银行利用规则漏洞人为调节资产分类，现有的不良贷款数据未能充分反映资产质量的真实水平。

2. 债券违约频发易引发金融市场连锁风险。2020年信用债市场信用风险事件频发，全国累计150只债券发生违约，涉及金额1697.02亿元，债券违约主体从民营企业扩散到国有企业，行业分布从周期性、过剩产能行业扩散到所有行业，资信评级从低等级债券扩散到高等级债券。受北大方正、华晨汽车、中信国安等大型国企频频违约影响，债券发行取消的情况明显增加，尤其是永城煤电恶意逃废债事件，导致债券市场恐慌情绪快速蔓延，持债商业银行面临的债券违约风险不容忽视。

3. 部分重点领域潜在风险值得关注。一是房地产市场泡沫化风险仍然严峻。2020 年末，上海辖内房地产贷款余额 2.7 万亿元，比年初增加 1738.74 亿元；不良率 0.46%，比年初上升 0.08 个百分点。房地产贷款集中度管理制度影响需要持续关注，部分中资法人银行房地产贷款占比超过监管要求，表外融资可能反弹，违规融资及异化行为或将加剧。商业地产风险居高不下，商业地产空置率及租金持续承压。房地产企业资金链日趋绷紧，个别激进房企存在资金链断裂风险。部分银行房抵经营贷管理不到位，经营性贷款资金存在违规流入房地产市场情形。二是互联网贷款业务风险不容忽视。部分商业银行互联网贷款风控环节存在隐患和漏洞，存在互联网贷款业务规划及风险管理制度体系不健全、核心风控过度依赖合作机构、风险管控限额指标体系有待完善等问题。三是消费金融领域风险隐患上升。截至 2020 年末，上海辖内信用卡不良贷款余额 17.01 亿元，同比增长 25.56%，不良率 1.32%，同比增长 0.12 个百分点。受疫情影响，部分客群还款能力承压。有些信用卡中心前两年快速发展信用卡业务，客群结构明显下沉，前期积累的风险快速暴露。交易资金用途难以管控，异化风险突出。

4. 长租公寓行业风险暴露。疫情对长租公寓行业影响巨大，不仅体现在收入端严重受损、合规成本大幅上升、管理成本显著增加的直接影响，而且还可能通过行业传导和人员流失产生更持久的间接影响。由于长租公寓业务涉及面大，涉众性强，一旦长租公寓爆发行业性风险，风险或通过租金贷业务传导至金融行业。2020 年 3 月，上海某银行就曾发生较大规模的租客群体聚访事件，引发涉众风险。

5. 部分信托产品整改难度较大。资管新规发布后，上海辖内 7 家信托公司根据监管部门要求对存量信托产品开展全面排查，并根据排查结果拟定资管新规过渡期整改计划，对不符合资管新规要求的存量产品逐笔建立整改工作台账，按季度报送整改情况。2020 年末，辖内 7 家信托公司累计已完成整改规模占全部待整改业务的 60%，但仍存在部分存续事务管理类信托涉及多层嵌套、未落实托管和外部审计要求、落实净值化管理要求存在操作困难等问题，整改难度较大。

三、证券业

（一）上海证券业运行情况

1. 机构数量多种类全，总体规模有力增长。截至 2020 年末，上海共有证券公司 30 家（包括 11 家证券公司下属的资产管理公司），总资产 1.95 万亿元、净资产 5446.21 亿元、净资本 4176.03 亿元，同比分别增长 21.32%、12.25%、9.67%。共有基金管理公司 59 家，管理公募基金资产规模 7.1 万亿元，同比增长 43.42%。在中国证券投资基金业协会完成登记的私募基金管理人 4648 家，管理私募基金 2.72 万只，管理资产规模 3.7 万亿元。共有期货公司 34 家，总资产（含客户权益）3312.66 亿元、净资产 355.57 亿元，同比分别增长 62.63% 和 13.22%。

2. 合规管理效能提升，风险抵御能力增强。上海证券公司加强新《证券法》的宣传贯彻落实，加强内部控制管理，持续完善子、孙公司组织架构，落实有关母子公司相关业务划分工作要求和境外设立机构管理办法要求。持续推进落实股权管理相关规定，认真做好股权变更备案工作。上海基金管理公司妥善处置旗下产品涉风险债券事项，持续做好流动性风险防范、投资者安抚、舆情监测等工作。上海期货公司加强内控制度建设，优化公司治理结构，持续提升合规风控效能，通过增资、借入次级债等形式不断充实自身资本实力。

3. 发掘特色坚持创新，持续服务实体经济。2020 年上海证券公司共完成 12 个双创债项目，金额 181.1 亿元，承销（分销）绿色债券 54 只，金额 296.1 亿元，累计承销疫情防控专项债 165 只，承销规模 550.35 亿元。上海基金管理公司积极参与基金投资顾问业务试点、申请试点资格，截至 2020 年末已有 4 家机构取得资格并展业。积极投资新三板精选层，大力发展养老普惠金融，发行各类养老基金产品。上海期货公司着力提升风险管理业务水平，通过风险管理子公司持续深化基差贸易、仓单服务及场外期权等业务范围，不断拓展产业客户。

4. 对外开放加速推进，国际化经营稳步开展。2020 年，首批 2 家新设外资控股证券公司（野村东方、摩根大通）、首家外资参股基金投顾公司（先锋领航）、首家外资全资公募基金管理公司（贝莱德）先后在沪设立或开业，多家证券公司积极申请开展跨境业务试点，截至 2020 年末已有国泰君安、海通证券、申万宏源 3 家证券公司获准开展试点，5 家证券公司、9 家基金管理公司、5 家期货公司在中国香港设立子公司，2 家期货公司在新加坡设立子公司，多家期货公司积极赴海外开展国际化经营。

（二）上海企业证券市场融资情况

1. 上市公司融资规模大幅增长。截至 2020 年末，上海共有上市公司 343 家，占全国的 8.29%，市值约占全国的 8.96%。2020 年，上海上市公司境内股票市场直接融资（含发行股份购买资产）2446 亿元。其中，IPO 融资 1197 亿元，同比增长 475%；股票再融资 1249 亿元，同比增长 99.97%。发行公司债券融资 1995 亿元，同比增长 21.06%。

2. 公司债券和新三板挂牌公司融资规模显著增长。2020 年，上海 82 家企业共计发行公司债券 254 只，发行金额合计 4419 亿元，同比增长 62.11%，其中面向公众投资者公开发行 263 亿元，占比 5.95%，面向合格投资者公开发行 3064 亿元，占比 69.33%，非公开发行 1092 亿元，占比 24.72%。上海 51 家新三板企业实施定向增发，共计募集资金 21.71 亿元，同比增长 64.97%。

（三）上海证券机构稳健性评估

1. 资产负债规模较快增长。截至 2020 年末，上海证券公司总资产 1.95 万亿元，同比增长 21.32%；总负债 1.40 万亿元，同比增长 25.25%；净资产 5446.21 亿元，同比增长 12.25%；净资本 4176.03 亿元，同比增长 9.67%。

2. 财务稳健风险可控。2020 年，上海证券公司核心风控指标和流动性监管指标均符合监管标准。2020 年末上海证券公司杠杆率为 2.99 倍，与行业水平基本持平，财务结构保持稳健。

3. 盈利水平继续提升。2020 年，上海证券公司营业收入 999.77 亿元，同比增长 22.38%，净利润 375.13 亿元，同比增长 18.11%。经纪、投行、资管、融资类业务收入同比分别增长 52.58%、75.85%、15.13%、2.35%，自营业务收入同比减少 9.7%。

4. 收入结构变动较小。2020 年，证券行业整体盈利水平上升，收入结构变动较小。受股票市场交易活跃、发行改革持续推进等因素影响，经纪业务、投行业务收入占比分别提高 4.77 个和 4.47 个百分点；受市场波动较大等因素影响，自营业务、资管业务收入占比分别降低 8.6 个和 0.79 个百分点；受股票质押回购业务规模持续缩小影响，融资业务利息收入占比下降4.82个百分点。

（四）上海证券业发展中需要关注的方面

1. 股票质押业务风险需持续关注。2020年，上海证券公司持续压缩股票质押等融资类业务规模，股票质押业务规模较2019年末下降19%，整体履约保障比高于全行业。各公司根据风险判断计提了减值准备，努力有序做好违约处置。但部分高比例质押的高风险机构违约规模较大、纾困压降难度较高，2021年股票质押业务风险仍需密切关注。

2. 债券违约风险有所抬头。2020年，信用债到期或回售金额较为集中，在周期性、体制性、行为性因素相互叠加影响下，债券违约情况较2019年有所增加，上海债券违约涉及的发行人数量、债券数量、债券规模均有增加，突发的违约情况也更多。部分证券公司自营业务因债券违约出现亏损，承销的债券已出现实质违约或潜在兑付风险，个别证券公司因承销债券发生违约，被投资者以尽职调查未勤勉尽责为由提起诉讼或仲裁，并被判决承担连带赔偿责任，或对公司的净资本和流动性产生不利影响。

3. 私募基金风险处于暴露阶段。上海地区部分私募机构存在资金池、侵占挪用基金财产、自融自用等违法违规行为，甚至以私募基金为名从事非法集资等违法犯罪活动。截至2020年末，上海共有高风险隐患的私募机构58家，涉及投资者较多，群访压力突出。2021年需加大风险私募机构排查监测力度，强化与地方政府相关部门的协作，加强集团化等高风险私募机构的风险防控。

四、保险业

（一）上海保险业运行情况

1. 保险机构种类多样，数量总体稳定。2020年末，上海辖内共有法人保险机构57家，其中保险集团2家、财产险公司19家、人身险公司22家、再保险公司5家、资产管理公司9家；共有108家省级保险分支机构，其中财产险分公司53家、人身险分公司52家、再保险分公司3家；共有228家保险专业中介法人机构，其中保险代理机构109家、保险经纪机构83家、保险公估机构36家；共有275家保险专业中介分支机构。

2. 原保险保费收入稳步增长，意外险下降较多。2020年，上海辖内保险公司（不含法人）累计实现原保险保费收入1864.99亿元，同比增长8.43%。在寿险业务带动下，从4月开始原保险保费收入连续9个月出现正增长，同比增速不断加快。分险种看，财产险原保险保费收入509.28亿元，同比下降2.98%，人身险原保费收入1355.71亿元，同比增长13.45%。意外险同比下降17.75%，主要原因是疫情影响下与旅行相关的基本航空意外险、交通意外险、旅游意外险等出行类意外险保费收入显著下降。

3. 财产险业务增速小幅下降，人身险业务增长趋势明显。2020年，上海辖内财产险原保险保费收入509.28亿元，同比下降2.98%。其中，车险原保险保费收入增速同比下降0.14%，较全国增速低0.83个百分点。疫情冲击下，居民消费意愿持续下降，家财险、信用险、意外险和短期健康险等非车险业务增速同比分别下降59.36%、22.85%、21.87%和35.68%。人身险原保险保费收入1355.71亿元，同比增长13.45%。其中，寿险原保险保费收入999.67亿元，同比增长19.15%；健康险原保险保费收入280.92亿元，同比增长6.01%；意外险业务原保险保费收入75.13亿元，同比下降17.75%。

4. 赔付支出略有下降，保险金额大幅减少。2020年，上海辖内原保险赔付支出累计630.70亿元，同比下降3.71%。其中，财产险原保险赔付支出278.46亿元，同比下降9.03%。赔付支出金额下降最多的险种为机动车保险。人身险原保险赔付支出352.24亿元，同比增长0.93%。分公司看，财产险公司和人身险公司原保险赔付支出分别为316.73亿元和313.97亿元，同比分别下降9.25%和上升2.60%。保险金额1223.06万亿元，同比下降34.75%。其中，财产险公司和人身险公司保险金额分别为1143.36万亿元和79.70万亿元，同比分别下降35.49%和21.76%。

5. 保险业改革积极推进，对外开放持续扩大。认真推进改革和对外开放，首家外资独资人身保险公司友邦人寿获批开业。优化全流程金融消费者权益保护体系，基本完成上海银行业保险业纠纷调解中心建设，推动车险综合改革平稳落地。

（二）上海法人保险公司稳健性评估

1. 总资产稳定增长，净利润小幅增长。2020年末，上海地区法人保险公司总资产余额37373.74亿元，同比增长18.84%，财产险公司和人身险公司资产总额同比分别增长9.96%和19.96%。法人保险公司原保险保费收入和赔付支出分别为8337.21亿元和2595.40亿元，同比分别增长8.49%和6.13%。全年实现净利润557.77亿元，同比增长1.98%，其中财产险公司和人身险公司分别实现净利润86.28亿元和471.49亿元，同比分别下降4.55%和增长3.27%。

2. 业务快速增长，偿付能力充足率有所下降。2020年末，上海市法人保险公司平均综合偿付充足率246.12%，同比下降9.67个百分点。其中，财产险公司平均综合偿付能力充足率308.16%，同比下降17.44个百分点；人身险公司平均综合偿付能力充足率240.38%，同比下降8.75个百分点。综合偿付能力下降的主要原因是保险业务快速增长导致最低资本迅速上升。

3. 综合成本率居高不下，部分财产险公司存在亏损风险。2020年，受新冠肺炎疫情和车险综合改革持续深化影响，上海地区财产险公司综合成本率普遍偏高，其中6家财产险公司综合成本率大于100%，存在亏损风险。主要原因有两个：一是受疫情影响，各大险类保费增速有所放缓，赔付率有所上升；二是车险综合改革后，单均保费有所下降，车险综合成本率同比有所上升。

（三）上海保险业发展中需要关注的方面

1. 车险市场集中度提高，中小险企车险业务承压。2020年第四季度是新一轮车险改革后的第一个完整季度，上海车险市场综改效应明显，车险当季保费收入同比下降4.29%，增速季内逐月下滑。车险经营质效位居全国前列，以全国3.13%的保费占比实现了全国19.53%的承保利润。市场集中度持续提高，2020全年上海车险市场份额前三家机构保费收入合计占比76.35%。中小公司车险业务竞争加剧，部分公司保费出现负增长，成本管理承压。

2. 人身险业务增长后劲不足，应收保费规模扩大。2020年，上海辖内人身险公司全年原保险保费收入同比增长18.02%，但后续增长乏力，国内居民对未来经济生活不确定性担忧增大，保险购买意愿、购买力双降。经济下行投保人信用风险上升，部分客户个人经济能力下降或有意滞纳赚取利差，保险公司应收保费激增。

3. 长期健康险受热捧，新政过渡期需关注销售炒作。2020年保险行业重疾新定义出台，优化重疾分类、病种，适度前瞻扩展保障范围。部分保险公司利用投保人信息不对称，过度解读新分类中的甲状腺癌部分，怂恿客户在新定义生效前购买产品，易引发后续消保投诉风险。

4. 展业线上化趋势显现，互联网渠道仍存在挑战。受疫情影响，保险业务展业线上化趋势越来越明显，但是大部分公司对线上化销售仍然准备不足。销售人员难以通过线上向客户讲解营销一些较为复杂的险种，平台销售模糊了消费者对保险品牌的认知度，部分互联网渠道高收费推升保险公司综合成本率。

5. 违规销售频发，退保黑产逐步蔓延。部分寿险代理人存在违规推介非保险金融产品和非法传销行为。2020 年上海人身险市场已发生类似案件 4 起，最高案额超 2000 万元。“退保黑产”行业化蔓延，电销和个险渠道信访投诉案件激增，寿险公司正常经营面临挑战。

五、金融基础设施建设

（一）加强支付系统建设，拓展移动支付领域

2020 年，启动企业电子营业执照与电子印章在银行账户服务领域的应用首批试点，建设涉案账户信息共享平台，全年向辖内银行共享 9 批 1217 户企业涉案银行账户、1710 户个人涉案银行账户信息。稳步推进上海支付结算综合业务系统业务迁移工作，上海同城清算系统资金类业务全量迁移至支付系统，信息类业务转由城银清算公司承接。完善辖内中央银行开户单位账务核对方式，推广 ACS 综合前置子系统自助转账功能至村镇银行、财务公司等。推进上海市移动支付便民工程建设，实现在上海地区多个重点行业支持联网通用移动支付。

（二）推进查处分离改革，提升上海金融法治环境

与上海市高级人民法院签署《关于进一步加强上海国际金融中心建设法治保障的合作备忘录》，共同提升上海金融法治环境。深入推进查处分离改革，统一处罚裁量基准，依法惩处金融违法行为。积极贯彻落实“放管服”改革相关要求，组织开展规范性文件清理，开展证照分离改革试点，将行政许可项目统一归集至全国一体化在线政务服务平台。

（三）推动征信体系建设，营造诚信社会环境

顺利完成二代征信系统切换上线工作，有序开展二代数据采集切换工作。坚持培育与清理并重，推动征信市场健康发展，2020 年对 3 家法人评级机构完成备案。推进中小企业信用体系建设，推广应收账款融资服务平台，助力中小微企业解决应收账款融资中信息不对称、账款确认难等关键问题，缓解中小微企业融资难问题。支持鼓励备案企业征信机构为中小微企业贷款提供增信服务，助力商业银行发放中小微企业贷款。

（四）加大执法检查力度，深入开展反洗钱工作

加大执法检查力度，开展洗钱风险全覆盖评估，不断优化评估方法。开展综合执法检查和反洗钱专项执法，2020 年对 2 家机构开展综合执法检查，对 2 家机构开展反洗钱专项执法。鼓励金融科技在反洗钱领域运用，利用区块链等新技术开展反洗钱风险信息共享试点。加强监管协调协作，依

托上海市反洗钱监管合作备忘录开展常态化监管合作。积极配合市扫黑办开展“六清行动”，做好金融放贷行业专项整治，2020 年先后 4 次向市扫黑办报送行动进展，向市公安局移送线索 20 次、协助调查案件 13 次。

（五）坚持消费者为中心理念，扎实开展金融消费者权益保护

建立完善上海市金融消费权益保护制度，配合制定《上海市地方金融监督管理条例》《上海市优化营商环境条例》等地方性法规。开展金融知识普及，规范金融营销宣传行为，开展“3·15 金融消费者权益日”“普及金融知识守住‘钱袋子’”“金融知识普及月”和“存款保险宣传月”活动。不断完善投诉管理体系，打造 12363“暖心热线”助力化解矛盾纠纷，2020 年共调解金融消费纠纷 3348 起，调解成功 2481 起。

六、总体评估

2020 年，上海坚持疫情防控和经济发展两手抓，金融系统全力落实金融支持稳企业保就业各项工作任务，为实体经济克服疫情影响提供了有力支持。上海经济运行稳步复苏向好，各项主要指标逐季回升，新发展动能持续增强，经济运行中的积极因素持续增多。金融业保持稳健运行，开放与创新领域取得突破。金融基础设施建设稳步推进，金融服务和管理水平持续提升。金融风险防范工作有序开展，主要风险得到较好控制。

2021 年，国内经济整体仍处于疫后修复阶段，外部环境严峻复杂，影响上海经济平稳运行的潜在风险和不确定因素仍然较多，经济恢复基础尚不牢固，风险外溢性呈现新特征。上海将继续推进国际金融中心建设，把金融稳定和安全放在更加突出的位置，针对国内外疫情防控和经济形势正在发生重大变化的背景，高度重视宏观杠杆率上升、房地产金融、汇率波动和主要经济体宽松政策带来的风险，密切关注部分重点领域风险易发多发的新情况、新问题，统筹经济发展和风险防范，持续推动开放创新，切实提升金融服务上海自贸区与长三角一体化质效。

中国人民银行上海总部金融稳定分析小组

组　　长：孙　辉

副 组 长：饶庆文

成　　员：马绍刚　文善恩　冯润祥　吕进中　朱　沛　吴水平　陈　勇　姜　威　荣艺华

《上海市金融稳定报告（2021）》编写组

总　　纂：饶庆文

统　　稿：张国文　周正清

执 笔 人：周正清　谭紫蝶　郑毓欣　郑振东

参与写作人员：王　晴　文　哲　吴　芊　李海坤　李　源　李冀申　张光源　张　希　张　瑞　陈安宇　林春山　金岳成　赵　莹　殷楚楚　钱　俊　舒　雄　葛凤毅　童小军

江苏省金融稳定报告摘要

2020年，江苏经济运行呈现加快恢复、稳定向好态势，综合实力持续增强，新兴动能快速发展，就业民生保障有力，统筹疫情防控和经济社会发展取得显著成效。全省金融机构经营效益和风险控制能力稳步提高，金融基础设施不断完善，金融服务实体经济的效率和安全性提高，整个金融体系呈稳健运行态势。

一、江苏经济

（一）基本情况

2020年，江苏经济综合实力持续增强[①]。一是经济总量再上新台阶，初步核算，全年实现地区生产总值102719亿元，比上年增长3.7%。预计全省人均地区生产总值12.2万元，全员劳动生产率21.6万元/人。工业生产运行平稳，全年规模以上工业增加值比上年增长6.1%，其中轻工业增长4.2%，重工业增长6.8%；固定资产投资比上年增长0.3%。二是财政收入稳步增长，全年完成一般公共预算收入9059亿元，同比增长2.9%。三是就业形势持续向好，全年城镇新增就业132.8万人，年末城镇登记失业率保持3.2%的较低水平；居民收入稳步增加，全年全省居民人均可支配收入43390元，较上年增长4.8%。四是物价水平总体稳定，全年居民消费价格比上年上涨2.5%，其中城市上涨2.4%，农村上涨2.8%。

（二）经济运行情况

1. 生产生活秩序加快恢复

在全省疫情防控形势持续稳定的基础上，支撑经济社会发展的相关实物量指标明显回升。工业用电量增速高于上年同期。11月，江苏工业用电同比增长8.7%，比10月提高5.7个百分点，高于上年同期4.0个百分点。其中，电子行业用电量增长6.5%，电气行业增长15.3%，比上月分别加快9个、6.8个百分点。多数工业产品产量实现增长。11月，全省列统的507种工业产品中，有303种产品产量同比增长，增长面59.8%；其中，钢材、汽车、水泥、挖掘机、压实机械、笔记本计算机、集成电路等产品日均产量已超上年同期水平。综合货运量稳定增长。自3月以来全省综合货运量增速持续回升。1—11月，全省综合货运量同比增长2.7%，比上月回升0.3个百分点；其中公路货运量增长5.5%，铁路货运量增长12.3%，绝对量已超上年同期水平，仅水路货运量受疫情防控和国

① 数据来源：江苏省统计局。

外疫情蔓延影响，同比下降2.6%。

2. 国内国际市场需求同步回升

国内需求明显回暖。11月当月，全省规模以上工业内销产值同比增长13.7%，比规模以上工业产值增速高0.6个百分点，占规模以上工业销售产值的比重达82.1%，比上月提高0.6个百分点。同时，限额以上批发业大宗商品和消费品类销售额快速增长。11月，全省限额以上批发业销售额当月增长14.3%，累计增长7.7%，均明显高于上年同期水平。商品流动速度不断加快，表明国内经济循环更加畅通，需求回暖态势明显。外部市场需求有所恢复。11月，全省规模以上工业出口交货值同比增长12.8%，比上月增长4.4个百分点，创近2年月度增速新高。电子、电气两大行业出口交货值分别增长17.9%、16.7%，是工业出口回升的主要动力。

3. 供需结构优化步伐加快

先进制造业快速发展。11月，规模以上高技术制造业增加值增长18.4%，比上月加快6.2个百分点。其中，电子、医药两大行业增加值分别增长16.5%、19.1%，比上月分别加快3.9个、10.7个百分点。现代服务业增速回升。1—10月，全省规模以上高技术服务业营业收入增长12.1%，比上月加快1.3个百分点；其中，互联网和相关服务、软件和信息技术服务业、专业技术服务业分别增长25.2%、17.8%、10.1%，增速比上年同期分别加快3.7个、0.4个、3个百分点。新兴产业投入力度加大。1—11月，全省高技术产业投资同比增长14.7%，比上月加快3.7个百分点，连续7个月保持两位数增长。其中，高技术制造业同比增长11.5%，比上月加快3.5个百分点；高技术服务业投资同比增长31.3%，比上月加快5个百分点。消费升级需求快速回补。11月当月，全省18类限额以上主要商品零售类别中，有14类商品实现月度正增长，比上月增加2类。

4. 企业发展态势向好

重点工业企业生产快速回升。11月，全省百强规模以上工业企业（累计产值排名前100名）产值同比增长14.9%，比10月加快4.5个百分点。新建企业增添经济恢复新动能。各地加大重大项目建设推进力度，新建企业快速投产有力推动工业产值增速持续加快。截至11月，全省共有940家新建工业企业入库，11月当月净增产值218亿元，累计净增产值1419亿元。部分服务业重点企业快速增长。1—10月，全省服务业百强企业营业收入同比增长8.1%，增速比上月快0.8个百分点。其中，有44家企业营业收入增速达10%以上，比上月增加2家；有32家企业营业收入增速达20%以上。

（三）经济运行中存在的风险

1. 从市场主体看，部分企业两项资金占用明显增加，盈利预期波动回落

一是两项资金占用明显增加。2020年10月末，省内规模以上工业企业产成品、应收账款合计增速比上月末提高3.0个百分点。其中，产成品增长10.6%，应收账款增长20.0%。二是盈利预期波动回落。因市场需求增长仍有较大不确定性，加上原材料、人员工资等成本上升压力加大，企业盈利预期波动回落。2020年第四季度，省内企业盈利预期指数较上季度下降1.9个百分点。26个监测行业中，有13个行业盈利预期环比下降。随着消费旺季逐步退去、出口预期回落等影响，纺织、机械及家电制造等行业盈利预期指数分别下降5.8个、8.2个百分点。

2. 从需求端看，需求回补力度弱于供给，投资结构有待改善

一是消费品零售弱于工业品生产。1—11月，限额以上消费品零售额下降1.4%，依然位于水面

以下，需求恢复弱于供给的状况尚未扭转。二是投资结构有待优化调整。1—11 月，全省房地产业投资占全部投资的比重同比上升 4.2 个百分点，房地产投资增速持续高于生产性投资，不利于投资关键性作用的有效发挥。三是外贸全面复苏面临较大挑战。短期看，当前国际货运供需失衡，出口企业正面临集装箱“有去无回”“一箱难求”的局面，导致产销不畅以及运输物流成本飙升，利润空间大幅受压。另外，人民币升值使得出口企业在新订单谈判中陷入保市场还是保利润的两难。中期看，因海外生产受阻被动转移至江苏的大部分订单并不具有可持续性。长期看，江苏仍将面临中美贸易摩擦持续冲击。

3. 从生产端看，个别行业增速放缓，部分行业恢复困难

一是受汽车芯片等零部件供应紧张影响，汽车制造业增速放缓。11 月，省内规模以上工业中汽车制造业增加值增速比上月回落 7.7 个百分点，为下半年以来行业月度增速最低点。二是住宿、航空运输、文化娱乐等行业降幅较大。1—11 月，省内住宿业营业额降幅依然较大。1—10 月，规模以上服务业中航空运输业、广播电视电影和录音制作业、文化艺术业等行业营业收入降幅较大，旅游游览和娱乐服务、居民出行服务营业收入增速放缓。三是邮政业务总量增速低于周边省份。快递是邮政业务总量增长的主要拉动因素，缺乏规模性市场集群、快递揽件量及快递单价比较优势不足等问题，造成江苏省快递业务量增速偏低。

二、金融业

（一）银行业

1. 基本情况

2020 年江苏省银行业经营总体稳健。一是资产负债规模不断扩大。截至 2020 年末①，全省银行业金融机构资产总额 21.9 万亿元，负债总额 21.0 万亿元，同比均增长 13.6%。二是存贷款余额保持平稳增长。截至 2020 年末，全省银行业金融机构本外币各项存款余额 16.90 万亿元，比年初增加 1.98 万亿元；各项贷款余额 15.65 万亿元，比年初增加 2.13 万亿元。三是盈利水平有所上升。2020 年，全省银行业金融机构共实现净利润 2392.81 亿元，同比增长 7.8%。

2. 银行业存在的风险

（1）局部地区大中型企业信贷风险积聚隐忧犹存

一是大型企业不良贷款规模大，且存在低估问题。二是部分地区大型企业风险问题突出。三是前期已出险大型企业处置进程缓慢。四是新出险企业绝对数仍较多。五是个别大型企业间存在互保联保现象，加大了处置难度。

（2）房地产市场走势分化，房企和居民偿债风险需高度关注

2020 年下半年，随着疫情防控进入常态化阶段，行业复工复产积极推进，房地产市场整体快速恢复，但省内各市房地产市场分化加剧，风险值得关注。一是各城市存在的风险特征差异较大。二是房企债务风险亟待关注。三是居民部门房地产债务风险值得关注。四是个别银行放宽授信标准或以非信贷业务模式将资金投向房企。五是租赁市场乱象不容忽视。

① 数据来源：江苏银保监局。

（3）资管业务整改进入攻坚期，整改难度加大

资管新规实施后，省内法人金融机构积极整改，业务规模有序压缩，产品形态和运作模式不断改善，但整改过程中仍存在以下问题。一是部分资管行业整改净值化进度较慢。二是存量非标资产规模较大，短期内较难整改到位。三是风险处置手段有限，合法权益追偿受限。四是中小农商行净值化转型难度较大，转型进度较为缓慢。

（二）证券期货业

1. 基本情况

2020 年[①]，江苏证券期货业保持平稳健康发展，积极把握住了发展机遇。一是融资金额和企业上市数量仍居全国前列。全年全省新增上市公司 61 家，居全国第二位，首发融资 524.48 亿元，居全国第三位，再融资 1042.16 亿元。二是法人机构资本实力不断提高，抗风险能力进一步增强。截至 2020 年末，江苏辖内法人证券公司和期货公司净资本总额分别达 1205.98 亿元和 39.85 亿元，营业收入分别达 266.74 亿元和 21.19 亿元。全省共有法人证券公司 6 家，法人期货公司 9 家。

2. 证券期货业存在的风险

（1）个别上市公司重大违法违规带来的退市风险和维稳压力较大。＊ST 康得因涉嫌违法违规可能被强制退市；＊ST 长城和＊ST 宏图的股价长期低迷，存在面值跌破 1 元引发退市的风险。上述公司的股东数量多，且大多为自然人，由此引发的涉诉、赔偿、信访、群访、闹访事件将增多，后续维稳处置压力较大。

（2）股票质押风险有待进一步缓解。需要关注的是，单纯的公司股价回升并不能从根本上解决大股东债务偿还问题。目前风险主要集中在个别公司层面，尤其需要密切关注合同到期无法叙做引发的金融风险。此外，股权质押业务衍生出新的影子银行模式，致使金融机构风险关联度上升，一旦出质人违约后出现合同纠纷，损失可能触及多家金融机构和多项产品，严重时会进一步累及其他相关业务和机构，导致企业风险向金融体系传导蔓延。

（3）债券违约风险不容忽视。10 月下旬以来，沈阳盛京、华晨集团、永城煤电接连发生债券违约事件，对债券市场产生较大负面影响。江苏省得益于各级地方政府高度重视，建立健全金融风险防控机制，财政收入平稳增长，金融生态环境持续改善，此次债券违约事件对江苏省债券发行、交易的冲击并不明显。Wind 数据显示，2021 年和 2022 年江苏省分别有 0.99 万亿元和 0.66 万亿元信用债到期，占存量债券的比重分别为 38.52% 和 25.72%。

（三）保险业

1. 基本情况

2020 年，江苏省保险业整体经营较为稳健。全省共有保险主体 113 家，其中财产险公司 45 家，人身险公司 68 家；按资本属性划分，中资 76 家，外资 37 家。全省保险业全年实现保费收入 4015.1 亿元，同比增长 7.1%，居全国第二位，其中财产险保费收入 993.3 亿元，同比增长 5.6%，人身险保费收入 3021.8 亿元，同比增长 7.6%；全省赔款和给付支出 1081.4 亿元，同比增长 8.3%。

---

① 数据来源：江苏证监局。

2. 保险业存在的风险

（1）财产险公司战略转型面临挑战。2020 年 9 月 19 日起，江苏在银保监会统一部署下开展车险综合改革，目前市场秩序整体平稳，让利消费者成效明显。车改后，车险总体降价导致保费收入明显减少，保障责任和交强险保额增加导致赔付上升，2021 年车险经营效益可能面临压力。部分财产险公司业务模式单一，高度依赖车险业务，转型发展面临挑战。此外，以经营车险业务为主的保险中介机构因车改后手续费下调和业务流失受冲击明显。

（2）保险资金运用面临的风险形势严峻。在经济转型、打破刚性兑付和叠加新冠肺炎疫情的背景下，保险资金运用收益的波动和减值压力进一步增加。2020 年，信用债偿债压力较大，尤其是 10 月末以来，个别 AAA 级国企信用债违约，引发债券市场剧烈波动。与此同时，随着行业内投资非标资产的比例不断上升，部分非标资产也隐含违约风险，加大了保险资金投资的信用风险。

三、金融基础设施

（一）支付体系

一是打造移动支付便民工程“江苏特色”。制定下发《江苏省 2020 年移动支付便民工程工作要点》，明确年度建设目标，全省各地因地制宜建设“移动支付 + 智慧旅游”“移动支付 + 特色农业”等示范场景。目前，全省所有地市公交、地铁实现移动支付功能全覆盖，基础公共服务领域和便民服务场景基本覆盖。实现农村普惠金融服务点和移动支付惠农站融合发展，全省共计 14 个县（区）被授予“江苏省移动支付便民工程引领县”。截至 2020 年末，全省移动支付应用商户 244.3 万户，商户支持率达 95%；全省云闪付 App 累计注册用户 1858.5 万户。2020 年，全省移动支付交易 1.9 亿笔、金额 722.5 亿元。

二是树立农村普惠金融“江苏品牌”。经省政府同意，联合省地方金融监管局等 7 部门向各市、县（市、区）人民政府下发农村普惠金融服务点提质增效三年实施意见，配套出台建设规范和评级指引。推进服务点向“一站式、多功能、全方位”发展，在传统支付业务基础上，整合现金、国库、征信、信贷、存款保险、金融消保等服务下沉，积极争取社保征缴、涉农补贴发放等各类政务服务业务集聚。加大农村地区智能机具覆盖和金融科技赋能，建设农村普惠金融服务点综合信息管理系统，对接省内建设单位，实现全方位业务数据的查询共享，全面实现普惠金融服务点的网格化管理。截至 2020 年末，全省共建成农村普惠金融服务点 1.65 万个，服务点提档升级完成率达 49.29%，惠及农村人口 3700 余万人。2020 年全年共发生支付业务 3154.17 万笔、金额 231.26 亿元，累计采集信贷需求 8755 户、发放贷款 8.20 亿元。

（二）信用环境

一是立足稳企业保就业，引导征信机构创新产品与服务。贯彻落实征信支持疫情防控与“六稳”“六保”工作部署，指导企业征信机构创新金融产品、加大征信供给、助力银企对接。省内机构首先是积极筛选信用良好、与民生或抗疫产业有关的 200 余户小微企业向银行推荐，疫情期间共帮助 157 户此类企业获得 2.67 亿元贷款；其次是主动让利，向 5 万家企业用户提供三个月标准套餐无偿使用权；再次是帮助反欺诈中心或地方政府识别疑似“空壳”企业近 407 万户；最后是针对保就业、稳外贸、缓解小微企业资金周转压力等特定需求创新推出“征信贷”“薪金云贷”“关助融”“快贷通”“转贷平台”等产品，帮助3000余户小微企业获得银行授信71亿元。

二是聚焦“三农”领域，深化农村信用体系建设。多措并举推进辖内农村信用信息系统与服务平台建设。指导地市中支协同政府相关部门，联合涉农金融机构，系统规划、统筹协调，建立多方参与的信息采集与更新机制，在部分地区探索开展“网格化”农户信息采集，农村普惠金融大数据平台建设等工作，确保农户信息更新工作常态化开展，高质量推进。推动无锡、连云港、宿迁、盐城等地立足普惠金融发展和乡村振兴战略，协调农业农村局等部门共同开展新型农业经营主体信息采集和信用评价，引导金融机构利用评价结果创新金融服务，累计推出各类金融惠农产品40余个，有力地支持了当地农村经济主体的融资发展。

（三）反洗钱

一是统筹完成年度执法检查等各类反洗钱监管任务。坚持分类监管原则，组织全省共下发监管意见书109份，约见谈话120次，质询38次，组织对107家机构现场走访，坚持法人监管原则，完成包括2家城市商业银行、1家民营银行和14家农村商业银行在内的法人银行现场检查任务。

二是着力完善洗钱犯罪打击合作机制。积极与省公安厅、省国安厅、省检察院、省法院沟通会商，分别联合下发共同预防和打击洗钱、恐怖融资及危害国家安全违法犯罪活动的合作协议，推动省检察院出台加强惩治洗钱犯罪工作的指导意见，完善打击洗钱犯罪合作机制。推动全省全年以《刑法》第一百九十一条洗钱罪宣判15起，较上年增加了14起；以《刑法》第三百一十二条掩饰隐瞒犯罪所得、犯罪所得收益罪宣判10起，较上年增加了8起。

三是探索科技赋能。开发反洗钱风险管理平台并在全省推广使用，完善反洗钱风险管理平台系统一键画像和一键透视义务机构洗钱固有风险分布点功能，对义务机构洗钱风险和履职情况开展动态化监测；根据总行试点要求，在全国率先搭建反洗钱关注信息区块链共享系统，组织9家商业银行就可疑客户等反洗钱关注信息上链共享，提升洗钱风险整体防范水平。

（四）金融生态环境建设

江苏省金融稳定工作协调小组办公室结合打好防范化解重大金融风险攻坚战相关要求，充分考虑江苏辖内社会关注度高、影响面广的风险，征求各成员单位意见，对创建考核办法进行修订，印发《江苏省金融生态县创建评价办法》，扩大创建评价范围，调整一票否决事项，优化部分评价指标，更加契合经济金融运行实际和金融生态创建要求。2020年的评估结果显示，全省各地对金融生态环境建设重视程度不断提高，县域金融生态环境总体稳定向好。35个定量指标中，30个指标较上年有所改善。特别是法人金融机构风险处置取得较大进展，县域高风险机构数量大幅下降。县域信贷资产质量明显提高，银行业不良贷款余额和不良贷款率实现“双降”。非法集资高发频发势头得到遏制，县域新发案件数和涉案金额显著下降。

（五）存款保险宣传

一是有序开展集中宣传，制订宣传方案。2020年5月、9月，分别以《存款保险条例》颁布五周年、“金融知识普及月”为契机，组织全辖人民银行分支机构、各银行机构开展存款保险集中宣传，累计开展宣传活动14919次，发放宣传资料338.8万份，宣传覆盖人数2097.17万人次，帮助社会公众形成"存款安全有保障"的稳定预期。作为总行存款保险宣传工作组核心成员，深入参与总行存款保险宣传工作方案制订，编写总行存款保险宣传口号、问答口径、宣传文案、明白卡及公益短信，为总行提供江苏宣传实践经验材料，结合扬州地区存款保险认知评估问卷结果和调查经验，为总行提供存款保险认知评估设计参考。结合江苏实际，印发《江苏存款保险宣传工作方案》，围绕四项宣传目标，针对七大宣传任务，细化出22项落实措施，全面提高江苏辖区存款保险宣传工作质效。

二是稳妥推进标识启用，加强人员队伍建设。根据总行统一部署，召开全省存款保险标识政策通气会，组织全省参加存款保险的金融机构11月28日统一启用存款保险标识，并于11月7日在扬州地区先行启用标识；开展存款保险标识现场巡查工作，机构覆盖率100%，网点覆盖率90%以上，确保标识启用平稳有序；协助总行每日开展全国标识启用网络舆情监测，累计报送监测简报37篇、工作动态13篇。自主探索建立"一乡一行"农村存款保险网格化宣传体系，强化乡镇存保宣传长效机制，得到总行肯定。同时派人员参加总行存款保险业务培训班，及时整理培训内容并通过电视电话会议向全辖进行转培训，组织全辖参加2020年存款保险信息系统远程培训。

四、总体评估与政策建议

（一）总体评估

2020年，江苏经济运行总体平稳，综合实力显著增强，在多变的外部环境中也保持了较高的增长水平，经济增长质量持续向好；下半年以来，在国内疫情防控取得重大成果、经济企稳复苏的支撑下，江苏涉外经济逐步回暖，跨境资金流动相关指标边际改善，表现出较强韧性；金融体系弹性增强，金融运行总体稳定，通过处置化解重大金融风险释放了金融风险，增强了金融体系的稳定性。

与此同时，江苏经济金融也面临着挑战。稳中有进的国内基本面将继续促进涉外经济回升，但跨境资金双向波动可能更为显著，需要坚持底线思维，紧密围绕"双循环"新发展格局，密切关注全球疫情和中美关系的演变，防范跨境资金大进大出风险；经济运行中的结构性矛盾仍然存在，金融风险事件时有暴露，风险化解任务仍然艰巨。随着三大攻坚战特别是防范化解重大风险攻坚战的继续推进，体制机制性风险逐步得到化解，江苏经济金融体系的稳健性将得到进一步提高，风险防范能力也将进一步增强。

（二）政策建议

1. 认真贯彻落实总行货币政策和宏观审慎政策双支柱调控框架要求。实施更加灵活精准、合理适度的稳健货币政策，保持广义货币和社会融资规模增速同名义经济增速基本匹配。发挥宏观审慎政策应对系统性金融风险的基础功能。在时间维度上，以资本充足率、逆周期缓冲资本、贷款价值比、债务收入比、动态拨备等防范顺周期效应。在空间维度上，重点把控监管规避、影子银行、系统重要性等方面的风险应对。

2. 夯实防控金融风险的基础。继续深化金融机构改革，完善现代金融企业制度和法人治理结构，建立有效的激励约束机制。完善风险管理框架，强化风险内控机制建设，努力提高金融机构稳健性，增强金融体系抗风险能力。深化金融市场改革，提高直接融资比重，促进多层次资本市场健康发展，形成融资功能完备、基础制度扎实、市场监管有效、投资者合法权益得到有效保护的多层次资本市场体系。

3. 提高防范化解金融风险能力。完善系统性金融风险监测预警体系和早期干预机制，完善相应应急预案。完善金融产品违约、金融机构破产、市场功能丧失等恢复与处置机制，增强系统性金融风险的防控能力。健全不良资产处置相关规章制度，提高风险处置效率。加强对系统重要性金融机构和金融基础设施的统筹监管，继续推进金融业综合统计和监管信息共享。

中国人民银行南京分行金融稳定分析小组

组　　　长：郭新明
副　组　长：贾　拓
成　　　员：陈　锋　周　源　吉祖来　唐　清　宋卫琳　范海鸿

《江苏省金融稳定报告（2021）》编写组

总　　　纂：陈　锋
统　　　稿：缪仕国
执　　　笔：赵诗雨　马军伟　周　韵　郝雨时
其他写作人员：蔡大鹏　王云艺　倪海鹭　李　诚　贾昌峰

浙江省金融稳定报告摘要

2020年，面对严峻复杂的国内外环境特别是新冠肺炎疫情冲击，浙江省金融系统坚持新发展理念，紧紧围绕服务实体经济、防控金融风险、深化金融改革等重要任务，勇于担当、迎难而上，推动金融总量合理增长、强化对经济高质量发展的金融支持、拓展防范化解重大金融风险成果、高标准推进金融改革创新，着力改善金融管理和服务，为浙江建设“重要窗口”和争创社会主义现代化先行省提供强有力的金融服务保障。2020年，全省银行业运行总体平稳，各项贷款、存款较快增长，较好地支持了实体经济发展，信用风险总体可控。证券业业务量与利润快速回升，法人证券公司盈利水平总体上升，资本市场有效支持实体经济。保险业业务规模平稳增长，服务领域持续拓宽，现代保险经济补偿和风险保障功能有效发挥，服务实体经济能力进一步提升。具有融资功能的非金融机构继续发挥补充作用，湖州、衢州绿色金融改革创新试验区和中国（浙江）自由贸易区纵深发展，宁波普惠金融改革开局良好，金融基础设施持续完善。总体来看，2020年浙江省金融稳定状况良好，但未来面临的形势仍需保持警惕。

一、浙江省经济运行情况

（一）经济运行概况

1. 经济稳步回升，增速高于全国，产业结构不断优化。2020年，全省实现地区生产总值64613亿元，居全国第4位，同比增长3.6%，增幅高于全国1.3个百分点。三次产业的增加值分别为2169亿元、26413亿元和36031亿元，分别增长1.3%、3.1%、4.1%。三次产业增加值比例由上年的3.3∶42.1∶54.6调整为3.3∶40.9∶55.8。

2. 投资稳步增长，消费持续复苏，出口逆势上行。2020年，全省固定资产投资增长5.4%，增速较第一季度（-5.2%）、上半年（3.8%）和前三季度（4.3%）明显回升，高于全国2.5个百分点。社会消费品零售总额26630亿元，同比下降2.6%，降幅较第一季度（-14.7%）、上半年（-6.3%）和前三季度（-4.9%）明显收窄。出口25180亿元，增长9.1%，高于全国5.1个百分点，占全国份额的14%，比上年提高0.6个百分点。

3. CPI涨幅回落，PPI降幅收窄。2020年，全省居民消费价格（CPI）同比上涨2.3%，涨幅较上年回落0.6个百分点。八大类消费品和服务项目价格同比“六涨二跌”，食品烟酒、其他用品和服务、教育文化和娱乐、生活用品及服务、医疗保健、衣着同比分别上涨7.4%、4.2%、1.8%、1.6%、1.5%、0.5%，居住、交通和通信同比分别下降0.1%、3.5%。全省工业生产者出厂价格（PPI）和购进价格同比分别下降3.1%和4.1%，降幅分别较前三季度收窄0.1个、0.5个百分点。

4. 数字经济引领发展，新产品产值率持续提高。2020 年，全省数字经济核心产业增加值增长 13%，比重占全省 GDP 的 10.9%，比上年提高 0.9 个百分点；人工智能、高技术、装备和战略性新兴等行业增加值同比分别增长 16.6%、15.6%、10.8%和 10.2%，均高于规模以上工业增速。新产品产值增长 5.1%，新产品产值率为 39%，比上年提升 1.3 个百分点。

（二）金融支持稳企业保就业情况

1. 融资规模合理增长，金融支持实体经济有力有效。全省社会融资规模年末余额同比增长 18%，比年初新增 3.2 万亿元，同比多增 1 万亿元。其中，各项贷款余额 14.4 万亿元，同比增长 18%，比年初新增 2.2 万亿元，同比多增 6053 亿元。

2. 信贷投向持续优化，支持稳企业保就业重点领域成效显著。全省民营经济、普惠小微和制造业贷款增量分别是上年的 2 倍、1.7 倍和 2.2 倍，新发放外贸企业贷款 1.6 万亿元。全省 8.7 万户小微企业首次获得贷款，1700 余家金融机构建立并公示授权、授信、尽职免责"三张清单"。

3. 货币政策工具高效落地，精准支持稳企业保就业。全省再贷款再贴现直达企业和农户 28 万余户，全省地方法人银行累计为 31.3 万户普惠小微企业实施阶段性延期还本付息，向 226.1 万户普惠小微企业发放符合央行政策条件的信用贷款。

4. 融资成本明显下降，金融让利惠企力度显著。全省企业贷款利率、普惠小微贷款利率同比分别下降 0.51 个、0.8 个百分点，民企发债利率同比下降 0.72 个百分点。

5. 民营企业发债同比多增，企业融资渠道持续拓宽。全省民营企业债务融资工具发行 644 亿元。其中，通过债券融资支持工具发行 33 个项目、金额 146 亿元。

（三）经济运行中需要关注的问题

1. 内生性投资动力仍显不足。全省制造业投资、工业技改投资、民间投资等增速仍处于低位，反映内生动力仍有所不足。2020 年，全省制造业投资、工业技改投资、民间投资分别增长 3.4%、2.6%、2.6%，低于全部投资 2 个、2.8 个、2.8 个百分点。分行业看，31 个制造业行业中，仍有 15 个行业投资为负增长，其中投资额较大的汽车制造、金属制品业、通用设备制造等行业投资分别下降 8%、3.3%、1%。

2. 疫情对消费产生较大冲击。受新冠肺炎疫情冲击、居民收入增速放缓等多因素影响，全省消费增速同比回落。2020 年，全省社会消费品零售总额同比下降 2.6%，限额以上消费品零售额同比下降 7.9%。汽车类、石油及制品类同比分别下降 8.5%、24.3%。居民收入增速放缓。2020 年，全省居民人均可支配收入 52397 元，实际增长 2.6%，比上年回落 3.2 个百分点。

3. 部分领域生产经营仍较困难。从工业领域看，劳动密集型产业总体经营状况仍然不佳。规模以上工业企业中，2020 年，纺织、服装、皮革、木材加工、家具制造、造纸、文教体育用品、化纤、食品制造等传统制造产业累计增加值负增长，对整体工业增长形成拖累，其中 12 月食品制造、服装、皮革等行业增加值增速仍未转正，分别下降 10.7%、7.3%、6%。从服务业领域看，规模以上服务业企业中，2020 年文化体育和娱乐业营业收入同比下降 19%。

（四）经济形势展望

展望 2021 年，预计全省经济在低基数效应下较快增长，整体呈先高后低走势；基建投资和房地产投资保持平稳上涨，制造业投资增速加快，推动投资稳步增长，消费持续较快复苏，出口在海外政治经济局势复杂多变、全球新冠肺炎疫情持续反复、疫苗接种进度及疗效等多因素影响下不确定性仍然较大。

二、浙江省银行业运行情况

2020年，全省金融运行总体平稳，银行业金融机构资产负债规模较快增长，较好地支持了实体经济发展，向实体经济减费让利背景下金融机构盈利放缓，资产质量处于较优水平，资本水平较为充足，流动性水平较为合理。但当前经济复苏基础仍不稳固、个别地区和机构信用风险防控压力依然较大、住户部门杠杆率攀升较快、资管产品底层资产潜在风险等值得关注。

（一）银行业稳健性评估

1. 资产负债规模较快增长，贷款增幅高于存款。截至2020年末，全省银行业金融机构资产总额同比增长17.1%，增速高出上年5.7个百分点，其中各项贷款余额同比增长18%。负债总额同比增长17.3%，增速高出上年5.1个百分点，其中各项存款余额同比增长16%。

2. 盈利能力有所下降，非利息收入占比继续回落。2020年全省银行业金融机构实现净利润同比下降5.48%，全省银行业金融机构资产利润率同比下降0.22个百分点，盈利能力整体较上年有所下降。2020年全省银行业金融机构净息差同比下降0.08个百分点，非利息收入占比同比下降2.55个百分点，降幅收窄0.45个百分点。

3. 不良贷款有所反弹，信用风险总体可控。截至2020年末，全省银行业金融机构不良贷款余额1401.98亿元，同比提高26.33%，全省不良贷款率0.98%，同比上升0.07个百分点。关注类贷款余额1975.12亿元，同比下降28.35%，关注类贷款比例1.37%，同比下降0.88个百分点；不良贷款率+关注类贷款比例为2.35%，同比下降0.82个百分点。整体上，全省银行业信贷资产质量仍处于较优水平。

4. 法人机构经营稳健，各项指标均符合监管要求。截至2020年末，全省法人银行业金融机构核心一级资本充足率、一级资本充足率、资本充足率分别为10.93%、11.62%、14.49%，资本较为充足；拨备覆盖率414.78%，风险抵补能力较强；流动性比例59.15%，流动性合理充裕。

（二）银行业运行需要关注的问题

1. 经济复苏基础仍不稳固。部分行业企业经营仍然困难，市场主体风险可能向金融体系传导。近年来，浙江省多家大型民营企业陆续出险，一些大型民营企业集团也存在风险隐患，部分上市公司股权质押风险较高。疫情以来，企业受销售停滞、供应链及需求萎缩等冲击，面临的生产经营压力加大，大型企业集团暴露风险的可能性增多。此外，外贸企业受运费上涨、账期延长、汇率波动因素等影响，经营压力较大。

2. 资产质量存在劣变压力。一是部分中小企业经营尚未出现根本性好转，阶段性金融支持政策延缓了风险暴露，部分延期还本付息的贷款将可能在政策到期后计入不良。二是部分大型企业风险仍未实质出清，未来不良贷款可能继续上升。

3. 资管产品底层资产存在风险隐患。一是底层资产流动性不足影响资管整改进度。据银行反映，因部分底层资产投向未上市企业股权，流动变现能力较弱，短期内退出转让存在障碍，且无固定期限难以用新产品承接，较难在2021年底前完成整改。个别银行已向监管部门申请个案处理。二是底层资产分类欠审慎难以反映真实风险。部分法人银行将已出现风险的底层融资人仍列为正常，未能真实反映底层资产风险状况，甚至有个别机构将全部理财资产“一刀切”地划为正常类，未对理财资产进行有效的五级分类，资产分类审慎性有待提高。

（三）银行业发展展望

展望2021年，浙江省银行业将继续保持平稳运行，存贷款规模合理适度增长，考虑疫情对经济的负面影响具有广泛性和持续性，叠加经贸摩擦干扰，实体经济经营不确定性不稳定性因素仍然较多，预计未来信用风险将继续暴露，但整体上升幅度有限。

三、浙江省证券业运行情况

随着资本市场改革的不断深入，2020年全省证券、期货机构经营总体较好，资本市场支持实体经济力度持续加大。在行业总体保持稳健的同时，私募基金行业风险、债券违约风险及上市公司经营风险有所抬头。

（一）证券业稳健性评估

截至2020年末，全省共有法人证券公司5家，证券公司分公司118家，证券营业部1034家，证券投资咨询机构3家。期货公司12家，期货公司分公司39家，期货营业部216家。

1. 证券经营机构业务量快速扩张。2020年，受益于市场行情震荡上行与政策环境优化，市场交易量与活跃度增强，全省证券经营机构累计代理交易额62.55万亿元，同比增长48.23%；实现手续费收入138.87亿元，同比增长47.84%；实现利润总额57.09亿元，同比增长91.77%。

2. 期货经营机构业务量显著回升。2020年，期货新品种和期权上市步伐加快，场外业务稳中有进，期货经营机构业务量由降转升，全省期货经营机构累计代理交易额68.63万亿元，同比增长39.75%；手续费收入23.34亿元，同比增长36.81%，实现利润总额17.79亿元，同比增长1.19%。

3. 资本市场有效支持实体经济。一是上市公司总数全国领先。截至2020年末，全省境内上市公司总数518家，居全国第二位。浙江股权交易中心挂牌企业9960家。二是企业上市融资与并购稳步推进。2020年，全省新增资本市场融资额6201.74亿元。全年共有135家上市公司实施并购重组177次，涉及金额483.23亿元。三是债券市场平稳运行。截至2020年末，全省共有368家企业存续公司债967只，存续规模8397.49亿元。

（二）证券业运行中需要关注的问题

1. 私募基金风险底数不清。2020年，浙江证监局启动2家私募机构的立案调查，向公安机关移送私募基金涉嫌犯罪案件线索1起，行业风险不容忽视。部分机构违反监管规定，存在拆分转让、代持、虚假宣传、资金挪用、“募新还旧”等行为；部分机构已出险，受损群体庞大，且出现兑付问题时托管行或将面临负面舆论及诉讼压力，风险传染效应强。同时，“证照分离”的制度安排下私募基金机构备案即可获得工商执照，而跨部门间信息互通不畅，私募基金行业仍存在监管“短板”。

2. 债券违约风险抬升。2020 年，全省债券违约风险加剧，实质性违约、到期偿付难、评级下调现象较为突出。全年共 3 只债券发生违约，发债企业为成龙建设集团有限公司、铁牛集团有限公司，违约日债券余额合计 28.3 亿元；共 5 家发债企业涉及评级下降、展望负面或被列入评级观察，偿债风险亟须关注。

3. 上市公司盈利空间收窄。2020 年，全省上市公司复工复产有所延滞，叠加需求复苏缓慢、行业周期下行等负面因素，部分上市公司盈利水平难维持高位。从第三季度季报看，全省共 256 家上市公司净利润出现下降，占比 49.42%；据公开信息显示，全省共 131 家上市公司预告 2020 年业绩亏损或下降，占比 25.29%。

（三）证券业发展展望

展望 2021 年，浙江省资本市场改革将全面推进，服务实体经济的能力有望进一步提升，但潜在风险与问题仍然存在。下一步应将防范化解金融风险放在更加突出的位置，高度关注私募基金风险、债券违约及上市公司经营风险等重点领域，提高上市公司质量，提升证券期货经营合规风控水平，切实推动浙江省资本市场长期稳定健康发展。

四、浙江省保险业运行情况

2020 年，经济下行叠加疫情冲击下，全省保险业业务结构持续优化，保障功能进一步回归，但面临违约风险有所抬升、经营规范性有待提升、中小险企面临转型困境等问题。

（一）保险业稳健性评估

截至 2020 年末，全省共有保险总公司 5 家，保险资产管理公司 1 家。省级分公司 129 家，中心支公司 452 家，支公司 1332 家，营业部 289 家，营销服务部 1673 家。

1. 财险公司业务结构进一步优化。2020 年全省财产险公司实现保费收入 1032.5 亿元，同比增长 6.5%。业务结构上看，非车险业务占比继续提高。2020 年财险公司非车险保费收入 370.9 亿元，同比增长 15.7%；车险实现保费收入 661.7 亿元，同比增长 1.9%。非车险与车险保费比为 35.9:64.1，非车险保费占比同比上升 2.8 个百分点。

2. 人身险业务进一步回归本源。2020 年全省人身险公司实现保费收入 1835.2 亿元，同比增长 10.7%。全年寿险业务侧重点持续调整，保险加速回归保障。2020 年普通寿险保费收入达 726.99 亿元，同比上升 25.26%；健康险保费收入 356.07 亿元，同比上升 20.45%；而分红险保费收入 711.4 亿元，同比下降 3.72%。

3. 法人保险公司风险总体可控。一是从经营情况看，资产增长较快，截至 2020 年末，省内法人保险公司总资产为 1139.68 亿元，同比增长 500.85 亿元，增幅 78.4%。二是从偿付能力看，浙商财险和信泰人寿，不断提升偿付能力，截至 2020 年末，两家核心偿付能力充足率分别为 128.66% 和 162.78%，均已达到监管要求。

（二）保险业运行中需要关注的问题

1. 部分险种违约风险抬升。一是负债端方面，受疫情及经济环境影响，信用保证保险赔付风险上升显著。2020 年，全省信用保险和保证保险赔付支出同比分别上升 42.4% 和 28.1%，赔付率同比分别上升 4.4 个和 10.7 个百分点。二是资产端方面，2020 年债券违约继续发酵，地方债务风险攀升，国企债券蓄意违约时有发生，保险公司持仓债券及非标产品的信用风险可能进一步暴露。

2. 经营规范性有待提升。一是公司治理结构不完善，合规及风控力短板凸显，财务数据真实性问题突出。多家公司因虚列费用、报送虚假报告、违规编制财务数据等事件多次被监管部门处罚。二是保险公司销售不合规现象仍以多种形式出现。违规套费、银保双方的“监管套利”、中介费定价不合理、违规捆绑销售等问题仍然存在。

3. 中小险企转型面临困境。一是中小财险公司发展面临两难境地。本轮车险改革后，中小财险公司在车险市场的份额进一步被大型财险公司挤压；在非车险市场又面临业务深耕不足，缺乏相应资源和技术等困难，公司战略选择上陷入进退维谷的境地。二是人身险公司战略选择模糊。当前寿险业呈现非理性的竞争态势，产品同质化严重，简单价格竞争的初级产品供给过剩，而保障高层次健康和养老的产品供给不足。多数中小公司的产品战略难以兼顾股东价值、渠道费用和客户回报等。

（三）保险业发展展望

展望 2021 年，在以国内大循环为主体的双循环格局下，保险市场出现巨大潜力需求，保险市场将呈现中高速增长趋势。转变经营战略，加快创新发展，用多样化的产品提升公共安全，不断提升保险资金服务实体经济的能力是保险公司主攻方向。

五、社会金融活动

2020 年，在严峻复杂的国内外环境下，浙江省具有融资功能的非金融机构表现各不相同。其中，小额贷款公司和典当公司业务规模和经济效益均出现下滑，融资性担保公司规模扩大，但担保损失有所上升。

（一）社会金融活动稳健性评估

1. 小额贷款公司经营效益下滑，风险抵御能力下降。截至 2020 年末，全省共有 315 家小额贷款公司，同比减少 9 家；注册资本总额 534.09 亿元，同比下降 3.4%；全年累计发放各项贷款 1182.32 亿元，同比下降 3.77%。从经营效益看，2020 年全省小额贷款公司实现净利润 13.23 亿元，同比下降 23.22%。从风险抵御能力看，截至 2020 年末，全省小额贷款公司提取风险拨备金 58.42 亿元，同比下降 18.95%。

2. 典当公司经营效益下降，逾期风险有所缓释。截至 2020 年末，全省共有典当公司 384 家，同比减少 28 家；注册资本总额 97.3 亿元，同比下降 10.8%。全年实现利息及综合服务费收入 6.18 亿元，同比下降 7.49%；完成利润 1.04 亿元，同比下降 26.76%。从经营风险看，典当行业逾期余额 9.3 亿元，同比下降 13.4%；逾期率 2.7%。

3. 融资性担保公司规模上升，经营风险有所增加。截至 2020 年末，全省共有融资性担保公司 366 家，同比增加 7 家；注册资本总额 563.54 亿元，同比增长 8.63%。全省融资性担保公司担保贷款总额 2021.27 亿元，同比增长 30.17%。从担保风险看，全省融资性担保公司担保代偿额达 43.08 亿元，同比增加 6.74%；全省融资性担保公司担保损失额 26.43 亿元，同比增长 13.79%。

4. 其他地方金融组织表现各不相同。截至2020年末，融资租赁企业方面，全省（不含宁波）共有融资租赁企业611家，注册资本总额322.42亿元，融资租赁资产总额588.25亿元，不良租金资产率4.82%。商业保理企业方面，全省（不含宁波）共有商业保理机构1家，与年初持平，注册资本3亿元，应收账款余额35.2亿元，不良保理融资余额0.28亿元，保理融资不良率1.2%，风险准备金0.52亿元。

5. 互联网金融风险整治成效显著。一是P2P网贷机构已全部退出经营。2020年7月4日，浙江对最后1家存量网贷机构微贷网立案侦查，标志着存量网贷机构全部出清。二是互联网金融其他领域风险基本出清。截至2020年第一季度末，非银行支付、互联网资产管理、虚拟货币等领域整治工作率先完成，存量机构全部出清或退出经营。

（二）存在的主要问题

1. 小额贷款公司抗风险能力差，贷款违约率上升。经济下行压力叠加疫情冲击下，小微企业、个体工商户等实体企业规模较小、稳定性较差、抗风险能力较弱，还款能力的不确定性进一步加大，且部分客户还款意愿也发生了变化，进而导致贷款逾期违约率增大。

2. 典当公司市场竞争日趋激烈，客户明显减少。当前典当行业的融资环境仍比较受限，且受疫情影响，国家出台多项优惠政策鼓励金融机构降低利率支持普惠小微企业，市场竞争日趋激烈，典当因费率偏高而客户明显减少。

3. 融资性担保公司业务质量下降，经营风险增大。经济环境变化下，部分企业资金风险频发，直接影响了融资性担保公司的业务质量。贷款代偿金额逐年攀高，融资性担保公司经营风险增大。而省内融资性担保公司大多规模较小，经营风险进一步加大。

4. 互联网金融风险尚未解除，维稳压力依然存在。当前，全省互联网金融风险仍未出清，关联性、突发性风险依然存在。大量涉案房产、股权、车辆的处置仍需留待案件审判后启动，整个处置进程以及结果仍面临较大不确定性，处置周期、最终效果与受损群体预期不一所引发的涉稳风险，还将长期存在并可能在部分节点加剧。信访呈现指向北京增多、平台间串联增多、反侦查能力增强等新特点，维稳压力仍然较大。

（三）社会金融活动展望

展望2021年，疫情冲击仍未消散，国内外形势发生深刻变化。浙江省具有融资功能非金融机构需加快提升经营水平，进一步建立健全内控机制。相关机构要加强立足本地，聚焦小微企业和“三农”领域，深化服务地方经济。

六、金融改革与创新

（一）湖州、衢州绿色金融改革

一是通过规范先行，为市场主体“标绿”。积极推进全国金融标准化技术委员会4项绿色金融标准在试验区落地试用，在全国率先发布绿色企业、绿色银行认定评价等地方技术规范10余项。二是通过创新驱动，推动金融市场“融绿”。湖州共开发“绿色园区贷”等创新产品130余款，获批全国首个绿色金融与绿色建筑协同发展试点城市。三是通过科技赋能，便利政银企“识绿”。湖州创新“绿色金融综合服务平台+”模式，累计帮助2万余家企业获得银行授信超2100亿元。

（二）中国（浙江）自贸区建设

一是跨境人民币业务扩面增量。2020年浙江自贸区跨境人民币结算量1048亿元，同比增长9.2%。二是贸易投融资便利化水平不断提升。实施跨境人民币贸易投资便利化政策，累计办理便利化结算19.95亿元；落地首单跨境人民币票据资产转让业务，惠及企业600余家。三是油品贸易便利化试点政策有力突破。2020年累计办理油品贸易便利化结算19.47亿元。

（三）宁波普惠金融改革

一是加大金融支持应对疫情防控和复工复产。全国首推政策性担保“三免一减半”优惠支持措施；全国首创政策性小微复工复产防疫保险，在10余个省市复制。推动普惠金融信用信息服务平台2.0版上线运行，线上融资对接成功率近五成。二是开展“百行进万企”、首贷户拓展等专项行动，设立了全省首个首贷服务中心，全国首创“微担通”业务。三是深化“跨境金融区块链服务平台”试点，截至2020年末，累计办理业务23962笔、29亿美元，业务量居全国第一位。

（四）金融支持长三角一体化发展

一是开展银企对接活动，为长三角一体化项目提供资金保障。融资对接推介会上，共推出59个“四大建设”项目，总投资7593.5亿元。二是出台《长三角地区电子商业承兑汇票推广应用方案》，在长三角地区推广应用电子商业承兑汇票，丰富企业融资工具。三是牵头推动成立长三角征信机构联盟，缓解区域信息不对称。四是牵头建设长三角绿色金融信息管理系统，推动长三角地区绿色发展。

（五）其他区域金融改革

一是温州金融综合改革加快发展。形成《温州市建设金融支持民营经济高质量发展改革创新试验区总体方案》，成功获批财政部牵头的国家深化民营和小微企业金融服务综合改革试点。二是台州小微金融改革纵深推进。台州市金融服务信用信息共享平台作为全省首批创新试点单位和全国首个对接长三角征信链的地方政府性平台，台州辖内23万多家小微企业信用信息数据上链共享。三是丽水农村金融改革持续深化。经过深入研究论证和多轮修改完善，《浙江省丽水市普惠金融服务乡村振兴改革试验区总体方案（征求意见稿）》经人民银行总行向省政府和国家有关部委征求意见，试验区争创工作取得实质进展。

七、金融基础设施

（一）支付体系稳健性评估

一是支付清算系统安全稳定运行。2020年，全省大小额支付系统、跨行网上支付清算系统累计处理业务17.84亿笔、金额599.57万亿元，同比分别增长9.34%、18.13%。大、小额支付系统业务量分别居全国第二位和第一位。二是银行账户管理与服务改革不断深化。9家试点银行完成本外币合一银行结算账户体系试点准备工作。推动浙江省预约银行开户系统与银联“云闪付”App的互联互通，支持企业掌上办理预约开户业务。推动成立浙江省银行账户自律机制，印发首份银行账户自律公约。三是支付服务市场风险整治持续推进。持续推进打击治理跨境赌博和电信网络诈骗。推进人脸识别技术在开户和交易环节的应用，利用技术手段提升风险防控水平。对涉案账户较多银行采取强化监管问责措施，暂停相关网点新开户业务。上线浙江省支付结算风险“云互联”监测防控平台，共享风险信息1万余条。深入开展无证经营支付业务整治，有效提升支付业务风险防控能力。四是城乡支付服务环境持续优化。全面实施“移动支付之省”建设。截至2020年底，全省移动支付活跃用户数4386.78万户，普及率达75%，全年共发生移动支付业务554.58亿笔、金额67.83万亿元，同比分别增长22.02%和31.74%。

（二）征信体系稳健性评估

2020年，全省社会信用环境持续改善。一是征信系统高效运行。二代系统上线以来，服务效能、安全性能等方面均得到了显著提升。2020年全省人民银行共提供信用报告查询402.4万笔。截至2020年末，全省共有171家小额贷款公司、担保公司、村镇银行等小微机构接入系统，覆盖范围不断扩大，信用风险防范功能更加凸显。二是征信市场稳步发展。金融科技头部力量有效参与，小微企业信用评级试点创新开展，多元化的市场需求满足度不断提升。截至2020年末，全省共有备案企业征信机构7家，累计对外提供服务14.97亿次；共有备案信用评级机构9家，2020年完成信用评级业务约5100笔。三是地方信用体系建设深入推进，信用环境持续优化，普惠金融不断深入。截至2020年末，省、市信用信息平台累计归集278万余户企业涉及30余个政府部门和公共事业单位的信息，提供查询服务近1700万次，通过银企对接为6.54万家企业解决融资3939.24亿元；累计通过应收账款融资服务平台促成应收账款融资1.1万亿元，小微企业占比35%，2020年新增3058.7亿元，小微企业占比40%；累计为1161.81万户农户建立信用档案，评定信用户938.06万户，创建信用村9077个、信用乡443个，评定信用县11个，为已建立信用档案的942.94万农户累计发放贷款3.2万亿元。

（三）反洗钱体系稳健性评估

2020年，全省反洗钱工作有力服务经济社会安全稳定大局。一是监管惩戒力度持续发挥。全省全年共对41家机构、115名个人合计处以4868.1万元行政处罚。以风险为导向的“以案倒查”工作力度持续加大，义务机构内部管理有效提升，共增设反洗钱岗位人员200余名，整改各类客户身份信息427.99万户。二是配合打击洗钱及上游犯罪成果丰硕。全省推动洗钱罪宣判27起，定罪数量同比大幅增长，案件实刑判例占比高、上游犯罪涵盖类型广，具有较强的代表性。积极配合重大执纪执法，在扫黑除恶、打击网络赌博等领域协助破获多起大案要案。三是风险防控体系持续完善，可疑交易报告质量有效提升，全年接收义务机构重点可疑交易报告2025份，向公安机关移送1165份，移送线索立案136个，破案88个。

八、金融稳定总体评估

2020年，浙江省经济稳步复苏，金融业总量合理增长，金融改革与创新不断推进，金融结构相对合理，社会金融活动补充功能继续发挥，金融基础设施较为完善。人民银行杭州中心支行运用区域金融稳定定量评估模型对浙江省 2020 年区域金融稳定状况进行定量评估，结果显示，总分比 2019 年降低 8 分，区域金融稳定状况总体较好。从分项指标看，受疫情影响，宏观经济得分较 2019 年明显降低，主要是第三产业增加值增长率、全社会固定资产投资增长率、社会消费品零售总额增长率得分减少；金融机构中银行业、证券业、保险业指标仍表现良好，得分继续保持满分，金融总体运行质量和效益保持平稳；金融生态环境得分与 2019 年持平，区域金融稳定状况总体较好。

中国人民银行杭州中心支行金融稳定分析小组

组　　长：殷兴山

副 组 长：杨　民

成　　员：叶天华　闫真宇　陈东海　贺　聪　徐　宏　郭　铭
　　　　　蒋仲山

《浙江省金融稳定报告（2021）》编写组

总　　纂：蒋仲山

统　　稿：潘晓斌　王建斌

执　　笔：王艺林　王建斌　王哲中　王瑶瑶　朱秋琪　吴　翔
　　　　　张显进　赵寒娇　荣剑雄　徐　丽　曹　越

安徽省金融稳定报告摘要

2020年，面对突如其来的新冠肺炎疫情和历史罕见的洪涝灾害，在党中央、国务院的坚强领导下，安徽省坚持以习近平新时代中国特色社会主义思想为指导，认真学习贯彻习近平总书记考察安徽重要讲话指示精神，克难奋进，扎实做好“六稳”工作，全面落实“六保”任务，经济持续稳定恢复，有效防范化解金融风险。同时，经济持续增长仍面临较多困难，金融和实体经济的良性循环有待增强，金融运行潜在风险因素较多，金融风险防范化解压力仍然较大。

一、区域经济运行与金融稳定

2020年，安徽省经济运行稳定恢复，实现稳中有进。初步核算，全年实现地区生产总值（GDP）38680.6亿元，居全国第11位，按可比价格计算，比上年增长3.9%，增速高于全国1.6个百分点，居全国第4位。其中，第一产业增加值3184.7亿元，增长2.2%；第二产业增加值15671.7亿元，增长5.2%，比全国高2.6个百分点；第三产业增加值19824.2亿元，增长2.8%，比全国高0.7个百分点。

（一）区域经济运行情况

1. 经济运行稳中有进，人均生产总值持续增加。2020年，安徽省经济持续稳定恢复，主要目标任务完成较好。按常住人口计算，全年全省人均生产总值6.1万元，比上年增加0.3万元。

2. 产业结构持续调整，重点区域保持增长优势。2020年，全省生产总值中第一、第二、第三产业比例由上年的7.9:41.3:50.8调整为8.2:40.5:51.3，其中规模以上工业增加值比上年增长6%，增幅比全国高3.2个百分点，居全国第6位。皖江城市带承接产业转移示范区生产总值25564.6亿元，增长4.9%；合肥都市圈生产总值24499.9亿元，增长4.69%。

3. 三大需求平稳增长，内需潜力持续释放。一是消费稳定增长。2020年，全省社会消费品零售总额18333.7亿元，增长2.6%，增幅比全国高6.5个百分点，居全国第3位。二是投资加速增长，基础设施投资和社会领域投资成为重要引擎。2020年，全省固定资产投资增长5.1%，增幅比全国高2.2个百分点，居全国第13位。其中，基础设施投资增长10.6%，社会领域投资中教育投资增长27.6%，卫生和社会工作投资增长34.2%。三是对外贸易保持增长。2020年，全省货物进出口总额780.5亿美元，增长13.6%，增速居全国第6位，总量位次与上年持平。

4. 消费价格水平保持稳定，生产价格水平有所下降。2020年，全省居民消费价格上涨2.7%，涨幅比年度预期目标低0.8个百分点。食品烟酒价格上涨8.4%，其中粮食价格上涨1.2%，猪肉价格上涨47.8%，鲜菜价格上涨10.2%。工业生产者出厂价格下降0.9%，工业生产者购进价格下降 1.5%。

（二）需要关注的问题

1. 经济下行压力依然存在，实体经济恢复常态基础仍不稳固。一是非金融企业成本费用有所上升。2020 年安徽省规模以上工业企业每百元营业收入中的成本为 85.08 元，同比增加 0.04 元；每百元营业收入中的费用为 9.17 元，同比增加 0.14 元。二是工业投资负增长。2020 年，全省工业投资下降 4.3%，但同期全省工业贷款同比增长 15.1%，为历史新高水平。这在一定程度上说明，信贷资金并没有充分转化为投资，企业投资意愿仍然较低。三是私营企业经营效益有待改善。2020 年，全省私营企业利润下降 2.1%，分别低于国有企业、股份制企业利润增速 3.1 个、4.0 个百分点。

2. 消费市场稳步增长仍面临多重因素制约。随着疫情防控形势好转，全省消费市场快速回暖，但消费市场持续增长仍面临多重因素制约。一是疫情影响下居民预防性储蓄需求上升。2020 年全省住户存款同比增速超过居民收入增速 4.3 个百分点。以安庆市为例，居民消费情况调查显示，分别有 63.8%、49.3% 的调查对象表示“提高了储蓄规模”和“缩减开支应对疫情”。二是在线经济规模不足制约消费拓展。调查显示，前 11 个月，全省网上零售额仅占限额以上消费品零售额的 12.3%，比全国平均水平低 12.7 个百分点。

3. 内外部问题交织叠加，贸易环境更趋复杂。2020 年，从国际看，全球政治经济格局深度调整，新冠肺炎疫情形势严峻，世界经济下行风险加大，全球金融市场动荡加剧，国际贸易增长动能减弱。从国内看，周期性结构性矛盾并存，需求潜力释放制约因素较多，实体经济仍较困难，经济面临下行压力。

二、非金融部门与金融稳定

（一）非金融部门财务收支情况

1. 财政收入有所回落，财政支出增多。2020 年，全省财政收入 5688 亿元，较上年下降 0.4%，其中，一般公共预算收入 3216 亿元，较上年增长 1%。财政支出 7471 亿元，较上年增长 1.1%，其中，教育、社会保障和就业、卫生健康、农林、交通运输、灾害防治及应急管理等支出增长较快，有力地保障了基本民生等重点领域支出需要。

2. 非金融企业部门产值保持较快增长，盈利水平小幅提升。2020 年，全省规模以上工业增加值比上年增长 6%，增速居全国第 6 位，增幅比全国高 3.2 个百分点。其中高新技术产业增加值增长 16.4%，战略性新兴产业产值增长 18%，分别比规模以上工业增加值增速高 10.4 个和 12 个百分点。全年全省规模以上工业企业实现利润总额 2294.2 亿元，比上年增长 5.1%，高于全国 1 个百分点。

3. 住户部门收入稳步增长，城镇居民消费支出有所收缩。2020 年，全省城镇居民人均可支配收入 39442 元，同比增长 5.1%，比全国高 1.6 个百分点；农村居民人均可支配收入 16620 元，同比增长 7.8%，比全国高 0.9 个百分点。全年城镇居民人均消费支出 22683 元，同比下降 4.6%；农村居民人均消费支出 15024 元，同比增长 3.3%。

（二）需要关注的问题

1. 政府性债务风险总体可控，但财政收支缺口呈扩大趋势。2020 年末，安徽省显性政府债务余额9600亿元，其中一般债务余额3817亿元、专项债务余额5783亿元，低于10691亿元的中央限额。未来地方财政稳健运行面临以下不利因素：一是地方非税收入“逆势”增长难以持续，老工业基地和资源型城市财税收入增长乏力。二是政策性减收因素仍然存在。多项减税降费政策将延续至2021年，加之疫情期间出台的部分政策或将延长期限，政策性减收因素对财税收入增长制约影响仍然较大。三是房地产调控背景下房地产投资降温，相关税收可能出现较大波动。从全省财政收支缺口看，已由2014年的1000亿元扩大至2020年的1783亿元。

2. “两金”占比提高，加大资金制约压力。截至2020年末，全省规模以上工业企业应收账款7172.7亿元，同比增长24.8%；产成品存货1646.9亿元，同比增长11.9%。“两金”占比提高可能导致企业流动资金趋于紧张，影响经营效益。

3. 国有企业降杠杆动力不足，部分大型企业融资风险较为突出。一是国有企业负债率相对较高。一些国有企业资产负债率超过或接近80%。二是部分大型企业融资风险突出。据调查，目前全省共有19家大型有问题企业，包括民营企业14家，国有企业5家。平均资产负债率71.65%，其中资产负债率超过80%的企业有8家、资产负债率超过100%的企业有5家。2020年末，金融机构融资余额430.28亿元，对外担保余额201.46亿元。

4. 住户部门收入分配不均衡，债务水平持续攀升。城乡居民收入差距继续波动式扩大，城镇和农村居民绝对收入差距已由1985年的265元扩大至2020年的22822元，相对收入差距（城乡收入比，以农民人均纯收入为1）由1985年的1.7扩大到2020年的2.4。同时，住户债务负担持续增加，截至2020年末，全省住户贷款余额较年初增长17.4%，比全省常住居民人均可支配收入增速高11个百分点。

三、金融业与金融稳定

（一）银行业

1. 银行业发展基本情况

（1）资产负债规模持续增长，利润增速由负转正。2020年末，全省银行业资产总额77138.55亿元，同比增长10.44%，增速高于上年3.75个百分点。负债总额74031.18亿元，同比增长10.38%，增速高于上年3.77个百分点。全年银行业累计实现利润总额752.04亿元，同比增长8.21%，较上年同期增速由负转正。

（2）各项存款量速齐增。2020年末，安徽省本外币各项存款余额60468.34亿元，同比增长10.37%，较上年同期提升3.36个百分点，其中人民币各项存款余额59897.81亿元，同比增长10.15%，较上年同期提升2.85个百分点。从人民币存款结构看，住户存款余额30117.22亿元，非金融企业存款余额16043.15亿元，财政性存款余额1343.15亿元，机关团体存款余额9400.65亿元，非银行业金融机构存款余额2968.19亿元，同比分别增长15.33%、6.45%、3.70%、-0.93%和24.28%。

（3）各项贷款快速增长。2020年末，安徽省本外币各项贷款余额52124.97亿元，同比增长15.99%，比上年同期提升2.08个百分点；人民币各项贷款余额51520.52亿元，同比增长16.33%，比上年同期提升2.22个百分点。从人民币贷款结构看，住户贷款余额21475.69亿元，同比增长17.43%，比上年同期提升0.91个百分点；企（事）业单位贷款余额30017.99亿元，同比增长

15.59%，比上年同期提升3.14个百分点。

2. 需要关注的问题

（1）银行业法人金融机构不良同比“双升”，信用风险防控压力依然较大。2020年末，银行业法人金融机构不良贷款余额较年初增加99.54亿元，同比增长26.67%；不良贷款率比年初上升0.25个百分点。此外，部分机构还存在一定规模的隐性不良。一方面，随着疫情纾困政策逐步退出，部分延期还本付息贷款可能面临到期违约情况；另一方面，个别机构通过借新还旧、重组、以物抵债、放松风险分类标准等手段掩盖和处置不良资产，“隐性”不良暴露压力较大。

（2）法人金融机构利润降幅明显，持续健康发展面临挑战增多。2020年，全省银行业法人金融机构累计实现净利润同比下降15.03%，上年同期为增长8.11%。一方面，中小法人银行面临的定价风险明显上升。贷款利率降低但存款利率并未下行，净息差明显收窄；另一方面，大型商业银行经营重心下沉对地方中小银行产生一定“挤出效应”。受定价能力不强、单户信贷额度限制、产品和服务不足等原因影响，中小法人银行存量客户被掐尖明显增多，“跟风模仿”“价格取胜”等非理性竞争行为时有发生。

（3）房地产企业融资风险上升，地方政府债务到期偿还压力较大。房地产领域方面，2020年以来，受行业调控深化、房企融资渠道受限和商品房销售下降等影响，少数房地产企业流动性较为紧张。由于房地产企业集中大量金融资源，且通过参控股等多种方式与金融机构紧密关联，房地产企业资金链紧张可能传导至金融体系，推升信用风险水平。地方政府债务方面，全省银行机构2021年到期平台贷款363.41亿元，存量城投债回售及到期规模365.6亿元，部分县级财政总体实力较弱，到期债务偿还压力较大。

（二）证券业

1. 证券业发展基本情况

（1）证券期货机构数量增加，交易活跃度显著提升。截至2020年末，安徽省共有2家法人证券公司、358家证券营业部，3家法人期货公司、41家期货公司营业部，全年新增证券营业部和期货营业部各1家。全年全省证券交易额11.21万亿元，同比增长89.04%，增速上升52.21个百分点；期货代理交易额22.96万亿元，同比增长30.91%，增速上升4.91个百分点。

（2）证券期货机构资产规模和盈利水平快速增长。2020年末，全省证券经营机构和期货经营机构总资产分别为1271.23亿元和150.37亿元，同比分别增长16.95%和31.75%。全年全省证券营业部累计实现利润总额12.49亿元，同比增长85.86%；期货经营机构实现净利润2.3亿元，同比增长45.57%。

（3）区域多层次资本市场呈梯队式发展，各板块建设持续推进。2020年末，全省共有上市公司126家（主板96家，科创板7家，创业板23家），同比增加21家。全省新三板挂牌公司294家，较上年增加10家，居全国第7位、中部第1位。此外，区域性股权市场快速发展，年末省股权托管交易中心共有挂牌企业7320家，比上年增加2029家，居全国第1位。

（4）信用债发行规模持续扩大。截至2020年末，安徽省内非金融企业总计发行301只信用债，同比增加22只，余额合计2056.34亿元，较年初增加41.64亿元。分业务类型看，中期票据占存量余额最多，达589.3亿元，占比28.66%；其次为公司债，余额合计476.33亿元，占比23.16%。

（5）资产管理业务整改有序进行。截至2020年末，通过自然到期、协商客户提前还款、接续、回表和二级市场处置等整改方式，辖内两家法人证券公司累计完成整改资管产品规模 260.22 亿元，占全部待整改规模的 24.63%。三家法人期货公司均已完成存量资管产品的整改工作。

2. 需要关注的问题

（1）法人证券公司评级下降。根据证监会 2020 年券商分类评级结果，因部分监管指标下降、受到证监会处罚、涉诉案件较多等原因，国元证券和华安证券评级均由 A 级下降至 BBB 级。评级下降对证券公司风险指标监管标准、监管核查、投资者保护基金费率等方面产生影响，需关注评级下降可能引发的舆情和次生风险。

（2）少数上市公司大股东股权质押比例较高，股票质押风险仍需关注。2020 年末，全省 126 家上市公司中共有 53 家公司的大股东股票处于质押存续期内，占全部质押股份数的 66.12%；7 家公司的大股东股票质押比例超过 80%。个别上市公司股权质押比例偏高，且股票质押、债券违约、退市等风险交织，若股价大幅下降且股东缺乏追加担保能力，易触发平仓风险。个别上市公司涉嫌发生大股东资金占用及违约担保、公司控制权频繁变更，公司治理问题较为突出。

（3）部分公司信用债违约风险仍较突出。截至 2020 年末，全省共有 7 家公司、22 只信用债券发生违约，违约债券余额 145.25 亿元。部分企业偿债压力较大，债务违约风险突出，如华安外经建设（集团）有限公司、国购投资有限公司。在经济转型压力、信用分层持续加深等多重因素作用下，企业债券违约风险值得关注。

（三）保险业

1. 保险业发展基本情况

截至 2020 年末，安徽省共有保险业法人机构 2 家、省级保险机构 71 家。其中，财产险公司分支机构 30 家，寿险公司分支机构 41 家。全省共有保险专业中介机构 211 家，其中专业中介法人机构 57 家，专业中介省级分公司 154 家。保险从业人员 35 万人。全省保险业资产总额 2797.65 亿元，同比增长 20.93%，较上年同期提高 3.48 个百分点。全省保险深度 3.63%，同比持平；保险密度 2205.18 元/人，较上年同期提高 86.63 元/人，公众保险意识进一步增强。

（1）行业发展总体平稳，保费收入增幅收窄。2020 年，全省实现原保险保费收入 1403.79 亿元，同比增长 4.09%，增速较上年同期回落 7.39 个百分点。财产险保费收入及人身险保费收入增速均有所回落，其中，财产险保费收入 470.95 亿元，同比增长 4.04%，增速回落 10.73 个百分点；人身险保费收入 932.84 亿元，同比增长 4.11%，增速回落 7.75 个百分点。

（2）积极应对疫情和洪灾双重挑战，保险保障功能得到充分发挥。一是赔款与给付支出增长较快。2020 年全省保险赔款与给付支出 477.39 亿元，同比增长 13.94%，高于保费增速 9.85 个百分点。累计提供风险保障 111.67 万亿元，同比增长 36.68%。二是积极支持疫情防控。疫情期间，安徽省保险业累计捐赠风险保障保额 5370 亿元，向全省 45 万名医护人员及援鄂援汉医疗人员提供专属疫情保障。三是应对暴雨洪涝灾害发挥社会稳定器作用。汛情期间，全省保险业共接到报案 64801 件，估损金额 22.38 亿元，已决赔案 20241 件，已决赔款 2.85 亿元。

（3）保险业务结构持续优化，寿险退保率下降。财产险方面，非车险业务发展势头良好，健康险、保证保险、农业保险和责任险实现保费收入同比分别增长 27.38%、10.87%、23.29% 和 30.71%。人身险方面，保障型业务增长较快，意外险和健康险增速分别高于人身险 13.23 个和 16.59 个百分点。寿险公司退保率下降明显，全年累计退保金 88.41 亿元，同比下降 46.5%；退保率

2.54%，高于全国0.15个百分点，低于上年同期2.86个百分点。

2. 需要关注的问题

（1）机构间发展不均衡，人身险公司增长乏力。71家保险省级分公司中，24家公司保费收入增速超过10%，18家公司出现下降。30家财产险分公司中，11家保险公司综合成本率超过100%，经营出现亏损。受消费者投保产品向投资类险种转移和部分人身险公司业务结构调整等因素影响，人身险公司业务增长乏力，保费收入增速低于全国4.82个百分点。

（2）满期给付和退保存在风险。个别保险公司非正常满期给付问题突出，产品销售时可能存在与银行存款类比的误导行为。并且个别保险公司的中短存续期产品存量规模较大，少数公司仍在售中短存续期产品，退保风险缓释周期较长。

（3）乱象治理工作仍需坚持巩固。部分机构规避监管要求，存在长险短做、诱导客户退保、捆绑销售、落实可回溯要求不到位等问题；通过虚列费用和虚挂中介套取费用支出，破坏市场公平；个别领域保险高质量发展的基础仍较为薄弱，保险服务的覆盖面和精准度有待提升，市场秩序仍需进一步规范。

四、金融市场与金融稳定

（一）货币市场短期头寸调节作用增强

1. 同业拆借市场成交金额有所上升，参与拆借交易的机构数量持续增多。2020年，安徽省银行间市场累计进行信用拆借2163笔，成交金额8131.47亿元，同比上升17.66%。其中，拆入金额为7282.77亿元，拆出金额为848.7亿元，累计净融入资金6434.07亿元。2020年，全省共有66家机构参与同业拆借交易，较上年增加1家。

2. 债券回购交易参与度增加，质押式回购仍是回购市场主体。2020年，安徽省共有83家机构参与债券回购市场，较上年增加1家；累计成交24.85万亿元，同比增长19.37%。质押式回购交易占比99.49%，同比提升0.9个百分点。回购市场维持短期化趋势，全年隔夜品种成交量占质押式回购的86.66%，14天以上的交易仅占总成交量的3.95%。

（二）债券交易融资活跃度提高

1. 银行间债券交易活跃，交易机构高度集中。2020年，全省共有89家机构参与现券买卖交易，较上年增加7家；累计成交50849笔，成交金额5.9万亿元，同比上升17.9%。从交易主体看，交易量主要集中在少数金融机构，全省交易量前两名的机构全年合计成交量占全省的87.9%。

2. 债券融资规模上升，重点领域债券扶持力度加大。2020年，安徽省累计发行人民银行管理的各类债券4772亿元，同比增长15%，居中部六省第2位。地方法人金融机构发行小微企业专项金融债券100亿元，募集资金全部用于加大对小微企业的信贷投放，为小微企业复工复产提供有力保障；债券品种不断取得新突破，发行全国首批疫情防控专项同业存单、标准化票据以及首单担保费减免疫情防控债。

（三）外汇市场业务总体稳健发展

1. 跨境收支顺差大幅增长，银行结售汇呈现小幅逆差。2020年，全省银行代客涉外收付款规模为994亿美元，其中代客涉外收入516亿美元，代客对外付款478亿美元，涉外收支顺差为38亿美元，顺差同比增长49.5%。全省银行结售汇规模为502.3亿美元，其中银行结汇量243.4亿美元，售汇量258.9亿美元，结售汇逆差15.5亿美元，较上年整体收窄29.5%。

2. 积极推动落实外汇便利化改革措施，促进跨境贸易投资便利化。开通外汇“绿色通道”业务，支持疫情防控和企业复工复产；制发《关于进一步推进跨境贸易投资便利化政策落实的意见》，推动实施市场采购贸易方式试点、税务备案电子化等多项措施；推进合肥市资本项目外汇改革试点，2020年合肥市共51家企业在17家银行办理了396笔试点业务；推进跨境金融区块链服务平台试点，全年全省通过平台为69家企业办理1039笔出口贸易融资业务，放款4.18亿美元，其中中小企业占比75%。

3. 大力推进安徽自贸试验区建设。联合政府部门先后在合肥、芜湖和蚌埠组织开展外汇便利化政策措施与自贸区金融政策宣介系列活动，解读自贸区发展现状、金融政策及应用场景；跟踪研究国内前5批18个自贸区概况及相关政策实施情况，组织辖区银行开展座谈宣传，广泛调研自贸区企业创新政策需求。

（四）黄金市场各类业务发展稳中向好

1. 黄金交易所会员成交量大幅增长。2020年，安徽省累计成交104934.3千克，同比上升44.92%。从交易类型看，自营业务累计成交90665千克，占全部交易量的86.4%；代理业务累计成交14269.3千克，占全部交易量的13.6%。

2. 商业银行黄金代理业务成交量上升，代理个人黄金延期交易占比较高。2020年，安徽省金融机构自营交易业务累计成交1074.8千克，合计成交金额4.3亿元，同比增长9.39%；代理上海黄金交易所交易业务累计成交29323.79千克，合计成交金额111.76亿元，同比增长30.75%。从交易品种看，代理个人黄金延期28266.06千克，占上海黄金交易所代理业务的96.39%。

（五）利率市场化改革持续推进

1. LPR存量转换工作稳步推进，企业融资成本有所下降。贯彻落实LPR存量转换工作，推动利率市场化改革，2020年末，全省存量转换率超过99%，转换进度位于全国前列。金融机构市场化定价水平提升，有效支持了实体经济发展。全省金融机构新发放贷款加权平均利率为5.47%，同比下降57个基点，其中企业贷款加权平均利率4.82%，同比下降56个基点，有效降低实体经济融资成本。

2. 多渠道增加“低成本”可贷资金，加大对薄弱环节的支持力度。一是持续运用再贷款再贴现工具。2020年以来，安徽省再贷款再贴现累计发放1654.5亿元，同比增长65.2%。3000亿元、5000亿元、1万亿元再贷款再贴现新增额使用量分别居于全国第6位、第7位、第9位。二是强化两项直达实体货币政策工具运用。截至2020年末，支持152家金融机构为3.2万户普惠小微企业440亿元贷款提供延期还本付息；累计支持98家金融机构为12.2万户普惠小微企业发放信用贷款209.7亿元。三是积极发挥结构引导作用。切实做好防汛救灾和灾后复工复产金融工作，安排30亿元支小再贷款和再贴现额度专门用于受灾企业。四是严格落实定向降准政策和差别化存款准备金政策，为金融机构支持实体经济累计释放资金超过400亿元。

五、地方金融改革与金融稳定

（一）银行业总体平稳发展，持续发挥服务地方经济主力军作用

截至2020年末，安徽省共有银行业法人金融机构166家，与上年持平。其中，城市商业银行1家、民营银行1家、农村商业银行83家、村镇银行67家、资金互助社1家、信托投资公司2家、财务公司6家、汽车金融公司2家、金融租赁公司2家、消费金融公司1家。2020年，全省地方法人银行各项业务稳步发展，整体风险可控，在支农、支小以及普惠金融等方面持续发挥重要作用。2020年末，全省地方法人银行业机构资产和负债总额分别达30508.09亿元和27728.94亿元，同比均增长10.9%；各项存款余额20744.71亿元，同比增长12.85%；各项贷款余额16908.8亿元，同比增长15.97%。

（二）证券期货机构发展势头良好，区域多层次资本市场建设持续推进

截至2020年末，全省共有2家法人证券公司和356家证券分支机构；投资者账户711.29万户，较上年增长11.17%；全年证券市场交易额11.21亿元，较上年增长32.98%。

截至2020年末，全省共有3家法人期货公司和42家期货分支机构；全年期货市场成交量4.05亿手，较上年减少9.6%；全年期货市场累计代理交易额22.96万亿元，较上年增长30.9%。

全省共有上市公司126家，总市值18771.95亿元。上市公司累计融资822.05亿元，其中，首发募集资金703.83亿元，增发募集资金40.09亿元，存量公司债券78.13亿元。

（三）政策性农业保险保障作用不断增强，服务“三农”能力不断提高

2020年，国元农业保险股份有限公司实现保费收入65.25亿元，同比增长15.61%，保费收入占全省产险市场份额的10.29%；累计赔付59.02亿元，同比增长28.86%，主要是受特大洪灾影响，农业保险为全省1000多万农户提供风险保障。

（四）具有融资功能的非金融机构总体稳健发展

截至2020年末，安徽省共有小额贷款公司367家，较上年减少5家，基本实现县区全覆盖；贷款余额403.18亿元，同比下降5.06%。全省共有融资性担保机构218家，较上年减少18家，融资性担保责任余额2428.96亿元，放大倍数平均为3.15倍。

六、金融基础设施与金融稳定

（一）支付系统运行安全稳健

1. 支付基础设施保持高效平稳运行。2020年末，安徽省共有大小额支付系统直接参与者2家、间接参与者6510家，各系统处理资金流动总量是同期全省GDP的42.23倍。其中，大额实时支付系统全年处理业务资金达全省GDP的28.91倍以上。疫情期间，安徽省全辖通过联网方式办理各类业

务5070笔，金额2728.69亿元；通过在线方式办理的业务笔数占比92.51%。

2. 支付服务环境不断优化。打造安全支付环境，组织全链条开展“断卡”活动，打击治理电信网络新型违法犯罪；开展涉赌涉诈风险核查工作，制订《安徽省涉赌涉诈风险核查工作方案》，对全省支付服务主体进行核查；深化农村支付环境建设，打造11个特色鲜明、亮点纷呈的移动支付引领县，创新推动便民工程建设延展至村域，促进农村地区消费提质扩容。

（二）征信系统服务应用水平不断提高

1. 中小微企业和农村信用体系建设全面提升。安徽省所有地市均建成中小微企业和农村信用信息平台，截至2020年末，各类平台共征集中小微企业249.59万户；征集农户1146.11万户，占全省农户数的98.81%，基本实现全省信息主体全覆盖。安徽省中小微企业综合金融服务平台接入金融机构、类金融机构62家，上线金融产品140项，解决融资需求4.3万笔，为企业提供融资1412.84亿元。

2. 应收账款服务平台不断推广，融资业务发展迅速。截至2020年末，全省平台共促成融资交易3.1万笔，占全国融资总笔数的12%；累计融资8805亿元，占全国融资总额的6.6%，其中，2020年新增融资1710亿元。省内地市财政部门和核心大企业与平台达成系统对接意向，截至2020年末，全省已有2家地市财政部门和12家核心企业与平台完成系统对接；同时新增77条供应链持续在平台开展业务。

七、总体评估与政策建议

（一）总体评估

2020年，安徽省经济发展实现量的合理增长和质的稳步提升；金融体系稳健运行，防范化解金融风险攻坚战取得重大成果。银行业机构资产负债规模不断扩大，存贷款保持快速增长；证券期货业机构业务发展较快，债券融资规模持续增加，区域多层次资本市场建设稳步推进；保险业总体保持良好发展态势，服务领域继续拓宽，保障功能和服务作用进一步发挥。同时，在经济下行压力较大、内外部环境复杂的背景下，区域经济运行过程中周期性、结构性矛盾仍较突出，金融运行中的一些潜在风险可能暴露，维护区域金融稳定仍面临较大的压力和挑战。

1. 宏观经济方面。疫情常态化防控不容放松，实体经济恢复常态基础仍不稳固；高新技术产业和战略性新兴产业科技成果转化效率有待提高；企业应收账款和产成品库存“两金”持续上升；住户部门内部收入分配不均衡，债务水平不断攀升，消费持续增长面临制约。

2. 金融业方面。银行业方面，信用风险防控压力依然较大；法人银行利润降幅明显，持续健康发展面临挑战增多；房地产企业融资风险上升，地方政府债务到期偿还压力较大。证券业方面，法人证券公司评级下降；少数上市公司股权大股东质押比例较高，股票质押风险仍需关注；部分公司信用债仍处于违约状态，处置进度缓慢。保险业方面，机构间发展不均衡，人身险公司增长乏力；个别保险公司满付和退保高位运行，且中短存续期产品存量规模较大，存在偿付压力；行业乱象治理工作需坚持巩固。

（二）相关政策建议

2021 年，坚持以习近平新时代中国特色社会主义思想为指导，深入贯彻党的十九届五中全会和习近平总书记考察安徽重要讲话指示精神，立足新发展阶段，贯彻新发展理念，构建新发展格局，推动辖区金融体系改革发展，不断增强服务实体经济能力。筑牢金融风险“防火墙”，巩固拓展防范化解重大金融风险攻坚战成果，牢牢守住不发生重大金融风险的底线。

1. 加快实体经济高质量发展，激发各类市场主体活力。一是加大重要领域改革力度。纵深推进“放管服”改革，拓展和优化“四送一服”平台，推动政策及时精准落地。二是提升科技创新能力。落实鼓励企业增加研发投入政策，支持企业与高校共建研发平台，实施重点产学研合作项目。三是推动制造业升级和新兴产业发展。推动战略性新兴产业集群发展，大力发展数字经济，推动传统产业改造升级。发展现代服务业，提高产业链供应链稳定性和竞争力。

2. 深化国资国企、财税金融领域改革，加大重点企业支持力度。一是不断深化国资国企、财政、金融等重点领域改革。完善以管资本为主的国有资产监管体制，深化混合所有制改革和专业化整合，加强国有资本投资、运营公司功能建设。深入实施预算绩效管理，推进重点领域财政事权和支出责任划分改革。完善金融供给体系，深化农村商业银行管理体制改革。二是重点支持民营小微企业发展。引导金融机构加大对实体经济尤其是对民营企业和小微企业支持力度，着力缓解资本、流动性和利率等方面的约束。同时从使用担保基金、提高不良贷款容忍度、提升多层次资本市场功能等多方面入手，缓解企业融资难、融资贵问题。

3. 引导金融机构合规稳健经营，增强风险防控能力。一是健全银行业金融机构公司治理、内部控制、激励约束等制度安排，严格股东行为和股权管理，支持农村商业银行增资扩股完善治理机制。强化资产减值和损失拨备制度，切实提高金融机构损失吸收能力和服务实体经济功能。二是推动证券期货业机构加快业务转型和探索场外市场创新，加大对资产管理、股指期货、融资融券、直投等创新业务的研究和风险管控能力，促进创新进程与风险管理能力和水平相适应。三是推动保险业机构强化以风险保障为核心的市场定位，加大保障类产品与服务创新，优化保险供给结构，建立科学的发展理念和模式，提升风险管理能力。四是持续推动融资性担保公司、小额贷款公司、典当行等具有融资功能机构规范发展。

4. 巩固防范化解重大金融风险攻坚战成果，统筹推进地方中小银行改革发展和风险防范化解。一是集中力量攻坚克难，持续推进存量高风险机构风险化解，跟踪督促继续落实风险化解措施，巩固风险化解成效，严防新增高风险机构。二是统筹推进地方中小银行改革发展和风险防范化解，完善措施手段推动中小银行化解处置不良贷款、补充资本，进一步增强风险抵御能力和信贷投放能力，提高服务实体经济可持续性。三是持续大力开展存款保险宣传，加强预期管理和舆论引导。逐步提升存款保险的公众认知度，有效发挥稳定存款人信心、防范化解金融风险、维护金融稳定的制度作用。

中国人民银行合肥中心支行金融稳定分析小组

组　　长：王均坦

副 组 长：戴　俊

成　　员：潘力工　戚　军　孟凡征　王　沛　金安立　姜世群
刘应淑　耿光颖　桑道成　梁　斌　何　玥　王　萍

《安徽省金融稳定报告（2021）》编写组

总　　　纂：戴　俊

统　　　稿：潘力工　鲁玉祥

执　　　笔：居　姗　祝　军　王树琴　慈庆琪

参与写作人员：孙　韦　石少功　王　亮　张　媛　许平洋　苏　群
徐　愜　戈　艳　李　成　李飞燕　许云芳　刘　锴
杜婷婷　程　璞

福建省金融稳定报告摘要

2020年，面对宏观经济下行和疫情冲击叠加影响，福建省坚持稳中求进工作总基调，统筹疫情防控和经济社会发展，全面做好“六稳”工作，落实“六保”任务，打好三大攻坚战，社会经济持续稳定恢复，主要发展指标较好完成，“十三五”规划圆满收官，为开启“十四五”规划，构建双循环新发展格局奠定坚实基础。金融业运行安全稳健，金融支持疫情防控和经济复苏取得积极成效，服务实体经济精准性、直达性提升。但在全球经济衰退和疫情影响的背景下，福建省金融风险防控压力上升。

一、区域经济运行与金融稳定

（一）区域经济运行总体情况

2020年，福建省实现地区生产总值43903.89亿元，增长3.3%，高于全国平均水平1.0个百分点。

1. 加快构建现代产业体系，经济结构转型升级稳步推进。三次产业增加值分别为2732.32亿元、20328.8亿元、20842.78亿元，分别增长3.1%、2.5%、4.1%，占比分别为6.2%、46.3%和47.5%。农产品质量安全监测总体合格率达99.3%；规模以上高技术产业增加值增长8.0%；信息传输、软件和信息技术服务业，金融业增加值分别增长10.7%和6.4%。

2. 固定资产投资低位运行，投资结构调整稳中有进。固定资产投资下降0.4%。为应对疫情冲击，推动设立500亿元稳投资补短板应急专项融资资金，发行1353亿元地方政府专项债，集中开工建设997个重大项目、总投资7640亿元。投资结构调整取得新进展，高技术制造业投资增长16.2%。

3. 消费品市场持续回暖，物价水平温和上涨。社会消费品零售总额18626.45亿元，下降1.4%，降幅逐季收窄。其中，限额以上批发和零售企业实现网上零售总额1405.92亿元，增长14.2%。居民消费价格上涨2.2%，涨幅比上年缩窄0.4个百分点。民生类商品价格保持平稳，粮食价格上涨0.3%，鲜菜上涨1.8%。工业生产者出厂价格下降1.6%。

4. 进出口逆势增长，实际利用外资增长较快。海关进出口总额14035.62亿元，增长5.5%。其中，出口8474.41亿元，进口5561.25亿元，分别增长2.3%和10.6%。实际利用外商直接投资347.91亿元，增长10.3%。

5. 财政收支实现双增，民生“托底”作用有效发挥。一般公共预算总收入5158.35亿元，一般公共预算支出5214.62亿元，分别增长0.2%和2.7%。全年教育、科技、医疗卫生、文化体育与传媒、社会保障和就业、住房保障等民生领域支出分别增长5.7%、11.3%、11.6%、6.8%、13.0%和27.4%。

6. 城镇就业总体稳定，居民收入实现增长。“六稳”“六保”政策落地显效。年末全省城镇登记失业率3.82%，控制在4.2%目标以内。居民人均可支配收入37202元，实际增长2.2%。其中，农村居民人均可支配收入实际增速高于城镇居民3.4个百分点。

（二）区域经济运行中值得关注的方面

1. 消费投资增长略显疲态。全省固定资产投资增速低于东部地区平均增速。重大项目储备仍需增强，基础设施等重点领域投资增长略显乏力。消费持续复苏潜力较弱。

2. 出口形势仍较为严峻。全省出口增速低于全国平均水平1.7个百分点。其中，加工贸易下降10.9%。传统劳动密集型产品出口下降较为明显，高新技术产品出口尚未形成支撑效应。

3. 宏观杠杆率回升可能挤压政策实施空间。全省宏观杠杆率190.21%，较上年提高15.68个百分点。其中，住户部门杠杆率超过65%的国际警戒线。高杠杆压缩后续政策实施空间，并可能积累信用风险。同时，住户部门高杠杆制约消费增长，可能影响全省经济的转型升级及结构的调整。

二、金融业与金融稳定

2020年，福建省金融业实现增加值3418.36亿元，增长6.4%，占GDP的7.8%，比上年提高0.1个百分点。

（一）银行业稳定评估

1. 银行业运行情况

（1）资产负债实现较快扩张，信贷结构调整迈出新步伐。得益于稳健的货币政策，银行业金融机构资产总额113195.14亿元，增长9.45%。其中各项贷款59859.66亿元，增长13.71%。负债总额104769.17亿元，增长9.12%。其中各项存款56386.92亿元，增长13.14%，比上年提高4.36个百分点。信贷结构逐步优化，制造业、批发和零售业贷款增量占同期贷款总增量的8.08%和6.91%，比上年分别提高8.09个和2.73个百分点；房地产业贷款增量占同期贷款总增量的0.86%，比上年下降2.5个百分点。

（2）净利润有所下滑，拨备水平稳步提升。为应对疫情冲击，银行业金融机构一方面适当减费让利，加大对实体经济的支持；另一方面加强跨周期财务配置，加大拨备计提。全省银行业金融机构累计实现净利润831.85亿元，下降8.63%；拨备覆盖率293.15%，上升10.5个百分点。

（3）地方法人银行稳健发展，风险抵补能力较强。128家地方法人银行①资本总体充足，平均资本充足率14.98%。平均拨备覆盖率292.57%，大幅高于监管要求。信贷风险管控较好，平均账面不良贷款率1.26%，比上年下降0.01个百分点。流动性整体稳定，平均流动性比例为76.47%，较上年提高10.20个百分点。89家机构中间业务收入较上年同期增加。

（4）资管业务转型平稳，不合规产品显著压降。法人金融机构稳步推进资管业务逐步整改规范

① 全省130家地方中小法人银行（含厦门），其中2家村镇银行分别于2020年11月、12月设立，暂无数据。

和转型升级。不合规资管产品余额较资管新规出台时减少66.67%。法人金融机构资管产品净值化程度稳步提升，占比达66.48%，产品结构趋于优化。兴银理财子公司[①]成立并逐步开展业务，推动省内商业银行理财业务转型，现代化资产管理公司布局逐步完善。

2. 银行业运行中需要关注的问题

（1）不良贷款反弹，信贷风险防控压力上升。银行业金融机构不良贷款结束连续四年稳步下降的趋势，不良贷款余额654.45亿元，比年初增加54.46亿元。不良贷款率1.09%，比年初下降0.04个百分点。关注类贷款余额1475.96亿元，关注类贷款率2.47%。全省个人不良贷款余额197.25亿元，比年初增加49.37亿元，增长33.38%。其中，信用卡和住房按揭贷款不良贷款余额分别为117.82亿元和43.08亿元，增长43.8%和21.14%。在延期还本付息等政策到期后，前期积累的信贷风险可能逐步显露。

（2）存贷比高位运行，金融机构负债压力大。全省银行业金融机构存贷比达106.16%，居全国第四位。高存贷比制约贷款增长，银行体系流动性存在隐患。银行存款增加集中于高成本的负债产品，一定程度上制约实体经济融资成本下行。全省住户和非金融企业定期存款和大额存单累计增加3426.7亿元，占全省各项存款增量的52.31%。

（3）部分地方中小法人银行隐患犹存，经营管理水平有待提升。个别重点农合机构风险处置仍需凝聚多方合力持续推进，不断巩固化险成果。村镇银行流动性风险相对突出，部分机构核心负债依存度和流动性匹配率不达标。部分机构房地产贷款占比和个人住房贷款占比均超出管理上限10个百分点，对房地产贷款集中度管理和整改带来挑战。个别法人银行互联网平台贷款占比高，应警惕信用违约风险。

（4）房地产业资金链承压，金融风险逐步显现。全省房地产业不良贷款余额34.2亿元，比年初增加9.4亿元，增长37.9%；房地产贷款不良率0.96%，比年初上升0.24个百分点。受宏观调控影响，前期激进扩张的个别房地产开发企业流动性紧张，银行贷款出现逾期。在房地产调控背景下，未来省内房地产企业资金链将持续承压，需关注其经营情况及对商业银行信贷资产质量的影响。

（二）证券业稳定评估

1. 证券业运行情况

（1）证券期货行业运行总体平稳。全省共有证券期货机构693家，其中，证券机构570家，证券投资咨询公司3家，期货机构120家，区域性股权市场运营机构2家，期货交割仓库19家。4家法人证券公司[②]资产总额2068.94亿元，净资产492.39亿元，净资本412.21亿元，分别增长11.69%、6.81%、1.08%；实现营业收入118.45亿元，净利润35.41亿元，分别增长19.62%和32.52%。5家法人期货公司[③]资产总额359.17亿元，净资产49.85亿元，分别增长50%和11.15%，净资本27.38亿元，下降9.31%。已登记备案私募基金管理人592家，管理基金2360只，管理规模2581.64亿元。

（2）上市公司质量持续提升。全省共有境内上市公司151家，较上年增加12家，居全国第7位；总市值3.09万亿元，增长65.79%。前三季度，151家上市公司累计实现营业收入1.63万亿元、

① 兴银理财子公司于2019年12月13日获批营业，12月19日正式开业。
② 法人证券公司包括兴业证券、华福证券、长城国瑞证券、金圆统一证券。
③ 法人期货公司包括兴证期货、福能期货、鼎鑫盛期货、国贸期货、瑞达期货。

净利润1048.10亿元，分别增长18.12%和6.29%。新三板挂牌公司累计282家，总股本186.47亿元，可交易股本113.17亿股，增发融资5.42亿元。境外上市公司106家，新增7家香港首发上市企业，合计融资53.01亿元。

（3）资本市场服务实体经济能力不断增强。区域性股权市场[①]累计挂牌展示企业10373家，较上年末新增3213家，增长44.87%，累计帮助企业融资116.14亿元。海峡股权交易中心累计为省内120家非上市商业银行股权集中登记托管股本491.73亿元。同时，区域性股权市场加快发展“台资板”，已展示挂牌台企2058家，帮助企业融资21.34亿元。

2. 证券业运行中需要关注的问题

（1）部分上市公司经营管理水平有待提升。国有、民营上市公司发展不平衡，民营企业经营压力较大。部分上市公司并购重组负面效应显现。部分上市公司商誉规模较大，减值风险影响公司发展后劲。部分上市公司大股东股票质押比例风险较大，个别公司债券出现违约。上市公司规范运作水平仍需提升，部分公司存在信息披露质量不高、财务核算不规范、公司治理和内控存在缺陷等问题；部分公司存在违规对外担保、大股东资金占用等情况。

（2）证券期货等经营机构合规风险仍需完善。证券公司存量通道类业务余额仍相对较大；主承销商且担任受托管理人的债券业务违约风险大；金融产品代销业务规范性有待提高，托管业务存在较大的投诉举报隐患。期货经营机构盈利模式单一，经纪业务增长乏力，资管业务整改推进缓慢，合规风控基础不牢，服务实体经济能力不强。私募基金监管存在制度供给不足、违法违规成本过低、监管资源紧缺、监管和风险处置工作中配合衔接不畅等困难和问题。

（三）保险业稳定评估

1. 保险业运行情况

（1）保险业规模增长平稳。全省保险公司总资产3496.95亿元，增长14.36%；累计实现保费收入（原保险保费收入，下同）1242.25亿元，增长5.74%。其中，人身险保费收入905.17亿元，增长8.22%；财产险保费收入337.07亿元，同比基本持平。

（2）保险服务实体经济力度增强。信用保证保险保费收入32.47亿元，增长2.34%。中国信保在闽机构[②]提供收汇风险保障174.38亿美元，通过保单融资业务协助出口企业获得贷款20.34亿美元。农业保险实现保费收入7.17亿元，增长17.93%；赔付支出4.77亿元，下降6.86%。

（3）民生保障水平稳步提升。累计承担风险总额118.97万亿元，累计赔付支出393.23亿元，分别增长26.86%和7.97%。保险密度3126.7元/人[③]，增长5.74%；保险深度2.83%。城乡居民大病保险实现设区市级统筹[④]，参保人数2760万人，协议保费收入19亿元，为76.2万人次参保群众赔付医疗费用14亿元。积极开展保险助力脱贫攻坚，推出产业扶贫保险，共承保建档立卡贫困户12.6万户次，提供风险保障11.72亿元，支付赔款7664户次1992万元[⑤]。

（4）多举措支持疫情防控。财产险公司加大产品创新，积极研发含有法定传染病责任的产品，

① 全省区域性股权市场包括海峡股权交易中心、厦门两岸股权交易中心。

② 不含厦门。

③ 以2019年末人口计算。

④ 不含厦门。

⑤ 不含厦门。

为受疫情影响的存量保单提供保单责任中止、免费扩展新冠肺炎致亡或一级伤残责任、保险期限延长等服务，支持企业复工复产，纾解营运主体经营压力。人身险公司扩大服务保障范围，出台理赔、复效优惠政策，部分个人产品免费扩展新冠肺炎引发的相关保险责任；部分团体保险责任范围扩展至新冠肺炎，覆盖各类企业2.3万家，涉及员工95万人，合同涉及风险保额3475亿元①。

2. 保险业运行中需要关注的问题

（1）发展相对缓慢。保费收入居全国第14位，明显低于福建GDP在全国的排名。全年保费收入增速低于全国平均水平0.39个百分点。保险业存在发展不充分、相关产业领域保险渗透率低等情况。

（2）经营和转型压力较大。财产险经营主体两极分化严重，车险综合改革后，部分中小公司风险筛选能力弱、产品定价能力低、渠道掌控能力差，展业压力不断增大。人身险公司整体业务增长主要依赖大公司银邮渠道业务转型拉动，中小公司结构调整压力仍然较大。同时省内法人保险公司起步晚，发展规模小，市场竞争力相对较弱，经营也面临较大压力。

（3）经营质效有待提升。健康险业务赔付支出增速快于保费收入增速，赔付压力加大。保险公司需在产品端、服务端加强探索实践，促进潜在需求向有效需求转化。信用风险逐渐向保证保险传导。受贷款逾期率上升的影响，财险公司信用保证保险赔付金额增长较快，个别保险公司信用保证保险业务亏损面有所扩大。

三、金融市场运行与金融稳定

（一）金融市场运行状况

1. 货币市场交易活跃。同业拆借、债券回购、现券交易成交总额1027294.86亿元，增长14.96%。其中，拆借市场净流入11151.12亿元，债券市场净流入85550.83亿元。企业在银行间市场发债融资3045.73亿元，增长67.82%。全省票据融资总量（含票据、贴现、转贴现）7250.93亿元，增长10.8%。票据贴现利率稳步下行，加权平均利率2.8079%，下降44个基点；转贴现加权平均利率2.4640%，下降86个基点。

2. 直接融资大幅增长。新增32家境内外上市企业（含过会企业），创历史新高。非金融企业股权融资547.54亿元，增长158%。企业在银行间市场和沪深交易所发行债券6402.12亿元，增长40.9%，居全国第7位。非金融企业实现境内债券融资4380.94亿元，增长51.3%。

3. 国际收支运行稳定有序。涉外收支顺差187.5亿美元，下降18.9%；结售汇顺差82.4亿美元，下降51.1%。受疫情影响，净收汇、净结汇呈“W”形走势。服务贸易收支、结售汇逆差明显收窄；市场主体汇率避险需求上升，衍生品签约增势明显。金融市场扩大开放，“债券通”资金净流入快速增长，全年证券投资净流入49.7亿美元，增长158%。

4. 黄金市场交易增势平稳。全省银行业金融机构（不含兴业银行）代理上海黄金交易所黄金交易3695.3亿元，增长38.76%。上海黄金交易所主要8家会员单位②在上海黄金交易所成交总量（不

---

① 不含厦门。

② 兴业银行、紫金矿业集团股份有限公司、福州福辉珠宝有限公司、厦门银行、厦门国际银行、海峡金服、珠光宝气、兴业信托。

含个人业务）163.81万公斤，下降12.93%；成交额6182.24亿元，增长1.91%。

5. 跨境人民币业务发展保持良好势头。跨境人民币收付金额4542.37亿元，增长44.48%。经常项下人民币收付金额1407.33亿元，增长6.73%。其中，货物贸易收付金额1147.32亿元，增长11.4%。资本项下跨境人民币收付金额3134.50亿元，增长71.79%。

（二）金融市场运行中应关注的问题

1. 信用风险与市场风险相互交织。部分发债企业经营利润下滑，随着存续期企业债券本息偿付进入高峰期，潜在违约风险上升。部分国有企业境外发债增加证券投资流入，但未进行套期保值，存在汇率风险敞口。

2. 地方金融组织风险状况应予关注。小额贷款公司经营不佳，资产质量恶化。全省小额贷款公司不良贷款余额35.37亿元，增加0.77亿元；不良贷款率12.88%，上升0.29个百分点；部分公司只收不贷、收息续贷，处于停业或半停业状态。融资担保机构代偿压力加大，全省融资担保机构新增融资代偿金额50.64亿元，增长236.66%。

3. 非法金融活动整治难度较大。非法集资新发案件金额仍然较高，案件受损群体集访问题和外省输入型投资受损群体求告有所增加。各类“非法荐股”“场外配资”等非法证券期货活动有所抬头。跨境赌博“资金链”运作日益复杂，加大监测和管控难度。

四、金融基础设施与金融稳定

（一）支付体系

支付体系建设不断完善，服务环境不断优化。一是支付清算系统安全高效运行。可用率达100%，银行机构通过支付清算系统共处理业务10.38亿笔，金额360.39万亿元，分别增长4.44%和10.89%。二是移动支付便民工程纵深推进。云闪付用户数突破1623.5万户，用户渗透率46%，居全国各省第一。市县公交“智慧出行”实现全覆盖，其中县城覆盖率居全国各省第一。三是农村支付服务环境持续优化。茶叶、海产品等地方特色产销项目入驻云闪付平台，农村普惠金融服务点云闪付加载率超85%，在农村普惠金融服务点全面推广财政惠民惠农资金直达业务。

（二）信用环境

社会信用体系建设有序发展，企业信用生态持续改善，征信支持闽台经贸融合不断推进。一是信用示范城市加快建设，守信激励和失信惩戒机制有效发挥。漳州市全国信用示范城市创建不断推进，福州市地方社会信用立法持续开展。全年向省内金融机构累计共享1341笔信用激励信息和728笔信用惩戒信息，强化金融风险防控和金融联合惩戒。二是农村信用体系建设不断完善。为680万户农户建立信用档案，累计发放贷款11240.51亿元。建档立卡贫困户13.97万户（含已脱贫贫困户）均已建立信用档案。“普惠金融信用乡镇、信用村”创建成效明显，评出252个普惠金融信用村、12个普惠金融信用乡镇。三是征信有效供给增加，中小微企业信用体系建设统筹推进。积极推广中征应收账款融资服务平台业务，全年新增中小微企业应收账款融资2221笔，融资金额628亿元，逐步构建供应链上下游企业互信互惠、协同发展的商业信用生态。四是扩大“台商台胞金融信用证书”试点，提升对台金融服务水平。共有113位台胞、50家台企获颁金融信用证书，获得授信23.80亿元。

（三）反洗钱

不断增强反洗钱监管效能，发挥反洗钱在防范化解重大金融风险和维护国家安全方面的重要作用。一是加大处罚力度，提升反洗钱监管实效。组织对26家义务机构实施反洗钱现场检查，依法对45家机构和76名责任人累计处罚8559.07万元。二是推进洗钱风险评估，加强风险管理能力。组织对14家法人金融机构开展洗钱风险评估。探索开展区域贵金属、房地产、网贷行业等特定非金融行业洗钱风险评估。三是加强资金监测，提高风险预警能力。针对与疫情相关的诈骗风险、“第四方支付”平台洗钱、跨境赌博、涉黑涉恶及非法金融放贷等及时发布《洗钱风险提示》，做好重点领域的资金监测和集中排查。四是强化打击，净化金融生态环境。推动“洗钱罪”判决20起，增长100%，其中推动涉黑洗钱罪判决7起。打击利用离岸公司和地下钱庄转移赃款专项行动成效明显，协助破案7起。

（四）金融司法环境

一是优化金融审判机制。全省法院一审审结金融借款、民间借贷等案件13.26万件，依法严惩“套路贷”涉黑组织犯罪。二是完善多元纠纷解决机制。省法院与26个部门、行业建立诉非联动机制，实现诉非联动中心全省三级法院全覆盖。厦门金融司法协同中心入选“中国改革2020年度典型案例”。三是依法行政建设提质增效。查处分离改革试点扩展至全省人民银行。编写《执法检查标准化手册》，制作《行政执法规范用语标准示范》微课程，持续推进依法行政示范点品牌建设。四是普法学习宣传亮点纷呈。举办“《民法典》与金融活动及金融风险防范”主题征文活动。省、市、县三级联动在建宁县开展民法典进苏区活动，签订法律扶贫三年行动计划。

（五）金融消费权益保护

持续畅通金融消费者投诉咨询渠道，不断完善金融消费权益保护咨询投诉处理机制。人民银行系统受理金融消费者投诉1015笔，咨询3258笔，办结率97.34%。制定《2020年疫情期间金融营销宣传不规范行为线上排查整治方案》，线上核查辖内28家银行业金融机构的265条营销信息，发现可疑线索17条。持续推进金融知识纳入国民教育体系，打造《金融诚信伴我行（初中版）》系列精品网课，推进金融知识进初中课堂。推进存款保险标识平稳启用，结合方言、艺术表演、快板、三句半等地方传统艺术形式，向老百姓普及存款保险知识。开展存款保险知识专题宣传，累计发放宣传折页100万份，短信推送58万条，微信推文阅读量超20万人次。

五、政策建议

（一）发挥好结构性货币政策工具和信贷政策精准滴灌作用，继续推动稳企业保就业各项政策落地实施

把握“稳字当头”的总要求，积极贯彻落实灵活精准、合理适度的稳健货币政策，继续运用好

普惠性再贷款再贴现政策、两项直达实体经济工具、纾困专项资金贷款等，强化政策协调配合，加大助企纾困力度。推动运用科技手段赋能企业金融服务，助力制造业转型升级，加大对战略性新兴产业、生产性服务业的信贷资源倾斜。进一步释放 LPR 改革促进降低贷款利率的潜力，促进企业综合融资成本稳中有降。

（二）促进金融业高质量发展，提升服务经济的能力和水平

一是改革优化银行业服务体系。引导大型银行下沉经营重心，增强普惠金融服务能力。股份制银行要服务国家发展战略，支持科技创新和战略性新兴产业，形成具有比较优势的差异化经营模式。引导地方中小法人银行多渠道补充资本，扎根县域和小微企业金融服务市场，将巩固拓展脱贫攻坚成果与乡村振兴、普惠金融有效衔接。二是直接融资提质增效。进一步拓宽民营企业债券融资渠道。支持上市公司通过兼并重组和再融资做大做强。加大后备上市企业辅导力度。三是助推保险业发展壮大。巩固车险改革，持续深化意外险和健康险改革。深入整治保险市场乱象，规范市场竞争秩序，引导保险机构实现专业化、规范化发展。

（三）金融风险防控常抓不懈，牢牢守住不发生系统性金融风险底线

推进央地金融监管协调机制建设，加快推动构建省市县三级全覆盖的金融监管协调、风险处置合作联动机制。推进重点农合机构风险化解，探索建立联合早期纠正机制，不断巩固攻坚战化险成果。引导金融机构加大不良资产处置力度，强化跨周期财务配置。充分运用科技手段，提升跨行业、跨市场、跨境交叉性金融风险的识别、防控和化解能力。落实房地产调控“三稳”要求，防范房地产企业风险向金融体系传导。大力整治违法违规金融活动，坚决遏制增量风险，稳妥化解存量风险。

（四）扎实推进绿色金融发展，完善绿色金融制度机制

鼓励金融机构扩大绿色贷款投放，形成以绿色信贷为基础，资产支持证券、绿色基金等全方位发展的多元服务体系。支持有条件的金融机构、企业发行绿色债券，推动绿色企业上市融资、再融资。引导金融机构探索碳金融业务，推广发展排污权、碳排放权、用能权等权益质押融资产品。推动海峡股权交易中心健全完善要素资源交易流转平台，打造全省统一的资源环境权益交易市场。

（五）持续深化金融改革创新，推动闽台金融合作再上新台阶

进一步落实金融业对外开放政策，出台更加积极的支持政策，引导实力强、信誉好的台资金融机构入驻福建。加快建设厦门两岸区域性金融服务中心、福州两岸金融创新合作示范区、平潭两岸特色金融集聚区。推动台资企业资本项目管理便利化试点落地见效，扩大“台商台胞金融信用证书”试点，探索征信数据跨境交流，优化台商台胞金融服务，加大支持台企发展的政策力度。

（六）完善金融基础设施建设，优化金融生态环境

提升支付清算现代化水平，加强支付机构统筹监管，强化涉众平台监测，提升风险预警和管控能力。加大金融消费权益保护，完善金融消费权益保护协调工作机制，畅通投诉、举报渠道，优化处理流程。加强金融宣传教育，着力打造省级和全国性金融教育示范基地。持续做好信用信息平台建设，进一步完善守信联合激励和失信联合惩戒机制。着力提升反洗钱工作水平，进一步强化风险为本监管，保持反洗钱监管高压态势，有效防范化解重大风险。

中国人民银行福州中心支行金融稳定分析小组

组　　长：单　强

副 组 长：于松柏

成　　员：徐剑波　曹桂元　阮玉盼　张　燕　姚祖明　王仁生
林　勃　林　震　杨少芬　李春玉　江　宇

《福建省金融稳定报告（2021）》编写组

总　　纂：单　强

统　　稿：于松柏

执　　笔：徐剑波　杨　敏　谢仲庆　朱　敢　林　晖　郑　平
杨吉惠　郑境辉　江　颖　陈江宁　陈　皓　林睿智

江西省金融稳定报告摘要

一、综述

2020年，江西省坚持以习近平新时代中国特色社会主义思想为指导，深入贯彻落实习近平总书记考察江西重要讲话精神，坚持稳中求进工作总基调，立足新发展阶段，贯彻新发展理念，构建新发展格局，全力打好新冠肺炎疫情防控的人民战争、总体战、阻击战，切实做好“稳增长、促改革、调结构、惠民生、防风险、保稳定”各项工作，深入推进“三大攻坚战”，全省经济金融运行稳中有进、稳中向好，金融风险防控取得重要阶段性成果，但相关金融风险隐患需要密切关注。

经济运行稳中有进，高质量发展势头良好。经济实力实现大跨越，经济总量迈上2万亿元台阶，在全国排名由第18位前移至第15位。三次产业更加协调，实现了“二三一”结构向“三二一”结构的根本性转变。财政总收入、社会消费品零售总额分别突破4000亿元、1万亿元。高质量跨越式发展取得阶段性成效，高新技术产业增加值占规模以上工业增加值的比重达38.2%，制造业高质量发展指数由全国第21位前移至第13位。就业形势保持稳定，减税降费政策扎实落地，民生保障更加向好。但产业转型升级压力、财政收支平衡难度依然较大。扶贫攻坚取得重要成果，全省25个贫困县、3058个贫困村全部“摘帽”退出，区域性整体贫困问题得到历史性解决。城乡居民人均可支配收入提前实现比2010年翻番目标。

金融业稳健运行，支持实体经济提质增效。银行业资产负债规模稳步增长，存贷款规模突破4万亿元大关，存款同比增速创近四年同期新高，贷款增速连续14个月保持全国前2位。信贷结构趋于优化，金融投放向经济发展重点领域和薄弱环节倾斜。法人银行机构资本充足水平较好提升，不良实现“双降”，但部分机构存在资产扩张、涉“系”和资管产品出险等风险。普惠金融和绿色金融改革稳步推进，取得良好成效。证券期货市场运行平稳，国盛证券接管总体平稳；IPO过会企业12家，上市公司实现区域“全覆盖”，但上市公司产业结构以传统制造业为主，发展不均衡不全面。保险行业规模持续扩大，保险保障功能继续提升，险资入赣金额累计投资突破千亿元，但财产险业务结构集中度较高，黑产中介“代理退保”存在风险隐患等问题仍需关注。

融资性准金融机构规模总体偏小，行业风险得到缓释。小额贷款公司规模处于下降通道。融资担保机构建设持续推进，市县两级政府性融资担保机构体系进一步完善。典当行业规模较小，不合格机构占比较高。交易场所存量风险得到有效压降。融资租赁公司、商业保理公司和江西联合股权交易中心支持经济发展作用进一步显现。

金融市场稳步发展，部分市场交易活跃。债务融资工具发行规模创新高，市场主体继续扩容。

货币市场交易平稳，利率呈下行趋势。票据市场成交活跃，全省银行业金融机构累计签发银行承兑汇票金额同比增长22.15%，票据贴现余额同比增长28.91%。资金价格受资金面整体相对宽松、商业银行使用票据调节信贷额度等因素影响显著下降。黄金市场受疫情及黄金产量下降等因素影响，黄金交易量下降，交易价格攀升。人民币跨境收付保持较快增长，跨境收支规模再上台阶。

金融基础设施建设进一步优化。12363金融消费权益保护投诉咨询热线平稳运行，有效维护金融消费者合法权益。成功申报赣州、吉安国家级普惠金融改革试验区，深入推进农村普惠金融服务站创建。支付结算服务不断优化，非现金支付工具推广应用加大。反洗钱工作成效明显，全省宣判洗钱案件和涉黑洗钱案件数量领跑全国。人民币反假深入推进，假币收缴量收缴张数和金额下降。高效做好国库收支核算，及时办理防疫抗洪资金拨付业务。持续改善金融城域网接入环境，常态化开展银行业网络安全等级保护。应收账款融资业务实现线上化操作，金融信用信息基础数据库稳健运行。金融稳定长效机制进一步健全，风险预警和应急处置能力稳步提升。

根据《江西省金融稳定状况评价办法》，运用综合评价模型进行定量评估分析，2020年全省金融稳定综合评价得分为83.48分，较上年提高0.36分，与上述金融稳定状况的定性分析结论吻合，全省金融稳定状况处于稳定的安全区域。

二、区域经济运行与金融稳定

（一）区域经济运行情况

经济总量排名进位，产业结构持续优化。2020年，江西经济经受住了新冠肺炎疫情和鄱阳湖流域超历史大洪水的考验，经济持续稳定恢复。全省生产总值25691.5亿元，在全国排名前进1位、上升至第15位；GDP增长3.8%，高于全国1.5个百分点，稳定在全国第一方阵。三次产业增加值分别增长2.2%、4.0%和4.0%，产业结构由上年同期的8.3:43.9:47.8调整为8.7:43.2:48.1。全省居民人均可支配收入28017元，增长6.7%，高于全国2.0个百分点。

三大需求全面回升，扩大需求后劲不足。在“六稳”政策的推动下，三大需求稳定恢复，全省固定资产投资增长8.2%，高于全国5.3个百分点，增速居全国第5位。消费市场加快恢复，全省社会消费品零售总额10371.8亿元，增长3.0%，高于全国6.9个百分点。对外贸易逆势增长，进出口总额增长14.3%，比上年加快3.2个百分点，高于全国12.4个百分点。但需求增长后劲不足。从投资看，民营投资能力和意愿下降，2020年民间投资仅增长3.6%，比国有投资增速低5.5个百分点；消费信心仍然不足，餐饮、住宿等接触性消费和成品油等大宗消费还在负增长区间；外贸基础仍不牢固，进出口单月增速持续放缓，自第四季度以来陷入负增长。

（二）需要关注的问题

产业支撑更加有力，实体回升基础不牢。全省规模以上工业增加值增长4.6%，高于全国1.8个百分点，对经济的贡献率达52.1%，拉动GDP增长2.0个百分点。新兴动能持续增强，高新技术产业、战略性新兴产业增加值分别增长11.2%和6.6%，占规模以上工业的比重分别比上年提高2.1个、0.9个百分点；新兴服务业对经济的贡献加大，金融业和营利性服务业增加值分别增长10.0%、6.0%，对经济增长的贡献率合计达27.6%。但实体回升基础不牢，部分行业恢复有放缓趋势，大型企业支撑作用减弱，中小企业恢复较慢，保持经济增长的稳定性和持续性问题需引起重视。

民生保障更加向好，重点领域风险加大。全省就业和物价总体稳定，城镇新增就业46.17万人，完成全年目标任务的124.8%；居民消费价格上涨2.6%，涨幅比上年回落0.3个百分点。财政收支持续好转，2020年全省财政总收入和一般公共预算支出分别增长1.2%和4.0%，比前三季度有较大提升；重点支出保障有力，民生领域支出占财政支出比重达79.4%。但是重点领域风险仍不容忽视。财政收支平衡难度加大，财政增收形势不容乐观，基层“三保”等刚性支出不减，部分地区偿债化债压力较大。金融风险值得关注，部分地方法人银行风险仍然较高。稳岗稳工压力加大，2020年劳动力供给增量超过可提供就业岗位达45万个，受疫情影响高校毕业生和农民工等重点群体就业难度加大，农民工失业或回流风险较大。

三、金融业发展与稳定状况

（一）银行业

1. 总体运行情况

存款增速居中部首位，存款结构不断优化。2020年末，全省银行业金融机构各项存款余额4.4万亿元，同比增长12.1%，增速较上年末上升1.1个百分点，创近四年同期新高，增速排全国第9位、连续19个月居中部首位；比年初增加4737.6亿元，同比多增860.5亿元。结构性存款比年初减少320.8亿元，同比多减294.7亿元。累计压降活期存款“创新”产品及定期存款靠档计息产品1738.0亿元，降低了金融机构负债端成本（见图1）。

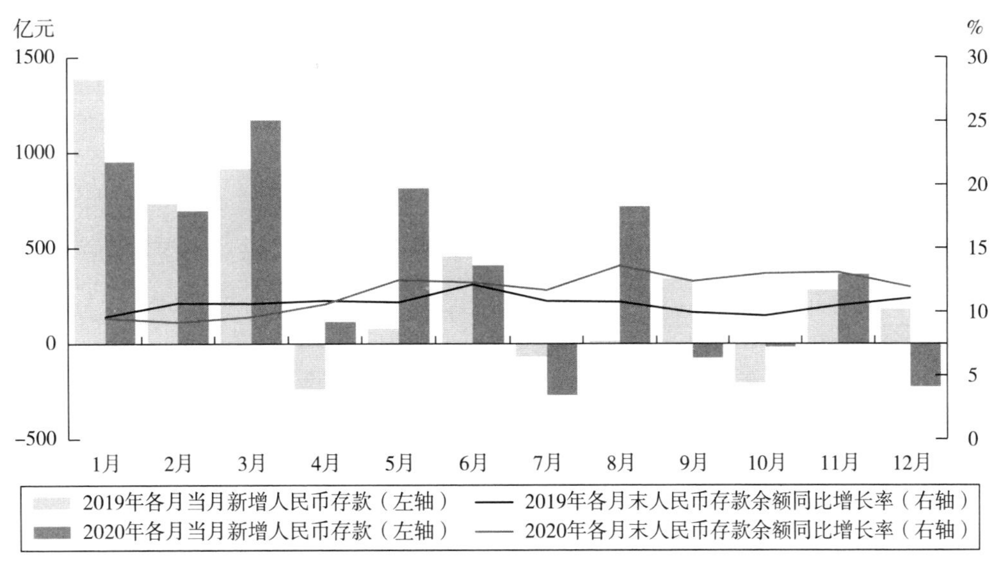

图1　2019—2020年江西省金融机构人民币存款及增长率

（数据来源：中国人民银行南昌中心支行）

贷款增量创历史新高，信贷支持重点突出。2020年末，全省金融机构本外币各项贷款余额4.2万亿元，同比增长16.7%，增速连续14个月保持全国前2位；比年初增加5970.8亿元，同比多增

936.7 亿元。根据疫情防控和经济社会恢复发展的阶段性特征，分层次、有梯度高效实施结构性货币政策。疫情暴发初期，运用疫情防控专项再贷款定向支持全省 828 家防疫和物资保障重点企业获得优惠利率贷款 91.4 亿元；运用复工复产再贷款再贴现专用额度累计推动 2.1 万户小微企业获得贷款和办理贴现 210 亿元。综合运用 1 万亿元普惠性再贷款再贴现额度、普惠小微企业贷款延期支持工具及信用贷款支持计划统筹推进疫情防控和经济社会发展，引导法人银行机构运用央行普惠性再贷款再贴现资金发放贷款和办理贴现 654.5 亿元，惠及涉农、小微和民营企业 9.5 万户，为 6.2 万户普惠小微企业办理贷款延期还本业务 467.9 亿元，发放普惠小微信用贷款 69.9 万笔共 735.7 亿元，年末全省法人银行机构普惠小微贷款延期率、信用贷款增量占同期普惠小微贷款增量分别居全国第 4 位和第 6 位。金融支持实体经济重点领域和薄弱环节力度进一步加大。实施金融保链强链行动，全年高效对接 3614 户产业链重点企业，满足融资需求 1749.6 亿元；年末制造业贷款同比增长 16.9%，同比提高 13.2 个百分点，其中制造业中长期贷款、先进制造业和高技术制造业贷款增速分别高于各项贷款增速 27 个、17.5 个和 21.6 个百分点。普惠小微企业贷款同比增长 18.8%，高于各项贷款增速 2.1 个百分点，民营企业贷款增速比上年末加快 6.4 个百分点。全年新发放创业担保贷款 192.7 亿元，同比增长 24.4%。涉农贷款余额和增量占比稳定在三分之一以上。

表外业务持续收缩，市场风险逐步缓释。2020 年，随着理财、信托等业务发展逐渐规范，表外信用持续收缩，金融市场风险得到较好缓释。全省表外融资业务减少 824.3 亿元，同比多减 94.1 亿元。其中，委托贷款减少 159.4 亿元，同比少减 13.9 亿元；信托贷款减少 494.6 亿元，同比多减 294.9 亿元；未贴现的银行承兑汇票减少 170.3 亿元，同比少减 186.9 亿元。

改革创新稳步推进，改革成果不断显现。全年 1 家村镇银行和广发银行赣州分行、民生银行九江分行 2 家股份制银行市级分行开业，进一步壮大全省金融服务体系。加强乡村振兴金融服务，大力推进农垦国有农用地使用权抵押贷款试点工作，年末全省农垦国有农用地使用权抵押贷款余额 17.04 亿元。“两权”抵押贷款余额 14.87 亿元，其中农地抵押贷款余额 11.87 亿元、农房抵押贷款余额 3 亿元。推动赣州、吉安成功申报普惠金融改革试验区，评定辖内六个县（市）为江西省普惠金融示范县。年末全省共建成普惠金融服务站 4945 个。绿色金融改革向纵深推进，建立赣江新区再贷款支持绿色经济发展示范点，制定《赣江新区试行部分绿色金融标准的实施方案》，推进绿色金融试行标准落地。年末江西绿色金融发展指数居全国第 4 位。全省绿色贷款余额 2776.51 亿元，同比增长 36.12%。发行各类贴标绿色债券 325.5 亿元，发行规模、种类都位居全国前列。

2. 需要关注的问题

风险水平显著下降，部分法人银行风险化解成效仍需巩固。2020 年末，全省银行业不良贷款余额、不良贷款率分别较年初减少 58 亿元、下降 0.37 个百分点，不良贷款率降至近五年最低水平，低于全国 0.69 个百分点。法人银行业金融机构风险化解成效明显，不良贷款余额和比率比年初下降 10.24% 和 0.67 个百分点。法人银行拨备覆盖率达到 188.99%，资本充足率上升至 13.22%，风险抵御能力显著增强。主要法人银行经营转型势头良好，城商行投资增速低于贷款增速 13.49 个百分点，贷款占资产比重上升 2.19 个百分点。农商银行同业理财、委外投资清零。与此同时，部分法人银行经营基础仍然薄弱，相关风险仍需关注。一些机构通过借新还旧、续贷等方式进行贷款形态转化，延缓风险暴露的现象。特别是刚刚脱离高风险行列的法人银行经营底子薄，抗风险能力弱，容易出现风险反复。

重点领域风险总体可控，部分领域风险隐患值得关注。经过攻坚治理，全省房地产、政府债务和影子银行等存量风险得到缓释，风险总体可控。2020 年末，全省房地产贷款增长 10.5%，比上年同期下降 6.3 个百分点，增速连续 27 个月逐月回落。但全省房地产贷款余额和个人住房贷款余额占比均高于全国水平，后续存在压降压力。部分地方进入还债高峰期，偿债化债压力较大，将进一步增加地方政府平台的偿债难度。部分影子银行资金通过信托计划、资产管理计划投向相关限制性领域，且合作机构和资金去向多在外省，容易受到省外经济金融冲击或风险外溢。

（二）证券期货业

1. 总体运行情况

证券期货市场运行平稳，国盛证券接管有序推进。2020 年末，全省证券投资者资金账户数 822.39 万户，同比增长 11.64%；托管客户总资产 5257.94 亿元，同比增长 38.22%。累计证券交易额 77258.40 亿元，同比增长 40.11%。全省期货投资者账户数 5.82 万户，同比增长 12.57%；累计代理成交 4247.09 万手，同比增长 35.11%；累计交易额 35260.36 亿元，同比增长 24.95%。国盛证券因涉“明天系”被中国证监会依法实行接管，经营管理权顺利移交，各项业务正常经营，资产安全充分保障，未发生重大紧急事件。

上市公司实现区域“全覆盖”，多层次资本市场稳步发展。2020 年末，全省上市公司数量达 55 家，新增上市企业 12 家、新增过会待发企业 3 家。全年 IPO 过会企业 12 家，并列全国第 10 位、中部第 2 位。企业上市呈现梯次多、覆盖广的格局。其中，九江市上市公司“破零”，实现全省 11 个设区市 A 股上市公司“全覆盖”。上市公司在资本市场开展股权融资共计 215.43 亿元，同比增长 343.82%。其中首发融资 119.03 亿元，上市公司股权再融资 96.4 亿元。公司债券市场发展良好。全省企业在交易所债券市场融资 1061.83 亿元，同比增长 78%，增速列全国第 4 位。其中公司债券发行 105 只、融资 909.13 亿元。截至 2020 年末，全省存量公司债券 181 只、余额 1673.56 亿元，江西成为全国唯一债券余额超千亿元且零违约的省份。私募基金运行平稳，全省共有 265 家中基协备案私募基金管理人，同比增加 10 家，其中 128 家实际经营地在省内；备案基金产品 718 只，同比增加 77 只；管理基金规模 1572.89 亿元，年内新增 33.17 亿元。

2. 需要关注的问题

资本市场规模偏小，产业结构尚需优化。全省资本市场规模总体偏小现状仍未改变。2020 年末，全省境内上市公司数量占全国境内上市公司比例 1.33%，数量全国排名第 19 位，低于全国平均水平。境内上市公司股票市值 6856.12 亿元，占同期全国股票市值的 0.88%；累计证券成交金额 77258.40 亿元，占全国比重的 1.41%。上述占比均明显落后于同期全省 GDP 在全国占比 2.53% 的水平。此外，全省上市公司产业结构以传统制造业为主，发展不均衡不全面问题依然存在。赣锋锂业、江西铜业、江铃汽车等优质企业已成为全省经济发展的重要引擎，市值遥遥领先于省内其他上市公司，而机械电子设备类、信息技术类等行业仍较为落后，有待产业结构升级调整与核心技术研发改造。

（三）保险业

1. 总体运行情况

保险行业规模持续扩大，保险保障功能继续提升。2020 年末，全省保险公司资产总额 1708.09

亿元，同比增长15.9%。保费收入927.86亿元，首次突破900亿元大关，同比增长11.1%，增速①全国排名第1位，同比上升14位。保险业经济“助推器”、社会“稳定器”作用进一步显现；“险资入赣”落地金额302.1亿元，同比增长47.8%，累计投资金额突破千亿元。累计赔付支出311.26亿元，同比增长10.9%。保险密度②1988.51元/人，同比增加198.60元/人；保险深度3.61%，同比提高0.24个百分点（见表1）。

表1　　2020年江西保险公司主要指标　　单位：亿元、%

指标	绝对数	增长
一、原保险保费收入	927.86	11.1
1. 财产险	277.47	6.6
2. 人身险	650.39	13.2
二、赔付支出	311.26	10.9
1. 财产险	152.55	8.4
2. 人身险	158.68	13.3
三、应收保费	41.58	6.2

数据来源：江西银保监局。

非车险发展保持较好态势，人身险险种结构进一步优化。2020年非车险发展较好，全省非车险保费收入60.85亿元，同比增长22.76%，增速同比提高12.75个百分点，其中法人保险机构恒邦财险非车险保费收入同比增长40.75%，高于全省17.99个百分点；非车险保费收入在财产险中占比21.93%，同比提高2.89个百分点，增速同比提高2.6个百分点。人身险险种结构进一步优化。2020年末，健康险保费收入179.63亿元，同比增长13.74%，占人身险保费收入的27.62%，同比提高0.14个百分点；意外伤害保险保费收入24.57亿元，同比增长14.0%，占人身险保费收入的3.78%，同比提高0.03个百分点。

保险保障功能进一步发挥，服务实体经济再上台阶。全省保险业为支持企业复工复产提供意外险及健康险保额3968.54亿元；为支援湖北医疗队员、赴乌兹别克斯坦联合工作组成员及参与疫情防控的基层干警、社区干部等一线人员捐赠保险保额达1425亿元；创新推出企业“复业保”“复工保”等保险产品，累计为近2.1万家企业提供最高515亿元风险保障。出口信用保险支持全省外贸企业出口49.1亿美元，同比增长15.5%，保障海外投资7.4亿美元，同比增长28.2%，服务外贸企业2273家，同比增长5.1%，其中小微企业1838家，同比增长2.1%。此外，全省保险业积极推动农业保险提标、扩面、增品，加强脱贫攻坚与乡村振兴统筹衔接，完善防贫保险机制。

2. 需要关注的问题

财产险公司业务结构集中度较高，黑产中介“代理退保”存在风险隐患。受全省保险产品需求总体不足等因素影响，辖内产险公司业务结构集中度依然较高，车险、责任险、意外险三大险种保

① 保费收入剔除计划单列市。

② 由于2020年全省常住人口数未发布，故保险密度计算所使用的人口数为省统计局2019年全省统计公报中的数据，GDP为2020年末数据。

费收入占财产险公司保费收入比例高达 73.38%，车险保费收入占比 65.06%，其中，法人机构恒邦财险车险、责任险、意外险三大险种保费收入占总保费收入的 91.31%，高于全省 17.93 个百分点。此外，随着参与“代理退保”人员快速增长，且通过加盟代理、招收学员等形成黑色产业链，对保险消费者、保险行业和金融稳定造成风险隐患，容易引发保险公司流动性风险，干扰保险市场秩序，引发金融风险和群体性事件。

四、融资性准金融机构发展与稳定状况

小额贷款公司规模处于下降通道，行业风险有所缓释。2020 年末，全省开业小额贷款公司共计 147 家，同比减少 24 家，同比下降 14.04%；注册资本 213.22 亿元，同比减少 24.51 亿元，同比下降 10.31%；从业人员 1268 人，同比下降 29.75%。贷款余额 167.02 亿元，同比下降 11.86%；资产总额 217.63 亿元，同比下降 10.97%。金融监管部门进一步强化了对小额贷款公司的监管，组织实施小额贷款公司分类监管评级工作，引导小额贷款公司扎根县乡基层、服务实体。小额贷款公司支农支小力度进一步加大，在贷款余额下降的情况下，贷款笔数同比增多，不良贷款余额和不良贷款率双降。截至 2020 年 12 月末，全省小额贷款公司贷款笔数同比增加 149.43%；不良贷款余额 23.5 亿元，同比减少 21.69%，不良贷款率 14.07%，同比下降 1.76 个百分点。

融资担保机构建设持续推进，市县两级政府性融资担保机构体系进一步完善。截至 2020 年末，全省共有融资担保机构 155 家，注册资本金 299.68 亿元，在保余额 1214.56 亿元，较年初增长 82.20%；平均综合担保费率为 0.85%，较年初下降 0.29 个百分点。新设融资担保机构 14 家，注册资本合计 21.5 亿元；同时推动 11 家融资担保机构增资扩股共 27.98 亿元。省融资担保公司增资至 30 亿元，做大做强为省融资担保集团，公司主体信用评级达 AA+，成为省内规模最大担保机构。2020 年，辖内设区市及赣江新区组建了大型政府性担保机构；国有融资担保机构空白县通过财政出资或直接入股市级担保机构等方式提升担保实力。萍乡、新余、宜春、吉安、抚州等设区市已实现法人融资担保机构县域全覆盖。

典当行业规模较小，不合格机构占比较高。截至 2020 年末，全省共有 144 家典当行。注册资本总额 18.83 亿元，实收资本 18.68 亿元，典当总额 17.71 亿元，其中：房地产典当总额 7.59 亿元，典当余额 9.08 亿元，逾期当金金额 1.56 亿元，绝当金额 0.27 亿元。为规范典当行市场秩序，防范典当行风险，相关部门组织从 2018 年度年审合格、基本合格的典当行中选取 1/3 合计 65 家典当行开展 2019 年度年审工作，明确年审步骤、分类标准及有关要求。经过 6 个月的清理排查，并形成典当行年审情况报告。其中，合格类机构 10 家，占总数的 15.4%；基本合格类机构 25 家，占总数的 38.5%；不合格类机构 29 家，占总数的 44.6%。

其他地方金融组织有序发展。全省融资租赁公司 43 家，注册资本 94.64 亿元，累计为全省有色金属、电子信息、装备制造、石化、建材、汽车等“2+6”主导产业投放金额超过 70 亿元。交易场所存量风险得到有效压降。赣南金融资产交易中心化解存量 1.46 亿元。南昌文化产权交易中心邮币卡平台疏解投资人 535 人，压降市值 0.37 亿元。景德镇陶瓷交易所疏解投资人 131 人，压降市值 517 万元。全省商业保理公司计 15 家，注册资本 13 亿元，发放保理融资余额 15.8 亿元。江西联合股权交易中心挂牌企业 79 家，展示企业 6026 家，登记托管企业 436 家，托管总股本 690.78 亿股，服务股东客户近 8 万户。

五、金融市场与金融稳定

债务融资工具发行规模创新高，市场主体继续扩容。全年共发行193只债务融资工具，发行规模创历史新高，发行金额1608.1亿元，同比增长19.53%。江西正邦科技股份有限公司、鹰潭市龙岗资产运营有限公司、抚州市文化旅游投资发展有限责任公司等8家企业首次在银行间市场进行债务融资，发行金额27.5亿元。同时，民营企业债券融资活力迸发。正邦集团有限公司、江西正邦科技股份有限公司、泰豪科技股份有限公司和金开集团合计发行19.4亿元，同比增长1.16倍，有效提振了市场信心。

货币市场交易平稳，利率呈下行趋势。2020年，全省同业拆借市场总成交额12207.81亿元，同比下降11.48%；全年拆借利率加权平均为1.75%，同比下降54个基点；全省债券成交额24.15万亿元，同比增长18.56%，其中质押式回购成交额23.27万亿元，同比增长23.12%，加权平均利率1.69%，同比下降0.6个百分点；买断式回购成交量0.88万亿元，同比下降40.14%，加权平均利率1.63%，同比下降0.58个百分点。

票据市场成交活跃，资金价格不断下降。从票据签发看，全省银行业金融机构累计签发银行承兑汇票1713.19亿元，同比增长22.15%；从票据贴现看，全省银行业金融机构票据贴现余额2562.68亿元，同比增长28.91%。受资金面整体相对宽松、商业银行使用票据调节信贷额度等因素影响，资金价格显著下降，全省票据直贴和转贴全年加权利率水平分别为2.85%和2.64%，同比分别下降0.45个和0.59个百分点。

黄金市场交易下行，交易价格大幅上升。受疫情及黄金产量下降等因素影响，黄金交易量有所下降。2020年末，全省辖内金融机构各类黄金业务交易量累计成交132.66吨，同比下降12.57%；各类黄金交易累计成交金额450.5亿元，同比减少1.68%，其中黄金租赁和账户金是主要的业务品种，成交额市场占比分别为31.87%和25.71%。黄金产量下降及国际金价上涨带动国内黄金价格攀升。2020年，各类黄金业务交易平均价格339.56元/克，同比上涨12.45%。

人民币跨境收付较快增长，跨境收支规模再上台阶。2020年全省25家结算银行为1227家企业办理跨境人民币业务，同比增长12.26%。人民币跨境收付金额合计556.97亿元，同比增长5.05%；人民币跨境收付占同期本外币跨境收付总额比重达16.08%。跨境收支和结售汇继续实现双顺差，跨境收支总额实现500.5亿美元，同比增长8.0%，收支顺差同比扩大51.5%。结售汇总额274.8亿美元，同比减少0.5%，顺差同比扩大52.2个百分点。

六、金融基础设施与金融稳定

金融基础设施建设进一步优化。建立江西省金融消费权益保护监管合作机制，江西省12363金融消费权益保护投诉咨询热线平稳运行。全省人民银行系统共接收投诉916笔，办结909笔，投诉办结率达99.24%。开展省级金融教育示范基地建设申报，构建多层次金融知识学习体系。赣州、吉安争创国家级普惠金融改革试验区获得成功，农村普惠金融服务站创建深入推进。截至2020年末，全省共建成服务站4945个，标杆站点共155个。

优化支付结算服务，加大非现金支付工具推广应用，大小额支付系统共处理业务857.71万笔，金额 164011.71 亿元。开通账户服务绿色通道，对抗击疫情急需开立核准类账户的采取“特事特办”，疫情防控期间开立防疫紧急账户 584 户，划拨资金 42.92 亿元。强化银行账户风险防控，持续打击治理电信网络新型违法犯罪和打击跨境赌博取得良好成效。

反洗钱工作成效明显，对辖内 45 家银行类机构开展分类评级，积极协助警方侦破一起中华人民共和国成立以来江西侦破的最大反邪教案件。配合公安、国家安全等部门依法开展反洗钱行政调查 22 起，发出调查通知书 343 份，查实涉案主体 605 个，查获银行账户 8000 多个，涉案金额 47.45 亿元。全省宣判洗钱案件 34 起，其中涉黑洗钱案件 15 起，继续领跑全国。

人民币反假深入推进，全省假币收缴张数和金额分别同比下降 25.18% 和 25.82%。9 个地市破获假币案件，案件破获数量同比增长 109.1%，刑事案件破获数量同比增长 166.67%，案件假币收缴金额同比增长 337.04%。此外，指导各金融机构采取“收支两条线”、关闭现金自助设备自循环功能等措施应对疫情。

高效做好国库收支核算，及时办理防疫抗洪资金拨付业务，拨付资金 6450 笔、金额 45.7 亿元。合规开展南昌临空开发区等功能区国库的设立审批以及国库支库业务代理银行招选，指导代理支库有序开展业务。推动开展退税账户质押融资业务，累计发放融资贷款 368 笔、金额 11.7 亿元。

进一步强化金融信息科技服务指导。持续改善金融城域网接入环境，常态化开展银行业网络安全等级保护。建立省级金融业态势感知平台，密切关注银行业金融机构关键信息基础设施运行风险。推进大数据平台建设，建立金融联盟链；加强银行业网络安全攻防能力建设，提高业务连续性保障能力。

引导金融机构加强中征应收账款融资服务平台应用，促进应收账款融资业务实现线上化操作。截至 2020 年末，全省通过平台促成应收账款融资业务 1022 笔、融资金额 1099.45 亿元。持续改善征信有效供给，全力保障疫情期间征信现场查询服务不断档。金融信用信息基础数据库稳健运行。2020 年全省人民银行系统对外提供个人信用报告查询 199.9 万次，企业信用报告查询 6.5 万次。省内地方法人接入机构累计为符合条件的 35787 个自然人和 1859 户企业调整还款安排或征信记录。

金融稳定长效机制进一步健全。防范化解重大金融风险攻坚战取得重要阶段性成果，全省高风险金融机构实现全面退出，江西防范化解金融风险工作获得 2019 年国务院督查激励。成立金融委办公室地方协调机制，统筹区域金融改革发展和防范化解金融风险工作，推动形成央地协调合力。开发江西省金融机构风险监测预警系统和企业收支流水系统，夯实央行金融机构评级、早期纠正、金融风险区域分布图、压力测试等金融风险评估预警机制建设，推动金融风险早识别、早预警和早处置。应急管理工作迈上新台阶，金融机构流动性应急预案和突发事件应急预案等预案体系更加完善，全力协调做好节假日等关键时期安全维稳工作，疫情应对果断有力，统筹推进金融机构疫情防控和复工复产。深化金融改革和金融管理服务，启动存款保险 5 周年宣传和存款标识启用，充分发挥存款保险制度在稳定公众信心、防范和化解金融风险中的作用，扎实做好风险处置与打击非法集资等工作，做好包商银行、9 家金融机构被接管、“原油宝”事件等涉及江西省相关风险防范化解工作，切实维护辖区金融稳定。

七、政策建议

深化改革创新，推进经济高质量发展。统筹疫情防控和经济发展，贯彻新发展理念，构建发展格局，落实好“六稳”“六保”各项任务。深入实施创新驱动发展战略，推进创新型省份建设，强化科技创新引领作用，以高质量创新引领高质量发展。深入落实省领导担任链长的产业链链长制，持续开展“2+6+N”产业高质量跨越式发展行动，做实做优做强做大航空、电子信息、装备制造、中医药、新能源、新材料等优势产业，大力发展现代服务业和现代农业，推动产业向数字化、智能化、平台化、绿色化转型发展。全面融入共建“一带一路”、长江经济带、粤港澳大湾区、长三角一体化，努力建设内陆双向新高地。更好释放内需潜力，大力培育消费新热点。落实巩固拓展脱贫攻坚成果与乡村振兴有效衔接的要求，增强农业竞争力和抗风险能力。采取针对性措施，解决人民群众关心的就业、教育、社保、医疗、养老等“急难愁盼”问题，加快补齐民生领域短板弱项。

推进金融支持政策落地落细，着力服务实体经济发展。综合运用货币政策工具、宏观审慎评估等政策工具，引导辖内法人金融机构合理制订全年信贷投放计划，控制好投放节奏。发挥好再贷款再贴现货币政策工具结构优化、精准滴灌功能，继续用好用足一万亿元再贷款再贴现政策，引导金融机构继续运用再贷款、再贴现资金支持涉农、小微和民营企业。用好普惠小微企业创新货币政策工具，指导银行机构加大贷款延期还本付息和信用贷款发放。继续强化巩固重点领域信贷支持，推进金融支持全省重点产业链高质量发展，做好重大工程项目建设金融服务。继续推进江西省小微客户融资服务平台运用，深入推进小微企业首贷行动，大力开展商业银行中小微企业融资能力服务提升工程，破解小微企业融资难题。

坚持质量优先，大力支持全省资本市场和保险市场发展。深入实施企业上市“映山红行动”，加强拟上市资源培育，提高企业首次公开发行申报质量。支持上市公司灵活运用资本市场资本融资工具，增强资本实力，通过并购重组再融资实现转型升级。支持法人证券期货机构通过增资扩股补充资本金、扩大业务规模、拓展业务渠道。分行业层次培育一批优质潜力企业，加快企业上市挂牌步伐，做大做强全省资本市场。保险行业要抓住国家改革发展机遇，进一步健全完善保险组织体系，采取差异化经营策略，优化保险业务结构，积极丰富产品类型，拓展发展基础设施、能源资源、绿色环保、现代农业等领域的保险业务。进一步推动险资入赣，发挥保险资金助力社会经济发展重要作用。

常态化推进金融风险防范化解，提升金融风险预警效率。压实地方政府、金融监管部门和金融机构等各方风险处置责任，继续落实前期金融机构“一行一策”风险化解措施，重点推进不良资产处置和多渠道补充资本，防止高风险金融机构风险反弹。加大金融风险监测预警力度，开发运用江西省金融机构风险监测预警系统和企业收支流水平台，运用央行金融机构评级、压力测试、存款保险核查等机制，提高风险预警的频度和准确度。密切关注并动态监测反映实体经济特别是融资平台、房地产、光伏及产能过剩行业的风险情况。发挥债转股、债委会等机制作用，推动问题企业风险稳妥有序处置。持续开展互联网金融风险整治、扫黑除恶以及打击非法金融活动、电信诈骗、跨境赌博和地方钱庄等工作，持续做好各类交易场所、股权众筹领域风险专项整治。

强化金融风险应急处置，守住不发生区域性风险底线。充分发挥金融委办公室地方协调机制（江西省）作用，促进与省政府金融议事协调机制相互融合、相互促进，增进信息共享和政策协同，在推进区域改革发展和风险化解方面形成合力。完善突发事件应急处置体系，针对主要风险情况前瞻性研究制定相关应急预案，适时组织开展应急演练，提升风险应对能力和应急处置经验。严格落实重大事项报告，及时识别发现各类重点金融风险和相关苗头隐患，稳妥处置金融机构和企业涉

“系”等各类主要风险，防止事态扩散蔓延，切实维护区域金融稳定。

中国人民银行南昌中心支行江西金融稳定分析小组

组　　　长：张瑞怀

副　组　长：王地宁

成　　　员：刘居照　衷新如　朱　锦　左　良　张婷婷　叶莉萍

尧云珍　花象清　吕　钢　李　翔　樊　勇　曾省晖

郭　斐　黄术生

《江西省金融稳定报告（2021）》编写组

总　　　纂：王地宁

统　　　稿：左　良　刘向东

执　　　笔：乐林平　陈萌星　魏斯怡　彭鸿健

参与写作人员：胡　锐　朱合洪　叶少波　夏春雷　熊晓宇　花象清

肖　忠　熊卫东　陈　强　黎　坚　吴　筠　易校萍

陈　源　郭　丽　杨李娟　徐　颖　欧阳坚　冷　平

周业承　曾　姝　洪林凤　黄　倩　邓晓峰　胡浩智

山东省金融稳定报告摘要

2020年，山东金融业全面贯彻落实党中央、国务院和省委省政府各项决策部署，防范化解重大金融风险攻坚战取得重要成果，区域金融运行总体平稳。全省社会融资规模等主要金融指标增速创历史新高，信贷结构持续优化，金融机构组织体系更加健全，支持实体经济的质量进一步提升。同时经济金融运行中的结构性矛盾和薄弱环节仍然突出，经济下行压力较大，实体领域风险继续向金融行业传导，金融风险防控压力依然较大。

一、宏观经济与金融稳定

（一）经济运行基本情况

1. 经济发展好于预期，产业结构持续优化。2020年，全省实现生产总值73129.0亿元，比上年增长3.6%。三次产业结构由上年的7.3∶39.9∶52.8调整为7.3∶39.1∶53.6，“三二一”产业结构持续巩固。

2. 消费市场加快复苏，对外贸易逆势增长。社会消费品零售总额29248.0亿元，基本恢复至上年水平。货物进出口总额22009.4亿元，增长7.5%。其中，出口13054.8亿元，增长17.3%；进口8954.6亿元，下降4.1%。

3. 动能转换初见成效，重点领域改革持续深化。压减焦化产能729万吨，退出地炼产能1176万吨。“四新”（新技术、新产业、新业态、新模式）经济增加值占比达到30.2%，投资占比达到51.3%，新登记“四新”经济企业增长83.4%。

4. 工业发展稳中向好，服务业支撑作用持续显现。全部工业增加值23111.0亿元，比上年增长3.6%，规模以上工业增加值增长5.0%。服务业实现增加值39153.1亿元，增长3.9%；占全省生产总值比重为53.6%，提高0.8个百分点，对经济增长的贡献率为55.1%。

5. 财政保障有力，就业形势基本稳定。一般公共预算收入6526.6亿元，增长0.6%，增速同比回落8.5个百分点。城镇新增就业122.7万人，减少11.28%；城镇登记失业率为3.10%，回落0.19个百分点。

6. 居民生活质量持续提高，物价总体平稳。居民人均可支配收入32886元，增长4.1%；人均消费支出20940元，增长2.5%。居民消费价格比上年上涨2.8%，下降0.4个百分点。

7. 区域发展构建新格局，三大攻坚战取得显著成效。济青烟“三核”生产总值30357.9亿元，增长4.0%，占全省GDP比重为41.5%，提高0.6个百分点。金融机构不良贷款余额1986亿元，减少512亿元，不良贷款率2.03%，下降0.86个百分点；省标以下贫困人口全部实现脱贫，8654个省扶贫工作重点村全部退出；细颗粒物（$PM_{2.5}$）平均浓度46μg/m^3，下降11.5%；环境空气质量综合指数4.87，下降11.3%；重污染天数平均8.8天，减少4.4天；优良天数比例平均为69.1%，上升10.4个百分点。

（二）经济运行中存在的问题

经济发展内生动力依然不足，经济下行压力仍然较大。投资需求有待提升，服务业投资比重、高新技术产业投资占比较低，利用外资增长后劲不足；新旧动能转换接续不畅，“四新”经济规模偏小、比重较低，区域分化态势明显；财政收支困难突出，一般公共预算收支缺口有所扩大；就业结构矛盾加剧，“就业难”和“招工难”并存；疫情叠加全球经济走低，进口持续低迷。

（三）经济运行对金融稳定的影响

疫情纾困政策使得部分风险被延缓暴露，资产质量劣变承压，贷款下潜压力较大；重点房企资金监测、融资监管规则（“三道红线”）和房地产贷款集中度管理制度出台，银行对发放房地产开发贷款的态度更加审慎，房地产企业银行信贷融资难度加大；产能整合转移外溢风险突出，信用风险规模大占比高；地方政府隐形债务风险依然面临不确定性，专项债主要流入土储或棚改，对投资引领作用不强；地方财政收支差额扩大，政府处置风险能力减弱，金融风险防控形势依然严峻。

二、金融业与金融稳定

（一）银行业

1. 总体运行状况

（1）资产负债规模快速增长。截至2020年末，全省银行业机构资产总额14.91万亿元，增长13.35%；负债总额14.37万亿元，增长13%。各项存款余额11.55万亿元，增长13.24%，增速为2014年以来年度最高，新增存款主要来自个人；各项贷款余额9.79万亿元，增长13.26%，增速为2013年以来年度最高（见图1）。

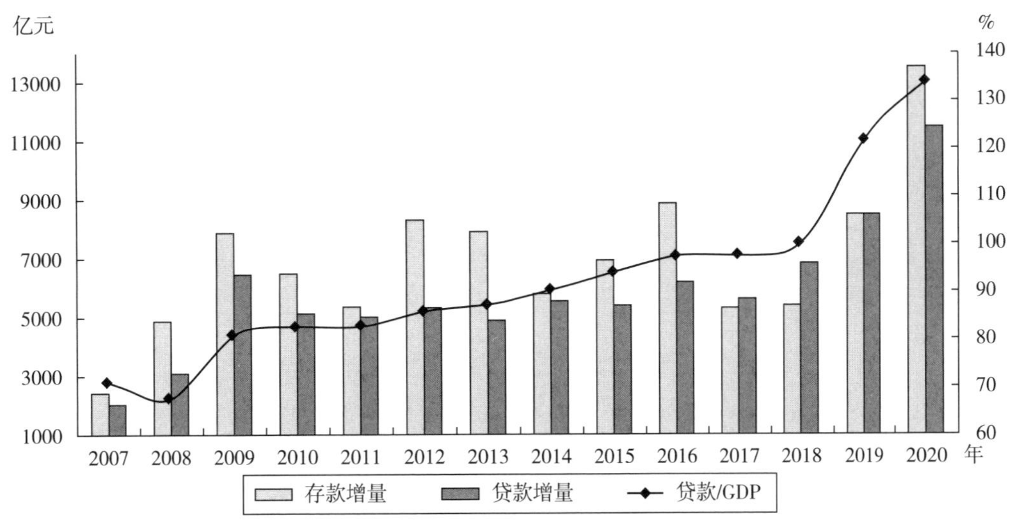

图1 2007—2020年山东省存贷款增长状况

（数据来源：中国人民银行济南分行）

（2）地方法人银行机构市场份额保持稳定。资产、负债占比分别为38.83%和36.95%，新增存款和新增贷款市场份额分别为44.84%和38.96%。

（3）金融机构组织体系更加健全。全省国有、政策性、股份制二级分行以上机构687家，法人银行业机构281家，银行业从业人员24.49万人。

（4）贷款结构持续优化，重点领域融资得到保障。2020年全省社会融资规模新增2万亿元，同比多增6277.3亿元，增量创历史新高。全年新增贷款1.15万亿元，年度增量首次超过1万亿元，企业贷款新增6030.99亿元，占贷款增量的52.58%，中长期贷款新增8375.73亿元，同比多增1522.3亿元。制造业贷款扭转了2017年以来净减少的态势，较年初新增178.55亿元。民营企业贷款较年初新增4020.27亿元，小微企业贷款较年初新增3748.12亿元，增速18.28%，高于各项贷款增速5.01个百分点；个人经营性贷款较年初新增1714.82亿元，是2019年增量的1.86倍，增速达28.04%。

（5）账面利润大幅增长，利息净收入增加。2020年，全省银行业实现账面净利润742.01亿元，是2019年的2.84倍。受不良处置减少、风险暴露趋缓等因素影响，银行业资产减值损失准备同比少提376.89亿元，对净利润增长的贡献度达78.43%。在让利实体经济背景下，银行业积极降低企业融资成本，同时加大融资支持力度，利息收入呈现“价减量增”的特点。

2. 需要关注的问题

（1）信用风险形势依然严峻。截至2020年末，全省不良贷款余额1986亿元，同比减少512亿元，不良贷款率2.03%，下降0.86个百分点。不良贷款反弹压力依然较大，疫情纾困政策使得部分风险被延缓暴露，资产质量劣变承压。全省关注类贷款、逾期贷款余额分别为5329亿元、2605亿元，随着延期还本付息等金融支持政策的逐步退出，潜在风险贷款将劣变为实质不良，进一步加大信用风险不确定性（见图2）。

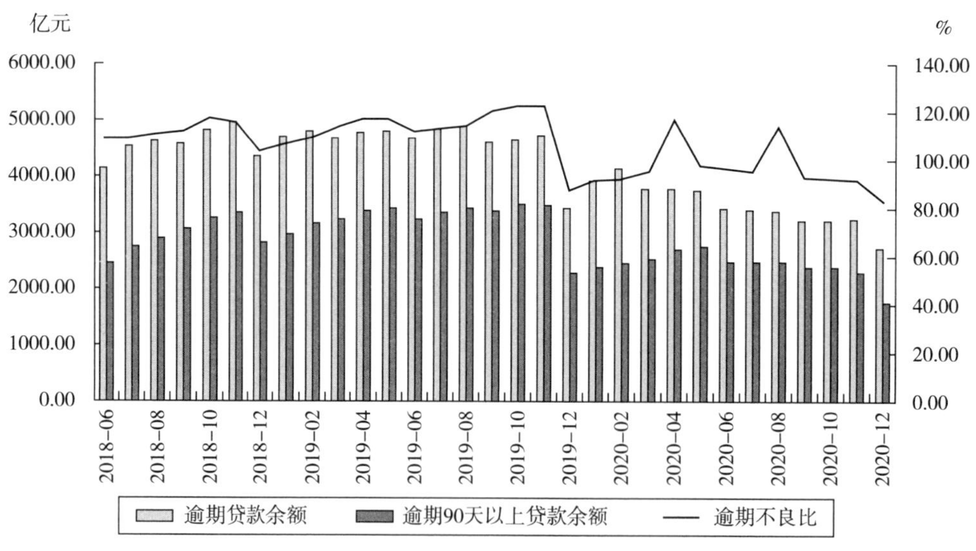

图2　2018—2020年山东省银行业逾期及不良情况

（数据来源：中国人民银行济南分行）

（2）不良贷款处置难度增加。三年风险攻坚战期间，全省银行业共处置不良贷款7000多亿元，接近过去十年处置总额，化解风险、腾挪出信贷空间的同时，也消耗了大量财务资源和优质资产，不良贷款继续大规模处置难度增加。

（3）部分区域信贷风险较为集中。全省16个地市中不良贷款余额超过150亿元的地市4个，不良贷款率高于5%的地市3个，6个县市不良率超过10%。部分地市大型出险企业较多，关联互保关系复杂，风险处置难度较大，不良贷款“前清后冒”问题突出，金融生态环境修复难度较大。

（4）重点领域风险压力突出。全省房地产贷款余额3.02万亿元，占各项贷款的30.89%，根据房地产贷款集中度管理要求测算，其中有90家机构房地产贷款占比、122家机构个人住房贷款占比超标，在过渡期内完成整改任务困难较大。

（二）证券期货业

1. 总体发展状况

（1）企业上市步伐持续加快。截至2020年底，全省上市公司共334家，新增29家，其中科创板企业9家。排队上市企业共56家，其中科创板企业10家。新三板方面，截至2020年底挂牌企业508家，新增20家。

（2）直接融资比重进一步提高。2020年，山东辖区直接融资规模大幅增加。首发上市企业募集资金119.32亿元，同比增长65%；24家上市公司股权再融资规模156.67亿元，同比增长5倍多；公司债券（含ABS）募集资金2485亿元，同比增长46%，融资规模创历史新高；截至2020年底，公司债券余额5504亿元。

（3）证券公司盈利能力增强。2020年全年2家法人证券公司累计实现营业收入99.16亿元，同比增加19.19亿元。其中，因股票市场交投活跃，经纪业务手续费净收入同比增加13.12亿元；利息净收入同比增加6.37亿元；全年累计实现净利润31.27亿元，同比增加6.31亿元。

（4）权益类交易市场日趋规范成熟。2020年山东省取缔6家产权类交易场所业务资格，现存13家，交易场所日趋规范成熟。齐鲁股权中心新增挂牌企业814家，累计实现挂牌企业4859家，实现各类融资619.96亿元。青岛蓝海股权交易中心新增挂牌企业193家，累计挂牌企业总数达1928家，累计帮助挂牌企业实现各类融资157.42亿元。

2. 需要关注的问题

（1）公司债券发行难度和违约风险加大。部分国有企业推迟或取消债券发行，部分企业集中到期续发压力较大，个别企业出现短期偿债能力指标、营业收入下滑等情况。债券违约方面，2020年省内共14只债券发生违约，违约日债券余额116.5亿元，目前主要集中于民营企业。

（2）部分上市公司存在股票质押风险。截至2020年底，辖区有146家上市公司参与股票质押，29家上市公司控股股东股票质押比例超过70%，有20家上市公司全部股票质押比率高于30%。质押总市值高达2206亿元，同比提高13%。

（3）可转债发行热度较高。全国发行规模高达2433.61亿元，同比增长87.17%。目前可转债投资存在强制赎回、下修转股价、信用级别下调等风险，需要关注发行主体基本面变化。

（4）公募基金权益类基金发行规模大，抱团持仓现象较为严重。推升部分板块和个股估值过高，助长市场非理性，加大了集中抛售风险，导致相关板块或个股剧烈波动。

（三）保险业

1. 总体发展状况

2020年末，全省共有法人保险公司5家，其中财产险公司3家，寿险公司2家。省级分公司以上保险主体96家，保险公司分支机构7586家。全省保险业总资产8072亿元，较年初增长18%。全年实现保费收入3482.5亿元，增速7.52%，高于全国1.39个百分点。受疫情驱动，人身保险行业回归风险保障，产品结构不断优化，保障程度较高的健康险、普通寿险保费增速达18.07%、20.45%。财险行业动能明显转换，受车险综合改革影响，车险增速同比下滑1.44个百分点，非车险成为业务增长的主要支撑力量，增速和占比较2019年分别提升2.52个、3.64个百分点。全年提供风险保障总额248.23万亿元，赔付支出1036.48亿元，同比分别增长31.68%、14.73%。

2. 需要关注的问题

（1）行业信用风险防控压力较大。在经济转型、去杠杆和打破刚性兑付的背景下，保险资金运用面临的信用环境较严峻。在信用风险逐步释放的背景下，保险资金配置固定收益类资产面临的信用风险加大。“明天系”被接管的保险机构在山东省业务规模较大，消费者覆盖面广，存在处置风险。

（2）保险公司业务转型面临多重挑战。车险综改将进一步加速财险市场主体分化，马太效应凸显；改革将倒逼中小险企聚焦非车险业务的发展，大部分非车险业务处于亏损的临界点，盈利空间有限。人身险新单保费增速放缓，产品同质化和行业内卷问题仍较为严重。

（3）法人机构整体实力较弱。全省5家法人机构资产规模小，综合实力较弱，受地域条件、品牌知名度等因素的影响，人才引进和业务拓展难度较大。

（四）金融业综合经营

1. 整体发展情况

2020年，金融机构理财业务中净值型银行理财产品继续稳步增长，同业业务规模保持增长，跨行投资方式以标准化资产为主。

（1）净值型银行理财产品稳步增长。截至2020年末，全省251家中小法人银行保本型理财产品余额27.49亿元，同比下降85.14%，保本型理财产品占全部理财的比例降至0.74%。净值型理财产品余额2697.72亿元，同比增长124.17%；净值型产品余额占全部理财的比例为73%，同比提升32.15个百分点。

（2）投资方式以标准化资产为主。截至2020年末，全省251家中小法人银行同业投资余额16414.49亿元。从投资标的看，债券等标准化资产投资余额14246.72亿元，占比为86.79%，同比提高5.03个百分点。

（3）信托、黄金等代理类业务增长幅度大。其中，代理销售信托产品同比增长16%，黄金产品同比增长79%。

（4）法人机构同业业务保持增长。2020年末，全省251家中小法人银行同业资产余额4014.95亿元，同比增长10.36%。同业负债余额4258.81亿元，同比增长14.39%。

2. 需要关注的问题

（1）底层资产违约现象较为突出。由于企业债券风险集中暴露，自2018年底以来投资于各类企业债券的资管产品违约现象凸显，从违约产品底层资产看，涉及的违约企业债主要集中于方正、东旭、海航、胜通、紫光等。

（2）中小法人银行底层资产处置困难。在疫情冲击、监管趋严的背景下，部分中小法人机构底层资产评级低，流动性差，资产处置面临一定困难，处置压力较大。

(3) 中小法人银行净值型产品研发能力不足。省内中小法人银行机构在理财产品设计、研发定价、终端风险对冲等高端领域的服务能力明显不足，资产管理业务开展面临较大挑战。

三、金融市场与金融稳定

(一) 货币市场与债券市场成交量同比大幅增长，资金净融入大幅下降

2020 年，全省共有 294 家市场成员和非法人投资主体参与货币市场和债券市场交易，比上年同期增加 79 家。全省市场参与主体总成交量 83.78 万亿元，同比增加 21.88 万亿元，同比增长 35.4%。全年净融入资金 2.8 万亿元，同比下降 2.78 万亿元，降幅达到 49.8%。

(二) 票据市场运行平稳，全年票据贴现利率在合理区间波动

2020 年，山东省票据贴现发生额 9738.8 亿元，同比增加 309.9 亿元。票据贴现利率方面，银票贴现利率在 3.5% 左右水平波动，成交金额最大的一年期品种全年加权平均利率 3.53%。商票贴现利率水平比银票高 160 个基点左右，在 5.1% 左右水平波动，成交最高的一年期品种全年加权平均利率 5.15%。

(三) 债务融资工具规模同比快速增长，国有企业占据市场主导地位

2020 年，市场流动性合理充裕，债券发行成本明显下降，各类债务融资工具发行规模同比快速增长。从发行规模看，全省非金融企业共发行信用债 730 单、金额 6858.1 亿元，其中债务融资工具 458 单，金额 3995.9 亿元，同比增加 110 单、927.8 亿元。截至 2020 年末，全省存续期内非金融企业信用债券 1453 单，余额 13618.1 亿元，同比增加 2857.6 亿元。随着国内疫情防控形势持续向好，企业抓紧复工复产，债券融资需求也相应回升。从发行主体所有制结构看，国有企业仍占据市场主导地位。2020 年，63 家国企共发行债务融资工具 445 单，融资 3887.4 亿元，融资额占比 97.3%。

(四) 黄金市场交易价格持续走高

截至 2020 年末，全省 12 家黄金交易所会员累计完成成交量 2082.5 吨，其中买入量 899.6 吨，卖出量 1182.9 吨，卖出量占比 56.8%。受新冠肺炎疫情和全球央行宽松政策影响，2020 年黄金价格再创新高，不仅成功突破历史高点 1920.30 美元/盎司，还在 8 月 7 日创下新高 2075.14 美元/盎司。国内金价走势主要受国际金价影响，变动趋势基本一致。

四、金融服务与金融稳定

2020 年，山东省金融监管协调框架逐步完善，金融基础设施持续优化，消费者保护力度不断加强，金融生态环境有效改善，为全省经济金融健康发展奠定了良好基础。

(一) 金融监管协调框架逐步完善

2019 年在全国率先建立山东金融监管协调机制，2020 年初转型升级为金融委办公室地方协调机

制（山东省），先后召开了由省分管领导主持的联席会议 2 次，专题会议 4 次、联络员会议 1 次，围绕稳企业保就业、金融风险化解处置、消费者权益保护等出台细化措施，深入开展“金融”助企专项行动，联合 12 个部门印发了《山东省“金融诊疗”助企行动工作方案》，制定印发了《山东省处置集中取款事件应急预案》，强化风险监测信息机制性共享，绘制全省金融风险“图谱”，持续提升辖区金融风险监测预警水平，稳妥推进金融风险化解。

（二）金融消费权益保护力度不断加强

人民银行济南分行不断提升金融消费者权益保护水平，围绕“一点接入、集中处理”工作原则，2020 年，山东省 12363 呼叫中心累计接听消费者来电 2 万余件，建立疫情监测日报和涉疫投诉咨询事项重点跟踪督办制度，做好涉疫事项处理。成立山东省金融消费权益保护协会，推动辖区协会与法院、仲裁和人民调解组织开展工作对接，实现诉调对接机制省、市、县三级全覆盖。与省银保监、证监和地方金融管理局共同签署《山东省金融消费者（投资者）权益保护合作备忘录》，细化金融消费权益保护领域的监管协调内容，加大金融消费权益保护监管协同力度。

（三）支付体系服务水平持续提高

人民银行济南分行印发《山东省本外币合一银行结算账户体系试点实施方案》，夯实山东省试点工作制度基础，全面推行开立、注销企业开销户预约办理。印发《中国人民银行济南分行“农村支付服务环境优化提升年”活动实施方案》，打造“三公里”支付服务圈、“一市一品”农村特色支付服务名片，持续优化农村支付服务资源配置。印发《山东省 2020 年移动支付便民工程推广实施方案》，确定公共事业、交通、文教卫生等领域为集中攻坚领域，持续优化支付服务供给结构。组织 279 家银行接入山东省农民工工资支付监管平台，指导银行通过绿色通道紧急开立涉疫账户、办理涉疫资金汇划业务、减免商户银行卡手续费、通过云闪付发放惠民券，精准助力疫情防控与复工复产。2020 年，山东省内大额支付系统共处理业务 0.7 亿笔，同比减少 55.6%，清算金额 284.3 万亿元，同比增长 15.8%。小额支付系统共处理业务 4.3 亿笔、金额 21.3 万亿元，同比分别增长 25.7%、182.2%。

（四）信用体系覆盖范围不断扩大

顺利完成一二代征信系统切换工作，全省 114 个人民银行查询柜台、402 台个人信用报告自助查询机、150 余家征信系统接入机构顺利完成一二代征信系统查询切换，二代征信系统正式上线。建立完善征信报数程序测试验收、按季量化评价和异常数据监测等多层次数据质量管理体系，保障金融信用信息基础数据库数据的完整性、准确性和及时性，山东省纳入征信系统数据准确率始终保持在 99% 以上。大力推进商业银行自助查询网点和自助查询设备布设，推广商业银行网银和手机银行征信查询服务，2020 年全省共提供个人信用报告查询 767.8 万次、企业信用报告查询 15.7 万次。落实征信市场准入“负面清单”制度，指导全辖清理名称或注册范围含“征信”但不从事征信业务的机构 284 家。

（五）反洗钱监管力度不断加大

建立“银警”“银检”合作机制，与省公安厅建立“山东省预防、打击洗钱犯罪银警合作机制”，与省人民检察院建立“山东省预防、打击洗钱犯罪银检合作机制”。与山东银保监局、山东证监局、省地方金融监管局联合建立“山东省金融监管部门反洗钱工作合作机制”，确定了“坚持一个原则、突出一条主线、规范一个流程、确定一个重点、实现一个目标”的总体框架。2020 年组织对 42 家县级以上义务机构开展了执法检查，检查并完成处罚的项目 21 个，全部处罚项目均严格执行“双罚”，处罚金额总计 1616.55 万元。印发《山东省特定非金融机构及社会组织反洗钱工作指导意见》，为全省特定非金融机构反洗钱工作的开展提供依据，并以房地产领域为试点，推动 14 家房地产机构接入反洗钱监测分析二代系统。

（六）货币流通管理工作持续推进

现金流通渠道不断畅通，人民银行济南分行充分利用总行货币金银管理系统，不断充实和完善济南分行货币发行管理监测系统，2020 年，山东省银行业金融机构库存现金余额总计 306.94 亿元，同比增加 16.33 亿元，同比增幅 5.62%。2020 年现金供应及时，银行业金融机构对现金需求满意度显著提升，各券别现金满足率均在 80% 以上。积极推进反假工作转型与深化，形成山东省反假货币工作网络体系，推动反假货币工作“打、防、宣、教、管”长效机制建设，进一步完善反假货币社会管理综合治理体系。认真落实新的反假货币培训工作制度，督导金融机构落实主体责任，2020 年共收缴、没收假币 22.95 万张（枚）、1777.96 万元，其中，金融机构柜台收缴 16.75 万张（枚）、1391.80 万元，公安机关没收 6.14 万张（枚）、384.73 万元。

（七）金融知识普及力度不断增强

组织开展 2020 年全民国家安全教育日普法宣传活动、金融法律普及活动、“七五”普法自查自评以及第十七届全国法治动漫微视频作品征集展示活动。按照“集中性 + 阵地化”的宣传思路，主动牵头协调银保监局、证监局、地方金融监管局、省委网信办等部门联合开展金融知识宣教工作。在全国率先建立“一行二局一厅”——银证保加教育部门共同推进中小学金融知识纳入国民教育体系的工作机制，四部门共同开展相关工作。积极指导辖区有条件的机构和单位创建金融教育示范基地，组织开展山东省首批省级金融教育示范基地评审，2020 年共命名日照银行等 3 家基地作为省级金融教育示范基地。

五、政策建议

2020 年，山东省金融风险形势依然严峻，经济下行压力加大，发展不平衡不充分问题仍然比较突出，做好常态化金融风险防控压力较大。妥善应对当前面临的困难和问题，要继续以习近平新时代中国特色社会主义思想为指导，坚决贯彻中央经济工作会议和党中央、国务院的各项部署，坚持稳中求进工作总基调，持续防范化解金融风险，增强金融风险治理能力，提升风险防控的前瞻性、全局性和科学性，统筹金融发展与金融安全，牢牢守住不发生系统性金融风险的底线。

一是实施灵活精准、合理适度的货币信贷政策。疏通货币政策传导渠道，创新直达实体经济的政策工具和制度安排，发挥好金融机构作为政策传导主渠道的作用。发挥金融支农支小政策合力，强化涉农涉小信贷创新激励，督促金融机构加大对实体经济的资金支持力度。

二是持续强化金融监管协调。充分发挥金融委办公室地方协调机制（山东省）平台作用，进一步强化央地间、跨部门间监管协同，避免监管冲突、监管重叠及监管空白。重点加强跨市场、跨业态交叉性金融业务的监管，分析业务模式，提出规制建议。与地方政府建立常态化、机制化会商制度，落实地方政府属地金融监管和地方风险防范处置责任。

三是及时转入常态化风险防控和风险处置。加强信息共享、联合研判，构建判断金融风险是否具有系统性影响的“定性 + 定量”“主观 + 客观”分析框架，提高风险预判的准确性和前瞻性。坚持稳中求进、市场化、法治化、压实各方责任等工作原则，及时有效处置各类风险，坚决阻断风险蔓延。进一步发挥存款处置平台作用，探索多种市场化法治化方式，支持中小银行化解风险和补充资本。

四是优化金融生态环境。严厉打击逃废债行为，强化银企互信，推动辖区信用环境建设，完善地方金融生态环境。加强金融消费权益保护，严肃查处侵害金融消费者合法权益的违法违规行为，倡导负责任金融理念，构建普惠金融发展良好生态，促进区域经济金融健康发展。

五是加强金融风险防控长效机制建设。逐步健全以宏观审慎监管为统领、以微观审慎监管为基础、以行为监管为支撑，存款保险、央行最后贷款人有效发挥功能的更加强健有效的金融安全网体系。

中国人民银行济南分行金融稳定分析小组

组　　长：周逢民

副 组 长：董龙训

成　　员：刘洪来　李云山　苑治亭　霍成义　张　军　彭江波
杜树星　孙华荣　肖承发　于正红　郑录军　刘云昭
吕　峰　毕德富　谢　伟　李建力　向　珂　宋立全

《山东省金融稳定报告（2021）》编写组

总　　纂：董龙训

统　　稿：刘洪来　徐迎军

执　　笔：张　宁　林　毅　王　冠　秦海涛　孙艳云　李丹丹
齐玉录　王立章　范圣洁

河南省金融稳定报告摘要

2020年，面对突如其来的疫情和错综复杂的国际国内经济金融形势，河南省金融系统以习近平新时代中国特色社会主义思想为指导，齐心协力，真抓实干，担当作为，全力打赢疫情防控阻击战，精准有效落实金融支持稳企业保就业政策，持续推动金融改革创新，稳步推进金融风险防范化解，全面提升金融管理和服务效能，全省经济金融经受住了疫情的冲击和考验，实现良性互动发展。全年全省经济持续稳定恢复，金融运行稳中有进，社会融资结构持续优化，业务回归本源明显加快，金融风险整体可控，经济和金融体系韧性不断增强。同时，受内外部多重因素影响，河南省工业、消费增长短板较突出，房地产市场恢复基础仍不稳固；银行业信用风险持续上升，中小银行资本补充难度加大，大型企业债务风险极易向金融机构传导；证券业个别产品兑付风险和个别上市公司风险不容忽视；保险业内生增长动能不足，产品赔付风险和满期兑付风险上升。全省金融平稳运行面临的困难和挑战增多，风险防控压力加大。

一、宏观经济与金融稳定

（一）经济运行基本情况

1. 生产总值增速逐季回升，产业增加值实现正增长。2020年，河南省实现生产总值54997.07亿元，各季度末GDP累计增速分别为-6.7%、-0.3%、0.5%、1.3%，呈逐季回升态势。全年第一、第二、第三产业增加值分别增长2.2%、0.7%、1.6%。

2. 农业生产总体平稳，工业生产保持增长。粮食生产实现新突破，全年全省粮食总产量1365.2亿斤，增长1.9%，首次跨越1350亿斤台阶。禽蛋奶及禽牛羊肉产量均实现增长，年末生猪存栏同比增长22.6%。工业生产保持增长，全年全省规模以上工业增加值同比增长0.4%，其中国有控股工业企业增加值增长5%，股份制企业增长1%。先行指标逐步恢复，全年工业用电量同比下降2.1%，降幅较1—11月收窄0.9个百分点；货物运输量同比增长0.4%，增速实现转正。

3. 投资持续较快恢复，消费需求逐步回暖。固定资产投资稳步回升，全年全省投资额同比增长4.3%，高于全国1.4个百分点。其中，工业投资增速由前7个月的0.7%逐步回升至2.7%，房地产开发投资增速4月转正后回升至4.3%，民间投资、基础设施投资同比分别增长2.5%和2.2%。高技术制造业投资高于全部投资增速20个百分点。消费降幅持续收窄，全省社会消费品零售总额同比下降4.1%，降幅较前三季度收窄2.9个百分点。进出口再创新高，全省进出口值6654.8亿元，同比增长16.4%，高于全国14.5个百分点，增速居全国第3位。

4. 财政收支增长总体平稳，地方政府债券发行量大幅增加。2020年，河南省一般公共预算收入和一般公共预算支出分别同比增长2.8%、2.2%，较前三季度分别提高0.9个、3.3个百分点，其中民生支出占一般公共预算支出的76.6%。全年全省累计发行地方政府债券2728.4亿元，同比增长50.2%。

5. 居民消费价格温和上涨，工业生产者出厂价格降幅收窄。全年全省居民消费价格同比上涨2.8%，比前三季度回落0.8个百分点，其中城市上涨2.5%，农村上涨3.3%。工业生产者出厂价格同比下降0.8%，降幅较1—11月收窄0.1个百分点；全省工业生产者购进价格同比下降0.6%，降幅与1—11月持平。

6. 房地产开发投资平稳小幅回升，销售价格总体稳定。2020年，河南省完成房地产开发投资7782亿元，同比增长4.3%，增速比上半年回升1.7个百分点。年初受疫情和项目建设暂缓影响，投资增速出现明显下降，随着疫情逐步向好和复工复产的有序推进，4月投资增速由负转正，全年基本保持小幅回升态势。全省商品房销售均价同比上涨1.7%，价格总体稳定；商品住宅去周期化约为12个月，处于合理区间。

（二）需要关注的主要问题

1. 工业增长和消费增长短板较突出。一是工业增长面临较大压力。2020年，河南省规模以上工业增加值增速低于全国2.4个百分点，第四季度的企业设备利用率、出口订单指数、固定资产投资指数均较上个季度下降，市场需求指数远低于50%的荣枯线。二是消费恢复态势疲弱。全省社会消费品零售总额增速在9—12月逐步回落，12月低于全国2.5个百分点。受疫情影响，居民收入增长放缓，防御性储蓄增加，消费倾向下降，居民收入和就业感受指数仍未恢复至往年水平。

2. 房地产市场恢复基础仍不稳固。一是商业用房市场持续遇冷。河南省办公楼和商业营业用房销售面积自2018年以来连续三年呈负增长，办公楼和商业营业用房待售面积占全部商品房待售面积的比重为24.9%，较上年提高0.3个百分点。二是中小房企资金链需密切关注。河南省中小开发企业数量较多，受调控政策影响较大。随着“三道红线”试点范围扩大，房地产贷款集中度政策落地，加上商品房销售增速放缓，部分杠杆率较高企业的资金链风险不容忽视。

二、银行业与金融稳定

（一）总体发展情况

1. 资产负债平稳增长，贷款保持较快增长。2020年，河南省银行业金融机构加大信贷投放，优化资产配置，资产负债规模持续稳步增加。截至2020年末，河南省银行业金融机构资产总额9.72万亿元，同比增长9.08%；负债总额9.35万亿元，同比增长9.27%；增速分别高于上年同期0.18个和0.3个百分点。各项贷款余额6.41万亿元，同比增长12.69%，贷款增速高于全国；各项存款余额7.76万亿元，同比增长9.6%，存款增量创历史新高。

2. 社会融资结构改善，重点领域资金支持不断强化。2020年，河南省社会融资规模增量为11472.2亿元，同比多增210亿元，居中部六省首位；非金融企业直接融资净额932.1亿元，占社会融资规模增量的8.1%，直接融资占比持续提升；新增企（事）业单位中长期贷款占全部单位贷款的75.5%，高于全国3.3个百分点。房地产贷款占比下降，重点领域贷款快速增长。全年全省房地产贷款增量占各项贷款增量比重较上年下降 6.7 个百分点，制造业、基础设施行业、不含房地产的服务业中长期贷款余额分别增长 32.5%、18.2% 和 18.4%，分别高于单位中长期贷款增速 18 个、3.7 个和 3.9 个百分点。

3. 流动性总体充裕且相对平稳，主要指标均符合监管要求。2020 年，通过 1 次全面降准和 2 次定向降准，以及地方法人银行业机构发行同业存单、大额存单，共向河南省银行体系注入流动性约 4843.6 亿元。年末，河南省法人银行业金融机构流动性比例 66.81%，较年初上升 2.75 个百分点；存贷比 69.67%，超额备付金率 7.35%，流动性缺口率 20.29%，核心负债比例 65.02%。

4. 金融供给质效不断提升，金融支持普惠小微企业成效显著。2020 年，河南省银行机构累计运用 3000 亿元疫情防控专项再贷款额度、5000 亿元再贷款再贴现专用额度、1 万亿元再贷款再贴现普惠额度分别发放优惠利率贷款 94.1 亿元、91.5 亿元和 643.6 亿元。两项货币政策直达工具导向精准，全省地方法人银行机构全年共向 37185 家（户）普惠小微企业发放信用贷款本金 59.9 亿元，办理普惠小微企业延期还本付息涉及贷款本金 333.5 亿元。LPR 引导贷款利率下行成效明显，12 月，河南省银行机构新发放一般贷款加权平均利率为 5.93%，同比回落 0.68 个百分点。金融支持保市场主体成效明显，年末全省各类市场主体授信户数 144.6 万户，较年初增加 19.5 万户；民营、小微企业人民币贷款全年分别增加 1328.9 亿元、1355.5 亿元，同比分别多增 164.4 亿元、446.1 亿元；小微企业贷款户数 14.4 万户，同比增长 24.2%。“一平台四体系”兰考模式更加成熟完善，在全省复制推广进度加快，“普惠通” App 累计下载量突破 750 万人次，普惠金融服务站已覆盖 73.3% 的行政村，累计发放普惠贷款 994 亿元。

5. 重点领域风险化解处置有效有力，防范化解重大金融风险攻坚战取得良好成效。全省金融机构风险逐步收缩，高风险机构数量和分布地区都在下降，重点关注机构风险状况均有不同程度好转。重点机构风险化解工作稳步推进，稳妥处置 1 家村镇银行集中取款事件，稳定社会信心。“明天系”金融机构被接托管后，全省相关机构经营秩序稳定。永煤债券违约风险得到有序化解，河南能源集团流动性风险有所缓解。影子银行得到有效治理，资管业务整改转型效果明显。非法集资高发蔓延势头及风险得到有效遏制，新立案数量、涉案金额、参与人数大幅下降。互联网金融风险专项整治和地方交易场所清理整顿持续推进，全省网络平台已全部停止网络借贷业务。存款保险宣传覆盖面和公众认知度不断提升，有效预防挤兑风险。

（二）需要关注的主要问题

1. 银行业不良贷款持续“双升”，资产质量下迁风险较大。受经济下行叠加疫情等因素影响，银行业金融机构信用风险不断暴露，资产质量持续劣化。2020 年末，河南省银行业金融机构不良贷款余额同比增长 41.3%，不良贷款率高于全国 2.11 个百分点，较年初上升 0.81 个百分点。随着延期还本付息等政策的滞后效应逐步显现，资产质量后续下迁压力仍较大。

2. 中小银行资本补充渠道少，风险化解压力大。当前，受疫情冲击、经济下行、利差收窄、不良贷款侵蚀等因素影响，河南省多数中小银行盈利能力承压，利润的增加不能覆盖风险资产的增长，内源性资本补充能力有限；同时受规模、资质等因素限制，全省大部分中小银行不符合资本补充工具发行条件，仅能通过增资扩股等传统方式进行外源性资本补充，资本补充难度大。部分机构公司治理不够完善，管理水平较低，风险化解和可持续发展面临较大考验。

3. 企业债务风险高，易向银行体系传导。永煤债券违约事件发生后，河南省债券市场风险形势严峻，企业融资困难，风险极易向金融机构传导。一是企业发债难度上升。永煤债券违约后，河南省企业发债迅速进入“冰冻期”，截至2020年末全省信用债融资量断崖式下降，省内多家大型企业陷入发债困境，易引发资金链断裂，2021年到期债券集中兑付压力较大。二是少数大型企业资金链紧张，债务风险问题突出，一旦转为不良，将推动全省金融机构不良贷款率大幅上升。

三、证券业与金融稳定

（一）总体发展情况

1. 市场主体规模持续扩大，多层次资本市场体系逐步健全。2020年末，河南省共有境内A股上市公司87家，全年新增7家、迁入1家、迁出1家、退市1家，其中，科创板上市公司2家；新三板挂牌公司290家，数量居全国第10位；中原股权交易中心挂牌展示企业9737家，全年新增1835家；证券期货法人机构3家，证券投资咨询法人机构1家，证券期货分支机构503家，全年新设分支机构12家；私募基金管理人148家，全年新增11家。全省IPO在审企业15家，IPO在辅导企业37家，全年分别新增14家和23家，企业上市进程不断加快。

2. 市场融资方式更加丰富，服务实体经济能力不断增强。2020年，围绕上市公司再融资、债券发行制度改革、基础设施公募REITS试点，及时宣传改革政策，指导、推动符合条件的企业筹资发展。全年辖内企业累计通过境内资本市场实现融资1144.94亿元，较上年同期减少26.19%。其中，通过交易所、新三板、区域性股权市场实现股权融资354.94亿元，通过交易所债券市场实现债权融资790亿元，新增债券融资额再创新高。此外，交易所市场新增托管河南省发行的地方政府债2728.39亿元，6家企业发行的企业债94.7亿元。

3. 证券业监管水平持续提升，风险防控处置取得积极成效。河南证监局着力提高证券基金期货机构合规和风控管理水平。强化法人证券期货机构公司治理和内控约束，监管评价结果提升；突出风险和问题导向，实施差异化监管，全年累计开展各类现场检查32家次，圆满完成15家风险分支机构接管工作；严惩投资咨询机构违规行为，协力开展“打非”和股权众筹风险专项整治工作，行业发展乱象得到有力整治。同时，精准防范化解处置风险，全力确保辖区市场稳定运行。推动重点上市公司通过重大资产重组、破产重整等市场化方式出清风险，推动1家公司平稳退市，协调缓解部分上市公司股票质押风险和流动性风险；加强债券市场风险排查，妥善化解债券违约风险，全年辖区债券违约率为0.28%，低于全国平均水平。全省证券市场运行平稳有序，风险整体可测可控。

（二）需要关注的主要问题

1. 证券期货业个别产品存在兑付风险。法人机构存在个别资管产品延期兑付、股票质押违约处置难等问题；个别私募基金产品面临到期无法兑付风险。

2. 实体企业风险防范化解任务较重。部分民营上市公司生产经营困难较多，个别国有上市公司风险苗头显现。个别上市公司股票质押风险和流动性风险较为突出；个别公司面临退市风险，化解难度较大；个别公司及大股东存在信息披露违规、资金占用、违规担保等违法违规问题；个别重点债券发行人债务规模高，债券存续量大，存在较大偿债压力。

四、保险业与金融稳定

（一）总体发展情况

1. 保险市场体系建设不断完善，行业发展势头总体向好。2020年末，河南省保险业共有法人机构1家，省级保险分公司87家，中心支公司710家，专业中介机构260家，兼业代理机构11603家，保险从业人员100.70万人，基本形成了种类丰富、适度竞争、充满活力的区域性保险市场体系。2020年，全省保险业资产总额5485.09亿元，同比增长17.89%，增速较上年提高5个百分点，其中，财产险、人身险公司资产总额同比分别增长12.1%、18.36%。全年全省原保险保费收入2506亿元，居全国第4位、中部六省第1位，同比增长3.09%，保费收入继续创历史新高。全省保险密度和保险深度有所提升，较上年分别增加87.44元/人和提高0.08个百分点，风险保障功能得到充分发挥。

2. 非车险业务高速增长，人身险转型升级持续稳步推进。财产险已步入转型期，全年全省非车险业务实现原保险保费收入198.76亿元，同比增长22.57%，占财险市场保费比重提升至32.24%；车险业务实现原保险保费收入417.71亿元，同比增长3.29%，高于全国平均水平2.6个百分点。其中，责任险、健康险、意外险、企财险等主要非车险种增速均达到15%以上，成为拉动财产险公司保费增长的主要动力。人身险业务结构不断优化，普通寿险业务发展迅速，全年保费收入同比增长17.37%；疫情影响下消费者健康风险保障意识的提升，健康险业务保费收入同比增长8.57%。新单期缴率、新单折标率等主要指标持续向好，分别高于上年同期4.01个、2.19个百分点。

3. 法人保险公司经营稳健，保险业风险整体可控。中原农险为河南省唯一一家法人保险公司，实现了省内县级机构全覆盖，并在内蒙古、黑龙江设立了省外分公司，政策性保险为主要业务构成，商业保险实现发展快速。2020年，中原农险资产和负债分别同比增长16.41%和25.66%，原保费收入同比增长3.60%，各项监管指标稳定且满足监管标准，偿付能力充足。全年，河南省保险业平稳运行，未发生满期给付风险和退保风险，整体风险可控。

4. 保险业监管进一步加强，持续助力防疫复产和脱贫攻坚。2020年，河南省金融监管部门深入推进保险市场乱象治理，狠抓市场行为监管，共对各类违法违规问题采取行政处罚471.25万元，涉及机构20家次、人员28人次，对市场形成有力震慑；有序推动车险综合改革落地实施和后续市场监管工作，制订车险经营“十条禁令”，开展车船税问题专项治理、产品回溯纠偏；积极落实财险产品属地监管改革工作，全年累计审核产品246个，其中不予备案78个。各家人身险机构积极承担行业社会责任，及时推出免除起付线、开辟绿色通道、延长新单犹豫期等惠民措施，全省累计964款人身险产品保险责任扩展涵盖新冠肺炎，覆盖河南客户上千万人，累计赔款、捐款捐物1172万元。立足贫困地区农业生产特点，推动特色优势农业保险扶贫，全年全省特色农险保费收入8.75亿元，同比增长66%；为155万户次农户提供风险保障247亿元，向23万户次农户支付赔款4.5亿元。

（二）需要关注的主要问题

1. 行业内生增长动能不足。一是经济下行叠加疫情冲击，保险消费需求受到抑制，人身险公司获客难、增员难、留存难、展业难等问题比较突出，一些公司存在开门红销售“开门不红”的情况，未来经营压力较大。二是财产险对车险的依赖度仍然较高，在机动车数量增长放缓和车险综合改革的双重因素影响下，河南省车险市场将在较长时期内呈现低速增长状态，单一依靠车险拉动保费增长的传统模式不可持续。

2. 赔付风险和满期给付风险上升。一是财产险赔付率明显上升，其中保证保险业务风险值得关注。融资性保证保险综合赔付率达 78.47%，同比提高 20.18 个百分点，承保亏损风险加大。二是受地方财政收紧等情况影响，农险应收保费同比增长较快，对保险公司经营稳定性造成一定影响。三是人身险市场前期大量销售的 5 年期产品逐步迎来满期给付高峰，满期给付压力将集中显现。

五、金融市场与金融稳定

（一）总体运行情况

1. 货币市场成交量稳步增长，资金融通以净融入为主。2020 年，河南省各市场主体在货币市场累计成交量 45.6 万亿元，同比增长 5.8%。各交易类型多呈资金净流入态势，全年资金净融入额 5.9 万亿元，同比下降 5.1%。业务类型以质押式回购为主，交易期限以隔夜居多。

2. 公司债券融资总体平稳，票据承兑与贴现业务有所增加。全年全省公司债券和资产证券化产品共新增融资 790 亿元，兑付 374.6 亿元，净融资流入 415.4 亿元。全省金融机构全年累计签发银行承兑汇票 2.50 万亿元，累计办理票据贴现金额 4.17 万亿元，分别较上年增长 7.76%、15.83%；年末，银行承兑汇票承兑余额、贴现余额分别为 0.71 万亿元、0.23 万亿元，同比分别增长 4.12%、7.66%。

3. 商品期货市场交易大幅增长，黄金市场交易类型趋于多元。全年郑州商品交易所期货累计成交量、成交金额同比分别增长 52.0% 和 53.6%。其中，采油 OI、棉花 CF、甲醇 MA、白糖 SR、玻璃 FG 是主要交易品种。全省金融机构黄金交易总量、成交金额分别同比增长 11.3%、32.4%。代理金交所业务以个人黄金延期为主，对公黄金延期业务成交量增长迅猛；实物黄金、黄金积存和黄金期权的业务量增长显著。

4. 外汇形势稳中向好，涉外收支及结售汇实现双增长。2020 年，河南省涉外收支总规模 1338.44 亿美元，同比增长 14.50%，实现四年连续增长；结售汇总规模 404.51 亿美元，同比增长 2.10%。其中，结汇意愿继续攀升，同比增长 10.13%；售汇行为更趋理性，同比下降 8.94%。全年涉外收支及结售汇顺差分别为 67.23 亿美元、100.69 亿美元。

（二）需要关注的主要问题

1. 出口企业结算风险和经营风险上升。一是疫情在海外持续蔓延，境外进口商面临停工停产、资金紧张等情况，部分国家因外汇储备短缺，导致企业到期信用证无法兑付，出口企业结算风险增加。二是下半年以来人民币升值幅度高达 8%，严重侵蚀出口企业的利润空间。同时，受国际物流企业劳动力短缺、集装箱周转效率降低等因素影响，国际运费全线上涨，外贸企业经营成本进一步上升。

2. 企业境外融资缺口引发的债务风险需要关注。一是疫情影响下债券市场违约行为频发，境外银行对部分经营形势较差的行业风险评级降低，存在到期断贷或提前催贷的现象，加大企业债务风险。二是境内银行处于风险考量，信贷规模收紧，暂停新增国企、城投类企业的表内授信额度，各类业务只能维持叙作，企业间接融资能力降低。三是当前国际市场债券发行门槛提高，市场投资行为更趋谨慎，在企业境内未到期债券存量仍然较大的情况下，企业境外发债难度系数提高，境内债务履约压力进一步增大。

六、金融基础设施与金融稳定

（一）践行金融为民理念，金融消费权益保护工作质效全面提升

人民银行郑州中心支行持续打造“12363 暖心热线”，全年共受理处理金融消费者投诉 2965 笔、咨询 18741 笔，有效维护金融消费者合法权益。强化监管措施，开展金融消费权益保护评估，对 4 家银行业金融机构作出行政处罚。推动河南省金融消费权益保护协会获批成立，建立河南省金融纠纷调解中心，推动全省金融纠纷多元化解机制建设。压实金融机构消保工作主体责任，深入开展金融知识宣传教育，利用数字化手段，持续探索“非接触式”金融知识普及教育新模式，在全省开展“3・15 金融消费者权益日”“6 月份守住钱袋子”“9 月份金融知识普及月”等集中宣传活动。金融消费权益保护工作为全省金融稳定和经济高质量发展提供有力支持。

（二）支付服务与监管成效明显，支付清算系统高效运行

疫情期间，认真落实总行支付系统业务限额和运行时序调整政策措施，建立抗疫账户“绿色通道”支持抗疫防疫。加强银行账户整治，配合公安机关打击治理跨境赌博和网络电信诈骗犯罪，协助公安机关止付冻结账户 32.3 万户。全省“云闪付”App 当年新增注册用户、绑卡用户均居全国第 1 位，累计注册用户、绑卡用户均居全国第 3 位。首次开展支付机构分公司监管分类评分，对 24 家银行机构开展执法检查，对 15 家机构进行处罚。全省支付服务点行政村覆盖率达 99.84%；全年支付清算系统安全稳定运行。

（三）征信助力融资作用进一步发挥，便民利企服务水平持续提升充分发挥应收账款融资服务平台作用

大力推动供应链核心企业通过平台与金融机构对接，促成融资 1364 笔、762 亿元，同比分别增长 54% 和 18%，超额完成了小微企业应收账款融资目标任务；推动建成 2 家省级、7 家市级地方征信平台，深入推进央行内部（企业）评级工作，充分发挥征信助力疫情防控、复工复产和稳企业保就业作用。深入推进全省中小企业和农村信用体系建设，实现农村信用体系对建档立卡贫困户全覆盖。对辖内 22 家接入机构开展征信现场检查，持续强化征信合规与信息安全保障。顺利完成二代征信系统切换上线，增设 90 个自助查询网点，不断扩大“自助查”“线上查”覆盖面，有效提升征信服务便民利企水平。全省全年共查询信用报告 450 万笔，其中，个人自助查询量占比 99.67%，企业网银查询量占比 12%。

（四）反洗钱工作合力进一步增强，预防和打击洗钱犯罪实现突破

组织召开河南省反洗钱工作联席会议，强化反洗钱协调机制建设，进一步明确监管部门反洗钱监管合作职责，压实金融监管部门、特定非金融行业主管部门、司法部门等单位责任。持续加强反洗钱监管工作，全年共对4772家义务机构开展反洗钱分类评级，对439家机构开展监管走访，对208家机构高管约见谈话，对25家机构开展洗钱风险评估，对32家机构开展执法检查，处罚金额同比增长492%。积极推动洗钱罪立案、起诉和审判工作，围绕中央反腐、扫黑除恶、反恐、禁毒等工作部署，依法开展反洗钱调查和案件协查17次，发出反洗钱调查通知书275份，配合侦查机关破获案件39起。全年全省以狭义“洗钱罪”立案39起，宣判10起，另有5起已提起公诉，同比分别增长2.55倍、9倍、4倍，立、诉、判数量均超过历年总和。

（五）反假货币防线持续扎牢，群众现金使用安全感不断提升

牵头召开2次河南省反假货币联席会议联络员会议，加强全省反假货币形势研判，推进假币犯罪活动整治打击，净化人民币流通市场。推动18个地市出台《假币犯罪举报奖励办法》，人民群众提供假币犯罪线索的积极性进一步提高，全省公安机关侦破假币犯罪案件20余起。组织银行开展反假货币业务自查自评和现金机具防伪能力升级，持续提升银行机构堵截假币能力。在3个地市开展货币真伪鉴定中心试点建设，更好地维护被收缴人合法权益。开展“人民币知识宣传进社区”和“反假货币宣传月”活动，普及货币防伪反假知识。

七、金融委办公室地方协调机制（河南省）建立完善

2020年5月，金融委办公室地方协调机制在河南省顺利落地运行。协调机制由省政府分管金融工作的负责同志为总协调人，人民银行郑州中心支行主要负责同志为召集人，河南银保监局、河南证监局、省外汇管理局、省地方金融监管局主要负责同志和省发展改革委、省财政厅负责同志为成员，主要职责是传达贯彻党中央、国务院关于金融工作的决策部署，加强中央和地方金融监管协调。全年重点围绕推动金融支持疫情防控和复工复产、推动金融支持稳企业保就业、防范化解重大金融风险等方面发挥信息交流平台、沟通协调平台、落实督促平台、调查研究平台作用。一是建章立制，构建框架，全面确保协调机制有效运转。建立健全组织架构和工作机制，印发金融数据共享规则，制订内部支持机制方案及内部履职数据共享目录，加强成员单位间数据共享、信息交流、形势研判、政策沟通、问题协调，工作合力不断增强。二是建组搭台，协调督导，着力推动金融支持稳企业保就业工作落实见效。对地方有关部门落实支持政策进行摸底，联合11个厅局建立省级金融支持稳企业保就业协调工作组，推进部门协调和政策协同，建立月度监测报告制度，及时发现问题解决梗阻，促进金融支持政策精准落地有效实施。三是统筹协调，压实责任，有效推动防范化解重大金融风险。绘制风险图谱，实施挂图作战，找准攻坚战方向和风险化解的目标，提升攻坚战质效；成员单位定期召开例会，研判全省金融风险形势，始终保持清醒认识，增进监管协同；进一步压实地方政府、监管部门、行业管理部门和金融机构责任，各方积极采取有效措施合力推进风险化解处置工作；落实好金融委会议要求，推动稳妥处置永煤债券违约风险；加强金融监管协调，与地方各种协调机制建立联动机制，共同做好风险防范与处置工作。

八、总体评估与政策建议

（一）总体评估

从定量评估的结果看，2020 年河南省金融稳定综合评价分值对应评估表中所属类别为“B 类地区较好 -”，较上年分值略有下降。总体来看，全省宏观经济平稳运行、信贷结构持续优化、金融服务实体经济质效稳步提升、防范化解重大金融风险攻坚战取得良好成效，对全省金融稳定产生了积极影响。但在经济下行叠加疫情冲击的背景下，全省金融平稳运行面临的困难和挑战明显增多，金融风险防控压力依然较大。银行业信用风险持续上升，中小银行资本补充难度加大，大型企业债务风险极易向金融机构传导；证券业个别产品兑付风险和个别上市公司风险不容忽视；保险业内生增长动能不足，产品赔付风险和满期兑付风险上升。

（二）政策建议

1. 强化风险监测预警，构建更加有效的金融安全网。一是强化风险监测评估工具手段运用。充分运用央行评级、存款保险费率调整、日常风险监测、现场核查等手段，织密风险监测网，密切关注金融机构风险状况，紧盯可能出现的风险苗头，严防风险事件发生。二是加大风险预警提示力度。及时向金融机构和有关部门提示风险，加强监管协调，合力做到风险早识别、早预警、早发现、早处置。三是提升金融科技监管水平。加强金融监管基础设施建设，推动监管数据标准化，运用科技手段探索跨部门、跨地区监管资源整合，实现全方位穿透性风险预警和防控。

2. 进一步压实各方责任，推动高风险机构风险化解。一是压实地方政府属地风险处置责任。地方政府加大对中小银行不良资产清收、金融债权维护、补充资本的支持力度，加快专项债补充中小银行资本工作落地实施，为辖区高风险机构量身定制风险化解方案，着力营造良好金融环境。二是压实监管部门监管责任。加强监管协调和风险会商研判，明确责任分工，推动机构风险化解。三是加强对行业管理部门和主发起行的沟通指导，压实金融机构主体和大股东责任，持续跟踪风险化解进展。四是充分发挥好金融委办公室地方协调机制作用。协调多方力量合力推动农信社改革、地方政府专项债补充中小银行资本、高风险机构风险化解处置等工作。

3. 多管齐下，加强重点领域金融风险防控。一是稳妥应对处置大型企业风险。继续加强对大型企业经营和企业债券兑付等重点领域风险排查，金融监管部门配合地方政府做好困难较大企业的债券兑付工作，提前做好应急预案，指导债委会积极发挥作用，做好融资续作安排。二是密切关注房地产贷款风险。加强大中型房地产企业资金链监测，认真审查项目资本金的真实性，深入追踪房企各类融资资金来源；加强住房贷款风险防控，密切监测房地产贷款集中管理制度推进实施情况。三是继续深入做好资管业务转型、打击非法集资、互联网金融风险整治、地方交易场所清理整顿等其他重点领域风险化解处置工作。

4. 强化金融基础设施建设，优化地方金融生态环境。进一步加强支付服务市场监管，逐步健全和完善征信体系，提升货币金银服务效能，强化反洗钱监管，完善金融消费权益保护机制，不断加强金融管理和服务。健全和完善守信联合激励和失信联合惩戒制度，大力推进金融诚信建设，推动金融监管部门、地方政府和司法机关形成工作合力，全方位严厉打击逃废债行为，依法维护银行债权，持续优化全省金融生态环境。用好“十四五”建设的宝贵时间窗口，布局数字经济和新基建，加速培育新动能，推动产业转型升级，激发经济增长的内生动力。

中国人民银行郑州中心支行金融稳定分析小组

组　　　长：徐诺金
副　组　长：刘　明
成　　　员：李天忠　帅　洪　赵德旺　宋　杨　王树生　张　戈
　　　　　　徐庆志　刘　磊　刘秋香　路　漫

《河南省金融稳定报告（2021）》编写组

总　　　纂：刘　明
统　　　稿：赵德旺　张明辉　武松会　尹志刚
执　　　笔：罗晓蕾
参与写作人员：马云路　卫梦星　孙建峰　朱宜丹　刘　昭　李　琨
　　　　　　陈晓燕　孟　园　杨子瑶　杨路遥　张　妍　张晓宁
　　　　　　苗晓艳　苑翠然　郭长娟　赵泽宇　银小柯　琚亚利
　　　　　　程战兵

湖北省金融稳定报告摘要

2020年，面对复杂严峻的国内外环境特别是新冠肺炎疫情的巨大冲击，湖北省作为全国疫情最重、管控时间最长的省份，认真贯彻落实习近平总书记重要指示精神和党中央决策部署，坚持稳中求进工作总基调，统筹疫情防控和经济社会发展，扎实做好“六稳”工作、全面落实“六保”任务，推动全省经济持续稳定恢复，主要经济指标逐月向好。在切实抓好常态化科学精准防控的同时，抢抓中央支持湖北省经济社会发展一揽子政策的“搭把手、拉一把”机遇，审时度势推出“促进经济社会发展30条”“扩大有效投资22条”等政策措施，化政策优势为发展优势，推动经济快速恢复至2019年同期的95%，稳住了经济基本盘，体现了全省经济强大的韧性和良好修复能力。总体来看，随着我国金融安全网的不断完善，存款保险制度的深入推进，湖北省经济金融发展稳健，区域金融体系保持稳定，区域系统性金融风险安全可控。

一、区域经济运行与金融稳定

2020年全省经济在经历疫情剧烈冲击后迅速恢复，截至年末各主要经济指标降幅较第一季度均大幅收窄，部分指标开始回正。经济运行总体稳中趋缓，结构调整持续深化，但内外需增速均有所回落，后续经济增长动力疲软。

（一）经济运行总体情况

2020年全省地区生产总值43443.46亿元，按可比价格计算，同比下降5.2%，降幅比第一季度收窄34.2个百分点。分产业看，第一产业增加值4131.91亿元，由第一季度的下降25.3%转为与上年持平；第二产业增加值17023.90亿元，下降10.86%，降幅比第一季度收窄40.8个百分点；第三产业增加值22287.65亿元，下降2.76%，降幅收窄29.5个百分点。

农业生产基本稳定，粮食产量保持增长。2020年，全省农林牧渔业增加值4358.69亿元，由第一季度的下降24.8%转为同比增长0.3%。粮食总产量2727.43万吨，增长0.1%。

工业生产恢复加快，高技术制造业较快增长。2020年，全省规模以上工业增加值同比下降6.1%，降幅比第一季度收窄39.7个百分点。月度增速连续8个月正增长，其中12月同比增长7.9%，增速比11月提高1.8个百分点。前11个月全省规模以上工业企业实现利润2251.1亿元，同比下降9.1%，降幅比第一季度收窄69.1个百分点。

固定资产投资稳步复苏，补短板强功能项目加快推进。2020年，全省固定资产投资（不含农户）同比下降18.8%，降幅比第一季度收窄64.0个百分点。补短板强功能建设加快推进，以5G建设为主的电信、广播电视和卫星传输服务业投资增长16.8%，卫生投资增长65.8%，航空运输业投资增长 1.29 倍。

消费领域持续回暖，月度增速首次转正。2020 年，全省社会消费品零售总额 17984.87 亿元，同比下降 20.8%，降幅比第一季度收窄 24.1 个百分点。其中 12 月增长 0.2%，月度增速年内首次转正。从行业看，全年限额以上批发业、零售业、住宿业、餐饮业销售额（营业额）分别下降 11.0%、12.2%、27.2% 和 16.5%，降幅分别收窄 26.7 个、33.0 个、20.9 个和 41.1 个百分点。

进出口保持增长，外商投资降幅收窄。2020 年全省完成人民币计价进出口总额 4294.1 亿元，由第一季度下降 20.9% 转为同比增长 8.8%。其中，出口总额 2702.0 亿元，由第一季度下降 38.1% 转为增长 8.7%；进口总额 1592.1 亿元，增长 9.1%。全省实际外商直接投资 103.52 亿美元，同比下降 19.8%，降幅比第一季度收窄 76.5 个百分点。

财政收入降幅收窄，金融支撑保障有力。2020 年，全省地方一般公共预算收入完成 2511.52 亿元，同比下降 25.9%，降幅比第一季度收窄 21.7 个百分点。其中税收收入 1923.40 亿元，下降 24.0%，降幅收窄 21.9 个百分点。地方一般公共预算支出 8439.04 亿元，由第一季度下降 14.1% 转为增长 5.92%。

居民消费价格涨幅回落，工业生产者价格下降。2020 年，全省居民消费价格同比上涨 2.7%，比第一季度回落 3.4 个百分点。全省工业生产者出厂价格同比下降 0.9%，工业生产者购进价格下降 1.6%。

（二）经济运行中值得关注的问题

1. 农业生产成本上升，农产品加工业增长乏力

一是生猪养殖成本上升，利润空间受到挤压。2020 年以来，生猪养殖各环节成本显著上升，全年仔猪生产价格累计上涨 31.2%，挤压了养殖利润空间。二是农产品加工业增长乏力，发展后劲不足。省内大部分农产品仍然停留在初级生产环节，深加工能力不强。2020 年全省规模以上农产品加工业增加值下降 8.7%，降幅高于全部规上工业 2.6 个百分点。农产品加工业投资下降 31.1%，降幅高于全部投资 12.3 个百分点。

2. 规模以下工业企业市场需求弱，成本压力大

一是市场需求乏力，订单获取难。2020 年第四季度 48.6% 的企业反映市场需求不足、企业订货量减少，37.1% 的企业产品订货量低于正常水平，比同期高出 8.9 个百分点。二是成本压力较大，利润增长难。规模以下工业企业普遍面临原材料、人力等综合成本上升的压力。第四季度有 40.6% 的企业反映原材料成本上升较快，35% 的企业反映用工成本上升快。

3. 部分领域投资规模偏小、民间资本参与度不高

一是高技术服务业投资规模偏小。2020 年湖北省高技术服务业投资下降 27.4%，占服务业投资的比重为 3.5%，同比回落 0.5 个百分点。全省高技术服务业投资规模仍然较小，尚未形成支撑作用。二是民间资本参与度不高。2020 年，湖北省民间投资下降 21.3%。其中，民间项目投资（不含房地产开发投资）下降 26.8%，占全部投资的比重为 42%，同比回落 4.6 个百分点。全省新开工 10 亿元以上民间投资项目个数同比减少 38 个，新开工 10 亿元以上民间投资项目计划总投资下降 37.4%。三是县域投资恢复进程差别明显。2020 年，湖北省 79 个纳入县域经济考核的区县投资下降 20.3%，降幅高于全部投资降幅 1.5 个百分点。分地区看，县域发展分化加大，79 个区县中有 32 个降幅低于全省投资降幅，但有 19 个降幅仍超过 25%。

二、银行业与金融稳定

2020 年湖北省银行业机构认真贯彻落实各类疫后金融支持政策，不断加强对实体经济和薄弱环节的支持力度，努力践行与企业共渡难关的经营理念，扎实推进体制机制改革，着力提升经营管理水平，总体保持稳健发展态势。

（一）运行情况

贷款投放创新高。截至 2020 年末，湖北省银行业机构各项贷款余额为 59872.13 亿元，超额完成了 6800 亿元贷款新增目标，贷款余额比年初增加 7629.53 亿元，同比增长 14.60%，高于全国 2.12 个百分点。2020 年新增贷款创历史新高，居中部六省第 1 位，超过去年 1423 亿元，全年贷款增量超过存款增量 1008 亿元。贷款增速超过全国 1 个百分点，企业贷款利率较年初下降 0.85 个百分点。精准扶贫贷款、普惠小微贷款、制造业贷款增速均大幅高于贷款平均增速，小微企业首贷比率、无还本续贷比率、信用贷款比率均明显提升。同时引导金融资源向深度贫困地区倾斜，突出抓好产业扶贫金融服务，推动脱贫攻坚与乡村振兴有序衔接，实现首笔“农股贷”在汉签约。加快推进贷款 LPR 转换，全省存量贷款转换率达 95.8%，高于全国平均水平 3.4 个百分点，新发贷款运用 LPR 定价占比接近 100%。

支持疫后经济恢复显成效。疫情发生后湖北省银行业认真落实宏观调控政策，有力地支持了疫后重振和经济恢复发展。坚持把落实好中央支持湖北一揽子金融政策作为重大政治任务，有力地推动了各项政策落地见效。全力以赴稳企业保就业，认真开展“金融稳保百千万”活动，扎实推进银企对接，全年累计发放再贷款再贴现资金 1336 亿元，支持企业 14.2 万户，3000 亿元、5000 亿元再贷款投放量均居全国前列。全年累计为 16.94 万户企业实施延期还本 3314.11 亿元，为 19.41 万户企业实施延期付息 288.32 亿元。

金融支持中小微和困难企业取得新进展。有效发挥结构性货币政策工具精准滴灌的作用，提高两项创新直达实体经济货币政策工具的惠及面，为全省金融系统充分提供了低成本资金。用好用足两项直达工具，通过信用贷款支持计划预计支持发放信用贷款 98 亿元，惠及企业 4.5 万户；通过“普惠小微企业贷款延期支持工具”促成 220 亿元贷款本息延期，惠及企业 3.2 万户。

金融运行质效进一步提升。一是行业支持力度加大。从贷款投向行业来看，房地产行业贷款增速逐年放缓，占比逐年下降，制造业贷款大幅增长，增速达 23.2%，高于各项贷款 9.1 个百分点。二是全力支持稳链补链强链。累计为产业链核心企业提供总体用信支持 1.22 万亿元，其中日常周转资金支持 4424.69 亿元，向上下游企业提供融资支持 4278.45 亿元。三是支持脱贫攻坚力度加大。2020 年全年发放扶贫小额信贷 280 亿元，累计延期 45.3 亿元，惠及 10.2 万户建档立卡贫困户，逾期率保持较低水平，“户贷企用”贷款现象清零。四是普惠金融服务更加优化。银行业机构深入开展“百行进万企”融资对接，联合税务部门组织“线上银税互动”活动，受惠企业覆盖面居全国前列。2020 年末，全省普惠型小微企业贷款较年初增长 26.9%，高出各项贷款增速 12.8 个百分点，普惠小微企业贷款利率较年初下降 1.04 个百分点。

金融市场运行总体平稳。2020 年，湖北省银行间货币市场成交共计 17.77 万亿元，同比下降 13%。银行间债券市场现券成交共计 6.84 万亿元，同比增长 3%。其中，现券买入 3.47 万亿元，现券卖出3.37万亿元。商业汇票累计承兑金额6686亿元，同比增加65亿元；累计贴现金额1.06万亿元，同比增加1271亿元。全年债务融资工具发行223只，融资金额1686.44亿元，同比增长20.40%，增速较上年提高3.4个百分点。净融资规模673.84亿元，同比多增44.53亿元。截至2020年末，全省债务融资工具存续金额3529.34亿元。

在疫情冲击下银行业整体发展平稳但利润下滑明显。一是银行业资产负债总体规模保持稳定。截至2020年末，湖北省银行业机构资产总额86756.15亿元，比年初增加7596.40亿元，增幅9.60%，低于全国平均水平0.90个百分点；负债总额84223.68亿元，比年初增加7576.19亿元，增幅9.88%，低于全国平均水平0.79个百分点。二是存款余额增长平稳。截至2020年末，湖北省银行业机构各项存款余额67159.33亿元，比年初增加6621.87亿元，同比增长10.94%，高于全国0.94个百分点。三是利润大幅下降。受疫情和减费让利等因素影响，2020年辖内银行业利润出现大幅下降，全年利润542.79亿元，降幅达32.29%。

（二）银行业风险分析

1. 市场主体资金使用效率不高

为帮助实体经济纾困，湖北省银行业金融机构对符合信贷条件的信贷需求“应批尽批”“应放尽放”“应延尽延”。2020年1—11月湖北省26家主要金融机构贷款审批通过率为82.48%，比上年同期提高9.75个百分点，而企业提款率仅为41.3%，比上年同期下降3.15个百分点。从而使企业闲余资金增长加快，企业存款达近5年新高，2020年湖北省非金融企业存款增加1571亿元，较2019年多增1264亿元，新增存款达到近三年最高水平。

2. 资产质量劣变风险后移

一是疫情影响下湖北省银行业机构不良“双升”态势明显。截至2020年末，湖北省银行业金融机构不良贷款余额980.07亿元，比年初增加288.42亿元；不良贷款率1.64%，分别比上月和年初上升0.17个和0.32个百分点，不良率低于全国0.3个百分点，中部六省排名第4位①。二是资产质量劣变风险后移。在人民银行总行等部委出台系列延期还本付息等阶段性支持政策的背景下，实际信贷风险仍在累积并被延后。信贷资产质量下行消耗银行大量资本，如不及时补充，可能影响后期贷款投放的可持续性。

3. 法人银行机构经营面临困境

截至2020年末，湖北省中小法人银行机构不良贷款率2.53%，较年初上升0.40个百分点；拨备覆盖率167.49%，较年初下降26.39个百分点。全省法人银行累计实现利润81.71亿元，在中部省份中居第5位，同比下降30.83%。净利差中位数为2.06%②，净息差中位数为2.28%③，均低于其他中部省份。随着实体经济困难向金融领域传导的滞后效应逐渐显现，法人银行后期不良贷款处置和资本消耗压力加大，银行利润增速可能进一步下滑。2020年末全省银行业法人机构资本净额2074.1亿元，排名中部六省第4位，仅高于江西和山西，与排名第1位的安徽省相差449.5亿元。法人银行机构资本充足率13.09%，较年初下降0.61个百分点。法人银行同时面临着内外部资本补充渠道不畅，资本补充承压的不利局面。盈利能力下降使得内源性资本补充动力不足，外部融资渠

---

① 江西、湖南、安徽3省的信贷资产质量优于湖北。

② 净利差=（利息净收入/生息资产平均金额）×折年系数。

③ 净息差=生息资产平均利率-付息负债平均利率。

道狭窄导致外源性资本补充受制约。目前湖北省尚没有法人银行通过公开发行股票、优先股和永续债等形式补充资本，仅有少数法人银行具备二级资本债发行资格。2020 年末，资本净额同比增加 3.52%，增速同比下降 6.26 个百分点。

4. 银行机构公司治理水平有所欠缺

一是股东治理不健全，股权过于分散，难以形成有效制衡。部分股东入股目的不纯，仅是以分红或贷款为目的。部分农商行股权质押比例过高、关联贷款集中度偏高。二是内部监督制衡发挥作用有限。虽组建“三会一层”，但董事长权力过于集中，监事会形同虚设，股东大会基本“走过场”，部分机构董监高长期缺位。三是管理体制不完善。部分机构存在“多头管理、管理缺位”等问题，部分农商行的董事长、行长均由省联社提名，再按公司治理规定履行程序，提名权实质为任命权，且轮岗频繁，不利于经营稳定性。同时部分高管具有行政级别，薪资待遇缺乏弹性，影响其提高经营业绩积极性。

三、证券业与金融稳定

2020 年，湖北省证券业克服疫情带来的不利影响，在满足投资者金融服务需求的同时，实现了行业规模和发展质效的有力提升，资本市场融资功能继续发挥，多层次资本市场持续推进，各项指标都呈现出向好态势。

（一）运行情况

行业市场规模显著扩大。2020 年，全省新增 6 家证券分公司和 3 家期货分公司。截至 2020 年末，全省证券经营机构共有 454 家，其中，证券公司 2 家，证券营业部 377 家，证券分公司 59 家；证券投资咨询公司 1 家、分公司 9 家，辖区投资基金分公司 4 家；独立基金销售机构 2 家。截至 2020 年末，全省共有 67 家期货机构，其中 2 家期货公司，44 家期货营业部，21 家期货分公司。截至 2020 年末，全省证券账户数达到 1113.78 万户，期货账户数达到 25.92 万户，分别同比增长 7.27% 和 19.26%。

证券法人机构发展稳中提质。截至 2020 年末，长江证券和天风证券 2 家证券公司总资产为 1268.14 亿元和 681.50 亿元，同比分别增长 22.44% 和 39.15%。长江证券分类评价从 C 类 CCC 级重回 A 类 A 级，业务布局不断延伸；天风证券再次获得 A 类评级，成功收购恒泰证券股权，顺利完成配股融资，净资本较 2019 年末增加 30 亿元，资本实力持续增强。

法人机构盈利能力稳中向好。截至 2020 年末，2 家证券公司累计代理证券交易总额 15.4 万亿元，同比增长 34.38%，实现营业收入 97.67 亿元、净利润 25.51 亿元，同比分别增长 11.03%、29.29%。2 家期货公司实现手续费收入 4478.06 万元，实现净利润 1979.79 万元，同比分别增长 14.93% 和 91.23%。

资本市场债权融资规模明显提升。2020 年全年，湖北资本市场实现直接融资 1962.32 亿元，其中股权融资 482.25 亿元，债权融资 1470.07 亿元。债权融资中，剔除政府债 446 亿元影响后，湖北企业共发行 106 只债券（含公司债券、ABS），实现债权融资 1024.07 亿元，同比上升 34.49%；全年湖北企业获取债券项目发行批文 72 个，金额合计 1492.57 亿元，同比增长 80.46%。

多层次资本市场进一步发展。2020 年，全省新增 8 家上市公司，1 家上市公司成功 B 股转 A 股，上市成绩为近几年来最好。此外，2 家新三板挂牌公司于全国首批晋级精选层。截至 2020 年末，全省共有境内上市公司 114 家，数量排名全国第 11 位，新三板挂牌公司 294 家，数量排名全国第 7 位。2020 年，武汉股权托管交易中心新增挂牌交易企业 311 家，截至 12 月末共有股权挂牌交易企业 5594 家，多层次资本市场塔基地位进一步夯实。

2020 年，全省上市公司通过资本市场共计融资 851.56 亿元，同比下降 32.04%。其中，首发融资 58.18 亿元，同比增长 98.91%；上市公司股权再融资 366.66 亿元，同比下降 54.66%。新三板挂牌公司增发 10.85 亿元，同比增长 86.75%。区域性股权市场累计为 85 家企业开展股权融资业务 275 笔，实现融资总金额 360.81 亿元，其中，股权直接融资 56.56 亿元，股权质押融资 304.28 亿元，有力地支持了中小微企业的发展。

私募基金运行平稳。截至 2020 年末，在基金业协会登记的湖北私募基金管理机构 383 家，共管理备案私募基金 806 只，管理基金净资产规模 1784.28 亿元，全省注册私募机构数量目前排名全国第 10 位，中部第 1 位，管理基金规模排名全国第 12 位，中部第 2 位（仅次于安徽省）。

（二）证券业风险分析

1. 上市公司风险

一是退市风险。截至 2020 年末省内部分上市公司已被暂停上市，且退市新规出台后多家公司可能触发退市风险警示。二是质押风险。一些公司因大股东流动性问题，股票质押比例接近 100%，个别公司的股权已被司法冻结，处置难度较大。三是合规风险。近年来因大股东债务问题以及公司治理失衡，造成风险不断传导，引发资金占用、违规担保等违法违规行为和其他治理问题。

2. 债券市场风险

2021 年度全省面临回售或还本付息的交易所市场债券规模 648.87 亿元，超过存续期规模的 1/4，面临兑付的规模将处于历史高位，加之受 AAA 高评级国有企业违约影响，市场波动较大，债券市场的稳定性面临冲击，债券风险防控工作压力较大。同时违约债券发行人风险处置进程较为缓慢，其中上市公司凯迪生态、东方金钰因退市可能引起债券投资者集中维权事件。

3. 新三板市场风险

湖北新三板挂牌公司多处于初创期，抵御风险能力与合规经营能力不强，部分公司商业模式和盈利模式有待确定，业绩波动大，经营风险高，容易出现违规问题及经营风险。一是部分公司现金流较紧张，加上疫情对公司经营的影响，可能导致因资金链断裂或者转型失败出现无法持续经营情况。二是部分公司内部治理不健全，公司高管法制意识淡薄，导致公司出现财务造假、关联方资金占用、违规担保、提前使用募集资金等违规事项。三是部分挂牌公司股东人数较多，部分服务类或培训类行业公司存在收取客户预存款情况，一旦出现风险事项，可能会出现引发群体性事件的情形。

4. 私募基金风险

一是私募机构总体呈现“大而不强、多而不精”，真正形成管理品牌的不多，市场化“头部”机构数量少，管理规模普遍较小。二是整体规范化水平仍不够高，从业人员合规意识仍不够强，仍存在部分机构失联或挪用基金财产等违反私募基金相关法律规范的情况。三是股权投资基金普遍面临“募投两难”问题，相关税制在鼓励长期投资、专业化、初创期的投资导向方面力度不够。四是跨行业、集团化经营风险仍然存在。

5. 非法证券期货活动呈现新特点

一是营销渠道更为精准。不法分子通过非法渠道、大数据模型等方式获取投资者信息后进行宣传、引流，吸引作案对象。二是经营模式更为隐蔽。不法分子将经营展业据点设在境外，在境外租赁服务器架设平台，以境内投资者为目标开展非法活动，行为更加隐蔽，查处难度加大。三是行为复合性更为突出。场外配资活动往往与非法证券投资咨询、非法经营期货业务等活动相结合，分工细致、明确，专业化、组织化态势日趋明显。

四、保险业与金融稳定

2020 年，湖北省保险业保持稳定发展态势，实现了保费收入平稳增长、产品结构逐步调整的协调发展。保险市场业务发展稳中向好，风险保障水平有所提升，服务经济社会能力不断增强，保险市场日渐成熟和完善。

（一）运行情况

业务发展平稳有序。2020 年，全省保险业累计实现原保险保费收入（以下简称“保费收入”）1854.38 亿元，中部排第 2 位，全国排第 10 位；保费收入同比增长 7.28%，高于全国平均水平 1.15 个百分点，中部排第 3 位，全国排第 12 位。保险公司总资产 4175.35 亿元，较上年末增加 721.56 亿元。其中，财产险公司实现保费收入 437.97 亿元，同比下降 4.56%，低于全国平均水平 8.92 个百分点。人身险公司实现保费收入 1416.41 亿元，同比增长 11.56%，高于全国平均水平 4.66 个百分点。

法人机构经营稳定。截至 2020 年末，注册地在湖北的保险法人机构共有 4 家，其中财产险公司 2 家，分别为长江财险和泰康在线，人身险公司 2 家，分别为合众人寿、国华人寿。截至 2020 年底，长江财险全年累计实现保险业务收入 6.19 亿元，净资产 5.96 亿元，核心偿付能力充足率 210.85%，综合偿付能力充足率 210.85%；合众人寿全年累计实现保险业务收入 189.34 亿元，净资产 51.8 亿元，核心偿付能力充足率 133.31%，综合偿付能力充足率 159.16%。

行业风险整体可控。一是赔付水平小幅增长。2020 年，全省保险公司各项赔款及给付 520.25 亿元，同比增长 1.39%，其中财产险公司赔款支出 259.96 亿元，同比增长 2.05%，人身险公司赔付支出 260.29 亿元，同比增长 0.74%。二是退保支出下降明显。2020 年，人身险公司退保金支出 168.14 亿元，同比下降 14.22%，退保率为 3.2%，较上年同期下降 1.14 个百分点。三是满期给付小幅下降。2020 年，人身险公司满期给付支出 121.82 亿元，同比下降 1.54%，简单满期给付率为 9.25%，较上年同期下降 1.23 个百分点。

（二）保险业风险分析

1. 新冠疫情引发的经济增速减缓对保险业冲击较大

研究表明，发达国家的保险业增长主要依靠经济要素的推动，而新兴发展中国家的保险业增长则主要依靠制度要素的推动。随着经济的发展，制度因素对保险业增长的贡献度将逐渐降低，保险业增长将更多地依靠经济要素的拉动。作为经济快速增长的发展中国家，经济要素对保险业发展的影响不断增强，而新冠疫情对经济造成的巨大冲击将会对保险业的业务增长造成较大的影响。

2. 公司业务模式及渠道单一，战略转型面临多重挑战

辖内法人财险公司业务模式单一，高度依赖车险业务，且受到车险市场深化改革等外部因素影响，同时面临外部信用风险加大，非车险业务风险管控能力不足。人寿公司业务渠道单一，银邮代理渠道占比较高，销售队伍建设和渠道产能释放有待进一步提升，不利于公司可持续发展。辖内保险公司业务发展缓慢，战略转型面临多重挑战。

3. 外部变革带来较大冲击，公司治理水平有待提升

科技变革给保险业带来多重挑战，保险科技加速保险业务数字化转型，但湖北辖内法人保险公司整体实力弱，规模小，缺少高端人才储备与转型所需技术人才，对于转型所需的顶层设计和总体规划认识不足，缺乏统筹规划与有效执行，给公司操作风险和合规风险管控带来较大挑战。科技运用带来的数据隐私安全问题、网络安全风险、信息安全风险等衍生风险也不容忽视。此外，个别机构公司治理短板比较突出，关键岗位人员空缺；大股东及其一致行动人持股比例过高，股权质押比例较高，资金运用在单一资产集中度较高，业务机构有待优化调整。

五、金融基础设施与金融稳定

2020 年湖北省金融基础设施建设稳步推进。支付体系建设保障了疫情期间各类资金划转需求，各项法律制度的出台促进了省内营商环境持续优化，征信体系的不断完善有力地改善了地方金融生态环境，反洗钱、反假币等工作的持续推进，肃清了各类金融违法犯罪活动。

（一）支付体系建设助抗疫保民生

统筹做好支付保障，助力疫情防控及复工复产。全力保障支付清算系统安全稳定运行。针对抗击疫情的财政拨款等大额资金汇划需求，提高小额支付系统限额，及时完成支付系统业务参数调整，做好资金头寸管理，及时制定 ACS 系统特殊运行方案，确保系统运行稳定和防疫资金汇划渠道畅通。疫情期间，省内银行机构累计办理防疫资金汇划业务达 1600 多亿元，累计通过“绿色通道”为各类单位新开立单位银行结算账户达 1800 余户。切实提高为民服务水平，优化支付服务环境。应用“互联网 +”技术，多渠道、多方式提供开户预约、线上办理等金融服务，满足疫情防控常态化模式下群众支付服务需求。

（二）以制度建设促营商环境持续优化

持续出台制度和政策，强化金融支持疫情防控工作与实体经济发展。2020 年，出台《湖北省人民政府办公厅关于印发应对新型冠状病毒肺炎疫情支持中小微企业共渡难关有关政策措施的通知》，对中小微企业加大信贷支持力度、降低融资成本、给予企业贷款财政贴息支持等。制定《湖北省优化营商环境办法》《关于更大力度优化营商环境激发市场活力的若干措施》等办法，加大金融支持力度，开展企业全生命周期金融综合服务，强化政银企信息互通，全面推广新型“政银担”合作模式，推进金融营商环境持续优化。出台《湖北省“金融稳保百千万”工作方案》和《关于印发加大金融支持助力实体经济发展若干措施的通知》，结构化、精准化运用金融政策工具，提高金融支持政策传导效率，促进资金供需双方高效对接，稳定重点行业资金链，保障重点企业融资需求，纾解市场主体受疫情影响造成的资金困难，支持实体经济健康发展。

（三）金融生态环境和征信体系建设不断优化

政府、银行、企业和担保公司对接活动进一步深化。2020 年，推动 10 个市州与省级银行签订银政战略协议，支持省再担保集团与 18 个县市区签订新型政银担合作协议；4.75 万家企业与金融机构签订信贷协议 4988.76 亿元，签约户数和金额分别是上年的 4.2 倍和 1.5 倍；其中 3.97 万家小微企业获签贷款 904 亿元。各地克服疫情因素，组织 21971 家企业通过线上或远程对接进行银企对接，占总对接户数的 46.28%。全年总体履约率、支持小微企业履约率分别为 93.37% 和 96.67%。全省二代征信系统查询服务切换顺利完成，征信服务效率和征信信息安全管理水平进一步提升。疫情期间征信服务不断档，在疫情防控一级应急响应期间，全省各征信查询服务网点对外提供信用报告查询 26 万多笔，受理电话咨询 5000 多人次，有效保障疫情防控和复工复产的征信服务。

（四）反洗钱工作取得新进展

创新监管机制，加大对反洗钱监管与处罚力度。2020 年，湖北全辖共对 1622 家金融机构分类评级，风险评估 474 家。根据风险评估及分类评级结果，采取灵活多样的监管方式分类加强监管。约谈 144 家排名靠后机构高管，将排名靠后的机构纳入反洗钱异常名录库、监管走访 77 家新设立及评级靠后机构、质询 14 家。开展现场检查 27 项，已罚项目 9 个，处罚总额 1148.2 万元，拟罚 493.4 万元。

强化司法协作，案件分析与调查取得丰硕成果。一是推动洗钱罪宣判 4 起，推动“191”洗钱罪宣判。二是持续推进扫黑除恶专项斗争。2020 年发现并处理涉嫌参与黑社会组织、赌博、集资等相关非法金融活动人员 13 名，监测非法集资、P2P 平台爆雷及群众维权相关线索 1000 余条，督导完成 6 件“三书一函”有关事项，协助破获黑社会性质组织案件 8 起。三是持续推进打击虚开骗税专项行动与打击地下钱庄转移赃款专项行动，协查涉税案件 4 起、地下钱庄案件 3 起。四是配合执法机关协查恐怖融资案件 5 起，涉及主体 1060 个，查询涉恐账户 1511 户，交易 224454 笔。

（五）反假币工作持续推进

深化完善假币监测信息网络。2020 年依托二代反假货币业务系统，将全省 7000 余个接入系统的银行网点的假币收缴情况全部纳入日常监测，按月汇总分析假币动态，及时将相关情况反馈公安机关，事前监测能力显著提升。推进在用现金机具升级工作，确保在用现金机具全部满足“金标”要求，夯实柜面假币堵截“技防”防线，加强对金融机构现金从业人员反假货币知识和能力的监督指导，强化风险防范前瞻指引，夯实假币堵截“人防”防线。充分发挥反假货币联席会议作用，密切与各成员单位的沟通协调，对省内假币收缴增长异常的部分地区政府发布风险提示，保持打击假币违法犯罪高压态势。持续丰富反假宣传方式方法，不断拓展宣传覆盖面。开展各类集中宣传和专题宣传 800 余场，总计覆盖宣传群众 710 余万人次。

六、相关政策建议

（一）落实金融宏观调控政策，加大对实体经济的支持力度

稳定支柱产业，抓好传统产业改造升级，实施产业链强链工程，培育壮大核心产业链。加大对

制造业领域金融支持力度，重点加大“十大重点产业”和高技术制造业领域的信贷投入，支持传统产业改造升级，推动制造业高质量发展。发挥湖北自贸试验区、综合保税区和各级开发区开放招商平台功能，加快重点产业集聚，挖掘内需潜力，培育新动能。推动畜禽养殖业转型升级，做大做强农产品加工产业链。推进生猪标准化工业化生产，以规模效应应对成本上升，积极推进商业保险落地，进一步提升中小养殖户抵御风险的能力。加大财政投入力度，重点培育农产品加工主导产业。更加有力落实惠企政策，加大援企稳岗力度。完善消费扶持相关政策，加大对欠发达地区中小微企业的消费扶持力度，拉动市场需求，刺激居民消费。聚焦重点领域，加强项目谋划接续。以民生工程和科技智能化带动第三产业加快发展，引导产业链向研发、设计、营销等上下游延伸，带动相关的生产性服务业投资。充分发挥重大产业项目引领带动作用，由布局分散向园区集聚转变，形成高质高端高效规模效应。

（二）继续落实稳健的货币政策，加强信贷结构调整

认真贯彻执行稳健货币政策，努力发挥好结构性货币政策工具和信贷政策的精准滴灌作用。一是灵活运用各类货币政策工具和窗口指导，合理安排信贷投放，积极拓展社会融资渠道，保持货币信贷总量合理增长。二是持续做好民营小微企业金融支持工作。确保普惠小微企业贷款延期还本付息政策和信用贷款支持计划在政策期限内要求保持不变，进一步提高小微企业首贷户和信用贷款比重，增加制造业中长期贷款。三是有效衔接脱贫攻坚与乡村振兴金融服务，打造县域金融“五个一工程”升级版，实现稳定脱贫和可持续发展。四是促进企业综合融资成本稳中有降。进一步推动LPR运用，加强利率行业自律管理，推动完善风险分担补偿机制。五是推动出台湖北省金融营商环境评价指标体系，进一步优化金融营商环境。

（三）巩固防范化解金融风险攻坚战成果，坚决维护金融安全稳定

一是持续强化风险监测预警。综合运用央行评级、存款保险差别费率等工具，构建快速掌握风险信息、高效分析风险情况、准确评估风险趋势的信息系统，明确处置重点和优先序。加强风险外溢性评估，增强风险防控合力。二是把防范化解中小法人银行风险作为重中之重。全面摸清风险低数，在处置中坚持稳中求进、市场化、法治化、在线修复、压实各方责任四项原则。三是加强重点领域风险防控。稳妥实施房地产金融审慎管理制度，做好辖区金融控股公司准入管理，坚持对侵害金融消费者合法权益行为“零容忍”，加大查处力度。强化对辖区发债企业风险监测分析，严厉打击非法金融活动。

（四）加强证券业风险治理，促进资本市场健康发展

重点着力防控上市挂牌公司风险。通过日常监管抓早抓小，持续跟踪风险苗头，强化过程监管，及时揭示化解风险。加强对上市公司日常风险的调查研究、监测排查、预判预警和应对处置能力建设，督促上市挂牌公司充分履行信息披露义务。及时将股权质押等重大风险处置情况报送各级政府及有关部门，防止风险蔓延。针对股票质押引起的流动性风险，协调政府保障企业融资渠道，为企业营造较为稳定的金融环境。切实防控公司债违约风险。加强与证券交易所的监管协作，及时共享债券风险信息。针对债券违约风险，督促重点债券发行人和受托管理人履行法定义务，加强与证券交易所和地方政府的沟通，摸清发债主体资产负债情况，督促企业多渠道筹措资金，力争不发生实

质性违约。按加强证券期货经营机构、私募股权投资机构风险防控。加大私募基金领域风险防范和处置力度。

（五）加强保险宣传，促进保险公司治理优化

一是重视保险知识宣传，不断提高国民保险意识。重大疫情防控既是一场公共健康安全保卫战，对寿险业而言也是一个培育民众风险管理与保险意识的良好契机。寿险业应当加大力度做好保险知识宣传、优化保险服务质量、提升寿险行业口碑，深化民众利用保险手段应对重大疫情风险的意识。二是加强内部改革与业务优化力度，运用市场机制促进公司经营管理水平提高。通过改革推动保险公司不断完善业务结构，加大销售队伍建设和渠道产能释放力度，实现保险公司可持续发展。加大对满期给付与退保风险的甄别力度，及时发现风险苗头。建立完善系统性的风险预警机制，牢牢抓住风险管控的源头，加强内部管控和风险排查，制定完善切实有效的应急处置机制，提高行业风险防范意识及应急处置能力，提升保险服务满意度。三是主动适应科技赋能潮流，不断提升公司治理水平。加快保险科技建设，全方位提升信息化、智能化水平，提高金融科技在保险产品设计、营销及渠道建设、后续理赔及客服等方面的应用，加强代理人的线上获客能力和快速理赔能力。同时，推动进一步健全公司治理机制，实现公司现代化治理体系与治理能力重构；加强股权和股东行为监管，密切关注股东股权质押动态，优化各类资产配置，重点关注大类资产配置的均衡性与风险的分散性，推进公司“三会一层”规范、高效、有序运作，切实防范化解经营管理风险。

（六）加强金融基础设施建设，不断完善区域金融环境

持续优化账户服务与管理，贯彻落实“放管服”改革、优化营商环境等相关工作要求，进一步协调工商部门共享涉企信息，试点推进电子营业执照的应用，引导银行机构不断优化银行账户服务。继续以打击治理跨境赌博“资金链”专项工作和“断卡”行动为抓手，持续加强与公安等职权部门的紧密联系，压实商业银行和支付机构账户管理主体责任。持续打击支付市场违法违规行为，加大现场、非现场执法检查力度，从严从重打击无证机构，整治支付市场违法违规乱象，促进湖北辖内支付市场规范有序发展。落实主体责任，提升履行反洗钱义务执行力，加强业务条线反洗钱履职督导机制。进一步强化征信合规与信息安全管理。推进全省企业信用信息平台建设，引导银行利用大数据开展线上金融服务创新。深化供应链核心企业、政府采购系统与中征应收账款融资服务平台的系统对接，不断扩大应收账款融资的覆盖面和可得性。加大对信用评级机构和企业征信机构的非现场监管和现场监管力度。制定湖北省金融营商环境评价指标，对全省 2020 年金融营商环境进行试评价。强化重大事项报告制度，完善应急管理体系，提高防范、化解和处置风险能力。促进金融机构规范经营行为，提升金融服务质效，切实保护金融消费者权益，维护金融稳定，构建和谐有序的金融消费环境。

中国人民银行武汉分行金融稳定分析小组

组　　长：林建华

副 组 长：刘绍新

成　　员：王以成　邓亚平　许　波　向秋芳　郑　艺　胡学林
夏国栋　常　新　童展鹏　谢崇礼　翟才毕

《湖北省金融稳定报告（2021）》编写组

总　　　纂：谢崇礼

统　　　稿：周永胜

执　　　笔：邓　晓　程俊义　徐　融　聂文斌　陈海涛　陈　阳
陈　楠　陈　娟　王鹏程

参与写作人员：李连解　许　思　喻同云　李金佶　王晓羽　谢慧敏
李　藐　涂德君　吴　杰　王一帆　麻景豪

湖南省金融稳定报告摘要

2020年，面对复杂严峻的国内外形势，特别是新冠肺炎疫情的严重冲击，湖南省坚持以习近平新时代中国特色社会主义思想为指导，认真落实习近平总书记考察湖南重要讲话精神，深入实施创新引领开放崛起战略，统筹疫情防控和经济社会发展，交出了一份优异的答卷。全省经济总量迈上4万亿元新台阶，投资、消费稳步增长，进出口总额增长高于全国平均水平，经济发展呈现稳中有进、稳中向好、稳中提质的良好态势。全省金融系统紧紧围绕服务实体经济、防控金融风险、支持“六稳六保”等中心任务，优化金融管理和服务，信贷投放、社会融资规模大幅增长，普惠小微企业贷款利率下降，证券业、保险业服务实体经济水平不断提升，为支持疫情防控、复工复产以及促进湖南经济社会高质量发展创造了良好的货币金融环境。全省高风险机构数量大幅压降，防范化解重大金融风险攻坚战取得重要成果，守住不发生系统性区域性金融风险的底线。

一、区域经济运行与金融稳定

（一）区域经济运行状况

经济总量迈上新台阶，产业结构调整优化。2020年，湖南省实现地区生产总值（GDP）41781.5亿元，同比增长3.8%，增速高于全国平均水平1.5个百分点。全省第一、第二、第三产业增加值同比分别增长3.7%、4.7%和2.9%，第二产业对经济增长的贡献率为53.9%（见图1）。

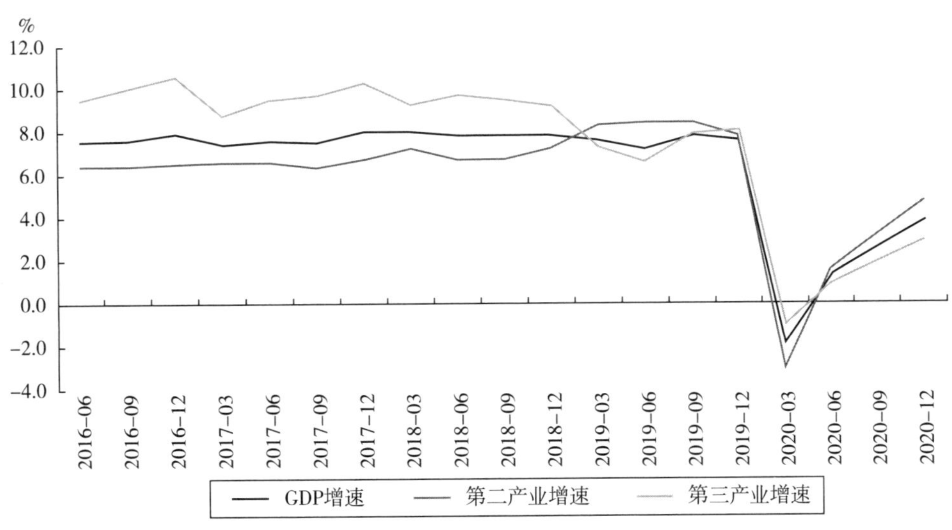

图1　2016—2020年湖南省GDP增速走势

（数据来源：湖南省统计局）

投资总体较快回升，投资结构持续优化。2020 年，湖南省固定资产投资同比增长 7.6%，高于全国平均水平 4.7 个百分点。其中，工业投资增长 11.4%，高出全部投资增速 3.8 个百分点，占全部投资比重近六成；高新技术产业投资增长 25.4%，高出全部投资增速 17.8 个百分点；房地产开发投资增长 9.8%，高出全部投资增速 2.2 个百分点；基础设施投资同比增长 4.6%。

消费市场复苏态势不断巩固，但增速尚未转正。2020 年，湖南省社会消费品零售总额 16258.1 亿元，同比下降 2.6%，较年中低点回升 10.8 个百分点，高出全国平均水平 1.3 个百分点。其中，粮油食品类商品和交通电器设备类商品分别实现零售额 679.8 亿元和 2105.5 亿元，同比分别增长 13.0% 和 3.4%。

进出口增长持续好于全国平均水平。2020 年，湖南省实现进出口总额 4874.5 亿元，同比增长 12.3%，高出全国平均水平 10.4 个百分点。其中，出口同比增长 7.5%，高出全国平均水平 3.5 个百分点；进口同比增长 24.1%，高出全国平均水平 24.8 个百分点（见图 2）。

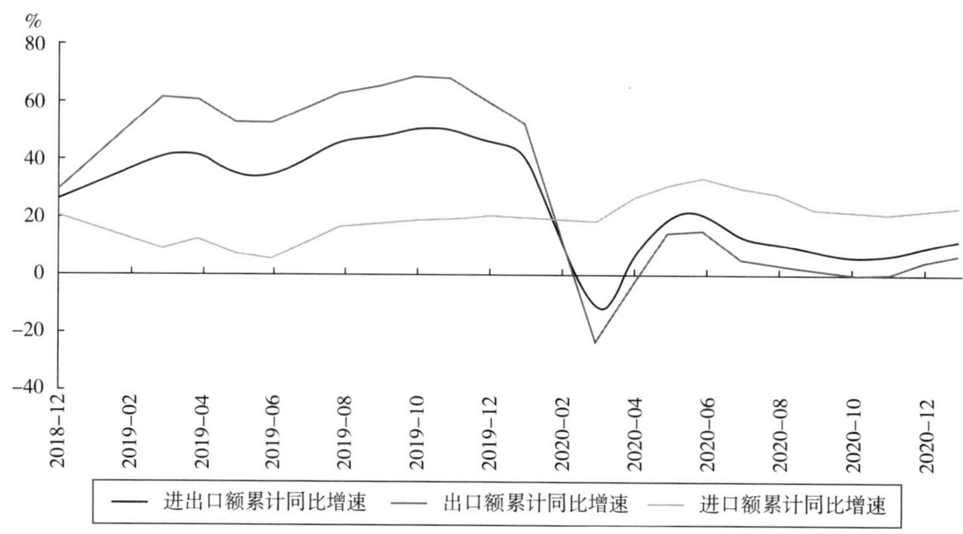

图 2 2018—2020 年湖南省进出口增速

（数据来源：长沙海关）

财政收支较为平稳，居民收入稳步增长。2020 年末，湖南省地方一般公共预算收入 3008.7 亿元，同比增长 0.1%；全省一般公共预算支出 8402.7 亿元，同比增长 4.6%，其中民生支出 5919 亿元，占比 70.4%。2020 年全省居民人均可支配收入 29380 元，同比增长 6.1%，高于全国平均水平 1.4 个百分点。

CPI 涨幅回落，PPI 降幅扩大。2020 年，湖南省 CPI 同比上涨 2.3%，低于上年同期 0.1 个百分点，也低于全国平均水平 0.2 个百分点。分类别看，呈现“四涨三跌一平”态势，其中，食品烟酒类、其他用品和服务类、医疗保健类、衣着类价格上涨，交通和通信类、居住类、生活用品及服务类下降，教育文化和娱乐类持平。PPI 降幅扩大。2020 年，湖南省工业生产者出厂价格、工业生产者购进价格分别累计下跌 1.0%、1.1%，降幅比上年分别扩大 0.6 个和 1.3 个百分点（见图 3）。

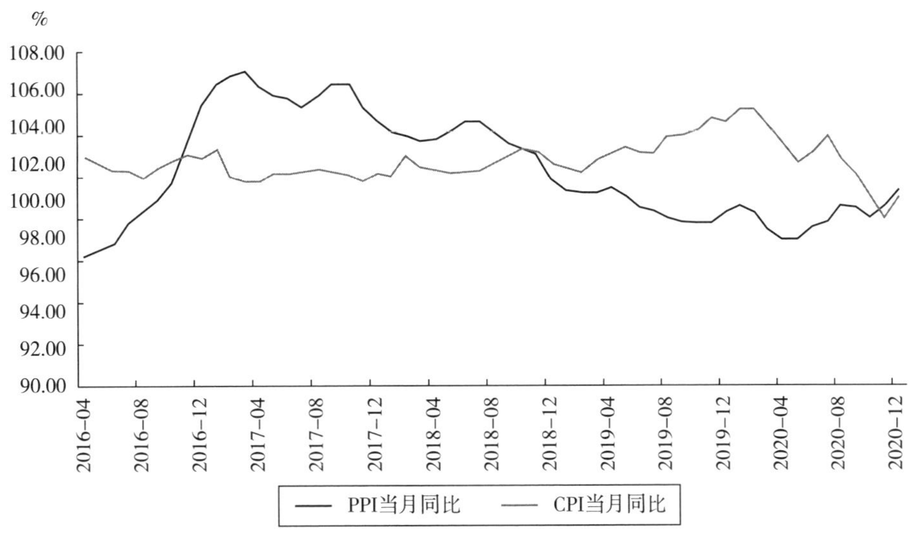

图3 2016—2020年湖南省CPI及PPI当月同比变动

（数据来源：国家统计局湖南调查总队）

（二）区域经济运行需要关注的问题

服务业复苏势头趋缓。2020年第四季度，157家样本服务业企业经营景气指数环比上升7.26个百分点，上升幅度低于上个季度2.11个百分点，企业家预期下个季度经营景气指数为54.14%，仅高于第四季度判断0.7个百分点。表明服务业企业虽然延续了回暖势头，但复苏势头趋缓。服务业企业总体表现较弱主要有以下三个方面原因。一是文体娱乐业复工达产较为艰难。二是交通运输业受客运严重下滑影响降幅较大。三是住宿餐饮业恢复仍不理想。虽然服务业企业家信心指数和经营景气指数连续三个季度回升，但市场需求、营业收入、盈利等多项经营指标在经历连续两个季度回升后由升转降。

就业压力依然较大。2020年第四季度，全省城镇调查失业率为5.4%，分别较第一季度和上半年回落0.8个、0.5个百分点。但当前影响全省就业不稳定性不确定性因素仍然较多。一是重点监测企业用工持续减少，制造业减员人数最多、农林牧渔业减员幅度最大。二是就业质量有所下降，服务业企业人均工资呈负增长态势。对全省342家企业用工情况调查显示，截至第三季度末，被调查企业员工人均工资同比增长1.29%，其中186家服务业企业员工人均工资同比下降2.16%。

基建投资维持增长面临较多制约因素。2020年，全省基础设施投资同比增长4.6%，增速较疫情期间的低点回升12.6个百分点，但要维持增长还面临以下因素制约。一是全省地方政府债务负担重，且2020年开始进入偿债高峰期，可用于基建投资领域资金较为紧张。二是疫情冲击下全省财政收入持续负增长，财政资金主要用于保工资、保运转和保基本民生，新增项目的投资资金除部分依靠专项债资金外，更多地依靠融资平台自筹。受此影响，部分政府债务压力过重的市州压缩投资计划和项目。三是配套资本金不足，经营性项目偏少，难以满足银行贷款融资要求。四是融资环境进一步趋严，或将制约基建项目后续信贷融资。

地方财政收入结构不合理。2020年，全省土地出让收入3206.77亿元，同比增长20.1%。全省地方自有财力[①]中，土地出让收入的贡献度达49.5%，同比提高5.4个百分点。大部分市州对土地的依赖加深。12个市州的土地出让收入占地方自有财力的比重同比均提高，其中湘潭、益阳、永州、邵阳分别提高14.7个、12.3个、9.1个和6.5个百分点。

二、银行业与金融稳定

（一）银行业运行状况

各项贷款增速总体呈现“前高后稳”态势，中小微企业贷款、涉农贷款继续保持较快增长。2020年末，湖南省各项存款余额5.8万亿元，同比增长10%；各项贷款余额4.9万亿元，同比增长16.5%。全年贷款新增6987.4亿元，同比多增1157.6亿元。分期限看，短期贷款、中长期贷款分别新增1476亿元和5410.2亿元，同比分别多增79.9亿元和1560.3亿元，中长期贷款占比由上年的66%提高至77.4%。分投向看，中小微企业贷款、涉农贷款分别新增3256.3亿元和1994.0亿元，同比分别多增1193.8亿元和748.6亿元。

经营质效整体向好，风险抵补能力持续增强。2020年末，湖南省银行业不良贷款余额同比增加5.41亿元；不良率同比下降0.21个百分点；关注类贷款余额同比减少8.82亿元；关注类贷款向下迁徙率同比上升9.94个百分点。从风险抵补能力看，湖南省银行业风险抵补能力持续增强，拨备覆盖率同比上升33.64个百分点，贷款损失准备余额同比增加234.51亿元。

表外业务增速高于表内贷款，金融资产服务类业务快速发展。2020年末，湖南省银行业机构表外业务余额同比增长23.42%，增速较表内贷款增速高出6.87个百分点。分业务品种看，金融资产服务类增速明显提升。金融资产服务类业务、承诺类业务和担保类业务分别较上年同期增长28.2%、17.26%和15.63%；三类业务占比分别为60.73%、25.68%和13.59%，分别较上年同期上升2.23个百分点、下降1.32个和0.91个百分点。

县域金融服务体系进一步完善，金融精准扶贫稳步推进。2020年末，湖南省银行机构共199家，较年初增加2家村镇银行；农村地区银行网点接入人民银行跨行支付系统的占比达93.7%；累计发展银行卡助农取款服务点8.8万个，实现行政村全覆盖。2020年末，湖南金融精准扶贫贷款余额同比增长20.0%，高于全省各项贷款平均增速3.5个百分点。

（二）银行业需要关注的问题

法人银行机构不良实现双降，但不良贷款反弹压力较大。一是关注类贷款上升较快。2020年末，中小法人银行机构关注类贷款余额同比增长9.35%。二是延期还本付息政策到期后不良可能反弹。延期还本付息政策虽暂时缓解了小微企业资金压力，但受疫情和经济下行压力影响，2021年末延期还本政策到期后，全省法人机构应延尽延贷款本金中将有部分陆续进入不良。

法人银行资金业务违约风险增加。2020年以来，市场上企业债券违约金额2315.73亿元，同比上升25.70%。湖南省部分法人机构购买的企业债和非标资产出现违约，个别机构在资产出现风险后未足额计提风险减值准备，存在拨备缺口。

---

① 地方自有财力=地方一般公共预算收入+地方基金预算收入+地方国有资本经营预算收入。

房地产、互联网贷款等领域风险持续上升。一是房地产贷款风险上升。2020 年末，湖南省法人银行机构房地产不良贷款余额同比增长 67.42%，不良率同比上升 0.9 个百分点。二是互联网平台贷款风险管控难。据调查，湖南省部分银行与金融科技公司合作发放联合贷款，2020 年末，联合贷款的不良率比这些银行的整体不良率高 0.05 ~ 1.8 个百分点，联合贷款出现风险时，金融科技公司催收、诉讼的动力不足，银行处置不良难度大。

三、证券业与金融稳定

（一）证券业运行状况

投资者账户稳步增长，盈利持续上升。2020 年末，湖南省辖内共有法人证券公司 3 家，与上年持平；下设营业部 535 家，较上年增加 43 家；非法人证券公司在湘设营业部 436 家，较上年减少 1 家。2020 年全省证券公司共实现利润总额 43.32 亿元，同比增长 30.92%。其中，法人证券公司利润总额 27.86 亿元，同比增长 10.78%。

期货营业部持续减少，经营状况明显好转。2020 年末，湖南省法人期货公司 3 家，辖内期货营业部 27 家，较上年减少 1 家，营业部家数连续两年减少。全省期货公司总资产和总负债分别为 63.17 亿元和 49.63 亿元，同比增长 55.55% 和 82.66%；全省全年期货交易 64275.86 亿元，同比增长 41.99%；利润总额 1700 万元，同比增长 104.82%。

上市公司盈利大幅增长，股权募集资金额激增。2020 年末，湖南省上市公司 117 家，较上年增加 12 家；截至 2020 年第三季度末，上市公司资产合计 18762.56 亿元，同比增长 14.59%；实现净利润 386.17 亿元，同比增长 56.28%；总市值 17512.5 亿元，同比增长 77.94%；前三季度累计募集资金 586.73 亿元，同比增长 495.42%。

（二）证券业需要关注的问题

证券业分类监管新规加大中小券商经营压力。2020 年 7 月发布的《关于修改〈证券公司分类监管规定〉的决定》对证券公司合规、风险要求趋严，合规意识弱、风控体系不健全的中小券商在经营中会面临更大的合规风险。此外，该决定加分指标偏向有经营特色且在细分领域无短板的券商，导致行业分化加剧，进一步加大中小券商经营压力。从湖南省的情况来看，辖内共有 3 家法人券商，方正证券总资产排名第 18 位，财信证券及湘财证券分别排在第 60、61 位，排名靠后，整体实力不强，内部人员管理存在不足，风控体系仍有待加强，经营管理面临较大压力。

非法证券活动频发。据调研，湖南省非法证券活动主要通过匿名电话、QQ、微信和电子邮件等方式开展违法证券咨询活动。此类非法证券活动隐蔽性强、难以追溯，目前没有有效的遏制手段。部分投资者尤其是老年投资者防范非法证券活动意识淡薄，进一步加剧非法证券活动发展态势。

四、保险业与金融稳定

（一）保险业运行状况

市场服务主体数量总体持平，保险从业人员数量大幅上升。2020 年末，湖南省共有法人保险公司1家；省级保险分公司58家，与上年持平。省级保险分公司中财产险公司24家，较上年减少1家；人身险公司34家，较上年增加1家。保险专业中介法人机构35家，比上年减少1家。保险从业人员54.87万人，同比增长21.58%。

保费收入同比增速持续下滑，财产险与人身险发展出现分化。2020年，湖南省保险业原保险保费收入1513.06亿元，同比增长8.38%，比上年增速下降2.86个百分点，增速连续三年下滑，保费规模列全国第11位。分险种看，财产险保费收入408.92亿元，同比增长2.8%；人身险保费收入1104.14亿元，同比增长10.6%。

赔付支出快速上升，预计亏损幅度扩大。2020年，湖南省保险公司累计赔付支出同比增长13.83%，较上年增速上升10.64个百分点。全省保险公司预计亏损额同比扩大80.74%。其中，财产险公司预计盈利，但盈利幅度同比下降15.25%；人身险公司预计亏损，亏损额同比扩大58.1%。

（二）保险业需要关注的问题

车险综合改革挑战险企经营管理能力。2020年，湖南省车险保费收入同比下降0.6%，赔付支出同比增长9.32%，承保利润同比减少44.01%。2020年9月，银保监会印发《关于实施车险综合改革的指导意见》，提出一系列改革措施，对市场和保险公司车险经营的成本结构发生较大影响，对保险公司精算定价、风险管控、成本核算能力提出更高要求，保险公司经营管理压力提升。

互联网人身险新规影响中小法人保险公司业务开展。2021年1月，银保监会发布《关于进一步规范互联网人身保险业务有关事项的通知（征求意见稿）》，明确了互联网人身保险的经营门槛。从2020年数据来看，辖内个别法人保险公司暂时不符合开展互联网人身险业务的门槛要求，不利于业务发展。

五、金融市场与金融稳定

（一）金融市场运行情况

同业拆借规模大幅增加，市场利率下降。2020年末，湖南省内共有57家全国银行间同业拆借市场成员参与同业拆借交易，占全省市场成员数的55.88%，较上年同期提高9.18个百分点。同业拆借交易同比增长45.18%，较上年同期上升29.68个百分点。参与同业拆借的平均利率为1.72%，较上年下降64个基点。

债券市场交易稳步增长，质押式回购利率大幅回落。2020年末，湖南省共有118家法人金融机构加入全国银行间债券市场，较上年同期增加3家。全年全省法人金融机构开展债券交易32.28万亿元，同比增长18.6%。其中，债券回购交易累计融入资金13.7万亿元，同比上升16.1%。质押式回购占全部回购业务的99.7%。2020年全省质押式回购交易加权平均利率为1.70%，较上年同期大幅回落56个基点。

非金融企业债务融资工具发行创新高，利率持续回落。2020年，全省新发行非金融企业债务融资工具1677.8亿元，同比多发460.3亿元，发行规模创历史新高。全省债务融资工具发行利率持续回落，平均发行利率为3.95%，同比下降133个基点。

黄金市场业务成倍增长，代理黄金业务增速明显下降。2020年末全省已开办黄金业务的金融机构达到25家，较上年增加2家。全年全省黄金市场业务成交765.99亿元，同比增长97.85%。其中，账户金业务成交额269.72亿元，同比增长101.3%，占全省黄金市场交易额的35.2%；金交所代理业务成交金额178.78亿元，同比增长12.87%，较上年同期下降76.03个百分点。

（二）金融市场运行需要关注的问题

债券市场风险向省内法人金融机构传导。受企业债券违约增多、负面事件增多等因素影响，省内债券市场成员业务开展和风险防控难度有所加大。具体来看，一是辖内市场成员投资债券违约。截至2020年末，湖南省共有116家法人金融机构参与债券投资，其中25家金融机构投资的债券涉及违约。二是管理的资管产品违约。目前，全省共8家金融机构具备非法人产品管理资质。截至2020年末，共有5家金融机构管理的债券类产品违约。

六、金融基础设施与金融稳定

（一）金融消费权益保护环境持续优化

有效开展投诉调处工作，金融消费权益保护成效明显。畅通湖南省12363咨询投诉电话线上受理渠道，增加涉疫情咨询应答知识库，全年接收投诉941个，解答咨询7072个。协调平息上访人员缠访闹访事件26起。针对投诉集中情况，及时下发风险提示4期。完善金融消费纠纷非诉调解工作机制，指导湖南省金融消费权益保护协会成立湖南省金融消费纠纷人民调解委员会市州工作组，建立“线上+线下”调解模式，调解金融消费纠纷180笔，标的3053万元。治理违法违规金融广告，甄别涉嫌违法违规金融广告线索178条。严查侵害消费者金融信息安全权重大案件，处罚533万元。

普惠金融工作深入推进。持续推进世界银行普惠金融全球倡议（FIGI）中国项目平江试点，配合完成子项目四“农村金融产品获取与设计”工作。开展《推进普惠金融发展规划（2016—2020年）》实施情况评估工作。加大普惠领域贷款投放力度，2020年末，全省金融精准扶贫贷款同比增长20.0%，较全省各项贷款平均增速高3.5个百分点；普惠小微企业贷款新增771.7亿元，同比多增150.1亿元；增速达22.2%，较各项贷款增速高5.7个百分点。

（二）支付基础设施建设持续升级，监管效率不断强化

支付基础设施不断完善。调整支付系统运行时间和限额，减免手续费，确保疫情期间资金汇路畅通；强化督查与考核，开展应急演练和风险排查，落实“三道防线”安全责任机制，建立业务连续性管理长效机制，实现支付清算系统安全稳定高效运行，全年新增支付系统间接参与者155家，推进151家农村金融机构启用ACS综合前置子系统自助转账功能，共处理支付系统业务36935万笔，同比增长10.6%，金额115.06万亿元，同比增长20.7%。

支付监管效率不断提高。综合运用通报、约谈、暂停新业务、检查处罚等措施，震慑市场违规行为，全年针对支付违规机构处罚金额达756.6万元；开展重点领域风险整治，大力打击治理电信网络诈骗、跨境赌博资金链、无证支付等行为，向公安移送异常开户547起、可疑账户线索9157条，协助破获案件16起；加强科技监管，上线湖南省支付结算大数据监管系统，运用大数据开展风险分析排查。

（三）社会信用体系进一步完善

征信服务水平持续提升。2020 年末，金融信用信息基础数据库共接入湖南省机构 98 家，累计采集全省 5027 万自然人、104 万户企业及其他经济组织的信用信息，全年为湖南省企业和个人提供信用报告查询服务 2714.2 万笔。实现全省征信电话咨询语音导航云服务平台正式上线，在辖内累计布设个人信用报告自助查询机 386 台。深化应收账款融资专项行动，全年通过应收账款融资服务平台实现企业融资 194.4 亿元。动产融资登记公示系统应用效果进一步显现，2020 年末湖南省内常用户注册数达 1059 个，累计提供动产登记服务 21.6 万笔，提供查询服务 164.4 万笔。

从严开展合规监管。对 77 家征信执法检查对象开展“回头看”，对 1 家征信机构和 19 家接入机构开展现场检查。依法合规对辖内存量信用评级机构开展重新备案，在原有 4 家地方法人机构的基础上，清理 3 家不符合要求的机构，清理率达 75%。

（四）反洗钱工作有效性进一步提升

完善洗钱风险监测评估体系。构建洗钱风险评估体系。在全省上线金融机构洗钱风险监测评估系统，实现对省、市、县三级，银行、证券、保险、支付等 11 个行业 2000 余家机构的全覆盖。从定量和定性两个维度评估湖南省区域洗钱威胁，形成《湖南省区域洗钱风险评估报告》，全面反映湖南省洗钱风险状况。

推动可疑交易情报价值转化。组织召开湖南省反洗钱厅际联席会议，完善与公安、检察院、外汇管理部门的合作机制，全省新增洗钱罪宣判案件 9 起。印发《湖南省金融机构可疑交易报告指南》，指导金融机构进一步完善可疑交易监测指标模型，全省全年共对外移送各类犯罪线索 145 份，公安机关据此立案 36 起。

宣传培训实效持续加强。开展“反洗钱集中宣传月”活动，全省发放宣传折页 20 万余份，发送手机短信、小视频近 100 万条，增强了社会公众反洗钱意识。

（五）反假货币工作不断完善深化

全省各银行业金融机构收缴假人民币 2342.84 万元，交存发行库现金假币浓度同比下降 55.15%，公安机关立制贩假币案 35 件，破获假币违法犯罪案 11 件，抓获假币犯罪嫌疑人 66 人，捣毁制假窝点 4 个，有效净化了人民币流通环境，保障了群众使用现金安全。联合公安部门制定并下发市州反假货币工作考评要点，充分运用湖南省平安创建考评机制推动地方政府落实反假货币整治工作，向公安部门定期通报假币收缴信息、假币收缴分析报告，推行反假币奖励落实到办案民警个人的试点工作，打击假币犯罪工作不断深化。

（六）金融生态建设稳步推进

连续 13 年开展全省县域金融生态评估，促进评估与风险防控融合。一是持续完善评估指标体系，推进评估结果运用。强化政府债务风险和中小法人机构风险识别，联合省地方金融监管局推动评估工作，努力构建金融生态评估与安全区创建互促格局。二是积极发挥县级主体主动性，引导县域金融环境良性发展。配合地方政府推进金融安全区创建，引导化解重点领域金融风险。同时压实金融机构宣传主体责任，大力开展存款保险等金融消费者教育，提高市场主体和社会公众诚信及风险防范意识。三是重点提升金融突发事件应对水平。组织全省完善各层级应急预案，配合省政府修订《湖南省金融突发事件应对预案》。指导实现应急演练市州全覆盖，提升预案操作性，提高实战力。

全省金融生态环境建设稳步推进。一是金融运行稳健有序。金融服务实体经济质效提升，金融服务不断创新，金融机构围绕地方重点产业，着力打造特色信贷产品，积极破解融资难困境。二是金融机构盈利水平总体较好。全省法人银行计提资产减值损失前总利润432.51亿元，同比增长1.89%，增速与上年持平。其中净利息收入622.61亿元，同比增长2.86%，增速同比上升1.26个百分点。三是金融意识不断深化。存款保险公众认知度有效提升，普通民众基本掌握存款保险概念、保障范围、偿付限额等，有效消除存款安全担忧，促进银行业稳健经营。四是司法信用环境进一步改善。全省金融案件执结率98.53%，同比上升2.09个百分点，金融维权力度持续加大。

（七）金融基础设施建设需要关注的问题

新型非法金融活动风险值得关注。一是在养老服务相对供给不足及养老机构行政许可改备案的新形势下，2019年下半年以来湖南省一些地方先后出现“涉老”机构非法集资风险爆雷事件，引发集资群体聚集维权，严重影响了社会稳定。2019年以来，全省养老领域非法集资共立案侦查33起、共涉及集资人数逾1.87万，金额逾18.6亿元；分别占同期非法集资案件总量的12.1%、10.3%和11.1%。二是部分租房租赁机构违规经营，以高价按季度或月度支付房东托管费，再以低价按年度或季度收取房租，赚取现金流，然后投入到其他高收益项目。一旦资金链断裂，将严重影响社会稳定。三是一些不法分子借助互联网等现代信息技术，打着“新业态”的幌子，开展网络传销、诈骗、非法集资等多种违法活动，线上线下层层嵌套，前台后台分离，手段隐蔽性和欺骗性大大加强，犯罪性质认定、证据获取难，执法效果并不理想。

七、总体评估与政策建议

2020年，湖南省经济金融运行整体稳健，金融风险逐步缓释。各金融机构认真贯彻落实党中央、国务院及省委省政府坚决打好防范化解重大风险攻坚战的决策部署，认真贯彻落实“六稳六保”工作要求，积极支持供给侧结构性改革，加大服务实体经济力度，银行信贷投放实现超常规增长，证券市场助力企业融资，保险保障功能进一步增强，消保、支付、征信等金融基础设施不断完善，全省金融运行平稳，牢牢守住不发生系统性区域性金融风险的底线。但城镇调查失业率仍居高位、部分高风险机构风险化解难度大、债券违约风险传染至金融机构、新型非法金融活动层出不穷等问题需要加强关注。

2021年，湖南省经济稳中向好、长期向好的基本趋势未变，但金融稳定安全面临更艰难、更复杂的形势：个别中小法人机构风险加剧，高负债平台公司违约风险上升，非法集资等非法金融活动频发，需要高度重视，稳妥应对。湖南省应全面贯彻党的十九届五中全会和中央经济工作会议精神，围绕省委省政府“三高四新”发展战略，坚持稳中求进工作总基调，以推动高质量发展为主题，以深化供给侧结构性改革为主线，继续做好“六稳六保”工作，持续防范化解金融风险，增强金融风险治理能力，提升风险防控的前瞻性、全局性和科学性，统筹金融发展与金融安全，牢牢守住不发生系统性金融风险的底线。

中国人民银行长沙中心支行金融稳定分析小组

组　　　长：张　奎
副　组　长：侯加林
成　　　员：罗雪飞　覃兆勇　罗世乐　魏祖元　欧阳文辉　周　进
易叔贤　欧家波　李　明　许均平　刘　敏　彭　洪
侯　崴

《湖南省金融稳定报告（2021）》编写组

总　　　纂：侯加林
统　　　稿：罗雪飞
执　　　笔：刘　阳　袁　媛　禤沛生
参与写作人员：龙　玲　余　峥　夏　颖　李　晗　李　杜　陈汪洋
黄规升　刘　云　胡万俊　黄　沁　王　达　刘孟飞
向　婧　左淋丞　唐国斐

广东省金融稳定报告摘要

2020年，面对严峻复杂的国内外环境特别是新冠肺炎疫情的严重冲击，广东统筹疫情防控和经济社会发展工作，全年经济稳步恢复，质量效益显著提高，金融稳定工作机制建设持续强化，金融对实体经济及薄弱环节的支持力度不断加大。与此同时，广东经济金融运行中仍然存在一些问题。经济处于恢复进程中，受疫情影响较大的行业仍面临较大困难；疫情冲击下银行资产质量恶化风险、高风险银行机构风险、个别问题企业及上市公司债务违约风险等金融领域风险不容忽视。

一、金融业发展环境

2020年，随着统筹疫情防控和经济社会发展工作取得重大成果，广东经济稳步复苏，供给端持续快速恢复，需求端稳步回升，物价涨幅回落，房地产市场明显回暖。

（一）经济稳步复苏

2020年，广东全年实现地区生产总值110760.9亿元，比上年增长2.3%，增幅比上年减少3.9个百分点。从年度增速来看，受新冠肺炎疫情等多种因素叠加影响，2020年经济增速从7%的波动区间下探至2.3%。从2020年各季度情况看，在统筹推进疫情防控和经济社会发展政策措施的作用下，广东经济增速在下半年实现了由负转正，四个季度增速分别为-6.7%、-2.5%、0.7%、2.3%（见图1）。

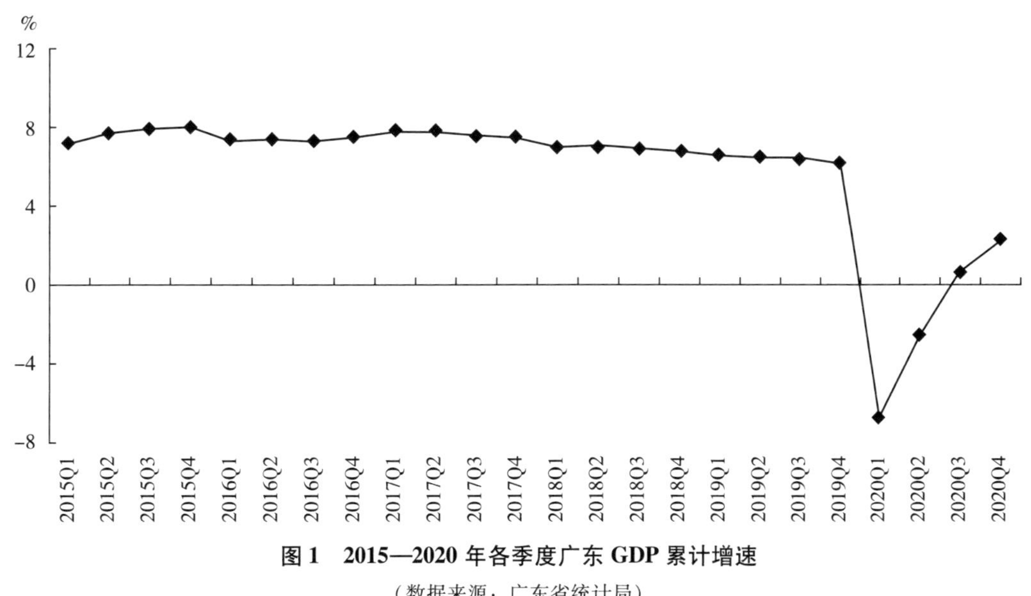

图1 2015—2020年各季度广东GDP累计增速

（数据来源：广东省统计局）

（二）供给端持续快速恢复

2020 年，广东第一、第二、第三产业增加值分别为 4770.0 亿元、43450.2 亿元和 62540.8 亿元，分别比上年增长 3.8%、1.8% 和 2.5%。三大产业的增加值比例为 4.3∶39.2∶56.5。从主要行业来看，2020 年，广东规模以上工业增加值为 33050.5 亿元，比上年增长 1.5%，增幅比前三季度提升 2.7 个百分点。全年先进制造业增长 3.4%，占规模以上工业增加值比重为 56.1%；高技术制造业增长 1.1%，占规模以上工业增加值的比重为 31.1%。四大支柱行业电子、电气、电力和汽车业合计完成增加值 15826.7 亿元，拉动全省规模以上工业增长 1.4 个百分点。广东服务业拉动全省经济增长 1.3 个百分点，其中现代服务业比上年增长 5.0%，高于服务业平均水平 2.5 个百分点，占服务业比重为 64.7%。金融业增加值比上年增长 9.2%，拉动全省经济增长 0.8 个百分点（见图 2）。

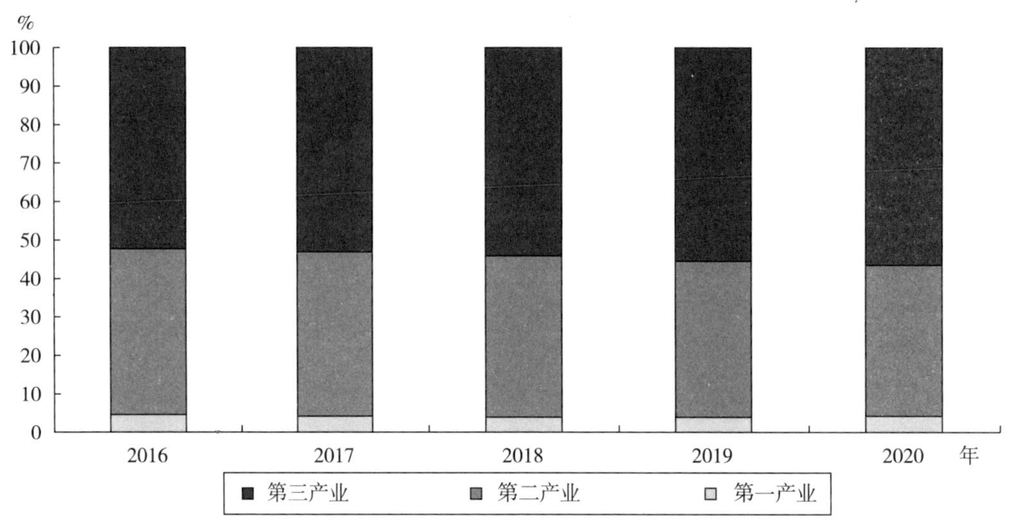

图 2　2016—2020 年广东三次产业比重

（数据来源：广东省统计局）

（三）需求端稳步回升

2020 年，广东实现社会消费品零售总额 40207.9 亿元，比上年减少 6.4%，降幅比前三季度收窄 2.9 个百分点。投资需求保持旺盛，完成固定资产投资 42038.2 亿元，比上年增长 7.2%，增幅比前三季度提高 2.2 个百分点。工业投资减少 1.1%，增幅比前三季度收窄 2.3 个百分点。高技术制造业投资比上年增长 6.9%。广东货物进出口总额 70844.8 亿元，规模稳居全国第一位，比上年减少 0.9%，降幅比前三季度收窄 0.7 个百分点。其中，出口 43498.0 亿元，比上年增长 0.2%；进口 27346.8 亿元，比上年减少 2.6%。对“一带一路”沿线国家进出口比上年增长 2.3%，占进出口总额的 24.8%，比上年提高 0.8 个百分点（见图 3）。

（四）物价涨幅回落

2020 年，广东居民消费价格指数（CPI）全年累计上涨 2.6%，涨幅比上年回落 0.8 个百分点。工业生产者出厂价格指数（PPI）比上年减少 1.0%，与上年上涨 0.2% 相比，涨跌幅差为 1.2 个百分点；购进价格指数（IPI）比上年减少 2.8%，降幅比上年扩大 2.0 个百分点（见图 4）。

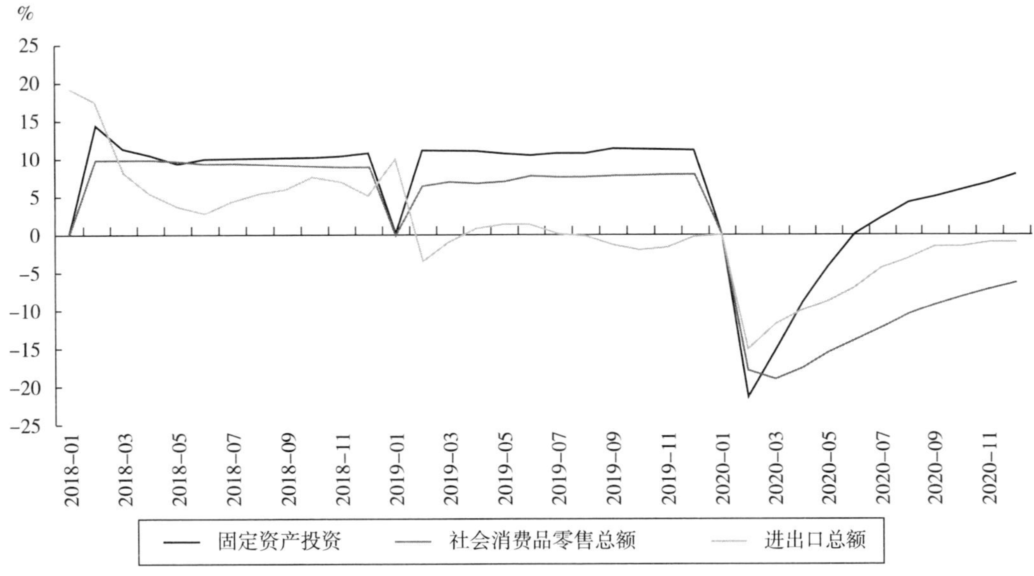

图 3　2018—2020 年各月广东投资、消费和进出口同比增速

（数据来源：广东省统计局）

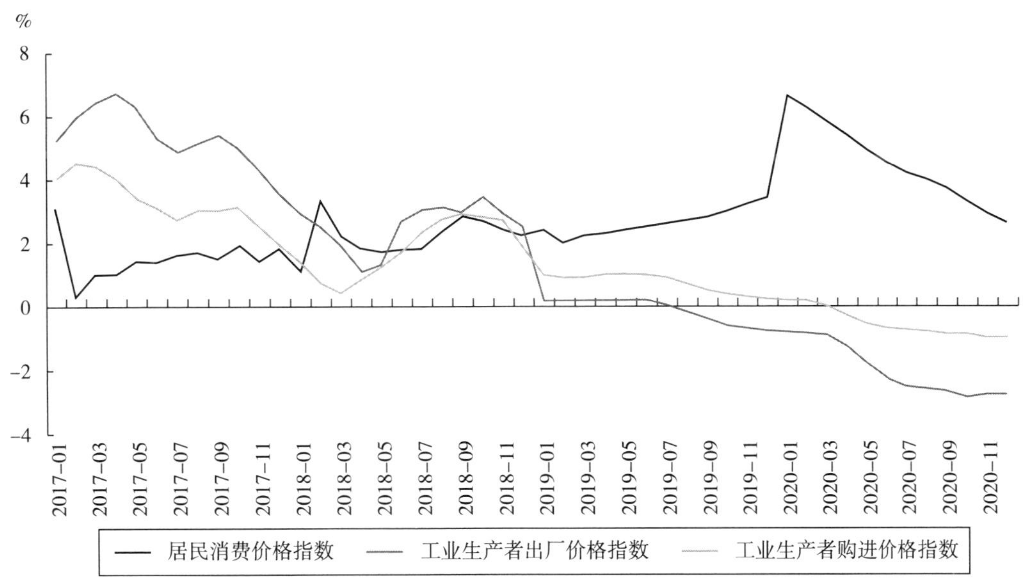

图 4　2017—2020 年各月广东各类价格指数同比增幅

（数据来源：广东省统计局）

（五）房地产市场明显回暖

2020 年，广东房地产开发投资 17312.7 亿元，比上年增长 9.2%。商品房销售面积和销售额双双上涨。全年商品房销售面积 14908.3 万平方米，比上年增长 7.7%，其中商品住宅增长 8.9%。商品房销售额 22572.5 亿元，比上年增长 14.3%，其中商品住宅增长 18.3%。广东商品房平均销售价格（商品房销售额/商品房销售面积）每平方米 15140.9 元，比上年增长 6.1%。

二、银行业

2020 年，广东银行业机构认真贯彻执行稳健货币政策以及各项金融宏观调控措施，不断加强对实体经济和薄弱环节的金融支持力度，努力提高经营管理水平，扎实推进机制体制改革，着力提升金融服务水平。总体来看，各项业务继续保持稳健发展的良好态势。

（一）改革发展情况

业务发展保持稳健。2020 年末，广东银行业机构资产总额 295764.9 亿元，比上年增长 13.7%，增速比上年提高 3.2 个百分点；本外币各项存款余额 267638.3 亿元，比上年增长 15.1%，增速比上年提高 3.4 个百分点；本外币各项贷款余额 195680.6 亿元，比上年增长 16.5%，增速比上年提高 0.8 个百分点（见图 5）。

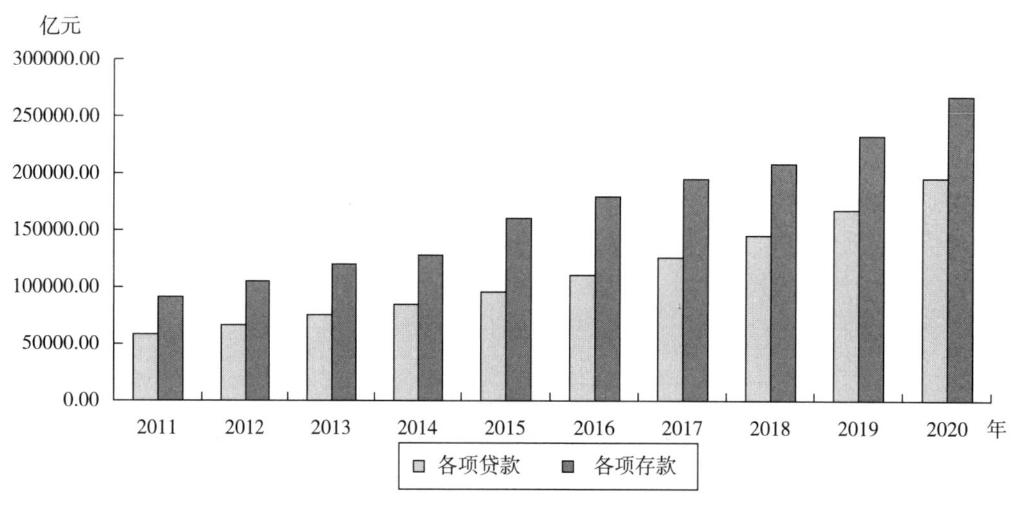

图 5　2011—2020 年广东银行业机构存贷款情况

（数据来源：中国人民银行广州分行）

不良贷款率有所下降。受经济下行及疫情因素影响，广东银行业机构的不良贷款余额有所增加，但受同期贷款规模增长影响，不良贷款率有所下降。按五级分类口径，2020 年末广东银行业机构不良贷款余额为 2291.1 亿元，比上年增加 317.3 亿元，增幅 16.1%；不良贷款率为 1.2%，比上年降低 0.03 个百分点（见图 6）。

各项贷款损失准备余额有所上升。2020 年末，广东银行业机构各项贷款损失准备余额为 4231.8 亿元，比上年提高 12.8 个百分点，拨备覆盖率 184.7%，比上年减少 5.4 个百分点。拨贷比为 2.2%，与上年末基本持平（见图 7）。

银行业盈利能力基本稳定。2020 年，广东银行业机构实现税前利润 3859.5 亿元，比上年增加 5 亿元，增长 0.1%。资产利润率为 1.2%（见图 8）。

存贷比有所上升。2020 年末，广东银行业机构存贷比为 73.1%，比上年增长 0.8 个百分点。新增贷款与新增存款之比 78.7%，比上年减少 11.4 个百分点（见图 9）。

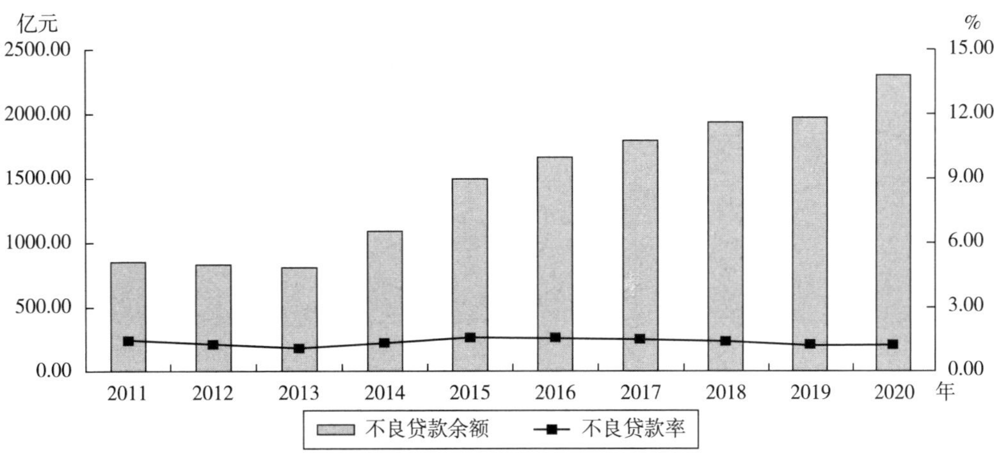

图 6　2011—2020 年广东银行业机构资产质量情况

（数据来源：中国人民银行广州分行）

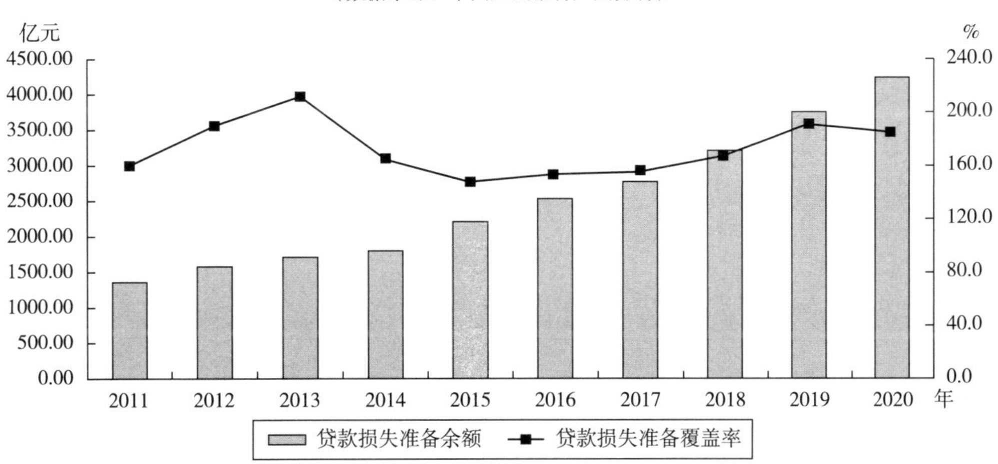

图 7　2011—2020 年广东银行业机构贷款损失准备情况

（数据来源：中国人民银行广州分行）

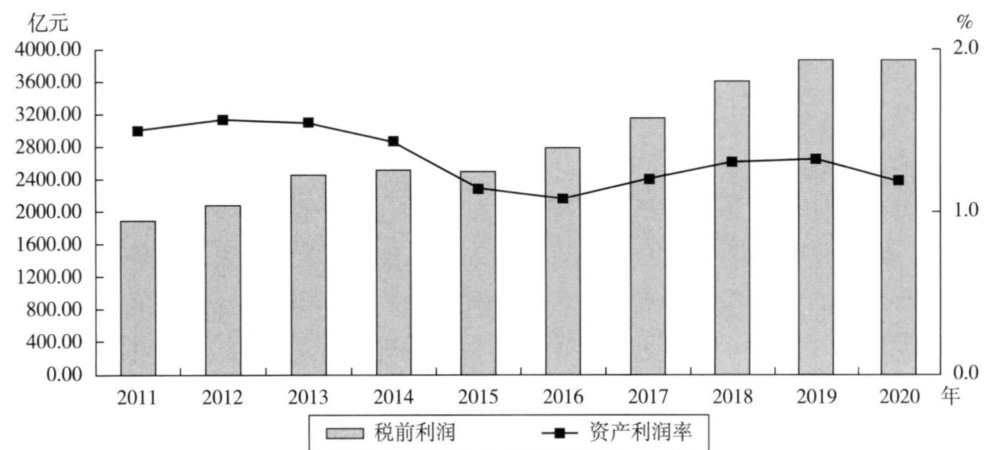

图 8　2011—2020 年广东银行业机构盈利情况

（数据来源：中国人民银行广州分行）

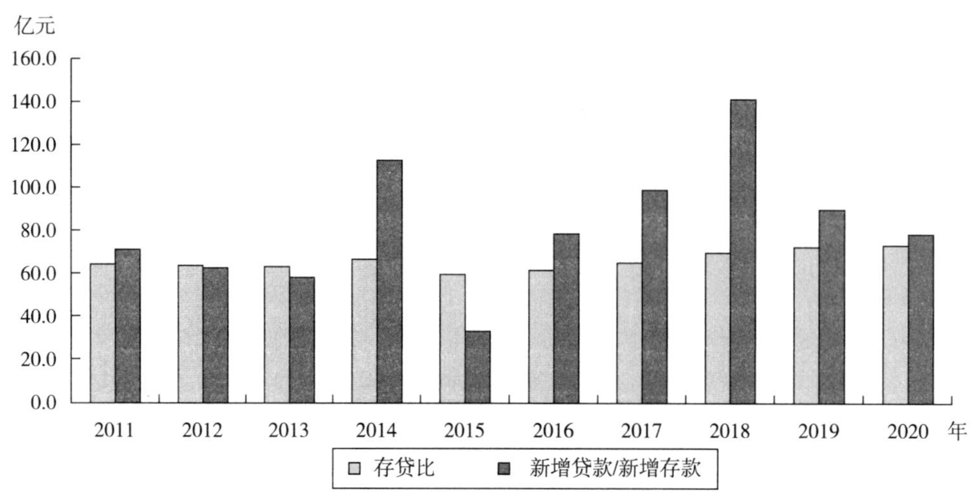

图9 2011—2020年广东银行业机构存贷比情况

（数据来源：中国人民银行广州分行）

农村信用社改制全面完成。截至2020年末，广东未改制的64家农村信用社已成功改制为农商行。其中，汕特联社于2020年11月21日成功改制组建汕头海湾农村商业银行，标志着全国最后一家二级法人农信社成功改制。

（二）主要风险特征

高风险银行机构风险化解需持续推进。截至2020年末，广东辖内（不含深圳，下同）央行金融机构评级覆盖了161家银行业金融机构，包括140家银行机构和21家非银行金融机构。从评级结果来看，评级2~4级的有83家，占比51.6%；5~7级的有75家，占比46.6%；8~10级的高风险机构有3家，占比1.9%。高风险机构数量较最高峰大幅下降，风险处置成效显著，但剩余高风险机构属于历史包袱较重的机构，处置工作难度大。

大型有问题企业风险需加强关注。截至2020年末，广东辖内共发现尚未完成处置的大型有问题企业（集团）15家，融资总规模1126.4亿元，不良贷款183.9亿元，融资涉及金融机构共62家。从事行业主要为房地产开发经营、药材加工、广播电视接收设备制造、电子通信产业、大理石矿产、有色金属矿产、新能源汽车、销售铜及铜合金系列产品、节能设备及相关产品生产、化学原料和化学制品制造业、商务服务业等。

辖内城商行风险需加强关注。一是城商行资本充足率压力较大。广东辖内5家城商行均暂未上市，资本补充主要依赖利润留存及发行二级资本债，资本充足率压力较大，如某城商行核心一级资本充足率仅高于监管标准0.5个百分点。二是个别城商行主要股东经营恶化。某城商行部分主要股东由于自身原因经营状况大幅恶化，不但无法落实补充资本承诺，而且自身在银行机构融资也难以按时归还。

延期还本付息贷款后续风险防范压力较大。2020年3月，五部委联合出台了《关于对中小微企业贷款实施临时性延期还本付息的通知》，要求银行对企业疫情期间到期的贷款进行延期还本付息，支持企业复工复产。截至2020年末，广东辖内法人银行机构按照“应延尽延”原则实施了延期还本付息政策的贷款余额为2155.7亿元，占各项贷款余额的4.6%。延期还本付息政策到期后，若相关贷款资产质量恶化，可能导致辖内法人银行机构的账面不良贷款率有所上升。

三、证券业

（一）改革发展情况

2020 年，受疫情影响，我国证券市场波动加剧，当年末上证指数收于 3473.1 点，比上年末上涨 13.9%，股市呈震荡上行趋势。广东证券期货业总体经营状况受疫情影响较小，证券期货业机构综合实力和持续发展能力维持在稳健水平，各项经营指标有所上升，抗风险能力得到进一步提升。

证券公司经营业绩明显改善。2020 年，广东 29 家证券公司共实现营业收入 1349.8 亿元，比上年增长 29.2%，实现税后净利润 512.8 亿元，比上年增长 33.7%。截至 2020 年末，广东证券公司总资产 27486.9 亿元，比上年末增长 26.4%，净资产 6364.9 亿元，比上年末增长 18.2%（见图 10 和图 11）。总体来看，证券公司收入和利润明显改善，资产规模稳步增长，综合实力和抗风险能力得到进一步提升。

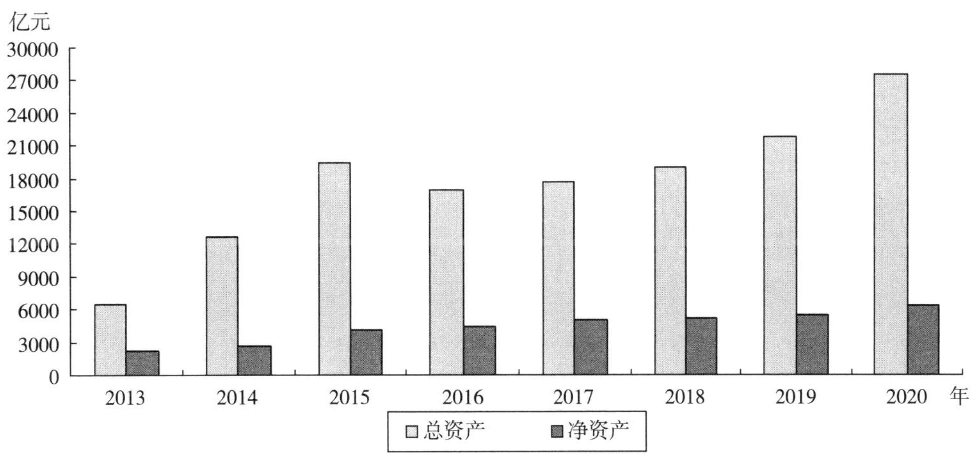

图 10　广东法人证券公司资产规模

（数据来源：广东证监局、深圳证监局）

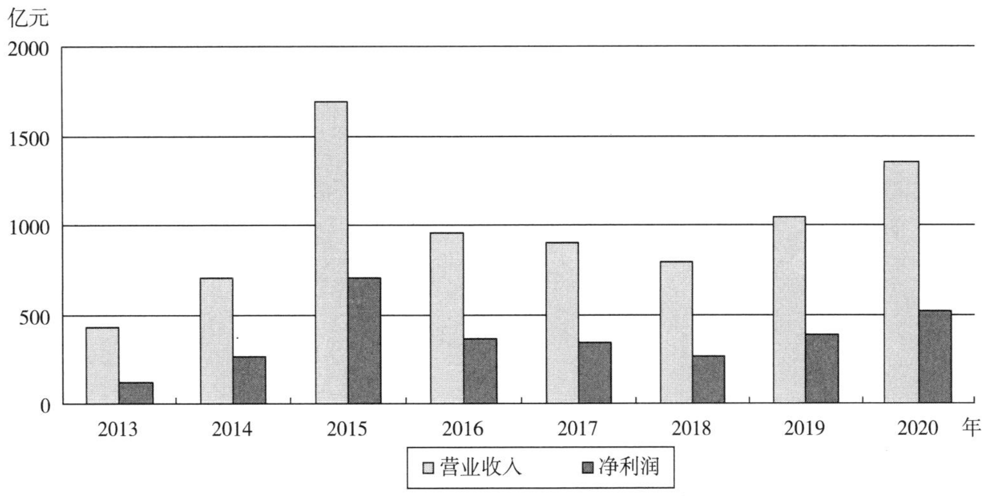

图 11　广东法人证券公司收入及利润

（数据来源：广东证监局、深圳证监局）

基金公司新发基金产品稳步增加。截至 2020 年末，广东共有基金管理公司 35 家，与上年末持平；所管理的基金数量 2680 只，比上年末增长 449 只；基金规模 60326. 3 亿份，比上年末增长 27. 0%；基金净值为 72294. 5 亿元，比上年末增长 39. 4%，基金行业总体实力稳步增长，抗风险能力持续增强（见图 12）。

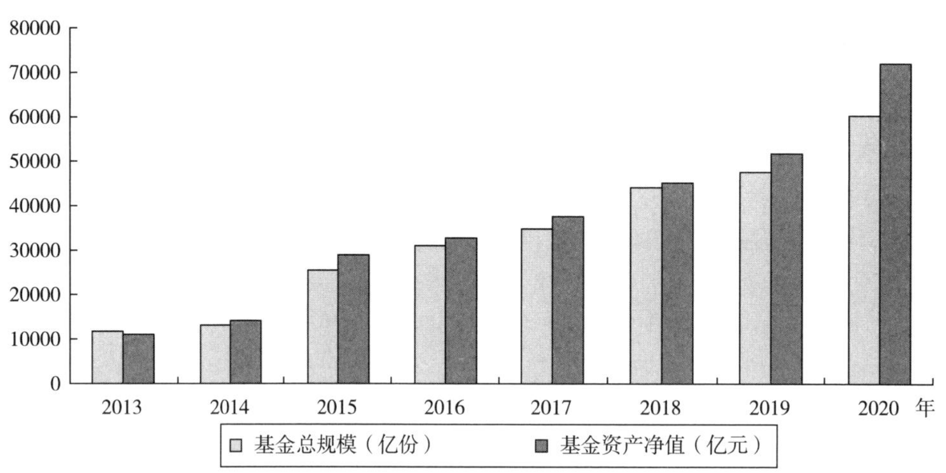

图 12　广东法人基金公司经营情况

（数据来源：广东证监局、深圳证监局）

期货公司资产实力和经营业绩平稳增长，期货交易规模增长较快。截至 2020 年末，广东共有期货公司 22 家，与上年持平；总资产 2267. 5 亿元，比上年末增长 64. 6%；净资产 291. 7 亿元，比上年末增长 13. 7%；全年实现营业收入 57. 9 亿元，比上年增长 21. 8%；实现净利润 18 亿元，比上年增长 26. 9%；全年期货代理交易额 165. 1 万亿元，比上年增长 47. 8%（见图 13）。

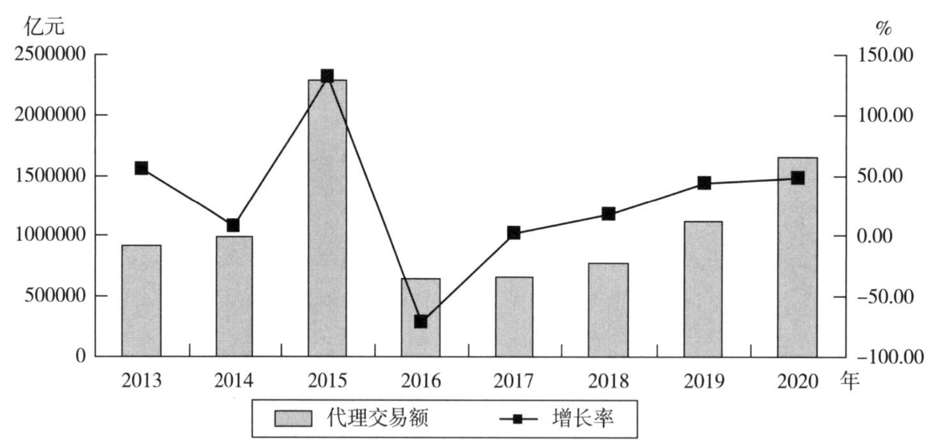

图 13　广东法人期货公司代理交易额及增长率

（数据来源：广东证监局、深圳证监局）

（二）主要风险

广东上市公司债券违约增加，企业信用债兑付压力较大。2020 年，全省上市公司中发生过信用债风险事件为34家，比上年增加2家；全年共有7家债券发行主体涉及违约，违约金额共计185.62亿元，比上年增长84.5%，其中某大型上市公司及其关联企业违约金额共计124亿元。受违约风险事件多发等因素影响，市场上投资者普遍选择观望，债券发行方融资难度上升，加剧其流动性压力，2020年广东债券市场发行推迟或失败的债券数量为39只、比上年增长62.5%，涉及发行金额365亿元、比上年增长110.9%。债券兑付方面，2021—2025年广东信用债品种到期总偿还量分别为10259.2亿元、5151.5亿元、5374.4亿元、2732.9亿元和2652.2亿元，其中2021年的总偿还量在未来5年中最高，且占比达39.2%，债券兑付压力较大。

部分小盘股存在股权质押平仓风险。2020年，A股市场个股股价呈现出两极分化行情，大盘股个股表现明显优于小盘股个股，小盘股成交量低迷、股价持续下跌，需关注小盘股的股权质押平仓风险。截至2020年末，广东上市公司市值少于100亿元的444只个股中，共有327只个股的持股股东进行了股权质押，占比为73.7%，质押总市值2409.5亿元。需要特别注意的是，有226只个股股价2020年涨幅低于上证指数，占比为50.9%，质押总市值1423.9亿元。

广东上市公司违规现象增多。2000—2018年，广东被立案调查的公司共19家，平均每年约为1家；2019年被立案调查3家，2020年达8家。这些被立案调查的公司多数转为ST公司，部分公司甚至被退市处理。此外，2020年证券监管部门披露的广东省上市公司违规事件达273件。

四、保险业

（一）改革发展情况

2020年，在新冠肺炎疫情冲击下，广东保险业整体仍然延续稳步发展势头，保险行业持续回归保障本源，保险产品结构不断优化，风险抵御能力持续增强，服务实体经济能力不断提高，保险市场运行总体平稳有序。

受疫情影响减弱，保费实现正增长。受新冠肺炎疫情影响，保险市场发展整体承压，全国和多个省市保费增速比上年明显下滑，广东保费在第一季度出现负增长，进入第二季度后整体呈现回升态势。截至2020年末，广东保险公司资产总计16916.7亿元，比上年增加2031.9亿元，比上年增长13.7%。保费收入5652.9亿元，比上年增长2.8%，保费规模稳居全国首位。其中，财产险业务保费收入1373.3亿元，比上年减少4.2%；人寿险业务保费收入3062.6亿元，比上年增长1.7%；健康险和意外伤害险保费收入1216.9亿元，比上年增长15.7%（见图14）。

赔付支出增长，人寿险赔付支出减少。2020年，广东保险业赔付支出1589.5亿元，比上年增长11.5%。其中，人寿险年累计赔付支出389.0亿元，比上年减少4.2%；财产险年累计赔付支出841.9亿元，比上年增长10.0%；健康险和意外伤害险年累计赔付支出358.5亿元，比上年增长41.3%（见图15）。

寿险退保金总额有所回落，满期给付总额出现上升。2020年，广东寿险公司退保金总额372.7亿元，比上年减少41.2%。其中，寿险退保金351.7亿元，比上年减少41.0%；长期健康险退保金21.0亿元，比上年减少44.0%。寿险公司满期给付306.7亿元，比上年增长21.0%。

经营效益平稳上升。2020年，广东保险业承保利润112.7亿元，比上年上升6.4亿元，涨幅达6.0%。

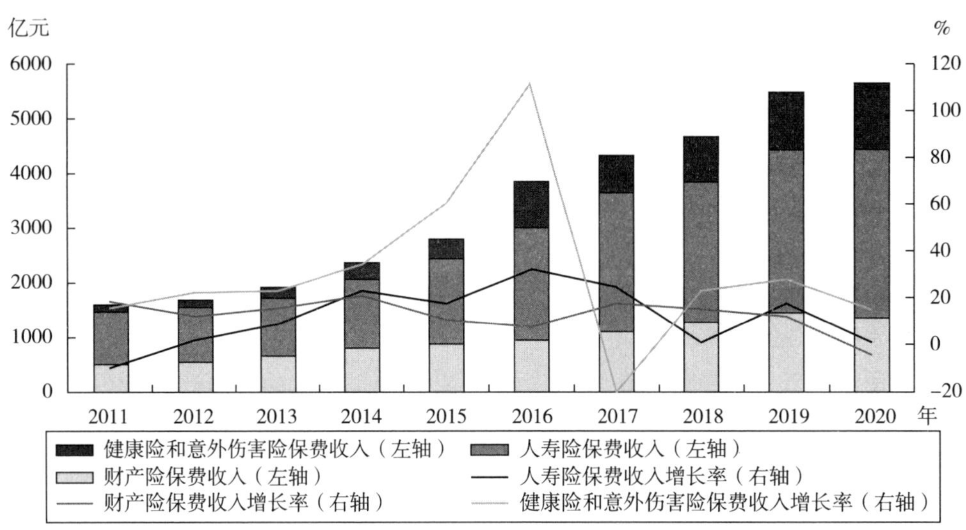

图 14　2011—2020 年广东保险业保费收入情况

（数据来源：广东银保监局）

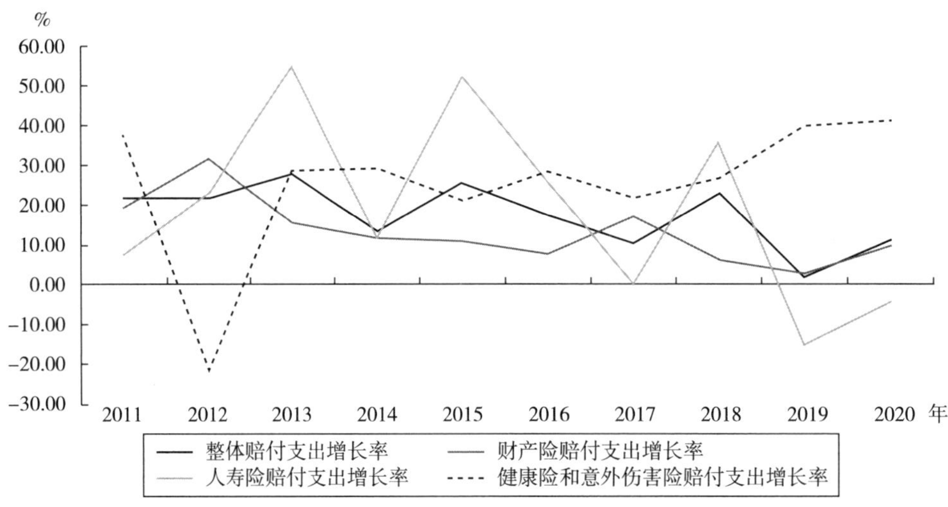

图 15　2011—2020 年广东保险业赔付支出增长情况

（数据来源：广东银保监局）

各项准备金保持充足。2020 年，广东产险公司各项准备金保持充足，未到期责任准备金余额与财产险保费收入之比为 54.9%，比上年增长 1.9 个百分点；未到期责任准备金余额与财产险赔款支出之比为 89.5%，比上年减少 9.6 个百分点；未决赔款准备金与财产险保费收入、财产险赔款支出之比分别为 42.8% 和 69.8%，分别比上年增长 4.9 个和减少 1.1 个百分点。人身险公司的责任准备金余额自 2011 年以来呈逐年上涨趋势。2020 年寿险责任准备金余额 13821.8 亿元，比上年增长 20.4%；长期健康险责任准备金余额 1608.8 亿元，比上年增长 24.1%（见图 16 和图 17）。

车险综合改革平稳落地。车险综合改革以来，广东车险市场总体发展良好。截至 2020 年末，广东车险综合成本率 95.5%，低于全国 3.5 个百分点，其中车险综合费用率 36.9%，低于全国 2.6 个百分点。

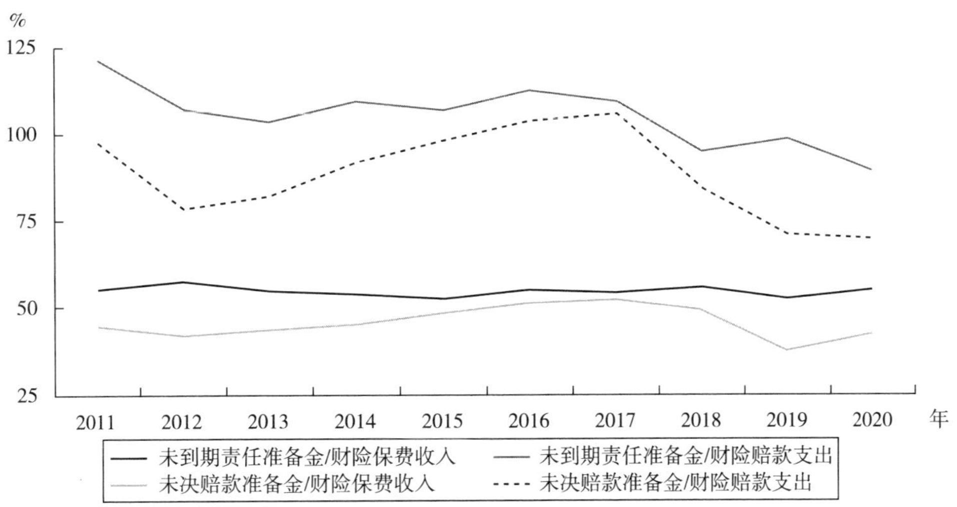

图 16　2011—2020 年广东财产险公司各项准备情况

（数据来源：广东银保监局）

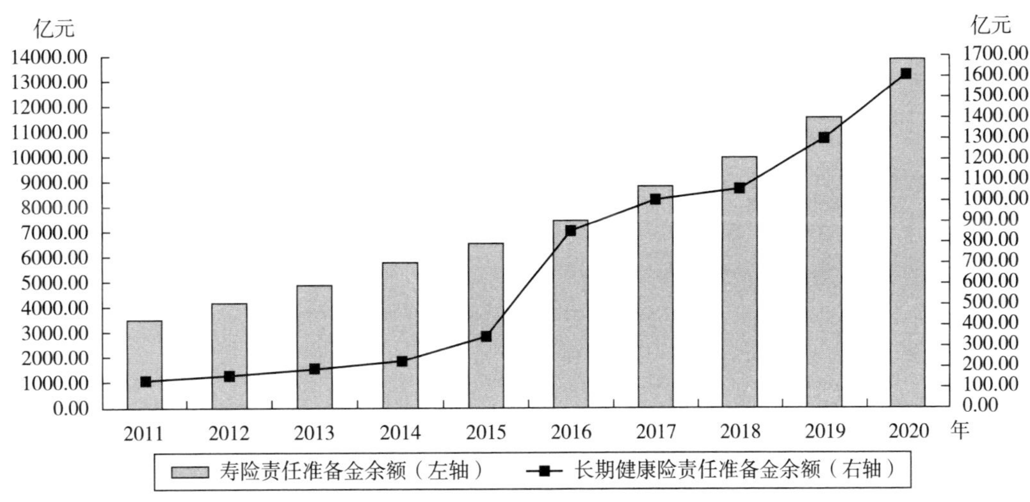

图 17　2011—2020 年广东寿险公司各项准备金情况

（数据来源：广东银保监局）

（二）主要风险分析

恶意退保黑色产业链影响保险经营秩序。一方面，恶意退保代理以维权为幌子，怂恿客户退保，赚取高额手续费的同时，使得投保人丧失保险保障，消费者权益遭受到侵害；另一方面，受恶意退保影响，保险公司通融退保金额大幅上升，公司声誉受到损害，影响保险公司稳健经营。

融资性保证保险面临多重风险。2020 年，广东商业融资性保证保险保费收入大幅缩减，赔付上升，行业亏损严重，面临诸多风险。一是受疫情影响叠加经济大环境下行，借款人收入下降，逾期情况加剧，交易对手违约风险上。二是承保亏损规模较大，追偿困难，流动性风险增加。三是受负面报道影响，举报案件激增风险和舆情风险明显加大。

财产险机构车险综合费率改革过渡期短期面临经营压力。目前，广东财产险机构将“降价、增保、提质”作为阶段性目标，车险保费及手续费下降，保险责任扩大，出险率、赔付率上升，财产险机构整体利润下行，短期面临经营压力。

保险资产负债久期错配问题依然存在。一方面，广东保险业保费规模不断增加，部分人身险公司主要业务的负债久期长，而在投资端却以短期的产品为主，错配风险大；另一方面，利率下行导致险企的再投资和新增资产投资都面临利差损风险。投资收益率与负债成本严重倒挂，存在资产负债不匹配风险、利率风险和流动性风险。

健康险赔付支出增速超保费收入增速。2020 年，广东健康险保费收入 1041.3 亿元，比上年增长 21.5%；累计赔付支出 324.0 亿元，比上年增长 45.7%，赔款占保费收入比加大。随着重疾发生率上升、赔付率上升，长期健康险期限越久，病差损风险及后期赔付压力就越大，影响保险公司长期稳健发展。

五、具有融资功能的非金融机构

（一）小额贷款公司保持快速增长态势

截至 2020 年末，广东辖内已开业小贷公司 387 家，注册资本 586.4 亿元，比上年增长 5.3%；年末贷款余额 556.0 亿元，比上年增长 8.0%；年末不良贷款率 9.5%，比上年末增长 0.7 个百分点。全年新设小贷公司 6 家，注销（或退出市场）10 家；行业全年累计投放贷款总额 821.7 亿元，比上年增长 13.8%，实现逆势平稳增长。

（二）融资担保公司经营稳健

截至 2020 年末，广东辖内融资性担保法人机构 220 家，注册资本总额 744.0 亿元，行业资产负债率为 15.3%；在保余额 2255.0 亿元，行业融资担保在保余额放大倍数为 3.0 倍；从业人员 5741 人，在保户数近 942 万户（含个人消费金融担保客户）。2020 年新增融资担保代偿额 33.0 亿元，融资担保代偿率 1.3%。

六、金融生态状况

2020 年，广东继续优化金融业发展的政策环境，加强金融法制和金融业信用体系建设，保障支付体系稳健运行，深入推进反洗钱工作，有力地促进了金融生态环境的改善。

（一）区域政策环境继续优化

2020 年，广东落实好各项金融支持政策，支持疫情防控和经济高质量发展。落实好降准政策，增强金融机构的资金供给能力，全年为法人金融机构释放准备金 1632.0 亿元。用好 1.8 万亿元再贷款、再贴现政策工具，支持疫情防控和中小微企业发展，合计提供资金支持 2180.0 亿元。组织实施两项直达实体经济货币政策工具，全省地方法人银行实施延期还本付息的普惠小微贷款本金 390.0 亿元、发放符合政策要求的信用贷款 290.0 亿元。

（二）金融法治状况不断改善

2020年，广东金融法治水平进一步提升。金融法治建设方面，人民银行广州分行加强规范性文件管理，组织开展涉民法典行政规范性文件清理工作，进一步完善了广东金融法制体系。金融普法方面，落实“谁执法谁普法”责任制。支持配合相关业务部门开展“3·15”金融消费者权益日、“金融知识普及月”“反洗钱宣传月”“征信宣传周”等宣传活动。开展省市县三级联动“金融法律扶贫”活动。建设乡村金融法治示范基地，成立乡村金融法律服务站，通过赠送法律书籍、举办法律讲座、乡村大喇叭宣传等多种形式开展金融法律帮扶活动，助力脱贫攻坚。全年累计受理投诉6191件，比上年增长4.7%；办结5627件，结案率90.9%；受理咨询23530件。

（三）信用体系建设日益完善

2020年，广东扎实推进社会信用体系建设，取得积极成效。一是高标准搭建地方征信平台。按照“数据挖掘信用，信用赋能金融，金融普惠大众”的核心思路建设“粤信融”征信平台，推动非信贷替代数据归集共享，信用信息覆盖范围进一步扩大，创造性地改善企业征信服务。截至2020年末，“粤信融”已采集全省1300多万家市场主体信用信息。二是深入推进中小微企业和农村信用体系建设，促进中小微企业和农户融资。截至2020年末，累计为81万家中小企业建立信用档案，评定信用农户437万户。三是推进地方社会信用体系建设。积极推进信用记录应用，持续扩大征信系统信息采集面，着力提升征信系统应用服务效能，建立信用信息交换共享机制，推动守信激励和失信惩戒的落实与应用。四是积极培育信用服务市场。截至2020年末，广州分行备案企业征信机构4家，信用评级机构6家。

（四）支付体系稳健运行

2020年，广东支付体系运行稳健。一是中央银行会计核算数据集中系统（ACS）综合前置及信息管理子系统顺利推广上线。全年共完成10家法人金融机构ACS综合前置子系统推广上线、15家农合机构退出ACS综合前置子系统、136家法人机构ACS综合前置客户端升级换版工作。二是各支付清算系统安全平稳运行。广东（不含深圳）各支付清算系统全年共处理业务13.6亿笔、金额556.2万亿元。其中，大额支付系统共处理业务6416.7万笔、金额523.6万亿元，笔数比上年减少63.9%，金额比上年增长7.7%，大额支付系统业务笔数、金额分别占支付清算系统业务的4.7%和94.1%，排名分别位居全国第6位和第5位；小额支付系统共处理业务5.2亿笔、金额24.6万亿元，笔数、金额比上年分别增长22%和185.8%，笔数、金额分别占支付清算系统业务的37.9%和4.4%，笔数、金额排名均位居全国第2位。

（五）反洗钱工作实效性进一步增强

一是深入开展风险领域反洗钱现场检查。2020年，广东累计对22家金融机构进行反洗钱执法检查，依法对违法情节严重的20家机构和30名相关责任人作出行政处罚。二是反洗钱案件调查工作的有效性进一步凸显。全年共接收重点可疑交易报告2617份，开展案件调查1008宗，经甄别分析向侦查机关移送线索828条，成功破获各类型案件86宗，取得显著成效。三是反洗钱各项基础性工作稳步推进。2020年，广东共利用报纸、杂志、电视、网络、LED电子屏等载体，开展反洗钱宣传 7.7 万余次，发放宣传资料 160 万余份，覆盖 1200 万余人次，有效提升了社会公众的反洗钱意识。

七、金融稳定工作实践与探索

2020 年，人民银行广州分行坚持稳中求进的工作总基调，加强统筹协调，坚持分类施策，实施“精准拆弹”，稳妥化解辖内重点领域金融风险，建立健全防范化解重大金融风险的长效机制，牢牢守住不发生区域性系统性风险的底线。

（一）建立健全区域金融风险防控工作机制

一是建立完善地方金融监管协调机制。金融委办公室地方协调机制（广东省）于 2020 年 3 月 4 日建立，全年召开三次例会，落实国务院金融稳定发展委员会办公室交办的各项任务，推动各成员单位全力支持疫情防控重点企业复工复产，共同做好对广东稳企业保就业的金融支持工作，分析研判当前广东金融运行中的主要风险隐患，与地方金融工作议事协调机制协同防控金融风险，为加强金融监管协调、加大金融信息共享力度搭建了良好平台。二是建立健全金融风险攻坚战方案落地实施机制。制定贯彻落实攻坚战方案及责任分工，推动攻坚战方案落地实施。三是完善金融风险应急处置机制。推动建立“一行一社一策”风险处置预案，建立健全风险处置快速反应机制，提高预防和科学处置风险的效率。

（二）加强风险监测评估与风险提示

一是密切关注重点领域和重点机构的金融风险。跟踪分析新冠肺炎疫情对实体经济、金融机构和区域金融稳定的影响，加强对辖内高风险金融机构、城商行、上市公司和大额融资企业的风险监测分析与评估。二是做好金融机构评级评估工作。对辖内地方法人银行开展疫情冲击下的流动性压力测试，分析研判疫情影响下银行的流动性风险；组织开展中外资银行业机构综合评估；开展银行业压力测试；高效优质完成央行金融机构评级，加强高风险机构风险提示和风险早期纠正工作；对辖内证券、保险公司开展稳健性评估，深入了解辖内证券、保险法人机构稳健性状况，促进业务规范经营和可持续发展。

（三）稳妥化解重点领域和重点机构风险

一是配合监管部门做好天安财险等 9 家金融机构在粤分支机构的接管工作。二是防范化解高风险银行机构风险。密切关注辖内高风险机构风险变化情况，并采用多种早期纠正措施督促问题投保机构积极整改，推动辖内高风险机构家数从 2019 年末的 8 家降为 2020 年末的 3 家。三是参与化解个别问题上市公司债券违约风险。四是配合地方政府做好网贷机构整治工作。

（四）实施存款保险制度

一是做好存款保险宣传工作。依托公交地铁、银行网点、特色文化活动、广播报刊电视、微信公众号、知识竞赛等载体，广泛开展形式多样的“线下 + 线上”宣传活动。2020 年，累计组织开展系列宣传活动 3200 多场，宣传覆盖百姓 8000 余万人次。举办广东省存款保险技能竞赛，近 1000 家单位的2831名选手参赛。二是推动存款保险标识在广东全面启用。广东辖内银行机构共14700多个网点顺利启用7.2万个存款保险标识。

（五）推进区域金融改革发展

一是推进农合机构改制和风险化解。自广东新一轮农合机构改革启动以来，人民银行广州分行采取指导大力压降不良贷款、强化货币政策支持、加强监督引导、提供高效开业管理等措施，配合地方政府推动农信社改制工作。截至2020年末，广东64家农信社全面改制完成。二是有效推动大型银行体制改革。定期监测辖内政策性银行、大型商业银行改革进展以及农业银行三农金融事业部改革进展情况，引导推动金融机构转变发展方式和运营模式。

八、总体评估和趋势展望

（一）总体评估

2020年，面对严峻复杂的国内外环境特别是新冠肺炎疫情的严重冲击，广东经济稳步恢复，经济活跃度不断提升，持续恢复向好的积极因素增加，供需关系明显改善，质量效益提升，新动能发展壮大，经济发展主要目标任务完成情况好于预期。广东金融业主要指标保持较快增长，银行业各项业务发展保持稳健，证券业经营业绩明显改善，保险业风险抵御能力稳步增强，金融支持实体经济的力度不断增强。与此同时，广东金融稳健运行仍面临挑战，银行等金融机构不良资产劣变风险加剧，实体企业部门债券违约风险加大，保险资产负债久期错配问题依然存在等风险值得关注。

（二）趋势展望

2021年，广东面临的国内外环境仍然复杂严峻。从国际看，新冠肺炎疫情仍在全球蔓延，国际形势中不稳定不确定因素增多。从国内看，中国经济运行持续稳定恢复，经济稳中向好、长期向好、高质量增长的基本面没有变化。可以预计，广东经济运行将继续保持平稳向好，消费潜力进一步释放，固定资产投资保持快速增长，海外市场产需缺口依然存在，出口仍有增长空间，全年经济可望恢复到正常年份水平。在广东经济向好的大背景下，广东金融将保持良好态势，经营状况有望进一步改善，抵御风险的能力进一步增强，金融服务实体经济的质量和效率将持续提升。

中国人民银行广州分行金融稳定分析小组

组　　长：白鹤祥

副 组 长：彭化非

成　　员：黄桂良　叶　茂　高文艺　张志东　汪义荣　万剑韬

陈卫东　古炜旋　陈洁波　李建民　姜小南　李　波

陈　瑜　陈莉虹　徐宏练　何伟刚　冼宇航　林伟斌

陈　威

《广东省金融稳定报告（2021）》编写组

总　　　纂：白鹤祥

统　　　稿：彭化非　黄桂良　曾　胜　陈一非

执　　　笔：庄礼焕　陈育穗　苏宏召　吴　进　高思劼　郑　勇
徐上标　覃麒桦　潘婧媛　罗海飞　杨庆虹　游　萌
赵颖欣　成　侃　廖睿琳　滕玙烜

广西壮族自治区金融稳定报告摘要

2020年，广西经济运行呈现加快恢复、巩固提升的良好势头，结构调整稳步推进，增长动能不断增强。广西金融业积极应对错综复杂的经济金融形势，整体运行稳中向好，风险防控力度不断加大，防范化解重大金融风险攻坚战成效明显。但是，受到国际国内复杂多变的宏观经济形势影响，广西金融发展仍存在诸多不确定因素，金融稳健运行面临诸多挑战。

一、广西经济金融运行总体情况

（一）经济恢复情况总体良好

2020年，广西地区生产总值增速于上半年即实现扭负为正，全年GDP达到22156.69亿元，同比增长3.7%，高于全国1.4个百分点。产业结构持续优化，三次产业增加值占GDP比重为16:32.1:51.9，其中第三产业增加值占比较上年提高1个百分点。广西经济运行呈现以下主要特点：一是三次产业增速实现全面转正。2020年，第一产业增加值、规模以上工业增加值和第三产业增加值同比分别增长5.0%、1.2%和4.2%。二是内外部需求持续恢复。全年固定资产投资和进出口总额同比分别增长4.2%和3.5%，社会消费品零售总额同比下降4.5%，降幅比前三季度收窄1.6个百分点。三是物价和就业形势保持平稳。全年CPI同比上涨2.8%，较上年回落0.9个百分点；PPI同比下降0.6%；城镇登记失业率2.77%，分别低于年度控制目标和全国2.73个和1.47个百分点（见图1）。

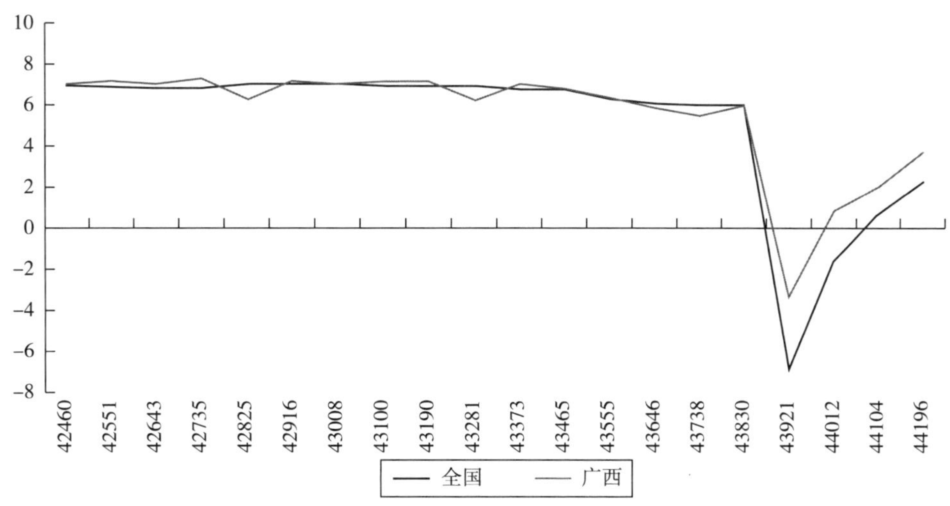

图1 全国和广西季度GDP累计增速

（数据来源：国家统计局）

（二）金融业多项指标增速创历史新高

一是社会融资规模创历史新高。2020 年，在贷款高速增长、企业发债意愿提升、政府债券扩容、供应链融资发展背景下，广西社会融资规模新增7090 亿元，同比多增1606 亿元，创历史新高。二是存款、贷款增量创历史新高。2020 年末，广西金融机构各项存款、贷款余额分别达到 3. 47 万亿元、3. 52 万亿元，比年初分别新增 3020 亿元、4700 亿元，均创历史新高。贷款余额首次超过存款，在全国的占比也首次突破 2% 。三是金融业贡献度稳步提升。广西金融业增加值占 GDP 比重逐年提高，由 2016 年的 6. 2% 提升至 2020 年的 7. 2% 。2020 年金融业实现税收 191. 75 亿元，同比增长 14. 7% ，高于全行业税收增速 19. 18 个百分点，占税收总额的 7. 61% ，同比提高 1. 3 个百分点。

（三）经济对金融的冲击有所显现

一是基建投资加速，融资平台债务压力增加。在稳增长压力下，广西基建投资增速明显加快，2020 年同比增长 12. 9% ，高于上年同期 10. 5 个百分点，带动 64. 18% 的行业贷款流向基建行业，同时城投债发行明显增多，其中用于借新还旧的比例较高，叠加疫情影响下平台公司经营存在劣化趋势，融资平台偿债压力加大。二是受疫情冲击影响较大的行业恢复较慢，存在风险延后暴露的可能。大量市场主体在逆周期政策支持下得到了一定的恢复时间，但消费增长仍然偏慢，广西全年社会消费品零售总额同比下降 4. 5% ，住宿和餐饮业仍未有效复苏，增加值同比下降 12. 9% ，部分短期贷款在 2021 年面临集中到期，存在风险集中暴露的可能。三是居民收入增速下降，个人住房不良贷款增加。居民收入增速比上年下降 3. 3 个百分点，部分领域收入下降明显，导致居民偿债能力下降。2020 年末，广西个人按揭不良贷款余额同比增长 58. 37% ，比年初增加 14. 96 亿元，同比多增 10. 63 亿元。

二、金融业与金融稳定

（一）银行业

1. 银行业金融机构经营总体情况及其特点

（1）组织机构体系不断完善，网点覆盖面持续扩大。截至 2020 年末，广西全辖共有 166 家银行业金融机构、网点 6457 个，网点数比上年末新增 128 个；当年共有 7 家农村信用社、1 家农村合作银行改制为农村商业银行。辖内有银行业非法人金融机构 24 家，其中政策性银行 3 家、中资大型商业银行 6 家、股份制商业银行 10 家、外资银行 4 家、财务公司 1 家；银行业法人金融机构 142 家，其中城市商业银行 3 家、农村信用社 35 家、农村合作银行 14 家、农村商业银行 43 家、村镇银行 42 家、农村资金互助社 3 家、财务公司 1 家、金融租赁公司 1 家。

（2）资产负债规模增长加快，利润微幅增长。2020 年末，广西银行业金融机构资产总额 46636. 25 亿元，比年初增加 5052. 1 亿元，同比增长 12. 15% ，增速同比提高 4. 21 个百分点；负债总额 44739. 16 亿元，较年初增加 4849. 11 亿元，同比增长 12. 28% ，增速同比提高 4. 52 个百分点。广西金融机构积极为实体经济减费让利，全年实现利润 448. 61 亿元，同比增长 0. 86% ，低于上年同期 8. 57 个百分点。

（3）存贷比突破100%，对实体经济支持力度加强。2020年末，广西本外币各项存款、贷款余额分别达到34665.55亿元和35196.77亿元，同比分别增长9.54%和15.41%，比上年分别提高3.31个和1.14个百分点，存贷比为101.53%，29年来首次突破100%；存贷款全年分别新增3019.55亿元和4699.38亿元，同比分别多增1136.32亿元和1008.14亿元，增量均创历史同期新高，其中企事业单位贷款新增占比达到62.24%，新增贷款主要流向基础设施行业、制造业等重点领域，小微企业、涉农领域贷款同比多增明显，信贷资金有效支持了实体经济恢复（见图2和图3）。

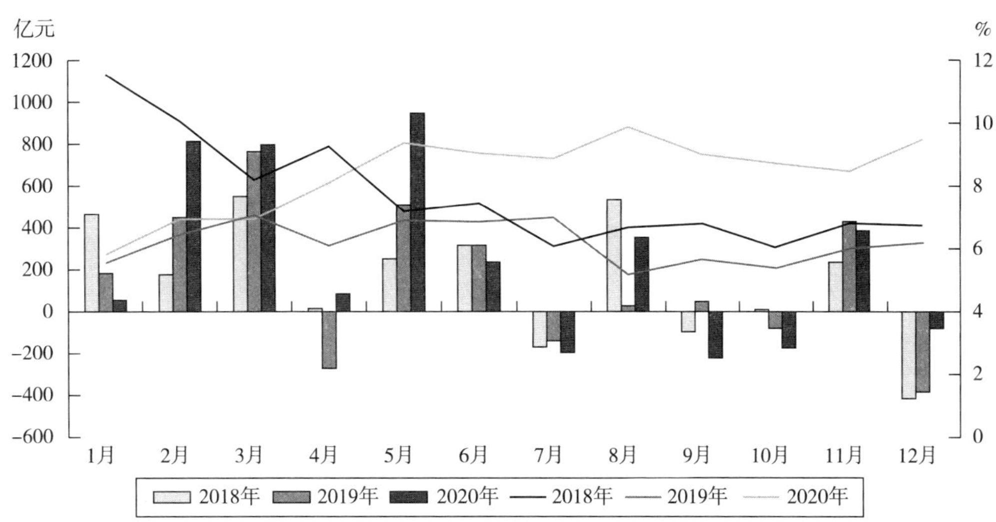

图2 广西存款当月增量与同比增速

（数据来源：中国人民银行南宁中心支行）

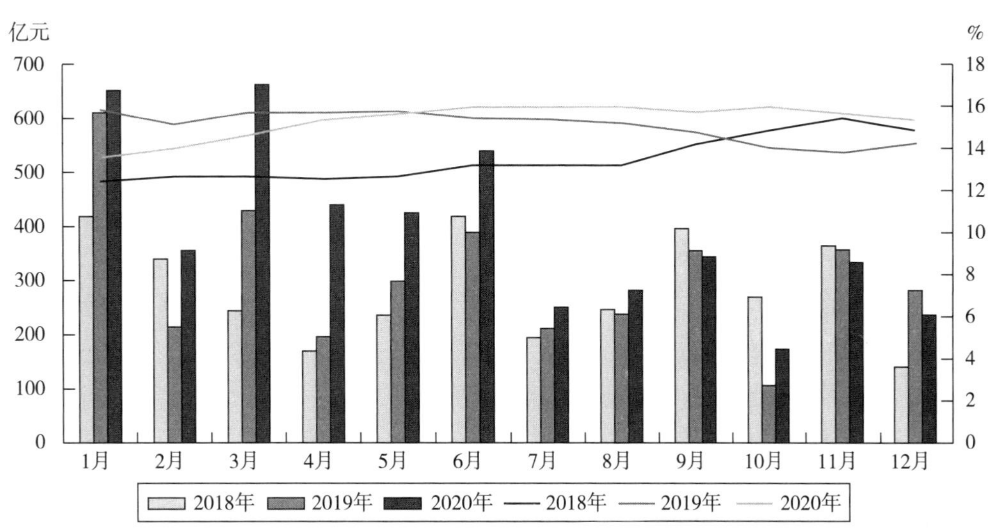

图3 广西贷款当月增量与同比增速

（数据来源：中国人民银行南宁中心支行）

2. 银行业稳定性评估

（1）不良贷款同比“双降”，边清边冒现象依然明显。2020年末，广西银行业金融机构不良贷款余额 625. 62 亿元，同比下降 8. 05%；不良贷款率 1. 78%，同比下降 0. 45 个百分点，低于全国水平 0. 06 个百分点，资产质量管控水平有所提升。分机构类型看，城商行不良贷款同比增加 7. 31 亿元，而农合机构和村镇银行不良贷款年内实现负增长，同比分别减少 44. 09 亿元和 7. 40 亿元。不良贷款出现“双降”的原因有两个：一是金融机构自身积极采取现金清收、核销、以物抵债等手段处置不良贷款 204 亿元、218 亿元和 19 亿元；二是地方政府和自治区联社等管理部门全力支持，通过资产置换和现金置换化解农合机构不良贷款 130. 2 亿元。但是受宏观经济形势等因素影响，2020 年末不良贷款同比仅减少 54. 8 亿元，新增不良贷款仍然较多，不良贷款边清边冒的现象依然明显，影响风险处置的进度和效果（见图 4）。

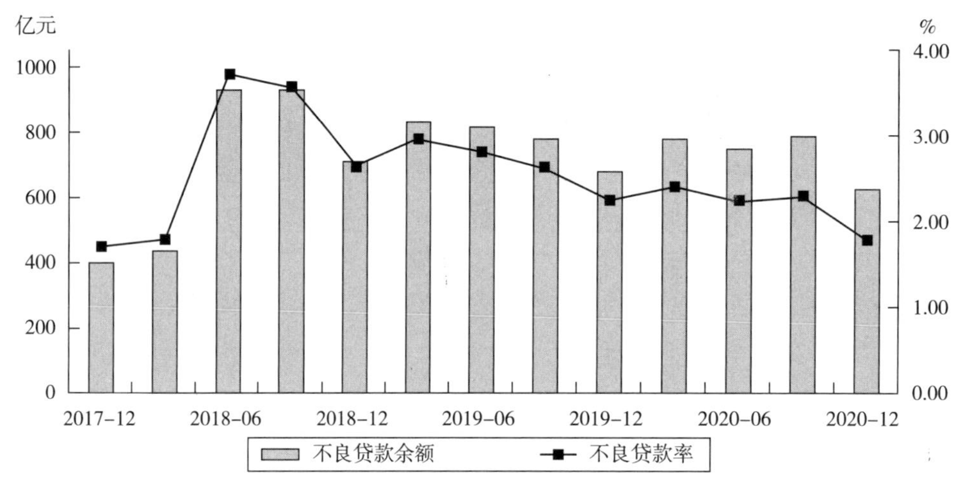

图 4 广西贷款质量变化趋势

（数据来源：广西银保监局）

（2）关注类贷款明显增多，潜在信用风险较大。2020 年末，广西银行业金融机构关注类贷款余额 1253. 92 亿元，比年初增加 246. 86 亿元，同比增长 24. 51%，其中银行业法人金融机构关注类贷款余额 849. 58 亿元，比年初增加 190. 54 亿元，同比增长 28. 91%。关注类贷款增加较多，一方面，受疫情影响，部分贷款本金及利息逾期，下调为关注类贷款；另一方面，部分不良贷款通过收息、续贷等方式上调为关注类贷款，需警惕后续不良贷款反弹风险。

（3）法人机构流动性整体良好，风险隐患依然存在。2020 年末，广西银行业法人金融机构流动性比例为 58. 08%，同比提高 7. 62 个百分点，其中，城商行、农合机构和村镇银行的流动性比例分别为 72. 06%、51. 04% 和 71. 99%，同比分别提高 18. 26 个、3. 06 个和 7. 31 个百分点。但仍有少数法人机构流动性比例刚达到监管要求，流动性风险隐患较大，在经济下行和疫情冲击下，要防范法人机构流动性指标进一步劣变，尤其需要关注流动性偏紧的个别机构。

（4）资本充足率明显提升，资本持续补充存在困难。2020 年末，广西银行业法人金融机构资本充足率为 12. 62%，同比提高 1. 27 个百分点。分机构类型看，城商行资本充足率略微下降，同比减少 0. 18 个百分点，而农合机构和村镇银行的资本充足率明显上升，同比分别提高 2. 37 个和 1. 36 个百分点。法人机构资本充足率明显提升，得益于两个方面：一是内源性资本补充方面，通过加大税收、国有利润上缴资金返还力度，机构利润留存进一步增加；二是外源性资本补充方面，通过发行 118 亿元地方政府专项债，直接注入机构补充资本。虽然资本补充渠道增多，但机构差异化明显，面临利润留存不足、限制条件较多、机制建设不完善等问题，资本持续补充存在困难。

（5）高风险机构数量平稳压降，后续处置化解压力大。2020 年，人民银行南宁中心支行按季对广西 140 家法人金融机构开展了四次央行金融机构评级工作。从第四季度评级情况看，广西法人金融机构积极改善资产质量，充实资本水平，各项指标优化显著，高风险机构数量大幅减少，较峰值下降三分之二。但金融机构主要集中于 5 ~7 级，6 ~7 级机构仍有 90 多家，高风险机构退出基础并不牢固，后续处置化解压力依然较大。

（二）证券业

1. 证券业金融机构经营总体情况及其特点

（1）辅导备案拟上市企业家数创历史新高，新三板挂牌公司持续下降。2020 年末，广西有法人证券公司 1 家，法人基金公司 1 家，基金销售法人机构 1 家，已登记备案私募基金管理机构 86 家，证券分公司 30 家，证券营业部 162 家，期货分公司 5 家，期货营业部 29 家。此外，A 股上市公司 38 家，IPO 在审企业 3 家，均为创业板在审；辅导备案企业 13 家，比上年增加 6 家，为历史新高；新三板挂牌企业 65 家，比上年减少 2 家，已连续三年下降；区域性股权市场挂牌企业 185 家。

（2）证券交易量持续增长。2020 年，广西证券交易额 7. 15 万亿元，同比增长 35. 15%，与同期全国证券交易额增速基本持平。广西期货成交量 3711. 36 万手，成交金额 2. 2 万亿元，同比分别增长 21. 67% 和 22. 91%。公募基金管理规模和备案私募基金规模分别为 518. 05 亿元和 521. 45 亿元（见图 5）。

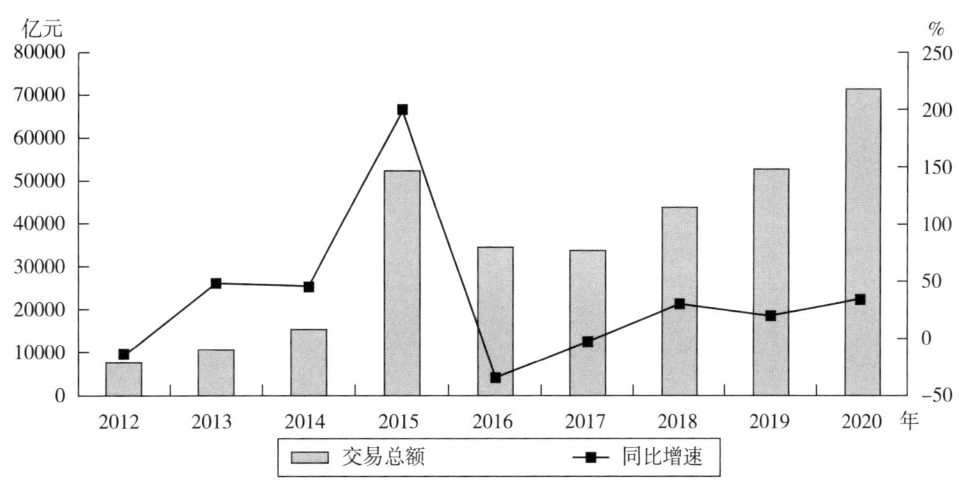

图 5　广西证券经营机构代理证券交易总额和增速

（数据来源：广西证监局）

（3）直接融资规模创历史新高。2020 年，广西资本市场直接融资 880. 79 亿元，同比增长 88. 45%，融资规模创历年新高，交易所市场融资首次实现辖区 14 个地市全覆盖。其中上市公司股权再融资、新三板增发融资、沪深交易所债券市场融资（含公司债、可转债、ABS）和区域性股权市场可转债融资分别为 79. 19 亿元、0. 2 亿元、796. 55 亿元和 4. 84 亿元。

2. 证券业稳定性评估

（1）达到 IPO 条件企业储备不足，个别上市公司退市风险上升。2020 年创业板注册制实施后，广西申请创业板 IPO 企业家数无明显增加，主要原因为后备企业储备不足、企业准备不充分，未完全达到申报条件。2020 年全国 A 股新增 IPO 上市公司 394 家，广西无新增，全国 IPO 在审企业 700 余家，广西仅有 3 家。广西现有 * ST 公司 3 家，ST 公司 4 家，公司经营状况堪忧，退市风险较大。

（2）债券兑付规模保持高位，少数公司债券兑付风险犹存。2020 年，广西 47 只公司债券及资产支持证券共计 304. 32 亿元顺利兑付，未发生违约事件。2021 年辖区进入债券兑付高峰期，54 只公司债券共计 426. 51 亿元将到期兑付或面临回售，个别发行人偿债能力和抗风险能力较弱，存在一定的兑付风险隐患。区域性股权市场方面，部分可转债发行不够规范，发行人行业集中且受宏观调控政策影响突出，风险隐患不容忽视。

（3）上市公司亏损家数略有增加，经营机制仍需进一步完善。2020 年前三季度，广西辖区 38 家上市公司 26 家盈利，12 家亏损；合计实现营业收入 1990. 59 亿元，实现净利润 107. 86 亿元，分别同比增长 3. 99% 和 3. 85%。已披露的 2020 年业绩预告 20 家上市公司，有 5 家公司亏损，其中一家为涉海航集团破产案公司。部分公司主业不突出、投资管理不善、持续经营能力存疑等问题仍然较突出。

（三）保险业

1. 保险业金融机构经营总体情况及特点

（1）保险业务增速全国排名前列。2020 年，广西保险业累计实现原保险保费收入 734. 3 亿元，全国（31 个省市）排名第 22 位，西部地区第 6 位。全年保费收入同比增长 10. 44%，增速全国排名第 3 位，西部地区第 1 位。其中，财产保险保费收入 233. 23 亿元，同比增长 7. 59%；人身保险保费收入 501. 1 亿元，同比增长 11. 82%（见图 6）。

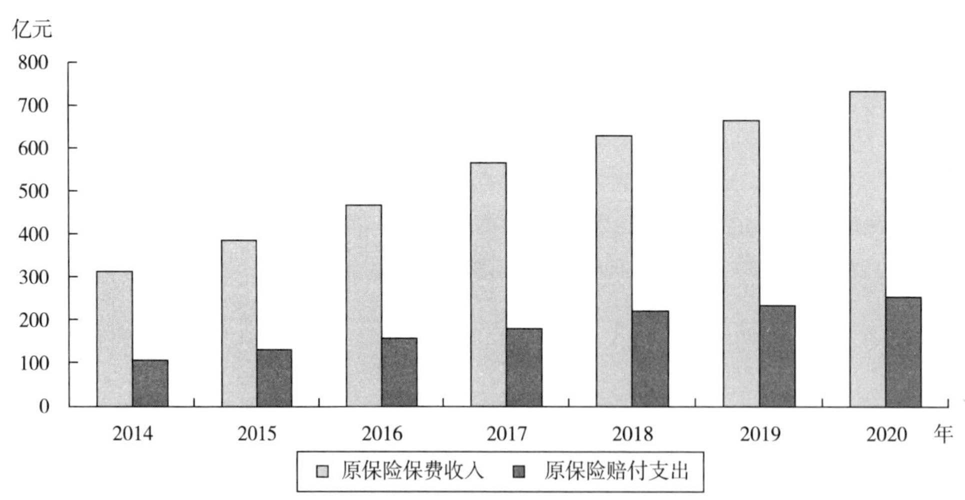

图 6　2014—2020 年广西保费收入和赔付支出

（数据来源：广西银保监局）

（2）广西保险市场体系基本完善。截至 2020 年末，广西辖区共有 2 家地方法人机构，45 家保险市场主体，其中财产险和人身险公司分别为 25 家和 20 家。广西各级保险机构共计 2264 家，保险专业中介机构 336 家，保险业从业人员约 29. 7 万人。

（3）保险重点领域改革工作取得积极成效，保险业持续回归保障功能。一是车险综合改革平稳落地。辖内商业车险投保率、保障水平分别较改革前上升 2.9%、4.2%，整车车均保费较改革前下降 13%。二是保险产品体系不断丰富。深化“保险 + 期货”模式的糖料蔗价格指数保险试点，探索开展生猪饲料成本期货价格保险，新增食用菌种植等地方特色险种。2020 年，广西保险业共为全社会提供各类财产和人身风险保障超过 84.73 万亿元，赔付支出 255.11 亿元。“社会稳定器”和“经济助推器”功能得到进一步优化。

2. 保险业稳定性评估

（1）保证保险快速增长，风险隐患值得关注。近两年来，广西辖内保证保险快速增长，已经发展成为第四大险种。保证保险可以发挥融资增信作用，支持消费增长和小微企业发展，但在经济下行期间也存在部分客户还款能力下降，可能导致保险公司赔付压力增大。

（2）车险综合赔付率水平攀升快，保险公司面临承保亏损风险。一方面，受益于车险综合改革，广西车均保费下降。广西商业车险单均保费 1560 元，低于全国平均水平 664 元（29.86%），低于改革前平均水平 33 元（2.07%）；交强险单均保费 814 元，低于全国平均水平 64 元（7.29%）；另一方面，广西车险赔款支付增长 10.75%，高于全国平均水平 8.32 个百分点，已赚保费增长 1.17%，低于全国平均水平 2.18 个百分点，由于赔付上升较快，已赚保费增速放缓，综合赔付率水平攀升较快，打破了广西车险业务常年承保盈利的局面，辖内开展车险业务的 12 家机构承保亏损，亏损面为 50%。

（3）农业保险发展快于全国，国际商品价格对保险公司赔付风险影响增大。2020 年，广西全年农业保险实现保费收入 25.16 亿元，同比增长 31%，高于全国平均增速 10 个百分点，增速位居全国第 5 位，为 774 万户农户提供风险保障 1718 亿元，保障水平位居全国第 5 位，向 59 万户次农户支付保费赔付 13.34 亿元。但目前保险公司并未能及时在期货市场购买相应期货产品进行风险对冲，随着 2020 年下半年国际糖价呈下降趋势，保险公司赔付风险加大。

三、地方金融从业机构与金融稳定

（一）小额贷款公司业务规模下降，经营风险有所上升

截至 2020 年末，广西小额贷款公司 372 家，同比下降 1.85%；注册资本 303.48 亿元，同比下降 8.06%；全行业贷款余额 404.97 亿元，同比下降 25.94%；当年累计发放贷款总额 146.84 亿元，同比下降 34.51%，实现总收入 37.40 亿元，同比下降 27.59%；利润总额 17.53 亿元，同比下降 24.60%。经营存在的主要问题：一是贷款逾期风险暴露。截至 2020 年末，广西小额贷款行业逾期贷款余额 272.07 亿元，同比上升 8.42%，逾期贷款率 67.18%，同比上升 46.39 个百分点；二是盈利能力持续下降。截至 2020 年末，广西小额贷款行业利润总额同比下降 24.60%，净利润同比下降 32.25%；三是行业发展后续动力不足。行业减资和退出现象增加，互联网金融挤占传统小额贷款公司市场明显，小额贷款公司生存空间进一步受到挤压。

（二）融资性担保行业发展加快，效用发挥仍有提升空间

截至 2020 年末，广西融资担保法人机构 66 家，同比减少 24 家；资产总额 331.88 亿元，同比增长 16.39%；负债总额 42.69 亿元，同比下降 32.95%；广西融资担保行业在保余额 661.54 亿元，同

比增长 35.05%；平均放大倍数 2.72 倍，其中国有机构平均放大倍数 3.49 倍；代偿率 1.43%，同比下降 2.03 个百分点。广西融资担保行业发展加快，但仍面临以下问题：一是政府性融资担保体系作用有待提升。截至 2020 年末，广西政府性融资担保在保余额 244.87 亿元，占比 37.02%，在融资担保行业中的支柱地位尚未形成；二是银行、融资担保机构与小微企业之间缺乏信息交流平台，银担合作效率亟待加强；三是多数担保机构资本规模小，抵御风险能力较弱，担保能力不足。

（三）典当行整体运行稳中有升，可持续发展能力有待提升

截至 2020 年末，广西共有典当行 131 家，从业人员 592 人。全行业资产总额 14.52 亿元，同比增长 15%；负债合计 0.55 亿元，同比增长 14%；在业务发展方面，全行业实现典当业务笔数 6751 笔，同比增长 23.22%；典当总额 19.81 亿元，同比增长 73%；典当余额 9.01 亿元，同比增长 34%；在经营效益方面，全行业实现主营业务收入 0.58 亿元，同比增长 63%；净利润 0.11 亿元，同比增长 790%。典当行业整体运行稳中有升，但存在以下问题：一是行业整体业务规模小，扩张速度慢，部分典当行处于无业务开展的状态，经营困难局面未根本改变；二是房地产典当业务比重高，与监管导向相悖。2020 年末房地产典当业务占全部业务的 57.74%，占比仍然最高。

（四）各类交易场所行业发展放缓，行业风险存量暂未消除

截至 2020 年末，广西共有地方各类交易场所 14 家（不含区域股权交易市场），其中商品现货类交易场所 5 家，文化产权和艺术品类交易场所 2 家，金融资产类交易场所 1 家，权益类交易场所 6 家；资产总额 40.1 亿元，同比下降 26.71%，累计交易额 476.88 亿元，同比下降 25.41%，受疫情影响，部分交易场所相关经营指标较上年同期有所下降，其中 6 家交易场所交易额为零。行业发展面临的主要问题：一是风险存量暂未消除。部分商品交易所近年来投诉举报较多，风险处置不容忽视；二是大多数交易场所尚未找到合法合规、可持续发展的商业模式，部分长期处于亏损运营状态或停业状态；三是地方交易场所的交易产品主要集中在食糖等大宗商品方面，与广西特色优势产业匹配度有待提高，平台效应未能充分发挥。

（五）非银行支付机构业务稳步发展，风险仍需持续关注

截至 2020 年末，广西共有非银行支付机构 45 家（其中支付机构法人 3 家，支付机构非法人 42 家）；全年共发生非银行支付业务 11.32 亿笔，金额 10026.18 亿元。2020 年，广西持续从严落实非银行支付机构监管要求，做实做细客户备付金监测等日常监管；组织非银行支付机构积极开展跨境赌博“资金链”治理、防范电信网络新型违法犯罪，采取高管约谈、通报、暂停新增业务等监管措施，督导违规机构合规审慎开展业务。但个别支付机构存在对客户身份核实不到位和未落实交易信息真实性、完整性、可追溯性等问题，仍需重点关注和督导。

四、其他金融风险与金融稳定

（一）大型有问题企业风险尚未完全处置，风险隐患犹存

2020 年，大型有问题企业呈现以下特点：行业分布主要集中于制造业，性质以非国有企业为主，出险类型多为资金链断裂、流动性困难。长期以来，多家大型有问题企业风险尚未完全处置，部分已形成不良贷款，对金融机构尤其是地方法人机构的信贷资产质量形成负面影响。大型有问题企业的风险形成的主要原因有以下几点。一是宏观经济低位运行，部分企业处于产能过剩行业且行业景气度下行，经营陷入困境，无法偿还到期债务。二是股东占款引发部分企业资金链紧张，甚至导致现金流断裂。三是部分企业激进发展，盲目扩张，对外负债过高，且普遍存在短债长用情况，流动性压力较大。四是部分企业的法定代表人或实际控制人涉及刑事案件，影响企业持续经营，生产活动基本停滞。

（二）非法集资新发案件得到遏制，总体形势依然严峻

广西近年来非法集资案件高发蔓延势头得到遏制，但总体形势依然严峻复杂，风险防控仍不容放松。非法集资发案地区相对集中并向县城农村蔓延，民间投融资、互联网金融、网络借贷等领域风险值得关注，网络化特征凸显，涉农涉老等部分传统领域风险仍然较突出。非法集资形式上花样繁多，不断翻新升级，不法分子追逐热点，利用新业态、新技术打“擦边球”，迷惑性、欺骗性更强。存在的主要风险：一是易激发群体性事件，社会稳定风险隐患较大；二是增加金融市场风险，扰乱正常经济、金融秩序；三是非法集资风险可能向银行业传导，造成银行潜在的合规和声誉风险。

（三）银行间债券市场遭受冲击，企业偿债能力承压

2020 年，受华晨、永煤风险事件冲击，债券市场出现波动，就广西而言，负面影响依然存在，以下三方面风险值得关注。一是发行情况不乐观。受市场利率走高、投资者情绪低迷、投资风险偏好下降等因素影响，部分企业发债面临困难，出现延迟发行，甚至取消发行的情况，发行量下滑严重。二是部分续发还债计划将遭受影响。因涉嫌为永煤控股违规发行债券提供帮助，交易商协会对海通证券开展自律调查，导致主承销商为海通证券的发行企业的续发还债计划落实存在不确定性。三是偿付风险隐患犹存。由于投资者风险偏好明显回落，广西有色和国海证券风险事件可能再度被市场“翻牌”，进而引发广西企业债券融资难、融资贵问题，企业债券续发遭受影响后，存续债务偿付将面临困难。

（四）互联网金融风险专项整治工作成效突出，风险隐患不容忽视

2020 年，广西继续对互联网金融领域违法活动保持高压打击态势，实现互联网资产管理、代币发行融资（ICO）、虚拟货币交易等违法活动零新增。按照“分类施策、一户一策”的原则，推动 P2P 网络借贷机构全部退出，未发生重大风险事件。互联网金融风险专项整治工作取得阶段性成果，但仍存在风险隐患。一是投资者风险防范意识和能力仍需提高。由于投资者风险防范意识普遍较弱，易受“高收益”假象诱惑，且互联网金融活动隐蔽性较强，传播速度较快，在违法变种互联网金融的诱骗下，投资者受骗风险依然较大。二是违法变种活动捕捉难。互联网金融的经营方式较为灵活多样，当旧的违法活动被监管打击后，在利益的刺激下，往往会滋生出新的违法变种活动，监管滞后性往往导致互联网金融的违法变种活动难被及时发现。三是存量风险处置压力犹存。个别退出的 P2P 网络借贷机构原业务存量较大，涉及人数较多，后续处置难度大。

（五）房地产信贷资产质量略有下降，警惕流动性风险

2020 年第四季度，广西房地产贷款不良率为 0.55%，同比提高 0.05 个百分点，其中个人住房贷款不良率0.45%，同比提高0.08个百分点。在新冠肺炎疫情冲击下，大部分楼盘线下销售活动无法正常展开，资金回笼较慢，并且人工成本、银行贷款利息、税费等固定费用需按时支付，极易导致房企资金周转失灵，引发流动性危机。尤其本地中小型房企存在资金储备不足、项目变现能力不强等特点，整体抗风险能力较弱，资金链紧张乃至断裂风险将随之上升。

（六）逆差规模居全国前列，跨境资金流出压力依然突出

2020年，广西银行业金融机构结售汇逆差91.9亿美元，同比增长8.5%，逆差规模居全国第5位，且与全国结售汇由逆转顺的变动趋势相反，其中货物贸易结售汇逆差占广西结售汇逆差总额的86.3%。从跨境资金数据看，2020年广西跨境资金净流出46.4亿美元，同比下降37.3%，净流出规模居全国第9位，其中，广西外汇资金净流出97.3亿美元，同比增长62.2%。从项目看，外资撤资出现历史峰值，广西累计FDI资本金撤资汇出7.3亿美元，同比增长4.5倍，其中，房地产业撤资4.6亿美元，同比增长12.2倍，流向地区有六成以上为香港。此外，受疫情和贸易摩擦影响较大的造纸、纺织、玩具等行业也出现了部分撤资流出。

五、打好防范化解金融风险攻坚战

（一）积极支持复工复产稳增长，有效达成稳企业保就业目标

出台“复工贷”“稳企贷”“桂惠贷”政策，及时为受疫情影响的民营企业、小微企业复工复产、增产增收注入金融力量，有效达成稳企业保就业目标。截至2020年末，广西金融机构对各类市场主体贷款余额2.13万亿元，惠及市场主体58万户。普惠小微企业贷款余额2961亿元，比年初新增487亿元，同比增长19.70%；民营企业贷款余额5000亿元，比年初新增608亿元，同比增长13.86%。

（二）完善防控监测机制，提升化解地方政府债务风险能力

金融管理部门完善风险防控机制，加强隐性债务金融风险管理，完善风险应急处置预案，统筹风险防范化解工作；建立监测预警机制，重点监测债务融资工具类地方政府隐性债务情况，密切关注发行人经营情况、债券兑付能力；指导金融机构按照市场化、法治化原则参与地方政府隐性债务风险化解工作。2020年成功指导地方法人机构有效化解某市政府隐性债务风险，形成较好示范效果。

（三）精准拆弹，城商行攻坚战圆满收官

一是及时出手稳险情，防止风险演化劣变。针对广西城商行存量风险资产，广西及时决策，集全区之力果断出手，稳住风险演化劣变的态势。二是真金白银增资本、降不良，实现风险真实化解。积极协调自治区、市国企和引进战略投资者增资扩股，募集资金真实到账，一半增资本一半化不良，不良资产真实出表。三是积极稳妥保运转，确保排雷不爆雷。人民银行南宁中心支行提供流动性支持超过300亿元，指导发行金融债券近100亿元，确保银行经营平稳、流动性平稳、舆情平稳。四是明规肃纪强治理，增强内生发展动力。加强党的建设，完善公司治理，加大问责处罚力度，引进咨询公司重建薪酬与绩效考核体系。2020年末，广西城商行主要监管指标均高于监管要求，重归审

慎稳健经营的良性轨道。

（四）多措并举，高风险机构数量大幅压降

一是落实责任“实”。广西及时成立工作专班，通过专题会议、实地督导等形式进一步压实地方政府、机构主体、监管部门责任，合力化解风险。二是风险处置“真”。推动各责任方拿出真金白银处置不良和增加资本，坚持不良资产洁净出表，杜绝为摘帽而摘帽。三是对症下药“准”。坚持问题导向，开展金融案件执行百日攻坚，纠偏农合机构考核机制，强化风险管理导向。四是跟踪监测“紧”。对于6～8级机构关键指标实行专人按周监测，及时预警纠偏关键指标恶化的机构。2020年末，高风险机构数量大幅减少，未发生挤兑等风险事件。

（五）资管业务快速发展，存量资管业务整改有序推进

根据总行统一部署，做好广西法人金融机构资管业务整改计划报备工作，敦促金融机构及相关部门落实责任，稳妥推进资管业务有序整改。截至2020年末，广西地方法人金融机构发行的资产管理产品共744只，同比增长23.8%；余额2252亿元，同比增长30.7%。已完成存量资管业务整改规模362亿元，待整改资管业务规模758亿元，较年初下降28.7%，占资管业务总额的33.7%，预计2021年底各金融机构均能完成整改计划。

（六）大力整顿金融秩序，金融生态环境日益优化

一是扎实推进金融领域打击治理电信诈骗。针对相关银行、支付机构的违规问题，采取约谈、通报、暂停新增业务等监管措施，切实维护广西支付市场秩序。二是加大对传统媒体和新媒体金融广告的监测力度，进一步规范市场主体金融营销宣传行为。三是通过提高金融机构反洗钱资金监测有效性，与金融监管、司法等多部门构建省市多层级的反洗钱合作框架，区域反洗钱能力不断提高。2020年，助力多起洗钱、地下钱庄、传销等案件侦破。四是通过开展虚拟代币防范与防伪知识宣传工作，联合多部门定期开展虚拟货币交易场所摸排工作，不断规范虚拟代币市场发展。五是大力整治外汇领域违法违规行为。联合公安机关破获多起外汇违规案件和跨境赌博案件。

（七）金融基础设施逐步完善，现代化水平不断提升

一是在总行统一部署下，组织辖内140多家地方法人机构向国家金融基础数据库报送数据。二是坚持安全原则，支付业务连续性管理不断加强；圆满完成广西同城清算系统业务迁移，126家金融机构开通ACS自助转账功能。三是推进二代征信系统在广西顺利上线，大力推动中小征信平台建设，打造高质量发展的征信体系，有效解决信息不对称，提升金融机构风险防范水平。

（八）坚持“三位一体”思路，防范金融风险周期性积聚

坚持建章、立制、定标“三位一体”的思路，推动建立长效机制，防范风险“周期性集聚和化解”。一是建规章制度，筑牢金融风险防控根基。将金融风险防控纳入自治区党委工作要点、政府工作报告及设区市绩效考核，“地方法人机构高质量发展”写入广西“十四五”规划。二是立运行机制，强化金融风险防控抓手。成立风险化解相关工作专班，由常务副主席牵头协调；依托广西协调机制，强化财金、司法联动，形成核查、约谈、演练“三联合”，开展金融案件执行攻坚行动。三是定工作标准，提升金融风险防控质效。从严开展央行评级，评级结果成为政府风险识别首要标准和监管评级重要参照，风险认定“严”的标准得到确立；坚持真金白银、真实出表、真实摘帽，避免数字游戏和虚假处置，风险化解“真”的标准达成共识；及时全力处置风险苗头，广西在严峻形势下，成功守住了无重大银行风险事件、无重大资本市场风险事件、无严重 P2P 和非法集资案件底线，底线管理“稳”的标准落为实际。

六、总体评估与政策建议

（一）辖区金融稳定状况总体评估

2020 年，面对错综复杂的国际国内形势，特别是新冠肺炎疫情的严重冲击，广西坚持稳中求进工作总基调，统筹疫情防控和经济社会发展工作，扎实做好“六稳”工作，全面落实“六保”任务，全年经济运行呈现加快恢复、巩固提升的良好势头。广西金融业整体运行稳中向好，风险防控力度不断加大，防范化解重大金融风险攻坚战成效明显，但金融发展仍存在诸多不确定因素，各类金融风险也在集聚。银行业不良贷款边清边冒，关注类贷款明显增多，高风险机构后续处置化解压力大；部分上市公司业绩不佳，退市风险上升，公司债券存在潜在兑付风险；保证保险快速增长的风险隐患值得关注，财险公司面临承保亏损风险；小额贷款公司经营风险有所上升，融资性担保行业效用发挥仍有提升空间，典当行可持续发展能力有待提升，各类交易场所行业风险存量暂未消除；大型有问题企业风险尚未完全处置，非法集资总体形势依然严峻，企业偿债能力承压，互联网金融风险隐患不容忽视，房地产信贷市场需警惕流动性风险，跨境资金流出压力依然突出，风险防控能力面临新挑战。

2020 年，广西金融稳定状况良好，金融风险可控，且呈现收敛态势，全年未发生系统性风险事件，三年防范化解金融风险攻坚战取得重大成效，高风险机构数量显著下降，突出的单点风险得到有效化解，全区的金融生态环境日益优化。但全球疫情还在蔓延，大多数国家经济仍处于下行通道，受宏观形势影响，特别是疫情对金融机构资产质量的冲击很可能滞后显现，2021 年须对潜在风险保持密切关注，加强监测研判，防范系统性金融风险。

（二）化解金融风险、增强金融业稳健性的政策建议

1. 持续加大存量风险的监测和摸排力度。加强对广西金融风险及处置情况的监测和摸排，压实各方责任，真实化解风险，重点推动高风险机构的风险化解处置。做实跨部门、跨行业、跨市场金融业务的统筹协调和监管联动，提升金融管理部门之间联动协作的深度和广度。引导金融机构加大不良处置和拨备计提力度，前瞻性留足财务资源，及时补充资本，增强抵御风险的能力。

2. 建立健全金融稳定发展的长效机制。着眼于防范风险周期性聚集、周期性化解，推动建立发展与风控并重的考核导向机制、与发展相匹配的动态资本补充机制、权责对等的公司治理机制、及时高效的风险早期纠正机制等，健全地方法人金融机构风险防控和做优发展的长效机制，推动地方法人金融机构实现高质量发展。

3. 积极打造良好金融生态环境。推动互联网金融监管长效机制建设，深化构建包括人民银行、市场监管部门以及网信部门在内的金融广告排查与线索移交、处置长效机制；加强银行账户业务监

管，指导银行机构做好银行账户风险防控，持续规范支付机构发展；进一步规范征信市场和评级市场发展，清理整顿“无证驾驶”机构；与公检法部门完善协调合作机制，配合有关部门打击重点领域洗钱及其相关犯罪，持续开展预防、打击利用离岸公司和地下钱庄转移赃款专项行动，联合打击跨境赌博、电信诈骗，常态化治理跨境赌博资金链，提升非法金融活动打击力度。

中国人民银行南宁中心支行金融稳定分析小组

组　　　长：宋　军

副　组　长：郭　勇

成　　　员：金融稳定处　法律事务（金融消费权益保护）处

货币信贷管理处　调查统计处　支付结算处

货币金银处　征信管理处　国际收支处

跨境人民币业务办公室　反洗钱处

《广西壮族自治区金融稳定报告（2021）》编写组

总　　　纂：郭　勇

统　　　稿：黎桂林　吴　强

执　　　笔：农丽娜　蓝日德　徐小瑛　吕永安　吴晓蓓　邹　雪

罗婕妤

参与写作人员：李思婷　宁　芾　农　宇　杨运希　雷　海　杨　阳

胡欢欢　王诗宇　柯爱娜

海南省金融稳定报告摘要

2020年，面对新冠肺炎疫情的冲击和严峻复杂的国内外经济环境，海南省坚持新发展理念，推进疫情防控和经济社会统筹协调发展，切实贯彻“六稳”政策、落实“六保”任务，采取超常规举措克服新冠肺炎疫情的巨大冲击，推动复工复产，主要经济指标从第二季度开始呈“V”形反转，海南自由贸易港建设顺利开局，加快重大政策落地，经济发展的质量效益不断提升。海南省金融业认真贯彻落实稳健的货币政策，大力推动金融改革创新，加大金融服务实体经济力度，防范化解重大金融风险攻坚战取得阶段性成效，金融服务体系不断完善，金融支持海南自由贸易港建设水平稳步提升。

一、区域经济运行与金融稳定

2020年，海南省着力落实“六稳”“六保”任务，在一系列超常规措施推进下，经济实现“V”形反转，服务业整体加快复苏，投资消费不断改善，物价水平趋于稳定，调结构转动能效果显现，经济恢复稳定发展，高质量完成脱贫攻坚收官任务，海南自由贸易港建设顺利开局。

（一）经济运行总体情况

1. 经济增长保持平稳，产业结构不断升级。2020年，全省地区生产总值5532.39亿元，同比增长3.5%，增速比上年下降2.3个百分点，高于全国平均水平1.2个百分点。三次产业结构由上年的20.3:20.7:59.0调整为20.5:19.1:60.4。服务业增加值比上年增长5.7%，在疫情暴发后率先复苏，对经济增长的贡献率为95.8%，是拉动全省经济增长的重要力量。

2. 投资结构优化，投资恢复年度正增长。2020年，全省固定资产投资完成总额同比增长8.0%，是自2018年实施最严格的房地产宏观调控政策以来，年度首次恢复正增长。其中，非房地产开发投资增长13.4%，是拉动全部投资增长的主要动力；房地产开发投资增长0.4%，房地产开发投资占比38.7%，比上年降低2.9个百分点。房屋销售面积和销售额维持下降趋势，同比分别下降9.4%和3.4%。“十三五”期间，海南省以壮士断腕的决心摆脱经济对房地产业的依赖，房地产业的增加值、投资、税收分别占地区生产总值、固定资产投资、地方一般公共预算收入的比重，从最高位回落4%、21.9%、25.1%（见图1）。

3. 市场销售平稳增长，消费结构持续升级。2020年，海南省社会消费品零售总额1974.63亿元，同比增长1.2%。其中，乡村消费品零售额增长1.5%，增速比城镇快0.7个百分点。离岛免税品和汽车是拉动社会消费总额实现正增长的主要贡献力量。消费升级类商品及服务持续较快增长，限额以上单位商品零售中，化妆品类、金银珠宝类、汽车类、通信器材类零售额分别增长132.9%、102.8%、22.0%、11.0%。

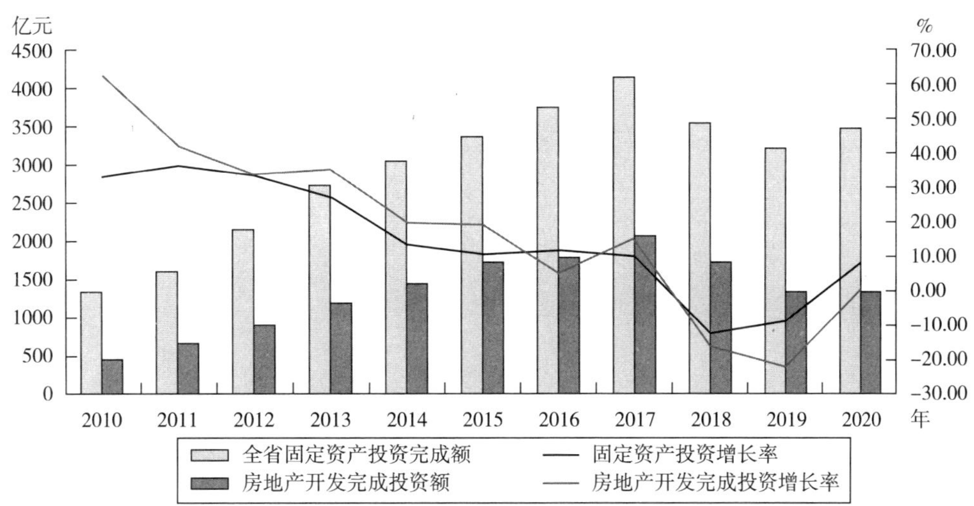

图1　2010—2020年海南省固定资产投资和房地产开发完成投资数据统计情况

（数据来源：海南省统计局）

4. 外向型经济平稳运行，利用外资快速增长。2020年，海南省对外贸易进出口总值1118.03亿元，同比增长2.5%。其中，货物进口总额933.0亿元，同比增长3.0%；服务进出口总额185.03亿元，同比下降15.8%。全省实际利用外资总额30.33亿美元，同比增长100.7%。

5. 财政收入增速放缓，民生领域投入不断加大。2020年，海南省全口径一般公共预算收入1350.58亿元，同比下降3.5%。其中，地方一般公共预算收入816.05亿元，同比增长0.2%。全省地方一般公共预算支出1973.89亿元，同比增长6.2%。其中，民生支出1504.87亿元，同比增长6.6%，占地方一般公共预算支出的76.24%。

6. 城乡居民收入双增长，居民消费价格（CPI）趋于稳定。2020年，海南省常住居民人均可支配收入27904元，扣除价格因素实际增长4.6%。其中，城镇和农村常住居民人均可支配收入分别为37097元和16279元，实际增长分别为3.0%和7.7%。剩余贫困人口138户490人全部脱贫，贫困地区农民收入增速高于全省农村平均水平，“两不愁三保障”全面解决，高质量完成脱贫攻坚收官任务。居民消费价格同比上涨2.3%，涨幅比上年缩小1.1个百分点，高于全国平均水平0.2个百分点。工业生产者出厂价格同比下降6.2%，工业生产者购进价格同比下降8%（见图2）。

7. 旅游业恢复良好，工业企业收益下降。2020年，全省接待游客6455.09万人次，旅游总收入872.86亿元，分别恢复至上年的77.7%和82.5%。其中，接待入境游客22.4万人次，实现国际旅游收入1.12亿美元。2020年，规模以上工业增加值同比下降4.5%。全年规模以上工业企业主营业务收入比上年下降7.9%，营业收入利润率6.3%，实现利润总额比上年下降23.6%。

8. 加快重大政策落地，着力推进海南自由贸易港建设。《海南自由贸易港建设总体方案》公布，海南自由贸易港建设蓬勃展开。发布实施企业和个人所得税优惠、进口原辅料和交通工具及游艇“零关税”正面清单、高端紧缺人才清单管理办法等政策。制订31项营商环境年度行动计划，出台政府与市场主体交往“六要和六不准”，营商环境不断改善。新增市场主体增长30.9%，新设企业增长113.7%、居全国第一位，总部企业累计入驻64家。项目集中签约315个，集中开工538个。引进人才12.2万人，比上年增长177%。离岸新型国际贸易收支增长10倍。

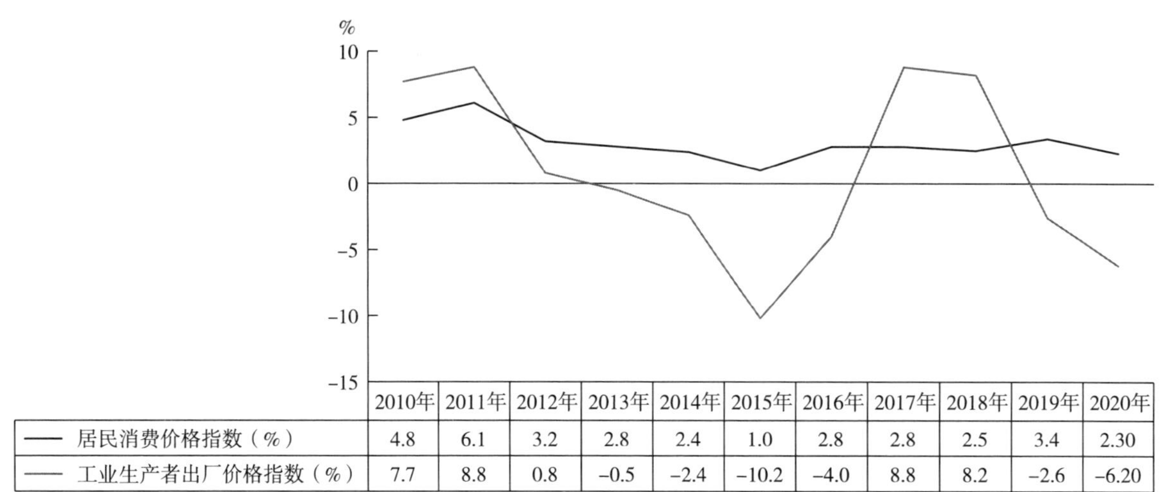

	2010年	2011年	2012年	2013年	2014年	2015年	2016年	2017年	2018年	2019年	2020年
—— 居民消费价格指数（%）	4.8	6.1	3.2	2.8	2.4	1.0	2.8	2.8	2.5	3.4	2.30
—— 工业生产者出厂价格指数（%）	7.7	8.8	0.8	−0.5	−2.4	−10.2	−4.0	8.8	8.2	−2.6	−6.20

图2　2010—2020年海南省居民消费价格指数和生产者出厂价格指数变动情况

（数据来源：海南省统计局）

（二）经济运行中需关注的问题

1. 物价水平仍较高。虽然居民消费价格涨幅高位回落，但是八大类商品和服务项目价格“六涨两降”。其中，在非洲猪瘟疫情、周期性因素等共同作用下，食品价格同比上涨8.4%。同时，城镇和农村常住居民人均可支配收入增长率同比分别下降5个和0.3个百分点，城镇居民家庭和农村居民家庭恩格尔系数分别为37.8%和43.8%，同比上升3.5个和2.1个百分点。食品价格调控不明显，导致居民对食品支出上升。

2. 财政收支平衡压力大。全面实施减税降费政策带来的减税效果，叠加海南省产业升级、自由贸易港政策效益还未充分发挥，财政收入的增长速率已然受到了影响。2021年，海南省在扩大内需、强化科技战略支撑、加快自由贸易港建设上的新增支出较大，财政收支平衡压力将进一步增大。

二、金融业与金融稳定

（一）银行业与金融稳定

2020年，海南省银行业金融机构紧抓建设海南自由贸易港的战略机遇，加快金融创新步伐，加强风险管控，全力支持常态化疫情防控和企业复工复产，助力各类市场主体快速恢复，推进金融服务自由贸易港建设水平。

1. 银行业整体运行情况

（1）银行业资产负债企稳回升，法人机构增长势头强劲。截至2020年末，海南省共有46家地方法人银行业金融机构、20家非法人一级分行机构（其中外资银行1家）；广发银行海口分行获批筹建。全省银行业资产总额14031.72亿元、负债总额14129.89亿元，同比分别增长3.71%、4.29%。其中地方法人银行业金融机构资产总额4079.16亿元、负债总额3764.53亿元，同比分别增长11.58%、12.23%，增长势头强劲。

（2）存款余额突破万亿元大关，住户存款、企业存款增长较快。截至2020年末，海南省各项存款余额10312.45亿元，比年初增加574.68亿元，同比增长5.90%，增速比上年同期高4.58个百分点。分部门看，住户存款余额5037.33亿元，比年初增加516.25亿元，同比增长11.42%；非金融企业存款3049.88亿元，比年初增加273.03亿元，同比增长9.83%；广义政府存款1975.59亿元，同比下降13.04%。分机构看，法人机构新增368.20亿元，同比增长14.31%，占全省存款新增额的64.07%，主要受法人机构存款利率较高及多网点支持县域发展模式等影响。

（3）货币政策工具运用精准直达，信贷有力支持常态化疫情防控和企业复工复产。截至2020年末，全省银行业各项贷款余额9981.72亿元，比年初增加460.62亿元，同比增长4.84%，高于同期经济增速水平，有力支持海南经济实现逆势回升。2020年累计向地方法人银行发放再贷款（不含抗疫专项再贷款）49.92亿元，规模是上年同期的6.52倍，支持6700余户小微企业和涉农经济主体；全省24家重点保障企业共获10.63亿元抗疫保供再贷款资金支持；2000多户市场主体共获22亿元复工复产再贷款资金支持。在重点产业方面，除受调控的房地产业和疫情直接冲击的旅游业、物流业外，热带特色高效农业、低碳制造业、医疗健康产业等九大重点产业贷款余额均实现正增长，比年初增加120.49亿元，有力支持产业结构转型升级。在重点业务方面，全省小微企业贷款余额1182.34亿元，同比增长6.01%；涉农贷款余额1671.20亿元，同比增长4.18%（见图3）。

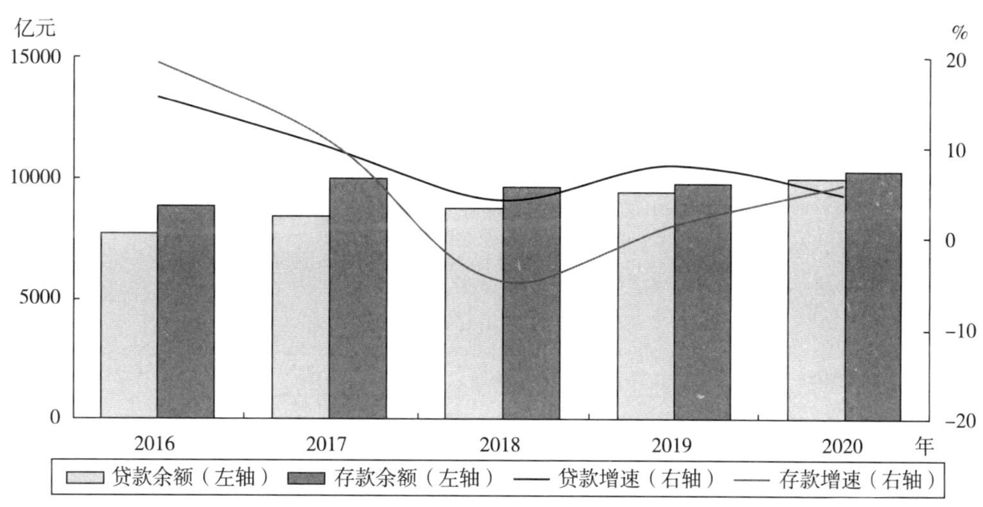

图3　海南省银行业金融机构近5年存贷款变化情况

（数据来源：中国人民银行海口中心支行）

（4）房地产贷款增速放缓，近三年集中度呈下降态势。截至2020年末，全省房地产贷款余额3245.40亿元，同比增长3.83%，增速低于上年同期1.74个百分点。房地产贷款余额占各项贷款的32.51%，同比下降0.32个百分点，近三年房地产贷款集中度小幅下降。从主要项目看，个人购房贷款余额2093.58亿元，同比增长8.43%，占房地产贷款余额的64.51%；开发贷款余额1120.47亿元，同比下降3.62%，占比34.52%。房地产贷款不良余额18.48亿元，同比增长21.36%；不良贷款率0.56%，同比上升0.08个百分点，主要是受中小房企开发贷款及个人购房贷款不良增加的影响（见图4和图5）。

2. 银行业发展中需关注的问题

（1）个别银行信用风险突出。截至2020年末，全省不良贷款率同比上升2.35个百分点，高于

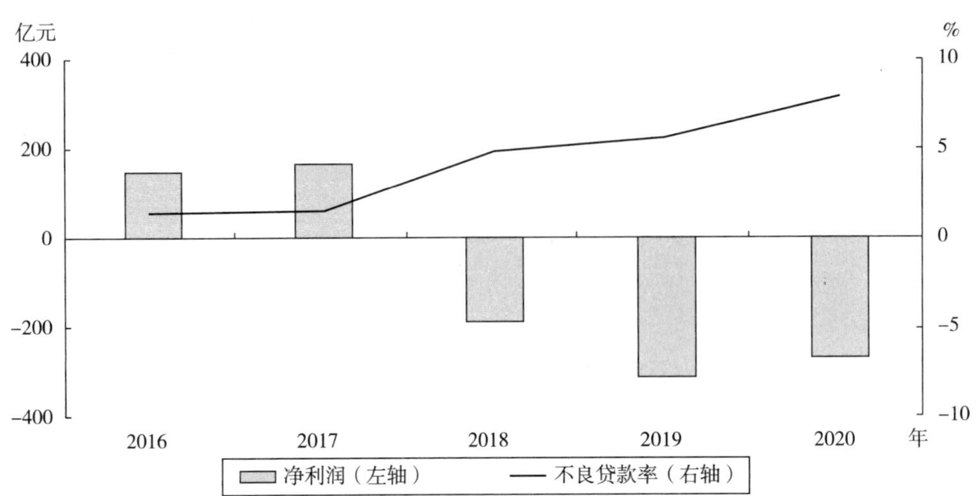

图4 海南省银行业金融机构近5年净利润及不良贷款率变化情况

（数据来源：中国人民银行海口中心支行）

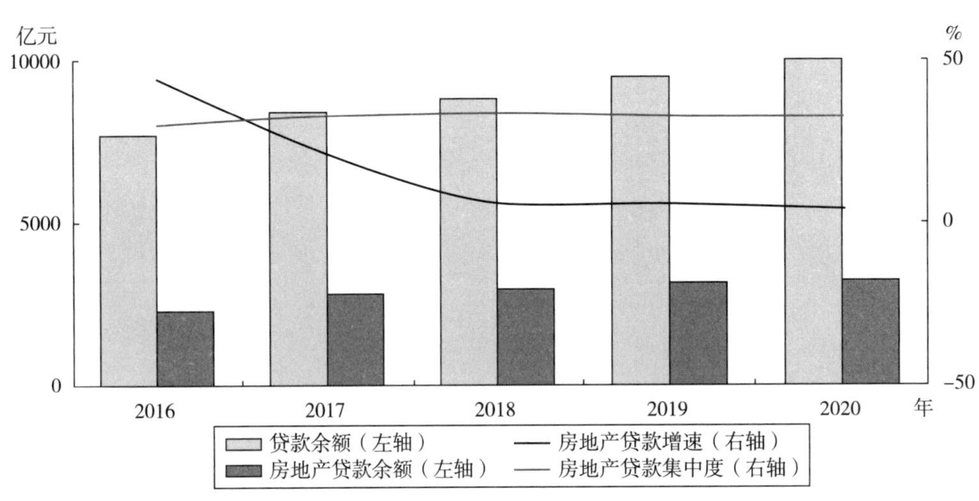

图5 海南省银行业金融机构近5年房地产贷款变化情况

（数据来源：中国人民银行海口中心支行、海南银保监局）

全国平均水平。全省不良贷款主要集中在两家银行机构，合计占全省不良贷款余额八成以上。受资产质量下行导致拨备计提增加等因素影响，全省银行业延续上年亏损局面，主要集中在三家银行机构。

（2）房地产贷款集中度有待下降，中小房企开发贷款风险不容忽视。2017年以来，海南省房地产销售持续4年下降，但房地产贷款集中度仍较高，近5年集中度均高于30%，房地产贷款集中度有待进一步压降。截至2020年末，全省开发贷款不良和关注类贷款均集中于中小房企，中小房企开发贷款不良贷款率高于全部开发贷款1.57个百分点；关注类贷款比率高于全部开发贷款6.17个百分点。2021—2023年中小房企到期贷款合计占存量贷款的六成以上，但近七成贷款对应项目在建，近八成贷款对应项目销售进度未过半。

（3）个别地方法人银行机构风险抵补能力持续承压，经营效益有待提升。2020年，海南省地方法人银行机构通过增资扩股、利润转增股本等方式增强资本实力，整体资本充足率16.19%，同比提高2.30个百分点，但仍有2家机构资本充足率低于监管要求。个别法人银行机构存在不良贷款率较高、贷款分类偏离度大、拨备覆盖率低、资产利润率低等问题。

（二）证券期货业与金融稳定

2020年，海南省证券期货业稳健发展，证券期货交易量上升，资本市场主体数量增加，上市公司不断焕发新活力，资本市场资源配置功能有效发挥，多层次资本市场建设稳步推进，助力海南自由贸易港建设高质量发展（见图6）。

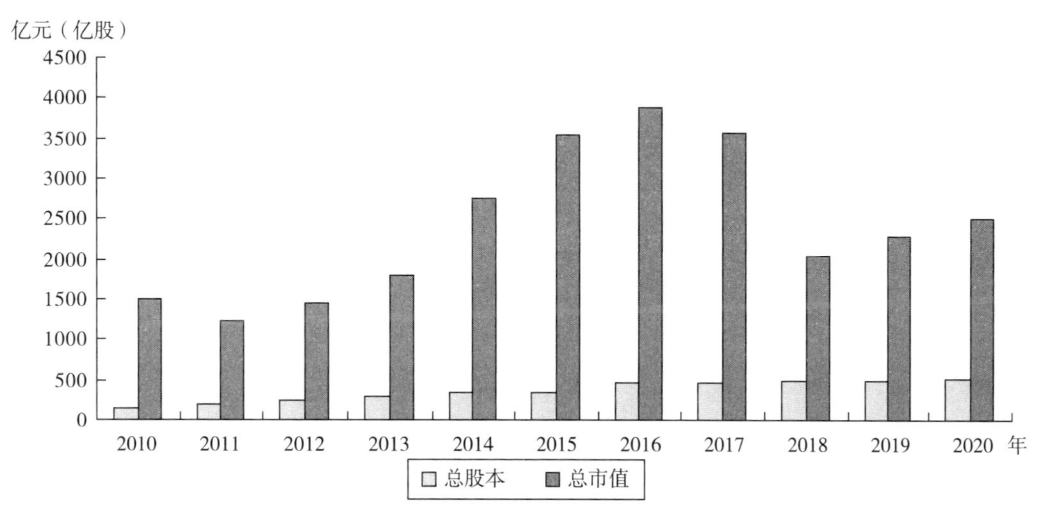

图6　2010—2020年海南省上市公司总市值及总股本情况

（数据来源：海南证监局）

1. 证券期货业整体运行情况

（1）证券交易量持续回升，证券机构经营稳定。截至2020年末，海南省共有2家法人证券公司、34家分公司和51家营业部，1家证券投资咨询机构。2020年证券市场交易活跃度持续回升，法人证券公司、证券公司分支机构累计代理买卖证券总额同比分别增长20.54%和37.49%。法人证券公司资产负债规模稳步扩大，资产总额、负债总额同比分别增长6.30%和9.97%；净利润1.15亿元，同比下降60.62%。证券公司分支机构管理客户资产余额1705.22亿元，同比增长59.73%；净利润2.02亿元，同比增长1.93倍。

（2）期货公司资产规模扩大，经营效益下滑。截至2020年末，全省共有2家法人期货公司、4家期货分公司和10家期货营业部，比上年增加2家期货分公司。法人期货公司资产总额、净资产、客户权益总额分别为20.83亿元、6.44亿元和13.81亿元，同比分别增长20.62%、1.21%和33.95%；全年累计代理交易量、代理交易额同比分别下降9.09%和2.25%；净利润0.08亿元，同比下降15.64%。期货公司分支机构累计代理交易量、代理交易额同比分别增长82.59%和74.17%；亏损0.07亿元。

（3）资本市场主体增多，融资功能有效发挥。2020年，海南省新增1家上市公司，实现近三年企业IPO“零突破”。32家境内上市公司总股本和总市值同比分别增长2.86%和9.03%。资本市场直接融资质量及结构持续优化，全年省内企业在资本市场累计融资199.11亿元，超过五成直接融资用于旅游、医疗等重点产业。海南亚特兰蒂斯成功发行全国首单旅游度假目的地商业地产抵押贷款支持证券，发行规模 70.01 亿元。新增 1 家公募基金分支机构、17 家登记备案的私募基金管理人，私募基金等投资机构加速布局海南。1 家企业科创板上市申请注册获证监会同意，1 家企业已提交创业板上市申请，2 家企业有序推进上市进程。

（4）上市公司质量逐步改善，多层次资本市场建设加快推进。证监会印发《关于资本市场支持海南自由贸易港建设的实施方案》，提出 17 项支持举措。深交所与省政府顺利签署战略合作框架协议。海南证监局开展推动提高海南省上市公司质量专项行动，印发推动提高海南省上市公司质量 2020—2022 年三年行动方案，着力改善上市公司整体面貌。海南省上市公司围绕现代产业体系建设目标推动产业升级，积极借助资本市场力量整合产业链上下游资源，努力实现从低附加值转向高附加值，从粗放型向集约型转变。新三板挂牌企业海控能源已向国家发改委申报能源发电类基础设施项目首批 REITs 试点。

2. 证券期货业发展中需关注的问题

（1）上市公司大股东股票质押整体风险较高。截至 2020 年末，海南省 32 家上市公司中有 18 家存在第一大股东质押所持股票情形，比上年减少 2 家。其中，9 家公司大股东股票质押比例超过 80%。

（2）公司债券违约风险承压。截至 2020 年末，海南省共有存量公司债券 34 只，涉及 11 家发行人，发行规模合计 395.99 亿元。存量资产证券化产品 38 只，涉及发行主体 9 家，发行规模合计 256.85 亿元。其中，5 只公司债券、11 只资产证券化产品到期未兑付。

（三）保险业与金融稳定

2020 年，海南省保险市场组织体系扩大，保险公司资产实力增强，产品创新持续加强，风险保障水平不断提高，保险业经济补偿作用有效发挥。

1. 保险业整体运行情况

（1）保险业发展稳健，服务经济发展能力增强。截至 2020 年末，海南省共有 2 家法人保险公司，27 家省级分公司（财产险分公司 13 家、人身险分公司 14 家），比上年增加 3 家省级分公司；保险专业中介法人机构 20 家、分支机构 325 家，分别比上年增加 1 家和 7 家。保险公司资产总额 3694.04 亿元（含阳光人寿总公司），同比增长 26.58%。2020 年，海南省保险公司实现原保险保费收入 205.91 亿元，同比增长 1.6%，保费增速放缓。其中，财产险公司、人身险公司分别实现原保费收入 80.92 亿元和 124.99 亿元，同比分别增长 4.48% 和 0.19%。保险业原保险赔付支出 65.96 亿元，同比增长 10.34%。其中，财产险公司、人身险公司赔付支出分别为 43.7 亿元和 22.26 亿元，同比分别增长 15.91% 和 0.83%。

（2）财产险业务发展良好，人身险业务经营平稳。2020 年，海南省财产险公司主要险种保费收入均实现平稳增长。2020 年，车险、农业险、健康险、责任险、企财险、意外险保费收入分别为 43.07 亿元、11.59 亿元、5.79 亿元、4.26 亿元、3.09 亿元和 2.92 亿元，同比分别增长 1.07%、18.7%、67.28%、17.08%、12.3% 和 11.53%。人身险业务发展总体平稳，寿险业务略有萎缩，寿险满期给付支出规模下降，退保压力减缓。寿险业务保费收入 88.81 亿元，同比下降 1.61%；意外伤害险保费收入 3.99 亿元，同比下降 20.67%；健康险保费收入 32.19 亿元，同比增长 7.55%。满期给付支出 7.95 亿元，同比下降 2.4%。退保金 15.67 亿元，同比下降 27.58%；综合退保率

3.02%，同比下降1.76个百分点。

（3）农业保险发展较好，服务能力不断提升。农业保险服务地方经济发展的作用持续发挥，稳产保供功能显现，精准扶贫作用增强，产品体系更加完善。一是保险公司在疫情期间强化承保、理赔服务保障，推动农险提标、扩面、增品，全年农业保险赔款支出同比增长20.12%，充分发挥了保险的经济缓震器作用。二是优化橡胶保险产品条款，提升产业扶贫质效，为4.55万户次贫困户提供风险保障4.08亿元，同时实施防贫综合保险并与基本医保、大病保险、民生救助形成政策合力，累计为369万人提供风险保障。三是创新推出水果价格保险和椰子苗木综合保险，积极开展金鲳鱼保险和罗非鱼收入保险试点，推动生猪“保险+信贷”落地，全年累计为生猪养殖户提供贷款支持670万元。四是保险公司强化线上服务能力，在承保、理赔流程中加强卫星遥感、无人机航拍、大数据等技术的应用，通过科技赋能提升服务效率。2020年，农业保险保费收入同比增长18.7%，提供风险保障213.38亿元，同比增长11.8%。

（4）产品服务创新力度加大，保险服务领域不断拓宽。首创复工复产企业疫情防控综合保险，为全国探索保险助力复工复产提供有效参考路径。搭建博鳌乐城国际医疗旅游先行区保险综合服务平台，推出海南乐城全球特药险、自贸港特医特药跨境医疗保险、普惠型商业补充医疗保险“惠琼保”等多款产品，促进商业健康保险与博鳌乐城高端医疗服务体系融合发展，减轻居民医疗费用负担。

2. 保险业发展中需关注的问题

（1）“代理退保”恶意投诉扰乱市场秩序。2020年以来，海南省“代理退保”恶意投诉事件呈爆发态势，并表现出运作模式产业化、宣传方式网络化、蔓延态势扩散化的特征，严重干扰海南保险市场秩序，损害消费者合法权益，甚至可能引发群体性事件。

（2）部分保险产品经营状况不佳。受违约率上升、恶意投诉、保费负增长等多重因素影响，全年保证保险赔款支出同比增长81.87%，承保亏损。海外疫情不断反复加大了出口信用保险的赔付压力，出口信用保险的赔款金额同比增长近5倍，赔款支出超过同期保费收入。

三、社会金融活动与金融稳定

2020年，海南省小额贷款公司、融资担保公司、典当行等具有融资功能的非金融机构平稳发展，在完善海南省融资服务体系、服务中小微企业和“三农”等方面发挥积极作用，但是行业内部存在一些问题和风险隐患仍需关注。

（一）发展现状

1. 小额贷款公司业务量大幅增长。截至2020年末，全省79家小额贷款公司贷款余额120.47亿元，比上年增加43.60亿元，同比增长56.72%。全年累计发放贷款80.47亿元，同比增长50.55%。净利润0.70亿元，同比下降50.7%。从贷款期限看，1年期以内（含）的贷款余额占比70.56%，比上年提高3.52个百分点。从贷款额度看，单笔100万元以上贷款占比六成以上。从投放对象看，个人贷款、企业贷款、个体工商户贷款余额分别占全部贷款余额的54.04%、23.47%和22.49%。从行业分布看，贷款主要投向服务业，占比52.03%。从担保方式看，信用贷款和保证贷款合计占比67.81%，比上年提高1.71个百分点。

2. 融资担保公司平稳发展。截至2020年末，海南省共有31家法人融资担保公司、4家分支机构。全省融资担保公司资产总额39.74亿元，同比增长14.59%；负债总额5.65亿元，同比下降1.91%。净利润0.88亿元，同比增长18.92%。融资担保余额62.96亿元，同比下降3.94%；担保代偿余额3.36亿元，同比下降1.75%；担保准备金余额3.15亿元，同比增长7.88%。融资担保放大倍数为2.13倍，资本杠杆率仍较低。2020年新增担保业务52.77亿元，同比下降8.67%；其中，新增融资性担保业务50.94亿元，同比下降8.30%。融资担保公司主要支持中小微企业和“三农”业务发展，小微企业担保余额26.22亿元，农户及新型农业经营主体担保余额16.14亿元，二者合计占融资担保余额六成以上。

3. 典当行业务规模小幅下降。截至2020年末，海南省共有165家法人典当行、5家分支机构。全省典当行资产总额18.72亿元，同比下降4.49%；负债总额1.24亿元，同比增长26.53%。净利润0.12亿元，与上年持平。全年典当行发放典当贷款总额15.80亿元，同比下降11.04%；其中，房地产典当、动产典当、财产权利典当占全部典当贷款的比重由上年的56.56%、34.88%、8.56%调整为51.63%、35.52%、12.85%，房地产典当贷款占比连续多年下降，典当业务结构持续优化。典当余额9.52亿元，同比增长6.61%；典当逾期贷款余额0.65亿元，占典当余额的6.83%。

（二）需关注的问题

1. 小额贷款公司资产质量较差，服务小微企业、“三农”力度有待提升。截至2020年末，全省小额贷款公司不良贷款率11.38%，风险管控能力亟须加强。涉农贷款、小微企业贷款余额分别为20.47亿元和28.27亿元，分别占全部贷款余额的16.99%和23.47%，服务小微企业、“三农”力度有待提升。

2. 融资担保公司法人治理不完善，银担合作水平较低。一是融资担保公司资本金在位率较低，个别机构资本金在位率不足50%，存在风险隐患；个别机构存在未到期责任准备金、担保赔偿准备金提取不足额或单笔业务超过净资产10%等问题。二是银行对融资担保公司授信力度较低，银行对民营融资担保公司缴存的风险保证金比例较高，新型银担风险分担模式缺乏银行内部鼓励政策支持。

3. 部分典当行业务不规范。一是典当行发展水平参差不齐，规范程度不高，僵尸、失联、空壳企业大量存在，整体盈利能力差。截至2020年末，全省共有34家典当行停业三个月以上，占比20%。二是部分机构未按照《典当管理办法》规定展业，业务违法违规经营，存在违规放款、股东违规占用资金等问题，合规经营意识有待提高。

四、金融有力支持海南自由贸易港建设

《海南自由贸易港建设总体方案》公布以来，海南省积极推动自由贸易港金融改革开放与创新，着力构建与自由贸易港建设相适应的现代金融体系。

（一）海南自由贸易账户功能不断完善

围绕多功能自由贸易账户建设，着力拓展业务功能，业务规模增长明显。目前已有10家商业银行提供自由贸易账户金融服务。2020年，共开立主账户7235个，子账户21648个；资金收付313.3亿元，同比增长130%；优质客户从2019年末的43家扩大至2020年末的103家，同比增长139%。

（二）跨境贸易便利化水平有效提升

货物贸易和服务贸易跨境资金收付便利化试点业务分别于2020年7月、8月正式落地。服务贸易方面落地实施优化服务贸易外汇收支单证审核、实施服务贸易对外付汇税务备案电子化、允许非关联关系境内外企业代垫款偿还、便利外汇业务使用电子单证、放宽业务审核签注手续等多项服务贸易便利化措施。

（三）落地跨境直接投资便利化措施

开展境外上市外汇登记直接下放银行办理试点。积极开展合格境外有限合伙人（QFLP）改革试点，2020年落地两只QFLP基金，累计汇入资金9995万美元。国家外汇管理局批准自由贸易港合格境内有限合伙人（QDLP）50亿美元对外投资额度。允许非投资性外商投资企业资本项目收入用于境内股权投资，2020年共办理业务8笔，合计4.4亿元人民币。

（四）开展跨境融资便利化措施试点

国家外汇管理局批准降低自由贸易港企业的外汇资金集中业务门槛，跨境收支总额由1亿美元下调至5000万美元。开展境内信贷资产对外转让试点，扩大可跨境转出的信贷资产范围和参与信贷资产跨境转出的机构范围，2020年备案1家代理机构，共发生4笔境内信贷资产对外转让业务，合计342.6万美元。

（五）全国首创资金流监测系统

落实《海南自由贸易港建设总体方案》有关风险防控要求，中国人民银行海口中心支行牵头搭建全国首个资金流监测系统，被国务院第六次大督查通报表扬，荣获第一届“海南省改革和制度创新奖”一等奖。2020年，监测系统日均监测进出岛资金笔数约500万笔，金额约300亿元。

（六）创新科技金融政策、产品和工具

率先启动入境游客移动支付便利化试点，项目一期已正式上线，港澳入境游客享受与境内居民同等便利的移动支付服务。顺利启用跨境金融区块链服务平台，出口应收账款融资应用场景接入14家银行机构，2020年为7家涉外企业累计办理119笔融资业务，合计1157.6万美元；服务贸易税务备案电子化银行核验应用场景实现辖区全覆盖，2020年共完成付汇7.9亿美元。

五、总体评估和政策建议

（一）总体评估

2020年，海南省继续坚持稳中求进工作总基调，贯彻新发展理念，克服新冠肺炎疫情的巨大冲击，统筹疫情防控和经济社会发展，着力推进自由贸易港建设，经济运行恢复稳定，总体向好。海南省金融改革创新取得突破进展，金融风险防范能力持续提升，金融支持实体经济力度增强，助力各类市场主体快速复工复产，大力支持自由贸易港重点项目落地，服务自由贸易港高质量建设。总

体来看，海南省前期暴露的重点领域风险正在逐步化解，防范化解重大金融风险攻坚战取得阶段性成效。但是经济金融体系中仍存在一些影响金融稳定的风险隐患，具有不确定性和不稳定性，需要妥善应对及化解。

2021 年是中国共产党成立 100 周年和“十四五”规划开局之年，也是海南全面深化改革开放和加快建设自由贸易港的关键之年，海南省金融业将继续贯彻新发展理念，认真落实稳健的货币政策，积极应对新冠肺炎疫情带来的不利影响，加大金融服务实体经济力度，持续防范化解金融风险，深化金融改革开放，坚守风险底线，助力海南自贸港建设稳步推进。

（二）政策建议

1. 引导金融资源支持重点产业和重点领域发展，增强金融支持实体经济能力。一是引导金融机构聚焦海南自由贸易港“三区一中心”战略定位，围绕海南旅游业、现代服务业和高新技术产业三个重点产业方向，合理配置信贷资源。二是督促金融机构扎实提升中小微企业金融服务能力，持续加大对“三农”领域的金融支持力度，绿色信贷支持可再生能源、绿色建筑、清洁交通等领域发展，推动小微企业、乡村振兴、科技创新、绿色领域等发展。三是健全金融组织体系、丰富金融产品、创新融资担保方式、完善金融基础设施、构建金融风险缓释和补偿机制，提升信贷政策服务实体经济的针对性和有效性。

2. 加大风险防控力度，着力化解重点领域风险。一是充分发挥金融委办公室协调机制（海南省）作用，压实金融机构、地方政府和金融管理部门的责任，形成工作合力，共同推动金融风险化解。二是推动金融机构健全公司治理、内部控制和风险管理体系等，多措并举压降不良贷款，增强资本实力，提升抗风险能力，切实承担风险管理的主体责任，履行自我救助责任，守好风险防控的第一道关口。三是加强金融风险动态排查，严格落实金融机构重大事项报告制度，切实做到金融风险“早识别、早预警、早发现、早处置”。四是积极发挥货币政策工具精准调控功能，注重在海南自由贸易港建设和推动高质量发展中防范风险，促进经济金融良性循环。

3. 深化金融改革，推进金融创新。扎实推进金融与自由贸易港建设深度融合，加强对新旧动能转换等政策的金融服务。深化农信社等金融机构改革进程，加大金融产品服务创新力度，创新发展保险市场，做优做强上市公司，支持优质企业改制上市。着力提升跨境贸易、跨境投融资自由化便利化水平，构建与自由贸易港建设相适应的现代金融服务体系。

中国人民银行海口中心支行金融稳定分析小组

组　　长：方　昕

副 组 长：黄　革

成　　员：韩　芳　李师伟　黄明理

《海南省金融稳定报告（2021）》编写组

总　　纂：方　昕　黄　革

统　　稿：韩　芳　黄明理

执　　笔：陈太玉　邝继彬　侯腊一　符瑞武　王　宇　何　山

参与写作人员：李师伟　黄　创　林平玉　祝春盛　邢福炯

重庆市金融稳定报告摘要

2020年，面对新冠肺炎疫情带来的严峻考验，重庆市坚持以习近平新时代中国特色社会主义思想为指导，紧紧围绕总书记对重庆提出的“两点”定位、“两地”“两高”目标，发挥“三个作用”和推动成渝双城经济圈建设等重要指示要求，统筹推进疫情防控和经济社会发展，扎实做好“六稳”工作，全面落实“六保”任务，促进“一区两群”协调发展，全市经济呈现稳定向好态势，金融业运行保持稳健。

一、区域经济运行与金融稳定

（一）经济运行情况

1. 地区生产总值增速逐步回升，产业结构总体稳定

2020年，重庆实现地区生产总值25002.79亿元，同比增长3.9%，增速较第一季度回升10.4个百分点，较全国同期高1.6个百分点，居全国第4位。从产业看，第一产业受疫情冲击影响较小，占比有所提升。第一、第二和第三产业增加值占比分别为7.2%、40.0%和52.8%，分别较上年上升0.6个、下降0.2个和0.4个百分点。从需求看，疫情防控成效突出有利于市场投资恢复，供给恢复的相对优势有效对接了国内外需求。固定资产投资同比增长3.9%，社会消费品零售总额同比增长1.3%，进出口总额同比增长12.5%（见图1）。

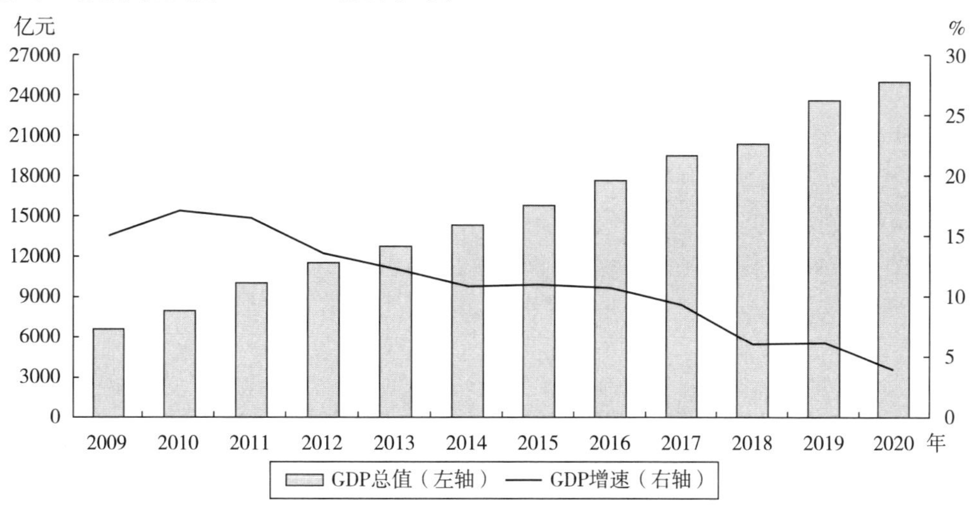

图1　重庆市经济增长情况（2009—2020年）

（数据来源：重庆市统计局）

2. 新兴制造业助推全市工业运行平稳增长，现代服务业持续发展

2020 年，重庆市规模以上高技术产业和战略性新兴产业增加值同比分别增长 13.3% 和 13.5%，分别高于工业增速 7.5 个和 7.7 个百分点，推动全市工业运行平稳。高技术新兴产品较快增长，集成电路、液晶显示屏、工业机器人等上游高技术产品分别增长 34.9%、28.2% 和 24.6%。数字经济增加值增长 18% 以上。全市规模以上服务业企业实现营业收入同比增长 5.4%，其中规模以上互联网和相关服务、软件和信息技术服务业营业收入增速均在 20% 以上。

3. 企业和住户部门收入较快增长，政府部门收入继续下滑

在“六稳”“六保”工作推动下，市场主体和居民收入实现平稳增长。从企业部门看，2020 年，重庆市规模以上工业企业营业收入同比增长 6.6%，增速与上年持平；利润总额同比增长 17.3%，高于上年 21.6 个百分点。从住户部门看，全体常住居民人均可支配收入 30824 元，同比增长 6.6%。其中，城镇常住居民人均可支配收入 40006 元，同比增长 5.4%；农村常住居民人均可支配收入 16361 元，同比增长 8.1%。城乡居民人均可支配收入比值为 2.45，较上年缩小 0.06。从政府部门看，受减税降费等因素影响，一般公共预算收入完成 2095 亿元，同比下降 1.9%。

4. 对外贸易形势好于全国，电子产业出口增长显著

2020 年，重庆市进出口总额 6513.4 亿元，同比增长 12.5%，高于全国增速 10.6 个百分点。其中，出口 3712.9 亿元，同比增长 9.4%；进口 2079.9 亿元，同比增长 13.8%。从行业类别看，电子信息产业进出口 4668 亿元，同比增长 16.3%，占同期重庆外贸总值的 71.7%。从市场结构看，对东盟、美国、欧盟三大贸易伙伴进出口同比分别增长 3.4%、10.5%、7.7%。重庆市抢抓 RCEP 协定签署机遇，积极参与国内国际双循环，对其他 14 个 RCEP 成员国进出口 2043.2 亿元，占重庆外贸总值超 3 成。

5. 居民消费价格温和上涨，工业生产者价格小幅下降

2020 年，重庆市居民消费价格总水平同比上涨 2.3%，低于上年 2.7 个百分点。分类别看，食品烟酒、教育文化和娱乐、医疗保健、其他用品和服务价格同比分别上涨 7.9%、1.8%、1.9% 和 2.7%；衣着、居住、交通和通信价格同比分别下降 1.7%、0.5% 和 2.7%；生活用品及服务价格与上年持平。食品价格上涨 10.3%，是推动 CPI 上涨的主要因素。工业生产者出厂价格同比下降

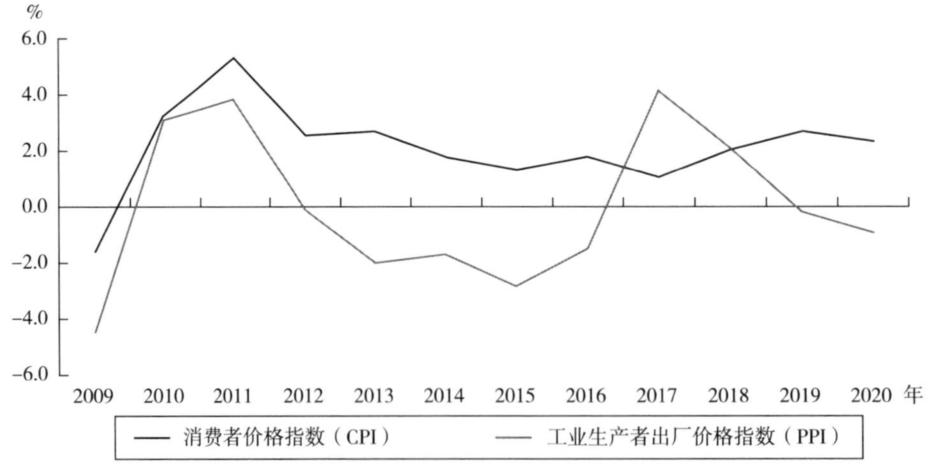

图 2 重庆市物价变动情况（2009—2020 年）

（数据来源：重庆市统计局）

0.9%，购进价格同比下降0.1%。

6. 房地产市场量价平稳，开发投资出现下滑

重庆市坚持“房子是用来住的，不是用来炒的”定位，积极落实房地产市场平稳健康发展长效机制。2020年，房地产市场量价总体平稳，商品房销售面积6143万平方米，同比增长0.6%；销售额5071亿元，同比下降1.1%。根据70个大中城市商品住宅销售价格统计，2020年12月，重庆市新建商品住宅价格同比增长4.6%，低于上年增幅3.5个百分点；二手住宅销售价格同比下降0.6%。全年房地产开发投资4352亿元，同比下降2.0%。

（二）需要关注的问题

1. 支柱产业供应链压力加大

2020年，受海外疫情扩散导致生产能力不足、美国持续扩大芯片禁令范围等影响，电子信息、汽车等产业的供应链压力上升。以汽车产业为例，由于全球车载芯片80%以上市场份额由国外企业掌控，第四季度以来芯片供应逐步短缺，汽车行业产能受明显制约。近期部分车企反映，2020年上半年汽车销量不足，上游企业部分汽车芯片产能缩减；2020年下半年汽车行业复苏超预期，但芯片产业流程复杂，上游企业需6~9个月才能赶上需求变化。

2. 小型企业应收账款大幅增长加大资金周转压力

2020年，重庆市规模以上工业应收账款同比增长29.8%，明显高于同期营业收入增速23.2个百分点。应收账款增长反映了经济复苏下的商业信用扩张，但也加大了产业链中弱势小企业的资金周转压力。调查显示，2020年末小型企业应收账款增长最快，中型企业次之，大型企业有所下降。小型企业应收账款增长过快对资金周转形成压力，进而贷款需求上升更为明显。

3. 部分传统出口企业受疫情影响经营风险上升

一方面，海外疫情反复导致部分传统消费品出口企业收入下滑。2020年，重庆市钢材、鞋靴、箱包等出口产值下降均超过30%。另一方面，物流成本上升导致出口企业成本增加，加大企业经营压力。调查显示，2020年，77家进出口企业的每百元主营业务收入对应的成本明显高于非进出口企业，且两者成本差距在扩大。

二、金融业与金融稳定

（一）银行业稳健性

1. 银行业运行分析

资产与负债规模稳步提升，结构保持持续优化。2020年，重庆市银行业总资产5.91万亿元，同比增长9.86%，比上年同期高0.78个百分点。总负债5.64万亿元，同比增长10.17%，比上年同期高1.34个百分点。银行业表外资产占总资产比例较年初下降1.6个百分点，全年新增贷款占新增资产的91.4%，主要流向制造业、基础设施、科技创新以及小微“三农”等领域。

盈利水平有所下降，但资本拨备不断增厚。2020年，全市银行业积极支持复工复产，积极让利实体经济，全市银行业税后净利润438.1亿元，同比减少30.27%。全市银行业金融机构拨备覆盖率188.9%，银行法人资本充足率14.8%，风险抵御能力和应对资源总体比较充足（见图3）。

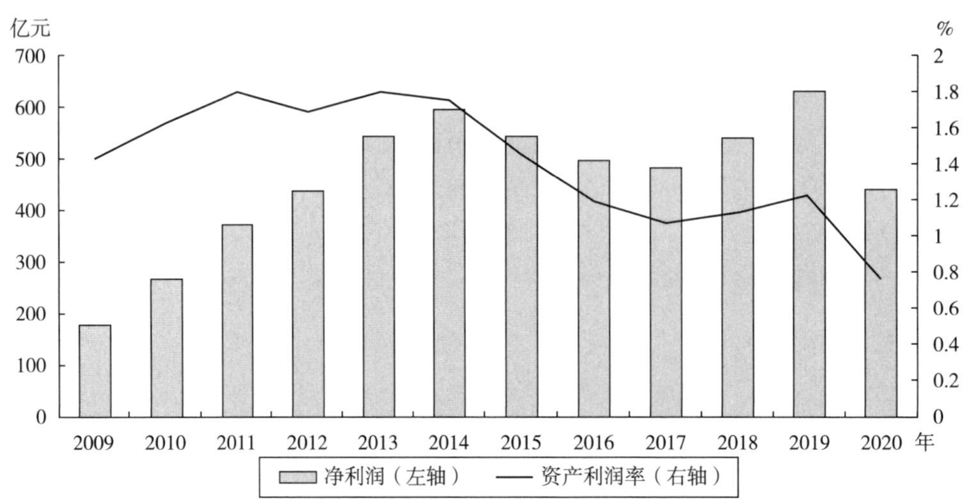

图 3 重庆银行业盈利水平情况（2009—2020 年）

（数据来源：重庆银保监局）

不良资产同比增加，但资产质量持续做实。2020 年全市银行业不良贷款余额 625.71 亿元，不良贷款率 1.48%，低于全国平均 0.46 个百分点。逾期 90 天以上贷款与不良贷款之比 65.7%，较年初下降 11.7 个百分点，低于全国平均 10.3 个百分点。

重点领域风险管控有力，银行业运行总体稳健。发布《重庆市支持金融机构加快不良资产处置的实施意见》，破解不良资产处置难题。稳步推进资管产品统计制度，加强资管业务监测分析，督导金融机构按照资管新规和过渡期延期规定，自主有序做好规范整改工作。压实各方职责，有序推进高风险金融机构和大型企业风险化解并取得重大进展。

2. 需要关注的问题

不良资产仍处上升通道，信用风险防控形势依然严峻。受经济下行叠加疫情影响，部分企业经营出现困难，偿债能力下降，2020 年全市银行业不良贷款总体处于上升通道。尤其是部分大型企业经营困难，资金链紧张，加上淘汰落后产能政策影响显现，部分贷款信用风险可能集中暴露，金融机构资产质量管控压力较大。

互联网金融业务快速发展，潜在风险值得关注。个别地方法人金融机构互联网存贷款业务占比高，互联网存贷款新规下转型难度大。部分机构互联网贷款业务发展迅速，但风控建设存在薄弱环节，对合作平台缺少约束能力。部分机构消费者权益保护弱化，产品综合成本较高，信息披露不充分。

非法金融活动频发，对地方金融秩序和金融安全带来较大压力。“反催收联盟”“债事服务机构”、以虚假资料私自注销抵押权等各类针对金融机构及准金融机构的非法活动依然活跃，花样层出不穷，其本质是逃废金融债务。此类业务隐蔽性强、防控压力大，扰乱地方金融秩序，对地方金融安全构成挑战。

（二）证券业稳健性

1. 证券业运行分析

证券业机构数量保持稳定，资产总规模显著增长。截至 2020 年末，重庆共有 1 家法人证券公司、45家证券分公司、208家证券营业部、4家期货公司、4家期货分公司、28家期货营业部、1家公募基金公司、210家私募基金管理人、3家证券投资咨询机构。其中，证券分公司较年初增加4家，证券营业部较年初增加2家。证券业法人机构资产总额995.47亿元，较上年同期增长29.8%，全年累计实现净利润11.32亿元，较上年同期减少23.5%。

市场交易活跃度大幅提升，投资者数量显著增长。2020年，在应对疫情宽松的宏观政策背景下，我国资本市场行情推升上行，交易活跃度大幅提升，重庆辖区交易所市场证券交易额显著增长，证券经营机构累计证券交易金额101250.63亿元，较上年同期增长557.12%；期货经营机构累计代理期货交易额176180.52亿元，较上年同期增长39.86%。截至12月末，辖区投资者股票账户数较上年同期增加24.06%，客户资产较上年同期增加39.48%，投资者期货账户数较年初增长18.83%，期货交易保证金余额较年初增长77.27%。

上市公司数量稳步增长，交易所市场融资同比显著增长。截至2020年末，辖内上市公司（境内A、B股）57家，较年初增加3家，市价总值9770.48亿元，较年初增长55.63%，总股本898.21亿股，较年初增长11.54%。2020年，辖区交易所市场累计直接融资金额2932.07亿元，较上年增长26.01%。

2. 需要关注的问题

交易所公司债券兑付压力显著上升。2020年，受新冠肺炎疫情、贸易保护主义、国内需求不足等因素影响，行业景气度下降，实体经济面临诸多困难，辖区部分上市公司经营风险显著上升，个别公司资金风险突出。2021年重庆地区到期或回售公司债券为近年高峰，个别企业流动性紧张，企业债券违约风险亟待关注。

期货交易穿仓风险值得警惕。2020年，中国银行“原油宝”穿仓事件备受市场关注，重庆地区有部分投资者遭受损失。尽管重庆辖区期货市场较为稳定，但随着境内外资本市场走势面临更多不确定性，原油等部分大宗商品价格波动剧烈，极端行情下可能引发投资者保证金穿仓风险，导致期货公司风险监管指标不合规。

私募基金领域风险上升。目前，辖区私募基金存在产品备案制度执行效果差、资金管理与运用不审慎、信息披露不充分甚至造假等问题，行业领域风险持续上升。此外，存在未在中基协登记备案和市地方金融监管局前置备案的投资类企业，风险隐患较大，且不排除部分机构存在非法集资情况，极易成为区域金融风险引发源头。

场外配资风险隐患不容小觑。2020年以来，随着我国资本市场持续回暖，场外配资活动有所抬头，相关举报投诉明显增加。不法分子怂恿投资者采用高杠杆炒股，涉嫌非法从事证券业务，甚至利用“虚拟盘”从事诈骗等违法犯罪活动，严重扰乱市场秩序，损害投资者合法权益。

（三）保险业稳健性

1. 保险业运行分析

行业规模稳步增长，机构体系更加开放。2020年，重庆辖区保险业总资产2124亿元，同比增长22.2%，高于全国平均8.9个百分点，增速居全国第1位。实现原保费收入987.6亿元，同比增长7.8%，增速高于全国水平1.7个百分点。机构体系更加开放，全市现有保险业法人机构5家，省级分公司57家；保险专业中介法人机构34家，省级分公司89家。2020年，辖内外资保险机构省级分公司共13家，外资保险机构数量保持中西部领先。

产品结构持续优化，风险抵补能力较好。与国计民生密切相关的责任保险、农业保险、健康保险快速增长，增速分别为23.5%、12.4%和16.7%；人身险新单业务同比增长7.3%，业务内含价值不断提高。承保利润上升，风险抵补能力较好，近一年来辖区保险业承保利润19.6亿元，同比增长6.0%，积累各种保险责任准备金2686.2亿元，同比增长21.1%，较年初新增468.4亿元。法人保险机构核心偿付能力充足率和偿付能力充足率均为380.2%。

支持保障更为有力，助推经济成效显著。一是重大战略支持保障有力。全年为全市重大工程提供风险保障2647亿元，为全市27个区县提供巨灾风险保障57.9亿元，为中欧货运列班提供风险保障1981亿元，各类赔付金额超1.5亿元。二是防疫抗灾支持保障有力。推出“复工保”等复工复产保险产品，安全生产责任险覆盖面持续扩大，累计提供保障金额1036.3亿元；积极应对暴雨洪水灾害，提供抗灾风险保障金额超过2万亿元，累计赔付支出4.5亿元。三是薄弱领域支持保障有力。城乡居民大病保险覆盖全市2487万城乡居民；“精准脱贫保”“产业扶贫保”等一揽子保险服务累计承保贫困户283万人，提供风险保障1.5万亿元，支付赔款3亿元。

2. 需要关注的问题

融资保证保险风险增大。2020年，受疫情影响，中小微企业和居民收入明显降低，经营性和个人消费性贷款客户的还款能力和还款意愿均出现大幅下降，辖区融资性保证保险总体呈现业务萎缩、质量下滑、赔付率大幅上升的态势。

资产负债久期错配。重庆辖内保险机构资产配置中银行存款和固收类产品占比较大，资产端投资收益的下降速度快于负债端成本变化，面临较大的再投资风险和成本收益错配压力。

车险改革后利润下降。车险改革后，辖区车均保费和手续费均大幅下降，中小公司依靠传统车险业务实现承保盈利的难度加大，生存空间将被进一步压缩。部分负债成本、经营成本较高的保险公司，也面临较大的利差损失风险。

三、金融基础设施与金融稳定

（一）支付清算体系

1. 支付清算体系建设及运行情况

积极支持疫情防控和复工复产，持续提升支付服务效能。春节期间高效开通资金汇划及核准类账户审批快速通道，利用ACS联网方式办理取现、再贷款和再贴现归还以及农村金融机构转账等业务，有力支持抗疫资金划拨和央行再贷款及时到位。全国第2个开通云闪付App专用捐款通道，累计接收捐款近8000笔、80万元。主动协调市卫健委，牵头出台援鄂医护人员专属金融服务措施。发文组织金融机构为重庆全市1600余名援鄂医护人员量身定制4大类11条178项金融服务措施。联合市商务委出台手续费减免等6项支付服务支持“复市复消”政策，组织金融机构筹集1000万元资金用于集中营销、激发消费活力，配合地方政府依托云闪付App发放消费券4561万元。

严格支付清算业务管理，维护竞争有序的支付清算市场秩序。切实规范支付清算机构业务范围，指导银行、支付机构配合银联重庆分公司有序推进存量银行间无交易背景的贷记业务迁移工作，全辖支付清算业务保持平稳运行。2020年，分批将存量同城票据交换业务迁移至大、小额支付系统和网上支付跨行清算系统，稳妥完成同城票据交换业务迁移和年终决算。

坚持联防联控，精准打击跨境赌博、电信网络诈骗等违法犯罪活动。与重庆市多部门合作形成更高层级的打击治理合力；组织银行和支付机构全面开展存量账户、商户排查，强化源头治理、靶向施策，以查促改形成账户风险管理高压态势；强化专项整治、重拳出击，全力落实“断卡”行动部署。

2. 需要关注的问题

电信诈骗和跨境赌博频发。近年来，电信网络诈骗和跨境赌博犯罪持续高发，银行卡、银行账户、支付账户成为电信诈骗和跨境赌博的工具，需持续推进打击整治。

（二）征信体系

1. 征信体系建设及运行情况

加强系统建设推广，缓解中小微企业融资难题。推动应收账款融资服务平台与市政府采购平台对接，2 家核心企业接入应收账款融资服务平台。获批成为全国第二批动产融资担保统一登记试点地区，创新生猪抵押贷款模式。征信系统覆盖面不断拓展，截至 2020 年末累计 265 家机构接入征信系统。运用绿色信贷做质押发放再贷款 2. 38 亿元，运用普惠小微贷款做质押发放再贷款 3. 44 亿元，高效支持薄弱领域发展。

以为民服务为宗旨，维护受疫情影响信息主体征信权益。指导接入机构落实受疫情影响四类群体的征信权益保护政策，降低疫情对中小微企业和个人的负面影响，2020 年累计为 133. 8 万名个人、2. 04 万家企业调整还款安排或征信记录。稳妥处理征信投诉 63 笔，个人征信异议 899 笔，企业征信异议 164 笔。积极推广互联网查询方式，加强个人信用报告自助查询代理点建设和管理，2020 年新设立个人信用报告自助查询代理点 25 个，累计投放自助查询机 178 台。

严格备案管理，推动重庆企业征信市场良性发展。一是严格备案标准，按照具有资金实力、特色数据源、具备技术优势、良好市场影响力的备案要求，办理 6 家企业征信机构备案咨询和辅导，截至 2020 年末，重庆辖区共有 4 家备案企业征信机构。二是推动征信产品在金融领域的运用，4 家备案征信机构全年累计采集企业信息 7008 万户，提供征信产品与服务 35 万次。

清理征信市场乱象，维护辖内征信市场秩序。与重庆市场监管局共建长效工作机制，联合制定市场准入负面清单，严格限制新注册机构使用“征信”作为企业名称，从注册源头堵住乱办征信“歪门”。整顿不合规机构，推动 10 家未备案征信机构进行注销，3 家企业名称包含“征信”字样而实际不经营征信业务的机构变更企业名称。

2. 需要关注的问题

征信乱象屡禁不止。当前，社会上乱办征信、借征信名义虚假宣传、扰乱征信市场秩序的行为层出不穷，需各部门联合加强打击。

（三）反洗钱体系

1. 反洗钱体系建设及运行情况

多方联动，探索构建多层次反洗钱协作机制。与重庆市监委、检察院、高法院、公安局、国安局、重庆海关、重庆证监局等多部门合作，深化反洗钱联席会议机制，建立监管情况通报和协作机制。与人民银行成都分行签署成渝双城经济圈跨区域反洗钱监管协作备忘录，构建反洗钱协调监管工作架构。

聚焦风险，着力提升全方位反洗钱监管效能。建成“小渝哨兵”人工智能监管系统和大数据监管分析系统。在联合中国互联网金融协会开展网络小贷行业洗钱风险评估基础上，对50家网络小贷法人机构开展反洗钱监管，并指导报送全国首份网络小贷可疑交易报告。全年对16家机构开展检查，对6家违规机构予以行政处罚。对主城区1201家义务机构开展分类评级，组建专家组对13家法人银行机构开展风险评估。

主动作为，切实维护金融安全与社会稳定。会同公检法等办案部门联合召开推进会、开展案件会商研判50余次，推动成功判决“洗钱罪”案件5起。向侦查机关移送涉嫌犯罪线索204条，向监管和行政执法部门通报线索37条。配合扫黑除恶专项斗争、打击跨境网络赌博、电信网络诈骗、“国门利剑2020”等专项行动，对211批次案件开展协查，为案件侦办提供有力支撑。

2. 需要关注的问题

犯罪手法不断翻新。洗钱及相关犯罪团伙利用互联网金融等进行跨平台、跨机构、跨地区的多层次资金转移，人为割裂资金交易链条，快速隐匿非法资金。诱骗群众批量注册空壳公司并开立单位账户转移犯罪资金已成为洗钱新趋势。

（四）金融消费者权益保护

1. 金融消费者权益保护机制建设及运行情况

疫情防控期间辖内群众金融需求得到有效满足。打造线上金融服务一点通，让金融消费者足不出户就可办理金融业务。开展疫情防控金融支持措施及科普知识集中宣传，宣传金融机构惠民便民措施。推出金融消费者权益保护“快问快答”，让消费者快速了解与自己息息相关的金融知识。建立12363投诉快速处理及统计机制，疫情相关投诉均得到快速处理。

普惠金融重庆新模式初步建立。搭建“1+2+N普惠金融到村”工作平台，在全市各行政村全面推进普惠金融基地建设，现已建成基地346个，覆盖66万农村人口。启动“普惠金融五心助残”行动，有效提升残疾人群体金融服务的获得感和满意度。

投诉受理处理渠道畅通。2020年“12363”共接收金融消费者投诉1925件，办结率99.7%。金融消费纠纷多元化解工作取得进展，重庆市金融消费纠纷人民调解委员会正式成立。与全市各级法院联合推进金融消费纠纷诉调对接，打造“一站式”金融纠纷解决机制。

严格开展各类检查评估。对11家机构开展金融消费权益保护工作专项检查。对辖区市级48家银行业金融机构、3家支付机构法人、1家信托机构、1家消费金融公司，各区县29家村镇银行开展金融消费者权益保护评估工作。严厉打击各类非法金融广告，不断充实辖区金融广告监测专业力量。

金融知识宣传教育工作成效显著。金融知识纳入国民教育体系工作取得积极进展。常态化宣传工作机制进一步健全，重点人群金融知识与技能、自我保护意识和责任承担意识有效提升。

2. 需要关注的问题

部分金融机构行为有待进一步规范。部分金融机构营销宣传隐瞒限制性条件；部分金融机构的格式合同存在减轻、免除己方责任，加重金融消费者责任的条款；部分机构未及时整改问题，同类投诉反复发生。

四、总体评估和政策建议

（一）总体评估

2020 年是打好防范化解重大金融风险攻坚战的收官之年。人民银行重庆营管部按照党中央、国务院及总行系列部署，结合市委市政府相关工作要求，坚持底线思维和问题导向，稳中求进，顺利完成三年攻坚战既定任务目标，有力地维护了区域金融稳定。当前重庆市金融风险总体可控，但国内外经济环境仍存在诸多不确定性，信用风险防控、互联网金融风险防范、非法金融活动防控等问题仍须高度关注。

（二）政策建议

2021 年要持续巩固拓展三年攻坚战成果，及时转入常态化风险防控，依托金融委办公室地方协调机制通力配合、精准施策，牢牢守住不发生系统性金融风险底线，打好防范化解重大金融风险的持久战。

强化风险监测排查，做到风险早识别早预警。持续开展金融风险全面摸排，定期研判辖区金融风险形势，做到风险底数清、情况明。跟踪关注实体经济新变化和宏观调控政策执行效果，动态掌握金融机构真实风险水平，持续跟踪监测金融科技、房地产金融、互联网金融等重点领域风险，分析评估风险隐患及其外溢性，及时识别预警苗头性风险，防止系统性风险累积。

强化风险分类应对，做到风险早预防早处置。推动重庆市《关于支持金融机构加快不良资产处置的实施意见》落地见效，支持中小银行通过加快不良处置、补充资本等方式增强风险抵御能力。督促各金融机构按照相关监管新规做好业务梳理和整改，防范次生风险。推动地方政府继续通过债转股、资产处置、司法重整等方式，稳妥有序化解大型问题企业风险。依法依规将各类金融活动和市场主体纳入金融监管范围，加强非法金融活动监测调查和线索移送，严厉打击非法金融活动。

强化风险防控长效机制建设，筑牢区域金融安全网。认真履行金融委办公室地方协调机制职责，继续加强中央和地方金融监管协调配合，推动建立地方金融监管、风险处置、信息共享等方面的长效协调机制。按照金融委和金融委办公室统一部署，做好重大金融风险应急处置机制和金融委问责机制等在辖区的落地施行，压实各方责任，进一步增强区域金融风险防控合力。

中国人民银行重庆营业管理部金融稳定分析小组

组　　长：马天禄
副 组 长：苏　阳
成　　员：卢满生　黄　莉　王　红　陈振祥　江泓洁　陈　迎
万　庆　贺　华　卢晓芸　杨育宏　江　洁　李　理
黄　焱　何仕安　胡国正　顾　胥　刘雨萌　熊乃胜

《重庆市金融稳定报告（2021）》编写组

总　　纂：马天禄　苏　阳

统　　稿：陈振祥　吕峥嵘　易　娟　许峻桦

执　　笔：王迪迪　刘　林　吴　斯　刘科星　郝　杨　周禹彤
张　娇

参与写作人员：冯黎黎　何玲枢　王香入　邹芳莉　杜　用　张　琪

四川省金融稳定报告摘要

2020年，面对复杂严峻的国内外环境，特别是新冠肺炎疫情的严重冲击，四川省坚持以习近平新时代中国特色社会主义思想为指导，认真贯彻落实党中央、国务院各项决策部署，统筹辖区的疫情防控和经济社会发展，加大逆周期调节力度，大力支持复工复产，坚决落实“六稳”“六保”工作任务，经济总体呈现持续恢复、快速回升、逐步向好的发展态势。

2020年初，按照国务院金融委要求，金融委办公室四川协调机制正式建立，中央和地方金融监管协作在四川省得到有效贯彻和加强。在各方的共同努力下，四川省金融系统运行稳健，金融改革持续推进，金融基础设施不断完善，防范化解金融风险防控机制建设有力实施。省内重点领域风险得到有效化解，防范化解重大金融风险攻坚战取得重要阶段性成效。全省银行业不良贷款率降至五年来新低，高风险机构数量大幅下降；省内中小法人银行通过多渠道补充资本，抵御风险和稳健性经营能力明显增强。互联网金融风险专项整治和防范处置非法集资风险工作取得明显成效。资管整改稳步推进，资管产品风险明显收敛。大型有问题企业通过破产重整、引入战略投资者和债务重组等方式得到有序处置。当前，全省金融风险稳步收敛，风险总体可控。但也要看到，境内外疫情变化和外部环境影响下不确定不稳定因素仍然较多，国内经济恢复基础尚不牢固，特别是未来债务违约风险、不良贷款上升的压力较大，金融形势依然面临巨大挑战。

2021年，四川金融系统将持续巩固拓展防范化解重大金融风险攻坚战成果。进一步加强金融风险监测、排查和预警，做好风险应对。完善风险防范处置长效机制，压紧压实各方责任，持续推进重点机构和重点领域的风险化解处置工作，牢牢守住不发生系统性金融风险的底线。

一、经济环境

（一）经济运行特点

1. 经济增长及产业发展情况

2020年，全省克服了新冠肺炎疫情、特大暴雨洪灾以及复杂严峻的内外部形势不利影响，经济持续稳定恢复，展现出良好的韧性和潜力。全省实现地区生产总值48598.76亿元，同比增长3.8%，高于全国1.5个百分点，三次产业发展恢复向好，对经济增长的贡献率分别为14.1%、39.1%和46.8%。一是农业生产快速恢复。2020年全省第一产业增加值5557亿元，首次突破5000亿元关口，同比增长5.2%，高于全国2.2个百分点，增速创近15年新高。二是工业运行稳中向好。2020年全省工业增加值13429亿元，同比增长3.9%，高于全国1.5个百分点。其中，重点产业支撑不断增强，电子信息制造业规上增加值增长17.9%。工业企业营收利润也稳步向好，全省规模以上工业企业利润总额增长 13.4%，高于全国 9.3 个百分点。三是服务业实现增长。2020 年全省第三产业实现增加值 25471 亿元，同比增长 3.4%，高于全国 1.3 个百分点。除住宿和餐饮业外，其余行业均实现正增长，其中，信息传输、软件和信息技术服务业同比增长 26.4%（见图 1）。

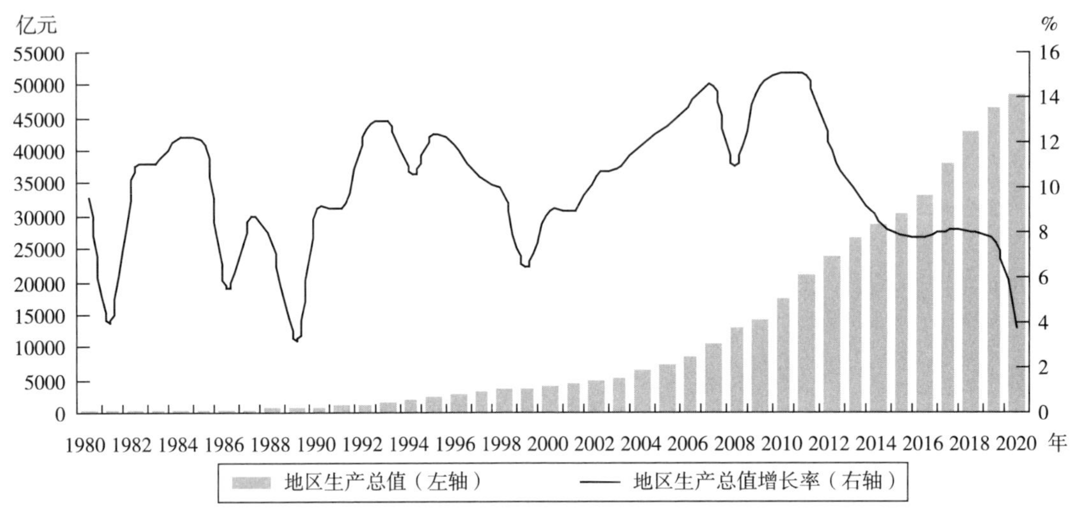

图 1　四川省经济增长情况

2. 内外需增长情况

2020 年，全省着力实施扩大内需战略，促进内需加快恢复，积极发挥开放平台带动作用，引领外贸提质增速，三大需求日益改善。

一是固定资产投资稳步回升，增速好于预期。2020 年全省全社会固定资产投资增长 9.9%，与上年同期增速仅低 0.3 个百分点（见图 2）。

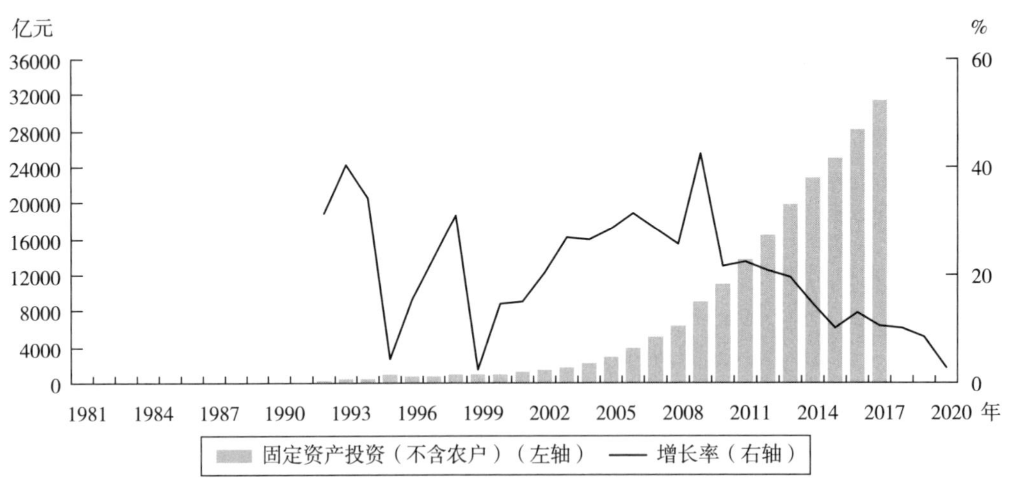

图 2　固定资产投资增长情况

二是消费品市场降幅收窄，线上消费逆势增长。2020 年全省社会消费品零售总额下降 2.4%，降幅低于全国水平 1.5 个百分点，呈逐季收窄态势。从构成看，生活必需品消费平稳增长，其中日用品消费增长 6.5%，粮油、食品、饮料、烟酒类消费增长 13.5%，均高于总体增速。线上消费逆势增长，限额以上网络餐饮收入和商品零售分别增长 106.3% 和 16.9%（见图 3）。

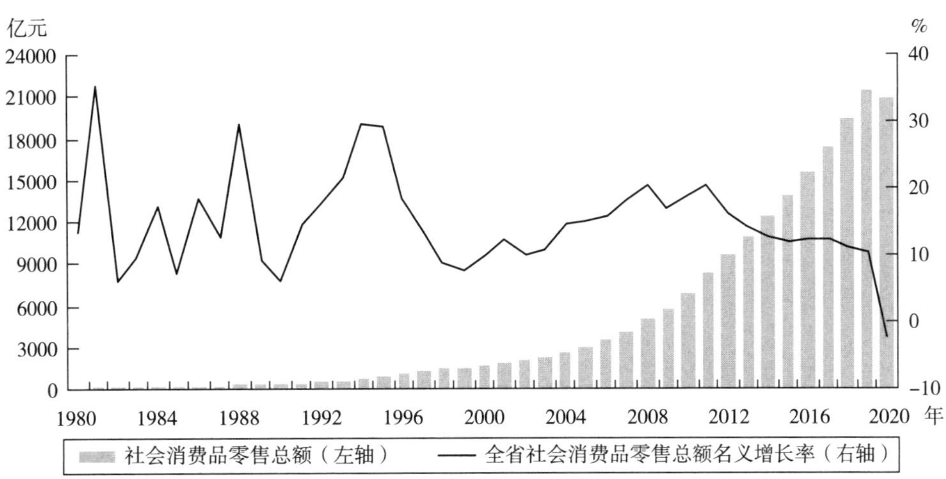

图 3　社会消费品零售总额增长情况

三是跨境人民币业务稳健发展，业务覆盖面持续扩大。2020 年，全省跨境人民币结算金额 1366.7 亿元，按可比口径同比增长 9.3%。全年共与 62 个“一带一路”沿线国家实现跨境人民币交易 481.3 亿元，同比增长 11.9%。2020 年末，全省累计有 6757 家企业开展跨境人民币业务，比 2019 年末增加 819 户。全省已有 13 家跨国企业集团开办跨境双向人民币资金池业务。

3. 政府、家庭收入增长情况

2020 年，全省财政收入平稳运行，实现一般公共预算收入 4258 亿元，同比增长 4.6%，其中新增减税降费约 970 亿元。尽管受到疫情冲击，但自 9 月财政收入转正以来持续小幅回升，保持平稳运行的基础没有改变。城乡居民收入稳步提升，2020 年全省城镇居民人均可支配收入 38253 元，同比增长 5.8%。农村居民人均可支配收入 15929 元，同比增长 8.6%，高于城镇居民增速 2.8 个百分点，城乡居民收入差距进一步缩小。

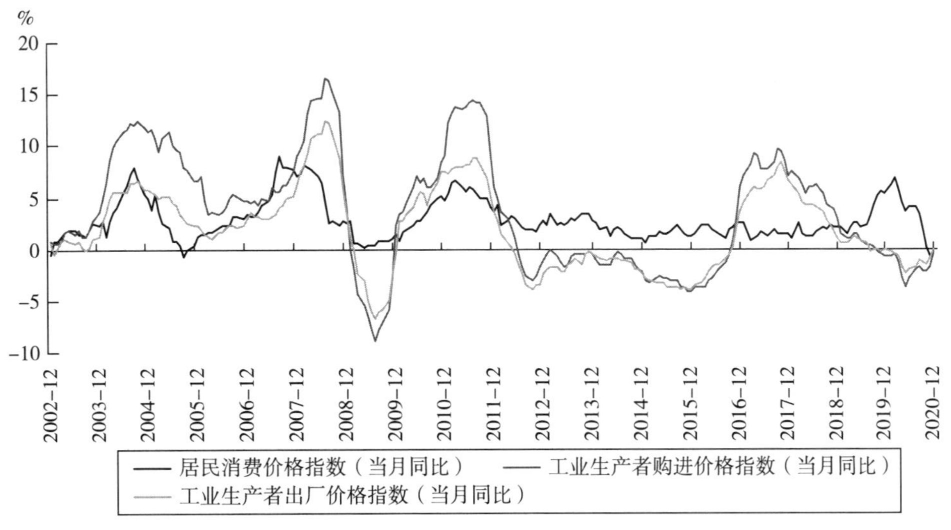

图 4　月度同比价格指数

4. 物价运行情况

2020 年全省食品价格下降，带动居民消费价格结构性下降，工业生产价格降幅收窄，市场供需总体平衡。2020 年全省 CPI 累计上涨 3.2%，与上年持平。年内呈现先高后低的反转态势，其中 2 月份上涨 6.9%，创十二年来新高，后受疫情及猪肉价格下降等因素影响，CPI 波动下跌至 11 月的 -0.8% 和 12 月的 -0.2%，为 2006 年以来首次负增长。2020 年全省 PPI 累计下降 1.2%，同比回落 1.6 个百分点，全年呈现降幅先扩大再止跌态势。上半年，在疫情冲击下全省 PPI 当月同比降幅由年初的 0.3% 逐步扩大至年中的 2.5%；下半年，随着需求端逐步改善，PPI 当月同比降幅逐步收窄，于 12 月止跌为 0。

（二）经济运行需要关注的问题

2020 年，全省经济增长 3.8%，高于全国 1.5 个百分点。受基数较低、惯性恢复动能等因素影响，预计 2021 年上半年经济增速将处于高位，但全年经济向好回升的基础仍不牢固。需求方面，消费复苏受疫情、收入等因素制约可能持续偏慢，预计基建、房地产对投资支撑减弱，外贸维持高景气度的难度较大。供给方面，41 个工业大类行业中有 4 成行业的增加值增速为负，亏损的规模以上企业户数增长 20.3%，小微企业经营压力更大，不平衡态势比较明显。

二、金融业

2020 年，全省金融业平稳运行，融资总量创历史新高，贷款覆盖面明显提升，信贷结构不断优化，融资成本显著下降，为全省经济持续回升及高质量发展贡献了重要的金融力量。全年金融业实现增加值 3376 亿元，同比增长 6.4%，较上年提高 0.2 个百分点。

（一）银行业

1. 运行状况

（1）资产负债加速增长。2020 年末，四川银行业资产总额 11.36 万亿元，同比增长 11.1%，增速同比提高 5.4 个百分点。其中政策性银行、城商行、农村合作金融机构（不含成都农商行）、大型国有商业银行资产余额同比分别增长 23.7%、14.58%、12.46%、8.83%。四川银行业负债总额 10.96 万亿元，同比增长 10.98%，增速同比提高 5.34 个百分点。

（2）存贷款持续较快增长。2020 年末，四川银行业各项存款余额 8.86 万亿元，同比增长 9.55%，增速同比提高 1.99 个百分点，其中个人存款余额 4.96 万亿元，同比增长 14.02%；单位存款 3.79 万亿元，同比增长 5.96%。各项贷款余额 7.15 万亿元，同比增长 13.75%，增速同比提高 0.99 个百分点，其中，短期贷款 1.14 万亿元，同比增长 10.3%；中长期贷款 5.62 万亿元，同比增长 14.9%。

（3）组织体系不断健全。2020 年末，四川银行业机构 225 家，其中省外机构一级分支机构 51 家（国有银行 5 家、政策性银行 3 家、股份制银行 12 家、省外城商行 8 家、邮储银行 1 家、外资银行 16 家、非银行金融机构 2 家、金融资产管理公司 4 家），法人机构 174 家（城商行 12 家、农村合作金融机构 100 家、新型农村金融机构 53 家、非银行金融机构 8 家、民营银行 1 家）。全省银行机构网点 14067 个，同比增加 13 个，从业人员 16.44 万人。

（4）信贷结构持续优化。重点领域信贷支撑有力，全省制造业贷款余额同比增长 14.9%，制造业中长期贷款余额同比增长28%，700个重点项目贷款余额突破5000亿元。“三农”金融服务稳步提升，新增涉农贷款占全部新增贷款比重同比提高6.1个百分点；金融助推脱贫攻坚圆满收官，全省累计投放金融精准扶贫贷款5810亿元，金融精准扶贫贷款余额较2015年末增长83%。

（5）金融支持稳企业保就业成效显著。货币政策工具引导撬动作用有效发挥，直达性和精准性不断增强。四川省运用3000亿元专项再贷款资金对196户疫情防控重点企业发放贷款55.6亿元；运用5000亿元复工复产专用额度等再贷款资金对2.2万户市场主体发放贷款149亿元；运用普惠性再贷款资金对6.9万户市场主体发放贷款335亿元。人民银行创新两项直达实体工具快速落地，有效缓解企业资金压力。2020年12月，全省普惠小微到期贷款中有71.6%实现了延期，新发放的贷款中信用贷款占比29%。“民营小微企业金融服务工作计划”和“个体工商户‘金融甘露’行动计划”效果明显。多渠道抗疫复产融资保障有力，发行全国首单疫情防控债券，累计支持11家川企在银行间市场发行13只疫情防控债，募集资金113.1亿元，总量居西部地区第一位。

（6）金融改革创新稳步推进。金融支持成渝双城经济圈高质量发展扎实起步，两地银保监局、地方金融监督管理局分别签署合作备忘录，两地人民银行建立协同工作机制，共同推进金融支持成渝地区双城经济圈建设工作。金融支持成德眉资同城化工作持续推进，成德眉资经济金融信息共享平台已正式运行，科创金融对接服务平台已总体完成各金融机构产品及业务上链。经过五年改革创新实践，成都农村金融服务综合改革圆满收官，部分改革经验已在四川省内逐步复制推广。全省绿色金融发展成效明显。2020年，四川省省级绿色企业（项目）库第一批企业和项目已完成入库，全省绿色贷款余额5164.47亿元，比年初增长19%。2020年7月，绵阳市商业银行成为全省首家、中国大陆第五家赤道银行。

（7）存款保险制度有序推进。发挥差别费率的风险校正作用，动态调整投保机构适用费率，做实风险早期纠正工作，推动风险早发现、早处置。顺利完成全省参保银行存款保险标识的启用工作，组织开展存款保险专项宣传，提升社会公众对存款保险的认知。充分发挥央行评级风险评价功能，拓宽评级结果运用范围，将评级结果纳入金融生态环境评价体系。

2. 稳健性评估

（1）银行资产质量持续修复，信用风险持续收敛。通过多种措施，持续加大不良资产处置力度。在全省搭建不良资产处置、维护金融债权和打击金融犯罪、加快僵尸企业处置出清“3项机制”，实施高风险机构一行一策分类处置，以合并新设四川银行为突破口化解攀枝花、凉山州城商行风险，持续加大不良资产处置力度。2020年末，四川银行业不良贷款余额1209.81亿元，比年初减少86.94亿元。全年处置不良贷款1180亿元，同比增加38.68亿元。年末不良贷款率1.69%，比年初下降0.37个百分点，为2015年以来最低水平。其中农信机构不良贷款余额较年初减少70.59亿元，不良贷款率大幅下降1.39个百分点。2020年末，全省银行业机构关注类贷款率3.16%，比年初下降0.34个百分点，信用风险持续收敛（见图5）。

（2）法人银行风险抵补能力增强，资本补充压力持续缓解。2020年，四川中小法人银行贷款损失准备余额882.57亿元，同比增加104.24亿元，增长13.39%，拨备覆盖率175.2%，同比上升36.71个百分点。资本充足率14.44%，同比上升1.12个百分点。2020年，四川中小法人银行积极发行债务工具补充资本，4家法人城商行发行资本补充债券共计132亿元。其中泸州银行、成都银行和绵阳市商业银行成功发行永续债共计97亿元，泸州银行为西部地区永续债发行首单银行。四川天府银行、泸州银行发行二级资本债35亿元（见图6）。

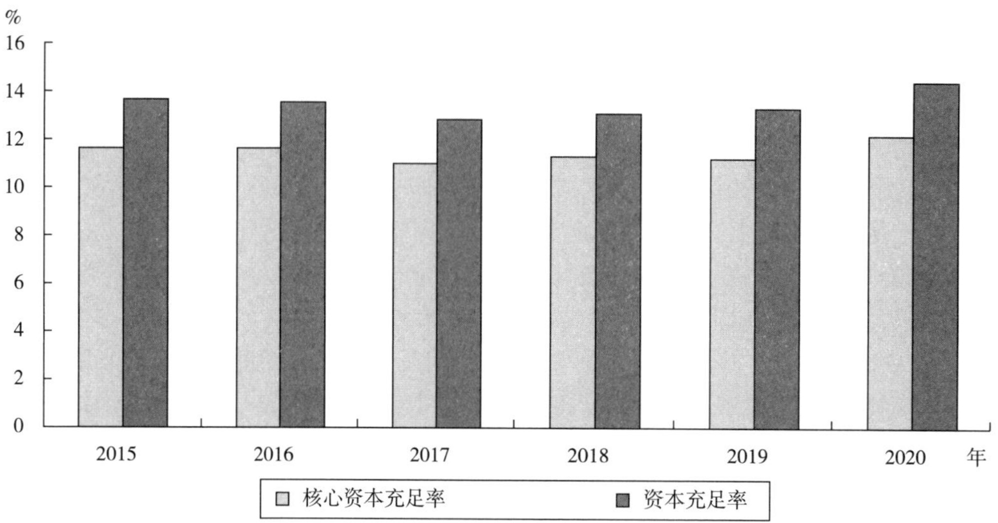

图5 银行业资产质量

（数据来源：四川银保监局）

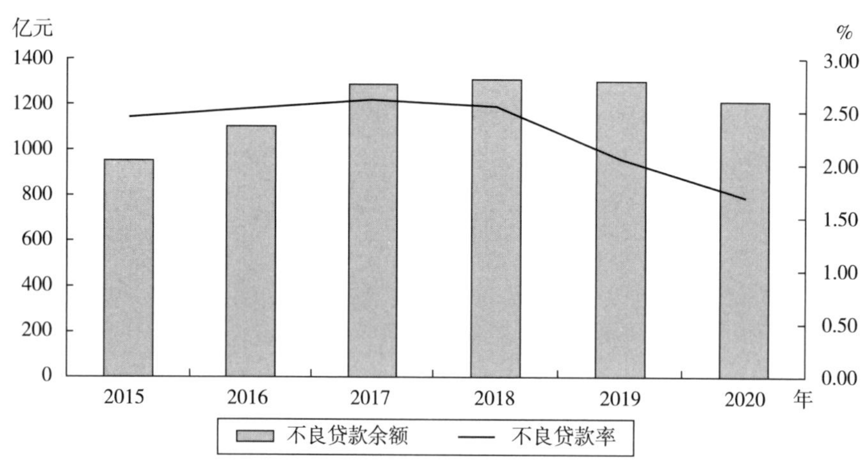

图6 法人银行业机构资本充足状况

（数据来源：四川银保监局）

（3）资产结构持续调整，资管业务整改平稳推进。2020 年，四川银行业继续调整同业业务结构。其中，存放同业和投资同业存单分别为 1452.76 亿元和 2299.81 亿元，分别较上年减少 22.78% 和 18%；同业拆入和发行同业存单分别为 658.98 亿元和 1855.06 亿元，分别较上年增加 29.11% 和 17.65%。全省法人银行理财余额 1570.49 亿元，整体较上年增加 231.83 亿元，增幅 17.32%，其中开放式产品 1188.93 亿元，较上年增长 40.38%，封闭式产品 381.55 亿元，较上年减少 22.41%。2020 年末，四川法人金融机构待整改资管业务资产规模较上年末下降 2748.17 亿元，总体整改进度为 45.83%。

（4）法人银行流动性总体稳健，个别机构流动性压力较大。2020 年末，四川中小法人银行流动性比例 68.53%，同比下降 1.28 个百分点，流动性水平总体适度。但城商行流动性水平整体下降 4.17 个百分点，个别机构较年初下降超过 20 个百分点。

（5）净利润整体下降，盈利水平进一步分化。银行业盈利水平整体下滑，机构间分化加剧。2020 年，四川银行业实现净利润 826.88 亿元，比年初减少 108.87 亿元，同比下降 11.63%。分机构看，政策性银行、大型国有银行盈利持续增加。股份制银行整体由盈转亏。地方中小法人银行盈利水平下滑明显，全年实现净利润 222 亿元，降幅达到 10.92%。其中，村镇银行、农信机构和城商行同比分别下降 42.45%、12.26% 和 5.38%（见图 7）。

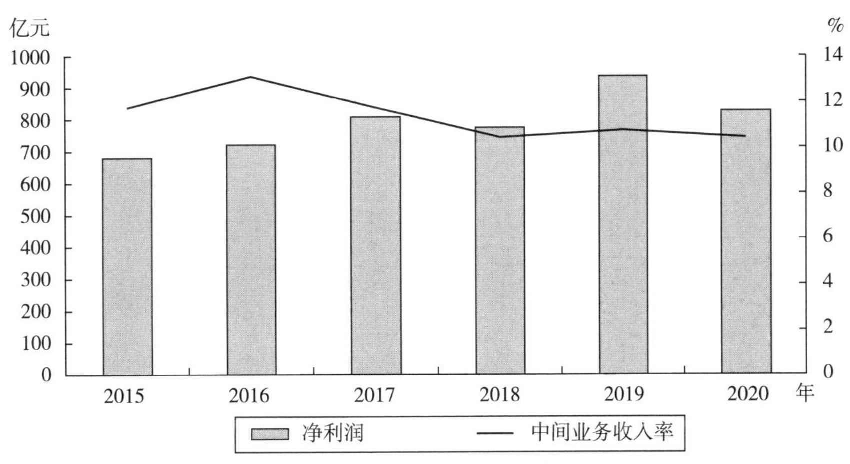

图 7　银行业盈利水平

（数据来源：四川银保监局）

（二）证券期货业

2020 年，四川省资本市场结构和市场参与主体不断优化，融资规模明显增长，产品创新和服务实体能力进一步改善。

1. 运行状况

（1）市场主体数量稳步增长。2020 年末，四川省有法人证券公司 4 家、法人期货公司 3 家。证券期货分支机构 552 家。备案的私募基金管理人 436 家，较上年增加 6 家；管理基金规模 1984 亿元，同比增长 2.96%。证券投资咨询机构 3 家。证券期货中介机构 41 家。

（2）上市公司总市值创历史新高。随着四川省创新驱动发展战略实施，省内一批生物医药、控制系统制造等高新技术企业登陆资本市场，上市公司行业分布更加优化。2020 年，四川省新增上市公司 12 家，创近五年新高，新增过会待注册、发行企业 9 家。年末四川省 A 股上市公司 136 家，总市值创历史新高，达到 3.1 万亿元，同比增长 71.7%，占 A 股总市值比重的 3.8%。

（3）直接融资有力支持四川实体经济恢复发展。2020 年，四川资本市场实现直接融资 4206.6 亿元①，同比增长 16%。股权和债券融资实现“双增”，融资规模分别为 294.9 亿元和 3564.9 亿元，同比分别增长 100% 和 21.2%。面对 2020 年疫情影响，四川省上市公司发挥“龙头企业”带动作用，带头复工复产达产，并有力带动产业链联动复工复产。全省资本市场为民营、中小微企业和“三农”、扶贫领域提供融资近 610 亿元。

（4）证券期货机构金融创新层出不穷。一是创新推广农产品“保险 + 期货”试点。2020 年，华

① 不含银行间市场债券。

西期货正式落地“蛋果期货宝”风险管理项目、生猪“保险＋期货”及场外期权项目，覆盖生猪现货约 2267 头，提供约 816 万元风险保障。二是创新设计“区间累计期权”助力复工复产，帮助口罩生产企业锁定原材料价格风险，助力抗疫企业恢复生产。

2. 需要关注的问题

（1）部分股票高比例质押上市公司风险化解任务较为复杂。随着股票质押风险防范化解各项工作有序推进，省内部分股票高比例质押上市公司相关风险化解将进入“啃硬骨头”的攻坚阶段。个别上市公司由于自身经营承压，企业集中偿还压力依然较大。

（2）债券违约风险总体可控，但需警惕个别企业突发性违约风险。2020 年，全国债券市场受部分地方国企和融资平台信用债违约影响，引发债券市场对信用环境的担忧和较为严重的信用分层。受其影响，需警惕个别评级较优的发债主体突发性违约事件，损害不特定投资者利益，引发社会稳定风险。

（三）保险业

2020 年，四川省保险业积极应对疫情影响，各项业务稳步增长。保险服务体系持续深化改革，在服务实体经济上不断提质增效。

1. 运行状况

（1）保险市场主体不断丰富，资产规模快速增长。截至 2020 年末，四川省已开业保险公司 99 家。按业务性质分，产险公司 43 家、寿险公司 46 家、养老险公司 5 家和健康险公司 5 家；按资本国别分，中资公司 73 家、外资公司 26 家。全省共有保险公司法人机构 4 家，各级保险分支机构 5214 家。全省保险公司总资产 4773. 82 亿元，同比增长 15. 9%，共管理保户储金及投资款 1392. 33 亿元，同比增长 9. 82%。2020 年全省保险密度 2715 元/人，比上年增长 139 元；保险深度 4. 68%，比上年增长 0. 07 个百分点。

（2）业务发展克服疫情不利影响稳步增长，保险市场活跃度和市场化程度保持稳定。2020 年，四川保险业积极克服疫情不利影响，实现原保险保费收入 2273. 57 亿元，同比增长 5. 81%。其中，财产险公司实现原保费收入 639. 38 亿元，同比增长 9. 57%；人身险公司实现原保费收入 1634. 19 亿元，同比增长 4. 41%。全省赔付支出共计 687. 75 亿元，同比增长 8. 35%。其中，财产险公司赔款支出 367. 51 亿元，同比增长 7. 57%；人身险赔款及给付支出 320. 29 亿元，同比增长 9. 27%。从市场发展程度来看，四川省产险市场集中度保持稳定，前三大财险公司继续保持近 2/3 市场份额；寿险市场竞争较为激烈，市场化指数较 2019 年继续下降且降幅大于往年（见图 8）。

（3）深化保险服务体系改革，持续提升服务实体经济质效。2020 年，四川保险业不断完善保险服务体系，全年共提供风险保障 227. 29 万亿元，同比大幅增长 90. 72%。出台四川省实现加快农业保险高质量发展实施方案，进一步明确农业保险业务经营条件，积极推进四川省中央奖补地方特色保险方案，农险电子化平台线上制单率达 98%。稳步推进车险综合改革各项措施，持续推进巨灾保险试点，不断规范普惠型商业健康保险业务。

2. 需要关注的问题

（1）财产险公司车险保费下降明显，盈利能力持续下降。2020 年 9 月，车险综改正式落地，行业车均保费增速出现一定程度下降。受其影响，全省车险保费增长自 2020 年第三季度同比增速逐月下滑。同时，财险行业保费及综合成本率均面临明显的压力，对中小财产险公司的业务拓展带来不利影响。

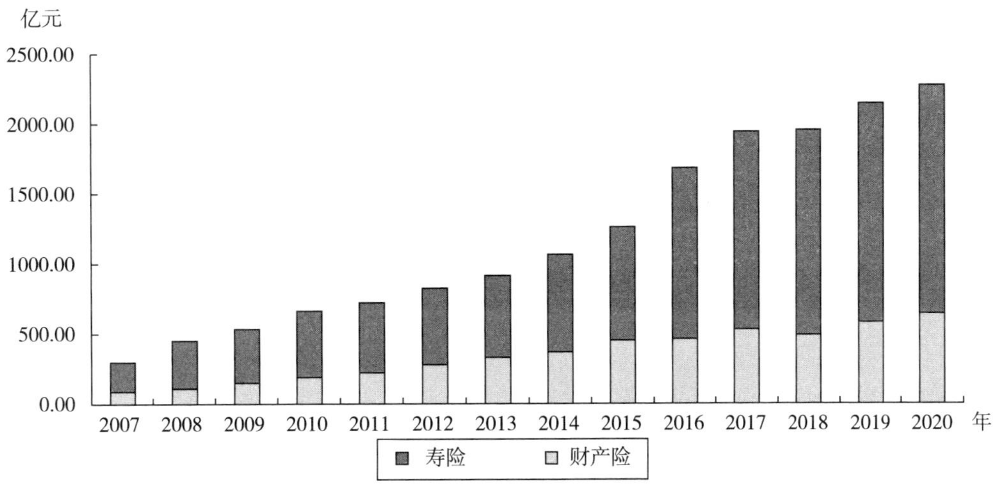

图8 保险业保费收入

（数据来源：四川银保监局）

（2）疫情影响人身险公司线下展业，新单保费增长乏力。由于全年疫情影响，四川省人身险公司通过保险代理人或营销人员线下展业活动受限，对新业务的拓展形成较大冲击。同时，上半年一些企业因疫情停工停产、居民收入预期较低等原因，人身险公司新单保费收入下滑。新单保费收入的下降，对续期业务占比较低的中小保险公司保费收入的增长造成较大压力，其现金流紧张程度将进一步承压。

（3）部分公司业务数字化转型较慢，销售人员稳定性下降。当前，全省传统的线下销售模式仍为主流，保险业务线上化渗透力不高且增速较慢。线上经营对于营销人员学习能力和业务素质要求较高，营销效果低于传统模式。受疫情影响，部分线上转型较慢的公司展业活动受到较大抑制，代理人出单和产能下降明显，容易引发销售人员脱离风险，影响销售队伍的整体稳定（见图9）。

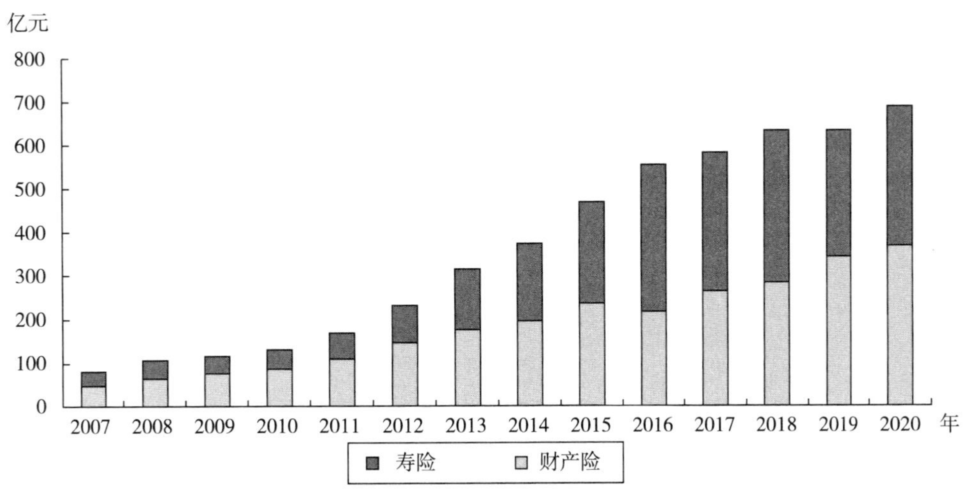

图9 保险业赔付支出

（数据来源：四川银保监局）

三、金融市场

2020 年，四川省金融市场稳健运行，部分市场交易活跃度稳步提升，货币市场利率震荡上行，票据贴现利率下降。

（一）货币市场

货币市场运行总体平稳。2020 年，四川货币市场成员累计成交 42.5 万亿元，同比增长 5.5%。其中，银行间市场债券回购交易稳步增长，全年累计成交 28.9 万亿元，同比增加 3.8%。全省法人机构债券交易正、逆回购杠杆率超标机构控制为零，高杠杆风险得到有效控制。同业拆借累计成交 5.4 万亿元，同比增长 52.8%，对回购交易形成替代效应。2020 年，货币市场净融入金额 3.9 万亿元，同比下降 12.5%。市场利率呈震荡上行态势，第一至第四季度全省市场成员同业拆借市场加权平均利率分别为 1.78%、1.45%、1.96% 和 1.92%。

（二）票据市场

票据规模有所增长，贴现利率趋于下降。2020 年，全省金融机构累计签发银行承兑汇票 4409.5 亿元，同比增长 387.4 亿元；累计签发商业承兑汇票 24.9 亿元，同比减少 6.0 亿元。累计办理银行承兑汇票贴现 6109.9 亿元，同比减少 76.3 亿元；办理商业承兑汇票贴现 434.4 亿元，同比增长 73.7 亿元。受降准及加大公开市场操作的影响，票据贴现利率有所下降。12 月金融机构贴现加权平均利率为 3.3%，较年初下降 19 个基点。

（三）外汇业务

2020 年，四川省货物贸易进出口总额 8081.9 亿元，同比增长 19%，增速居全国第 2 位。其中，出口 4654.3 亿元，增长 19.2%；进口 3427.6 亿元，增长 18.8%。四川省合同利用外资 120.39 亿美元，同比增长 16.55%；实际利用外资 86.90 亿美元，同比增长 -5.87%。其中，制造业到位外资 21.42 亿美元，同比增长 -8.94%；服务业到位外资 62.48 亿美元，同比下降 0.66%。

四、金融基础设施建设

2020 年，四川金融基础设施建设不断完善，为推动金融业高质量发展和全省疫情防控提供了坚实基础。

（一）金融法治环境建设

1. 持续完善执法检查和普法宣传

加强执法检查统筹，规范开展执法检查，深入推进“查处分离”试点，严格规范实施行政处罚。2020 年辖区共开展执法检查 48 次，实施行政处罚 45 件，处罚金额 3301.6 万元。认真落实“谁执法、谁普法”责任制，突出重点内容，坚持“线上 + 线下”“常规 + 特色”相结合，构建多方联动的宣传网络，形成宣传合力。

2. 不断提升金融综合管理效能

2020 年，持续对银行业金融机构及其分支开展综合评价；强化重大事项报告执行力度；进一步落实“放管服”工作要求，优化新设银行业机构开业服务内部操作规程，为 115 家银行业机构加入人民银行金融管理服务体系提供指导和服务，顺利完成开业服务工作。

3. 互联网金融风险专项整治工作成效明显

积极会同省地方金融监管局履行好专项整治双牵头职责，联合四川银保监局、省公安厅等部门指导相关市州加快清理整顿，妥善化解互联网金融领域风险隐患。截至 2020 年末，虚拟货币交易、互联网资产管理、第三方支付、互联网保险等领域已完成风险化解，纳入整治范围的 88 家网贷法人机构完成业务清退，专项整治工作取得明显成效。

（二）支付体系建设

1. 支付系统稳健运行

2020 年，四川省支付系统积极助力疫情防控、复工复产和消费提质扩容。全年共发生业务 3.87 亿笔，金额 183.55 万亿元，同比分别增长 26.83% 和 11.13%。全省云闪付累计用户 2102.3 万户，全国排名第 3 位，累计注册绑卡用户 1625.6 万户，全国排名第 2 位。

2. 农村支付环境建设深入推进

积极推进农村社保金融惠民服务系统试点，农村支付环境持续优化，助力支付服务乡村振兴。截至 2020 年末，全省农村地区共设立银行网点 8793 个、布放 ATM 2.31 万台、POS 机 24.49 万台、设立助农取款服务点 8.10 万个，累计发生助农取款服务业务 2557.67 万笔、金额 158.48 亿元。

3. 支付服务市场监管持续加强

强化支付监管，保持对无证经营支付业务、为跨境赌博和电信诈骗提供支付服务等违法违规行为的高压态势，营造了良好的支付环境。

（三）征信体系建设

2020 年，四川省切实加强征信合规监管和系统管理。加强对机构的执法检查，依法对 2 家机构实施行政处罚 3.4 万元。推动二代征信系统查询业务全面切换上线，查询网点对外提供二代个人征信查询 351 万笔，企业征信查询 11 万笔，累计为 48867 名个人和 8081 家企业调整还款安排或征信记录。

四川省金融信用信息综合服务平台建设取得明显成效。通过上线天府信用通平台 App 和微信小程序，创新应用场景，为辖内银行机构提供企业信用信息查询 188 万次，促成信用对接 3.27 万笔，金额 2930.56 亿元。

持续深化农村信用体系建设。全省累计评定信用户 921.97 万户和信用新型农业经营主体 4.10 万个。实施农村信用救助，帮助非主观恶意失信 4.83 万农户和 2424 户新型农业经营主体信用脱困，重新获得银行融资支持 35.13 亿元。

（四）反洗钱

反洗钱工作有效性全面提升。2020 年，在全省开展了分类评级，并充分运用评级评估结果，通过高管谈话、开展质询、监管走访等方式督促机构认真履行反洗钱义务。加强重点领域资金监测，持续配合开展扫黑除恶、打虚打骗、打击地下钱庄等专项行动，持续强化重点领域资金监测。全年反洗钱调查立项136起，调查涉及金额10605亿元。推动以《刑法》第一百九十一条判决的洗钱罪13起，并推动全省首例涉黑洗钱案判决。

（五）金融消费权益保护

金融消费权益保护工作持续深入。2020年，全省12363电话运行管理进一步规范，制定《12363呼叫中心应急预案》等制度，为构建完善金融消费纠纷非诉讼解决机制提供了保障。人民银行四川各级机构全年共接收咨询2569件、投诉3088件，投诉办结率98.51%；全省共完成调解421起，调解成功265起。建立跨部门金融知识宣传协调机制。持续推动完善地方金融广告治理机制，推进金融广告监测、甄别和分类处置工作取得实效，2020年监测和处置违法违规金融广告线索289条。

中国人民银行成都分行金融稳定分析小组

组　　长：严宝玉

副 组 长：陈晋祥

成　　员：王　敏　刘　异　杨宇焰　肖安富　孙　炜　肖　丹

范智勇　厉　鹏　彭宇松　黄全祥　谢保嵩

《四川省金融稳定报告（2021）》编写组

王大波　高　翼　潘　晨　霍　帅　张　怡　雷进贤　吕　洁

李岷檐　朱睿博　向　颖　王棚申　李奇蔚　罗　飞　唐　磊

贵州省金融稳定报告摘要

2020年，面对严峻复杂的国内外形势，特别是新冠肺炎疫情的严重冲击，贵州省统筹推进疫情防控、脱贫攻坚和经济社会发展，扎实做好“六稳”工作、全面落实“六保”任务，三大攻坚战取得决定性成就，在大战大考中交出了一份优异答卷。脱贫攻坚取得全面胜利，全省923万贫困人口全部脱贫、66个贫困县全部摘帽、9000个贫困村全部出列，综合经济实力大幅跃升，经济总量在全国位次上升5位。全省金融系统整体运行平稳，银行业风险整体可控，服务实体经济能力不断增强，法人证券公司规范发展，市场融资水平快速增长，保险业保费收入稳定增长，风险保障能力不断增强，金融市场稳步发展，金融基础设施建设不断完善，金融对实体经济恢复和发展的支撑力明显加大，为贵州省经济高质量发展提供了有力金融支持。

一、区域经济运行

（一）总体情况

1. 地区生产总值首次迈入全国20强，产业结构持续优化

2020年，全省地区生产总值达17826.56亿元①，同比增长4.5%，高于全国平均水平2.2个百分点，连续10年位居全国前列，总量首次迈入全国20强。分产业看，第一产业增加值2539.88亿元，同比增长6.3%；第二产业增加值6211.62亿元，同比增长4.3%；第三产业增加值9075.07亿元，同比增长4.1%。从产业增加值占地区生产总值比重看，第一产业为14.3%，较年初提高0.6个百分点；第二产业为34.8%，较年初降低0.8个百分点；第三产业为50.9%，较年初提高0.1个百分点。

2. 投资稳步复苏，规模以上工业生产加速恢复

受新冠肺炎疫情冲击，2020年1—2月全省固定资产投资下降35.6%，而后降幅逐月收窄，并于8月实现增速由负转正，全年固定资产投资总额同比增长3.2%，增速高于全国平均水平0.3个百分点。全省规模以上工业增加值在1—2月下降10.5%，从3月开始加速复苏并率先在全国实现复工复产，5月累计增加值由负转正，全年规模以上工业实现增加值同比增长5.0%，分别高于全国和西部地区2.2个和1.8个百分点。

3. 居民消费价格指数（CPI）结构性上涨，工业生产者出厂价格指数（PPI）小幅下降

2020年，全省CPI同比上涨2.6%，涨幅较年初扩大0.2个百分点，比前三季度回落0.9个百分点。其中，消费品价格指数上涨4.2%，服务价格指数下降0.6%。全省PPI同比下降1.7%，降幅

① 本部分数据均来自贵州省统计局《贵州统计月报》。

较年初扩大 1.5 个百分点，比前三季度收窄 0.2 个百分点。其中，生产资料价格下降 2.6%，生活资料价格上涨 1.1%。

4. 财政收入增速放缓，着力保障民生领域

2020 年，全省财政总收入 3082.20 亿元，较年初增加 34.39 亿元，同比增长 1.0%，增速较年初回落 1.5 个百分点。全省一般公共预算收入 1786.78 亿元，同比增长 1.1%。其中，税收收入 1086.02 亿元，同比下降 9.8%；非税收入 700.76 亿元，同比增长 24.4%。全省一般公共预算支出 5723.27 亿元，同比下降 3.8%。其中，社会保障和就业支出 678.85 亿元，同比增长 15.2%；卫生健康支出 566.15 亿元，同比增长 5.9%；扶贫支出 567.05 亿元，同比增长 1.9%。

5. 就业保障有力，城乡居民收入差距进一步缩小

2020 年，全省城镇新增就业人数 61.64 万人。全省常住居民人均可支配收入 21795 元，同比增长 6.9%。其中，城镇常住居民人均可支配收入 36096 元，同比增长 4.9%；农村常住居民人均可支配收入 11642 元，增长 8.2%。城乡居民人均可支配收入倍差为 3.10，较年初缩小 0.09。

（二）需要关注的问题

1. 基础设施投资负增长，制造业投资低位运行

一是 2020 年全省基础设施投资较年初下降 2.5%，低于全省投资增速 5.7 个百分点。基础设施投资完成额占全省投资总量的 34.8%，占比较大，投资负增长不利于全省稳投资工作。二是 2020 年全省制造业投资较年初下降 0.8%，低于全省工业投资增速 12.6 个百分点。制造业投资是全省工业投资的重要组成部分，对全省实体经济发展起到重要支撑，制造业投资低位运行占比下降值得关注。

2. 市场有效需求释放不足，高技术制造业增长乏力

一是 2020 年全省规模以上工业产销率为 95.8%，较年初下降 1.7 个百分点。统计局重点监测的 19 个大类行业有 18 个产销率下降，下降面达 94.7%。二是 2020 年全省高技术制造业增加值同比下降 1.3%，增速仍未能转正，低于全国平均增速 8.4 个百分点。

3. 行业间发展不平衡，小型企业经营压力仍然较大

一是 2020 年全省规模以上工业企业营业收入利润率为 11.6%，高于全国平均水平 5.5 个百分点。但是仅有 13 个行业营业收入利润率高于全国该行业的平均水平，全省各行业间发展差异较大，盈利水平参差不齐。二是 2020 年全省规模以上小型企业户数占规模以上工业的 90.3%，营业收入和利润总额占比分别为 37.7% 和 13.8%。小型企业营业收入同比下降 10.9%，降幅高于规模以上工业 8.4 个百分点；利润总额同比下降 11.3%，与规模以上工业利润总额增长相比，小型企业利润总额仍维持下降趋势。

二、银行业

（一）运行情况

1. 资产负债规模稳步增长，存贷款规模持续上升

截至 2020 年末，全省银行业金融机构资产总额 43994.66 亿元，同比增长 9.91%，其中，人民币各项贷款余额 32235.75 亿元，同比增长 13.31%，住户贷款余额 10118.78 亿元，企事业单位贷款

余额 22116.25 亿元；负债总额 41923.81 亿元，同比增长 9.9%，其中，人民币各项存款余额 28276.31 亿元，同比增长 4.07%，住户存款余额 12764.42 亿元，非金融企业存款余额 8569.85 亿元，机关团体存款余额 4300.64 亿元，非银行业金融机构存款余额 2012.63 亿元。

2. 机构让利实体经济，盈利能力有所下降

截至 2020 年末，全省银行业金融机构净利润总额 473.43 亿元，同比增加 19.07 亿元，同比增长 4.2%，扭转了上年负增长的局面。但受疫情影响，企业经营困难，为帮助企业渡过难关，贵州省银行业金融机构通过降低各类融资方式利率、降低减免各类手续费等方式持续让利实体经济，同时积极办理延期还本付息，涉及金额 1104.65 亿元，盈利因此有所下降，截至 2020 年末，全省银行业金融机构资产利润率 0.75%，同比下降 0.15 个百分点。

3. 资产质量保持稳定，法人机构抗风险能力逐步增强

截至 2020 年末，全省银行业金融机构不良贷款余额 424.83 亿元，同比增长 8.6%，不良贷款率 1.32%，与上年基本持平，资产质量状况整体稳定，高风险机构风险化解工作持续推进。法人机构积极补充资本，加大不良资产处置力度，2020 年贵州省首单不良资产证券化产品成功发行，全年不良贷款处置额达 409.79 亿元，资本充足水平和风险抵御能力持续提升，截至 2020 年末，全省法人银行业金融机构资本充足率 12.41%，拨备覆盖率 193.39%，均处于历史高位。

4. 积极应对疫情冲击，重点领域和薄弱环节支持切实加强

一是金融战疫稳保工作有序推进。2020 年，全省银行业金融机构积极贯彻落实金融支持疫情防控措施、再贷款再贴现货币政策工具、复工复产和“六稳”“六保”等金融政策，截至 2020 年末，全省中小微企业贷款余额 14389.4 亿元、普惠小微贷款余额 2283.2 亿元，同比分别增长 16.9% 和 19.7%。二是金融助推脱贫攻坚取得实效。截至 2020 年末，金融精准扶贫贷款余额 4533 亿元，较年初新增 164 亿元，余额继续居全国第一位。三是金融改革创新落地见效。截至 2020 年末，绿色贷款余额 3512.7 亿元，较年初增长 17.5%；大数据产业贷款余额 434.5 亿元，同比增长 18.4%。四是企业融资成本持续降低。截至 2020 年末，新发放企业贷款加权平均利率为 5.24%，较年初同期下降 0.58 个百分点，呈持续下降态势。

（二）存在的问题

1. 信用风险需持续关注

一是关注类贷款有所增加。截至 2020 年末，贵州省银行业金融机构关注类贷款余额 1347.38 亿元，同比增长 13.16%，需警惕向不良贷款迁徙。二是资产质量整体下行压力较大。受疫情负面冲击、机构盈利能力整体下降等因素叠加影响，贵州省银行业金融机构资产质量下行压力增大，加之疫情冲击对资产质量的影响具有一定时滞性，未来银行资产质量需要持续高度关注。

2. 部分重点行业风险仍然存在

一是传统行业风险仍然存在。煤炭、钢铁等传统资源型行业存量风险化解进度缓慢，中低端白酒企业规模增长乏力。二是房地产贷款集中度需要持续关注。从房地产贷款集中度管理制度实施情况看，贵州省虽然存在个别超限机构，但是数量较少且超标比例不高，总体压降难度不大，对全省房地产信贷融资总量的影响可控，但对于个别超限的高风险机构需要持续关注。

3. 农村中小银行发展压力较大

一是流动性风险防控压力加大。贵州省部分银行机构与互联网平台合作异地吸收存款，个别机

构互联网平台存款占比较高。目前，互联网平台存款产品虽已被监管部门叫停，但存量存款稳定性差，潜在流动性隐患较大。此外，个别机构存款增长乏力、主动负债能力弱化，流动性风险隐患较大。二是盈利能力值得关注。截至 2020 年末，贵州省地方法人农村中小金融机构本年利润合计 41.02 亿元，同比下降 10.67%，部分村镇银行出现亏损，可持续盈利能力值得关注。

4. 存量资管业务按期整改存在压力

一是个别法人银行存量资管产品部分底层资产出现违约，存在涉诉、底层资产被司法冻结或破产清算等情况，诉讼进程和法律执行完成时间难以预计，整改完成时间存在较大不确定性。二是净值化管理对产品发行机构的投资管理能力、运作机制、估值核算系统的要求较高，部分地方中小法人银行由于信息系统、投研能力等方面存在不足，实现净值化管理难度较大。

三、证券业

（一）运行情况

1. 证券行业发展整体平稳

截至 2020 年末，贵州省共有法人证券公司 2 家，证券分公司 32 家，证券营业部 96 家，期货营业部 12 家，私募基金管理人 85 家，独立基金销售机构 3 家。全省证券行业从业人员 2016 人，期货行业从业人员 70 人，基金行业从业人员 1255 人。

贵州省证券投资者资金账户 188.05 万户，较年初增加 28.47 万元，客户资产规模 4079.38 亿元，较年初增加 1630.62 亿元。期货投资者资金账户 1.75 万户，较年初增加 0.36 万户，客户资产规模 4.71 亿元，较年初增加 0.79 亿元。私募基金管理产品 222 只，较年初增加 24 只，私募基金管理规模 1404.8 亿元，较年初增加 99.9 亿元。

2. 法人证券公司稳健发展

2020 年，贵州省法人证券公司华创证券、中天国富证券持续推动合规风控建设，有效平衡业务发展与风险可控的双重目标，2 家法人证券公司实现营业收入 39.3 亿元，同比增长 34.57%，实现净利润 8 亿元，同比增长 46.18%，连续两年同获 A 类 A 级评价。

3. 直接融资能力不断提升

截至 2020 年末，贵州省境内上市公司 31 家，其中主板 20 家、中小板 9 家、创业板 2 家，上市公司总市值 28280.48 亿元，同比增长 67.03%；共有新三板挂牌公司 47 家，总股本 69.17 亿股，同比增长 11.55%。

从融资情况看，贵州辖区全年通过证券市场融资总额 2332.18 亿元，其中，公司债融资和资产证券化产品融资 1961.54 亿元，同比增长 140.3%；区域性股权市场融资 334.04 亿元，同比增长 174.82%；上市公司和新三板挂牌公司累计实现融资总额 36.6 亿元，同比增长 48.12%。

（二）需要关注的问题

1. 资本市场发展仍滞后于贵州经济发展

近年来，贵州经济增速和人民币各项贷款增速持续位列全国前列，但全省支持企业利用多层次资本市场的政策体系和工作机制有待完善，全省各类企业充分利用多层次资本市场拓宽融资渠道的能力有待加强。2020 年辖内上市公司和新三板公司股票市场累计募集资金总额 36.6 亿元，仅占证券市场融资[①]总额比重 1.57%，仅为同期贵州省社会融资规模增量的 0.56%，资本市场整体规模落后于全国，与贵州经济的快速发展不相适应。同时，31 家上市企业发展不平衡，个别企业市值占比较大。

2. 上市公司股票质押风险仍需高度关注

截至 2020 年末，31 家上市公司中有 4 家公司控股股东股票质押比例超过 80%，虽然近期股票高比例质押风险有所缓解，但风险化解整体进度缓慢，资金压力仍然较大，控股股东股票质押风险仍需高度关注。

3. 公司债偿还压力较大

截至 2020 年末，贵州省未发生公司债发行人违约情况，但公司债近三年到期规模较大，且受新冠肺炎疫情、国内经济下行和国际不确定性因素增加等影响，需高度关注公司债兑付压力。

四、保险业

（一）运行情况

1. 行业发展总体平稳，保障功能进一步增强

截至 2020 年末，贵州省省级分公司以上保险公司 33 家，法人机构 1 家。保险业累计实现保费收入 511.77 亿元，同比增长 4.6%，自 5 月以来保费增速始终保持在 5% 左右，呈稳定增长态势。其中，人身险业务保费收入 286.28 亿元，同比增长 7.68%；财产险业务保费收入 225.49 亿元，同比增长 0.93%。全年累计提供各类保险保障 63.81 万亿元，同比增长 58.82%。赔付支出共计 196.07 亿元，同比增长 5.09%，疫情以来赔付支出增幅呈逐月上升态势。

2. 业务结构持续调整，转型发展持续推进

财产险方面，非车险占比提升，车险综合改革成效初显。非车险实现保费收入 83.12 亿元，同比增长 11.5%，保费占比同比提高 2.18 个百分点至 32.41%。车险综合改革后车均保费明显下降，商车险件均保费较改革前下降约 20.12%。人身险方面，保障型产品供给逐步丰富。目前全省在售产品中健康险产品占比 52.90%，意外险产品占比 19.84%，普通寿险产品占比 19.68%。

3. 各项监管指标保持稳定，风险总体处于可控水平

财产险公司综合费用率 35.68%，低于全国平均水平 1.88 个百分点；综合赔付率 59.03%，低于全国平均水平 4.31 个百分点。人身险公司满期给付支出 16.01 亿元，同比增长 4.28%。

4. 保障疫情防控，推动复工复产

一是及时做好客户理赔服务工作，对因新冠病毒引起的重疾、医疗或者疾病身故，取消部分理赔限制。二是开展复工复产复市企业疫情防控综合保险，在企业成本、在产品损失、雇员工资及隔离费用支出、雇员伤亡补助等受疫情影响的主要方面提供有力风险保障。

---

① 含首发（IPO）融资、上市公司再融资、新三板融资、公司债融资、资产证券化产品融资和区域性股权市场融资，贵州省 2020 年无优先股融资和可交换债融资。

（二）需要关注的问题

1. 保险业未来发展压力进一步增大

受经济下行、新车增长放缓，以及2020年9月车险综合改革启动等因素影响，财产险公司发展压力加大。人身险公司受“趸交转期交、短期转长期、偏理财转主保障”业务转型因素影响，保费收入增速呈逐步下降态势。综合来看，下一步保险业实现平稳较快增长压力进一步加大。

2. 退保风险有所缓释但仍需高度警惕

截至2020年末，贵州省人身险退保率2.5%，较年初下降1.23个百分点，退保率虽有一定缓释，但是部分机构综合退保率较高、新业务发展困难等问题仍需高度关注，部分保险公司基层分支机构仍存在对退保风险重视不够、应急管理流于形式等问题。从全国情况看，欠发达地区退保风险相对较为显著，存在区域聚集效应和传播速度快的特点，需要加强防范。

3. 疫情对行业的负面影响需要持续关注

虽然贵州省保险市场总体保持稳健发展态势，但新冠疫情对保险行业形成了一定的负面冲击，2020年贵州省保费收入增长率为4.6%，增速同比下滑5.13个百分点，同时应收保费率同比继续上升，行业平稳发展压力较大。此外，由于疫情对金融行业的冲击具有一定时滞性，需要关注未来集中赔付等风险问题。

五、金融市场

（一）银行间债券市场

银行间债券市场债务融资有序发展，非金融企业债务融资工具持续增加，金融机构发行金融债券趋于审慎。2020年，贵州省企业在银行间债券市场发行25只债务融资工具，金额共计220.4亿元，同比增长41.4%，余额505.0亿元，同比增长0.5%。其中，贵州省水利投资（集团）有限责任公司发行了全省首只绿色中期票据，金额10亿元。截至2020年末，全省地方法人金融机构各类金融债券余额254.5亿元，当年累计发行金融债8.5亿元。此外，贵阳银行成功发行全省首单地方法人金融机构不良资产支持证券。银行间债券市场现券交易7.69万亿元，同比增长7.4%。

（二）货币市场及票据市场

1. 同业拆借市场交易量有所减少，平均利率持续下降

截至2020年末，贵州省共有63家地方法人金融机构加入全国银行间同业拆借市场。2020年，累计发生同业拆借交易3477笔，金额1.45万亿元，同比下降13.9%。其中，隔夜拆借交易占比91.4%，交易金额较年初下降15.7%。同业拆借全年加权平均利率1.6%，较年初大幅下降70个基点。其中，除14天、1年期拆借利率同比小幅上涨外，其余期限拆借利率均明显下降。

2. 债券回购市场交易量持续增加，资金流向为净融出

截至2020年末，贵州省共有48家地方法人金融机构及部分非法人投资产品加入全国银行间债券市场。2020年，累计在银行间债券回购市场成交20.72万亿元，同比增长11%。其中，质押式回购占比99.1%，同比增长10.5%。7天（含）以内的质押式回购交易占比98.7%，较年初提高2.1

个百分点。参与银行间债券回购市场交易利率明显下降，质押式回购加权平均利率1.63%，较年初下降65个基点。全年省内机构及非法人产品资金净融出4.06万亿元。

3. 票据市场业务量有所减少，贴现利率持续下降

截至2020年末，全省银行承兑汇票累计签发量1515.5亿元，同比下降16.6%；贴现累计发生额为657.09亿元，同比下降11.1%。票据贴现利率整体有所下降，全年加权平均利率3.03%，较年初下降54.54个基点。

（三）外汇市场

1. 涉外收支总额有所回落，结售汇顺差大幅扩大

2020年，受新冠肺炎疫情及内外部经济金融形势影响，贵州省涉外收支总额有所回落。涉外收支总额118.11亿美元，同比下降12.7%，顺差31.87亿美元，同比扩大184.0%。分账户看，经常账户、资本和金融账户呈现增速“一增一降”、差额“一顺一逆”格局。其中，经常账户收支总额74.05亿美元，同比增长11.9%，顺差35.96亿美元，同比扩大126.5%；资本和金融账户收支总额44.06亿美元，同比下降36.3%，逆差4.09亿美元，同比收窄12.2%。外汇市场方面，2020年全省银行结售汇总额84.09亿美元，同比增长18.1%；顺差42.41亿美元，为上年同期的6.2倍，顺差创历史新高。2020年下半年国内基本面因素改善推动人民币汇率单边较快升值，企业套保意愿降低，全省外汇衍生品签约额同比大幅下降。

2. 跨境人民币业务稳步发展，受益覆盖面进一步扩大

截至2020年末，贵州省跨境人民币实际收付金额183.8亿元，同比下降12.9%；占本外币实际收付金额的比重为21.6%，较年初下降0.4个百分点。跨境人民币业务覆盖面进一步扩大，人民币为贵州省第二大对外结算货币，22家银行省级分支机构和2家地方法人金融机构开办业务；结算主体（包括企业、机关、团体等）超过1400家，较年初增加247家。人民币在跨境投融资活动中得到广泛使用，贵州省外国来华直接投资收入中九成使用人民币结算，跨境贷款中超过一半为人民币贷款。

六、金融基础设施和金融改革创新

（一）支付结算体系

1. 深入推动农村支付环境转型升级

进一步完善农村金融普惠服务点公共缴费、信贷信息收集等功能，实现支付服务互联互通，打造“政务信息+电子商务+支付服务”为一体的新型服务站点。打通农村电商支付通道，拓展和扩大农村社保服务范围，不断丰富金融服务站政务服务功能。2020年，依托助农取款服务点为农户提供各项金融服务10.3万笔，全省社保金融一体化服务农民群众160.79万人次、金额3.2亿元。

2. 持续做好账户服务与监管

截至2020年末，全省共有各类银行结算账户21877.39万户，同比增长7.21%。其中，单位银行结算账户133.21万户，同比增长9.42%；个人银行结算账户21744.18万户，同比增长7.20%。积极响应国务院“断卡”行动部署会号召，配合公安机关打击“两卡”买卖行为。进行涉案账户风

险研判，及时移送问题账户线索并配合做好涉案账户数据查询，以抓内部教育和面向社会宣传结合的方式促进“断卡”行动的宣传教育，营造了全社会共同“防赌反诈”的良好氛围。

（二）信用体系

积极开展地方征信平台建设，按照“政府推动+多方参与+市场运行”的工作思路，推动不同领域涉企信用信息的共享应用，先后建成多个具有代表性的信息管理系统典型模式，推进中小微企业和农村主体信息的归集，促进信息、信用、信贷联动，不断提高金融服务的覆盖面。持续推进信用工程建设，指导并推动涉农金融机构建立覆盖全省各县市的农村信用工程系统。深入推进金融生态环境测评工作，促进地方营商环境提升，截至2020年末，全省已为782.58万农户建立了信用档案，建档面达100%，共评定信用户722.15万户，占建档农户的92.28%；评定信用乡镇1038个、信用村13030个，覆盖面分别为76.83%、80.56%，实现全省建档立卡贫困户信用建档“全覆盖”。

（三）反洗钱

保持反洗钱监管高压态势，全年对1573家反洗钱义务机构开展工作考评，行业覆盖面连续10年达100%，约见谈话67家，走访238家，质询9家，对违反反洗钱相关规定17家机构及其27名相关责任人处罚款490.4万元。加强与公检法及其他金融监管部门的协调配合，积极打击金融领域违法犯罪，持续推动洗钱入罪工作，全省成功宣判洗钱罪28例。

（四）金融消费权益保护

进一步畅通金融消费维权渠道，加强投诉管理和纠纷调处工作，规范开展检查评估，统筹推动金融广告治理，构建金融知识普及长效机制，推动普惠金融发展。2020年，积极打造12363暖心热线，贵州省人民银行系统共接收与处理金融消费者投诉144件、咨询4432件，办结率100%；建立健全金融消费纠纷多元化解机制，贵州省金融消保联合会共调解139件金融纠纷案件，调解成功109件，成功率达78.42%；深入开展“蒲公英”金融志愿服务行动与“金融诚信伴我成长”主题教育实践活动，有效推动金融知识普及常态化；组织开展贵州省《推进普惠金融发展规划（2016—2020年）》实施评估相关工作，完成《贵州省普惠金融发展报告（2016—2020年）》。

（五）贵安新区绿色金融改革创新试验区

2017年贵州省贵安新区绿色金融改革创新试验区成立以来，贵阳银行等8家银行业金融机构成立了绿色金融事业部，中国建设银行等3家国有银行的贵安分支机构更名为“绿色金融支行”，贵州银行成为国内第6家赤道银行，中天国富证券设立了绿色金融事业部，人保财险贵州省分公司建立了全国首个“绿色金融”保险服务创新实验室，初步建成了以银行业金融机构为主，非银行业金融机构为辅的绿色金融组织体系。截至2020年末，全省绿色贷款余额3487.17亿元，较年初增加498.68元，占全省各项贷款余额的10.80%。其中，各金融机构投向贵安新区绿色金融改革创新试验区的绿色贷款余额为126.28亿元。全省金融机构从管理机制、抵质押模式、担保模式等方面积极探索绿色金融创新举措，实现绿色金融产品和服务方式创新达62项。

中国人民银行贵阳中心支行金融稳定分析小组

组　　　长：文洪武

副　组　长：邓　浩

成　　　员：向　明　令狐春荣　李家鸽　毛洪江　周　俊　刘利红
何　炜　罗永国　秦少华　闵培忠　林　坚　陈玉婷

《贵州省金融稳定报告（2021）》编写组

总　　　纂：邓　浩

统　　　稿：令狐春荣　舒　勤　黄　洲

执　　　笔：陈　義　李志勇　陈红宇　陈文杰　张　笑　石　实
李　曦　季忠艳　袁　叶

参与写作人员：叶　茜　李　睿　苏　抒　余　勇　袁　野　王　肖
陈旭东　赵　鑫　徐振鑫

云南省金融稳定报告摘要

2020年，面对突如其来的新冠肺炎疫情冲击和更加复杂的内外部环境，云南省全面贯彻落实党中央、国务院重大决策部署，统筹协调疫情防控和经济社会发展工作，经济运行实现平稳增长，全年GDP增速达4%。金融供给侧结构性改革成效显著，全省金融运行稳中有进，为云南省经济实现高质量发展提供了有力支持，也为金融业风险缓释打下了良好基础。全省金融风险总体可控，金融秩序逐渐向好，重点领域重点机构的风险得到稳妥处置。但部分行业、领域和地区的风险仍需高度关注，风险防范工作的前瞻性仍需进一步加强。

一、区域经济

（一）宏观经济运行

2020年，面对复杂多变的国内外经济形势，特别是新冠肺炎疫情的严重冲击，云南省统筹疫情防控和经济社会发展工作，全年GDP保持4%的增速，展现出较好的韧性，经济运行实现平稳增长。

1. 经济总量稳定增长，疫情影响下第二、第三产业占比有所回落

2020年，云南省实现国内生产总值（GDP）2.45万亿元，同比增长4.0%，经济增速排名全国第3位。全省第三产业增加值占比持续超过50%，服务业仍为拉动全省经济增长的第一动力。受疫情影响，全省工业及服务业增加值占比有所回落。2020年，全省第二、第三产业增加值占GDP的比重分别为22.8%和51.5%，分别较2019年下降0.5个和1.1个百分点（见图1和图2）。

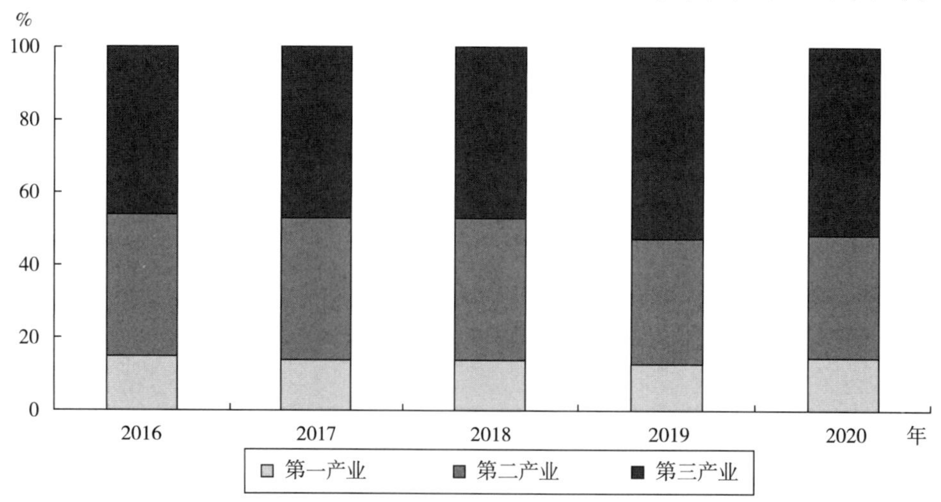

图1 2016—2020年GDP及构成比例

（数据来源：云南省统计局）

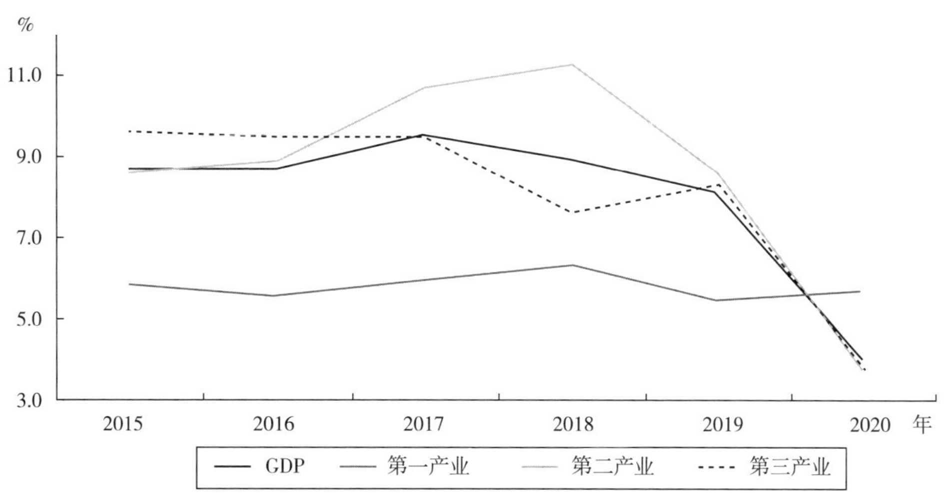

图 2　2015—2020 年 GDP 及三次产业同比增速

（数据来源：云南省统计局）

2. 农业经济持续恢复，农产品生产供应稳定

农林牧渔业总产值 5920.52 亿元，同比增长 5.7%。一是种植业发展较为稳健。全年粮食产量达 1895.86 万吨，同比增长 1.4%。二是畜牧业发展逐渐恢复。猪牛羊肉产量 353.28 万吨，生猪养殖恢复至上年的 90% 以上。三是特色农业增长势头较足。其中水果增长 11.8%、茶叶增长 6.0%、花卉增长 4.5%。蔬菜 2496.09 万吨，增长 8.3%。

3. 工业生产增长平稳，重点行业支撑明显

规模以上工业增加值同比增长 2.4%。从三大门类看，全省采矿业增加值同比增长 0.8%，制造业增长 1.6%，电力、热力、燃气及水生产和供应业增长 5.5%。从重要行业看，计算机、通信和其他电子设备制造业增长 43.1%，带动高技术制造业增长 18.8%。全年电力增长 6.5%、有色金属冶炼和压延加工业增长 11.5%、黑色金属冶炼和压延加工业增长 11.8%、烟草制品业增长 0.8%。

4. 民间投资快速回升，推动固定资产投资平稳增长

固定资产投资（不含农户）同比增长 7.7%，新开工项目个数同比增长 34.9%。从三次产业看，第一产业增长 37.8%，第二产业增长 5.3%，第三产业增长 6.3%。从重点领域看，民间投资增长 12.6%，拉动全省投资增长 5.2 个百分点，对全省投资增长的贡献率为 68.0%，成为全省投资增长的关键因素。基础设施投资增长 7.3%，贡献率为 38.5%，拉动增长 3.0 个百分点。房地产开发投资同比增长 8.5%，贡献率为 29.9%，拉动增长 2.3 个百分点，基建和房地产依然是拉动云南投资的主要动力（见图 3 和图 4）。

5. 新产品、新消费模式带动市场消费信心加速回稳

一是市场消费信心加速回升。全年社会消费品零售额 9792.87 亿元，同比下降 3.6%，降幅较前三季度分别收窄 10.7 个、5.0 个和 1.9 个百分点。二是消费模式发生转变。通过公共网络实现的商品销售额同比增长 99.6%。三是消费产品逐渐向电子产品集中。智能家用电器和音像器材增长 27.7%、新能源汽车增长 30.3%，通信器材类增长 9.0%，其中智能手机增长 13.1%（见图 5）。

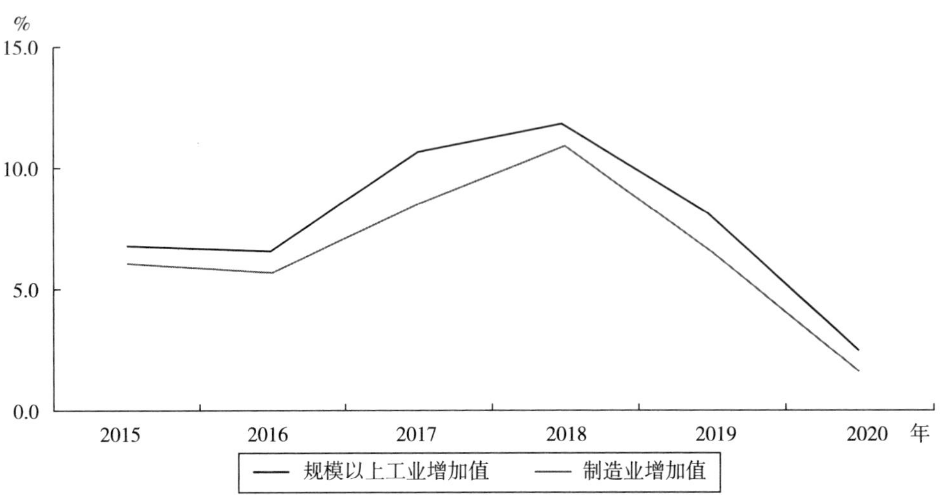

图 3　2015—2020 年规模以上工业增加值增速

（数据来源：云南省统计局）

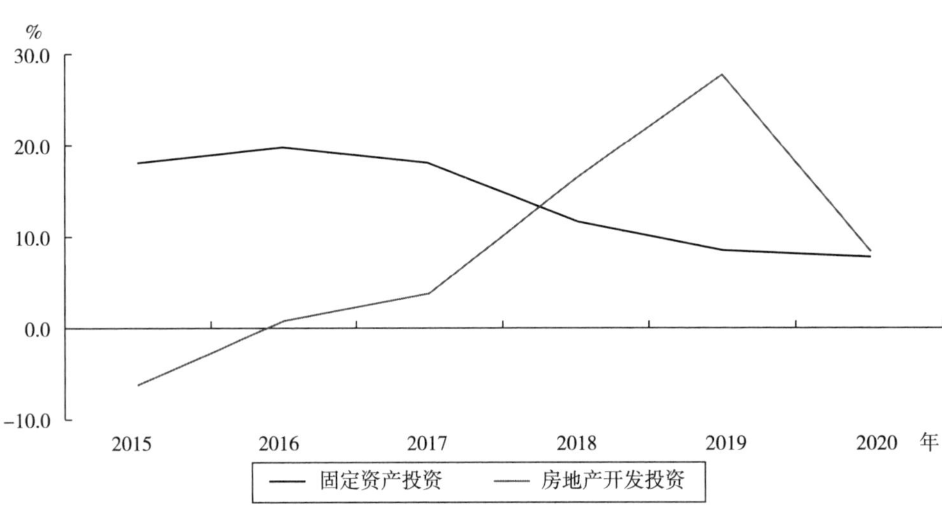

图 4　2015—2020 年固定资产投资增速

（数据来源：云南省统计局）

6. 税收扭负为正，财政收入完成年初预算目标

完成地方一般公共预算收入 2116.69 亿元，同比增长 2.1%。其中，税收收入完成 1453.07 亿元，增长 0.2%，实现全年扭负为正；非税收入完成 663.62 亿元，增长 6.5%。地方一般公共预算支出完成 6974.01 亿元，同比增长 3.0%，其中，卫生健康支出增长 16.5%，交通运输支出增长 15.4%，农业农村支出增长 17.5%，科学技术增长 10.1%，教育支出增长 8.7%，社会保障和就业支出增长 6.9%。

7. CPI 同比微涨，PPI 同比由降转涨

CPI 方面，2020 年 12 月，全省 CPI 同比上涨 0.2%。其中，食品价格上涨 2.2%，影响 CPI 上涨约 0.51 个百分点，它是影响 CPI 涨幅回落较缓的主要原因。PPI 方面，2020 年 12 月，全省 PPI 同比上涨 1.4%。其中，生产资料上涨 2.0%，生活资料价格持平。

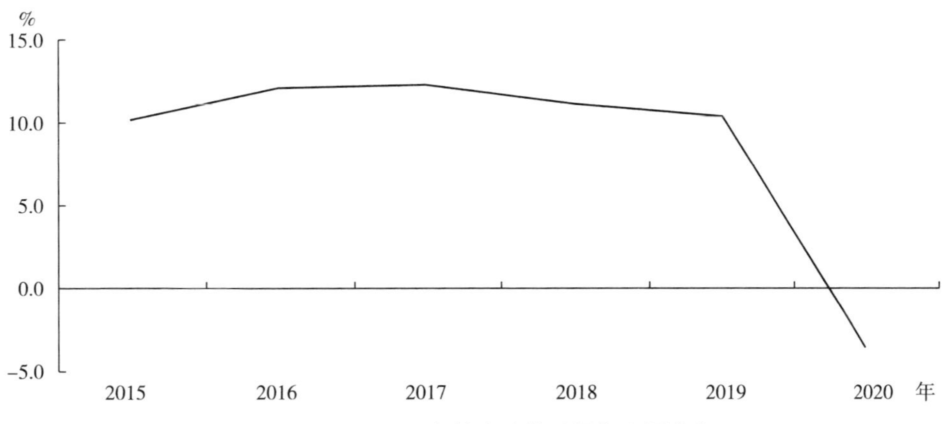

图 5　2015—2020 年社会消费品零售总额增速

（数据来源：云南省统计局）

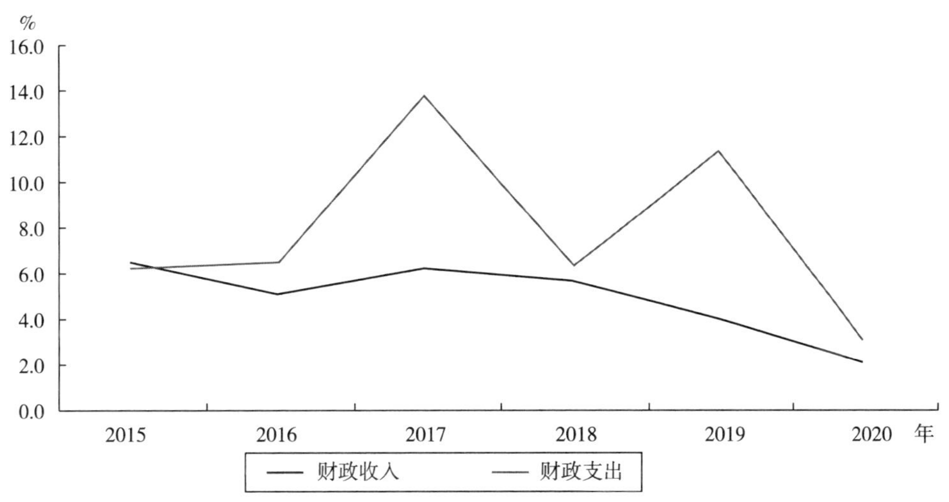

图 6　2015—2020 年财政收支增速

（数据来源：云南省统计局）

8. 外贸进出口增速亮眼，外汇收支在双向波动中趋于平稳

2020 年，云南省进出口总额 2680. 44 亿元，同比增长 15. 4%，高于全国增速 13. 5 个百分点；其中出口 1518. 84 亿元，同比增长 46. 4%，进口 1161. 60 亿元，同比下降 9. 7%，贸易顺差 357. 24 亿元人民币。跨境资金呈现净流入，总规模同比下降 6. 32%，2020 年下半年以来总规模已实现正增。受跨境收支规模总体下滑、人民币结算替代等因素影响，银行结售汇总额继续探底，同比下降 14. 18%，创近三年来新低。

（二）需要关注的方面

1. 全省“四上”企业①规模偏小、高新产业不足

符合条件的“四上”企业总量逐步上升，产业结构有所优化，发展态势较好，但依然存在单位

① “四上”企业是对规模以上工业企业、限额以上批发零售和住宿餐饮业企业、有资质建筑业企业、房地产开发经营企业和规模以上服务业企业的统称。

总量偏低、企业规模偏小、高新产业企业偏少等问题。一是企业规模偏小。从企业拥有资产情况看，全省“四上”企业资产在10亿元以上的企业占比仅为4.0%；从企业经营规模看，全省“四上”企业年主营业务收入在5亿元以上的企业占比仅为3.5%。二是高新产业偏少。从行业分组的“四上”企业数据看，传统行业仍占主导地位。以规模以上工业为例，采矿业企业数量占总量的10.9%，制造业占80.2%，电力、燃气及水的生产制造业占8.9%。第三产业中，批发和零售业、住宿和餐饮业、交通运输、仓储和邮政业企业数量占总量的53.2%，传统服务业在全省第三产业中的占比较大。

2. 云南省消费需求增长乏力进一步凸显

2017—2020年，全省社会消费品零售总额同比分别增长12.2%、11.1%、10.4%和-3.6%。2020年，受疫情影响，居民收入不确定性因素较大，叠加近年来居民负债水平持续高速增长，全省居民收入水平整体偏低，全省人均可支配收入仅为全国总体水平的72.37%。居民收支增长矛盾的问题更加突出，或将对未来居民消费信心和消费意愿形成抑制，居民消费需求修复仍面临较大压力。

3. 财政“紧平衡”状况加剧，地方政府偿债付息压力明显上升

2020年，全省一般公共预算及政府性基金预算收入累计完成3675.2亿元，同比增长0.30%，一般公共预算及政府性基金预算支出累计完成9922.5亿元，同比增长15.15%，收支差额为6247.3亿元，比2019年增加1294.3亿元。财政“紧平衡”状况进一步加剧，随着近年来地方政府债务规模的快速增长，地方政府还本付息压力持续上升。“稳保”及民生等领域财政支出刚性压力仍然较大，叠加仍有大量隐性债务需化解，未来需密切关注地方政府债务的偿债付息压力。

二、银行业

（一）银行业运行

1. 资产负债规模稳步增长，法人机构资产占比持平

截至2020年末，云南省银行业金融机构总资产48030.57亿元，同比增长8.78%，较上年末提高0.92个百分点；负债总额为46273.83亿元，同比增长8.95%，较上年末提高1.26个百分点。其中，大型国有商业银行资产同比增长8.98%，负债同比增长8.82%；股份制商业银行资产同比增长10.69%，负债同比增长10.71%；地方法人金融机构资产同比增长9.73%，负债同比增长10.12%。地方法人银行业金融机构资产占比37.45%，继续保持三分之一以上（见图7）。

2. 各项存款增势持续回升，部门存款呈现“三升一降”

截至2020年末，云南省金融机构本外币各项存款余额3.57万亿元，比年初新增2667.46亿元，同比多增429.71亿元，余额同比增长8.09%，高于上年同期0.79个百分点。从结构看，全省实体经济各主要部门存款增速呈现“三升一降”，住户、非金融企业及财政性存款增速较上年同期均有所回升，机关团体存款增速则有所回落。全省住户存款余额1.77万亿元，同比增长11.21%；非金融企业存款余额8744.22亿元，同比增长6.91%；财政性存款余额988.10亿元，同比增长9.07%；全省机关团体存款余额7318.66亿元，同比减少0.27%。

3. 各项贷款增速稳中有升，信贷增量创历史新高

截至2020年末，云南省金融机构本外币各项贷款余额3.51万亿元，比年初新增3487.07亿元，同比多增525.85亿元，贷款年累计增量创历史新高，余额同比增长11.05%，高于上年同期0.24个

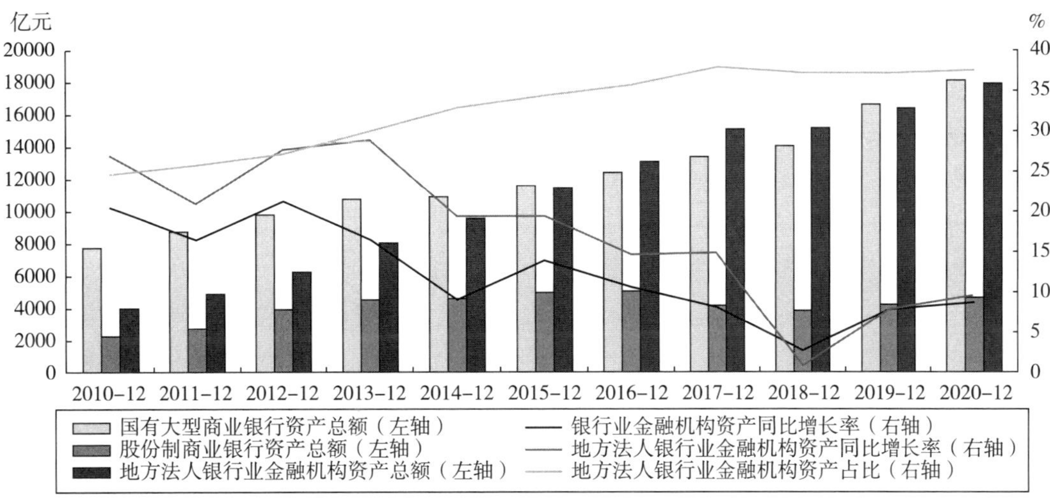

图7　2010—2020 年云南省银行业金融机构资产变化情况

（数据来源：云南银保监局）

百分点。分部门看，住户贷款保持中高速增长，企（事）业单位贷款增速持续回升。全省住户贷款余额1.15万亿元，同比增长16.84%；企（事）业单位贷款余额2.33万亿元，同比增长8.62%。分期限看，短期贷款增速上升明显，中长期贷款增速稳中有升。全省短期贷款余额6610.19亿元，同比增长5.68%；中长期贷款余额2.51万亿元，同比增长13.57%（见图8）。

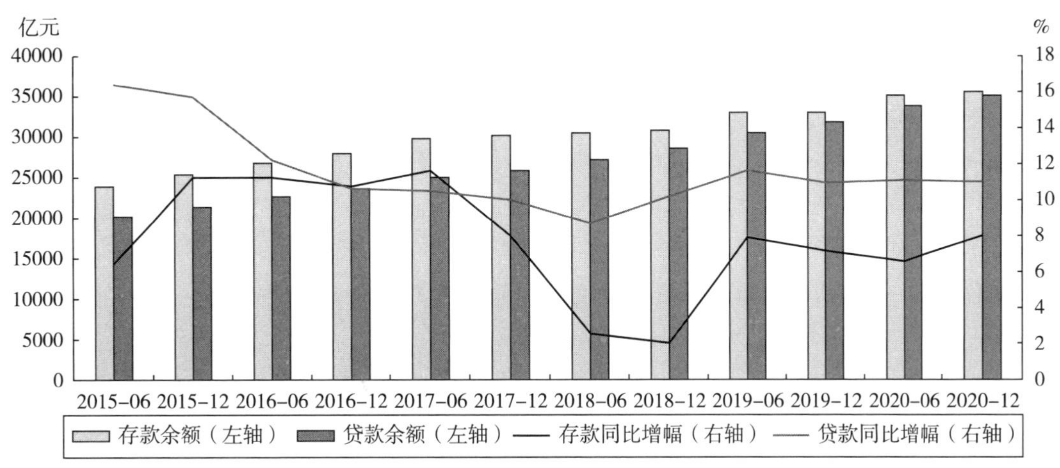

图8　2015—2020 年云南省金融机构存贷款变化情况

（数据来源：中国人民银行昆明中心支行）

4. 金融支持疫情防控，稳企业保就业成效明显

2020年，云南省金融业坚决贯彻落实疫情防控和“六稳六保”相关政策，切实用好用足3000亿元再贷款和5000亿元、1万亿元再贷款再贴现政策工具，加大两项直达实体经济工具使用力度，全省累计购买普惠小微信用贷款17.5亿元，新发放普惠小微信用贷款占比全国靠前；签订利率互换协议72.4亿元，贷款延期率逐月提升；应收账款融资业务累计办理金额749.3亿元，同比大幅增长103%；社会融资规模保持较快增长，各项贷款增量创历史新高。

5. 金融聚焦深度贫困地区，脱贫攻坚战完美收官

2020 年，云南省金融业聚焦“三区三州”和深度贫困地区，为脱贫攻坚战取得决定性胜利提供了强有力的金融支持。2015 年以来，云南省金融机构累计发放金融精准扶贫贷款 6233.4 亿元，127.6 万建档立卡贫困人口和 123.7 万已脱贫人口直接获得信贷支持。云南省建档立卡贫困户全部建立信用档案，覆盖面达 100%。累计建设普惠金融服务站 7316 个，交易笔数 506.37 万笔、金额 67.29 亿元、查询 389.45 万笔，业务量居全国第 2 位。

6. 机构改革持续推进，着力提高发展质量

2020 年，云南省银行业进一步深化改革创新力度，国家开发银行、进出口银行、农业发展银行云南省分支机构根据改革方案积极强化自身职能定位，全力推进再贷款、主题债、降息让利等政策落实，高质量完成金融服务脱贫攻坚任务。农业银行云南省分行进一步深化三农金融事业部改革，突出做好乡村振兴重点领域、关键环节金融服务，加大对现代农业、农村基础设施、乡村旅游、幸福产业等重点领域和农业产业化龙头企业、新型经营主体等的信贷投放。地方法人金融机构改革稳步推进，全年共有 11 家农村信用社县级联社改制为农村商业银行。截至 2020 年末，全省共有 62 家农村信用社县级联社改制为农村商业银行。

（二）需要关注的方面

1. 银行业资产质量改善但需重点关注局部风险

2020 年，云南省银行业资产质量总体有所改善，但局部风险仍然较突出。截至 2020 年末，云南省银行业不良贷款余额 606.97 亿元，较上年末减少 91.10 亿元，不良贷款率 1.73%，较上年末下降 0.48 个百分点。细分来看，一是不同类型银行差距较大。大型商业银行、股份制商业银行和政策性商业银行较为稳健，不良贷款率分别为 0.74%、1.34%、1.37%。中小法人银行业机构不良贷款率依然较高。农合机构不良贷款率 4.58%，城商行不良贷款率 2.07%，村镇银行不良贷款率 1.89%。二是农合机构关注类贷款潜在风险大，2020 年末，云南省农合机构关注类贷款余额 347.08 亿元，关注类贷款率 5.34%，高于云南省银行业机构关注类贷款率 1.98 个百分点，存在资产质量向下迁徙风险。三是部分地区不良贷款率高企。2020 年末，昆明市不良贷款余额达 249.71 亿元，占云南省不良贷款余额的 41.14%；曲靖、临沧、德宏不良贷款率分别为 3.94%、3.34%、3.01%，不良贷款余额合计 113.28 亿元，占云南省不良贷款余额的 18.66%（见图 9）。

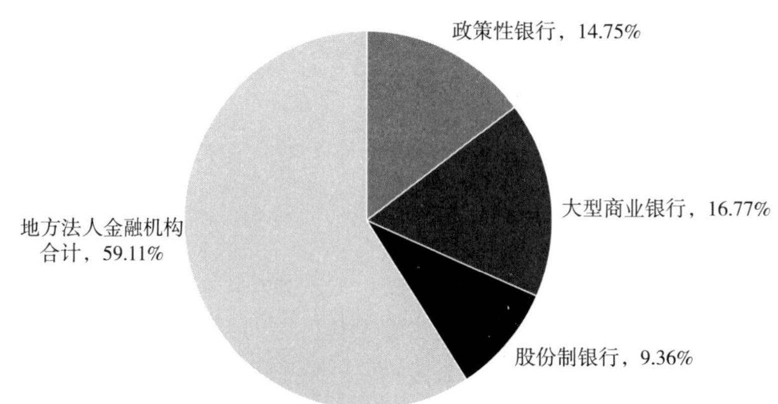

图 9　2020 年云南省银行业不良贷款构成

（数据来源：云南银保监局）

2. 大型企业风险向金融机构传导压力大

2020年，全省大型有问题企业形成较大规模不良贷款给银行机构资产端带来较大压力。2020年末，纳入云南省大型有问题企业监测的7家问题企业不良贷款余额143.6亿元，占全省不良贷款余额的23.66%。金安桥、后谷咖啡等企业风险问题较为突出，后续工作依然艰巨。一是部分企业受宏观政策调整、行业不景气等因素影响经营状况欠佳。如云南华电昆明发电有限公司、大唐国际李仙江流域水电开发公司等企业效益下降、出现亏损。二是部分企业运用高杠杆扩张经营，存在流动性风险隐患。如力帆骏马公司近年来债务融资规模较大，资产负债率逾75%，主营业务萎缩，流动性风险凸显。三是部分民营企业公司治理不健全，内部管理混乱。如德宏后谷咖啡财务管理较为混乱，其财务报表无法反映企业经营真实情况；云南今玉房地产有限公司的股东及关联企业占用公司资金，较大部分房产销售资金未进入公司账户，且该公司在多地进行大规模房地产投资，因资金紧张而多方举债，甚至向小贷公司融资，导致资金链断裂、项目停工。

3. 部分机构缺乏有效的资本补充途径

2020年，云南省地方法人金融机构通过多种方式补充资本，年末资本充足率整体水平达12.97%，高于监管标准。但受疫情影响，潜在不良贷款逐步释放，法人机构资本受到一定影响，部分机构存在不同程度的资本缺口。此外，中小法人机构资本补充缺乏有效途径，部分机构短期内难以借助外力填补资本缺口，存在侵蚀资本的风险可能。

4. 债券融资风险可能向银行机构传导

一是近期发债规模大幅收缩。受永煤违约事件对债券市场的影响，2020年11—12月全省直接债务融资工具发债规模出现“悬崖式”大幅收缩，11月、12月发行规模分别为38.7亿元、83.95亿元，其中11月为2019年以来单月发行额最低值，同比下降73.12%、环比下降84.21%。二是存续城投债占比较高，债券兑付存在不确定性。截至2020年末，存续债务融资工具中城投债存续余额1477.1亿元，占比高达68.44%，全省部分城投企业经营范围单一，业务多集中于土地开发和固定资产投资，且受疫情影响，多家城投企业指标出现大幅下滑。三是企业融资成本偏高。相较全国其他省份，投资者对云南企业债券发行要求较高的风险溢价（高出同等级债券50~100个基点），此外出现一二级市场价格偏离的现象，反映出市场对云南企业发行债券的认可度尚待加强。四是债券融资“借新还旧、短债长投”特征明显。全省2020年直接债务融资工具净融资额仅为109.95亿元，比2019年同期减少204.61亿元，1年及以内的短期债券812.90亿元，占比54.50%，其中期限在90天及以下的债券达到339亿元，资金期限错配风险较大。

三、证券期货业

（一）证券期货业运行

2020年，面对疫情全球流行和复杂形势带来的严峻考验，云南省证券期货业采取多种措施有力支持实体经济加快恢复发展，总体保持了稳健发展势头。上市公司股票质押风险化解取得实质性成效，基本实现固化存量风险，存量风险得以遏制，债券违约、私募基金等重点领域风险总体收敛，为实体经济发展、供给侧结构性改革提供坚强保障。

1. 机构经营总体稳健，服务功能进一步提升

2020年末，云南省共有2家法人证券公司，2家法人期货公司。云南省证券市场全年累计交易额35336.37亿元，同比增长28.37%，期货市场累计交易额33243.27亿元，同比增长11.30%。在中国证券投资基金业协会登记的私募基金管理人87家，备案基金产品164只，基金规模1256.81亿元，同比增长25.20%。云南省获批"保险+期货"天然橡胶、白糖现货产量合计10万吨，专项支持资金6100万元，为服务云南实体经济和助力脱贫攻坚注入源头活水。

2. 融资规模持续扩大，为实体经济提供有力支持

2020年，云南省新增上市公司1家。年末，共有上市公司37家，其中，主板23家、中小板10家、创业板4家。全年累计实现再融资97.56亿元。累计通过交易所市场发行公司债券44只，金额499.95亿元，累计通过交易所市场发行资产证券化产品17只，金额25.47亿元。截至2020年末，存续公司债券142只，金额1244.92亿元；存续资产证券化产品104只，金额321.55亿元。

3. 多层次资本市场建设稳步推进，新三板向上层发展公司数量和融资活跃度大幅提升

2020年，云南省新增新三板挂牌公司2家、创新层公司1家、精选层公司1家。年末，全省共有新三板挂牌公司77家，其中，基础层64家，创新层12家，精选层1家。累计6家挂牌公司实现股票融资1.49亿元。此外，区域性股权市场建设稳步推进，云南省股权交易中心已完成工商设立。

（二）需要关注的方面

1. 上市公司风险

2020年，受多重因素共同影响，省内部分上市公司主营业务出现较大亏损，融资能力受限，持续盈利能力面临考验。云南锗业、龙津药业等3家公司面临*ST风险。云投生态、云维股份等3家公司被交易所实施特别风险警示（ST）。进入2021年，全省上市公司持续经营风险进一步显现，7家风险类上市公司中4家为经营性风险公司，如果进一步恶化，可能演变为退市风险。当前股票质押、资金占用违规担保等重点风险领域实现"清零"目标，但仍存在反弹压力。

2. 公司债券违约风险

2021年防控公司债券违约风险面临新的挑战，全年到期或存在回售选择权的公司债券有61只，为历年之最，金额456.09亿元，比上年略降，面临兑付压力的企业主要集中在州市城投企业、民营企业及面临多只债券兑付的企业。2021年云南省康旅控股集团有限公司及其下属公司云南城投置业股份有限公司有10只公司债到期或回售，金额118.14亿元，占比四分之一，每季度均有到期或回售公司债，兑付压力较大。云南祥鹏航空有限责任公司受新冠疫情持续影响，收入下滑严重，上年展期支付的90%利息将于2021年12月到期，合计需要支付约1.37亿元利息，另外2021年6月将有一只2.7亿元公司债券面临回售，如果债券持有人回售，兑付将存在一定的困难。

3. 私募基金风险

一是持续经营风险。云南私募机构尤其是民营私募机构持续经营风险突出，募资难、投资难，项目储备不足，人员流失严重，部分机构长期"空壳"，已不能持续符合基金业协会展业条件，面临被注销管理人登记的风险。二是体外经营风险。已注销私募机构既是当前行政监管面临的一大挑战，也是辖区私募基金一大风险隐患。目前，挂账的5家风险机构中4家已被基金业协会注销管理人登记。对于已注销机构，监管部门已无对其依法实施监管的依据，这些机构如果游离于监管体外，将面临较大风险隐患。三是非法集资风险。以私募基金名义进行非法集资活动等违法犯罪问题仍需高

度警惕。

4. 法人证券机构风险

由于业务结构发展不平衡，云南省两家地方法人证券公司经营发展存在的风险隐患也需加强关注。太平洋证券存在公司治理不健全、内部控制不完善等问题，股票质押业务风险资产规模较大。红塔证券持有的信用债规模较大，存在一定信用风险隐患。

四、保险业

（一）保险业运行

2020 年，云南省保险业有力支持经济稳步复苏，保险市场总体运行平稳，行业实力稳步提升，业务结构持续优化，但仍然面临一些问题和新挑战需要认真应对，妥善处理。

1. 行业实力持续提升，保费收入增速放缓

截至 2020 年末，云南省保险公司总资产 1285.65 亿元，同比增长 11.92%。全省共有法人保险机构 1 家，省级分公司 42 家，其中，财产险省级分公司 27 家，人身险省级分公司 15 家。2020 年全省累计实现保险保费收入 756.45 亿元，同比增长 1.93%。其中，财产险公司累计实现保费收入 342.21 亿元，同比增长 2.86%；人身险公司累计实现保费收入 414.24 亿元，同比增长 1.18%。

2. 产险结构略有变化，寿险保费下滑明显

2020 年，车险综合改革实施后，财产险公司车均保单有所下降，全年车险保费收入 234.63 亿元，同比下降 0.68%，占保费总规模的 68.56%，较 2019 年下降 2.44 个百分点；非车险业务保费收入同比增长 11.51%，其中，健康险保费收入同比增长 38.32%。受疫情影响，2020 年全省人身险公司人寿保险、年金保险、意外险新单保费收入同比分别下降 9.12%、38.9% 和 6.32%；健康险新单保费增速回落，同比增长 1.65%，较上年同期下降 33.74 个百分点。但结构指标持续向好，2020 年全省人身险公司寿险业务新单期缴同比增长 35.48%。

3. 农业保险保障不断强化，助力脱贫攻坚持续推进

云南省保险机构积极推动价格保险、“保险 + 期货” 等新型险种试点落地，为助力农业发展提供良好的保险保障环境。年内，实现农业保险全省 129 个县区全覆盖，为全省粮食、经济农作物、林木和牲畜提供保险保障 1533.41 亿元。全面对接健康扶贫需求，助力全省脱贫攻坚不断升入。人身险公司持续优化“三区三州”“未摘帽贫困县” 相关机构人员考核评价体系，明确下调贫困人口意外险费率的操作流程。大病保险向建档立卡贫困户赔付 34.38 万人次、5.56 亿元，1 家机构向楚雄两个贫困县捐赠 1.39 亿元补充医疗保险保障，进一步提高对群众的医疗保障，防患因病致贫、返贫。

4. 民生保障稳步增强，资金投资力度持续加大

2020 年，云南省保险机构不断加强专属产品开发，增强商业保险与基本医保、大病保险、医疗救助、社会捐赠等的有效衔接。全国长期护理保险试点项目落地昆明，城市“定制型” 商业医疗保险持续推进，如普洱市“人民普惠保” 项目提供基本医保目录外、基本医保报销后人均 200 万元医疗保障。全省新增 17 项投资在云南的保险资金债权投资计划，合计注册金额 401 亿元，同比增长 31.48%，为全省交通、城建等重点项目建设融资提供了有力支持。

（二）需要关注的方面

1. 财产险公司转型面临挑战

自2020年9月车险综合改革实施以来，车险费率整体下降，云南省车险单均保费同比降幅达38.66%，车险保费收入全年负增长0.68%。非车险保费2020年同比增长11.56%，增速较2019年下降1.13个百分点，车险业务车均保费下降叠加非车险业务增速下滑，全省财产险公司业务转型面临挑战。

2. 人身险公司转型难度上升

2020年，云南省15家人身险公司中有8家新单保费同比下滑，部分公司面临保费收入减少和退保给付大幅增加的双重压力，部分主体重新将银邮渠道作为保费增长主要来源，回到扩张万能险的模式上，转型指标出现反复，转型难度进一步上升。在激烈市场竞争下，保险销售的规范性仍需加强。

3. 保费增速持续趋缓

随着居民收入水平和保险保障意识的不断提高，保险业仍处在发展机遇期，但保险业业务结构调整不断持续深入。在当前外部形势复杂多变、经济结构持续调整的背景下，2020年保费增速同比下滑8个百分点，预计2021年全省保险市场运行总体平稳，但保费增速将持续趋缓。

五、金融基础设施

（一）金融基础设施运行

1. 支付清算持续助力改善营商环境，信用体系建设服务功能不断优化

2020年，云南省支付体系总体稳健运行，农村地区支付清算体系进一步发展，支付清算系统独特的社会价值在疫情期间进一步体现。云南省支付清算系统覆盖率达到53%。城乡移动支付场景应用持续推进，农村支付环境建设深入推进。2020年末，全省移动支付（银联二维码+手机PAY）清算交易3627.98万笔。累计建设惠农业务点15176个，其中普惠金融服务站7336个。中小微企业和农村信用体系建设成效显著。为全省922.91万户农户建立电子信用档案，实现188.5万户建档立卡贫困户电子信用档案建设全覆盖；推动建立5个中小微企业信用信息数据库，打通政银企合作通道，累计实现小微企业融资87.96亿元。二代征信系统全面上线，全力保障社会公众、企业查询服务需求和征信合法权益，全省布放个人信用报告自助查询机469台，查询网点379个；全年全省人民银行共受理信用报告查询210.8万笔，共受理异议和信息主体声明925笔。助力稳企业保就业成效显著。全年应收账款质押融资金额863.4亿元，同比增长117.9%；聚焦三区三州和深度贫困地区开展“征信助力深度贫困地区脱贫摘帽收官”专题宣传，开展宣传1800场次，受众46万余人。

2. 反洗钱资金监测分析成果不断显现，全力打击假币犯罪维护群众利益

2020年，云南省人民银行积极协助有关部门调查涉嫌洗钱及案件线索，共分析处理重点可疑交易报告691份，对61份重点线索开展反洗钱行政调查673次，向有关部门移送可疑案件线索138条、涉及资金701.5亿元。开展反洗钱行政调查8172次，协助有关部门调查洗钱相关案件489件，涉及资金1.48万亿元，协助破获或审理“云南通海巨大浪宋威进出口有限公司”虚开骗税案等案件53起，涉及资金141亿元。全年共收缴假人民币137881张，金额为0.121亿元，同比下降24.74%；

协助全省公安机关经侦部门破获假币领域案件256起，涉及全国20个省区300余条线索及文山“杨某林假币案”、曲靖“6·19假币案”等部级督办大案，有力地打击了假币犯罪，维护了群众利益。

（二）需要关注的方面

一是政府部门对数据互联互通和共享认识不足，地方征信平台建设难度大，不利于优化地方融资环境和提升小微企业金融服务水平；二是随着反洗钱体系进一步完善，监管对象范围不断扩大，现有反洗钱专业人员专业素养和人员保障无法满足当前阶段的反洗钱工作。

六、稳定评估

（一）定量评估

运用区域金融稳定定量评估模型对2020年云南省金融稳定状况进行定量评估，基于评价指标的可比性和可获得性，从宏观经济运行、银行业、证券业、保险业和金融生态环境五个方面选取了27个指标进行量化评价。从定量评估的结果来看，由于疫情对宏观经济的冲击影响，云南省金融稳定状况综合得分76分，较上年下降3.36分，仍属于“B类地区较好地区+”。从具体指标变动来看，进出口增长率等15项指标与上年持平，不良贷款率等4项指标较上年继续改善，地区生产增长率等7项指标较上年下降。从分项指标看，宏观经济运行方面，地区生产总值增长率受疫情影响增长放缓，宏观经济得分较上年下降8.22分；银行业方面，资产质量持续改善，资本充足率、利润率指标保持稳定，得分较上年上升2.79分；证券业增长较为平稳，得分与上年持平；保险业受保费增速大幅放缓，得分较上年下降0.51分；金融生态环境方面，银行服务密度和征信数据库覆盖率继续改善，得分与上年持平（见图10）。

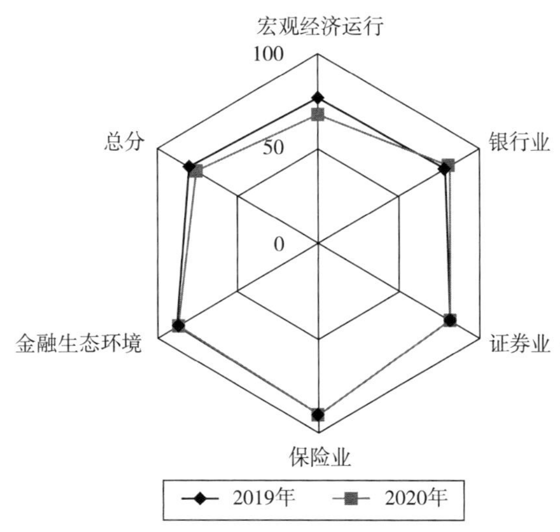

图10　2019年和2020年云南省金融稳定定量评估情况

（二）总体评估

2020年，虽然受到突如其来的新冠疫情的冲击，但云南省经济展现出较好韧性，实现了经济的恢复增长，经济总量在全国排位保持在18位，GDP增速居全国第3位。外贸进出口增长突出，工业生产增长平稳，重点行业支撑明显，民间投资快速回升，新产品、新消费模式带动市场消费信心加速回稳。同时也存在规模以上企业规模偏小、高新产业不足、消费需求增长乏力、地方政府偿债付息压力明显上升等问题。2020年云南省金融运行稳中有进，融资总量保持稳定增长，金融供给侧结构性改革成效显著，不良贷款率和不良贷款额持续双降，高风险机构处置化解成效明显，为经济实现高质量发展提供了有力支持。但部分行业、领域和地区的风险仍需高度关注，风险防范工作的前瞻性仍需进一步加强。证券期货市场总体运行平稳，但也存在上市公司退市、债券违约、私募基金运作不规范等风险。保险业保费增速趋缓，业务转型面临一定困难。总体来看，云南省经济金融呈现经济发展平稳向好、金融风险总体可控的局面，金融机构资产质量持续提升，区域金融在改革发展创新中继续保持稳健运行。

中国人民银行昆明中心支行金融稳定分析小组

组　　长：李　波
副 组 长：祁　红
成　　员：芦江波　雷一忠　张　琦　洪丕莉　李　捷　穆海韬
　　　　　张剑昆　吕　华　杨长明　王　森　陈志平

《云南省金融稳定报告（2021）》编写组

总　　纂：李　波
统　　稿：芦江波　杨百昕
执　　笔：许黎华
参与写作人员：成　瑾　刘　敏　张建伟　杜建波　和治臣　杨成诚
　　　　　杨信信　速　韬　胡祥文　雷　波

西藏自治区金融稳定报告摘要

2020年，面对新冠肺炎疫情影响和冲击，西藏自治区坚持以习近平新时代中国特色社会主义思想为指导，深入学习贯彻党的十九大、十九届二中、三中、四中、五中全会和中央第七次西藏工作座谈会精神，认真落实习近平总书记治边稳藏的重要论述和党中央、国务院、西藏自治区党委政府及人民银行总行各项决策部署，统筹推进疫情防控和经济社会发展工作，坚持稳中求进工作总基调，以供给侧结构性改革为主线，统筹深化改革和应对外部压力，持续打好防范化解重大金融风险攻坚战，脱贫攻坚取得决定性胜利，经济运行平稳向好，就业民生保障有力，金融服务再上新台阶，金融运行平稳健康，各类风险总体可控。

一、经济运行与金融稳定

2020年以来，在复杂严峻的宏观经济形势下，西藏自治区全面贯彻落实党中央、国务院决策部署，保持战略定力，坚持稳中求进，坚定应对风险挑战，深化改革开放，强化“六稳”举措，贯彻“六保”工作，实现了全区经济运行趋稳，态势向好，各项主要经济指标加快恢复。

（一）经济运行情况

1. 经济运行平稳，结构进一步优化

2020年，西藏经济运行平稳，全区实现地区生产总值1902.74亿元，同比增长7.8%，增速全国排名第1位。其中，第一产业增加值150.65亿元，同比增长7.7%；第二产业增加值798.25亿元，同比增长18.3%；第三产业增加值953.84亿元，同比增长1.4%。经济结构继续优化。全年全区固定资产投资同比增长5.4%。社会消费品零售总额达745.78亿元，同比下降3.6%；居民消费价格同比上涨2.2%。

2. 财政收入小幅下降，重点领域民生支出继续增长

2020年，西藏实现一般公共预算收入220.98亿元，同比下降0.5%；一般公共预算支出2207.77亿元，同比增长1.2%。全区积极推进科教兴藏，提高基本公共卫生服务经费标准等，带动社会保障与就业、卫生健康、节能环保、教育等民生类支出分别增长19.9%、15.3%、15.0%和4.3%。

3. 居民收入稳步提高，就业形势良好

2020年，西藏全体居民人均可支配收入21744元，同比增长11.5%，其中城镇居民、农村居民分别为41156元和14598元，同比分别增长10.0%和12.7%。城镇新增就业4.8万人，城镇登记失业率控制在4%以内，转移农牧区富余劳动力60.1万人，同比增长5.3%。

4. 社会融资规模持续增长，直接融资增长迅速

2020 年末，全区社会融资规模存量为 6527.26 亿元，同比增长 8.13%，全年均保持正增长。全年社会融资规模增量为 490.59 亿元，同比多增 467.4 亿元。直接融资规模进一步上升。全年全区直接融资金额达 174.82 亿元，同比增长 1.34 倍，较好地支持了地方经济发展。

5. 对外贸易进一步萎缩，涉外收支大幅下降

2020 年，西藏实现进出口贸易总额 21.33 亿元，同比下降 56.26%，其中，出口额为 12.94 亿元，同比下降 65.46%；进口额 8.39 亿元，同比下降 25.75%。全区对外贸易呈顺差，顺差额为 4.55 亿元。全区涉外收支总额为 3.71 亿美元，同比下降 12.81%，延续了 2018 年以来的下降趋势；逆差额为 2.17 亿美元，同比下降 13.75%。其中，涉外收入 0.77 亿美元，同比下降 11.46%，主要原因为服务贸易项下收入大幅下降；涉外支出 2.94 亿美元，同比下降 13.16%，主要原因为货物贸易、服务贸易和二次收入项下支出不同程度减少。

（二）经济运行中存在的主要问题

2020 年，西藏经济继续保持快速健康发展态势，但仍存在一些问题：西藏仍然面临“五期叠加”的复杂形势，发展不平衡不充分问题仍然突出，巩固脱贫攻坚成果、推进乡村振兴任务艰巨。城乡居民人均可支配收入、基本公共服务与全国平均水平还有一定差距。基础设施建设和基本公共服务还未达到高质量发展要求，还不能完全满足人民群众对美好生活的需要。现代产业体系仍待健全，发展质量效益有待进一步提高。

二、金融业与金融稳定

2020 年，面对严峻的经济金融形势，西藏金融体系依然实现良好运行。各项金融指标继续保持稳健运行，存贷款保持增长，资本市场平稳发展，金融服务实体经济能力稳步提升，金融运行总体情况良好，金融风险总体可控，为西藏经济社会发展提供了有力支撑。

（一）银行业与金融稳定

1. 银行业分支机构数量稳步增加

截至 2020 年末，西藏辖区共有银行业金融机构 17 家，其中银行机构 15 家、信托公司 1 家、金融租赁公司 1 家；法人机构 5 家；共有各级银行业分支机构 733 家①，较上年末新增 14 家，其中新增二级分行 4 家，支行及支行以下 10 家。银行业分支机构数量稳步增加，金融服务能力进一步提升。

2. 资产负债规模有所下降

截至 2020 年末，西藏银行业金融机构资产总额 6349.38 亿元，同比下降 5.91%；负债总额 6482.27 亿元，同比下降 1.33%。其中，法人银行业金融机构总资产 748.09 亿元，同比下降 29.50%，负债总额 902.42 亿元，同比增长 0.44%。

3. 各项贷款规模增长明显

截至 2020 年末，全区金融机构本外币贷款余额 4957.09 亿元，同比增长 5.57%，增速较上年同

① 含一级分行 19 家、二级分行 23 家、支行及支行以下营业点 691 家。

期上升 2.51 个百分点。2020 年，累计发放贷款 2260.45 亿元，与上年同期基本持平。分部门看，住户贷款增势显著，余额为 842.26 亿元，同比增长 18.06%；企事业单位贷款余额为 4114.82 亿元，同比增长 3.33%。分期限看，短期贷款增长迅速，余额为 568.45 亿元，同比增长 42.92%，占各项贷款 11.47%；中长期贷款小幅增长，余额为 3766.47 亿元，同比增长 4.26%，占各项贷款的 75.98%。

4. 各项存款增速回升

截至 2020 年末，全区本外币各项存款余额 5423.48 亿元，同比增长 8.92%，增速较上年同期高 8.01 个百分点。分部门看，非金融企业存款、财政性存款、住户存款保持良好增势，余额分别为 1264.01 亿元、1254.49 亿元和 1081.48 亿元，同比分别增长 9.51%、45.78% 和 12.56%。

5. 信贷支持重点领域成效突出

截至 2020 年末，普惠金融领域贷款余额 436.71 亿元，同比增长 22.82%，认真落实中小微企业贷款阶段性延期还本付息政策，确保普惠小微贷款"应延尽延"，普惠小微企业贷款余额达 128.79 亿元，同比增长 66.40%；涉农贷款余额 1467.91 亿元，同比增长 4.47%；基础设施中长期贷款余额 1322.12 亿元，同比增长 3.04%；制造业领域贷款余额为 270.77 亿元，同比增长 12.37%；金融精准扶贫贷款余额 1323.18 亿元，同比增长 4.08%；绿色贷款余额达 717.33 亿元，同比增长 10.71%。重点领域信贷投放持续增长。

6. 金融支持稳企业保就业精准有力

2020 年全区累计发放再贷款 12 笔，金额合计 18.27 亿元；累计投放再贴现 391 笔，金额合计 1.27 亿元。截至 2020 年末，再贷款余额 18.27 亿元，同比增长 8.68 倍，累计支持涉农、民营及普惠性小微企业（含农户）近 800 户。截至 2020 年末，"6+1"融资清单内企业和项目数量达 1960 个，累计发放贷款 284.93 亿元，对接率达 95.77%。通过小微客户融资服务平台为 118 户企业发放贷款 4.79 亿元。

7. 地方法人银行经营形势良好

截至 2020 年末，全区 3 家地方法人银行业机构资产总额 521.31 亿元，同比增长 4.09%；负债总额 440.92 亿元，同比增长 4.11%；本外币各项存款余额 379.78 亿元，同比增长 7.21%；各项贷款余额 283.50 亿元，同比增长 4.36%。2020 年，3 家地方法人银行机构在收到 2019 年财政补贴后实现净利润 4.28 亿元，盈利增幅明显。法人银行机构拨备覆盖率及拨贷比均符合监管要求。存款保险制度保障有力，投保机构存款保险客户覆盖率达 99.7%。

8. 银行结售汇总额大幅下降

2020 年，受贸易大幅度萎缩的影响，全区银行结售汇总额 3.65 亿美元，同比下降 21.85%；逆差额 2.21 亿美元，同比下降 19.99%。其中，结汇额 0.72 亿美元，同比下降 24.54%，主要原因为服务贸易和直接投资项下结汇额大幅下降；售汇额 2.93 亿美元，同比下降 21.16%，主要原因为货物贸易、国内外汇贷款项下售汇额大幅下降。

（二）证券业与金融稳定

1. 证券公司经营效益大幅增长

截至 2020 年末，西藏辖区共有 2 家证券法人机构，证券分支机构 26 家，其中证券分公司 5 家，证券营业部 21 家。截至 2020 年末，2 家法人证券公司总资产 988.38 亿元，同比增长 62.40%；总负债686.06亿元，同比增长64.27%；净资产302.32亿元，同比增长58.30%；2020年实现营业收入59.86亿元，同比增长66.05%；净利润36.39亿元，同比增长95.23%。截至2020年末，26家证券分支机构资产总规模1307.53亿元，总负债规模943.91亿元；合格资金账户824.34万户，同比增长116.73%，客户资产总额7758.43亿元，累计证券交易额16万亿元，同比增长134.92%；2020年实现营业收入39.57亿元，净利润26.60亿元。

2. 期货公司业务规模较小

截至2020年末，西藏辖区共有期货营业部1家，开户总数669户，2020年新增开户数36户，同比增长5.69%，指定与托管市值0.90亿元，同比增长221.43%，成交金额738.76亿元，同比下降76.94%。

3. 基金公司基金产品和管理基金规模较大

截至2020年末，西藏辖区共有公募基金管理机构3家；私募基金管理机构213家，同比下降4.48%；独立基金销售机构1家。截至2020年末，公募基金管理机构管理公募基金产品39只，同比增长39.29%，资产规模925.32亿元，同比增长117.90%。截至2020年末，辖区在基金业协会备案的私募基金1320只，同比增长7.76%，在管基金净值3059.84亿元，同比增长14.73%，管理人数量和管理基金规模在全国分别排名第19位和第10位。截至2020年末，独立基金销售机构代销基金产品1979只，资产管理规模3.99亿元。

4. 上市公司经营效益显著提升

截至2020年末，西藏共有上市公司21家，资产证券化率居全国首位。其中，A股上市公司20家，主要集中在医药制造、矿产采掘、食品饮料等行业，H股上市公司1家。此外，新三板挂牌公司14家，拟上市公司15家。截至2020年末，A股上市公司总市值2089.69亿元，同比增长23.84%；资产总额1173.67亿元，同比增长14.88%；净资产586.88亿元。全年累计实现营业收入445.37亿元，累计实现归属于母公司净利润54.27亿元，经营活动产生的现金流量净额100.22亿元。

（三）保险业与金融稳定

1. 保险机构数量相对稳定

截至2020年末，西藏辖区共有省级分公司以上保险公司11家，同比减少1家①。其中，财产险公司8家、人身险公司3家，地方法人保险公司1家。

2. 保险业平稳运行，“社会稳定器”作用日益突出

2020年，西藏保险业实现原保险保费收入39.81亿元，同比增长8.62%，高于全国平均水平2.49个百分点。其中，财产险公司原保费收入33.20亿元，同比增长9.19%；人身险公司原保费收入6.61亿元，同比增长5.86%。赔付支出22.15亿元，同比下降1.90%。其中，财产险公司赔付支出17.47亿元，同比增长7.51%；人身险公司赔付支出4.68亿元，同比下降26.06%，主要是因为随着生活、医疗水平的提高，死亡医疗给付大幅下降，同比下降46.73%，带动了人身险公司赔付支出总体下降。2020年末西藏保险市场保险密度1137.43元/人，同比增加59.49元/人，增长5.52%；保险深度2.21%，同比下降0.08个百分点。

---

① 原安邦财产保险股份有限公司西藏分公司与大家财产保险股份有限公司西藏分公司合并为大家财产保险股份有限公司西藏分公司。

（四）类金融机构数量多，业务规模较小

截至2020年末，西藏共有小额贷款公司56家、融资担保公司15家、地方交易场所4家、融资租赁公司4家、典当行13家、地方资产管理公司1家、投资公司5058家[①]。其中，小额贷款公司贷款余额预计达11亿元，累计为3万余户企业发放贷款；融资担保公司为114家民营、中小微企业、个体工商户等提供担保，担保余额11.68亿元。

（五）金融业中值得关注的问题

1. 银行业面临的信用风险突出。一是法人机构信用风险较为突出。辖区3家法人银行业金融机构不良率均高于3%，相关不良资产处置和化解难度较大。二是融资平台公司信贷质量需要关注。前十大关注类贷款客户中，7家为地方政府性融资平台公司，合计金额为31.23亿元，涉及金额较大。在平台公司前期快速扩张规模，目前进入集中还款、财政收入趋紧等形势下，平台公司信贷质量需要关注。三是能源企业信贷质量不断承压。全区能源企业近8亿元的贷款形态为关注类，相关企业经营持续亏损，市场前景不明朗，政策扶持力度有限。

2. 贷款集中度较高、存贷款期限错配问题突出。一是贷款集中度较高。截至2020年末，辖内贷款前十大客户的贷款总量占全区各项贷款总量的比重为45.27%，最大单一客户贷款占全区各项贷款总量的比重为21.93%。二是存贷款期限错配较为严重。截至2020年末，全区中长期贷款余额3766.47亿元，中长期贷款余额占各项贷款余额的75.98%；住户及非金融企业活期存款1602.10亿元，占住户及非金融企业存款的68.31%[②]，存贷款期限结构错配间接对经济协调发展和金融机构稳健经营产生不利影响。

3. 法人银行业机构流动性风险仍需高度关注。2020年压力测试相关结果显示，法人银行机构流动性承压能力较弱，在重度压力情形下，仅1家银行通过变卖合格资产尚能通过测试，其他两家银行在重度压力情形下无法通过测试。当前辖内法人银行机构面临不同程度的流动性风险，部分机构流动性指标稳中趋好，短期流动性风险得到缓释，个别机构流动性缺口持续增长，流动性风险隐患较大，需要重点关注。

4. 私募基金机构注册地与实际经营地普遍分离问题突出。全区213家机构中仅有11家经营地位于西藏，其他分布在16个省区直辖市。其中，94家实际经营地在北京，占比43.72%；27家在四川，占比12.56%；26家在上海，占比12.09%。从具体投资项目看，在西藏本土投资的很少，对西藏经济发展支持力度不大。部分私募基金产品存在多层嵌套，投资于非标债券，底层资产不清，个别机构实际控制人参与P2P业务被刑事拘留，存在潜在风险。

5. 保险业法人机构面临偿付能力风险。一是偿付能力有所下降。主要原因是债权投资计划方面的资产配置力度加大，占用市场风险资本增多，导致偿付能力有所下降。二是偿付能力存在脆弱性。法人保险机构偿付能力压力测试报告显示，根据三年资本规划对应的基本假设，在压力情形下，其偿付能力充足率仅为50.59%，远低于监管标准。

6. 地方“7+4”类机构整体发展质量不高，截至2020年末，西藏地方“7+4”类机构种类多，但存在注册资本少、企业先进管理理念缺乏、管理架构简单、金融服务功能较弱等问题，整体发展

---

① 含股权、创业和私募等投资公司798家。

② 财政存款及机关团体存款占各项存款余额的54.61%。

质量不高。56家小贷公司中近一半处于空壳、僵尸、失联或停业状态（包括列入经营异常公司），正常开展业务的少，业务开展量少，只有18家小贷公司向人民银行统计部门报送数据。同时，由于西藏地方金融监管力量薄弱、监管经验不足，日常监管难以覆盖地方金融组织，监管不足问题突出。

7. 金融领域案件仍有发生。传统型金融诈骗案件持续高发，电信诈骗、网络贷款诈骗、网上投资理财诈骗时有发生，个别汽车销售公司金融服务存在欺诈消费者、捆绑消费肆意敛财等违法行为，损害了消费者合法权益。在当前严监管背景下，部分内地省市地方类金融机构通过不同形式迁入西藏，输入型风险防控压力增大。辖内个别私募机构、小额贷款公司以及内地省市互联网信息服务公司、信息咨询服务公司在藏设立的分公司，存在从事P2P网贷、涉嫌投资非法互联网金融产品、非法集资、集资诈骗等风险隐患。

三、金融基础设施与金融稳定

（一）支付清算设施逐步普及，运行平稳安全

截至2020年末，辖内银行卡在用发卡量1133.53万张、布放POS机3.82万台。移动支付客户数302.54万户、交易笔数1.14亿笔、金额4030.29亿元，同比分别增长35.14%、192.66%和67.21%。移动支付助力“智慧城市”建设。一是提升了交通出行便捷性，完成70条线路672辆公交车辆支付终端受理改造，全辖30个大型停车场实现“无感停车”场景应用。二是不断改善就医支付服务体验，建设“银医通”项目，方便患者通过电子渠道挂号、缴费、打印单据，为医院结算、患者就诊提供支付便利。三是不断完善政务服务支付功能，目前已实现党费、物业费、天然气、有线电视、水电、交通罚没等十余项非税费用线上缴纳。四是支付系统安全稳定运行，移动支付进一步赋能。2020年手机号码支付用户注册量快速增长，业务得到高速拓展，服务实体经济能力进一步提升。

（二）征信服务能力继续提升，覆盖面逐步扩大

一是疫情发生以来，通过宣传和引导，鼓励信息主体通过自助查询等“非现场”方式办理查询业务，不断满足疫情期间信息主体查询需求。2020年，辖区共查询信用报告209388笔。其中，人行柜台查询6571笔、自助机查询202817笔，自助机查询量占总查询量的96.86%。二是有效落实征信救济政策。针对受疫情影响的“四类人群”，指导辖内金融机构稳妥开展信贷逾期调整和提前安排延期还款工作。2020年，全区15家金融机构累计为1019位个人和388家企业调整了还款安排和征信记录，涉及金额17.95亿元。三是推动实现县（区）自助查询服务全覆盖。为拓宽查询服务半径，2020年新增个人信用报告自助查询机53台，截至年末已投入使用157台，覆盖辖区7市（地）、74县（区），覆盖率达100%。四是推进信用县评定助力农村脱贫攻坚。截至2020年末，全区人行共评定信用县21个，农行评定信用县45个，信用村4993个，信用乡镇573个。全辖农牧户总数567831户，符合发证条件的农牧户总数494906户，共发放农户贷款证427636户，西藏农牧民贷款证发证面达到92%，农村信用体系不断向纵深推进，助力脱贫攻坚。

（三）强化风险为本监管理念，有效防控洗钱风险

2020年，人民银行拉萨中心支行配合人民银行总行、公安、纪检监察、海关等部门开展案件与

线索协查59起，其中涉贪涉腐8起、涉稳31起、集资洗钱2起、涉毒2起、涉黑涉恶2起、诈骗2起、涉嫌赌博6起、涉税（虚开）4起、涉非法金融放贷1起、涉地下钱庄1起。接收义务机构报送的重点可疑交易线索22起，开展反洗钱行政调查12次。经过分析研判，向司法执法机关移交线索21起（含旧存5起），其中疑似非法经营地下钱庄线索8起、偷逃税款6起、网络赌博5起、电信诈骗2起。2020年，对3家法人义务机构开展洗钱与恐怖融资风险评估，7家法人义务机构开展分类评级，下发监管意见书4份，实现法人金融机构分类评级全覆盖。

（四）现金供应方式多样，进一步净化人民币使用环境

有序推进全辖12个示范区的58个网点开展现金服务示范区各项工作。落实现金服务“六个统一”标准，完善现金服务基础设施，借助App、电话、微信群，微信公众号、政府网、预约电话开通现金服务预约。通过410个乡镇网点“3+2”业务办理模式，加大对农牧区的服务力度和对助农取款点的指导力度，保障农牧区现金供应。截至2020年末，建设农牧区现金服务网点4327个，投放20元以下小面额人民币2.39亿元，回收不宜流通人民币1.02亿元。辖区人民银行组织银行机构通过在银行网点、便民服务站、农牧区发放宣传资料等途径做好反假货币宣传。2020年收缴假币38.86万元，同比减少26.69万元，下降40.71%。

（五）国库信息化建设步伐加快，资金汇划更加安全高效

2020年全区商业银行、西藏银联全部接入TIPS。全年通过TIPS（财税关库银横向联网系统）办理收入业务53.18万笔，同比增长171.88%；合计金额422.83亿元，同比增长67.19%。办理电子退库业务10.1万笔，同比增长25.66倍；合计金额19.91亿元，同比增长9.13倍。

（六）开展违规金融广告治理工作，金融消费权益得到进一步保护

2020年，人民银行拉萨中心支行积极沟通市场监管局，扎实推进《关于进一步规范金融营销宣传行为的通知》落地实施，督促辖内人民银行各地市（口岸）中心支行和金融机构开展全覆盖式的金融广告排查活动，指导开展“整治违法违规金融广告专项行动”，全力维护辖区良好的金融广告市场秩序。2020年，通过金融广告监测管理信息系统处理互金协会转送移交违规金融广告线索43条，均已按要求进行线索甄别、分类和处理。稳妥开展金融消费者投诉受理与处理工作。2020年，辖区人民银行共受理咨询投诉133起，其中投诉83起、咨询50起，办结率100%，满意率100%，较好地维护了金融消费者合法权益。

四、总体评估与政策建议

（一）总体评估

2020年，西藏自治区经济运行趋稳，态势向好，各项主要指标延续恢复改善势头，经济运行保持稳中有进、稳中向好的良好态势。金融业发展稳健，保持了“稳金融”的基本态势。金融服务实体经济力度进一步加大，银行业存贷款保持增长，资本市场助力企业融资能力进一步增强，保险保障功能进一步完善，金融法律法规进一步健全，支付清算、征信、金融消费权益保护、国库等金融

基础设施不断发展完善，金融委办公室地方协调机制（西藏自治区）成功建立并顺利运行，推动各成员单位切实履行相关职责，有效开展金融风险防控工作，牢牢守住不发生系统性金融风险的底线。同时，受疫情、中美贸易战及其他外部不稳定不确定因素增多等影响，西藏自治区经济产业散弱小，消费、出口对经济的支撑作用不足，金融业前期快速发展积累的问题和风险有所暴露，区外金融风险对区内金融市场的传染性加大，防控辖区金融风险、维护区域金融稳定面临较大压力和挑战。

（二）政策建议

2021 年是中国共产党成立 100 周年，也是西藏和平解放 70 周年，是我国现代化进程中具有特殊重要性的一年。要坚持以习近平新时代社会主义思想为指导，深入贯彻落实党的十九大及十九届二中、三中、四中、五中全会精神和中央第七次西藏工作座谈会精神，紧紧围绕“发展、稳定、生态、强边”四件大事，继续推进西藏经济持续健康发展，加大金融服务实体经济力度，认真贯彻落实西藏特殊优惠金融政策，大力发展普惠金融、绿色金融，积极防范和化解金融风险，牢牢守住不发生区域性系统性金融风险的底线。

1. 进一步提升金融服务实体经济能力，稳步推进经济高质量发展。转变方式、优化结构，优化融资结构体系。补齐直接融资短板，加快资本市场改革，尽快形成融资功能完备、基础制度扎实、市场监管有效、投资者合法权益得到充分保护的多层次市场体系；调整间接融资结构，发展中小银行和民营金融机构，完善中长期融资制度，满足准公益性产品和基础设施融资需求，打造能满足实体经济需求的金融链，稳步推进经济结构调整和经济高质量发展。

2. 加快建设西藏金融业大数据平台，提高风险监测分析和预判能力。贯彻落实党中央、国务院关于防范化解金融风险的工作安排和中央第七次西藏工作座谈会精神，进一步加强辖区经济金融风险研判，充分利用大数据技术提高风险监测分析和预判能力。加强区域系统重要性机构风险监测，按照相关规定排查辖区金融控股公司相关情况，做好相关监管工作，做好重要企业集团风险对辖区金融系统的影响研判。持续关注法人金融机构流动性风险，继续做好法人金融机构流动性指标周监测。做好类金融机构运行情况监测，配合相关单位部门做好非法金融活动整治。继续加强对宏观杠杆率、地方隐性债务、私募机构等重点金融风险问题的关注和研究，做到底数清、情况明。

3. 持续推进高风险机构风险化解及不良资产处置。进一步履行好金融委办公室地方协调机制相关工作职责，积极督促地方政府和金融监管部门落实相关职责，推进辖区高风险金融机构风险处置，进一步压实金融机构主体责任，妥善化解处置高风险机构风险，确保辖区金融持续稳定。密切关注金融机构不良资产上升和处置问题，推动金融机构积极处置不良资产。适时利用存款保险早纠措施等手段积极化解法人存款类金融机构风险。

4. 扎实做好金融风险防控工作。按照党中央国务院防范化解金融风险工作总体部署，扎实做好西藏辖区防范化解金融风险各项工作，充分发挥各项政策工具在金融风险防控中的积极作用，切实维护区域金融稳定。进一步健全应急管理机制，提升应急预案可操作性，强化金融风险应急处置能力。

中国人民银行拉萨中心支行金融稳定分析小组

组　　长：刘家荣

成　　员：办公室　金融稳定处　法律事务处　货币信贷管理处
统计研究处　支付结算处　反洗钱处　货币金银处
国库处　外汇管理处　征信管理处　清算中心

《西藏自治区金融稳定报告（2021）》编写组

总　　纂：刘家荣
审　　核：索　珍　罗布参旦　王书碧
统　　稿：冯　兰　卢立超
执　　笔：扎西坚才　成　辉　旦增曲珍　申继禄　格桑央珍
　　　　　仁青多吉
参与写作人员：扎西多吉　扎西顿珠　邓丽姬　仁青次仁　丹增晋美
　　　　　叶贞麟　名　慧　沈　吉　李　亮　张莹莹
　　　　　李　爽　孟令训　罗松加永　昌　群　赵春胜
　　　　　格绒初　强巴卓玛　强巴卓嘎　温秋鹏　德吉央宗
　　　　　颜　朋

陕西省金融稳定报告摘要

2020年，在新冠肺炎疫情冲击、全球经济萎缩、中美贸易摩擦等国内外风险挑战加剧的复杂局面下，陕西宏观经济稳定恢复，金融业运行总体稳健，风险抵御能力有效增强。金融市场平稳运行，流动性合理充沛。金融基础设施不断完善，服务水平提高且效率提升。金融机构改革持续深化，战略转型成效显著。金融支持实体经济力度持续加大，服务实体经济能力进一步增强。但全省经济仍存在增长基础不够牢固、增长动力不足的问题，个别金融机构信用风险防控压力较大，经营效益和盈利能力有所下滑，上市企业、个别地区和领域金融风险问题仍然需要引起密切关注和警惕。

一、区域经济发展与金融稳定

（一）区域经济发展概况

1. 经济运行稳定恢复，总体增速低于全国，尚未达到疫情前水平

在党中央坚强领导下，2020年陕西省扎实做好“六稳”工作、全面落实“六保”任务，各项支持政策效果持续显现，经济运行稳定恢复，全年呈现“先降后升”态势。2020年陕西省全年实现地区生产总值26181.9亿元，较上年增长2.2%，分别较第一季度、上半年和前三季度提高7.8个、2.5个和1.0个百分点，增速逐步回升，但低于全国0.1个百分点（见图1），经济恢复的步伐相对落后于全国。从结构上看，第一产业增加值2267.5亿元，同比增长3.3%，高于全国0.3个百分点；第二产业增加值11362.6亿元，同比增长1.4%，低于全国1.2个百分点；第三产业增加值12551.7亿元，同比增长2.8%，高于全国0.7个百分点。全省规模以上工业增加值同比增长1.0%，低于全国1.8个百分点，制造业和能源工业增加值同比分别增长0.2%和2.3%，增速下降4.5个和3.6个百分点，支柱产业复苏缓慢。三次产业结构为8.7:43.4:47.9。其中，服务业增加值占比较上年提升2.1个百分点，产业结构持续优化。2020年全省固定资产投资同比增长4.1%，较上年提高1.6个百分点，高于全国1.2个百分点（见图2），增速居全国第16位；社会消费品零售总额同比下降5.9%，降幅分别较第一季度、上半年和前三季度收窄19.5个、9.9个和3.4个百分点，但全年增速较上年下降13.3个百分点，消费对经济增长的贡献下滑。新兴消费模式增势强劲，2020年限额以上单位通过公共网络实现商品销售705.1亿元，占限额以上消费品零售额的15.1%，占比较上年提高4.3个百分点。对外贸易增长迅速，进出口增速自3月回正且逐步上行，12月累计增速达2019年以来最高值。全年进出口总额3772.1亿元，同比增长7.3%，增速较上年上升7.2个百分点。其中，出口增速“由负转正”全年出口1929.6亿元，增长3.0%（上年出口1873.3亿元，下降9.8%）；

进口 1842. 3 亿元，增长 12. 2%，增速较上年下降 2. 3 个百分点。

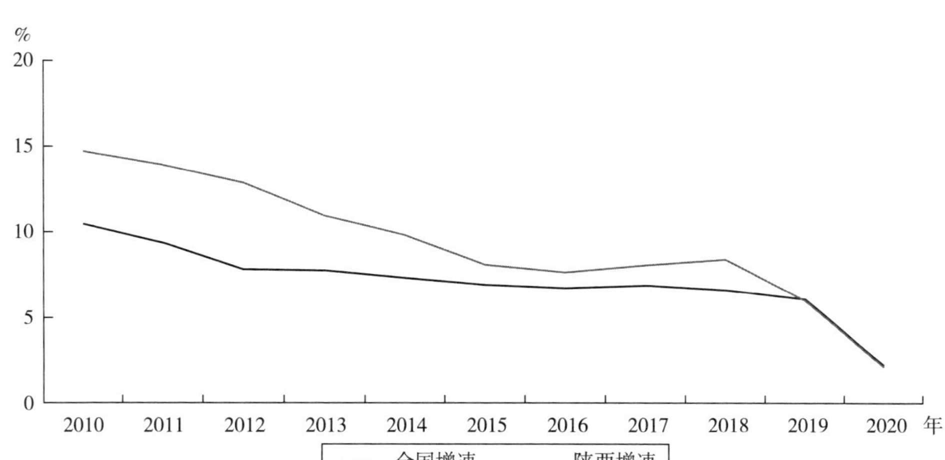

图 1　陕西省国内生产总值增速与全国比较

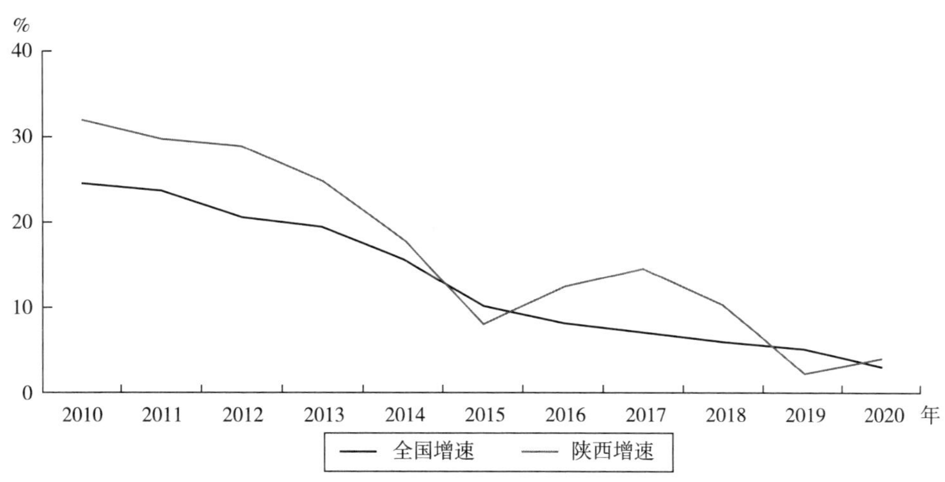

图 2　陕西省固定资产投资增速与全国比较

2. 各部门偿债压力增加，债务风险总体可控

2020 年陕西省地方财政收入 2257. 2 亿元，同比下降 1. 3%，增速较上年下滑 3. 3 个百分点，低于全国地方财政收入平均增速 0. 4 个百分点。全年地方财政支出 5933. 8 亿元，同比增长 3. 8%，主要是“六稳”“六保”重点领域支出保持增长。陕西省 2020 年发行地方政府债券 1532. 8 亿元，同比增长 9. 2%，债务还本支出 650 亿元，付息支出 246 亿元。在政府收入增速下降、地方财政刚性支出上升的双重影响下，政府部门偿债压力有所上升。但从债务总量上看，政府债务风险总体可控，年末全省一般债务余额 3984. 2 亿元，专项政府债务余额 3448. 6 亿元，均在中央规定的限额之内。2020 年全省居民人均可支配收入 26226 元，比上年增加 1560 元，增长 6. 3%。其中，城镇居民人均可支配收入 37868 元，比上年增加 1770 元，增长 4. 9%；农村居民人均可支配收入 13316 元，比上年增加 991 元，增长 8. 0%。住户部门负债快速上升，2020 年全省人民币住户贷款余额 11835. 6 亿元，较上年增长 18. 0%，主要是个人购房贷款增长较快。年末陕西省个人购房贷款余额 7880. 6 亿元，占房地产贷款总额的 69. 9%；个人购房贷款同比增长 18. 9%。个人贷款增速大幅高于居民可支配收入增

长，可能对未来住户偿债能力产生一定负面影响。但从宏观上看，2020 年陕西省住户存款同比增长 13.2%，住户财富增长效应明显，住户债务风险尚处于正常区间。全省规模以上工业企业营业收入同比下降 4.1%，利润总额同比下降 7.7%。2020 年 5 月以来，这两项指标均持续低于全国平均水平。经营和利润水平下滑，直接影响企业偿债能力，虽然 2020 年在各项“稳”“保”政策大力支持下，企业违约率未出现明显上升，但信用违约压力增大。

3. 市场物价趋于平稳，房地产价格上涨幅度放缓，房地产市场运行基本稳健

2020 年陕西省 CPI 逐月回落，全年同比上涨 2.5%，与全国水平持平，猪肉价格上涨 50.9%，对 CPI 上涨贡献率达 49.6%。PPI 同比下降 4.9%，低于全国 3.1 个百分点。生产资料价格同比下降 6.4%，生活资料价格同比上涨 2.1%，全年 PPI 整体先降后升，工业企业利润缓慢修复，PPI - CPI “剪刀差”在负区间内逐渐收窄，企业盈利空间逐步改善。在“房住不炒”的政策导向和调控下，2020 年陕西省房地产市场稳健运行，房地产价格增速放缓。国家统计局 70 个大中城市住房价格指数显示：2020 年 12 月，西安市新建住宅价格指数同比上涨 6.9%，增速较上年下降 7.3 个百分点；二手房价格指数同比上涨 2.4%，增速较上年上升 2.0 个百分点。全年全省商品房销售面积增长转负为正，实现恢复性增长。商品房销售面积 4452.1 万平方米，同比增长 1.2%，增速比上半年提高 9.2 个百分点，比 2019 年回落 5.7 个百分点。在房地产融资方面，2020 年末，陕西省人民币房地产贷款余额 11274.8 亿元，同比增长 14.5%，增速较上年同期下降 4.7 个百分点，其中房地产开发贷款余额 3146.9 亿元，同比增长 4.0%，增速较上年同期下降 8.2 个百分点；各类购房贷款余额 7931.3 亿元，同比增长 18.7%，较上年末下降 3.4 个百分点，房地产在新增信贷资源中的占比显著下降。

（二）区域经济发展中需要关注的问题

2020 年陕西省宏观经济实现稳定复苏，但经济增长基础尚不牢固，增长动力仍需加强。一是工业增长存在压力。2020 年陕西工业生产者出厂价格同比下降 4.9%，工业生产者购进价格同比下降 2.4%，出厂价格走势弱于购进价格，影响企业利润增长，企业经营效益不高。二是投资持续增长动力不足。2020 年，虽然陕西省固定资产投资增速高于全国水平，但主要靠房地产开发投资拉动，高速增长的可持续性较低；基建投资虽然呈现恢复增长态势，但力度较弱，对投资持续增长的拉动作用有限。2020 年陕西省第二产业投资下降 0.2%，其中工业投资下降 0.4%，全年房地产开发投资完成 4404.4 亿元，较上年增长 12.8%，增速较上年加快 2.4 个百分点。三是消费加速恢复面临不利因素。陕西省居民收入与全国水平差距明显，2020 年陕西省城乡居民人均可支配收入低于全国 5962 元，消费能力有限。同时受疫情、消费价格影响等因素制约，居民消费意愿不高，影响消费增长。2020 年，全省城镇居民消费支出占可支配收入的比重为 60.4%，低于全国 1.2 个百分点。同期，全省限额以上单位商品零售额同比下降 5.1%，降幅高于全国 3.2 个百分点。

二、金融业稳健性

（一）银行业稳健性

1. 银行业运行状况

资产负债规模平稳增长，风险抵御能力提升，盈利水平保持稳定。截至 2020 年末，陕西省共有

银行业金融机构 187 家[①]，其中地方法人机构 151 家，较上年末减少 1 家。资产总额 62422.4 亿元，同比增长 12.1%，增速较上年上升 3.5 个百分点，较全国[②]高 2.0 个百分点；负债总额 60429.1 亿元，同比增长 12.5%，增速较上年上升 3.9 个百分点，较全国高 2.3 个百分点。本外币各项贷款[③]余额 39185.8 亿元，同比增长 14.1%，增速较上年上升 2.4 个百分点，较全国低 1.6 个百分点；各项存款余额 49448.6 亿元，同比增长 11.0%，增速较上年上升 2.2 个百分点，较全国高 0.8 个百分点，存款增量创历年新高。2020 年银行业机构加大拨备计提力度，贷款损失准备余额同比增长 10.6%，拨备覆盖率 210.9%，同比上升 28.7 个百分点，较全国高 26.4 个百分点。地方法人银行业机构平均资本充足率 14.2%，同比上升 0.03 个百分点，低于全国 0.5 个百分点。在新冠疫情冲击及金融业向实体经济让利的政策引导下，全省银行业金融机构全年实现利润 581.1 亿元，同比微增 1.0%（全国同比下降 1.8%），增速较上年下降 9.9 个百分点。净息差 2.2%，同比下降 0.2 个百分点，盈利空间压缩，但仍高于全国 0.1 个百分点。资产利润率 1%，同比下降 0.1 个百分点，较全国高 0.2 个百分点（见图 3）。

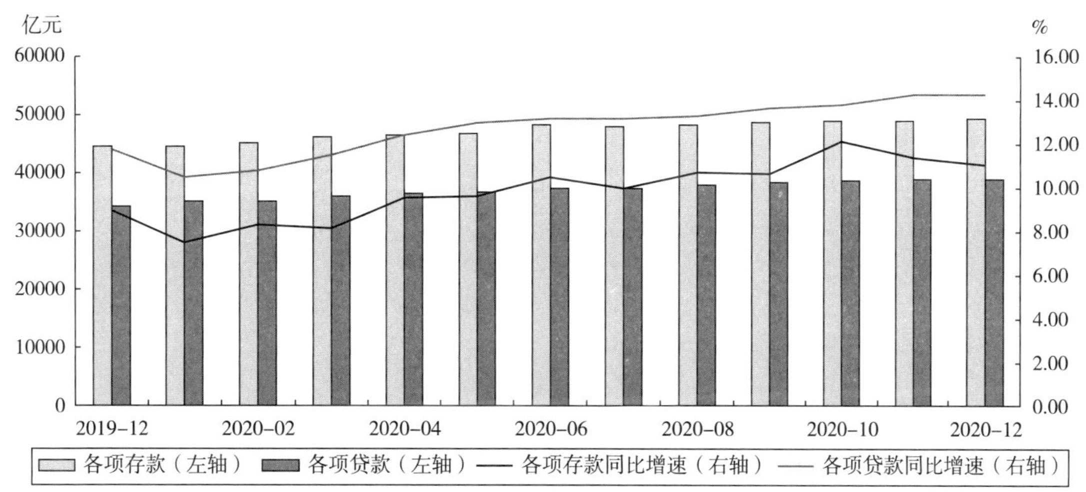

图 3 陕西省银行业金融机构存贷款变化趋势

地方法人金融机构整体运行稳健，风险化解取得成效。2020 年在地方各级政府、监管部门和金融机构的协同合作下，陕西省地方法人银行积极推进公司治理及风险防控机制改革，加大不良贷款处置力度，全年共处置化解不良贷款 225.8 亿元，不良贷款率同比下降 0.88 个百分点，拨备覆盖率达到 178.8%，同比上升 26.88 个百分点，机构经营实力与风险抵御能力明显提升。2020 年陕西省地方法人金融机构央行评级平均等级连续 3 个季度上升，第四季度末评级结果在 7 级及以上的机构占比 98%，同比上升 11 个百分点。对 85 家法人金融机构开展的压力测试显示，在疫情影响、信用风险、流动性风险等压力情景下，陕西省法人机构风险损失吸收水平基本充足。

金融支持实体经济力度持续加大。一是加大稳投资支持力度。2020 年陕西省银行机构对实体经济发放的贷款增加 4872.38 亿元，同比增长 38.78%。累计为 133 个省级重点建设项目新提供资金 1019.1 亿元，为全省 94 个基础设施领域补短板重点项目新提供 536.1 亿元资金支持。二是重点领域信贷资金保障有力。截至 2020 年末，陕西省普惠小微贷款余额 2165.8 亿元，同比增长 41.2%；涉

① 银行业金融机构数、地方法人机构数均不包含省联社及资产管理公司。

② 资产、负债、本外币存贷款为全国银行业金融机构数据，其他为全国大型商业银行数据。

③ 本外币各项贷款、各项存款余额采用中国人民银行统计口径。

农贷款余额 8006.6 亿元，同比增长 10.6%；金融精准扶贫贷款余额 1612.5 亿元，同比增长 26.8%，薄弱环节信贷保持快速增长。

2. 影响银行业稳健性的主要因素

银行业机构不良贷款双降，但信用风险防控压力依然较大。2020 年陕西省银行业机构不良贷款余额 502.5 亿元，较上年同期减少 23.3 亿元，不良贷款率 1.3%，同比下降 0.3 个百分点，资产质量持续改善。但受疫情影响，部分地区、部分机构不良贷款出现明显反弹，股份制商业银行、城商行、农商行、农合行、村镇银行不良率分别较年初上升 0.4 个、0.1 个、0.1 个、1.3 个和 0.5 个百分点。虽然农信社不良率有所下降，但部分机构关注类贷款率超 10%，资产质量下行压力较大。此外，全省农合机构延期还本付息贷款余额相对较大，部分机构延期还本付息贷款占各项贷款的比例较高。受经济形势和海外疫情影响，部分交通运输、涉外经济、旅游服务等行业借款人经营状况尚未完全恢复，偿债能力不足，若无后续政策支持，贷款劣变可能性较大，需做好前瞻性应对准备（见图 4）。

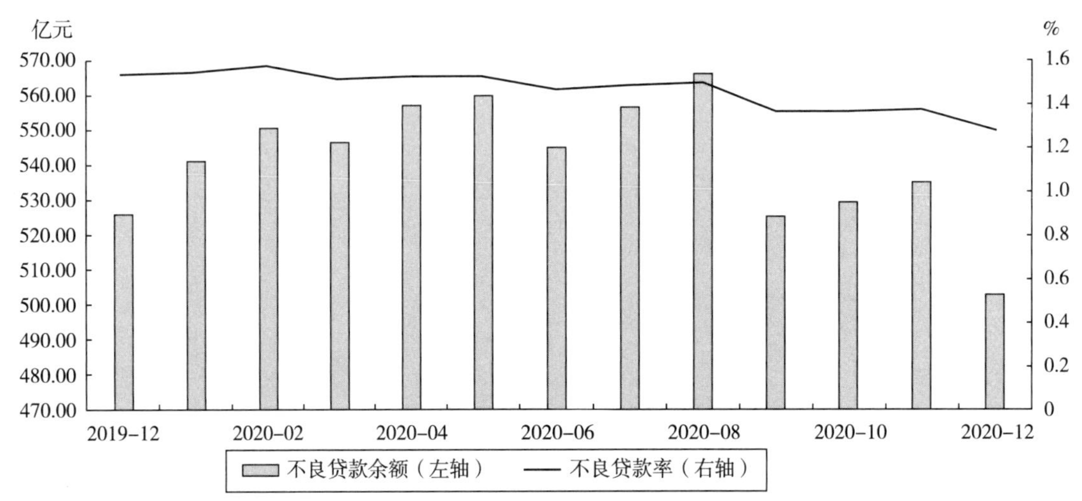

图 4　陕西省银行业金融机构不良贷款变化情况

流动性整体充裕，村镇银行流动性管理能力有待提升。截至 2020 年末，陕西省法人银行机构平均流动性比例保持在合理较高水平，但个别中小机构资产负债结构不合理，现金、超额准备金等优质流动性资产持有不足，存在一定的流动性风险。2020 年，人民银行西安分行对 85 家法人银行开展的压力测试中，5 家村镇银行流动性管理能力不足，在重度压力测试情景下，需发起行支持方能应对流动性问题。

中小银行资本补充能力不足，资本压力仍存。2020 年陕西中小银行加大资本补充力度，长安银行、西安银行、秦农银行累计发行 70 亿元二级资本债。高陵阳光村镇银行、汉南汇发村镇银行分别增资 5000 万元、3000 万元，但受信贷资产加速增长、拨备计提、不良贷款核销力度加大等因素影响，中小银行资本充足情况未有显著提升。截至 2020 年末，陕西省法人银行业资本充足率 14.2%，较全国银行业平均水平低近 0.5 个百分点，核心资本充足率 12.5%，同比下降 0.2 个百分点。在银行业持续向实体经济让利的背景下，中小法人银行尤其是农合机构盈利大幅下降，内源性资本补充能力降低。中小银行特别是经营状况不佳、资本补充需求迫切的农合机构，因资本财务回报较低，增资扩股或发债等外源性资本补充难度较大。

非银机构风险管控压力需持续关注。一是信托业资产规模持续下降，“多层嵌套”项目整改进度缓慢。截至2020年末，3家信托公司存续信托项目同比减少371个，实收信托资产规模同比下降14.1%，主动管理类信托项目占比超50%，但融资类、通道类业务压降压力较大，截至2020年末，陕西法人信托公司待整改“多层嵌套”信托产品共计73只，信托资产余额390.71亿元。二是消费金融类公司信用风险压力上升。2020年长银消费金融公司不良贷款余额同比增长较快，不良贷款率同比上升0.5个百分点。在互联网贷款业务监管趋严的背景下，此类公司与第三方平台合作的线上消费贷款业务将面临一定的合规和转型压力，需未雨绸缪做好风险防控和应对。

（二）证券业稳健性

1. 证券期货业运行状况

法人证券机构经营实力不断增长，盈利能力显著提升。2020年，辖区法人证券公司不断扩大业务范围，切实提升资本实力，其中西部证券新增沪深300ETF期权合约品种一般做市商业务资格；西部证券、开源证券通过发行公司债、股东增资等方式募集资金107.0亿元。2020年末，3家地方法人证券公司总资产959.6亿元，同比增长31.5%；净资产429.2亿元，同比增长37.6%。2020年，3家法人证券公司实现营业收入69.5亿元、净利润20.2亿元，同比分别增长24.7%和47.5%。

法人期货机构业务平稳发展，盈利大幅增长。截至2020年末，3家法人期货公司总资产75.6亿元，同比增长3.4%；累计代理期货交易额合计10.2万亿元，同比增长9%；期货交易保证金余额合计55.0亿元，同比下降2.6%；营业收入、净利润分别为7.5亿元、0.9亿元，同比分别增长144.8%、420.4%。

上市公司资产规模增长较快，经营业绩持续向好。截至2020年末，陕西省内上市公司共58家（不含迁址的凯撒旅业），同比增加5家，总市值12583.2亿元，同比增长87.8%。截至12月末，上市公司总资产13337.1亿元，同比增长29.5%；净资产4620.9亿元，同比增长13.3%；实现营业收入4921.7亿元，同比增长50.5%；实现净利润386.7亿元，同比增长17.4%。

2. 影响证券期货业稳健性的主要因素

证券公司信用风险增加，部分资管类业务违约风险加大。受经济环境的影响，一些负债率较高、前期扩张过快、经营状况不佳的企业出现流动性不足甚至资金链断裂，加之证券公司开展业务时风险评估不足，导致证券公司股票质押回购、资管等业务违约风险加大。

部分上市公司盈利能力不足，经营风险突出。2020年末，陕西省有23家上市公司营业收入同比下降，9家公司亏损，17家净利润同比下滑。此外，有部分公司近三年扣除非经常性损益后均为亏损，主业盈利能力不容乐观。

新三板挂牌公司持续经营能力较弱，市场功能有待发挥。新三板挂牌公司规模普遍较小，大多处于初创期、发展期，生产经营易受到产业周期、市场竞争、跨界转型等因素的影响，抗风险能力较弱，业绩波动较大。挂牌公司依靠并购重组做大做强主业或实现多元化经营的意愿不强烈，运用资本市场优化资源配置，改善资本结构方面还有较大提升空间。

（三）保险业稳健性

1. 保险业运行状况

保费收入平稳增长，风险保障功能不断提升。截至2020年末，陕西省拥有法人保险机构2家，省级分公司67家，同比未有变化。保险业总资产2448.2亿元，同比增长13.2%。全年实现原保险保费收入 1102.7 亿元，同比增长 6.7%。全省保险业共提供各类风险保障 70.7 万亿元、支付赔款 332.2 亿元，同比分别增长 35.9%、10.7%，风险保障功能得到有效发挥。

业务结构持续优化，发展稳定性不断提高。2020 年，陕西省财产险公司实现原保险保费收入 262.2 亿元，同比增长 10.2%。其中，非车险业务占比 34.8%，同比上升 2.0 个百分点。2020 年，陕西省人身险公司实现原保险保费收入 840.59 亿元，同比增长 5.66%。其中，普通寿险业务占比 44.4%，同比上升 2.8 个百分点；健康险业务占比 19.0%，同比上升 1.2 个百分点。

保险业务回归本源，经济保障功能不断发挥。2020 年，全省人身险保费收入 864.7 亿元，同比增长 5.9%；人身险赔款和给付支出 182.7 亿元，同比增长 7.6%。2020 年，全省农业保险保费收入 17.9 亿元，同比增长 26.4%；支付农业赔款 13.0 亿元，同比增长 80.7%。责任险、工程险增速分别为 39.1%、52.9%，分别高于全国平均水平 19.5 个、35.5 个百分点。

2. 影响保险业稳健性的主要因素

财产险公司经营效益承压较大。2020 年，陕西财产险公司累计承保亏损 2.2 亿元，承保利润率 -0.97%。其中，车险业务承保利润出现大幅下滑，从年初的承保盈利 0.3 亿元降至年底承保亏损 6.6 亿元；工程险、健康险承保亏损，责任险承保利润同比下降 18.1%。

人身险公司业务结构劣变压力加大。2020 年，陕西省人身险公司新单业务增长乏力，寿险新单业务同比下降 3.9%，低于上年同期 2.4 个百分点，低于续期业务增速 13.4 个百分点。在新单业务中，趸缴业务同比下降 0.3%，新单期缴业务同比下降 6.6%。同时，人身险公司标准保费同比下降 7.4%，低于原保险收入增速 13.1 个百分点。

三、金融市场与金融稳定

2020 年，陕西省金融市场运行平稳，债券市场融资量增价降，货币市场流动性合理充裕，产品创新步伐加快，整体呈现质效提升的良好态势。

（一）金融市场运行状况

1. 市场主体和产品加速扩围，金融市场功能有效发挥

2020 年陕西省证券期货交易活跃。全年全省累计代理证券交易额 80239.6 亿元，同比增长 41.2%；累计代理期货交易额 131406.9 亿元，同比增长 14.9%。截至 2020 年末，全省上市公司股票市场融资 281.0 亿元，同比增长 180.9%。企业在银行间债券市场累计发行 156 只非金融企业债务融资工具，发行量 1986 亿元，同比增长 18.6%，创历年新高。发行市场整体运行平稳，未出现债务融资工具违约事件。债务融资成本进一步下降，全年债务融资工具加权平均利率为 3.6%，较上年同期下降 0.2%。

2020 年全省累计有 48 家企业发行债务融资工具，较上年增长 60%。2020 年陕西省加入全国银行间债券市场的成员共 98 家，较年初新增 16 家。长安银行以服务 AA 发行人和龙头民营企业的差异化市场定位，在同批 12 家主承销商中第 4 个达成独立主承量化指标。陕西信用增进公司成为全国第五家、省级第三家 AAA 级信用增进机构。全国首单公募防疫资产支持票据、全国首批标准化票据和全国首批供应链标准化票据均成功落地陕西。年末陕西股权交易中心挂牌公司 1402 家、托管公司 1706 家，同比分别增加 326 家、412 家，市场深度和宽度不断扩大。

2. 利率呈“V”形走势，市场净融入增加，流动性基本充裕

2020 年 1—4 月在宽松货币政策下，资金利率大幅下行，银行间市场存款类机构利率债质押 7 天期回购利率最低探至 1.6%，创历史低位。5 月中下旬开始，货币政策开始持续回归正常化，资金利率从低位显著反弹，推动资金利率中枢一路上行。2020 年，陕西省法人金融机构银行间货币市场成交 13 万亿元，同比增长 30.2%，其中信用拆借成交 2551.6 亿元，同比下降 28%，质押式回购成交 11.6 万亿元，同比增长 13%，买断式回购成交 10790 亿元，同比下降 22%。市场整体净融入 2.9 万亿元，较上年同期增长 45%（见图 5）。

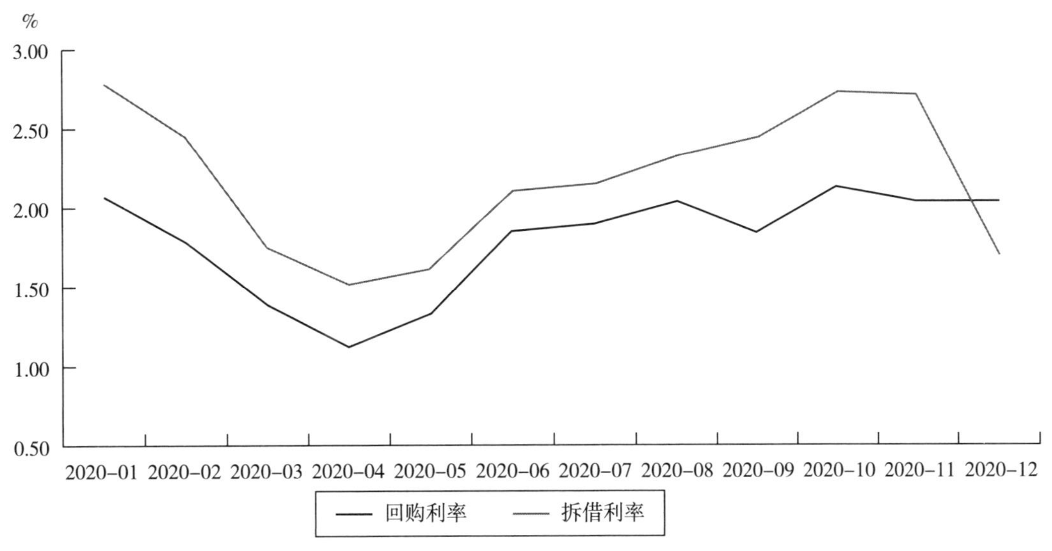

图 5　2020 年陕西省货币市场利率

（二）金融市场运行中需要关注的问题

一是省内农合机构同业业务同质化现象明显，协同程度较高，易放大市场波动，引发区域内风险传染。二是现券市场活跃度较低，不同券种流动性分化严重，不利于债券市场合理定价和价格发现功能的发挥。三是民营企业债券融资难度加大，成本上升明显，预计未来一段时间内，民营企业发债融资，尤其是较长期限融资，存在一定困难。

四、金融基础设施与金融稳定

（一）支付体系不断完善，支付服务能力稳步提升

1. 支付系统应用面持续扩大，支付服务能力稳步提升

截至 2020 年末，陕西省支付系统参与者共 5848 家，全年净增支付系统参与者 25 家；共建立银行卡助农取款服务点 58329 个，全年助农服务点增长 667 个，农村金融基础设施更加健全，支付服务普惠面进一步扩大。

2. 监督执法检查力度持续强化，支付服务环境显著优化

2020 年人民银行西安分行强化支付系统日常监管，增强各银行机构支付清算规则执行力，维护

良好的支付清算秩序。开展支付结算执法检查、涉赌涉诈支付服务风险排查、无证支付机构清理整治、防范和打击电信网络新型违法犯罪活动等工作，有效净化了省内支付服务环境。

3. 风险应急处置能力持续提升，支付系统运行平稳连续

强化非银行支付机构客户备付金管理和支付系统连续性管理，防范支付体系风险。完成中央银行会计核算数据集中系统（ACS）客户端与灾备环境网络连通性验证，组织开展 ACS 非工作时间现金支取应急演练，不断提升支付清算系统危机处置综合能力。

（二）征信服务水平显著提高，市场发展更加规范

1. 征信网络逐步完善，服务水平显著提升

2020 年 10 家村镇银行、融资租赁公司等机构接入征信系统。截至年末，全省共建成查询网点 291 个，配备自助查询设备 333 台。陕西省企业和个人征信系统分别收录了 127.43 万户企业和 2605 万自然人的信息，全省人民银行共对外提供查询 217.5 万笔，有 10 家金融机构已开通信用报告线上查询功能，征信网络覆盖面和服务能力显著提升。

2. 平台建设成效明显，小微企业融资更加便利

2020 年，通过应收账款融资平台实现融资 591.07 亿元；全省建立地方征信平台 8 个，汇聚 423 万家市场主体信用信息，实现融资对接 226 亿元。截至 2020 年末，累计为 637.4 万户农户建立了信用档案，对其中 498.7 万农户进行了信用评定，创建信用村、镇 3884 个；引导金融机构依托信用信息为 273.3 万农户累计发放贷款 4505.3 亿元。对 11654 户贫困户进行了信用重建，金融机构累计发放贷款 5.5 亿元。

3. 市场整治深入推进，征信市场持续健康发展

人民银行西安分行加大征信市场乱象整治工作力度，共排查出 228 家名称或经营范围涉及“征信”“信用评级”字样的机构，对不从事征信评级业务、虚假宣传、未备案开展征信评级业务的违规机构进行整治，已分类整治 101 家。实行企业征信机构和信用评级机构备案动态管理，对业务拓展困难、无力经营、合规性较差的已备案机构进行清理，2020 年注销 1 家机构的企业征信机构备案，注销 2 家机构的信用评级机构备案，征信评级市场结构进一步优化。

（三）增强监管力度，降低洗钱风险

1. 强化监管，金融机构反洗钱风险意识明显增强

2020 年全省共对 26 家金融机构开展执法检查，其中法人机构 25 家，依法对违规机构及个人实施处罚；对 123 家金融机构开展洗钱风险评估，其中现场风险评估 65 家，非现场风险评估 58 家；采取反洗钱监管措施 1254 次，占全省金融机构总数的 62.8%，监管措施覆盖率较 2019 年增加 159%。向金融机构发布反洗钱最佳实践报告 4 期、洗钱风险提示 4 期，构筑区域洗钱风险联防联控工作防线，全面提升金融机构反洗钱意识和工作质效。

2. 配合打击非法金融活动，地区金融秩序优化

指导金融机构优化涉黑涉恶可疑交易监测模型，提升风险监测效果。加强洗钱线索挖掘，与有关部门就重点可疑交易线索开展联合分析研判 20 余次，积极向公安机关和其他相关部门提供可疑线索，充分发挥金融情报的价值作用，推动涉黑涉恶、非法集资、非法传销、非法吸收公众存款、地下钱庄、洗钱等相关案件的立案、侦破、宣判工作，推动优化金融市场秩序。

（四）营造良好金融法治环境，保障金融消费者合法权益

1. 强化金融执法和普法，金融法治环境明显改善

一是着力优化金融法治环境。2020 年陕西省政府建立包括财政厅、省高院、人民银行等 14 个部门组成的金融风险防控联席会议制度，合力推进非金融企业债务风险摸排、不良资产处置、非法集资和互联网金融专项整治等重点工作。咸阳成立了“咸阳市金融案件合议庭”，县级法院在重点银行机构成立专门的“法官工作室”或设立仲裁中心，简化司法诉讼程序，推进金融案件的司法进程。2020 年陕西省金融案件执结率达 96.4%，较上年（93.6%）上升 2.8 个百分点。二是纵深开展法治宣传。陕西省组织开展国家安全教育日、宪法宣传周、民法典宣传等主题活动。人民银行西安分行探索“订单式”普法新模式，创建“法暖卿心”法律服务团，建立“法治 + 扶贫”模式，靶向关注不同群体普法需求，增强公众法治意识。

2. 加强投资者教育，消费者权益保护持续优化

人民银行西安分行以金融教育示范基地建设为依托，深入开展金融消费者教育。举办 2020 年陕西金融业金融宣传教育月活动“云启动”仪式，累计观看人数超过 45 万人次。充分发挥投诉机制作用，维护金融消费者权益。陕西 12363 投诉咨询电话呼叫中心全年共受理投诉 3259 件，办结 3151 件，办结率 97%，其中与疫情相关投诉 137 件；受理咨询 8786 件，与疫情相关咨询达 185 件，有效促进了国家宏观政策的贯彻落实。

（五）发挥存款保险制度功能，筑牢金融安全保障网

1. 稳妥处置包商银行破产等风险事件，加大机构早期纠正力度

2020 年，人民银行西安分行继续协调各方做好包商银行破产清算后续工作，稳妥处置辖内金融突发事件，存款保险金融安全保障作用充分发挥。前移存款保险监测关口，及早提示防范风险，向政府、监管部门、主发起行和问题机构共发放风险提示函 53 份，开展约见谈话 57 次。为每家问题机构指派监管专员，开展现场督导 172 次。全年共对陕西省 17 家地方法人机构开展风险早期纠正，早期纠正机构资本充足率平均上升约 18 个百分点，机构防范抵御风险能力明显提升。

2. 存款保险宣传实现村村覆盖，公众认知度持续上升

人民银行西安分行进一步完善存款保险宣传长效机制，制定存款保险宣传方案，依托全省 41554 个惠农支付点实现存款保险宣传行政村 100% 覆盖，受众达 114 万人次以上。将存款保险“三问三答”宣传图嵌入 5340 台存取款机等自助设备业务流程中，涵盖 10 个地市 104 个县区，每月宣传受众达 527 万人次。在辖内 176 家金融机构 7735 个网点统一启用 52095 个存款保险标识，存款保险知识宣传常态化、普及化。对陕西辖内半数地市的问卷调查显示，公众对存款保险整体认知度上升至八成以上。

五、地方金融改革与金融稳定

（一）地方金融改革情况

1. 农村合作金融机构改革持续深化，战略转型成效显著

2020 年，农村信用社持续推进产权体制改革。宝鸡金台、岐山及汉中佛坪 3 家农信社改制为农

商行，榆林榆阳农商行与横山农商行合并为榆林农商行，秦农银行吸收合并西安市长安区农村信用合作联社，机构组织体系进一步优化。

2. 村镇银行资本实力提升，风险稳步化解

2020 年，在人民银行、银保监部门的共同推动下，西安高陵阳光村镇银行和汉南汇发村镇银行的主发起行西安银行、定边农商行联合其他主要股东分别增资扩股 3000 万元、5000 万元，两家村镇银行监管指标明显改善，资本实力及风险抵御能力进一步提升。

3. 非银行业法人金融机构快速发展，业务类型日益丰富

信托公司持续推进业务转型，消费类信托、家族信托、慈善信托等创新类信托业务发展迅速。2020 年 11 月，长银消费金融公司成为全国第 12 家获得资产证券化业务资格的持牌消费金融公司，有利于其进一步拓宽融资渠道，提升市场影响力。

（二）金融支持自贸区建设情况

2020 年在人民银行西安分行的全力助推下，陕西自贸试验区金融服务水平和效能显著提升。一是创新机制，出台《关于金融支持中欧班列（西安）集结中心暨中国（陕西）自由贸易试验区高质量发展的意见》，探索中欧班列“长安号”数字金融综合服务平台建设，开展本外币合一银行结算账户体系试点，支持区内商业保理公司开展美元融资试点，推出“央行·跨境票据通”融资模式，自贸区企业融资形式更多样、更便利。二是积极实施放管服改革，推进贸易外汇收支便利化、资本项目收入支付便利化、跨境业务区块链服务平台等试点政策落地，将便利化政策惠及更多市场主体，自贸试验区营商环境进一步优化。三是深入推进“四扩大两可控”跨境创新专项行动，激发金融机构创新积极性。积极开展自贸试验区改革试点复制推广工作，复制借鉴发达地区和其他自贸试验区的金融创新成果。依托党员干部联系涉外重点企业制度，着力为涉外企业提供精准化服务，形成机构主动开展与管理部门积极推动相互促进的新局面。

六、总体评估与政策建议

（一）总体评估

2020 年是决胜全面小康、决战脱贫攻坚和“十三五”规划的收官之年，陕西省深入贯彻落实习近平总书记到陕考察重要讲话精神，坚持稳中求进工作总基调，坚持新发展理念，以推动高质量发展为主题，统筹疫情防控和经济社会发展，全力打好三大攻坚战。整体来看，2020 年全省经济恢复好于预期，工业生产稳步增长，服务业加快复苏，需求状况逐步改善，宏观杠杆率虽有所上升，但债务风险总体可控，市场价格趋于平稳，房地产市场平稳健康发展；银行业资产质量持续改善，服务实体经济力度不断加大；证券业法人机构资本实力不断增强，上市公司资产规模大幅增长；保险业回归本源成效显著，经济保障功能不断发挥；地方金融改革稳步推进，金融基础设施不断完善，金融产品创新步伐加快，信用市场发展更加规范，农村合作金融机构战略转型成效显著，陕西省金融体系整体运行较为稳健。

2021 年作为“十四五”规划开局之年，是陕西省深入贯彻习近平总书记到陕考察重要讲话精神、奋力谱写陕西新时代追赶超越新篇章的关键时期。陕西面临的国内外形势依然复杂严峻，在新

冠肺炎疫情全球大流行、全球经济形势尚不明朗的环境下，经济复苏发展仍然面临较多不确定性，陕西省经济增长基础尚不牢固，个别机构信用风险仍然较高，资管类业务违约风险加大，法人保险公司经营承压较大等问题仍需持续重点关注。

（二）政策建议

1. 加快金融基础设施建设步伐，提升金融服务实体经济水平

一是进一步加大对先进制造企业、普惠小微及乡村振兴等重点领域和薄弱环节的支持力度，推动金融机构提升发展质量，改变信贷模式，优化发放方式，提高金融对实体经济的服务水平。二是大力推进直接融资，更好地发挥市场配置金融资源的决定性作用，加快推进股权融资增长，减少对债务融资的依赖，加大培育上市公司的力度，加快发展多层次资本市场，积极引进各类创投基金，多渠道满足市场主体的资金需求。三是有效利用金融资源，加快推动省内综合信息平台和应收账款融资服务平台建设，持续完善供应链金融服务，实现资金供需双方线上高效对接。四是推动区域数字金融基础设施建设，加大科技赋能金融力度，提升金融服务实体经济的能力。

2. 稳妥有序推进风险防范化解，建立健全风险化解长效机制

一是统筹发展与安全，在发展中解决风险问题，保持全省宏观杠杆率水平基本稳定的同时，着重针对债务结构进行调整，压降高风险领域的债务规模，同时防止个别地区政府债务风险积聚。二是鼓励中小银行机构多渠道处置不良资产、补充资本，支持省级金融资产管理公司通过市场化方式逐步购买部分风险资产，鼓励符合条件的中小银行通过发行优先股、永续债、二级资本债等方式补充资本，夯实农信社深化改革的微观基础。三是持续开展压力测试、央行金融机构评级、风险早纠和预警提示，提升风险预判的针对性和前瞻性。四是增强风险化解的大局观和敏感性，统筹协调地方党委政府和各监管部门力量，持续关注高风险地区和机构的化解处置效果，提早预防后期信用风险反弹，维护辖区金融平稳健康发展。

3. 深入实施创新驱动发展战略，加快构建“双循环”新发展格局

一是加快经济发展和产业转型步伐，以制造业高质量发展带动产业转型升级，以价值链延伸推动现代服务业提质增效。继续深化供给侧结构性改革，强化科技支撑，着力提高科技创新和成果转化能力，大力发展先进制造业和战略性新兴产业，培育新的经济增长点，不断扩大经济规模，促进收入增长。二是做好绿色金融相关工作，逐步摆脱能源依赖，通过金融创新推动陕西获得转型红利、减轻转型阵痛。三是继续深化改革，破除妨碍生产要素市场化配置和商品流通的机制障碍，推动建立高效规范、公平竞争、充分开放的市场，优化营商环境，促进社会生产力大发展。

中国人民银行西安分行金融稳定分析小组

组　　长：魏革军

副 组 长：李　滔

成　　员：董　琦　冯　梅　古丹娜　赵小虎　陈　军　马小明

钱　皓　王　宁　王　萍　卫　保　肖继五

《陕西省金融稳定报告（2021）》编写组

总　　纂：魏革军

统　　稿：李　滔　陈　军　王　敏　雷梦菲

执　　笔：包　琼　操　悦　方　蕊　高孝廉　孙庆卫　王　青
王　蓉　仵永恒　张志暹　张　倩

参与写作人员：冯　伟　冯逸超　郭　琦　李　佳　李媛媛　南　雁
潘亚柳　孙东峰　王　越　武　源　张　雯　张左扬

甘肃省金融稳定报告摘要

2020年，面对突如其来的新冠肺炎疫情，全省上下坚决贯彻党中央、国务院决策部署，勠力同心、攻坚克难，特别之年特别作为。在各项政策支撑和推动下，全省主要经济指标增长较快，经济基本面保持稳定。全省金融机构牢牢把握高质量发展要求，立足甘肃实际，认真执行稳健的货币政策，着力服务全省经济社会发展，金融运行总体平稳有序。

一、区域经济运行与金融稳定

（一）经济运行情况

1. 经济基本面保持稳定，产业结构持续优化

适时下调疫情防控响应级别，出台落实“六稳”“六保”一揽子政策措施，推动经济运行由降转升、企稳向好，多项指标增速实现历史性进位。2020年，全省地区生产总值9016.7亿元，增长3.9%。经济结构持续优化，三次产业结构调整为13.3:31.6:55.1，比重上升4.5个百分点。十大生态产业增加值达到2179亿元，占地区生产总值比重达24.2%。

2. 供给端快速修复，工业新动能增长提速

工业对经济增长“由负转正”带动作用明显。2020年，全省规模以上工业增速自5月起由负转正，全年增长6.5%。其中，制造业增长6%，全省12个重点行业中，医药、电子和装备制造增加值均保持连续多月两位数增长，拉动全省工业经济快速恢复。新动能增长提速，新材料、新能源、装备制造、中医药等产业集群初成规模，战略性新兴产业、高新技术产业工业增加值占规模以上工业比重分别达到10.9%和5.7%。

3. 三大需求持续改善，投资发挥关键性作用

投资需求持续稳固，固定资产投资全年增长7.8%。基础设施领域、制造业和房地产投资分别增长12.2%、5.0%和7.8%。消费需求逐步复苏，全省社会消费品零售总额3632.4亿元，书报杂志类、日用品类、汽车类商品零售分别增长22.7%、15.4%和9.5%。进出口降幅连续收窄，全年进出口总值372.8亿元，降幅由年初的7.4%收窄至2.0%。

4. 脱贫攻坚取得决定性成就，生态文明建设全面加强

甘肃举全省之力向绝对贫困发起总攻，75个贫困县全部摘帽，7262个贫困村全部退出，现行标准下农村贫困人口全部脱贫，特别是纳入全国“三区三州”的甘南、临夏及天祝等深度贫困地区面貌发生历史性变化。全年累计投入财政专项扶贫资金837.2亿元，“牛羊菜果薯药”六大特色产业增加值达到753亿元，占农业增加值的比重达到60.9%。祁连山生态治理“由乱到治大见成效”，污染

防治三年攻坚行动如期完成，全省空气质量平均优良天数比率达到93.7%。

（二）经济运行中需要关注的方面

1. 需求稳定增长的动力不足

一是工业投资增长乏力。工业投资全年下降0.3%，其中制造业投资增长5%，增速自2020年下半年呈现下滑态势，影响全省工业投资持续稳定增长。二是收入水平低抑制消费需求。2020年甘肃省城镇居民与农村居民人均可支配收入分别为33822元和10344元，仅占全国平均水平的77.16%和60.38%，成为消费稳定增长的重要制约因素。三是出口总值降幅较大。2020年，全省出口总值85.7亿元，同比下降34.8%。

2. 工业新旧动能转换进程较慢

一方面，规模以上工业增加值50%以上的石化、煤炭、烟草、有色等重点行业增量不足，对拉动工业增长的空间收窄，同时这些传统产业可能受到产能指标以及碳达峰、碳中和等政策影响，发展空间将进一步受限；另一方面，工业企业创新、产品升级改造能力不足，新增长点对工业的支撑力度有限，新产业还不能完全弥补传统产业下降的缺口。

3. 服务业支撑经济能力减弱

随着生产生活秩序的恢复，服务业呈现稳步复苏态势，但接触型聚集型消费复苏较慢，相关行业复产水平较低，在一定程度上制约了服务业的稳定恢复。

二、金融业与金融稳定

（一）银行业与金融稳定

1. 银行业运行情况

（1）资产负债规模平稳增长。截至2020年末，全省共有银行业金融机构137家，其中法人银行业金融机构119家。银行业金融机构资产总额30946亿元，同比增长7.45%；负债总额29496亿元，同比增长6.88%。各项存款余额20993亿元，同比增长6.19%，较上年上升0.35个百分点；各项贷款余额22159亿元，同比增长7.16%，较上年上升0.42个百分点。

（2）服务实体经济能力提升。2020年，全省银行业基础设施建设贷款余额达到7089亿元，同比增长12.4%。小微企业贷款余额5083亿元，同比增长7.33%。截至2020年末，累计投放扶贫小额信贷655亿元，惠及建档立卡贫困户及边缘户145.98万户次。

（3）稳企业保就业成效显著。组织开展陇原十大融资专项行动，为全省1863家重点企业投放贷款1305.52亿元。探索开展“政银合作”批量对接，累计签约授信3000多家企业和900多亿元贷款。推动5个市州建立首贷续贷中心，9000多户中小微企业获得银行首贷支持。2020年以来，全省新发放企业贷款利率5.17%，同比下降46个基点，利率水平创历年新低，企业融资成本明显下降。

2. 银行业运行中存在的问题

（1）银行业信用风险防控形势较为严峻。2020年末，全省银行业金融机构不良贷款率6.74%，较年初下降1.11个百分点，仍高出全国平均水平4.8个百分点。加之经济复苏基础尚不牢固，资产质量持续承压。

（2）部分机构公司治理及内控机制不健全。部分法人机构存在股权结构分散、关联交易管理不规范等问题，“三会一层”履职能力有待提升。有的机构内控执行力度层层递减，对关键岗位和人员缺乏有效约束。

（二）证券业与金融稳定

1. 证券业运行情况

（1）证券期货经营机构稳中向好。全省共有法人证券公司1家，证券分支机构112家。2020年，分支机构实现证券交易额16184.11亿元，同比增长48%；实现营业收入11.07亿元，同比增长40.48%。法人证券公司华龙证券总资产275.74亿元，同比增长2.33%；全年累计实现净利润4.26亿元，同比增长14.22%。全省共有法人期货公司1家，期货分支机构7家。2020年，辖区期货经营机构实现期货交易额5962.81亿元，同比增长35.81%。法人期货公司华龙期货资产总额9.79亿元，同比增长10.50%，各项风险控制指标均优于监管要求，抗风险能力较强。

（2）上市公司募集资金能力有所增强。2020年末，辖区共有上市公司35家，新三板挂牌公司32家。其中，34家A股上市公司总股本489.21亿股，总市值2501.08亿元。全年辖区A股上市公司累计融资64.16亿元（股票增发融资19.78亿元，公司债融资44.38亿元），较上年增长56.34%。

2. 证券业运行中存在的问题

（1）期货行业经营压力不断加大。辖区期货经营机构创新发展水平较低，盈利模式单一，差异化、特色化发展实际效果并不明显，业务收入主要依靠经纪业务，潜存一定经营压力。2019年、2020年全省法人期货经营机构净利润连续两年分别下降37.47%、55.36%。

（2）资本市场发展水平较低。甘肃省上市公司数量占全国上市公司总数的比例不足1%，新三板挂牌公司占全国总数的比例不足0.5%，拟上市公司仅有8家。部分上市公司对资本市场利用不足，市值管理不积极，资本运作方式、手段单一。

（三）保险业与金融稳定

1. 保险业运行情况

（1）整体市场运行平稳，业务规模稳步增长。2020年末，全省共有黄河财险1家法人保险公司，省级保险分公司32家。全省保险业资产总额1175.2亿元，同比增长15.01%。2020年全省保险业累计实现原保险保费收入485.19亿元，同比增长9.2%。其中，产险公司累计实现原保险保费收入166.7亿元，同比增长7.82%；人身险公司累计实现原保险保费收入318.49亿元，同比增长9.94%。2020年全省保险业累计赔付支出169.31亿元，同比增长11.67%。其中，财产险公司累计赔款支出98.52亿元，同比增长13.35%；人身险公司累计赔款支出70.79亿元，同比增长9.07%。

（2）退保呈下降趋势，满期给付压力趋缓。2020年全省人身险公司退保金28.1亿元，同比下降29.73%；全省退保率为2.1%，较上年同期下降1.31个百分点。全省人身险公司满期给付28.76亿元，同比增长26.67%，满期给付平稳过渡。

2. 保险业运行中存在的问题

（1）财产险公司费用管理问题显现。2020年财产险公司手续费率为10.72%，较上年同期下降1.12个百分点，财产险公司手续费率总体呈下降趋势。同时，业务及管理费用率为27.64%，较上年同期上升3.73个百分点。手续费、业务及管理费一降一升可能存在费用真实性问题。

（2）车险综合改革以来保费收入下滑明显。自2020年9月车险综合改革正式施行以来，车险原保险保费收入连续三个月下滑，2020年车险原保险保费收入95.66亿元，同比仅增长1.81%。车险综合改革对产险公司尤其是对车险依赖度较高、竞争力不强的中小型公司影响较大。

三、金融市场与金融稳定

（一）货币市场与债券市场运行平稳，利率不同程度下降

同业拆借交易量扩价降明显，全年累计成交1045笔，交易额4666.19亿元，同比增长215.84%，各品种拆借加权平均利率同比下降109个基点。债券回购交易量价小幅下跌，全年累计成交40447笔，交易额11.31万亿元，同比下降3.56%，各品种加权平均利率同比下降59个基点。2020年，全省共有14家企业发行债务融资工具316.1亿元，同比增加10.1亿元，增长3.3%，加权平均发行利率4.2%，同比下降39个基点。

（二）票据市场发展平稳，贴现和转贴现利率下降

2020年末，全省承兑汇票余额923.38亿元，同比增长5.41%。再贴现余额203.99亿元，同比增长10.65%。票据贴现和转贴现利率大幅下降。2020年，全省票据加权平均利率为2.37%，同比下降112个基点。其中，贴现加权平均利率为2.89%，同比下降42个基点；转贴现加权平均利率为2.31%，同比下降122个基点。

（三）黄金市场交易量攀升，业务发展平稳

2020年以来，受全球疫情以及欧美主要经济体货币宽松预期等因素的影响，黄金作为主要避险资产的需求不断上升，金价震荡走高，交易量持续攀升。2020年全省银行业金融机构黄金市场境内交易额517.21亿元，同比增长17%，未开展境外黄金交易业务，风险管理状况良好。

（四）外汇市场平稳运行，国际收支保持逆差

2020年，全省跨境收付总额108.45亿美元，同比下降10.20%，收支逆差50.79亿美元，同比增长35.54%。结售汇总额73.2亿美元，结售汇逆差44.28亿美元，同比增长56%，为近四年以来的峰值。

四、金融基础设施与金融稳定

（一）金融法治环境持续优化，金融消费者权益保护水平不断提高

组织全省开展综合执法检查15项、专项检查6项，进一步规范了金融机构相关业务行为。顺利完成“七五”普法检查验收工作，金融普法宣传成效显著。推动省级金融纠纷调解中心落地，全省全年成功调解金融纠纷63起。全面加强金融消费者投诉咨询电话管理，全年接听并妥善办理投诉咨

询电话 3589 笔。对全省 115 家金融机构进行金融消费者权益保护工作评估。针对大中小学生及其他重点人群，广泛开展“线上 + 线下”金融知识宣传普及活动。

（二）支付系统服务效能提升，市场监管全面从严

2020 年，甘肃省第二代支付系统安全平稳运行，全年共处理业务 1. 37 亿笔，同比增长 6. 74%；金额 39. 89 万亿元，同比下降 11. 13%。组织开展“企业银行账户大清查”行动，清理无效企业银行账户 4 万多户。打击治理电信网络诈骗和跨境赌博资金链，深入推进“断卡”行动。组织举办“我是反诈达人”抖音挑战赛，普及支付安全知识，点击量超 1 亿次。统筹城乡支付环境建设，建成 47 个“云闪付之城”及 2. 53 万个助农取款服务点。

（三）征信系统有效运行，服务水平不断提高

征信服务水平持续提升，二代征信系统成功切换上线，全年对外提供企业信用报告查询 3. 17 万笔，个人信用报告 138. 42 万笔。落实阶段性减免部分征信服务收费政策，全省累计免收金融机构征信查询服务费 169. 92 万元。大力推广中征应收账款融资业务，基于核心企业的线上应收账款融资模式正式落地，通过平台促成应收账款融资 39. 29 亿元。

（四）反洗钱监管进一步加强，有效打击洗钱犯罪

完善风险评估加执法检查“双支柱”监管机制，与甘肃银保监局、证监局联合开展监管，对部分金融机构实施风险评估，对多家机构进行监管走访、高管约谈和质询，对部分机构开展反洗钱执法检查，金融机构洗钱防控水平显著提升。积极配合扫黑除恶、反腐、反恐、禁毒、打击地下钱庄等专项行动，加大向公安等部门移送可疑线索力度，配合开展反洗钱调查，协助成功破获多起地下钱庄、非法集资、涉黑洗钱等案件。

五、总体评估

2020 年，面对严峻复杂的国内外环境，特别是新冠肺炎疫情的严重冲击，甘肃省坚持稳中求进工作总基调，以推动高质量发展为主题，统筹稳增长、促改革、调结构、惠民生、防风险、保稳定各项工作，全省经济运行企稳向好、稳中有进。经济高质量发展的成效显著，脱贫攻坚取得决定性成就，生态文明建设全面加强，重点领域改革不断深化，就业和社会保障得到强化，社会治理水平显著提升。同时，在疫情影响下，全省经济依然面临较大下行压力，工业经济持续增长动力不足，低水平的居民收入限制消费需求，新增长点对工业的支撑力度有限，服务业回补动能仍显不足，经济发展中不平衡、不协调的矛盾和问题依然存在。

2020 年，全省金融业稳健运行，金融体系不断健全，金融业整体实力增强。全省金融机构认真贯彻执行稳健的货币政策，大力支持实体经济发展，主动防范化解金融风险，稳步深化金融改革创新，全面提升金融服务水平。银行业资产负债规模不断扩大，存贷款总量稳中有升。证券期货业经营规模保持稳定，上市公司募集资金能力增强。保险业业务结构不断优化，保障功能和服务作用进一步发挥。但金融业结构性、体制性、周期性问题相互交织，部分领域、部分机构及业务的风险可能有所显现。

中国人民银行兰州中心支行金融稳定分析小组

组　　　长：张庆昉
副　组　长：束　华
成　　　员：金融稳定处　办公室　　法律事务处　货币信贷处
调查统计处　国际收支处　支付结算处　征信管理处
反洗钱处　　金融研究处

《甘肃省金融稳定报告（2021）》编写组

总　　　纂：束　华
统　　　稿：王宗祥
执　　　笔：袁治伟　边永平　杨　柳　景小娟　安子靖
参与写作人员：刘永锋　陈　涛　孟秋敏　吕　飞　章程涛　温耀宗
魏　琴

青海省金融稳定报告摘要

2020年，青海省统筹推进疫情防控和经济社会发展，扎实做好“六稳”工作，全面落实“六保”任务，深入推进“一优两高”发展战略，全年经济运行平稳，三大攻坚战各项目标任务如期完成。全省金融系统坚持稳中求进的工作总基调，坚持新发展理念，服务实体经济效能进一步提升。银行业资产负债规模稳步扩大，发展内生动力持续增强。证券期货业总体稳健，多层次资本市场融资渠道不断拓宽。保险业创新力度加大，防风险保民生作用有效发挥。金融市场健康有序发展，金融基础设施优化升级。但与此同时，省内经济金融体系中还存在诸多短板弱项，加之受到疫情冲击，一些风险隐患可能加速释放，维护金融稳定任务依然艰巨。

一、区域经济情况

2020年，青海省实现地区生产总值3005.92亿元，同比增长1.5%，低于全国平均增速0.8个百分点。分产业看，第一产业增加值334.30亿元，同比增长4.5%；第二产业增加值1143.55亿元，同比增长2.7%；第三产业增加值1528.07亿元，同比增长0.1%（见图1）。

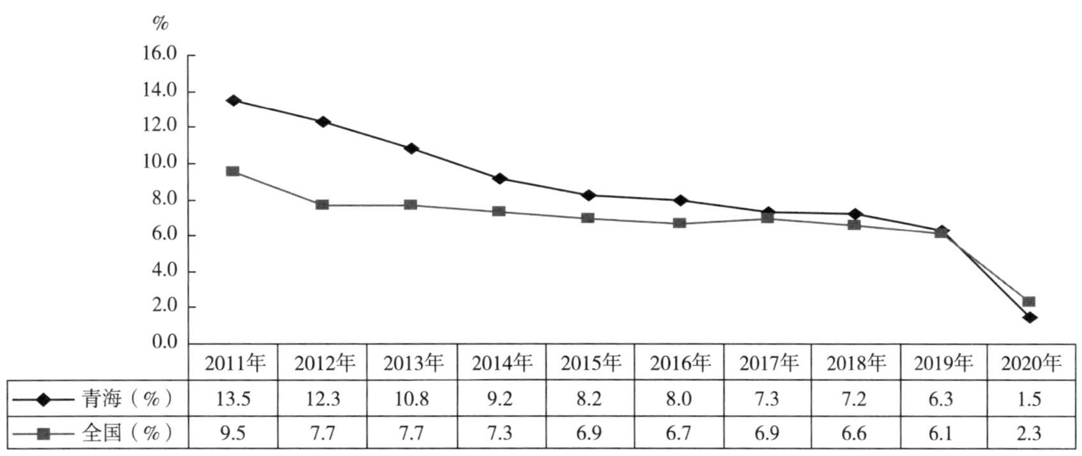

	2011年	2012年	2013年	2014年	2015年	2016年	2017年	2018年	2019年	2020年
青海（%）	13.5	12.3	10.8	9.2	8.2	8.0	7.3	7.2	6.3	1.5
全国（%）	9.5	7.7	7.7	7.3	6.9	6.7	6.9	6.6	6.1	2.3

图1　近年来青海省与全国生产总值增速对比情况

（数据来源：国家统计局）

（一）运行特点

1. 供给侧结构性改革取得新进展。“绿色有机农畜产品示范省”建设扎实推进，全年粮食产量超百万吨，创1999年以来新高；牦牛、藏羊、青稞、冷水鱼、枸杞等特色农畜产品增产提质；强化财政、金融、税收等联动帮扶力度，多渠道降低企业用电用气物流费用，在全国率先实现复工复产，规模以上工业增加值同比微降 0.2%，较 2020 年第一季度降幅收窄 6.3 个百分点。

2. 需求侧内生动能逐步释放。受有效投资项目不足、项目成熟度低、项目进度缓慢等因素综合制约，全省固定资产投资同比下降 12.2%，但民生短板领域投入实现较高增幅，基础设施投资中交通投资增长 17.1%，教育投资增长 15.3%。由于餐饮、住宿等消费行业受疫情影响较大，全省社会消费品零售总额同比下降 7.5%，降幅较 2020 年第一季度收窄 15.5 个百分点；受外部贸易保护、美国对华政策等影响，全年全省进出口总值同比下降 39.2%。

3. 各项要素保障较好。全省全社会用电量同比增长 3.57%，第一、第二、第三产业用电量分别增长 1.61%、2.93% 和 7.61%。全省货物运输量同比下降 4.4%，货物周转量上升 4.3%。受域外信托贷款巨量减少的直接影响，全省社会融资规模增量仅 117 亿元，地方政府债券发行募集资金成为社会融资规模增加的主要拉动力。

4. 消费零售价格与工业品价格分化。全省居民消费品价格指数同比上涨 2.6%，高于全国平均水平 0.1 个百分点。八大类价格呈“五涨三降”格局，涨幅最大的食品烟酒类上涨 6.5%，降幅最大的交通和通信类下降 2.2%。商品零售价格指数同比上涨 2.4%，工业生产者购进价格指数同比下降 3.9%，工业生产者出厂价格指数下降 3.4%，商品零售价格和工业品价格变动分化明显。

5. 财政和居民收入持续增长。全省一般公共预算收入同比增长 1.1%，其中地方一般公共预算收入增长 5.6%，资源税、所得税等主体税种保持较高增幅。全体居民人均可支配收入同比增长 6.3%，其中城镇常住居民增长 5.0%，农村常住居民增长 7.3%，农村居民人均可支配收入增速继续高于城镇居民增速。

6. 房地产市场价格上涨较快。全省房地产开发投资同比增长 3.7%，房屋施工、新开工和竣工面积同比分别增长 0.7%、6.6% 和 15.3%。全省商品房销售面积同比下降 2.3%，其中住宅销售面积增长 3.4%。在绿色宜居城市打造和刚需改善型需求合力作用下，全省商品房价格较为坚挺，省会西宁市各月新房和二手房价格同比涨幅稳居全国 70 个大中城市前五位，其中 2020 年 12 月西宁市新建商品住宅同比上涨 9.1%。受房价上涨影响，全省商品房销售额同比增长 4.4%，其中住宅销售额增长 16.2%。

（二）需要关注的问题

1. 工业经济运行压力较大。2020 年全省规模以上工业行业增长面仅为 42.4%，主要产品增长面仅为 33.0%，工业运行处于生产收缩状态。加之部分省属企业负债率高、自身偿债能力弱，到期债务风险受到市场关注，严重影响外部融资，进一步加大了工业运行压力。

2. 投资拉动作用有所弱化。受投资意愿、市场需求、土地环评等多重因素制约，2020 年全省三次产业投资全面下行，其中第一产业、第二产业和第三产业投资同比分别下降 9.1%、13.9% 和 11.4%，民间投资下降 12.5%，部分重大项目迟迟不能启动，部分项目进度放缓或压减。

3. 服务业受疫情影响较大。批发零售、住宿餐饮、物流运输、文化旅游等行业受疫情影响较大，短时期内难以恢复，其中需现场作业、劳动密集型企业受影响最大，个别企业生产经营出现困难。部分居民经营性收入不稳定，特别是个体经营户、实物工作量计薪等人群收入的下降导致消费需求减弱，不利于服务业的恢复发展。

4. 货物贸易外汇收支由顺转逆。2020 年以来受新冠肺炎疫情影响，全球经济疲软，国外需求方停工停产导致消费受挫，出口下行。同时，全省出口商品结构单一、企业竞争力相对较弱、出口利润单薄，导致出口恢复受到制约，恢复程度不及全国平均水平。从货物贸易外汇收支看，出口收入同比下降41.8%，货物贸易涉外收支由多年来的顺差变为逆差。

二、金融业情况

（一）银行业

截至2020年末，全省共有银行业金融机构57家。其中，政策性银行2家，国有商业银行5家，邮政储蓄银行1家，股份制银行7家，城市商业银行1家，农村金融机构37家，法人信托公司1家，法人财务公司1家，金融资产管理公司分支机构2家。

1. 运行特点

（1）资产负债规模扩大。截至2020年末，全省银行业金融机构资产总额9043.78亿元，较年初增加668.73亿元，增长7.98%；负债总额8544.97亿元，较年初增加253.99亿元，增长3.06%。

（2）存贷款余额出现分化。截至2020年末，全省银行业金融机构本外币各项存款余额6314.07亿元，较年初增加455.36亿元，增长7.77%；本外币各项贷款余额6620.86亿元，较年初减少69.09亿元，下降1.03%。其中，住户存款2728.74亿元，较年初增加258.16亿元，增长10.45%；企（事）业单位贷款5415.72亿元，较年初减少283.10亿元，下降4.97%。

（3）不良贷款实现“双降”。全省银行业金融机构不断加大不良贷款处置力度，截至2020年末，不良贷款余额206.34亿元，较年初减少243.91亿元，下降54.17%；不良贷款率3.12%，较年初减少3.61个百分点。全省银行业金融机构信用风险收敛明显。

（4）盈利水平回升。2020年全省银行业金融机构实现利润总额146.35亿元，同比增加331.85亿元，增长178.79%。利润大幅增长的主要原因是青海盐湖工业股份有限公司部分贷款成功进行了债转股，省内部分银行机构转回多计提的资产减值准备。银行业金融机构资产利润率同比上升3.83个百分点，达到1.68%，高于监管标准1.08个百分点。

（5）机构改革稳步推进。一是推动落实村镇银行“多县一行”试点方案，乐都三江村镇银行民和支行获批开业。二是海东农村商业银行获批筹建，全省农村信用社改制农商行工作步入尾声。三是华融资产管理公司青海分公司开业运营，全省金融服务体系进一步完善。

（6）地方法人银行资本水平整体充足。截至2020年末，全省地方法人银行机构整体资本充足率15.63%，核心一级资本充足率14.43%。两项指标均优于监管标准，风险抵补能力整体较强。

（7）地方法人银行资管产品整改有序推进。截至2020年末，全省地方法人银行机构非保本理财产品余额22.68亿元，较年初减少20.69亿元，下降47.7%。其中待整改的非保本理财产品余额17.79亿元，较年初减少25.55亿元，下降58.95%，整改工作有序推进。

2. 需要关注的问题

（1）不良贷款反弹压力依然存在。一方面，全省银行业金融机构不良贷款下降的主要原因是不良贷款处置力度的加大，全年共处置365.17亿元。剔除处置的不良贷款，全年新增不良贷款145.33亿元，不良贷款前清后增现象较为突出。另一方面，全省银行业金融机构关注类贷款余额553.79亿元，较年初增加68.31亿元，增长14.07%，不良贷款反弹压力依然存在，信用风险仍需警惕。

（2）地方法人银行相关风险需要关注。一是信用风险持续暴露。截至2020年末，全省地方法人银行不良贷款余额43.03亿元，较年初增加9.66亿元；不良贷款率3.25%，较年初上升0.49个百分点。二是影子银行风险显现。个别机构同业投资业务不审慎，因交易对手违约产生大额不良资产。三是公司治理和内部控制存在不足。部分地方法人银行机构董事和监事履职不到位，公司治理存在一定缺陷，内部控制制度执行不严。

（二）证券期货业

截至2020年末，全省共有法人证券公司1家，法人期货公司1家，证券分公司6家，证券营业部24家，上市公司12家，“新三板”挂牌公司3家。

1. 运行特点

（1）证券期货机构经营业绩分化。2020年，全省法人证券公司盈利能力有所下滑；法人期货公司经营业绩好转，代理交易额及营业收入同比增长明显。其中，法人证券公司累计代理交易额同比下降5.51%，客户资产同比下降11.93%，年内亏损0.35亿元。证券营业部累计代理交易额同比增长45.69%，营业收入同比增长36.16%，实现净利润0.78亿元。法人期货公司代理交易额同比增长52.11%，营业收入同比上升38.71%，实现净利润0.42亿元。

（2）上市公司整体债务水平下降，市场表现有所好转。截至2020年末，辖区上市公司总市值1352.08亿元，同比增长40.24%。2020年末，辖区上市公司总负债845.84亿元，同比下降29.33%；整体资产负债率65.1%，同比下降25.16个百分点，债务负担有所减轻。2020年，上市公司实现营业收入817.03亿元，同比下降4.5%；净利润0.6亿元，实现扭亏为盈。

（3）多层次资本市场融资渠道不断拓宽。2020年，青海省企业利用多层次资本市场直接融资286.55亿元，其中，2家企业发行债券融资21.25亿元，1家企业发行ABS融资264亿元，4家中小微企业在青海省股权交易中心非公开发行可转债融资1.3亿元。此外，两家上市公司拟非公开发行募集资金10.76亿元事项已获得证监会核准（见图2）。

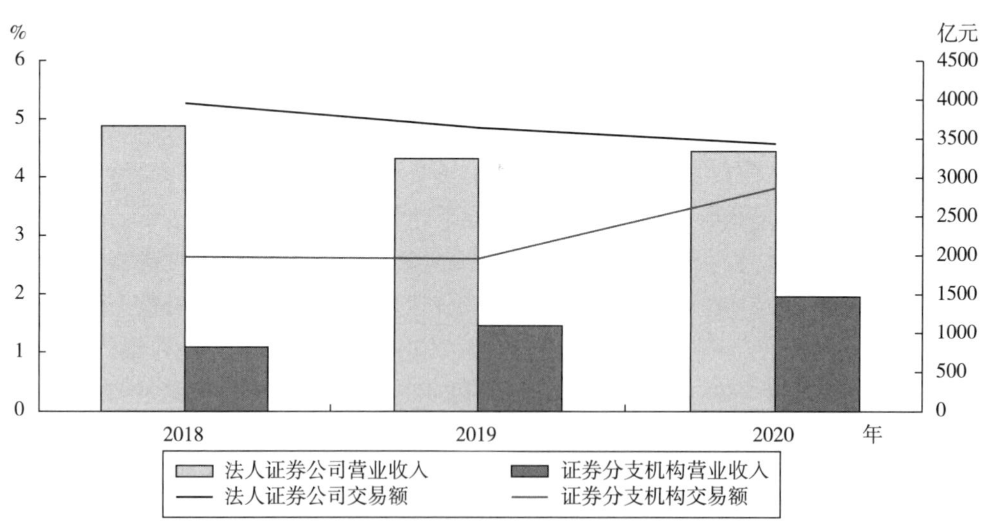

图2　近三年青海省法人证券公司和证券分支机构营业情况对比

（数据来源：青海证监局）

2. 需要关注的问题

（1）部分证券期货经营机构业务拓展能力及合规性需要关注。一是个别证券公司业务规模缩减，甚至出现停滞，经营业绩下滑明显。二是部分证券期货经营机构通道类资管业务比重较高，部分资管产品存在流动性风险。

（2）上市公司经营压力仍然较大。一是部分企业受宏观经济下行压力增大等影响，资金链紧张，股权质押比例过高，盈利的可持续性欠佳。二是剔除盐湖股份影响，11 家上市公司净利润同比下降近 17%，业绩压力较大。

（3）多层次资本市场发展任重道远。虽然辖内企业利用多层次资本市场融资的工具和形式有所丰富，但受经济总量低、大中型企业数量较少等客观因素影响，企业距离到主板、新三板及科创板市场上市及挂牌的达标条件还有差距。截至 2020 年末，辖区仅有 2 家拟申报上市企业在监管机构登记备案，数量稀少，多层次资本市场体系建设任务艰巨。

（三）保险业

截至 2020 年末，全省共有省级保险分公司 16 家，其中，财产险公司 8 家，人身险公司 8 家。

1. 运行状况

（1）保险业运行平稳。一是资产规模有所扩大。截至 2020 年末，全省保险公司资产总额达 237. 77 亿元，同比增长 15. 51%。其中，财产险公司资产总额 35. 13 亿元，同比增长 13. 01%；人身险公司资产总额 202. 64 亿元，同比增长 15. 96%。二是保费收入有所增长。全省保险市场累计实现原保险保费收入 103. 63 亿元，同比增长 5. 27%。

（2）保险业防风险保民生作用有效发挥。一是保险业积极发挥在抓“六保”促“六稳”中的作用，2020 年为建档立卡贫困人口赔付 0. 46 亿元，服务 1. 12 万人次，为临贫易贫人口提供有效托底保障。二是全省全面实现“基本医疗 + 大病保险 + 医疗救助”的“一体化”服务模式，有效解决了低收入群体“小病扛、大病拖”困境，切实有效发挥保障作用。三是农业保险服务在稳步发展基础上实现业务创新。2020 年全省农业保险赔付支出 6. 38 亿元，同比增长 21. 77%；受益农户 64. 77 万户次，同比增长 45. 72%。目前藏系羊牦牛保险 8 个市州 34 个县区已实现全覆盖，承保数量 1190. 76 万头，同比增长 14. 55%。此外，雪灾被纳入大田作物保险赔偿责任，并在全国率先开展试点化肥农药减量增效保险，创新推出草原干旱指数保险。

（3）财产险公司经营效益良好。2020 年，全省财险承保利润 5. 12 亿元，同比增长 25. 18%，承保利润率 12. 62%，居全国第 1 位。财险综合赔付率和综合费用率均远低于全国平均水平，其中，综合赔付率 56. 89%，从低向高位列全国第 3 位；综合费用率 30. 52%，从低向高居全国第 2 位。

2. 需要关注的问题

（1）保险业发展速度放缓。全省保险业在经过前期的快速发展之后，2020 年受经济下行以及疫情影响，增速趋缓，保费收入增速回落 7. 03 个百分点，低于全国平均水平 0. 86 个百分点，排名全国 20 位，西部 12 个地区第 8 位。其中，财产险公司保费收入增长率 6. 14%，增速回落 6. 92 个百分点，企业财产险保费收入受此影响尤其严重，增速回落 28. 6 个百分点；人身险保费收入增长率 5. 96%，增速回落 5. 99 个百分点。

（2）财产险公司应收保费上升。2020 年，全省财产险公司应收保费金额 7. 17 亿元，同比增长 15. 73%；应收保费率 19%，同比上升 4. 18 个百分点。应收保费增长较快一方面占用了公司现金流，可能导致保险公司因资金周转困难出现支付危机；另一方面由于应收保费缺乏较高流动性和收益性，也会影响保险公司的资产质量。

（四）地方金融组织

截至2020年末，全省共有小额贷款公司66家，融资担保公司66家，典当行42家，融资租赁企业4家，地方资产管理公司1家，商业保理公司4家，各类交易场所16家。

1. 运行特点

（1）小额贷款公司不良贷款率过高。2020年全省小额贷款公司实收资本40.07亿元，同比下降7.31%；贷款余额39.89亿元，同比下降19.32%；不良贷款余额15.42亿元，不良贷款率达38.48%，高出全省银行业不良贷款率35.36个百分点。

（2）融资担保公司代偿余额有所增长。2020年全省融资担保公司实收资本110.52亿元，同比减少0.18%；年内共发生担保业务6.88万笔，在保责任余额226.66亿元，其中小微企业和“三农三牧”行业担保占比达92.64%；年内新增代偿7.24亿元，代偿余额33.53亿元，同比增长16.50%，代偿余额占注册资本的30.34%。

（3）典当行、融资租赁公司、地方资产管理公司运行平稳，商业保理公司基础薄弱。全省典当企业注册资本共计4.58亿元，年内共开展业务6184笔，同比增长26.36%；典当总额6.71亿元，同比增长67.8%。全省融资租赁公司注册资本共计15.78亿元，实收资本15.33亿元；资产总额23.79亿元，不良租赁资产余额1亿元，不良租赁资产率2.26%。地方资产管理公司资产总额8.74亿元，处置不良资产账面值15.08亿元，收回全部不良资产资金；实现营业收入2.18亿元，净利润1.06亿元。此外，年内注销1家商业保理公司，另有4家保理公司长期未开展业务，其中1家拟变更名称和经营范围，3家拟注销。

（4）交易场所营业状况分化明显。截至2020年末，全省正常运营的交易场所共10家，其中7家公共资源平台均属于行政机构或事业单位，另外3家则为省级股权、产权和电力交易中心；其他6家交易场所均未开展相关业务。

（5）网贷机构全部完成清理整治。截至2020年末，全省网贷机构清理整治工作收尾，存量P2P机构数量由7家降为零。

2. 需要关注的问题

（1）小额贷款及融资担保行业发展和监管问题仍不容忽视。一是上述两类机构公司盈利能力持续下降，部分机构年内均未开展新增业务；二是小额贷款公司信用风险压力较大，融资担保机构代偿规模和代偿率不断增加。

（2）典当行、地方资产管理公司业务拓展难，融资租赁行业存在空壳现象。一是绝大多数典当行经营业务全部集中在房产和机动车领域，同质化竞争严重；二是地方资产管理公司银行授信困难，对未来不良资产收购处置业务的开展带来一定影响；三是部分融资租赁公司存在经营偏离主业等问题，行业风险有所累积。

（3）交易场所清理整顿难度依然较大。一方面多数交易场所只在市场监督管理局备案，但未经监管部门审批，开展的业务多为电子交易业务，业务面大、隐蔽性强，难以及时发现违法违规行为；另一方面对客户投诉的违规行为处置存在滞后性，经常在处置时违规行为已经造成一定的社会危害，同时在清理整顿过程中的实质性处罚手段有限，后续清理整顿压力仍然较大。

三、金融市场情况

（一）货币市场交易活跃程度不高，资金呈净融出状态

2020 年，全省机构银行间市场交易量共计 14292. 63 亿元，同比下降 17. 86%。累计融入 4992. 44 亿元，累计融出 9300. 2 亿元，净融出 4307. 75 亿元。其中，同业拆借累计成交 232. 15 亿元，同比下降 46. 55%；质押式回购累计成交 11442. 11 亿元，同比增长 2%；买断式回购累计成交 254. 58 亿元，同比下降 17. 12%；现券交易量 2363. 79 亿元，同比下降 56. 55%。

（二）企业债务风险稳妥化解，债券市场平稳发展

2020 年，青海省 2 家非金融企业在银行间债券市场发行债务融资工具 6 只，合计金额 34 亿元，同比下降 46. 88%。青海银行成功发行 30 亿元小微型企业专项金融债。紧紧盯住风险防控不放松，成功化解 1 只债项兑付风险，重点企业债务和债券风险防控“1 +3”机制被人民银行总行推广，区域系统重要性机构风险监测体系初步建立。

（三）账户金交易量持续增长，黄金积存和黄金租赁业务交易活跃

2020 年，全省账户金累计成交 22671. 64 千克，交易金额 87. 05 亿元，同比分别增长 7. 04% 和 27. 64%。实物黄金交易成交量 1202. 71 千克，金额 4. 69 亿元，同比分别增长 8. 46% 和 22. 74%。其中，黄金积存成交量 742. 77 千克，成交金额 2. 87 亿元，同比分别增长 2. 5 倍和 3. 3 倍；黄金租赁业务成交量 2970 千克，成交金额 11. 78 亿元，同比分别增长 2. 2 倍和 3. 1 倍。

（四）票据业务发展平稳，中小企业占比较大

截至 2020 年末，全省企业票据融资余额 880. 68 亿元，占人民币贷款比重为 13. 39%，与上年同期基本持平。金融机构累计签发银行承兑汇票 295. 9 亿元，比上年同期增加 30. 94 亿元，其中大型企业累计签发占比 35. 94%，中小微型企业占比 64. 06%。

（五）跨境人民币业务再上新台阶

2020 年，全省跨境人民币收支总额 37. 76 亿元，同比增长 178. 26%。其中货物贸易和服务贸易项下跨境人民币收付总额 3. 9 亿元，同比增长 244. 96%，跨境人民币业务服务实体经济能力进一步凸显。自 2011 年试点以来，全省累计办理跨境人民币结算 428. 89 亿元，人民币国际化进程迈上 400 亿元台阶。

（六）贷款市场报价利率（LPR）改革落地深化，实体经济融资成本持续下降

2020 年，全面推进贷款市场报价利率（LPR）改革，引导市场利率持续下行。全省金融机构企业贷款加权平均利率同比下降 44 个基点，小微企业贷款利率同比下降 56 个基点，普惠小微企业贷款利率同比下降 102 个基点，有效缓解小微企业融资难、融资贵问题。

（七）外汇市场交易整体下滑，跨境收支和银行结售汇呈双逆差格局

2020 年，全省银行代客涉外收支总额[①] 7.75 亿美元，同比下降 23.6%。其中，收入 3.47 亿美元，同比下降 36.4%，支出 4.28 亿美元，同比下降 8.9%；涉外收支同比由顺差转为逆差 0.81 亿美元。全省银行结售汇总额 8.57 亿美元，同比下降 5.9%。其中，结汇 2.81 亿美元，同比下降 43.2%，售汇 5.76 亿美元，同比增长 38.7%；结售汇同比由顺差转为逆差 2.95 亿美元。市场主体结售汇意愿相对平稳，理性交易占主导。

（八）企业跨境融资交易下降，同比由净偿还转为净融资

2020 年，全省新增外债流入 1.25 亿美元，同比下降 43.9%。跨境融资以政府在国际金融机构借款为主，其中，财政外债转贷款 6622 万美元，同比下降 31.3%；直接投资项下接受关联公司借款 2023 万美元，同比下降 66.7%；其他贷款 3825 万美元，同比下降 42.2%。从外债还款看，全省累计偿还境外贷款本金支出 7198 万美元，同比下降 55.4%；跨境净融资 5272 万美元。

四、金融基础设施情况

（一）“青信融”平台开启银企线上融资无缝对接新局面

2020 年新冠肺炎疫情以来，为扎实做好“六稳”“六保”工作，探索形成解决小微企业融资难、融资贵的长效机制，人民银行西宁中心支行与青海省发改委“双牵头”开发建设青海省小微企业信用融资服务中心平台（以下简称“青信融”平台），该平台被列为青海省“十四五”金融基础设施重大项目。一是凸显金融科技优势。“青信融”平台依托大数据、云计算、区块链、人工智能等新兴科技，有效汇集中央政策、政府服务与金融支持，以信息归集打通小微企业融资断点，以融资增信疏通融资堵点，以政策支持破解融资难点，以融资对接缓解融资痛点，以融资评价查补融资盲点，形成以信用数据促进融资业务，以融资业务引导政策配套，以政策配套推进平台服务的完整闭环。二是构建融资服务新机制。“青信融”平台增强了有效市场和有为政府良性互动，初步形成商业银行“敢贷、愿贷、能贷”机制，提升了小微企业首贷、信用贷覆盖面和可得性，全面增强了青海省小微企业金融服务能力。三是平台功能便捷高效。“青信融”平台上线试运行首日，4 家小微企业与商业银行现场在线 5 分钟内办结 1030 万元信用贷款，全面开启青海省银企线上融资无缝对接新局面。

（二）支付服务市场运行平稳

一是支付系统稳定运行。截至 2020 年末，全省支付系统直接参与者 2 家，间接参与者 964 家，支付系统处理业务 2109.73 万笔，金额 72172.26 亿元，同比分别增长 2.64% 和 1.79%。二是账户管理逐步完善。完成全省存量单位账户核查、企业账户风险排查及不规范单位账户清理工作。三是支付业务快速增长。全省网上银行和移动银行用户合计 1448.14 万户，同比增长 16.57%。网上支付和

① 此处涉外收付款总额仅指青海地区银行代客办理的涉外收付款，不含本地注册企业在异地办理的涉外收付款，数据统计口径为国际收支口径。

移动支付笔数63310.52万笔，金额32978.71亿元，同比分别增长16.53%和10.61%。四是惠农服务不断优化。全省全年共设立惠农金融服务点7804个，累计业务达66亿元；辖区金融服务不足的183个深度贫困乡村，全部实现基础金融服务的覆盖。五是便民工程示范引领。重点推进移动支付便民工程在县域的推广，全省近3000辆公交车、部分停车场等场景实现银联标准移动支付。六是金融助力复工复产。全面落实“青海省惠民暖企健康消费活动”，投入减费让利资金4.23亿元。

（三）金融消费权益保护工作不断深化

一是全力做好疫情防控期间消保相关工作。编制《12363投诉咨询电话疫情防控“十问十答”》，发布《同心战“疫”，共克时艰——致广大金融消费者倡议书》。二是进一步加强监督检查力度。对全省9家银行业金融机构开展现场监督检查，被检查机构及网点覆盖率达38.63%。三是积极开展金融宣传教育。在玉树州职业技术学校建立青海省首个金融教育示范基地。利用“3、6、9”集中性金融知识普及教育活动，努力提高社会大众金融素养。全年共开展现场集中宣传活动2192余次，发放宣传资料75.59万份，受众人数约117.06万人，微信阅读量50.23万次，媒体报道89次。四是持续做好投诉管理工作，推动建立金融纠纷多元化解机制，建成“青海省金融纠纷调解中心暨青海省金融纠纷人民调解委员会”。全年受理投诉204笔，咨询549笔，办结率达100%。

（四）征信体系建设纵深推进

一是征信管理服务水平持续提升。截至2020年末，累计查询个人、企业信用报告分别为38万次和1万次，互联网查询个人信用报告6万次。累计布放95台自助查询机，县域覆盖率达到89%，并实现企业信用报告自助查询服务。疫情防控工作期间累计调整还款安排或征信记录的人员1562人、企业数471家。成功上线非现场监管系统和信用报告自助查询机监管平台。二是地方信用体系建设日臻完善。印发《关于进一步深化诚信文化进校园工作的通知》，明确打造“诚信文化教育精品网课”“青少年诚信教育基地”“金融诚信知识校园行”三大品牌目标任务，率先在全国实现“互联网+诚信文化教育”。三是深入开展信用普惠和信用扶贫工作。累计向2136户信用修复贫困户发放贷款8173.08万元，同比增长33.42%。积极探索小微企业信用修复模式，共修复企业912户，重新获得贷款22.77亿元。全省应收账款融资平台累计成交金额563.33亿元，同比增长66.28%。

（五）反洗钱监管效能持续提升

一是洗钱罪宣判取得实质突破。持续推进洗钱罪工作试点，强化省、市、县三级人民银行上下联动，强化公、检、法、监等部门左右协调，积极助推青海省首例洗钱案成功宣判。二是反洗钱监管水平不断提升。完成全省分类评级330家，实现评级覆盖100%；完成9家金融机构执法检查和3家机构的行政处罚，实现双罚比例100%。三是金融行业专项整治有序推进。联合多部门开展专项督导检查4次；配合开展金融领域“行业清源”现场检查，先后对11座写字楼、220多家重点企业进行地毯式排查。四是洗钱风险监测机制初步构建。以数据量化分析为突破口，建立定量分析体系，从基础、合规、风险等多维度全面评估银行业机构反洗钱履职现状。五是反洗钱宣传培训实现新拓展。为适应新冠疫情防控需要，结合辖区农、牧、藏区特点，在全省统筹开展主题宣传。

五、总体评估与政策建议

（一）总体评估

2020年，虽然受新冠肺炎疫情冲击，但全省经济发展稳中求进、进中向好，重大项目开工复工，各类市场主体保持增长，农牧业再获丰收。全省银行业金融机构资产负债规模不断扩大，贷款质量有所提升，盈利状况明显好转。证券期货市场交易活跃，大型上市公司改革化险成效明显，实现扭亏为盈。保险行业运行平稳，保障功能和服务作用不断发挥，发展态势良好。全省防范化解金融风险攻坚战取得重要成果，金融系统重点领域存量风险得到化解，增量风险得到遏制，金融风险总体可控，守住不发生系统性金融风险的底线。但同时也必须清醒地看到，青海省经济总量依然偏小，产业现代化、经济市场化程度依然较低，发展不平衡不充分问题依然突出。全省金融业存在的问题和困难仍然较多，如受疫情冲击，银行业存贷款增长乏力，加之部分企业债务违约风险加大，不良贷款反弹压力增加；个别上市公司经营及财务风险凸显，并可能传导至金融体系；部分地方法人银行抗风险能力较弱，资本补充渠道狭窄等。

（二）政策建议

1. 持续做好全省金融风险防控工作。以金融委办公室地方协调机制（青海省）为依托，在扎实做好“六稳”工作、全面落实“六保”任务的基础上，牢固树立全省金融风险防范化解“一盘棋”思想，加强各有关单位间的协调配合与信息共享，集中力量做好重点领域风险的处置和压降。

2. 压实金融机构和股东风险防控主体责任。引导金融机构和股东增强风险防范主体责任意识，健全公司治理，强化内部管理，改善金融服务，更好支持实体经济发展。对出现问题的金融机构，督促其积极开展自救，问题机构原股东必须首先分担损失。

3. 地方政府切实履行风险处置属地责任。压实地方政府属地风险处置责任和维稳第一责任，加强对地区金融风险的摸底排查和处置，积极参与县域法人金融机构改革与风险防控。同时，继续深化地区大型企业改革，推动大型困难企业分类处置，做好大型困难企业司法重整后续工作，防止和阻断大型困难企业债务风险向金融机构传染蔓延。

4. 强化金融监管部门监管责任。金融监管部门要继续对各自监管领域风险状况开展深入排查，及时化解常规性、苗头性风险。要主动加强对金融机构公司治理、合规经营、应急处置等方面的监督管理，持续整治各种金融乱象和非法金融活动，不断提高监管有效性。

5. 发挥人民银行最后贷款人责任。青海省人民银行分支机构要加强对辖内系统性金融风险的监测、防范、化解和处置，灵活运用宏观审慎管理工具手段，强化存款保险早期纠正职能，依法依规发挥最后贷款人作用，切实维护辖区金融稳定。

中国人民银行西宁中心支行金融稳定分析小组

组　　长：马　骏

副 组 长：韩涌泉

成　　员：马启军　冯可心　张云莉　张文娟　张昆霖　荆海龙
　　　　　省正英　曹建勋　裘冠民　魏　平

《青海省金融稳定报告（2021）》编写组

总　　　纂：曹建勋
统　　　稿：潘　娟　苏中华　丁　宏
执　　　笔：马　婧　王建民　祁　俭　张　强　郭建勇　魏春飞
参与写作人员：孔芳媛　李婧婷　李道斌　侍晶晶　赵爱珍　徐　茜
韩志宏　樊纪相

宁夏回族自治区金融稳定报告摘要

2020年，面对严峻复杂的国际国内经济金融形势，特别是新冠肺炎疫情的严重冲击，宁夏以习近平新时代中国特色社会主义思想为指导，坚持稳中求进工作总基调，大力推进供给侧结构性改革，经济运行稳步回升、持续向好，主要指标增长好于预期。金融业持续深化供给侧结构性改革，社会融资规模持续扩大，防范化解重大金融风险攻坚战取得决定性成就，为疫情防控和经济恢复增长创造了良好的货币金融环境。银行业认真执行稳健的货币政策，资产负债规模较快增长，支持稳企业保就业力度持续加大；证券业平稳发展，交易规模稳步扩大，多层次资本市场建设持续推进；保险业保费收入持续增长，风险保障能力不断提升。同时，受内外部多重因素影响，工业经济结构性矛盾突出、投资增长动力不足、银行业信用风险反弹压力大等问题仍需关注。

一、区域经济运行与金融稳定

（一）经济运行基本情况

1. 经济运行稳步回升，产业结构调整有序推进。2020年，宁夏实现地区生产总值3920.6亿元，同比增长3.9%，增速逐季加快，高于全国平均水平1.6个百分点（见图1）。产业结构持续优化，三次产业结构调整为8.6:41.0:50.4。服务业对经济增长的贡献率为48.6%，继续成为经济增长的主要拉动力量；先进制造业较快增长，高技术制造业增加值增长9.9%，占规模以上工业增加值的比重同比提升1.6个百分点；特色优势农业产值占农业总产值比重达88%，农业效益进一步提升。随着

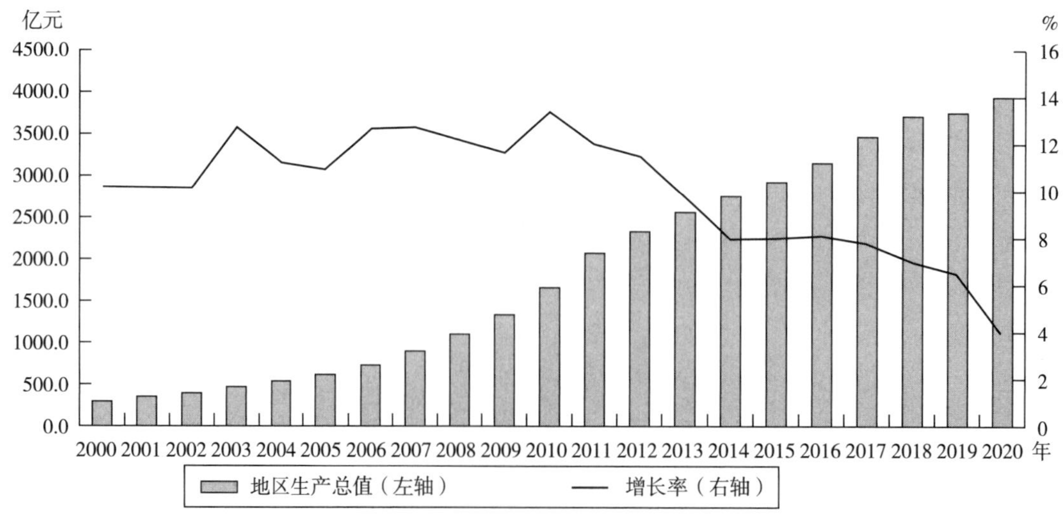

图1 2000—2020年宁夏地区生产总值及增长率

宁夏西吉县成功退出贫困县序列，宁夏脱贫攻坚任务如期全面完成，历史性告别绝对贫困。

2. 工业生产持续向好，固定资产投资由负转正。2020 年，宁夏规模以上工业增加值同比增长 4.3%，比全国高 1.5 个百分点。其中，重工业增加值同比增长 9.0%，对工业增长支撑作用持续增强。固定资产投资同比增长 4.0%，增速比上年加快 14.3 个百分点，扭转连续三年下滑的局面。投资结构进一步优化，全年民间投资增长 7.8%，占全区投资的比重较上年提高 2.0 个百分点；技术改造投资和高技术制造业投资占工业投资的比重分别为 25.0% 和 11.4%，较上年分别提高 0.5 个和 3.2 个百分点。

3. 消费价格低位运行，消费市场逐步回暖。2020 年，宁夏居民消费价格同比上涨 1.5%，涨幅比全国平均水平低 1.0 个百分点。工业生产者出厂价格指数同比下降 3.1%，降幅持续收窄。全年实现社会消费品零售总额 1301.4 亿元，同比下降 7.0%，降幅较 1—2 月收窄 9.5 个百分点。传统零售业态加速转型升级，线上消费快速增长，全年实现网上零售额 209.4 亿元，同比增长 10.3%。

4. 民生保障更加向好，居民生活质量持续提升。2020 年，宁夏地方一般公共预算收入 419.4 亿元，同比下降 1.0%。其中，税收收入 263.9 亿元，同比下降 1.4%。地方一般公共预算支出 1483.0 亿元，同比增长 3.1%。其中，民生支出 1115.2 亿元，同比增长 4.0%。全年为实体经济减税降费 120 亿元以上，发放企业纾困基金 40.0 亿元。就业形势总体稳定，城镇新增就业 7.3 万人，农村劳动力转移就业 80.3 万人，城镇登记失业率为 3.9%，低于控制目标。居民收入增幅逐季回升，居民人均可支配收入 25735.0 元，同比增长 5.4%，较第一季度最低值回升 9.8 个百分点。

5. 对外贸易降幅较大，外资投资领域不断扩展。2020 年，宁夏实现外贸进出口总额 123.2 亿元，同比下降 48.8%。其中，出口同比下降 41.8%，进口同比增长 60.3%。基本有机化学品、医药品、农产品等重点出口产品分别增长 19.4%、20.4% 和 37.2%。全年实际利用外资 2.7 亿美元，同比增长 8.4%，投向由加工制造向服务业相关领域扩展。

6. 供给侧结构性改革持续深化，特色优势产业增长较快。2020 年，宁夏整治“散乱污”企业 411 家，退出落后产能 155.7 万吨，30 万吨以下落后产能煤矿、城市建成区 20 蒸吨/小时以下燃煤锅炉全部淘汰。高技术制造业投资增长 60.4%，工业机器人、数控机床、变压器等产品产量分别增长 26.5%、36.7% 和 8.2%。

（二）经济运行中需要关注的问题

1. 工业转型升级压力持续加大。2020 年，宁夏经济增长依靠投资拉动的局面没有发生根本性改变，产业结构单一化、重型化、资源型特征明显。煤炭、轻纺、建材三大行业占全区规模以上工业增加值的比重为 21.7%，高技术制造业、战略性新兴产业占比仅为 5.9% 和 15.0%。经济发展的能耗空间狭窄，节能降耗的任务艰巨，工业污染造成的环保问题突出。当前，全球氰胺、电解锰生产主要集中在宁夏，生产耗能高、污染大且附加值较低，相关产业转移的可能性较小。多数中小企业处于产业链末端，抵御外部风险能力普遍较弱。

2. 投资增长后劲不足。2020 年，宁夏计划投资 10 亿元以上的项目 137 个，完成投资下降 8.7%，平均每个项目完成投资下降 11.4%，大项目带动作用发挥不足。重工业投资增速较快但主要集中在国家限制领域，六大高耗能工业投资占全区工业投资的比重为 63.4%，其中，煤炭及其他燃料加工业投资同比大幅增长 64.7%，第三产业投资同比下降 5.3%。基础设施投资持续下降，全年基础设施投资同比下降 15.3%，降幅比上年扩大 4.1 个百分点。涉及民生领域的生态保护和环境治理业、居民服务和其他服务业、文化体育和娱乐业投资分别下降 35.1%、22.9%、22.7%。

3. 部分领域市场消费恢复较慢。2020年，受新冠肺炎疫情影响，居民外出消费较为谨慎，线上消费持续增长，但住宿、餐饮和零售业复苏相对缓慢。全区批发业销售额同比下降18.2%；住宿业和餐饮业销售额同比分别下降22.4%和5.0%，限额以上住宿和餐饮业法人企业中，79.4%的企业营业额下降，36.2%的企业营业额降幅超过30%，市场消费潜力仍需释放。

二、金融业与金融稳定

（一）银行业

1. 银行业发展基本情况

（1）资产负债规模平稳增长，各类机构增速有所分化。截至2020年末，宁夏银行业金融机构资产总额10318.9亿元，同比增长5.8%，增速比上年上升1.9个百分点；负债总额10007.0亿元，同比增长5.8%，增速比上年上升1.6个百分点。其中，政策性银行资产负债规模增速最慢，同比分别增长2.6%和2.7%；村镇银行资产负债规模增速最快，同比分别增长15.8%和16.7%。

（2）存贷款增速企稳回升，地方法人银行增长较快。截至2020年末，宁夏银行业金融机构人民币存款余额7121.3亿元，同比增长10.5%，增速比上年上升3.6个百分点。人民币贷款余额7782.6亿元，同比增长7.8%，增速比上年上升1.8个百分点，按可比口径，全年新增贷款615.3亿元，占宁夏社会融资规模的66.1%，有力地支持了“六稳”“六保”工作。其中，宁夏地方法人银行人民币存贷款余额同比分别增长10.7%和11.5%，分别高于全区平均水平0.2个和3.7个百分点。

（3）不良贷款实现“双降”，资产质量有所好转。截至2020年末，宁夏银行业金融机构不良贷款余额278.8亿元，同比减少27.9亿元，不良贷款率3.4%，同比下降0.6个百分点，不良贷款率较2018年末下降1.6个百分点。关注类贷款率5.2%，同比下降0.4个百分点。信贷资产风险分类偏离度有所下降，逾期90天以上贷款与不良贷款比例同比下降2.8个百分点。

（4）跨境业务同比减少，收支结构更趋协调。2020年，全区跨境收支总额31.2亿美元，同比减少1.9亿美元，其中收入17.6亿美元，支出13.6亿美元。通过跨境金融区块链贸易融资平台办理链上贸易融资业务59笔，共计495万美元，有效节约企业融资成本。全区跨境人民币累计收付29.1亿元，其中，与“一带一路”沿线16个国家发生跨境人民币结算业务，收付金额同比增长30.9%。

2. 需要关注的问题

（1）信用风险反弹压力依然较大。一是不良贷款前清后增特征明显。2020年，宁夏银行业金融机构新增不良贷款168.3亿元，同比多增33.9亿元。二是部分机构通过借新还旧、重组等手段掩盖和处置不良资产，延迟信用风险暴露。资产质量核查结果显示，宁夏四成以上地方法人银行真实不良贷款率超过监管标准。三是企业经营风险向银行体系传导压力加大。截至2020年末，宁夏规模以上工业企业停减产面达50%以上，如意科技、庆华煤化等企业陆续出现经营困难，目前贷款已出现逾期或形成不良。

（2）地方法人银行机构经营压力持续上升。一是存量风险化解处置难度较大。截至2020年末，宁夏地方法人银行机构不良贷款率2.74%，高于全区平均水平1.16个百分点。二是盈利水平整体下滑。2020年，宁夏地方法人银行机构实现净利润22.3亿元，同比下降7.3%。三是村镇银行抵御风险能力较弱。央行金融机构评级结果显示，高风险机构中，村镇银行占比由2018年第一季度的25%

提高至 2020 年第四季度的 75%。

（二）证券业

1. 证券业发展基本情况

（1）证券机构经营平稳，盈利水平有所提升。截至 2020 年末，宁夏共有证券分公司 17 家，证券营业部 42 家，期货分公司 3 家、期货营业部 2 家，其中 34 家证券营业部具备期货 IB 业务资格。基金代销机构 48 家，其中包括 1 家独立基金销售机构。全年实现营业收入 5.1 亿元，同比增长 35.0%；营业利润 2.4 亿元，同比增长 58.0%。

（2）市场交易量大幅增加，证券市场交投活跃。截至 2020 年末，投资者累计开立证券账户 240.4 万户，同比增长 9.4%，客户托管资产总额 1367.4 亿元。全年证券市场交易额 12738.0 亿元，同比增长 46.0%；期货市场交易额 8743.8 亿元，同比增长 21.1%；开放式基金销售额 193.8 亿元，同比增长 31.9%，基金保有量 131.0 亿元（见图 2）。

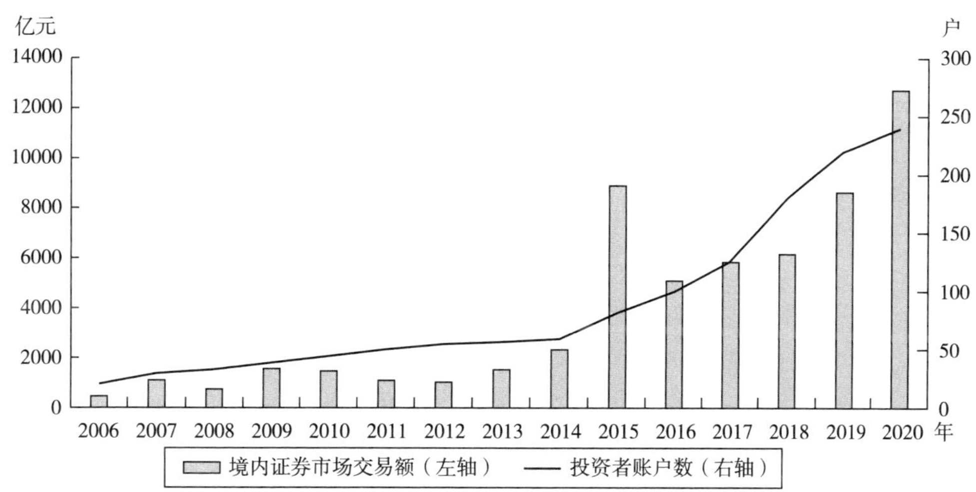

图 2　2006—2020 年宁夏证券市场交易额、投资者账户数变动情况

（3）直接融资规模扩大，信用类债券大幅增长。截至 2020 年末，宁夏有上市企业 14 家，新三板挂牌企业 48 家，区域股权交易市场挂牌企业 1322 户，辅导备案企业 7 家。全年上市公司再融资 13.0 亿元，同比增长 168.6%。在新三板和区域性股权交易市场中，10 家公司累计融资 8.1 亿元。全区企业共发行信用类债券 162.6 亿元，同比增长 56.3%。

2. 需要关注的问题

资本市场发展相对缓慢。宁夏企业债券和股票融资占比长期处于低位，2020 年企业债券和股票融资仅占宁夏社会融资增量的 3.0%，低于全国平均水平 12.3 个百分点。目前，宁夏在证券、期货、信托、基金等行业无法人机构，证券分支机构业务种类相对单一，主要开展经纪业务，难以满足辖内企业多元化、多层次融资需求。

（三）保险业

1. 保险业发展基本情况

（1）市场主体数量小幅增加，资产负债规模持续增长。2020 年，宁夏新设保险省级分公司 1

家、筹建1家，新设保险专业中介省级机构7家。截至2020年末，宁夏共有保险法人公司1家，财产保险省级分公司10家，人身保险省级分公司13家；保险专业中介机构法人公司7家，省级分公司54家；保险兼业代理机构1741家。保险业资产总额547.1亿元，同比增长14.0%；负债总额608.5亿元，同比增长16.6%。

（2）保费收入低位增长，保险密度和深度有所提升。2020年，宁夏保险业累计实现保费收入210.7亿元，同比增长6.6%，增速降至近10年来最低点。其中，产险业务增速降幅较大，同比减少0.5%，增速比上年下降7.1个百分点；人身险业务发展较快，同比增长10.3%，增速比上年提高1.4个百分点。保险深度5.4%，同比提高0.1个百分点；保险密度3001.6元，同比增长5.5%。

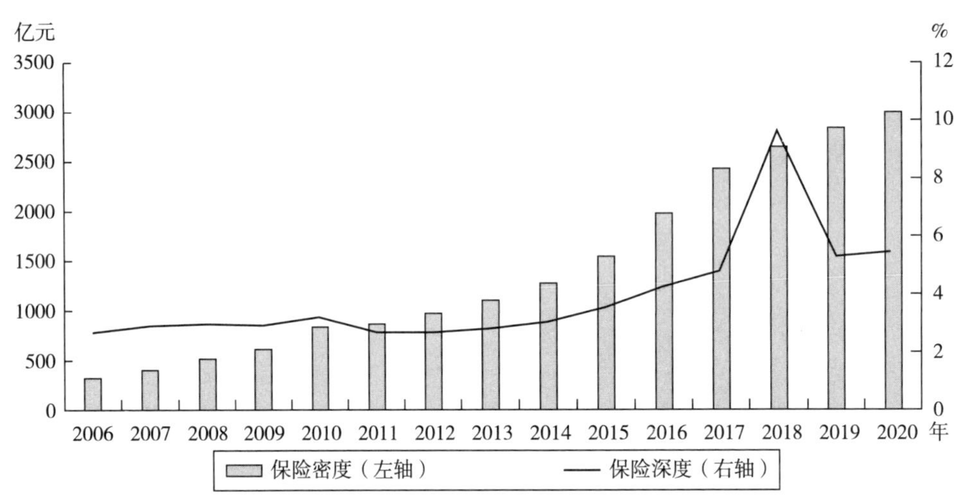

图3 2006—2020年宁夏保险深度、保险密度变动情况

（3）重点领域险种稳步发展，保障功能不断增强。2020年，宁夏保险业拓展业务覆盖范围，提升保险服务实体经济的效能，为全社会提供风险保障40.5万亿元，同比增长5.7%。农业保险承保种植业作物1098.2万亩、养殖业牲畜636.5万头（只），向农业领域提供风险保障192.0亿元，同比增长24.1%。各类健康险提供风险保障1.9万亿元，同比增长35.9%。复工复产疫情防控综合保险为821家小微企业、商户提供3.7亿元风险保障。

2. 需要关注的问题

（1）融资性保证保险潜在风险较大。融资性保证保险呈现“跨金融部门、跨业务产品、跨市场类别”的特点，近年来业务发展速度较快，成为全区第四大产险险种。但相关业务管理粗放，保证保险赔付支出逐年增长，易引发信用风险跨行业传递。截至2020年末，融资性保证保险赔付支出4.0亿元，同比增长51.8%。

（2）市场乱象形势依然严峻。目前保险公司转型压力较大，业务竞争激烈，部分险企为取得竞争优势，存在突破监管合规底线行为，如理赔管理不规范、承保控制不严格、虚列业务及管理费用、虚构保险中介业务套取费用、违规发布保险营销信息等，破坏了市场公平竞争环境，侵犯了保险消费者的合法权益。

（四）具有融资功能的非存款类金融机构

1. 具有融资功能的非存款类金融机构发展情况

截至2020年末，宁夏共有小额贷款公司113家，同比减少21家，贷款余额48.3亿元，同比减少26.5%。其中，互联网小贷公司4家，贷款余额13.5亿元。融资性担保机构60家，同比减少2家，其中政策性担保机构30家，占比为50%。融资性担保业务在保余额241.22亿元。

2. 需要关注的问题

（1）小额贷款公司风险加速暴露。因资本实力不足和风控水平薄弱，加之受线上小额信贷业务快速发展的冲击，宁夏小额贷款公司风险加速暴露，公司数量和业务规模双降，可持续发展面临较大挑战。截至2020年末，宁夏小额贷款公司113家，贷款余额48.3亿元，分别较2018年减少49家和29.9亿元。逾期贷款余额26.3亿元，逾期率54%；不良贷款余额25亿元，不良贷款率52%。

（2）融资性担保机构代偿压力持续加大。受疫情持续影响，企业生产经营恢复缓慢、流动资金紧张，互联互保风险和资金链断裂风险加速暴露，不良贷款和互保风险交替上升，宁夏融资性担保机构担保代偿压力持续加大。截至2020年末，宁夏融资性担保机构担保代偿金额30.5亿元，同比增长41.2%，担保代偿率4.13%。

（五）非法集资风险得到有效遏制

2020年，宁夏持续对非法集资进行严厉打击，新发案件同期下降明显，非法集资立案数、涉案金额及涉案人数同比分别下降52.7%、37.9%和28.0%。

三、政策建议

（一）推进创新驱动发展战略，推动实体经济高质量发展

全力推动产业结构优化升级，深化供给侧结构性改革，深入实施创新驱动发展战略，依靠创新技术驱动经济增长。坚持目标导向和问题导向，补短板、锻长板、筑优势，推动九大重点产业高质量发展。加大投资力度，扩大精准有效投资，带动投资增速与经济增长同步，持续提升投资质效。立足扩大内需战略基点，顺应消费升级趋势，完善促消费政策措施，促进消费扩容升级。

（二）深化金融供给侧结构性改革，促进金融更好服务实体经济

完善货币政策传导机制，优化信贷结构，引导金融机构加大对民营企业、小微企业、科技创新、绿色发展、乡村振兴的金融支持力度。深化农村金融机构改革，加大政策扶持力度，引导其回归本源、服务县域，调动服务“三农”的内在积极性。加快证券市场改革，优化资源配置，拓宽企业融资渠道，促进多层次资本市场健康发展。

（三）引导金融机构合规稳健经营，增强风险防控能力

引导银行机构健全公司治理，严格股东行为和股权管理，提升公司治理水平；通过发行资本债、引进优质战略投资者等方式补充资本，优化资本结构，提升抵御风险的能力；强化信用风险管控，积极推动存量风险化解处置工作。加强对证券机构的风险监测与监督管理，完善动态监测台账。引导保险业金融机构加强成本管理和风险管理，建立流动性风险管理框架，有效防范流动性风险。

（四）强化重点领域风险防控，打好防范化解重大金融风险持久战

依托金融委办公室地方协调机制，加强部门协同配合，形成工作合力。不断完善金融风险监测、

预警、处置机制，持续强化对地方法人金融机构、大型问题企业等重点领域风险监测和化解处置。健全金融风险应急预案，强化应急演练，提升突发金融风险应急处置能力。加强推动诚信体系建设和宣传力度，严厉打击非法金融活动，营造良好的信用环境。

中国人民银行银川中心支行金融稳定分析小组

组　　　长：闫先东
副　组　长：姚景超
成　　　员：陈义俊　王　谦　王立军　冯爱华　王　青　马　飞
孙登云　李云晖　崔淑娟　王进会　曹洪强　马建斌
庄淑霞　强起宏　马　康　刘永奎

《宁夏回族自治区金融稳定报告（2021）》编写组

总　　　纂：姚景超
统　　　稿：冯爱华　李　斌　常军卫
执　　　笔：马　娟
参与写作人员：吉　洁　宋　渊　刘江帆

新疆维吾尔自治区金融稳定报告摘要

2020年，面对突如其来的新冠肺炎疫情带来的严峻考验和复杂多变的国内外环境，在党中央、国务院的坚强领导下，新疆坚持稳中求进工作总基调，扎实做好“六稳”，全面落实“六保”，深入推进重点工作部署，统筹常态化疫情防控工作，全年经济金融稳定运行。但经济增长内生动力不足，不良贷款反弹压力加大，银行业机构盈利增长放缓，债券市场融资成本高，地方性非金融机构风险上升等问题和风险亟须关注。

一、宏观经济金融环境

（一）区域经济运行情况

2020年，新疆实现地区生产总值13797.6亿元，按可比价格计算，比上年增长3.4%，增速较上年同期回落2.8个百分点。第一、第二、第三产业分别增长4.3%、7.8%、0.2%，对经济增长的贡献率分别为18.0%、79.0%、3.0%。全年经济运行呈现“生产持续回升，需求稳定恢复”的良好发展态势。

从生产端看，农业、工业生产稳步增长，服务业稳定恢复。2020年末，新疆农林牧渔业总产值4315.6亿元，同比增长4.7%，其中，农业产值2936.3亿元，增长5.8%；畜牧业产值1038.1亿元，增长1%。规模以上工业增加值同比增长6.9%，增速比上年提高2.2个百分点，达到2018年以来最高点，居全国第2位。其中，采矿业、制造业、电力热力及水的生产和供应业增加值分别增长6.4%、4.4%、16.7%。规模以上服务业企业实现营业收入2236.0亿元，同比下降4.9%，降幅逐月收窄。

从需求端看，投资高速增长，消费降幅逐步收窄，对外贸易大幅下降。2020年，新疆固定资产投资（不含农户）同比增长16.2%，同比提高13.7个百分点，居全国首位。其中，基础设施投资同比增长28.0%，拉动投资增长9.8个百分点；房地产开发投资增长17.4%，增速比上年提高13.5个百分点。社会消费品零售总额同比下降15.3%，降幅高于全国11.4个百分点，但分别比前三季度收窄21.7个、3.9个、4.3个百分点。“宅经济”带动新型消费模式加快发展，药品、居家、线上消费需求明显增长，中西药品类、烟酒类、日用品类消费同比分别增长13.4%、13.6%和11.6%，新疆企业通过电商平台实现零售额同比增长27.6%。对外贸易受疫情和美国贸易制裁冲击，全国外贸进出口额增长1.5%，新疆同比下降9.8%，其中出口下降12.2%，进口下降2.0%。

（二）区域金融运行情况

1. 社会融资规模稳步扩大，银行信贷和政府专项债券为主要支撑。2020年末，新疆社会融资规模存量3.47万亿元，同比增长14.4%，分别高于全国和上年同期1.1个和3.8个百分点，增速创2018年以来新高。当年社会融资规模新增4558.2亿元，比上年多增1621.0亿元。其中，银行信贷、政府专项债券增量占比分别为53.1%和26.8%；企业债券及股票等直接融资同比少增85.2亿元；表外融资同比多增723.6亿元，扭转负增长态势。

2. 货币政策有效支持疫情防控和经济发展，惠企利民成效明显。充分发挥再贷款再贴现工具精准滴灌作用，全疆累计发放支农、支小再贷款再贴现473亿元，同比多发90亿元。有效使用信用贷款支持计划和阶段性贷款延期还本付息政策激励两项直达工具，向5.2万户普惠小微企业发放信用贷款44.02亿元，支持2.1万户获得延期贷款62.7亿元。

3. 跨境人民币业务稳步增长，创新业务健康有序发展。2015—2020年跨境人民币结算量年均增速达63.6%。截至2020年末，新疆跨境人民币结算量为2568.1亿元，2041家企业参与人民币跨境使用，企业家数较2014年末增长2.5倍。落实支持复工复产政策，开辟绿色通道，助力辖区17家企业使用人民币结算防控物资约4555万元。开发上线"中哈霍尔果斯跨境人民币创新业务系统"，实现创新业务管理信息化，提高服务新疆实体经济发展的能力。

4. 绿色金融支持力度不断加大，配套支持政策不断完善。2020年末，三个绿色金融改革创新试验区[①]已实现银行业金融机构绿色专营机构全覆盖，共设绿色专营机构59家。绿色项目库已纳入纯绿项目546个、总投资2885.8亿元，覆盖地区由试验区扩展到伊犁等12地市。绿色信贷规模持续扩大、利率下行。2020年末，试验区绿色贷款同比增长10.3%；贷款平均利率为4.61%，同比下降0.23个百分点。绿色保险稳步发展，安全生产责任险、农业保险、新能源车辆保险等绿色保险有序发展。

（三）稳健性评估

受疫情和中美贸易摩擦多重冲击，2020年新疆经济运行波动较大，但在一系列逆周期调控政策作用下，全年经济实现了正增长，其中工业、投资增速均列全国前列，社会融资规模稳步扩大，跨境人民币业务稳步增长。但经济增长内生动力不足、转型升级压力加大、疫情的不稳定性和不确定性因素等影响依然存在，经济增长面临的挑战和困难依然较多，维护金融稳定的压力进一步加大。

1. 经济增长内生动力不足。一是投资增长的有效支撑不足。投资仍是带动新疆经济增长关键因素，基建投资补短板又是投资增长的主要动力。近几年地方政府集中偿债压力较大，财政收入增长放缓，对基建投资的支撑后劲不足。二是新动能尚未形成。新疆前十大工业行业中资源、能源行业占据前九席，合计增加值占比达到81.4%。高技术制造业、战略性新兴产业占比较小，带动经济高质量发展的持续动能尚未形成。

2. 经济转型升级压力进一步加大。2021年中央经济工作会议首次将"做好碳达峰、碳中和工作"作为重点任务，能源清洁化、低碳化是发展必然趋势。长期以来，新疆产业结构以资源型的重工业为主，多数处于产业链前端、附加值低，例如石油、煤炭等高碳排放行业占工业增加值比重始终在五成以上，产业前期投入大、回报周期长，受环保、能耗双控等影响大，短期实现转型升级难度大。

---

① 三个绿色金融改革创新试验区分别为哈密市、昌吉州、克拉玛依市。

二、金融业

（一）银行业稳健性评估

1. 运行情况

（1）机构人员保持稳定，组织体系更加健全。2020 年末，新疆法人银行业机构 124 家，与上年持平；政策性银行、国有大型银行、股份制商业银行、外资银行二级分行以上机构 169 家，较上年增加 1 家；从业人员 6. 54 万人，较上年增加 2232 人。

（2）资产负债规模稳步扩大，盈利增长放缓。2020 年末，新疆银行业资产总额 3. 61 万亿元，同比增长 7. 69%，增幅较上年提高 2. 02 个百分点；负债总额 3. 45 万亿元，同比增长 7. 73%，增幅较上年提高 2. 06 个百分点。累计实现净利润 307. 5 亿元，较上年同期下降 6. 0 亿元，主要是金融机构积极落实复工复产落实各项优惠政策，支持实体经济发展，降低贷款利率让利于企业，加之加大不良贷款核销力度，盈利空间收窄（见表 1）。

表 1　　新疆银行业机构资产负债情况统计

机构类名称	资产总额（亿元、%）		负债总额（亿元、%）		盈利情况（亿元、%）	
	余额	同比增速	余额	同比增速	净利润	同比增速
大型商业银行	13939. 9	4. 7	13799. 9	4. 6	147. 4	-2. 2
股份制商业银行	2033. 2	8. 1	2001. 3	8. 4	21. 5	-12. 5
城市商业银行	6840. 5	9. 0	6208. 3	9. 6	51. 8	-15. 3
农村商业银行	3483. 4	23. 4	3175. 7	24. 0	23. 7	-17. 5
农村合作银行	110. 1	28. 7	101. 7	31. 4	0. 3	-16. 1
农村信用社	1913. 3	-3. 4	1741. 8	-2. 8	9. 4	-55. 0
村镇银行	502. 7	9. 7	462. 4	10. 8	-0. 8	-267. 4
农村资金互助社	10. 4	3. 1	9. 1	3. 9	0. 1	-44. 6
政策性银行	6296. 3	8. 7	6240. 7	8. 0	52. 6	235. 6
全金融机构合计	36130. 3	7. 7	34536. 3	7. 7	307. 5	-1. 9

数据来源：新疆银保监局。

（3）存贷款稳步增长，金融保市场主体作用显著。2020 年末，新疆本外币各项存款余额 2. 50 万亿元，同比增长 6. 4%，增速高于上年同期 1. 6 个百分点。各项贷款余额 2. 29 万亿元，同比增长 11. 6%，高于上年同期 3. 3 个百分点，低于全国 0. 9 个百分点。从投向看，对重点领域和薄弱环节支持力度进一步加大，涉农贷款、小微企业贷款、基础设施建设贷款、纺织服装产业贷款余额同比分别增长 14. 5%、29. 0%、20. 3% 和 19. 4%，高于各项贷款平均增速 2. 9 个、17. 4 个、8. 7 个和 7. 8 个百分点。

（4）不良贷款“双降”，信贷风险整体可控。2020 年末，新疆银行业不良贷款余额 306. 1 亿元，同比下降 33. 8 亿元；不良贷款率 1. 3%，同比下降 0. 31 个百分点。关注类贷款余额 1013. 4 亿元，与上年基本持平。主要是通过风险救助资金、核销、清收等手段加大不良贷款处置力度，累计核销 148 亿元，同比多核 55. 7 亿元，其中 103 家法人银行机构累计核销不良贷款 70. 9 亿元。

（5）法人银行机构资产负债稳步增长，资本较为充足，短期流动性充裕。2020年末，新疆法人银行机构资产、负债总额分别为1.22万亿元、1.11万亿元，分别增长9.4%和10.1%。整体资本充足率14.3%，同比下降0.88个百分点。117家机构中113家机构的资本充足率、106家机构的拨备覆盖率满足监管要求，资产安全性较高；117家机构流动性比例均达到监管要求。

（6）非银行机构运行平稳，净利润下降明显。2020年末，新疆非银行机构6家，其中法人机构5家。资产总额990.0亿元，同比增长8.6%；负债总额789.8亿元，同比增长12.0%。全年实现净利润1.6亿元，同比减少9.2亿元，主要是手续费及佣金净收入减少4.4亿元。

2. 稳健性评估

2020年，新疆银行业运行稳健，风险整体可控。但银行业体系内部仍然存在一些风险因素，影响银行业稳健发展，需要密切关注。

（1）不良贷款反弹压力上升。疫情导致国内外经济增长下滑，金融资产质量劣变不可避免。由于金融财务反应存在时滞，目前资产分类尚未准确反映真实风险。从资产质量真实性核查情况看，法人银行机构风险严峻，真实不良贷款余额是账面不良贷款的1.5倍，超半数银行未充分暴露不良，其中农村商业银行真实不良水平超过5%，金融风险隐患突出。

（2）银行盈利水平明显下降。辖区银行业机构一方面通过降低贷款利率让利企业支持实体经济复工复产；另一方面加大不良贷款核销力度、多计提损失准备。受此影响，整体利润明显下降，中小法人银行净利润下降尤为突出。2020年，新疆银行业机构净利润同比下降1.9%，法人银行机构净利润同比下降27.3%，117家法人银行机构中86家净利润同比下降。

（3）高风险机构信贷风险突出。2020年末辖区高风险机构有6家，包括5家村镇银行、1家农村信用社。风险主要表现：一是真实不良率高企。根据资产质量现场核查结果，6家高风险机构中5家机构真实不良贷款率超过5%，其中两家机构超过10%，真实不良贷款率水平最高的机构达20.2%。二是风险抵御能力弱。6家机构中有4家机构资本充足率、拨备覆盖率未达最低10.5%、120%的监管标准。三是盈利能力下降。6家高风险机构中有4家机构亏损。

（4）地方法人银行异地展业问题突出。金融机构盲目跨区域发展已成为加剧地方法人机构金融风险的主要因素之一。从摸底新疆辖内74家县域法人机构情况看，98.7%的县域法人机构开展异地贷款业务，异地贷款余额占贷款总额的22.4%，异地贷款不良率高于机构总体不良率1.04个百分点，2020年第四季度末全辖6家高风险机构中有4家机构异地展业。

（二）证券业稳健性评估

1. 运行情况

（1）机构数量保持稳定，盈利稳步增长。2020年，新疆证券经营机构31家（其中证券法人公司2家，证券分公司29家），较上年增加1家；证券营业部101家，较上年减少1家。辖区证券经营机构全年实现手续费和佣金收入13.1亿元，同比上升53.7%；实现净利润6.4亿元，同比上升141.5%。

（2）市场交投活跃，证券交易总额增长近四成。全年新疆证券交易2232.5亿元，同比增长37.2%，高于上年12.7个百分点。交易额占全国交易总量的0.2%，在全国排名第30位、西北五省区排名第2位。其中，股票交易1532.6亿元，同比增长44%；基金交易44.4亿元，同比增长160.5%；债券交易654.8亿元，同比增长42.3%。

（3）法人证券公司运营稳中向好，盈利水平增长显著。2020 年，申万宏源西部证券公司和申万宏源证券承销保荐公司业绩稳健，盈利水平显著增强，风险可控。截至年末，两家公司资产总额 164.7 亿元，同比增长 12.3%。全年实现营业收入 21.7 亿元，同比增长 34.8%；实现净利润 9.8 亿元，同比增长 67.7%，高于上年 20 个百分点。

（4）上市公司数量和总股本保持增长，居西北五省首位。2020 年，新疆辖区 A 股上市公司数量达 59 家，较上年增加 4 家，居全国第 16 位、西部五省区第 1 位。上市公司总股本 997.3 亿股，同比增加 58.9 亿股，增长 6.3%，保持西北五省区第 1 位；总市值 6062.8 亿元，同比减少 45.8 亿元；每股市值 6.08 元，同比减少 0.43 元。

（5）新三板发展速度放缓，区域股权市场挂牌企业数量增加。截至 2020 年末，新疆新三板公司数量 62 家，较上年同期减少 10 家；市场交易量 1.6 亿元，同比减少 31.7 亿元，降幅达 95.2%，融资 0.2 亿元，同比减少 1.06 亿元，降幅达 84.1%。新疆股权交易中心新增挂牌企业 58 家，同比增加 34 家；展示企业 799 家，同比增加 43 家。

（6）资本市场风险化解取得积极进展。2020 年，推动辖内 5 家上市公司完成重大资产重组，涉及交易金额 88.2 亿元；10 家上市公司及其大股东累计提供 23.2 亿元金融纾困资金支持。加强提示债券风险，确保年内到期或回售的公司债券如期兑付，新疆成为目前全国未出现公司债券违约的 8 个省市之一。

2. 稳健性评估

2020 年，新疆辖区证券、期货等各项业务运行平稳，机构数量稳定，证券市场交易总额快速增长，上市公司数量、总股本持续增加，风险化解工作稳步推进，未发生系统性风险事件。但新三板挂牌企业规模偏小，抗风险能力较低，部分企业出现经营困难等问题仍需关注。

（三）保险业稳健性评估

1. 运行情况

（1）保险主体机构保持稳定。2020 年，新疆保险机构主体未发生变化。截至年末，新疆保险主体机构共有 34 家（包含两家法人财产保险公司），其中财产险公司 20 家，人身险公司 14 家。分支机构 1955 家，同比增加 5 家。

（2）资产规模保持较快增长。截至 2020 年末，新疆保险业资产规模 1539.3 亿元，同比增长 15.6%，增速较上年略降 0.3 个百分点，高于全国 2.3 个百分点。其中人身险公司资产总额 1354.2 亿元，同比增长 16.9%；财产险公司资产总额 185.1 亿元，同比增长 6.3%。

（3）保费收入增速放缓。2020 年，新疆保险业累计实现保费总收入 681.9 亿元，同比增长 4.3%，低于上年 9 个百分点，低于全国平均增速 1.9 个百分点。保费收入居全国第 25 位、西北五省区第 2 位。

（4）保险保障能力提升。2020 年，新疆保险机构累计提供风险保障 38.6 万亿元，同比增长 14.7%。财产保险公司提供风险保障 30 万亿元，同比增长 19%，其中机动车辆保险、责任险和农业保险金额增长显著，同比分别增长 33.3%、28.6% 和 27%。人身险公司提供风险保障 8.6 万亿元，同比增长 1.6%，其中健康险保险金额大幅上升，同比增长 11.1%。

（5）赔付力度持续加大。2020 年，新疆保险业赔付支出 252.6 亿元，同比增长 6.3%。其中财产险赔付累计赔付支出 174 亿元，同比增长 10%；人身险累计赔付支出 107.8 亿元，同比增长0.6%。

2. 稳健性评估

2020年，新疆保险业稳步发展，市场运行有序，规模实力持续增强，偿付能力稳定，保持健康运行态势。但新冠疫情对新疆保险业业务发展带来较大冲击，发展增速有所放缓，流动性和盈利承压较大，部分险种风险上升，对新疆保险业稳健发展带来不利影响，需密切关注。

（1）财产险费用率和综合赔付率双升，行业承保出现亏损。2020年，财产险综合费用率和综合赔付率均出现上升，综合费用率35.6%，同比上升2个百分点；综合赔付率64.5%，同比上升1.6个百分点；承保利润率-0.1%，同比下降3.7个百分点，自2008年以来首次出现行业承保亏损。

（2）保证保险业务风险进一步暴露，经营承压。受新冠肺炎疫情等影响，新疆经济下行压力较大，部分投保人因收入下降而失去还款能力，保证保险赔付大幅上升。截至2020年末，保证保险已赔付16万件，累计赔款11.5亿元，同比增长96.6%；综合赔付率为85%，同比上升40.5个百分点；承保利润率为-6.9%，同比下降34个百分点。考虑到保证保险为多年期业务，其实际亏损程度或将持续加剧。

（四）地方性非金融机构稳健性评估

1. 运行情况

（1）小额贷款公司经营明显萎缩。受经济下行叠加疫情影响，小额贷款公司整体经营困难，数量、资产总额、融资规模明显下降。截至2020年末，新疆有小额贷款公司200家，较上年减少65家；注册资本共计113.9亿元，同比下降22.5%；资产总额187.2亿元，同比下降18.7%；贷款余额157.5亿元，同比下降23.6%。

（2）融资性担保公司“减量增质”。截至2020年末，新疆有融资性担保公司138家，较上年减少5家。注册资本179.2亿元，同比增长2.6%；资产总额221.3亿元，同比增长1.6%；融资性担保业务余额188.0亿元，同比增长10.0%；代偿余额34.3亿元，同比增长8.1%，增速较上年上升5.2个百分点。

（3）典当业业务规模稳步扩大。截至2020年末，新疆有典当企业260家，较上年增加1家。注册资本45.9亿元，同比增长3.5%；典当业资产总额46.7亿元，同比增长2.1%；典当余额31.6亿元，较上年增长4.8%；绝当金额0.32亿元，绝当率1.3%，较上年下降1个百分点。

（4）股权交易中心融资规模保持增长。截至2020年末，新疆股权交易中心现存挂牌企业58家，展示企业741家，托管企业74家；完成股权转让手续930笔，股权转让数24.4亿股，同比增加142笔、2.07亿股；累计实现融资56.8亿元，同比增加2.3亿元，增长4.2%。

（5）非法集资处置工作持续推进。2020年共排查各类机构11.11万家，排查出有问题机构111家，涉及金额23.0亿元，涉及人数8759人。其中，责令整改50家，清理违规机构13家，立案查处34家。

（6）互联网金融风险专项整治成效显著。截至2020年末，全疆纳入专项整治范围的40家P2P网络借贷机构已全部退出网贷领域，有效化解了辖区互联网存量风险，消除了风险隐患。其中，35家已完成清退工作，4家机构立案侦办，1家机构转型为小贷公司。

2. 稳健性评估

2020年，地方性非金融机构业务发展总体平稳，部分领域存在不良贷款高企、利润下降等问题，需要引起关注。一是小额贷款公司不良贷款高达27%，且相当一部分的资金投放到房地产、建筑建材、煤炭等受经济下行影响大的顺周期行业，贷款集中度高、回收难度大。二是融资担保行业担保代偿率仍然较高（4.05%），面临的整体信用风险仍然较大，风险控制能力需进一步提高。三是公司治理有待加强。地方性非金融机构普遍存在公司治理薄弱、专业管理和技术人才缺乏、风险把控能力较弱等问题。

三、金融市场稳健性评估

1. 运行情况

（1）债券发行规模稳步扩大。2020年，新疆发行各类债券3681.4亿元，同比增长20.4%，增速较上年同期提高23.9个百分点。其中地方政府债发行1642.3亿元，同比增长27%；金融债发行14亿元，同比下降30%；同业存单发行1100.7亿元，同比增长32.4%；公司信用类债券发行924.5亿元，同比增长1.2%，主要是非金融企业债务融资工具，发行量占公司信用类债券的73.3%。

（2）货币市场运行总体平稳。2020年新疆金融机构银行间市场交易额9.2万亿元，下降0.5%，资金呈净融入态势。其中，质押式回购规模稳步增长，全年交易额同比增长2.7%，增速较上年同期回落52.6个百分点。同业拆借金额691.9亿元，为上年的五分之一。

（3）银票承兑业务稳中有升。2020年，新疆金融机构累计签发银行承兑汇票1375.2亿元，同比多签发407.9亿元；累计贴现票据1679.5亿元，同比多贴现497.4亿元。全年贴现、转贴现利率分别为3.3%和2.31%，同比分别下降0.53个和0.58个百分点。

（4）黄金价格屡创新高，市场交易量总体下降。受新冠肺炎疫情、市场避险情绪和美国量化宽松货币政策影响，黄金价格持续走高，2020年新疆辖内商业银行全年平均交易价格381.7元/克，同比增长19.4%，黄金业务累计交易量同比下降10.8%，交易额同比增长6.5%。

2. 稳健性评估

2020年，新疆金融市场总体平稳，各类债券发行规模稳步扩大，支持实体经济发展的能力进一步增强。金融风险主要集中在债券市场，监测数据显示，新疆企业有超六成存量债券将于近两年到期，2021—2022年到期规模占现有存量债券的64.4%，且企业债券融资成本明显高于全国平均水平，企业将承担较大的还本付息压力。需高度关注企业到期债券兑付情况，提前防范潜在违约风险。

四、金融基础设施稳健性评估

（一）运行情况

1. 支付系统稳定运行，支付便民工程持续深化。2020年，大小额支付系统处理往来业务10128.9万笔，金额46.6万亿元。共建成11个移动支付“引领县”、5个引领县县域商圈、189个银联惠农站、289户乡村旅游商户，5个乡村客运与公交实现移动支付业务受理。累计建成1.2个助农取款服务点，同比增长19.00%，实现南疆559个贫困村支付服务全覆盖。

2. 社会信用体系不断完善，应收账款融资服务平台推广应用力度加大。截至2020年末，累计为全疆73.1万户企业和1475.5万个人建立信用档案，其中为78.51%的农户建立信用档案；搭建省级农户信用信息平台，实现全区 77.97 万贫困户信息全覆盖。落实征信支持复工复产，累计减免查询费用 297.8 万元。中征应收账款融资服务平台新增注册用户 949 家，促成企业通过平台达成交易 3158 笔，金额 1274.1 亿元，同比增长 4.9%。

3. 反洗钱监管持续加强，打击反洗钱犯罪成效显著。2020 年，累计对 1373 家金融机构开展反洗钱监管，对 17 家金融机构开展反洗钱执法检查，共计对 10 家机构、16 名责任人罚款 250 万元。全年向有权机关移送可疑交易线索 118 条，推动侦查机关以洗钱罪立案侦查 14 起，协助破获和宣判涉嫌洗钱等案件 36 起，推动新疆首例贸易资恐洗钱案、涉黑涉贵金属洗钱案和以最高刑期 10 年判处的 3 起洗钱案宣判。

4. 基层多元解纷工作机制逐步完善，金融消费者权益保护工作不断提升。2020 年，全辖成立“一站式”金融纠纷解决机构 1 家，创建“金融纠纷调解中心”14 个，指导 11 家银行机构与基层法院联建金融纠纷诉调对接中心。全疆各类调解组织累计调解案件 560 件，调解成功 410 件。受理投诉 181 件、咨询 3973 件，投诉办结率 97.8%，群众满意度 100%。

5. 反假货币宣传力度加大，整治拒收现金工作取得阶段性成效。2020 年，辖区共举办反假宣传活动 675 场，制作宣传视频 2 部，媒体宣传报道 6 次，投入宣传人员 8817 人次，受众达 30.37 万人次。设置现金服务投诉专线，收到并核查拒收现金相关投诉举报 17 笔，确认拒收现金且事实清楚 1 笔。

6. 金融监管不断加强，市场行为更趋规范。2020 年，新疆人民银行系统检查市场主体 24 家，实施处罚 395.4 万元；行政处罚公示审核近 20 批次，提供法律咨询解答 1000 余次；累计对 1330 批次司法查询进行审核，为打击金融违法犯罪提供强有力援助支持。

（二）稳健性评估

2020 年，新疆金融基础设施日趋完善，辖区金融生态环境不断优化。支付系统稳定运行，社会信用体系不断完善，打击反洗钱犯罪成效显著，金融消费者保护工作更趋完善，整治拒收现金工作取得阶段性成效，金融监管不断加强，金融市场行为更趋规范。

五、总体评估

2020 年，新疆经济受疫情、国内外经济下行、中美贸易摩擦等多重冲击，全年经济运行波动较大，在一系列逆周期调控政策作用下，新疆全年经济实现了正增长。从生产端看，农业、工业稳步增长，其中工业增速排全国第 2 位，服务业受疫情冲击较大，正逐步恢复向好；从需求端看，投资高速增长，增速位列全国首位，成为拉动经济增长的关键因素，消费降幅逐季收窄，新型消费模式加快发展并进一步带动消费恢复增长，外贸增长虽受疫情和美国贸易制裁冲击较为明显，但在区域经济中的占比较小，影响可控。在此形势下，新疆金融业积极应对挑战与变化，落实服务实体经济和“六稳”“六保”工作要求，全力支持疫情防控和企业复工复产，金融业平稳运行，银行、证券、保险业机构数量稳定，经营稳健，主要指标总体向好，金融市场运行平稳，金融基础设施持续改善，为新疆经济平稳发展提供了有力保障。

2021 年，随着新冠肺炎疫情得到进一步控制，在“十四五”规划开局、第三次中央新疆工作座谈会带来的战略机遇下，在稳健货币政策和积极财政政策的积极配合下，支撑新疆经济发展的传统优势和新动能将迎来新的发展机遇，利好新疆经济进一步复苏向好。考虑到新疆经济发展依然面临内生动力不足、结构深度调整、动能转换的现实压力，实体经济运行中的各种矛盾和压力仍会向金融领域传导，金融风险暴露和潜在风险隐患增多，做好金融发展稳定工作仍面临不少挑战。

中国人民银行乌鲁木齐中心支行金融稳定分析小组

组　　　长：王新平

副　组　长：岳永生

成　　　员：王　勇　孙海芹　李朝晖　毕燕茹　杨婷君　张志超

阿曼古丽·巴拉提　郇志坚　热夏提·莫合买提

黄公健　王杰璞

《新疆维吾尔自治区金融稳定报告（2021）》编写组

总　　　纂：王　勇

统　　　稿：毕燕茹

执　　　笔：郭燕芸　李昱君

参与协作人员：王　哲　王　娟　玉伕提·吾普尔　许　燕　杜伟伟

李巧巧　李嘉钰　宋雪丽　洪　健　高楠楠　魏永成

大连市金融稳定报告摘要

2020年，大连市经济运行稳步回升，疫情防控取得成效，社会大局和谐稳定，经济发展从整体上为区域金融稳定创造了稳健的外部环境。金融业整体保持平稳运行，金融市场发展有序，金融服务有效增强，金融风险防范意识持续提升。但是经济稳定增长的基础还不牢固，创新能力仍需提升，经济发展面临不确定性，金融风险不断释放，金融业的平稳运行仍面临较大的挑战。

一、区域经济运行与金融稳定

（一）经济态势稳中向好，三大攻坚战成效显著

1. 全力推进经济持续恢复和高质量发展，经济运行平稳回升

2020年，大连市坚持稳中求进工作总基调，抓“六保”，促“六稳”，全力夺取疫情防控和经济社会发展“双胜利”，“十三五”规划主要指标基本完成，决胜全面建成小康社会取得决定性成就，全年经济工作成效明显、特点突出。全年实现地区生产总值7030.4亿元，按可比价格计算，同比增长0.9%。其中，第一产业增加值459.2亿元，同比增长3.2%；第二产业增加值2815.1亿元，同比增长4.3%；第三产业增加值3756亿元，同比下降2.5%（见图1）。

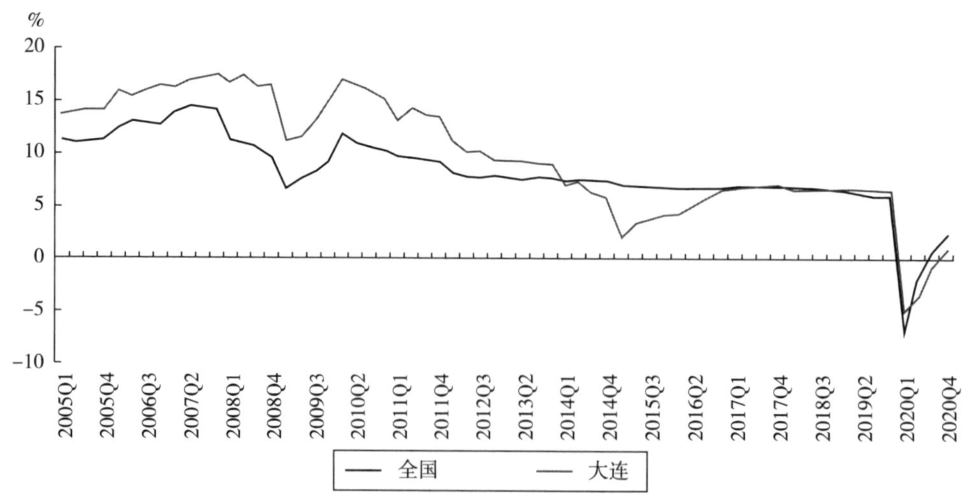

图1 生产总值（GDP）累计同比增速

（数据来源：国家及大连市统计局）

2. 制造业持续迈向中高端，固定资产投资实现转正

2020 年，大连市固定资产投资从第一季度下降 20.6%，逐季增长实现转正，在严重冲击中稳住了基本盘，一批重大项目稳步实施，为经济稳定转好提供了有力支撑。投资 63 亿元的日本电产新工厂项目一期主体封顶，恒力石化 2000 万吨/年炼化一体化项目实现稳产满产，PTA 第四、第五条生产线和 150 万吨/年乙烯项目正式投产，全球首台 3000 吨加氢反应器、智能化连续卸船机成功交付，大连湾海底隧道完成首节沉管安装，大连重工摘得第六届中国工业大奖，庄河抽水蓄能电站、地铁 5 号线、北站综合枢纽、金普城际铁路等一批基础设施项目加快推进。全市开复工亿元以上项目 769 个、同比增长 31%（见图 2）。

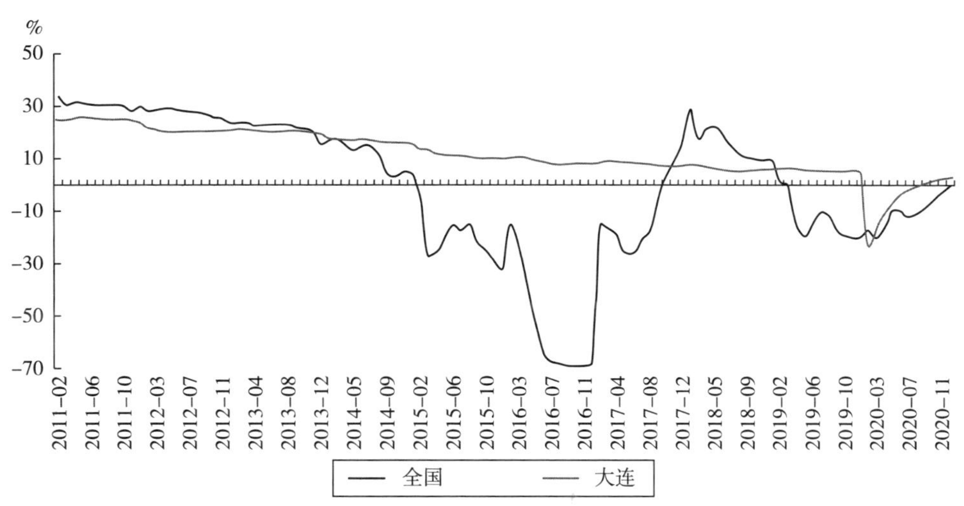

图 2 固定资产投资累计同比增速

（数据来源：国家及大连市统计局）

3. 锐意开拓全面扩大开放，外资外贸基本盘保持稳定

2020 年，大连市出台《关于全面开创招商引资工作新局面的实施意见》，大力开展招商引资行动，全年实际利用外资 6.6 亿美元，同比增长 2.2%；省外实际到位资金 1294 亿元，同比增长 10.5%，位列全省第一。实施稳外贸“八条措施”，全年完成进出口 3854.2 亿元，约占全省的 60%（见图 3）。自贸区建设取得新进展，探索建设自由贸易港先期行动计划 30 项，推出全国首创制度创新成果 26 项。深耕日韩打开新局面，“中日（大连）地方发展合作示范区”扎实推进，获批与日韩“单一窗口”互联互通合作试点城市。港口资源整合迈出新步伐，长兴岛口岸正式通过国家验收，大连湾里、大窑湾综合保税区获批，新增外贸集装箱班轮航线 8 条，大连市被确定为港口型国家物流枢纽。

4. 大力优化调整产业结构，发展新动能加快集聚

2020 年，大连市规模以上工业增加值同比增长 3.8%，规模以上装备制造业增加值同比增长 2.7%。其中，通用设备制造、专用设备制造、船舶工业、汽车制造业增加值同比分别增长 8%、5.4%、4.5% 和 3.9%（见图 4）。新产业、新业态逆势增长，氢能、生命安全、新能源汽车等新兴产业加快发展，高技术产业投资同比增长 104.6%。创新主体加快培育成长，全市新增高新技术企业超过 700 家，新增雏鹰企业 663 家、瞪羚企业 31 家、潜在和种子独角兽企业 2 家，科技型中小企业超过 3000 家，省级新型创新主体总量达到 752 家。技术创新实现新突破，组织实施重点科技项目

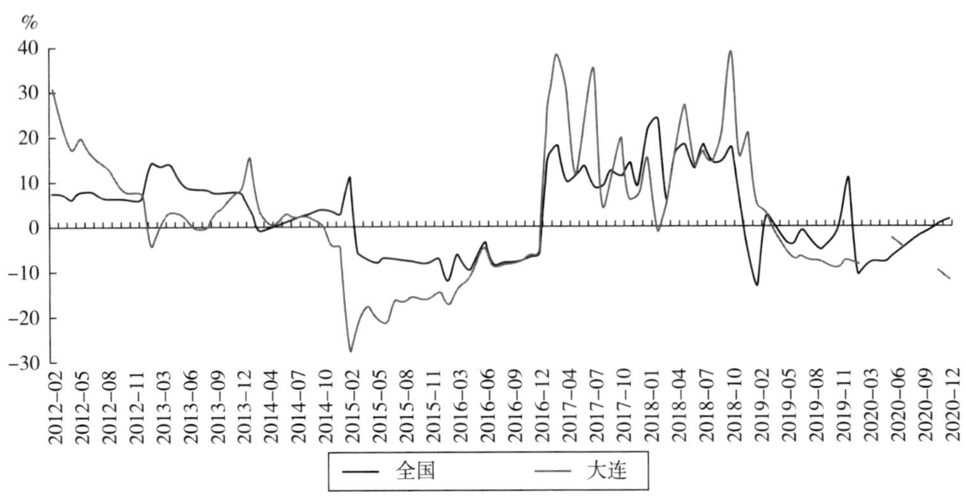

图 3 进出口总额累计同比增速

（数据来源：国家及大连市统计局）

184 项，在人工智能、新一代信息技术、先进装备制造、洁净能源等重点领域突破一批“卡脖子”关键核心技术和产品，万人有效发明专利拥有量达 24.1 件、同比增长 14.2%。

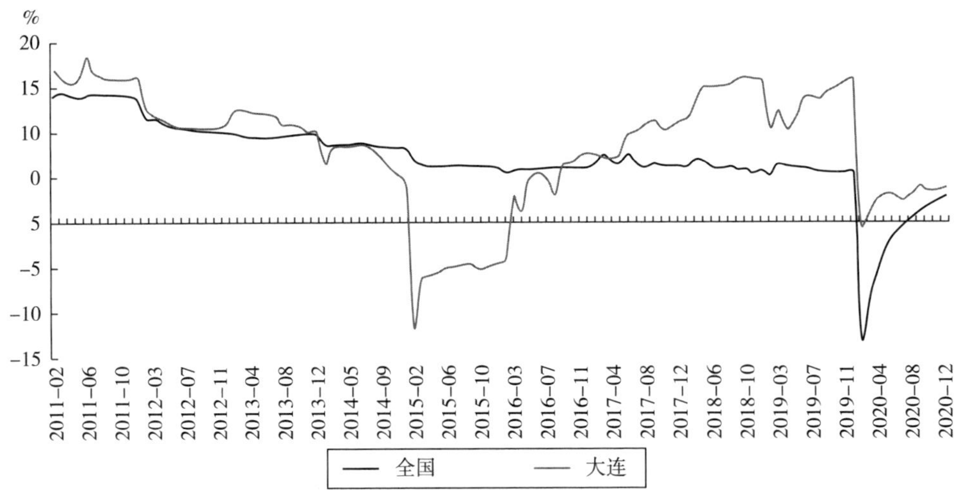

图 4 规模以上增加值累计同比增速

（数据来源：国家及大连市统计局）

5. 倾心保障和改善民生，社会大局保持和谐稳定

2020 年，大连市城镇居民人均可支配收入 47380 元，同比增长 2%，农村居民人均可支配收入 21558 元，同比增长 7.9%。居民消费价格涨幅平稳，CPI 涨幅控制在 0.2%。就业形势保持稳定，全年新增就业 11.3 万人，城镇登记失业率 3.4%，稳就业、保居民就业各项指标位于全省第一、全国前列（见图 5）。15 项重点民生工程圆满完成，医疗卫生、城市安居、管网改造、平安大连、市政设施配套等一批民生工程取得实效。脱贫攻坚战高质量完成，128 个低收入村全部退出，239 个空壳村全部摘帽，全市农村“两不愁三保障”和饮水安全目标全部实现。

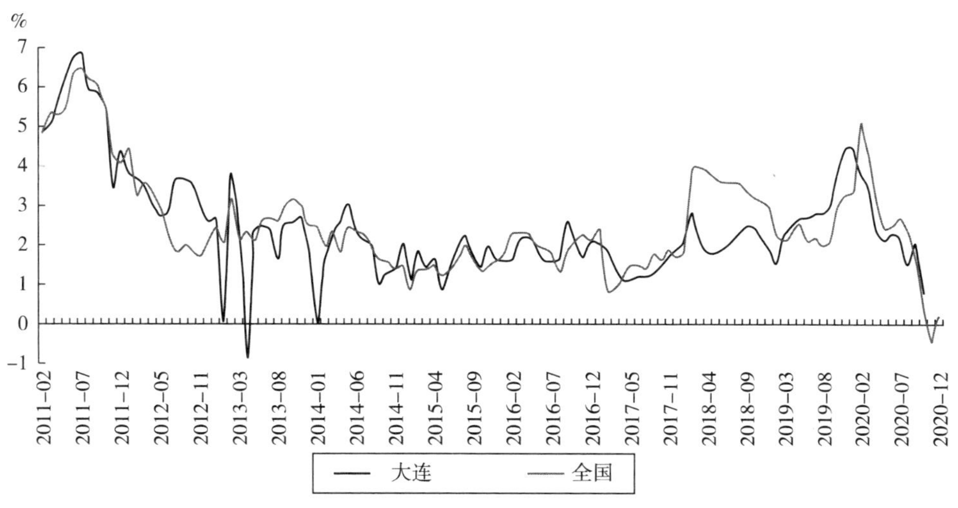

图 5 大连市 CPI 走势

（数据来源：国家及大连市统计局）

（二）区域经济运行中不利于金融稳定的因素

2020 年，大连市经济运行稳中向好，重大项目加快推进，发展新动能加快聚集，为全市推动高质量经济发展提供有力支撑。但是，经济发展同样面临困难和压力。一是稳增长的基础还不够牢固。面临严峻的世界经济形势和新冠肺炎疫情的冲击，大连市产业结构优化、发展动力转换、外向型经济发展等面临更大挑战。二是重点领域关键环节改革任务依然艰巨。优化营商环境仍需付出艰苦努力，运用市场化手段推进改革、配置要素的能力亟待增强。部分县区政府债务压力较大，防范区域性金融风险任务较重。三是创新能力仍需进一步提升。研发型企业较少、成果转化率偏低，集聚创新资源仍需持续用力。传统优势产业核心竞争力亟待提升，战略性新兴产业支撑能力不足，现代服务业新业态新模式发展不充分。四是债务事件频发拖累大连金融生态环境。个别大型企业相继爆发债务事件，在凸显企业信用风险的同时，也对区域金融生态环境建设产生了一定的影响。五是民生和社会治理领域仍然存在短板弱项。教育、医疗、养老等公共服务与人民群众的期盼尚有差距，人口老龄化导致公共服务供给面临新挑战，城市治理精细化水平有待提升。应进一步稳定经济增长基础，持续优化产业结构，着力畅通经济循环，服务构建新发展格局，加快产业链再造和价值链提升，大力帮助企业纾困解难，持续优化营商环境，促进各类市场主体健康发展、茁壮成长。

二、金融业与金融稳定

（一）银行业运行状况及风险分析

截至 2020 年末，大连市共有地方法人银行业金融机构 12 家，本部（分行）45 家。2020 年，大连市银行业金融机构存款保持较快增长，贷款小幅增长，利率传导渠道进一步畅通，融资成本持续下降，资产质量明显改善，但经营压力仍然较大。

1. 银行业运行状况

（1）金融机构存款保持较快增长，住户、非银行业金融机构存款增长明显。截至2020年末，大连市银行业金融机构本外币各项存款余额16003.8亿元，同比增长9.4%，较全省高0.9个百分点。其中，住户存款余额8003.4亿元，同比增长14.2%；非银行业金融机构存款余额2227.8亿元，同比增长30.6%（见图6）。

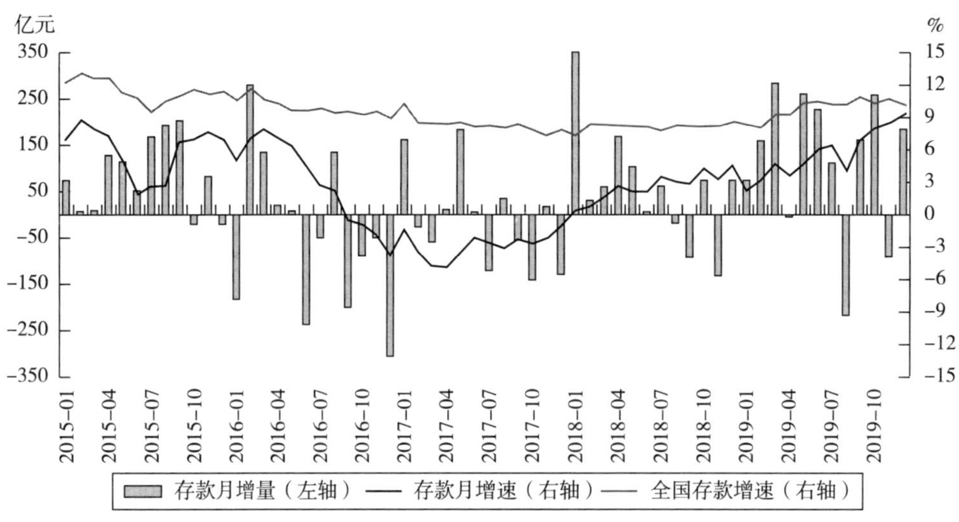

图6　金融机构存款增量、增速走势

（数据来源：中国人民银行）

（2）金融机构贷款小幅增长，企（事）业单位贷款保持正增长，中长期贷款增长较快。截至2020年末，大连市金融机构本外币各项贷款余额12952.4亿元，同比增长3.4%。其中，企（事）业单位贷款余额9147.7亿元，同比增长1.2%；中长期贷款余额8112.9亿元，同比增长7.9%，比上年同期高5.1个百分点（见图7）。

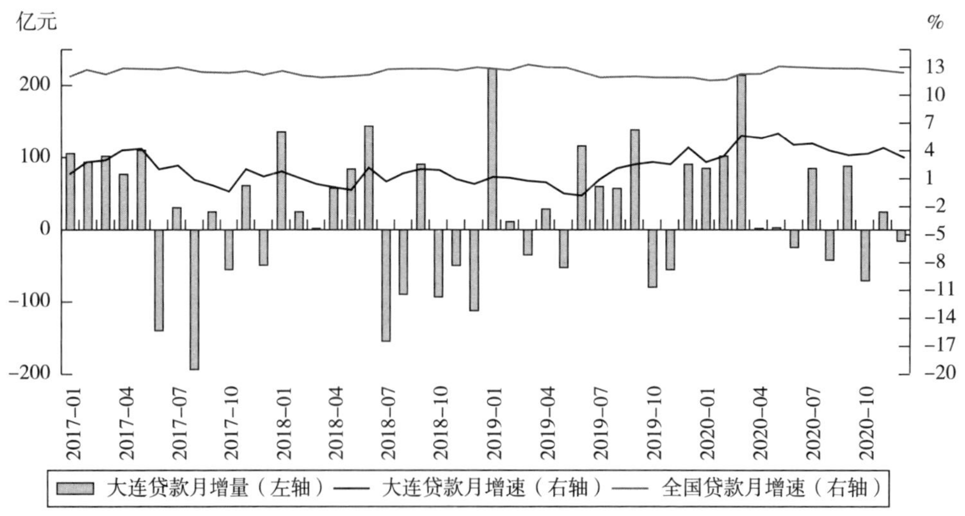

图7　金融机构贷款增量、增速走势

（数据来源：中国人民银行）

(3) 利率传导渠道进一步畅通，融资成本持续下降。2020 年，大连市金融机构贷款利率参照 LPR 定价，如期完成 LPR 存量贷款转换工作。贷款利率隐性下限打破，利率传导机制更加通畅，企业融资成本显著下行。全年大连市辖内新增人民币贷款加权平均利率 4.98%，较上年下降 45 个基点。

(4) 资产质量明显改善，但经营压力仍然较大。截至 2020 年末，大连市银行业金融机构不良贷款余额 629.4 亿元，较年初减少 201.1 亿元；不良贷款率 4.86%，同比下降 1.77 个百分点，降幅 26.7%；拨备覆盖率为 102.8%，同比上升 10.4 个百分点，风险抵补能力有所加强。2020 年，大连市银行业金融机构累计计提贷款损失准备 178.9 亿元，同比增加 6.3 亿元；累计实现税前利润 14.7 亿元，同比减少 18.9 亿元。

2. 银行业风险情况分析

(1) 资产质量下行压力仍然存在。当前金融机构信贷风险仍处于持续释放阶段，尤其在疫情冲击下，企业经营压力增大，销售收入下降，现金流减少，叠加内外部需求下滑和产业结构调整，极易造成资金链紧张，导致债务违约事件发生。部分银行迫于考核、监管评级等压力，通过贷款展期、借新还旧、转贷基金、调低不良标准等手段“隐藏”不良贷款。随着经济下行压力持续加大以及监管趋严，金融机构资产质量仍存在较大的下行压力。

(2) 中小金融机构党组织核心作用未能有效发挥，公司治理能力有待进一步提高。大连市银行业经营基本稳健，但部分中小法人机构风险需要关注。部分地方中小法人机构存在党的领导弱化、党的建设缺失、全面从严治党不力等问题，经营战略偏离立足本地、服务“三农”和小微的业务定位，公司治理、风险管控存在缺陷，资产质量风险逐渐暴露。个别机构存在拨备缺口，资本充足率承压，影响银行长期健康发展。

(3) 重点领域风险向银行体系积聚。一是政府偿债压力不减。受宏观经济形势和项目自身建设周期影响，大部分投资尚未产生效益，中短期内债务风险比较突出。二是债券市场债务到期偿还压力较大。在债券市场打破刚性兑付，投资者风险偏好明显降低，存量发债企业未来发债难度加大。

(二) 证券业运行状况及风险分析

2020 年，大连市资本市场总体运行较为平稳，证券机构盈利水平上升，期货机构扭亏为盈，上市公司融资额增加。上市公司退市风险和经营风险凸显，债市违约风险加大，法人证券公司经营风险及交易场所维稳风险值得关注。

1. 证券业运行情况

(1) 证券经营机构盈利水平上升。截至 2020 年末，大连辖区有法人证券经营机构 1 家，证券公司分支机构 114 家，证券经营机构资产总额 138.7 亿元，同比增加 21.5 亿元，负债总额 124.3 亿元，同比增加 27.9 亿元。全年证券经营机构累计营业收入 10.9 亿元，同比增加 3.4 亿元，全年累计利润 2.2 亿元，同比增加 2.1 亿元。

(2) 期货经营机构扭亏为盈。截至 2020 年末，大连市共有期货公司 1 家，期货公司分支机构 76 家，期货经营机构开户数 10.3 万户，保证金余额合计 139.2 亿元，同比增加 32 亿元，全年累计营业收入 2.3 亿元，同比增加 0.04 亿元，全年累计盈利 163.1 万元，实现扭亏为盈。

(3) 上市公司融资额明显增加。截至 2020 年末，大连辖区有境内上市公司 27 家，总股本 671.1 亿股，总市值 4342 亿元，非限售 A 股流通市值 3578.2 亿元。2020 年，辖区上市公司无并购重组，无定向增发。全年辖区 1 家上市公司发行可转债融资 33.7 亿元，1 家上市公司首发融资 6.5 亿元，上年同期上市公司无资本市场股票融资额。截至 2020 年末，辖区新三板挂牌公司 66 家，其中创新层 4 家，精选层 1 家，新三板公司公开发行募集资金 5.7 亿元，同比增加 2.5 亿元。

2. 证券业风险情况分析

（1）上市公司退市风险和经营风险凸显。2020 年，大连辖区新增 1 家上市公司，2 家公司面值退市。辖区 27 家上市公司中，已发出 2020 年年度业绩预告的 20 家，其中 6 家预计亏损，2 家连续三年亏损，面临退市风险。部分上市公司营业收入指标触及退市新规，不排除被实施退市风险警示的可能。超过半数上市公司存在商誉问题，高风险公司不同程度存在经营困难、高比例股票质押、债务违约、违规处罚、实控人变更等风险。

（2）债券违约风险加大。截至 2020 年末，大连辖区 4 家发行人、11 只公司债券违约或实质性违约，涉及本金共计 82.8 亿元，其中 1 家公司经破产重整得以化解公司债券风险。2021 年，大连辖区公司债到期兑付（回售）处于高位，共计 10 家发行人、19 只公司债到期或行权，债券兑付压力依然不减。

（3）机构经营服务能力偏弱。辖区证券行业机构服务实体经济能力偏弱，证券法人机构规模小，业务线较短，综合实力提升不明显。期货经营机构在资本实力、专业能力、服务水平，以及人才储备等各方面均存在不足。

（4）交易场所维稳风险值得关注。目前大连市各类交易场所无序扩张得到有效遏制，但历史遗留问题和风险依然不少。一是各类交易场所分类整合工作进度缓慢，后续推进存在较大困难，原有违规交易场所的存量业务未能全部彻底有效解决。二是部分投资者因诉求未得到满足而不断通过各种渠道维护其权益，投诉举报时有发生，维稳压力依然较大。三是个别交易场所存在超出相关文件明确规定的业务范围进行展业的风险隐患。

（三）保险业运行状况及风险分析

2020 年，大连市保险业把握机遇、开拓创新，在疫情冲击、经济运行压力较大时期，保险市场运行呈现出稳中有进的发展态势。但受地区经济发展动力不足影响，保险市场仍存在增速较慢、违规风险加大等潜在风险。

1. 保险业基本运行情况

（1）资产规模有所提高，机构数量保持稳定。2020 年，大连辖区保险业（不含总公司）资产总额 1084.9 亿元，同比增加 109.1 亿元，增长 11.2%。含 3 家法人机构的保险行业总资产 3151.9 亿元，同比增加 746.7 亿元，增长 24.6%。大连共有保险法人机构 4 家（含资管公司），省级保险分公司 48 家，其中财产保险公司分公司 24 家，人身保险公司分公司 24 家，全部保险从业人员 6.41 万人。

（2）保费收入小幅下降。2020 年，大连保险业实现保费收入 368.7 亿元，同比下降 0.7%，增幅下降 11.4 个百分点。其中，财产险业务实现保费收入 86.4 亿元，同比下降 1.4%；人身险业务实现保费收入 282.3 亿元，同比下降 0.5%。

（3）赔付支出有所增长。2020 年，大连保险业赔款与给付支出 104.6 亿元，同比增长 9.1%。其中，财产险业务赔款支出 55 亿元，同比增长 17.6%，人身险业务赔款及给付支出 49.1 亿元，同比增长 0.9%。保险业在重大自然灾害补偿方面发挥明显作用，巴威、梅花等台风造成的损失赔款超过1.3亿元，瓦房店苹果雹灾赔偿7500万元，有效支持灾后重建和恢复生产。行业全年为全社会提供保险保障额度30.5万亿元。其中，财险公司提供保险金额13万亿元，包括农业保险保障金额48.9亿元；人身险公司提供保险保障17.5万亿元。

2. 保险业风险情况分析

（1）保险业发展乏力问题明显。2020年，大连辖区原保险保费收入368.7亿元，全国排名第31位；保费收入增速同比下降0.7%，较全国平均增速低6.8个百分点。其中，财产险业务保费收入86.4亿元，同比下降1.4%，增速低于全国平均水平9.8个百分点；人身险业务保费收入282.3亿元，同比下降0.5%，增速较全国低8个百分点。

（2）行业转型发展有待深入。随着防范化解金融风险攻坚战的逐步深入，尽管市场秩序维护取得明显成效，但总体来看，多数中小财险公司在差异化竞争方面深耕不足，仍采用拼费用赢市场的粗放发展模式。人身险公司新单业务趸缴比例较高，新单期缴产品总体期限较短，产品保障功能有待进一步加强，业务转型仍处攻坚期。

（3）机构乱象尚未根治。部分保险法人机构重业务轻合规，对分支机构管控不到位，考核指标不合理，风险管控流于形式，恶性竞争等问题时有发生。

三、金融市场运行与金融稳定

2020年，大连市金融市场继续保持规范发展态势。法人金融机构参与同业拆借市场规模下降，银行间债券市场成交量继续保持大幅增长，票据市场交易更加活跃，黄金市场交易规模显著增长。金融市场对地区金融稳定的调节作用进一步发挥。

（一）金融机构参与金融市场交易规模走势分化

1. 同业拆借市场规模明显下降

2020年，大连港集团财务公司因港口整合退出银行间市场，大连市通过银行间市场开展同业拆借业务的法人机构调整为4家。得益于宽松的市场资金面，全年成交金额2638.1亿元，同比下降50.3%。其中，拆入资金1105笔，成交金额2391.2亿元；拆出资金117笔，成交金额246.9亿元。年内同业拆入和拆出加权平均利率分别为5.86%和2.92%，同比分别上升181个和34个基点。

2. 债券市场成交量大幅增长

2020年，大连市金融机构参与全国银行间债券市场交易7万笔，成交金额16.7万亿元，同比增长38.2%。从资金流向看，金融机构参与债券市场交易仍呈现资金融入，净融入资金22055.7亿元。从利率走势看，质押式回购融出资金加权平均利率1.85%，同比下降55个基点，利率波动区间为1.51%～3.01%；融入资金加权平均利率1.69%，同比下降52个基点，波动区间为1.41%～2.54%。现券交易融出资金加权平均利率3%，同比下降7个基点，波动区间为2.58%～9.5%；融入资金加权平均利率2.61%，同比下降48个基点，波动区间为2.56%～6.03%。

3. 票据市场交易量价双降

2020年，大连市金融机构累计签发银行承兑汇票2357.5亿元，同比下降20.1%；银行承兑汇票直贴规模累计1479.2亿元，同比下降31.2%。截至年末，银行承兑汇票签发余额1404.1亿元，同比下降29%。全年金融机构票据贴现利率先降后升，5月为全年最低点2.24%，随后走高，并于10

月达到全年峰值2.99%，极差75个基点。年末全市票据贴现利率2.91%，同比下降55个基点。

4. 黄金交易规模明显上涨

2020年，大连市商业银行代理上海黄金交易所场内黄金交易成交量41250.1千克，成交金额153.9亿元，同比分别增长5.6%、23.7%。商业银行实物黄金成交量3319.8千克，成交金额13.1亿元，同比分别增长47.6%、77%。人民币账户金成交39882.8千克，成交金额126.2亿元，同比分别下降35.7%、23.5%；美元账户金成交1.4亿美元。商业银行开展黄金理财业务金额14.5亿元。

（二）金融市场创新过程中应警惕重点领域风险

2020年，受疫情期间债券市场各项利好政策影响，大连市非金融企业银行间市场发债规模增长，共8家企业发行债务融资工具28笔，金额402.2亿元，同比增长26%。但10月以来，华晨汽车、永煤集团陆续发生债券违约，对大连市非金融企业发债环境产生负面影响。2021年，全市企业各类债券偿付压力均较大，应予以充分关注。

四、金融基础设施与金融稳定

（一）支付体系运行平稳，农村支付环境进一步提升

2020年，大连地区支付系统运行平稳。大额支付系统处理业务252.5万笔，金额22.5万亿元；小额支付系统处理业务1504.3万笔，金额7097.8亿元；同城票据交换系统清分票据131.9万笔，金额2595.4亿元。大连辖区开立单位银行结算账户7.6万户，办理销户4.7万户。联网核查公民身份信息系统累计处理业务2930.6万次；支付服务组织较为稳定，取得支付业务许可证的法人支付机构2家，已备案非法人支付机构29家。银行卡服务基本稳定，全市银行卡发卡总量6291万张，同比下降1.4%；注册商户13.5万户，同比下降15.8%；注册活动商户12.9万户，同比增长6.7%，银行卡POS清算笔数7358万笔，同比下降6.8%，POS交易金额3379亿元，同比增长2.1%。银行卡助农取款服务点功能不断完善，全市共设立服务点2794个，其中加载电商功能的1314个，累计办理取款、转账、缴费等业务101.7万笔，交易金额6.8亿元，涉农机构积极探索创新，服务点可持续经营能力不断增强。大力推进县域便民工程建设，全市累计建成银联基础惠农站1207个，推动村镇银行发行乡村振兴主题卡，积极为农户、企业搭建线上销售平台，促进农村支付服务环境提档升级。

（二）坚持以防风险为本，切实履行反洗钱职责

2020年，大连市金融机构深化风险为本理念，落实底线思维，服务稳定大局，反洗钱履职能力和工作实效大幅提升。坚持依法行政，全年对3家银行业金融机构开展反洗钱现场检查，不断提高反洗钱监管效能。坚持分类监管，全年开展监管走访55家、约见谈话18家、书面质询15家，指导义务机构持续提升履职能力。坚持法人监管，对全辖21家法人义务机构开展分类评级，其中A级2家、BBB级4家、BB级2家、B级6家、CCC级5家、CC级1家、C级1家，反洗钱评级结果全覆盖、全公开。坚持因地制宜，积极推进特定非领域和网络小额贷款从业机构的反洗钱监管。坚持长效常治，积极推进金融领域扫黑除恶专项斗争向纵深发展。坚持协调联动，全年与市公安经侦支队、

刑侦支队、电诈大队、国家安全局、市税务局、市检察院等开展案情会商6次，发起反洗钱调查协查5次，在打击虚开骗税违法犯罪专项行动中协助侦破“8·28”虚开发票案，助力四部委打击虚开骗税领导小组专项行动。

（三）深入推进信用体系建设，加强征信管理和服务助力企业复工复产

2020年，大连市进一步完善企业与个人征信系统建设，辖内接入企业征信系统和个人征信系统的机构分别达到55家和48家，覆盖银行、信托、财务、资产管理及小额贷款公司等类别。采取多项措施扩大征信有效供给，征信为民服务水平进一步提升，全辖布设43个征信服务查询网点、42台自助查询机，辖区人民银行各级查询网点对外提供个人信用报告查询服务51.1万余人次，企业信用报告查询服务2200余笔，为各类信息主体了解自身信用状况、参与经济活动等提供了便利；为1.5万余户新设社会组织配发机构信用代码证，持有机构信用代码证组织达46.3万余户。对2家接入机构进行现场检查，开展各类培训7场，参训机构70余家、1.3万余人次，进一步规范接入机构征信业务。发动社会组织、新闻媒体、金融机构等举办各类线上线下宣传活动1000余场，参与活动人数15万余人，公众信用意识持续增强。

（四）完善金融服务平台建设，助力企业复工复产

2020年，大连市金融服务平台不断完善，积极贯彻国家及上级行有关疫情防控工作部署，助力企业复工复产取得显著成效。一是依托“大连市企业金融服务平台”，畅通中小微企业精准服务渠道，有效促成银企资金对接。全年大连市共有1604户企业通过平台互联网端页面提交融资需求信息，共访问平台16403次；已有1047户企业与金融机构达成融资，获得贷款583亿元。二是加大力度推广应收账款融资服务平台应用，协调联合政府部门，齐抓共促，全年新增注册用户400户，依托平台累计促成应收账款融资1364笔，成交金额260.8亿元，其中促成小微企业融资887笔，金额140亿元；成功促成一家核心企业落户中征应收账款融资服务平台，进一步推进基于融资平台的供应链金融业务发展。

五、总体评估及对策建议

（一）总体评估

1. 定量评估结果

2013年以来，国内经济发展步入新常态，经济增长从高速转向中高速，从规模速度型粗放增长转向质量效率型集约增长，从要素投资驱动转向创新驱动，主要经济指标出现变动。受经济变动影响，大连地区的金融指标也出现了波动，金融稳定综合评分呈现下降趋势。2020年，叠加疫情影响，大连地区金融稳定综合评分进一步下降，得分63.1分，较上年下降4.7分（见图8）。

2. 定量评估结果分析

具体看宏观经济、金融机构和金融生态环境三部分指标得分（见图9），呈现出不同的变化趋势。宏观经济得分与整体经济形势密切相关，2008年，受国际金融危机影响，得分连续2年出现下降，最大跌幅为7.8%；2010年以后，国际金融危机影响减弱，得分逐步上升，最大增幅达到

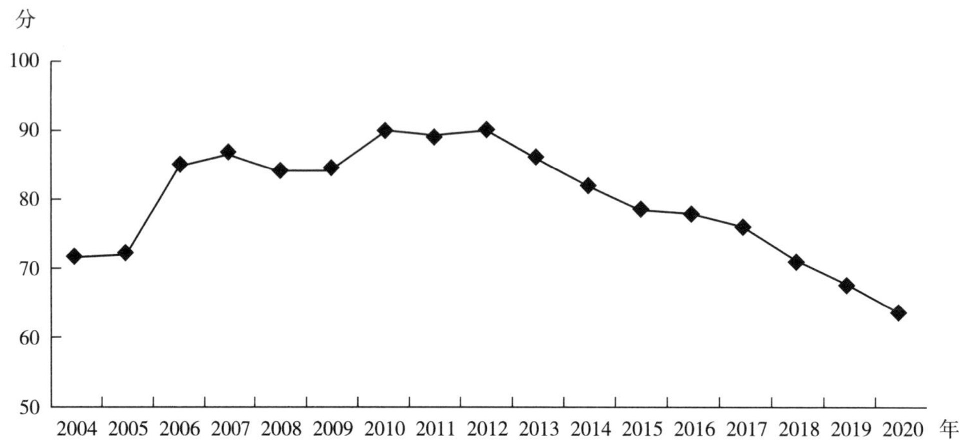

图 8　大连市金融稳定综合评估得分趋势

20. 2%；自 2013 年开始，经济新常态下各项指标绝对值出现下降，宏观经济得分随之下降，最大降幅 15. 1%；2017 年受指标调整影响，得分出现大幅度上升，2018 年后再次下降；2020 年受新冠疫情影响，得分降至历年最低。金融机构得分受金融机构指标影响呈现阶段式特征，2006 年，大通证券改革后，整体得分上升，升幅达到 10. 7%，之后金融机构得分保持平稳；2011 年，受经济回升势头减缓影响，金融机构发展速度放缓，得分有小幅下降；2013 年以来，受整体经济增速放缓影响，金融业得分连续下降，最大降幅 7. 2%；2017 年以来，金融风险逐渐释放，金融机构得分持续下降，最大降幅达到 19. 8%。金融生态环境受整体经济形势变化影响较小，2011 年以前地区金融环境发展持续向好，得分逐年上升，之后呈现小幅波动，波动幅度在 1% 左右；2016 年受债务违约影响，金融生态环境得分降幅较大，达到 25. 8%，2017 年以来得分持续回升。

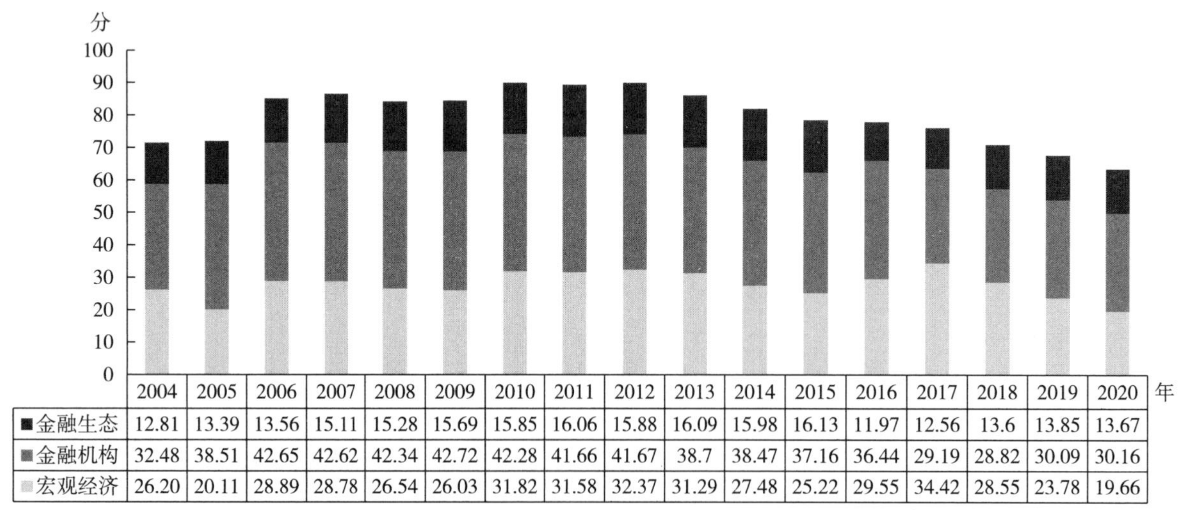

	2004	2005	2006	2007	2008	2009	2010	2011	2012	2013	2014	2015	2016	2017	2018	2019	2020
■金融生态	12.81	13.39	13.56	15.11	15.28	15.69	15.85	16.06	15.88	16.09	15.98	16.13	11.97	12.56	13.6	13.85	13.67
■金融机构	32.48	38.51	42.65	42.62	42.34	42.72	42.28	41.66	41.67	38.7	38.47	37.16	36.44	29.19	28.82	30.09	30.16
■宏观经济	26.20	20.11	28.89	28.78	26.54	26.03	31.82	31.58	32.37	31.29	27.48	25.22	29.55	34.42	28.55	23.78	19.66

图 9　金融稳定定量评估三方面指标变化趋势

具体细分金融机构指标，从宏观经济、银行业、证券业、保险业和金融生态环境五方面，得到雷达图（见图 10）。

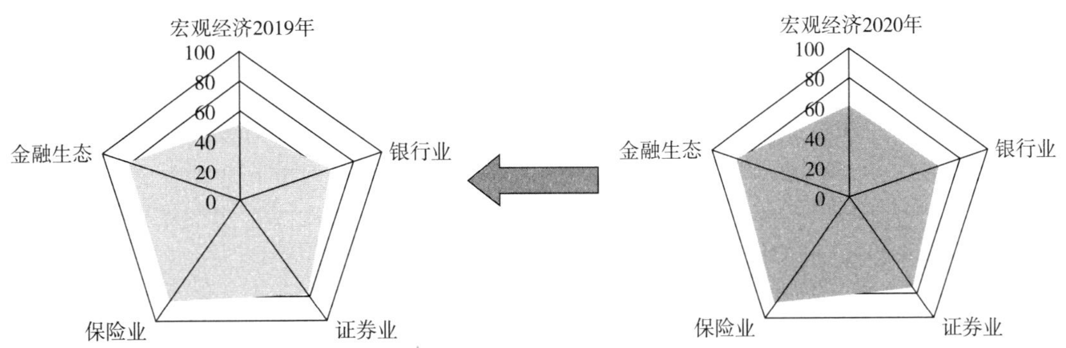

图10 2019—2020年大连市金融稳定定量评估雷达

从定量评估结果来看，2020年宏观经济发展得分下降；金融生态环境得分基本持平；金融机构得分整体微降，银行业、证券业和保险业得分有不同幅度升降。宏观经济方面，得分50.4分，低于2019年的10.6分。其中固定资产投资由负转正，指标得分好于上年，就业情况、房地产销售价格指数、居民消费价格指数等相关指标得分与上年持平，经济增长、消费增长、人均收入、对外经济等相关指标得分低于上年。在新冠肺炎疫情影响下，大连市整体经济发展趋缓，消费、进出口增长乏力，社会投资有所恢复，民生保障领域情况较好。金融业发展方面，银行业得分65.4分，高于2019年的0.2分，变化幅度不大。其中资本充足性、资产流动性、对市场风险的敏感度等相关指标持续保持较高得分，盈利能力得分低于上年，但是由于不良贷款下降，资产质量方面得分有所提高，银行业整体得分有小幅上升。证券业得分79分，高于2019年的4.2分，其中资产安全性和资产流动性等各项相关指标得分与上年基本持平，行业盈利能力有所下降，资本充足率水平有所上升，证券业得分整体提升。保险业得分83.3分，低于2019年的4.4分，其中资产充足性和资产安全性等相关指标得分与上年基本持平，资产流动性和盈利能力等相关指标得分较上年有所下降，保险业整体得分下降。金融生态环境方面，得分80.4分，低于2019年的1.1分。其中地方政府财政和信用环境完善相关指标得分与上年基本持平，地方法制环境相关指标得分高于上年，市场体系完善等相关指标得分低于上年，金融生态环境整体得分下降。

（二）对策建议

1. 脚踏实地，做好金融供给侧结构性改革

扩大总量，为实体经济发展注入更多的金融资源，为市民生活改善和社会发展提供更多的金融服务。在结构上优化，实现金融组织体系、市场体系、产品和服务体系的整体均衡，使金融供给结构与经济结构调整相匹配；在质量上提升，提高金融资源的使用效率，提高金融资产的健康度。金融对经济的推动作用要持续发挥，金融体系要争取在支持实体过程中实现自我发展和强化，建立完善的风险防控和合理的成本分摊机制，形成金融与实体经济同生共荣的局面。

2. 开拓创新，拿出支持实体经济的新举措

加大力度发展普惠金融，服务好小微、民营企业和乡村振兴，支持好大连战略新兴产业的发展，为实体经济发展提供强有力支持。创造性地开展工作，结合实际解决矛盾和问题，支持好大连经济发展，充分利用金融科技创新和新商业模式，推动制造业转型升级和服务业提质增效，发挥好大连对外开放的优势，为自贸区建设和自贸港申建创造更好的金融环境条件。

3. 压实责任，防范和化解区域金融风险

做好金融风险的监测、识别、预警、处置工作，对风险要做到早判先知、科学管理、妥善处置、牢牢守住底线，把握住风险防控的主动权，为经济社会发展创造基础条件和前提。加快社会信用体系建设，加大对失信企业和个人的惩戒力度，妥善处置重大金融风险事件，支持金融机构合法的金融案件法律诉求，保障金融风险处置的司法公平和效率，消除因风险事件对地区金融生态造成的不良影响。要加强对准金融机构的监管及民间借贷的引导和规范，防范和打击金融欺诈、非法集资、非法证券期货活动等各类违法违规行为。

4. 多措并举，拓宽企业融资渠道

推动更多的优质企业进入资本市场，推动企业多渠道上市，积极培育上市后备资源，做大做强大连板块。大力发展公司债券，增加中长期企业债券发行规模，推动辖区更多企业利用短期融资券、中期票据、中小企业集合票据等直接融资工具在银行间市场融资。有效发挥区域性产权交易市场作用，充分发挥市场融资功能支持企业发展。

5. 放眼未来，建设高水平的金融人才队伍

提高金融干部的综合素质，在政治品格、知识武装和能力建设上全面培养，增强整体战斗力。出台更加优惠的人才吸引政策，对于高级金融人才要给予特殊关照，在安家落户、子女就学、政策奖励、社会荣誉等方面拿出一些有吸引力、有竞争力的措施，针对海外人才还可以在工作居留、入境通关、市民待遇等方面给予便利。

中国人民银行大连市中心支行金融稳定分析小组

组　　长：关守科

副 组 长：周　豪

成　　员：王　军　任晓磊　黄晓静　朱　焱　蔡　群　钟　相
于向阳　林　君　宋林洋

《大连市金融稳定报告（2021）》编写组

总　　纂：周　豪

统　　稿：王　军　单晓丽

执　　笔：陈家宁　姚　宁　冯　雪　尹　航　胡海涛　汪　静

参与写作人员：赵娜娜　顾文欣　万　晨

青岛市金融稳定报告摘要

2020年，面对突如其来的新冠肺炎疫情冲击和更加复杂多变的内外部环境，青岛市经济金融部门以习近平新时代中国特色社会主义思想为指导，坚定不移地贯彻新发展理念，扎实做好"六稳""六保"工作，经济发展的韧性、协调性和稳定性持续增强，发展质量稳步提升，"十三五"发展规划圆满收官。金融业发展迈上新台阶，金融业改革发展持续推进，金融机构与上市公司数量持续增长，存贷款余额增速居前，重点领域金融支持工作成效显著，各类金融基础设施运行平稳。出台全市防范化解重大金融风险攻坚战实施方案，在市政府的统一牵头下，各部门、各机构切实履行金融风险处置责任，金融运行中的突出风险持续收敛，社会信用环境明显改善，金融助推实体经济高质量发展基础进一步夯实。

一、区域经济运行

（一）经济运行总体平稳

2020年，面对突如其来的新冠肺炎疫情，青岛市艰苦奋斗、攻坚克难，筑牢疫情防控堤坝，激发居民消费活力，出台支持企业复工复产一揽子政策措施，助力市场主体纾困发展，推动区域经济从疫情冲击中迅速恢复。2020年，全市实现国内生产总值12400.56亿元，同比增长3.7%，为"十三五"规划顺利收官交出满意答卷。

一是产业结构进一步优化。2020年，全市三次产业结构为3.4:35.2:61.4，增速分别为2.6%、3.0%、4.1%。全年规模以上工业增加值比上年增长5.5%，同比提升4.9个百分点。服务业支柱行业发展速度加快，交通运输、仓储和邮政业发展增势稳定。

二是消费市场逐步回暖。2020年，社会消费品零售总额5203.5亿元，比上年增长1.5%，其中，城镇消费品零售额增长1.2%，乡村消费品零售额增长3.2%。线上消费持续发力，全年通过互联网实现的商品零售额增长9.5%。

三是投资增长保持平稳。2020年固定资产投资同比增长3.2%。分领域看，基础设施投资企稳回升，增长0.1%；房地产开发投资支撑力度增强，增长13.4%；社会民生领域投资增速加快，增长28.9%。

四是外贸进出口逆势上扬。2020年，外贸进出口总值6407.0亿元，同比增长8.2%。其中，出口3876.8亿元，增长13.7%；进口2530.2亿元，增长0.7%。从贸易对象看，对东盟进出口增长27.2%，占全市进出口总值的14.7%，继续保持第一大贸易伙伴地位；对欧盟、美国进出口分别增长9.7%和14.9%；对"一带一路"沿线国家进出口增长16.3%，占全市进出口总值的28.4%。

五是财税金融运行稳健。积极出台减税降费、稳岗就业等政策，全年新增减税降费 340 亿元左右。政府坚持过“紧日子”，财政收入持续向好，2020 年全市一般公共预算收入完成 1253. 8 亿元，比上年增长 1%。创新政策提供强力支撑，金融支持实体经济效果显著。2020 年末全市本外币各项存款余额 20507. 1 亿元，比年初增加 2630. 8 亿元，同比多增 878. 8 亿元；各项贷款余额 21064. 8 亿元，比年初增加 2854. 9 亿元，同比多增 783. 8 亿元，其中，企事业单位新增贷款占各项贷款增量的 69. 5%，同比提升 10. 2 个百分点。

（二）需要关注的问题

总体来看，2020 年青岛市经济运行稳定恢复、持续向好，经济社会在巨大冲击面前展现出强大韧性，取得了难能可贵的发展成绩。但同时更要看到，疫情变化和外部环境存在诸多不确定性，经济回升向好的基础还需进一步巩固。经济运行中存在的主要问题：疫情反复将在相当长的时期内存在，对经济平稳增长产生扰动；固定资产投资增速放缓，重点项目接续问题值得关注；减税降费力度持续加大，财政压力有所上升；部分企业生产经营出现困难，易引发风险的跨领域传染等。

二、金融业运行

2020 年，青岛市金融业实现增加值 861. 8 亿元，同比增长 7. 6%，高于全市 GDP 增速 3. 9 个百分点，金融业增加值占全市 GDP 和服务业的比重分别为 6. 9% 和 11. 3%，较 2019 年分别提高 0. 5 个和 0. 7 个百分点。金融业实现税收 178. 1 亿元，占全市税收收入的十分之一，同比增长 13. 9%，较 2019 年提高 6. 4 个百分点。

（一）银行业

2020 年末，青岛市银行业金融机构共计 68 家，其中，开发及政策性银行 3 家，国有大型银行 6 家、股份制银行 11 家，城市商业银行 8 家，农村商业银行 4 家，村镇银行 8 家，外资银行 17 家，企业集团财务公司 6 家，商业银行理财子公司 2 家，金融资产管理公司、信托公司、金融租赁公司、消费金融公司各 1 家。2020 年新设立青银理财 1 家机构。

1. 银行业运行和发展情况

（1）资产负债规模较快增长。2020 年末，青岛市银行业金融机构本外币资产总额 29129. 3 亿元，比年初增长 15. 1%；本外币负债总额 27967. 1 亿元，比年初增长 15. 3%。

（2）存贷款余额增速加快。本外币存款余额 19458. 2 亿元，同比增长 14. 5%，较 2019 年提高 2. 5 个百分点，比全省提高 1. 24 百分点；余额比年初增加 2464 亿元，同比多增 8749. 2 亿元。本外币贷款余额 21148 亿元，同比增长 15. 2%，较 2019 年提高 2. 2 个百分点，高于全省 1. 91 个百分点；余额比年初增加 2785 亿元，同比多增 754. 4 亿元，新增额再创新高。

（3）贷款质量保持稳定。2020 年末，青岛市不良贷款余额 272 亿元，不良贷款率 1. 29%，比全省低 0. 74 个百分点。年内银行机构新暴露不良贷款 246. 9 亿元，处置不良贷款 237. 6 亿元，不良贷款余额比年初增加 9. 3 亿元，不良贷款率比年初下降 0. 14 个百分点。

（4）账面经营利润增速较快。年内实现账面利润总额 285 亿元，较上年同期增加 91 亿元，增速达 47%。利润增长主要是受益于贷款规模增长和拨备计提减少，全年共计提资产减值损失 149. 8 亿元，同比少计提55亿元。

（5）大力支持抗疫复工复产。自疫情暴发以来，青岛市银行业金融机构围绕“六稳”“六保”任务部署，积极落实支持疫情防控和经济社会发展各项政策，向371家全国重点疫情防控企业发放贷款112亿元，为企业办理无还本续贷和借新还旧等资金接续业务2.45万户次，办理贷款金额1132亿元，减免企业贷款利息和服务费用合计2.9亿元。

（6）信贷结构进一步优化。2020年，普惠小微企业贷款新增362.1亿元，增幅达39.4%，制造业中长期贷款新增205.6亿元，增幅达32.8%，涉农贷款新增加415.4亿元，增幅为16.2%，房地产贷款新增占比20.9%，较上年下降7.4个百分点。

2. 需要关注的问题

（1）信用风险应对压力加大。受世界经济衰退和国内经济复苏基础尚不牢固影响，部分企业和居民还款能力和意愿下降，部分延期还本客户经营困难并没有实质性解决或改善，贷款质量劣变速度可能进一步加快。银行机构资产风险分类失准、隐匿不良问题依然不同程度存在。2020年，全市处置不良贷款同比减少近30%，除司法处置进度慢、利润下降导致核销空间有限等传统制约因素外，疫情对部分区域房地产市场冲击较大，非住宅类土地、集中商业等大宗资产处置变现困难。

（2）金融供给结构亟须调整。2020年新增贷款中约六成流入房地产及政府基建相关领域，部分银行机构房地产行业贷款占比超出集中度管理要求。贷款“垒大户”问题依然突出，全年新发放贷款中，1亿元以上大额贷款占比约八成。

（3）合规管理有待加强。2020年，在治乱象、严监管的总体要求下，人民银行青岛市中心支行、青岛市外汇管理局、青岛银保监局对辖内银行机构加大执法检查与处罚力度，对负有责任的个人处罚力度进一步加大。从处罚情况看，贷款业务“三查”不到位、员工行为管理不审慎等现象时有发生，外汇管理违法违规问题屡禁不止，银行机构合规管理意识有待加强。

（4）村镇银行经营发展承压。受大行信用下沉、贷款定价偏高、信息科技力量薄弱等因素的综合影响，2020年辖区村镇银行贷款投放力度减弱，存放同业资金增长较快，整体盈利水平下降。2020年末，全市村镇银行存放同业款项增长42.8%，同比提高22.3个百分点，高于各项贷款增速29.7个百分点。

（二）证券期货业

2020年末，青岛市证券期货业金融机构共计215家，其中法人证券公司1家，证券分公司35家，证券营业部120家；法人期货公司1家，期货分公司16家，期货营业部28家；法人公募基金公司1家，独立基金销售机构3家，公募基金分公司3家，独立基金销售机构3家；证券投资咨询机构4家。2020年，全市新设立法人期货公司1家、法人公募基金公司1家、证券分公司1家、证券营业部8家、期货分公司1家，撤销证券营业部3家、基金分公司2家、证券投资咨询分公司1家、期货分公司1家、期货营业部2家。另有3家证券营业部升级为分公司。

1. 证券期货业运行与发展情况

（1）证券与期货交易额同比较快增长。2020年，青岛市证券经营机构实现交易额58732.23亿元，同比增长50.2%。期货代理成交量为8538.48万手，同比增长49.30%，成交额为53567亿元，同比增长34.41%，营业收入为9685.49万元，同比增长24.58%。

（2）私募基金管理规模持续扩大。截至2020年末，青岛市辖区私募基金管理人362家，备案基金834只，管理资金规模首次突破千亿元大关，达到1039亿元。其中，股权创投类机构达209家，产品404只，基金管理规模883亿元，在投项目985个，投资规模666亿元；其中投向高科技企业案例数量较年初增长22%、在投金额增长49%。

（3）上市公司数量与质量“双提升”。2020年，青岛市12家企业IPO过会，4家发行上市，1家由外地迁入，年末辖区境内上市公司达到44家，总市值达6086亿元，省内和北方城市排名分别跃居第1位和第3位。上市公司经营业绩持续恢复向好，前三季度辖区上市公司整体营收、净利润实现“双增”，43家公司营业收入合计3168.6亿元，同比增长3.56%，净利润合计231.6亿元，同比增长1.3%。其中，26家公司净利润实现增长，占比达到六成。辖区连续6年无风险警示公司，近年来新上市公司无业绩变脸情形。

（4）直接融资规模再创新高。2020年，青岛市直接融资规模达1247亿元，直接融资占社会融资比重27%。其中股权融资42亿元，交易所债券融资1191亿元。融资渠道进一步拓展，发行可转债80亿元，发行疫情防控债40亿元，发行重点投向抗疫企业的资产支持证券3亿元，有力地支持了企业复工复产。

2. 需要关注的问题

（1）资本市场支持科技创新的优势未充分发挥。青岛市企业上市虽有提速，但仍明显落后于南京、宁波等城市，代表高新技术和战略性新兴产业的科创板公司以及青岛独具优势的海洋领域上市公司依然稀缺。

（2）私募行业乱象需高度警惕。大量管理人未登记，募集产品未备案，游离于监管之外、打着私募基金幌子行非法集资之实的“伪私募”，在一定程度上成为影响青岛市打造全球创投风投中心建设的掣肘。

（3）重点领域风险防控压力不减。2020年，债券市场风险事件频发，个别国有企业债券违约、恶意逃废债务行为对债券市场造成冲击。青岛市国有企业债券金额占存量信用类公司债券超九成，潜在的信用风险不容忽视，加强诚信体系建设、压实各方责任、严肃查处“逃废债”行为等方面工作压力持续加大。此外，地方交易场所清理整顿距全国清整联办要求还存在差距。

（三）保险业

2020年末，青岛市共有保险业金融机构68家，其中法人保险公司1家，财产险分支机构35家，人身险分支机构32家。

1. 保险业运行与发展情况

（1）保费收入保持增长趋势。2020年，青岛市保险业实现保费收入511亿元，同比增长4.9%，保费规模在15个副省级城市中列第9位，增速列第10位。财产险公司实现保费收入148亿元，同比增长11.5%；人身险公司实现保费收入363亿元，同比增长2.5%。

（2）保险深度与保险密度稳步提升。2020年末，青岛市保险深度4.12%，同比下降0.03个百分点。保险密度5379元，同比增加193元。

（3）赔付支出增长较快。2020年，青岛市保险业累计赔付金额同比增长9.4%。其中：财产险公司赔款支出同比增长14.7%，综合赔付率74.1%，达到2011年以来年度综合赔付率最高值；人身险公司赔付支出同比增长3.6%。

（4）践行社会责任支持抗疫复产。2020 年，全市保险机构累计为参与疫情防控、受疫情影响的企业捐赠保险保障 311 亿元，为抗疫一线人员捐赠保险保障 311 亿元，向社会公众免费赠送保险保障 3436 亿元。13 家保险公司推出“复工保”等涵盖新冠肺炎疫情保障责任的产品，有力支持社会经济恢复发展。

2. 需要关注的问题

（1）保险产品供给结构亟须调整。与实体经济密切相关的责任保险、企业财产保险、农业保险、工程险等供给偏少，仅占全部财产保险的 12. 9%。

（2）保险公司内控合规有效性存在不足。部分保险公司违规套取费用投放市场，恶性竞争行为时有发生，保险“理财化”趋势有所回潮。

（3）车险改革衍生风险不容忽视。2020 年车险综合改革平稳落地实施，市场竞争秩序明显好转，但车险退保率提升、理赔金额增加等问题不容忽视。2020 年，青岛市财产险公司亏损幅度扩大，其中车险承保同比多亏 2. 1 亿元。

（四）社会金融机构

1. 社会金融机构基本情况

（1）小额贷款公司。2020 年末，青岛市小额贷款公司有 43 家，注册资本合计 96. 8 亿元，较 2019 年末增长 10. 1%。年末贷款余额 94. 8 亿元，同比增长 6. 8%。小贷公司围绕支农支小目标定位，全年投放“三农”和小微企业贷款 82. 8 亿元，占全部贷款的 68. 5%，年末涉农和小微企业贷款余额 64. 1 亿元，占比 67. 6%。2020 年，青岛城乡建设小额贷款有限公司通过上交所发行 3 亿元资产证券化产品，募集资金重点用于支持疫情防控企业生产经营和中小微企业复工复产。

（2）融资性担保公司。2020 年末，青岛市融资担保公司有 34 家，注册资本 122. 6 亿元，担保余额 263. 8 亿元，累计担保金额 226. 3 亿元，放大倍数 1. 35，其中涉农和小微企业融资担保余额占 66%。融资性担保行业对实体经济的支持作用增强，2020 年在保责任余额同比增长 21. 9%。

（3）民间资本管理公司。2020 年末，青岛市民间资本管理公司有 34 家，注册资本 76. 1 亿元；民间融资登记服务机构 1 家，注册资本 500 万元；投资余额 150. 4 亿元，其中投向“三农”和小微企业 95. 6 亿元，达到行业总注册资本的 125. 6%，支农、支小力度进一步加大。

（4）商业保理公司。2020 年末，青岛市纳入监测统计的商业保理公司有 41 家，注册资本金合计 62. 6 亿元，发放保理融资款本金额 204. 6 亿元，融资保理余额 101. 1 亿元。2020 年，青岛市地方金融监督管理局基本完成保理类企业清理规范工作，有 26 家企业通过银保监会核准备案纳入首批监管名单，成为行业“正规军”。

（5）融资租赁公司。2020 年末，青岛市纳入监测统计的融资租赁公司有 43 家，注册资本金合计 207. 9 亿元，融资租赁余额 288. 9 亿元。2020 年青岛市地方金融监督管理局通过联合处置、引导退出等措施完成全市融资租赁公司的分类处置工作。

（6）典当行。2020 年，青岛市取得《典当经营许可证》的典当企业有 66 家，注册资本合计 17. 1 亿元，典当总额 35. 5 亿元，典当余额 12. 1 亿元。

2. 需要关注的问题

融资租赁、商业保理、典当行三类机构尚处于监管过渡期，存在监管基础薄弱、监管制度缺失、监管手段匮乏等问题，非正常经营机构处置面临较大压力。

三、金融基础设施建设

（一）金融消费者权益保护工作进一步深化

不断完善12363呼叫中心建设，2020年稳妥处理投诉和咨询6324件，做好受新冠肺炎疫情影响的消费者的合法权益维护工作。坚持将非诉讼解决机制挺在前面，金融纠纷多元化解机制建设不断取得新突破，完成与青岛市中级人民法院和10家区（市）级法院的“人民法院调解平台”认证，与两级法院全面建立诉调对接工作机制，全年累计调解169件，成功率72.78%。加强金融知识普及阵地化建设，在青岛市广播电视台建立“金融知识宣传平台”，在莱西建设落成金融知识胡同。深入宣讲《中国人民银行金融消费者权益保护实施办法》（中国人民银行令〔2020〕第5号），引导各金融机构有效贯彻落地。开展《推进普惠金融发展规划（2016—2020年）》实施效果评估，推进平度普惠金融综合示范区建设。

（二）支付结算体系平稳高效运行

全力做好疫情防控和复工复产支付服务保障，出台支持企业复工复产支付结算9项措施，建立抗疫期间支付工作7×24小时紧急联系人制度，完善支付应急工作方案，确保支付服务不断档，最大限度地保障救灾资金及时划拨。建立银行账户“绿色通道”，对与防控疫情相关的核准类账户采取“不见面”审批方式，组织银行优先受理防控疫情相关企业账户开立申请。推出助力企业复工复产和消费扩容增长创新优惠措施，部署银行与支付机构为商户提供网络销售、线上支付等综合金融服务，开展“支付+融资”业务创新，减免手续费1800余万元，基于支付数据分析为小微企业发放贷款6600余万元。扎实开展农村支付服务“优化年”活动，推行“服务点+”多元化发展模式，全市具备民生保障、惠农支付等综合支付服务功能的服务点占比分别达81.2%和99.2%。

（三）牢筑防范新型电信网络诈骗安全防线

进一步压实账户管理主体责任，对银行落实企业账户合法合规主体责任开展综合评估，组织存量账户全面排查，依法依规控制异常账户交易。强化部门协同联动，成立打击治理跨境赌博金融监管工作组，不断健全联防共治机制。协助市反诈骗中心止付、冻结涉案账户1.2万个，最大限度地挽回受骗群众损失。开展集中宣传活动，在市区主要公交线路投放宣传材料，通过互联网媒体开展“防范电信诈骗”“断卡”专题宣传，提高社会公众防范意识。

（四）征信服务和管理水平有效提升

优化征信供给，新增个人信用报告自助查询网点21个，全市已达51个。大力推广信用报告线上查询，开通9家银行个人信用报告和8家银行企业信用报告网银或手机银行查询，征信查询服务更加便捷高效。妥善处理疫情期间征信异议与投诉，保护受疫情影响的“四类人群”的征信权益。持续推进应收账款系统平台应用，推广“不动产登记+金融服务”模式取得良好成效。联合市发改委、市大数据局共同建立的青岛市信用综合服务平台正式启用，平台采集工商、税务、社保等70余类企业信用信息，覆盖全市64万户企业。严格落实“风险为本、自我约束”征信管理原则，全年未发生征信信息风险事件。

（五）反洗钱监管持续深入

持续推进 ARROWS 洗钱风险管理试点工作，提高监管评估科学性。提升金融机构重点可疑交易报告质量，全年向侦查、司法机关移送线索 22 起。积极开展扫黑除恶专项斗争，联合公安、司法、纪委监委、金融管理部门共同制定下发多个工作方案、办法与指导意见。配合公安机关对涉黑涉恶案件开展调查，全年推动以洗钱罪立案 17 起，宣判 4 起。

（六）现金管理与反假币进一步加强

切实做好疫情期间现金管理工作，科学调拨发行基金，指导银行机构开展现金消毒，保障疫情期间现金使用需求，稳定现金使用安全预期。重点针对非法使用人民币图样、拒收现金等领域开展治理，在市县两级开展各类联合行动 11 次。畅通举报投诉渠道，加大行政处罚力度，有效维护人民币流通秩序。进一步加强纪念币发行管理，顺利完成全年纪念币（钞）发行任务。筑牢假币堵截防线，不断深化警银合作，推动公安机关破获假币案件 2 起，摧毁制假窝点 1 个。

四、总体评估与政策建议

（一）总体评估

参照人民银行上海总部定量评估方案，采用专家调查法、层次分析法等技术方法，对青岛市金融稳定状况进行了综合评估。评估结果显示，在疫情冲击下，2020 年青岛市金融稳定形势整体良好。宏观经济层面：经济企稳回升，增速处于合理区间，经济结构持续优化，投资与税收稳中有升，市场价格涨势处于合理区间，社会民生持续改善，供给侧结构性改革成效显现。金融机构层面：银行业资产负债规模稳步增长，不良贷款率低位运行，证券业、保险业平稳发展，金融机构风险抵御能力持续增强，重点领域金融风险防控工作取得显著成效，各项金融改革政策平稳落地，各类金融基础设施不断完善，金融服务实体经济质效进一步提高。但仍有一些问题需引起关注，如当前新冠肺炎疫情外防输入内防反弹压力不减，碳减排目标的实现将对产业结构调整带来深远影响，资本市场发展有待完善，延期还本付息政策退出对银行资产质量冲击须提前做好应对，地方中小法人金融机构、信用债、房地产行业、地方政府债务等重点领域风险防控工作任务依然繁重。

（二）政策建议

1. 深化金融改革与创新，助推金融业回归服务实体经济本源。加快多层次资本市场建设，推动企业上市、挂牌培育和上市公司再融资，推进上市公司并购重组。培育引进产业投资基金和股权投资基金，支持民间资本联合设立投资基金。鼓励法人公募基金、证券公司和保险公司深耕青岛、辐射山东开展业务，发挥金融机构的总部效应和集聚效应。完善地方金融体系，充分发挥政策性融资性担保公司在缓解小微、民营企业融资困难中的作用。支持法人金融机构多渠道补充资本，提升风险抵御能力，实现稳健发展。进一步发挥青岛市信用综合服务平台作用，提升信用信息使用效率，让信息多跑腿、企业少跑腿，减少银企信息不对称，扩大信贷覆盖面，持续提高信用贷款比例。

2. 防范和化解区域金融风险，打好金融风险防控持久战。2020 年，青岛市防范化解重大金融风险攻坚战取得显著成效，无高风险法人金融机构，P2P 平台实现清零，大企业债务风险持续收敛，未发生企业信用债券风险事件。要保持工作势头不松懈，加强上下联动与横向联合，重点加大对高风险金融机构、非法金融活动、政府隐性债务、信用债、房地产等重点领域的监测预警，做到早发现、早报告、早处置。完善风险化解处置机制，压实各方在防范金融风险中的责任，鼓励金融机构加不良贷款核销力度，充分计提拨备。强化金融司法联动机制，缩短资产评估、拍卖等程序周期，完善资产流转市场建设，提高抵质押资产变现效率。加大对交叉性金融业务的监管力度，督导金融机构按计划完成存量资管业务整改，根据资管新规要求规范创新业务发展。加强地方金融监管协调，厘清地方金融监管部门的职责边界和各部门责任，稳妥处置金融风险，营造良好金融生态。严防舆情和案件风险，健全应急管理工作。

3. 加强金融基础设施建设，持续优化金融生态环境。持续推进金融消费者权益保护工作。进一步完善支付结算体系，提高清算服务的安全、稳健、便利性。不断提升征信服务与管理水平。强化反洗钱“穿透式”监管，进一步推动反洗钱入罪。扎实推进反假货币和现金管理工作。加强金融诚信环境建设，保护金融机构合法债权。严厉打击电信诈骗、非法集资、非法理财等违法金融活动，为社会经济发展创造良好的金融环境。

中国人民银行青岛市中心支行金融稳定分析小组

组　　长：张文武

副 组 长：顾延善

成　　员：郝龙敬　于　兵　杨培和　孙利大　万利华　于洪平
鞠正忠　高　翔　于　海　代　靖　岳隆庆

《青岛市金融稳定报告（2021）》编写组

总　　纂：顾延善

统　　稿：郝龙敬　李素平

执　　笔：吴亦男

参与写作人员：王冉冉　牟晓丽　刘　磊　刘翠萍　肖永鹏　孙恺男
邱　轲　张　欣　贺　坤　段　超　赵映光　路　娟

宁波市金融稳定报告摘要

2020年，宁波经济运行持续回升向好，金融业运行总体稳健，服务实体经济能力不断提升，重点领域风险趋于收敛，金融基础设施建设深入推进。定量评估结果显示，2020年辖区金融稳定状况良好，风险总体可控。

一、区域经济运行

（一）区域经济基本情况

1. 经济增长回升向好，人均产出稳中略进。2020年，全市实现地区生产总值12408.7亿元，按可比价计算，同比增长3.3%，受疫情影响增速较上年下降3.5个百分点。分产业看，第一产业、第二产业、第三产业分别实现增加值338.4亿元、5693.9亿元、6376.4亿元，同比分别增长2.1%、3.0%、3.6%，三次产业增加值之比为2.7∶45.9∶51.4。按常住人口计算，全市人均地区生产总值14.5万元，同比增长1.40%。

2. 工业生产较快恢复，新动能支撑明显。2020年，全市规模以上工业增加值4199.1亿元，同比增长5.2%。规模以上工业企业实现销售产值17608.6亿元，同比增长0.6%；实现利润总额1552.7亿元，同比增长17.7%；营业收入利润率8.5%，同比提高1.1个百分点。规模以上工业企业投入研发费用385.7亿元，同比增长12.9%；"246"万千亿级产业①增加值同比增长5.6%，高于规模以上工业增加值增速0.4个百分点；健康制造、人工智能等新兴产业增加值增速分别达到15.3%和14.9%。

3. 投资外贸稳定增长，消费恢复至年内高点。全年固定资产投资同比增长5.5%，其中民间投资增长6.5%。构成方面，工业投资增长10.0%，基础设施投资增长8.4%，房地产投资增长6.8%。全年完成进出口总额9786.9亿元，同比增长6.7%，其中出口增长7.3%，进口增长5.6%，外贸出口占全国份额的3.57%，同比提高0.11个百分点。实现社会消费品零售总额4238.3亿元，同比下降0.7%，降幅较前三季度收窄3.0个百分点，其中限额以上社会消费品零售总额1479.5亿元，同比下降4.5%。

4. 财政和居民收入保持增长。2020年，全市实现财政总收入2835.6亿元，同比增长1.8%。税收收入中，增值税减少3.9%，企业所得税和个人所得税分别增长1.1%和10.6%。居民人均可支配收入59952元，同比增长5.2%，扣除价格因素实际增长3.2%，与经济增长基本同步。

---

① "246"万千亿级产业集群，是指宁波力争到2025年在全市培育形成绿色石化、汽车制造2个世界级的万亿元级产业集群，高端装备、新材料、电子信息、软件与新兴服务4个具有国际影响力的5000亿元级产业集群，关键基础件（元器件）、智能家电、时尚纺织服装、生物医药、文体用品、节能环保6个国内领先的千亿元级产业集群。

5. 价格指数出现分化。2020 年，全市居民消费价格（CPI）同比上涨 1.9%，工业生产者出厂价格（PPI）价格同比下降 4.3%。

6. 全市房地产市场总体平稳。2020 年全市新建商品住宅、二手房住宅分别累计成交 1578.3 万平方米、1006.0 万平方米，同比分别增长 5.1%、0.4%；全年累计完成房地产开发投资金额 1819.4 亿元，同比增长 6.8%。

（二）区域经济运行中需要关注的问题

1. 经济回稳的微观基础不牢固。消费动能不足，居民谨慎消费，2020 年累计消费增速为负，汽车类、石油类重点商品的零售额仍未走出下降区间。传统行业受疫情影响恢复缓慢，企业缺乏投资意愿；房企融资渠道持续收紧，投资增长承压。

2. 外贸出口面临物流、用电、人力困扰。国际运力短缺，海运物流成本同比增长 50% 以上，导致运输成本暴涨，企业资金压力上升。入冬以来，全市电网最高负荷创历史新高，部分企业生产活动受到限制。受疫情影响，2020 年企业平均用工人数比上年同期减少 2.2 万人。

3. 房地产领域调控压力增加。2020 年，宁波住宅类商品房竣工销售比为 0.68，供不应求矛盾依然较为突出。目前辖区近一半（49.2%）的受调查房企资产负债率超过 70%，受房地产信贷调控影响，叠加本地“新建住房预售资金监管比例不低于 130%”等政策约束，部分房企资金周转压力加大。

二、银行业

（一）银行业经营情况

截至 2020 年末，全市存款类法人银行业金融机构共 24 家，总资产、总负债分别为 21651.50 亿元、20002.56 亿元，同比分别增长 21.34%、21.94%；拥有市级分行 36 家，总资产 19842.93 亿元，同比增长 11.07%；总负债 19744.98 亿元，同比增长 11.95%。

1. 存贷款增长提速，信贷支持有力。截至 2020 年末，全市本外币各项存款余额 21972.88 亿元，同比增长 14.26%，增速较上年上升 5.34 个百分点。各项贷款余额 25399.12 亿元，同比增长 14.60%，增速较上年上升 3.31 个百分点。

2. 表外业务规模明显回升。截至 2020 年末，辖区银行业表外业务（含金融衍生品）余额 56430.41 亿元，同比分别增长 26.5%。其中非保本理财、资产托管年末余额分别为 211.45 亿元、14588.46 亿元，同比分别增长 9.49%、5.11%。

3. 资本充足水平稳中略降。截至 2020 年末，辖区 24 家法人银行资本充足率 14.61%，同比下降 0.73 个百分点；核心一级资本充足率 10.04%，下降 0.3 个百分点。有 6 家机构资本充足率超过 25%、12 家机构超过 15%。

4. 不良贷款“双升”。受疫情和个别大企业不良处置影响，辖区银行业年末不良率显著上升。2020 年末全市银行业不良贷款余额 405.88 亿元，比上年初增加 171.64 亿元；不良贷款率 1.60%，比上年初提高 0.54 个百分点。

5. 盈利同比大幅下降。2020 年，辖区银行业实现净利润 238.47 亿元，同比减少 37.07%。净息差、净利差分别为 2.11%、1.89%，同比分别下降 13 个和 18 个基点，银行盈利下降主要原因是

2020 年响应中央号召，为实体经济各类市场主体减费让利。盈利指标方面，资产利润率 0.72%，同比下降 0.53 个百分点。

6. 资金价格小幅下降，发债规模创新高。2020 年，全市银行业金融机构新发放贷款加权平均利率 5.49%，同比下降 35 个基点；非金融企业债务融资工具发行 617 亿元，同比增长 44.09%，发行量为 2005 年以来历史最高。

（二）重点领域风险趋于收敛

扎实推进存款保险制度实施和央行金融机构评级，2020 年继续保持评级结果无高风险机构状态。配合总行稳妥推进包商银行改革重组工作，确保包商银行宁波分行风险处置、徽商银行宁波分行承接工作顺利推进。配合做好相关“系”机构的宁波分支机构接管工作。积极推进破产重整及债转股，参与大企业破产重整相关工作；推进宁波舜建集团有限公司与工银投资、农银投资签约债转股协议。

（三）辖区银行业发展中需要关注的问题

1. 不良贷款余额、新发生不良贷款额呈现阶段性“双升”。截至 2020 年末，全市不良贷款余额 405.88 亿元，比年初增加 171.64 亿元；新发生不良贷款额 428.68 亿元，同比增加 166.19 亿元。从经济基本面看，2020 年国内外经济下行压力加大，叠加新冠肺炎疫情不利影响，经济增长明显弱于正常年份。2020 年下半年以来，辖区不良贷款率持续回升，7 月中止连续 14 个季度同比下降、连续 16 个季度环比下降趋势，9 月末重回 1% 以上，2020 年末不良率升至 1.60%，比年初提高 0.54 个百分点。从实际处置看，不良处置工作在下半年集中推进，存量信用风险加快出清，关注类贷款率较年初下降 1.49 个百分点至 1.27%，逾期 90 天以上贷款与不良贷款比例降至 74.33%。

2. 银行利润近五年首次大幅减少。2020 年，全年银行业净利润同比减少 140.46 亿元，减幅 37.07%。降本减负、不良贷款处置核销以及拨备大幅增提是导致利润负增长的主要原因。2020 年全辖银行机构资产减值准备金额 310.88 亿元，同比多增 185 亿元。在存款定期化影响下，存款利息支出同比增长 16.57%，较上年多增 1.76 个百分点，而在减费让利背景下贷款利息收入同比增长 12.1%，仅较上年提高 0.99 个百分点，进而导致净利差较年初下降 0.18 个百分点。同时，全市银行业金融机构成本收入比 31.21%，较 2019 年、2018 年分别上升 2 个和 3.33 个百分点，其中有 20 家法人机构超过 35%，部分机构超过 100%，成本控制能力较弱。

3. 线上贷款风险较高。截至 2020 年末，银税贷业务贷款余额 89.22 亿元，较 2019 年初增长 41.2%；不良贷款率 1.11%，较 2019 年初上升 0.36 个百分点。银税贷不良率高出小微企业信用贷款不良率平均水平 0.48 个百分点。因银税贷数据模型简单、字段要素偏少，部分中介机构“对标”获贷条件，对不符合授信条件的企业量身包装，甚至伪造客户信息，帮助企业达到准入门槛。个别机构客户经理主动向申贷客户推荐中介，信用风险和操作风险值得关注。

三、证券业

（一）证券业经营情况

1. 经营主体数持续增加。截至 2020 年末，辖区证券经营机构 196 家，同比增加 14 家。其中，证券营业部165家，证券公司分公司28家，基金公司、证券投资咨询公司各1家，新设法人证券公司1家，为甬兴证券。期货经营机构53家，同比增加5家。其中，期货营业部41家，期货经纪公司1家，期货分公司11家。

2. 证券期货交易量上升。2020年全年，辖区证券交易成交总额95365.06亿元，同比上升48.65%，其中股票和基金交易成交额61507.70亿元，同比上升52.16%；证券托管市值9210.85亿元，同比上升64.67%；证券投资者账户236.40万户，同比增长9.59%；客户保证金余额190.34亿元，同比上升26.51%。期货代理交易量10016.09万手，同比上升48.42%；期货代理交易金额56224.89亿元，同比上升32.67%；期货投资者账户数4.95万户，同比增长10.13%，客户保证金余额81.06亿元，同比上升46.44%。

3. 证券与期货经营机构盈利分化。2020年全年，证券经营机构手续费及佣金收入19.39亿元，同比增长44.90%；利润总额6.83亿元，同比增长108.01%。期货经营机构代理交易手续费收入3.73亿元，同比上升23.23%，利润总额0.12亿元，同比增加0.08亿元，实现扭亏为盈。

4. 资本市场融资快速增长。截至2020年末，辖区境内上市公司93家，全年新增13家上市公司。2020年，辖区资本市场融资872.95亿元，同比增长212.68%；其中IPO融资94.83亿元、定向增发279.18亿元，公司债发行470.02亿元，可转债发行28.92亿元。

5. 甬兴证券经营稳健。2020年全年，甬兴证券交易成交总额136亿元，其中股票和基金交易成交额107.96亿元。证券托管市值460.97亿元；证券投资者账户20.88万户；客户保证金余额3.47亿元。截至12月末，甬兴证券净资本17.32亿元，风险资本准备总额1.17亿元，风险覆盖率1486.84%，资本杠杆率85.78%，流动性覆盖率2485.95%，净稳定资金率322.53%，均符合监管要求。

6. 兴业期货经营稳健。2020年全年，兴业期货的期货代理交易量327.03万手，同比上升60.06%，代理交易金额2948.78亿元，同比上升85.67%；期权代理交易量6.37万手，代理交易金额10022.14万元。保证金余额80.60亿元，同比增长78.66%。截至12月末，兴业期货净资本4.95亿元，风险资本准备总额3.64亿元，净资本与风险资本准备总额比例136%，流动资产与流动负债比例762%，负债与净资产比例37%，均符合监管要求。

（二）辖区证券业发展中需要关注的问题

1. 个别上市公司股权质押风险尚待进一步化解。2020年末，辖内有40家上市公司大股东开展了股权质押融资业务，其中21家股权质押比例超过50%，6家超过90%。个别上市公司出现偿债风险后，由于债务规模大，涉及机构多，风险处置进程较为缓慢，目前虽已采取了暂缓还本付息措施，但股权质押风险尚未解除。

2. 盈利渠道单一状况未有效改善。辖区证券期货经营机构以营业部为主，近年来虽积极拓展创新业务，但收入依赖经纪业务的局面未得到根本性改变。受资本市场、大宗商品价格波动影响，证券机构的盈利有所改善，但期货经纪机构连续两年亏损，持续经营能力需密切关注。

四、保险业

（一）保险业经营情况

1. 保险保费收入持续回升。2020年，全市保险机构实现保费收入390.72亿元，同比上升

3.96%。分险种看，财产险保费收入174.12亿元，同比上升5.18%，其中车险保费收入113.35亿元，同比上升3.21%；人身险保费收入216.59亿元，同比上升3.00%。

2. 保险赔付支出与上年基本持平。2020年，全市保险机构赔付支出148.70亿元，同比上升0.68%。分险种看，财产险赔付支出109.36亿元，同比上升0.71%，其中车险赔付支出73.28亿元，同比提高0.30%，人身险业务赔付支出39.34亿元，同比上升0.59%。

3. 产险机构利润快速增长，寿险机构退保率下降。2020年，全市产险机构实现利润11.32亿元，同比上升45.12%，其中承保利润10.12亿元，同比上升46.43%。1—12月，全市寿险公司新单保费收入73.93亿元，同比下降11.55%，其中期缴占比48.38%。寿险公司退保率2.52%，同比下降0.83个百分点。

4. 国家保险创新综合试验区建设稳步推进。依托国家保险创新示范区，2020年全市新推出35项保险创新产品，其中全国首创的政策性小微企业复工防疫保险在多个省市复制推广，并被工信部重点推介。建立城乡小额贷款保证保险风险补偿基金，推动政策性小微企业财产保险向全市覆盖，全国首创涉外商标专用权保险。深化农村保险服务创新，全国首创“抗疫保供”叶类蔬菜价格指数保险、早稻种植“完全成本+收益保险”、西兰花价格指数保险、泥螺气象指数保险等产品，试点开展杨梅气象指数保险、梨种植气象指数保险、罗氏沼虾保险等产品，全市政策性农业保险数量突破100个，稳居全省首位。

（二）辖区保险业发展中需要关注的问题

1. 保险业经营环境面临一定挑战。总体来看，辖区保险业整体运行稳健、风险可控。保险业经营与所在区域经济金融发展密不可分，随着国内“三期叠加”影响持续深化，经济下行压力加大，宁波辖区经济发展面临较大挑战，外向型经济更容易受全球经济走势、中美贸易摩擦影响，辖区保险业经营面临的不利因素较多，稳健发展的任务较为艰巨。

2. 保险机构业务增长放缓、部分风险有所集聚。一是保费增速放缓。2020年保险业保费同比仅增3.96%，增速同比下降13.27个百分点，为3年来首次低于全国水平。二是人身险业务发展承压。新单保费同比下降13.66%，续期保费同比仅增长10.44%，健康险等新兴业务短期难以弥补趸交业务缺口。三是保险机构案件压力加大。全年保险业报送案件12起，涉案金额2.48亿元，金额是上年同期的67倍。保险案件呈现金额大宗化、领域新型化特点，两家公司信用险和保证保险业务诈骗案件涉案金额达2.41亿元。

五、影子银行

（一）小额贷款公司业务规模持续萎缩

截至2020年末，全市小额贷款公司共计41家，较年初减少2家。年末贷款余额57.6亿元，同比下降5.1%。全年小贷公司累计发放贷款1.03万笔，合计金额140.14亿元，平均单笔金额136万元，加权平均利率13.61%，同比下降0.91个百分点。资产质量方面，年末逾期贷款余额18.69亿元，较年初减少3.71亿元，逾期率29.5%；分级分类不良贷款余额14.37亿元，较年初减少0.7亿元，不良贷款率24.94%，较年初下降2.86个百分点。

（二）融资担保公司业务规模同比增长

截至2020年末，宁波市融资性担保机构共计35家，较年初减少7家，其中国有18家，民营17家，注册资本合计51.53亿元，较年初增加9.96亿元；期末在保余额107.62亿元，同比增长52.53亿元，全年累计代偿1.05亿元。宁波市金控所属的两家政策性融资担保公司推出国内首款财政、担保、银行三方联动模式的融资工具——“微担通”。自3月22日试运行以来，定向支持宁波市小微企业、“三农”主体和个体工商户复工复产，总规模100亿元。截至2020年末，累计担保8208笔，担保金额101.97亿元，减免担保费用1.39亿元。

（三）典当企业经营企稳回升

截至2020年末，全市典当企业共计72家，较年初减少3家，注册资金10.93亿元，其中停业6个月以上的有19家。全年累计发放贷款44.67亿元，同比增长14.5%。分业务类型看，在传统动产质押业务持续萎缩的情况下，房地产抵押典当累计25.67亿元，同比增长12.4%。辖区典当企业净利润0.14亿元，同比减少0.02亿元。

六、金融市场

（一）同业拆借

2020年，全市11家法人金融机构在银行间市场共完成同业拆借4386笔、总计24390.07亿元，同比分别增长12.98%、8.17%。拆借利率在1—4月整体下行后稳步回升，年末呈宽幅震荡态势，12月拆借利率1.15%，较年初下降67个基点。

（二）债券回购

2020年，全市14家法人银行机构、2家货币基金和多个资管账户参与债券回购交易27.21万亿元，同比上升13.28%。交易品种以短期为主，其中隔夜品种占93.51%，7天品种占5.37%。

（三）现券交易

2020年，全市16家法人主体和多个资管账户累计交易现券5.24万亿元，同比上升39.36%。从交易品种来看，政策性金融债、同业存单和国债的交易规模分别占36.33%、28.60%和13.39%；从资金价格走势看，现券交易量增加，收益率曲线更加平坦化。

（四）债券发行

2020年，全市37家企业发行91笔债务融资工具，发行笔数同比上升30.00%；累计发行金额616亿元（含资产支持票据120亿元），同比上升43.86%，笔数和金额均创历史新高。韵达控股、宁波城投、均胜电子、保税区投资开发4家企业5期债券贴标“疫情防控债”，总金额23亿元。

（五）黄金交易

2020年，全市金融机构共发生金交所和期交所黄金交易4146.37吨，同比上升28.80%；交易金额16253.47亿元，同比上升28.97%。个人投资黄金积极性提高，1—12月个人账户黄金交易量为150.14亿元。

（六）外汇交易

2020年，全市跨境收支顺差435.2亿美元，同比增长5.6%；结售汇顺差339.9亿美元，下降3.5%。全市对外直接投资（ODI）逆差17.1亿美元，同比扩大7.4%；外商直接投资（FDI）净流入5.1亿美元，同比增长19.2%。截至12月末，外汇存款余额125.9亿美元，较年初增加44.6亿美元；外汇贷款余额61.3亿美元，较年初增加2.0亿美元；贸易融资余额72.8亿美元，较年初新增3.7亿美元。

七、金融基础设施

（一）支付清算体系运行

2020年，宁波市支付系统日均处理业务减少2.88%、清算资金增长21.70%。推进移动支付便民示范工程和智慧支付工程建设，全年符合银行业统一标准的移动支付业务笔数为5879.81万笔，宁波市各区、各县（市）已累计建设完成4个示范商圈（街区），总数达到67个。以云闪付App为载体发放使用电子消费券，推动消费扩容提质，推进智慧菜场营销活动，全市通过云闪付累计发放并兑付电子消费券224.45万张，兑付金额5701.90万元，拉动消费3.98亿元。成功上线宁波公交云闪付乘车码与健康码“一码出行”应用，日均使用量达4.23万笔。全面推广村级财务网上支付模式，截至12月末，农村地区46.66%的行政村已开通网上支付业务。

（二）信用体系建设

2020年，征信系统服务水平不断提高，普惠金融信用信息服务平台累计查询403万次，日均查询量近万次，累计9546户企业借助平台获得银行融资，贷款余额1551亿元。持续推进农村信用体系建设，评定出宁波市级信用村69个，市级信用乡镇4个。应收账款融资服务平台推广工作取得突破，全年成交金额456.8亿元，同比增长56.7%，其中中小微企业成交321.6亿元，占全部成交金额的70.4%。辖内金融机构与核心企业接入平台取得突破，推动宁波银行与征信中心正式签订合作协议，克服技术困难与疫情影响完成开发上线工作，成为全省首家与平台对接成功的地方法人金融机构。保证贷登记系统推广应用取得较好阶段性成果。

（三）反洗钱监管

2020年，反洗钱部门强化反洗钱日常监管，法人义务机构的现场监管率连续8年保持100%，完成辖区33家法人机构和227家非法人机构的反洗钱分类评级工作。组织开展“客户信息治理百日攻坚”，主要金融机构客户身份基本信息完整率达到98%以上。通过“以案倒查”发现可疑线索并移送公安部门。加大对洗钱上游犯罪的打击力度，积极参与地下钱庄、打骗打虚的专项行动。

（四）反假币工作

与宁波市公安局签署警银合作备忘录，定期会商反假情报信息。及时向公安机关发送银行机构柜面假币收缴信息，其中重要线索信息 47 条。积极开展反假宣传与培训，全年累计组织开展反假知识宣传活动超 3000 场次，组织金融机构开展反假知识培训 208 场次，受众人数 20504 人。

（五）金融消费者权益保护

2020 年，宁波市金融消费纠纷人民调解委员会累计受理调解 419 起，调解成功 381 起，司法确认 76 起，涉及金额 1.28 亿元，为消费者节省诉讼费用超 88 万元。12363 “暖心热线” 累计受理投诉 396 笔、咨询 3797 笔，接待来访 173 人次，实现业务咨询办结率 100%。打造专属平台，正式发布 “金语满堂” App，截至 2020 年末已有注册用户 2.7 万人，阅读量超 180 万人次。打造 21 家社区、农村金融知识教育基地，全年开展宣传 3884 次，涉及 674 个社区、2445 个行政村，覆盖率分别达到 95.5%、97.5%。

（六）普惠金融建设

2020 年，全面启动宁波市普惠金融改革试验区创建，出台 “实施方案”，形成 8 个方面 52 条工作措施，明确 38 个单位（部门）任务分工。持续推进普惠金融平台建设，平台 2.0 版一期工程顺利上线试运行，已采集入库 300 多项信用信息 11 亿条，日均查询超万次。持续优化助农金融服务点布局，共有服务点 2234 个，覆盖全部行政村。推进金融科技应用试点，“刷脸付” 项目在疫情之下实现逆势推广，截至 12 月末已累计交易 107 万笔，占全国总交易量的 53.4%，居全国首位。

八、总体评估与政策建议

综合评估得分显示，2020 年宁波辖区金融风险总体可控，金融稳定状况进一步提升。2021 年，经济形势更加复杂多变，国内经济在恢复较好的基础上，仍面临长期结构性问题，风险仍然点多面广，维护辖区金融稳定的任务较为艰巨，建议从以下四个方面做好金融风险防范工作。

（一）提高金融服务实体经济能力

一是综合运用定向降准、再贷款、再贴现、直达实体经济等政策工具，保持流动性合理充裕，促进货币信贷、社会融资规模增长与经济发展相适应，加快构建国内大循环为主体、国内国际双循环相互促进的新发展格局。二是充分发挥宏观审慎评估（MPA）的考核激励作用，引导金融机构落实尽职免责、考核激励等改革措施，降低小微企业贷款风险权重，营造敢贷愿贷能贷的政策环境，加大对民营和小微企业、制造业等实体领域的信贷支持。

（二）加强金融风险监测评估

加强风险监测、预警、防控、处置的闭环管理，坚决守牢不发生系统性区域性重大金融风险的底线。一是密切关注地方政府债务、大型民营企业、高负债房地产企业的违约风险，进一步完善金融风险监测体系，提升前瞻性和有效性。二是综合运用存款保险、央行评级、压力测试等措施，摸清辖区金融机构风险底数，确保风险机构早识别、早处置。三是加强金融政策研究，为风险监测夯实基础。

（三）积极稳妥做好风险处置

一是扎实开展金融风险 “排雷” 专项行动，建立名单制动态管理，压实金融机构主体责任、地方政府属地风险处置责任和维稳第一责任、金融监管部门监管责任，着力防范化解地方法人金融机构风险。二是推进市场化法治化处置企业风险，持续推动债转股、破产重组工作，有效化解大型企业流动性风险，防止风险向金融体系扩散和蔓延。三是稳妥有序地推进资管业务整改，做好业务整改的跟踪分析、舆论引导等工作，确保按期完成整改。

（四）积极参与地方协调机制

认真落实金融委办公室地方协调机制（浙江省）各项工作制度，深入贯彻各项重大政策和决策部署，及时落实议定事项。加强金融监管协调和信息共享，定期交流、提供各方信息，扫除监管“盲区”和信息“壁垒”，共同维护辖区金融稳定。

中国人民银行宁波市中心支行金融稳定分析小组

组　　　长：祁　东
副　组　长：田国良
成　　　员：金小平　张超群　应姬臣　詹旭波　徐惠良　鞠志杰
徐洪水

《宁波市金融稳定报告（2021）》编写组

总　　　纂：祁　东
统　　　稿：田国良　徐洪水
执　　　笔：陈　达　周　刚　叶佳幸　周炽炽
参与写作人员：林　荫　蒋智渊　陈璐佳　俞佳佳　孙诗雄
邓　雄　金皆女　龙腾飞　上官忠东

厦门市金融稳定报告摘要

2020年，厦门市积极应对新冠肺炎疫情的压力和挑战，在统筹常态化疫情防控基础上，推动经济发展呈现积极向好态势。金融业运行总体稳健，银行业资产负债结构持续优化，支持稳企业保就业成效显著；证券期货业经营主体继续增加，市场交投活跃度大幅上升，上市公司队伍进一步壮大；保险业市场规模稳步扩大，业务结构与风险指标保持良好；金融市场平稳运行，金融基础设施建设持续完善。但厦门市经济金融运行仍面临一定困难和挑战，部分领域风险值得高度关注。

一、区域经济运行与金融稳定

（一）区域经济运行情况

1. 经济呈现积极向上态势，产业结构保持稳定

2020年，厦门市积极应对新冠肺炎疫情带来的压力和挑战，在统筹常态化疫情防控基础上，推动经济发展呈现积极向上态势。全年实现地区生产总值6384.02亿元，同比增长5.7%，分别高于全国、福建省平均增速3.4个、2.4个百分点，位居计划单列市首位。其中，第一产业、第二产业、第三产业同比分别增长2.5%、6.1%、5.5%，三次产业结构为0.4:39.5:60.1。

2. 工业经济加快恢复，服务业成为拉动经济增长第一动力

2020年，厦门市规模以上工业实现增加值1925.86亿元，同比增长6.0%，分别高于全国、全省平均增速3.2个、4.0个百分点。重点行业和支柱行业发挥“稳定器”作用。电子、机械两大支柱行业工业产值占规模以上工业总产值近七成，增速为3.4%；“三高”（高技术、高成长、高附加值）工业企业产值增速为10.3%。同年，厦门市服务业实现增加值3835.29亿元，同比增长5.5%，分别高于全国、全省平均增速3.4个、1.4个百分点；服务业对GDP增长贡献率为54.3%，较上年提高7.2个百分点。金融业实力不断提升，全年实现增加值787.73亿元，同比增长5.3%，占GDP比重12.3%，较上年提高0.6个百分点。

3. “稳投资”显现成效，利用外资增长显著

2020年，厦门市固定资产投资（不含农户）同比增长8.8%，分别高于全国、全省平均增速5.9个、9.2个百分点。工业投资突破400亿元，同比增长12.9%，社会事业等重点领域投资同比增长29.8%。房地产开发投资完成1055.76亿元，同比增长17.4%，其中住宅投资占房地产开发投资比重65.2%，住房保障工作加速推进。与此同时，“线上+线下”招商同步发力，全年实际利用外资166.05亿元，同比增长23.8%；其中，新设台资企业577家，合同利用台资同比增长88.1%。

4. 消费需求持续回暖，数字消费保持强劲

2020 年，厦门市完成社会消费品零售总额 2293.87 亿元，同比增长 1.6%，分别高于全国、全省平均增速 5.5 个、3.0 个百分点。餐饮市场逐渐好转，全年餐饮业营业额同比增长 0.1%，是全省唯一实现正增长的地市。受疫情影响，数字消费保持强劲，全年限额以上批发零售企业互联网零售额同比增长 22.5%。新能源汽车推动汽车消费复苏，全年限额以上汽车零售额同比增长 2.6%，其中新能源汽车销售额同比增长 40.7%。

5. 外贸保持正增长，区域合作向纵深推进

2020 年，厦门市出台外贸惠企“四条措施”，有效应对疫情冲击，稳住外贸基本盘。全年实现外贸进出口总额 6915.77 亿元，同比增长 7.8%，高于全国、全省平均增速 5.9 个、2.3 个百分点。其中，出口总额 3572.92 亿元，同比增长 1.2%；进口总额 3342.85 亿元，同比增长 16.0%。从贸易结构看，防疫物资及“宅经济”相关商品出口大幅增长，大宗商品进口增速大幅提升。从贸易伙伴看，对“一带一路”沿线国家和地区进出口同比增长 13.2%，对台进出口同比增长 2.4%，连续 13 年保持大陆最大进口口岸地位。

6. 住宅成交价格回升，物价温和上涨

2020 年，厦门市商品住宅销售量价齐升、库存下降。全年商品住宅销售面积 379.13 亿元，同比增长 38.0%。12 月，厦门市商品住宅成交价格定基指数（2015 年 = 100）为 164.2，同比上涨 4.7%，自 5 月以来连续 8 个月环比上涨。同期，厦门市居民消费价格（CPI）同比上涨 2.5%，与全国平均涨幅持平，高于全省平均涨幅 0.3 个百分点。

7. 财政收入稳步增长，居民收入增速下降

2020 年，厦门市实现财政总收入 1351.29 亿元，同比增长 1.7%，增速与上年持平；其中，地方级财政收入 783.94 亿元，同比增长 2.0%。全年完成财政支出 976.89 亿元，同比增长 7.0%，增速较上年提高 4.5 个百分点。厦门市居民人均可支配收入 58140 元，同比增长 4.1%，增速较上年回落 5.6 个百分点；其中，城镇居民人均可支配收入 61331 元，同比增长 3.9%。

（二）区域经济运行需要关注的问题

1. 工业下行压力较大

一是工业减产面仍超四成。在国外疫情持续扩散、国际市场传统需求萎缩的背景下，部分工业行业复苏困难，全年厦门市规上工业减产面超四成，减产量超 10 亿元的企业 13 家，超亿元的企业 106 家，分别较上年增加 3 家、19 家。二是工业生产者出厂价格指数持续走低。2020 年工业生产者出厂价格指数（PPI）徘徊在 96.6～97.5，全年为 97.1，较上年低 1.2 个百分点。企业对生产持谨慎态度，需求疲软进一步影响工业企业再投资积极性，工业下行压力依然较大。

2. 投资结构性问题值得关注

一是从固定资产投资增长结构看，2020 年厦门市投资高速增长仍主要依赖于土地费用拉动，建筑安装工程投资占全市投资比重近五成。受疫情影响，全年建安工程投资下降 7.5%，影响全市固定资产投资 4.3 个百分点。二是从投资类别看，民间投资仍处观望阶段，全年下降 0.9%，实体部门投资活力亟待激发。

3. 外部环境存在不确定性

一是大宗商品价格波动影响需要密切关注。2020 年大宗商品带动批发业高速增长，考虑到我国

尚不掌握大宗商品定价权，且大宗商品市场看空情绪明显，未来批发业能否延续增长态势存在不确定性。二是传统出口形势较为严峻。受疫情影响，现阶段境外防疫类、生活类用品需求旺盛，但传统出口业务被削弱。2020 年厦门市规模以上企业中出口量下降的企业占比 57.2%，同比增加 4.7 个百分点，实体部门复苏前景尚不明朗。

二、金融业与金融稳定

（一）银行业

1. 银行业运行情况

（1）银行业资产负债规模加速增长

截至 2020 年末，厦门市共有银行业金融机构 48 家，机构数与上年持平。其中，中资银行 27 家，外资银行 14 家，外资银行代表处 2 家，信托公司 1 家，财务公司 2 家，消费金融公司 1 家，金融租赁公司 1 家；法人机构 11 家。银行业资产和负债总额分别为 2.01 万亿元和 1.90 万亿元，同比分别增长 8.1% 和 8.0%，增速较上年均有所提升。

（2）支持稳企业保就业成效显著

2020 年，厦门市银行业积极回归服务实体经济功能定位，认真落实金融支持疫情防控、复工复产各项决策部署，为稳企业保就业营造了良好的货币环境。一是社会融资规模快速增长，信贷投向直达性精准性增强。截至 2020 年末，厦门市社会融资规模存量同比增长 14.1%，全年增加 2593.12 亿元，同比多增 301.52 亿元。本外币贷款余额同比增长 13.8%，增速较上年末提高 2.0 个百分点；全年增加 1623.82 亿元，创历史新高。普惠小微贷款、制造业中长期贷款增速分别高于同期本外币贷款增速 21.8 个和 20.8 个百分点，而房地产贷款余额占本外币贷款余额比重较上年末下降 2.6 个百分点。二是降价让利成效明显。全年人民币一般贷款加权平均利率 4.96%，较上年下降 0.59 个百分点；其中普惠小微企业贷款全年加权平均利率 5.00%，下降 0.94 个百分点；金融系统向实体经济减费让利约 89 亿元。

（3）资产负债结构继续优化

2020 年，厦门市银行业资产负债结构继续向好，但表外授信快速增长，资管业务转型相对缓慢。从资产投向看，贷款增速高出资产规模增速 5.7 个百分点，贷款余额占资产总额的 66.9%，较上年提升 3.3 个百分点，债券投资同比增长 1.0%，同业融出（包括存放同业、买入返售、拆放同业在内）余额同比下降 2.8%，其他投资（以 SPV 为主）余额下降 21.0%。从负债来源看，存款、债券发行均保持增长，同比分别增长 13%、0.6%，同业负债同比则减少 2.8%。表外方面，担保、承诺类业务余额同比分别增长 16.5%、20%，发行非保本理财产品余额同比则下降 1.7%。

（4）利润和不良贷款均呈现下降

2020 年，厦门市银行业实现税后利润 132.07 亿元，同比下降 24.24%。年末银行业不良贷款余额 111.53 亿元，同比减少 18.58 亿元；不良贷款率 0.83%，同比下降 0.27 个百分点，达到近 10 年低点；拨备覆盖率 267.24%，同比上升 36.14 个百分点。

（5）法人银行资本充足与流动性水平保持良好

截至 2020 年末，厦门市法人银行业金融机构核心一级资本充足率 26.36%，较上年提高 15.41 个百分点；资本充足率 27.50%，较上年提高 13.52 个百分点，资本较为充足。年末全市法人银行流动性比例 101.51%，较上年提高 18.34 个百分点，流动性整体充裕。

2. 银行业运行需要关注的问题

（1）金融服务实体经济质效有待进一步提升

2020 年末厦门市小微企业信用贷款占比 9.4%，低于全国 4.1 个百分点，制造业贷款占比 11%，低于全国 0.4 个百分点，绿色信贷规模也较小，占比仅 3%，对资源循环利用、节能环保服务等领域支持较少。

（2）信用风险防控形势严峻

2020 年厦门市银行业不良贷款保持“双降”，但不良资产余额 270 亿元，同比增加 72 亿元，不良资产率 1.12%，同比上升 0.23 个百分点，除不良贷款外，存放同业和类信贷业务暴露出较大信用风险。另从先行指标看，年末厦门市银行业关注类贷款占比 2.43%，维持在较高水平。随着疫情对冲政策退出，预计银行业资产质量或出现劣变，叠加处置效率低、资产分类不准等问题，不良防控任务将较重。

（3）中小法人银行经营压力加大

随着金融科技的广泛运用和小微业务竞争不断加剧，地方中小法人金融机构经营压力持续增大，银行负债质量下降，负债成本相对偏高，资产收益下降，资产质量发生劣变。同时，由于资本补充渠道有限，厦门市中小法人银行面临不同程度的资本补充压力，资本对业务发展的约束加大。

（二）证券期货业

1. 证券期货业运行情况

（1）经营主体数量有所增加

截至 2020 年末，厦门市共有证券机构经营机构 190 家，其中，法人证券公司 1 家、证券分公司 31 家、证券营业部 105 家，法人期货公司 2 家、期货分公司 20 家、期货营业部 22 家，法人基金公司 2 家，法人证券公司与法人基金公司均较上年增加 1 家。登记备案的私募基金管理机构达 353 家，较上年减少 6 家。

（2）市场交投活跃度大幅提升

2020 年，厦门市证券交易总额 7.06 万亿元，同比增长 42.58%，年末投资者股票账户数 242.84 万个，同比增加 11%。同期全市期货交易额 6.58 万亿元，同比增长 88.12%，年末期货账户数 6.64 万户，同比增加 14%。证券机构营业收入 18.85 亿元，同比增长 34.19%，期货机构营业收入 6.85 亿元，同比增长 77.33%。

（3）上市公司融资规模与经营业绩显著增长

截至 2020 年末，厦门市共有上市公司 58 家，较上年增加 9 家；其中主板 24 家，中小板 18 家，创业板 15 家、科创板 1 家。上市公司实现首发融资 75 亿元，股权再融资 33.68 亿元，债券再融资 179.91 亿元，合计融资 288.60 亿元，同比增长 136.4%。2020 年前三季度，已披露财务数据的 53 家上市公司营业收入合计 9584.83 亿元，同比增长 24.01%。此外，2020 年厦门市新三板挂牌企业 116 家，较上年减少 14 家，累计融资 2.84 亿元，同比增长 83.23%。

2. 证券期货业运行需要关注的问题

（1）法人证券期货机构综合实力有待增强

目前厦门辖区法人证券期货机构除经纪业务外，其他业务实力均较弱。投行业务以债券承销为主，上市公司 IPO 和增发配股保荐等投行核心业务尚无突破；资产管理业务规模小，转型慢，且信用风险突出，个别机构因底层资产违约，或无法在 2021 年资管新规过渡期结束时完成所有不合规“老产品”的处置工作。

（2）上市公司质量参差不齐

2020 年，厦门市上市公司队伍进一步壮大，但总体规模普遍偏小，市值不高，竞争力不足。个别公司属于“空壳”状态，一些公司长期主营业务盈利能力不强；部分公司质押风险还未能有效化解；部分公司存在治理缺陷，内部控制不规范，有的甚至因治理失效、管控失灵、运作失序等引发财务造假、资金占用等严重问题。面对错综复杂的内外部环境，上市公司的高质量发展面临严峻考验。

（3）新三板和区域性股权市场融资功能尚未有效发挥

近年来，厦门市新三板企业数量逐年下降，至今尚无企业申请公开发行股份并实现精选层上市。同期，厦门市出台加快区域性股权市场发展优惠政策，厦门市两岸股权交易中心虽已有较多挂牌企业，但资产规模普遍较小、营收和利润不高，竞争力和融资能力均较弱。2020 年，挂牌企业累计仅实现融资 4.47 亿元，特色的“台资板”至今未开展交易。

（三）保险业

1. 保险业运行情况

（1）业务整体实现平稳增长

截至 2020 年末，厦门市共有各类保险公司 39 家，其中财产险公司 21 家，人身险公司 18 家，法人财险与寿险公司均为 1 家。全年保险业共实现保费收入 236 亿元，同比增长 4.3%，其中财产险和人身险保费收入分别为 76.08 亿元和 160.38 亿元，同比分别下降 3.5% 和增长 8.5%。保险公司赔付支出 84 亿元，同比增长 6.0%。保险密度 5512 元/人，同比增长 228 元/人，保险深度 3.7%，同比下降 0.1 个百分点。

（2）业务结构保持稳定

财产险方面，2020 年厦门市车险、非车险保费收入分别为 53.34 亿元、22.74 亿元，车险占比较上年下降 1.2 个百分点至 70.1%。人身险方面，2020 年普通寿险保费收入 107.37 亿元，占比较上年提高 4.1 个百分点至 38.9%。新单期交率上升 1.9 个百分点至 71.7%，高于全国 20 个百分点；经年缴化处理的首年标准保险费（APE）折标率上升 1.5 个百分点至 83.6%，高于全国 15 个百分点。

（3）核心指标相对稳健

财产险方面，2020 年厦门市产险公司应收保费率（扣除保证保险）为 14.6%，较上年提高 0.6 个百分点；行业综合成本率为 101.2%，同比提高 3.9 个百分点。人身险方面，2020 年寿险公司退保率为 1.9%，较上年下降 1 个百分点。

（4）服务和保障经济民生能力持续提升

2020 年，为有效支持疫情防控和经济社会复苏，厦门市保险业积极扩展保险责任，人身险公司扩展产品 302 款，惠及 29.64 万人，保障与新冠肺炎相关的风险 1563 亿元；财险公司扩展 77 个产品，受益 12.3 万人次，惠及企业 124 家，增加提供 957 亿元风险保障。出口信用保险服务支持出口企业 2837 家，同比增长 53.4%；其中小微企业 2068 家，同比增长 55.1%；完成赔付 2045 万美元，同比增长 70%。同时，继续发挥保险社会“稳定器”作用。第二轮巨灾保险落地实施，为全市 400

多万常住人口提供风险保障20亿元。深度参与厦门民生保障，健康保险赔付12.6亿元，同比上升22.8%；出台医保个人账户购买商业险政策，职工报销比例和限额均位居全国前列。

2. 保险业运行需要关注的问题

（1）行业经营压力和市场乱象并存

2020年，厦门市保险业承保亏损0.53亿元，已连续多年呈亏损状态；承保亏损机构22家，亏损面56.4%，较上年扩大12.8个百分点。政策性保险项目存在低价恶性竞争现象，长期依赖地方政府财政补助或通过调整承保政策弥补亏损，在一定程度上影响大病保险的健康持续发展。此外，高激励政策下人身险“投保套利”现象突出，投保团队在一家公司完成“投保套利”后再转投其他公司，保单继续率低，扰乱市场秩序。

（2）中小法人保险公司发展困难

中小法人保险公司因市场份额限制经营发展始终受限。2020年厦门市富邦财产保险公司亏损额较上年扩大27.3%，偿付能力充足率下降至151.85%。君龙人寿保险公司实现盈利，但主要受银保渠道分红险的保费收入增长推动，业务结构有所劣化；且偿付能力充足率一度跌破审慎下限，后因增资方案获批有所回升。

三、金融市场与金融稳定

（一）金融市场运行情况

1. 银行间市场

2020年，厦门市法人金融机构继续通过银行间市场开展流动性管理。8家参与全国银行间市场同业拆借的法人机构合计成交7668.11亿元，同比下降50.74%，拆入资金及隔夜拆入为主要模式，占比分别达到87.44%和81.98%。3家主要法人银行债券交易持续活跃，债券回购交易合计11.77万亿元，同比增长14.74%，其中质押式回购、正回购及隔夜回购为主导，占比分别为99.73%、55.77%和96.89%。此外，3家主要法人银行通过银行间市场发行各类金融债合计30亿元，同比少发行30亿元，发行同业存单合计2610.6亿元，同比减少325亿元。非金融企业利用银行间债务融资工具合计融资1398.67亿元，同比增长52.88%，融资品种以超短期融资券为主。

2. 票据市场

2020年，厦门市票据市场业务总体保持增长。商业汇票承兑业务累计发生2736.40亿元，同比增长11.31%；票据贴现业务累计发生1476.48亿元，同比增长31.84%。机构间买断式转贴现累计发生2158.05亿元，同比下降34.45%；回购式转贴现业务累计发生6875.42亿元，同比增长95.47%；转出和卖出回购为主要操作方向。

3. 黄金市场

2020年，厦门市共有19家商业银行开展黄金市场业务，合计成交3620.55亿元，同比增长186.5%。从业务结构看，黄金掉期业务占比最大，成交2547.98亿元，占成交总量的70.38%；其次为黄金远期，成交288.62亿元，占比7.97%。

4. 外汇市场

2020年，厦门市银行结售汇活跃度稳中有升，外汇市场求大于供。全年银行结售汇总额904.5

亿美元，同比上升 14.5%；其中，结汇 384.1 亿美元，同比上升 6.5%，售汇 520.4 亿美元，同比上升 21.3%；逆差 136.2 亿美元，同比增长 98.8%。2020 年除了 12 月因年底远期结汇合约到期、集中履约导致出现 0.9 亿美元小幅顺差，其余月份均为逆差。从项目看，货物贸易是结售汇总额以及逆差的主要来源。

（二）金融市场运行需要关注的问题

1. 跨境资金流动呈现双逆差

2020 年，厦门市涉外收支总额创新高，但跨境资金流动呈现双逆差格局。辖区传统的顺差项目优势消失，叠加政策调整等因素，预计未来一段时间跨境资金流出压力仍较大，双逆差格局或有扩大态势。

2. 银行外债结构面临调整压力

2020 年末，厦门市法人银行及外资银行分行的外债余额中非居民机构存款占比高达 81%。伴随跨境融资宏观审慎系数的调整落地，部分银行出现外债余额超过跨境融资风险加权余额上限的情况。未来，超限资金的压降情况及对银行经营和外汇市场的影响值得关注。

四、金融基础设施与金融稳定

（一）支付体系

2020 年，厦门市支付服务环境总体良好，服务质量持续改善。一是支付清算系统运行总体稳健，通过大小额支付系统和同城资金清算系统业务共发起业务笔数 592.65 万笔，金额 37.91 万亿元，笔数同比减少 44.38%，金额增加 8.03%。二是非现金支付工具使用保持平稳，全年签发票据 8863.13 亿元，同比减少 8.21%。三是支付密码推广率保持全国领先，截至年末支付密码推广率达 94.49%。四是非银行支付机构数量持续增多，截至年末备案支付机构分公司 41 家，本地预付卡法人支付机构 4 家。

（二）征信体系

2020 年，厦门市征信系统稳健运行，在“疫情防控”和“稳企保就”方面发挥重要支持作用。一是征信系统建设稳步升级，8 家地方性接入机构二代征信系统顺利切换上线，全国金融信用信息基础数据库累计收录厦门辖区超过 608 万条借款自然人和 40 万条借款企业的信用信息，2020 年人民银行征信中心厦门市分中心对外提供个人信用报告查询 31.48 万笔，企业信用报告查询 1.01 万笔。二是征信查询服务显著优化。新增 9 家银行机构开辟线上查询渠道，累计提供银行网银端信用报告查询 3.5 万笔，全市各区共布设 25 台个人征信自助查询机，并率先配置全省首台企业自助查询机。三是应收账款融资服务平台业务提速。全年平台新增注册用户 95 家，新增成交金额 111.72 亿元，均创历史新高，有力引导金融支持“稳企保就”工作。四是征信权益保障扎实有效。截至 2020 年末，厦门市 28 家银行累计为 6414 家企业和 18696 位个人提供征信保护方案，涉及贷款金额分别为 784.53 亿元和 42.05 亿元；人民银行厦门市中心支行与厦门金融司法协同中心在破产企业信用报告查询、征信相关投诉化解、司法援助咨询、征信涉诉处置等方面开展合作；同期，处理征信异议和维权投诉相关咨询50余次，参与化解征信涉诉案件2起，多渠道化解潜在社会矛盾。

（三）金融司法环境

2019年人民银行厦门市中心支行、厦门市银保监局、厦门市证监局联合厦门中级人民法院等共同成立厦门金融司法协同中心，成立一年多以来，通过整合金融司法、监管、服务资源，推动成立全国首家金融消费者权益保护工作站，实现“调解+诉讼+审判+执行”一站式多元解纷机制，研发“厦门金融微法庭”，推动线上线下立案并行、线上线下开庭同步。截至2020年末，共受理各类金融案件23512件，标的272.89亿元，办结21991件，办结标的220.46亿元。金融不良债权平均回收时间从12个月缩短为6个月，金融纠纷实现高效审结、公平公正的良好成效。

中国人民银行厦门市中心支行金融稳定分析小组

组　　长：王彦青
副 组 长：黄　涛
成　　员：李世荣　于宏凯　梁志瑾　陶文立　郑紫萍　刘清波

《厦门市金融稳定报告（2021）》编写组

总　　编：王彦青
总　　纂：黄　涛
统　　稿：于宏凯　潘望春
执　　笔：翁舒颖
参与写作人员：李康宁　刘雅珣　陈　楠　孔德营　柯玉琴　林志伟
陈　腾　吴　沙　张志杰　杜　邦

深圳市金融稳定报告摘要

2020年，新冠肺炎疫情对全球经济带来前所未有的冲击，内外部经济金融环境空前复杂严峻。深圳金融坚持党对金融工作的集中统一领导，坚决将关于防范化解金融风险的各项部署落到实处，防范化解金融风险攻坚战取得决定性成果，存量风险“精准拆弹”，增量风险逐步收敛，守住不发生系统性风险的底线。

一是坚决贯彻抗击疫情的各项部署，金融大力支持稳企业保就业工作，2020年地区经济实现正增长，区域金融体系平稳运行。二是银行业信用风险得到控制，平均不良贷款率开始企稳，风险抵补能力有所增强。三是高风险金融机构风险得到化解，通过市场化、法治化方式，有序处置“明天系”控制的相关金融机构。四是互联网金融风险得到全面整治，纳入整治范围的机构已经全部停止经营，待清理机构数量和规模大幅压缩。五是房地产快速融资势头得到遏制，房地产贷款增速低于各项贷款增速。六是大企业债务违约风险得到妥善应对，债券违约处置机制不断完善。七是防控金融风险的基础制度建设有力推进，金融委办公室地方协调机制建立完善，资管新规平稳实施，系统重要性金融机构及金融控股公司监管框架初步形成，金融业综合统计扎实推进。

2021年是中国共产党成立100周年，也是“十四五”规划开局之年，防控金融风险的重要性不言而喻。当前疫情冲击的不确定性仍然较大，实体经济复苏的基础不牢固，部分风险的外溢性特征明显，外部环境对国内金融市场及机构的潜在冲击可能性依然较高。下一阶段，防范化解金融风险将进入常态化阶段。应当持续控制宏观杠杆率水平，密切关注不良资产的反弹情况，妥善处理P2P网贷平台、上市公司股票质押等领域的存量风险，并严密防范互联网金融、房地产金融、第三方财富管理机构等领域的增量风险。

第一部分　经济金融运行情况

一、经济运行情况

（一）地区经济稳步复苏，第三产业增长结构性分化

2020年，深圳市实现地区生产总值27670.24亿元，按可比价格计算，同比增长3.1%，增速高于全国0.8个百分点，较前三季度、上半年和第一季度分别提高0.5个、3.0个和9.7个百分点。分三次产业看，第一产业增加值同比下降3.1%，第二产业增加值同比增长1.9%，第三产业增加值同比增长3.9%。在第三产业中，信息传输、软件和信息技术服务业增加值同比增长11.3%，金融业增加值同比增长9.1%，房地产业增加值同比增长4.3%，住宿和餐饮业增加值同比下降20.4%，批

发和零售业增加值同比下降 3. 3% 。

（二）规模以上工业结构持续优化，利润增长好于全国平均水平

2020 年，深圳市规模以上工业增加值同比增长 2. 0% ，增速低于全国 0. 8 个百分点。其中，先进制造业和高技术制造业增加值分别占规模以上工业比重 72. 5% 和 66. 1% ，增速同比分别为 3. 9% 和 2. 3% ，分别比规模以上工业增速高 1. 9 个和 0. 3 个百分点。分产品来看，医疗仪器设备及器械、3D 打印设备、民用无人机、化学药品原药、金属机床和工业机器人产量大幅增长。全年规模以上工业企业实现利润总额 2728. 57 亿元，同比增长 10. 6% ，增速较上年下降 7. 0 个百分点，比全国同期高 6. 5 个百分点。

（三）固定资产投资增速远高于全国，民间投资增速加快恢复

2020 年，深圳市固定资产投资同比增长 8. 2% ，增速比全国高 5. 5 个百分点，较第三季度回落 3. 2 个百分点，较上半年及第一季度分别上升 0. 4 个和 24. 3 个百分点。分领域看，民间投资同比增长 14. 5% ，增速较上年提高 5. 3 个百分点，房地产开发投资同比增长 16. 4% ，增速较上年提高 0. 5 个百分点，基础设施投资同比增长 7. 2% ，增速较上年下降 26. 4 个百分点，工业投资同比增长 0. 5% ，增速较上年下降 11. 0 个百分点。

（四）居民消费恢复相对较慢，线下零售及餐饮消费有待进一步复苏

2020 年，深圳市社会消费品零售总额同比下降 5. 2% ，降幅比全国高 1. 3 个百分点，消费增速在一线城市中排第三位。从季度看，第四季度社会消费品零售总额同比增长 4. 6% ，分别比第三季度、第二季度、第一季度加快 2. 9 个、12. 4 个和 27. 5 个百分点。按消费类型统计，商品零售下降 4. 2% ，较全国多下降 1. 9 个百分点，线上消费持续快速发展，网络零售额增长 10. 8% ，餐饮收入下降 12. 6% ，较全国少下降 4. 0 个百分点。

（五）外贸进出口增速超预期，防疫物资出口爆发性增长

2020 年，深圳市进出口总额 3. 05 万亿元，同比增长 2. 4% ，高于上年增速 3. 0 个百分点。其中，出口总额 1. 70 万亿元，同比增长 1. 5% ，增速较全国低 2. 5 个百分点，在主要出口品类中，高新技术产品占比 49. 8% ，同比增长 4. 2% ，口罩等纺织纱线、织物及其制品，增速高达 344. 6% 。进口总额 1. 35 万亿元，同比增长 3. 6% ，增速较全国高 4. 3 个百分点。

（六）地方财政收入维持正增长，民生财政支出得到重点保障

2020 年，深圳市一般公共预算收入为 3857. 4 亿元，同比增长 2. 2% ，增速较前三季度提高 1. 5 个百分点，其中，税收收入为 3087. 4 亿元，同比增长 0. 6% ，非税收入为 770 亿元，同比增长 9. 1% 。一般公共预算支出为 4177. 7 亿元，同比下降 8. 2% ，其中九大类民生支出 2838. 5 亿元，占财政支出比重接近七成。政府性基金预算收入为 1287. 2 亿元，同比增长 28% ，其中，国有土地使用权出让收入为 1207. 7 亿元，同比增长 30. 9% 。政府性基金预算支出为 1224. 7 亿元，同比增长 26. 1% 。

（七）消费价格指数略有下降，消费和生产价格指数差保持稳定

全年，深圳市居民消费价格指数（CPI）同比上涨 2. 3% ，涨幅较上年下降 1. 1 个百分点，其中食品消费同比增长 11.1%，是消费价格上涨的主要驱动因素。工业生产者出厂价格指数（PPI）同比下降 1%，降幅较上年下降 1.0 个百分点。工业生产者购进价格同比下降 1.2%，降幅较上年下降 0.6 个百分点。CPI 和 PPI 之间的差值为 3.4%，基本与上年末持平。

（八）住房市场交易量价齐升，调控新政出台后市场逐步降温

2020 年，深圳房地产市场成交住宅 15.6 万套，同比增长 23.2%。其中，新建商品住宅销售面积 617.1 万平方米，同比增长 25.2%；二手住宅成交面积 822.2 万平方米，同比增长 26.1%。新建商品住宅同比上涨 4.1%，二手住宅销售价格同比上涨 14.1%。前三季度，全市二手房市场交易火爆，“7·15”房地产调控新政及 9 月婚姻信息查询机制出台后，二手房交易逐步降温，第四季度月均成交套数 5860 套，较前三季度下降 32.1%。

二、金融运行情况

（一）认真落实疫情防控及“六稳”“六保”工作，信贷投放多方位支持实体经济

2020 年，深圳金融认真落实疫情防控，全力做好“六稳”“六保”工作，为区域经济营造了稳健适宜的货币金融环境。截至 12 月末，深圳市金融机构本外币各项存款余额 10.19 万亿元，同比增长 21.4%，增速较上年末提高 5.7 个百分点。金融机构本外币各项贷款余额 6.80 万亿元，同比增长 14.4%，增速较上年末提高 1.2 个百分点。

信贷投放加强了对中小微企业和制造业中长期等重点领域的支持力度，实现“增量、降价、提质、扩面”。12 月末，普惠小微贷款余额 9299.8 亿元，同比增长 40.9%；制造业中长期贷款余额 3194.5 亿元，同比增长 42.0%；外贸企业贷款余额 3073.7 亿元，较年初增长 31.0%。企业融资成本明显下降，全年企业贷款加权平均利率 4.63%，同比下降 57 个基点，通过减息向实体经济让利 507.5 亿元。深圳市中心支行联合深圳各区首创开展“深入社区稳企业保就业”专项行动，全年在全市 11 个行政区、74 个街道、667 个社区和 66 个产业园区，共走访企业 34306 家，其中 5714 家企业获得贷款 167.24 亿元，首贷率 32%，信用贷款比例 42%。

（二）银行业资产规模首次突破 10 万亿元，净利润增速略有回落

截至 2020 年末，深圳市银行业资产规模达到 10.45 万亿元，同比增长 16.92%，增速较上年提高 5.44 个百分点。分机构类型来看，大型商业银行资产同比增长 24.57%，增速较上年提高 7.32 个百分点，股份制商业银行资产同比增长 14.41%，增速较上年提高 5.74 个百分点，外资银行资产同比下降 0.69%，增速较上年下降 4.57 个百分点。全年来看，银行业经营受疫情影响较小，2020 年实现净利润 1340.0 亿元，同比增长 4.7%，增速比上年回落 0.8 个百分点。

（三）市场行情转暖，证券业机构经营绩效大幅改善

2020 年，深圳证券市场交易整体回暖，呈现“放量上涨”态势。深证综指年末报收于 2329.37，较年初上涨 35.2%。深交所全年累计股票成交金额 122.8 万亿元，同比上升 68.2%。外资增持境内市场股票热情高涨，深股通全年交易额 12.1 万亿元，较上年同比增长 152.9%；港股通全年交易额

2.6万亿港元，较上年同比增长177.2%。

23家法人证券公司总资产为2.2万亿元，同比增长29.8%，实现营业收入1103.7亿元、净利润414.2亿元，同比分别增长31.1%和34.3%。31家法人基金公司实现营业收入和净利润分别为299.0亿元和81.5亿元，同比分别增长54.4%和56.6%。14家法人期货公司总资产1450.9亿元，实现营业收入和净利润38.1亿元和12.8亿元，同比分别增长19.7%和16.4%。

（四）法人保险机构资产规模实现两位数增长，财产险原保费收入增速明显下降

2020年末，深圳市场共有法人保险机构27家，法人保险机构数量全国排名第3位，法人保险机构总资产5.46万亿元，同比增长12.58%，增速较上年同期提高3.4个百分点。法人保险机构资产总额位居全国第2位，约占全国保险机构总资产的24%。

受疫情影响，全年深圳保险市场累计实现原保险保费收入1454亿元，同比增长5.1%，增速较上年下降11.1个百分点。其中，财产险保费408亿元，同比下降0.2%，人身险保费1046亿元，同比增长7.3%。原保险赔付支出374亿元，同比增长2.7%。

（五）地方金融整体运行平稳，小额贷款公司经营绩效明显下滑

截至2020年末，深圳市共有小额贷款公司133家，贷款余额合计506.7亿元，实现净利润14亿元，同比下降58.5%，利润下降主要是受到疫情冲击及利率新规等因素影响。融资担保公司95家，融资担保余额1301亿元，同比下降1.8%，实现净利润8.1亿元，同比下降53.6%。

商业保理公司5339家，其中纳入统计的1561家公司融资余额合计2037亿元。融资租赁公司2467家，其中纳入统计的619家公司融资租赁资产合计921亿元。地方资产管理公司1家，不良资产业务累计投放157.4亿元，化解不良资产债权本金1328亿元。地方交易场所18家，全年累计实现交易金额3710亿元。

（六）率先开展央行法定数字货币试点，试点过程平稳有序

2020年9月，深圳市向罗湖区4545名医务人员发放数字人民币红包，顺利完成数字人民币全国首次外部可控试点。10月，深圳市开展“礼享罗湖促消费数字人民币红包”活动，对参加预约的在深圳市个人以“摇号抽签”方式发放5万个数字人民币红包，191万人参与预约，试点过程平稳有序。11月，深圳市试点使用数字人民币发放“稳企业保就业”专项资金，促进财政资金直达企业。

（七）二代征信系统平稳切换，移动支付业务保持快速增长

2020年1月，征信系统一、二代系统实现平稳切换，未发生信息泄露或者查询中断等风险事件。为保障疫情期间“四类主体”征信权益，全年累计调整了58.78万名个人及41114户企业的还款安排和征信数据上报，其中小微企业40720户。

2020年，深圳市17家法人非银行支付机构共处理互联网支付业务23.1亿笔，金额合计3.1万亿元，同比分别增长14.0%和6.3%；处理移动支付业务5384.3亿笔，金额合计178.1万亿元，同比分别增长16.9%和22.2%；处理银行卡收单业务277.5亿笔，金额合计8.2万亿元，同比分别增长7.9%和8.2%。

（八）跨境收支规模同比扩大，跨境人民币收付创历史新高

2020 年，深圳市跨境收支总额 7679.7 亿美元，同比上升 20.9%。其中，跨境收入 3808.8 亿美元，跨境支出 3870.9 亿美元，同比分别上升 18.2% 和 23.6%。剔除港股通流出单向申报的影响，跨境收支顺差为 361.7 亿美元，同比扩大 70.5%。全年跨境人民币收付金额合计 2.46 万亿元，创历史新高，同比上升 46%，占全国收付总额比重达到 8.7%，占全市本外币跨境收付总额的比重为 46.3%。

第二部分　金融稳健性评估

一、宏观杠杆率

宏观杠杆率先升后降，非金融企业加杠杆明显。自疫情以来，深圳地区宏观杠杆率明显上升，第二季度末达到全年高点 321.3%。下半年，随着经济恢复及信贷增速调整，第四季度末降至 314.0%，同比上升 24.5 个百分点。分部门来看，非金融企业部门是加杠杆的主要部门，杠杆率为 221.5%，较上年末提高 16.8 个百分点，居民部门杠杆率 89.5%，较上年末提高 6.2 个百分点，地方政府杠杆率 3.1%，较上年末提高 1.5 个百分点。

非金融企业部门方面，在疫情影响及政策支持的综合作用下，部分对现金流相对依赖程度较高的领域，如租赁及商务服务业、房地产业及供应链金融等，绝对债务水平增加较多，在一定程度上对信用风险暴露起到缓释作用。居民部门方面，2020 年在“稳企业、保就业”等各项信贷政策的支持下，以个体工商户和小微企业主为主的个人经营类贷款余额增加较明显。另外，前三季度房地产市场成交火爆，居民部门债务经此渠道增加了较多债务。

二、银行业

（一）信用风险整体收敛，信用风险抵补能力较强

经过前期的三年攻坚战，深圳银行业已经处置了大量风险资产，加上 2020 年以来各类政策的有力支持，当前信用风险呈现阶段性企稳态势。截至 2020 年末，深圳市银行业平均不良贷款率为 1.48%，较年初增加 0.22 个百分点，低于全国 0.36 个百分点。全年来看，排除下调原有大额风险贷款及贷款核销的影响，辖内不良贷款率实际并未明显上升。

不良贷款相关前瞻性指标出现下降，例如，关注类贷款率为 1.47%，较年初下降 0.66 个百分点，逾期 90 天以上贷款率为 0.84%，较年初下降 0.05 个百分点。信用风险抵补能力略有上升，银行业各项资产减值准备占各项贷款的比重为 2.76%，较上年末提高 0.05 个百分点。

（二）疫情影响重点领域存在不良资产反弹压力

2021 年，随着临时性金融支持政策可能逐步退出，部分重点领域信用风险需要重点关注。

一是部分存量问题大型企业信用风险未完全暴露。截至 2020 年末，重点监测的 18 家问题大型企业，在银行各项贷款余额为 595.38 亿元，其中不良贷款余额 277.16 亿元。

二是普惠贷款资产质量存在劣变可能。截至2020年末，重点监测的10家银行分行，单户授信规模在100万元以下贷款的不良率为2.32%，超过全市平均不良贷款率水平，较2020年第一季度末上升1.12个百分点。

三是供应链金融、经营性物业等部分行业风险显著提升。例如，部分供应链企业在前期高杠杆经营，在疫情冲击下，垫资回款时间大幅延长，经营风险显著上升。

四是村镇银行经营困难增加，个别银行信用风险较高。村镇银行普遍面临品牌认知度低、业务准入受限制、吸收存款成本偏高、优质贷款客户陆续流失、资本补充受约束等不利情况。截至2020年末，辖内10家村镇银行，其中9家村镇银行资产规模合计下降2.5%，净利润合计下降19.4%。个别银行前期累积的信用风险迅速暴露，实际风险状况恶化，公司治理、内部控制存在严重缺陷。

（三）互联网金融业务的消费者权益保护存在薄弱环节，易引发涉众风险事件

2020年以来，市场出现"鹏华资管""原油宝""蛋壳"等多起涉众风险事件，加上前期发生的"钱端"事件，有关银行的声誉受到影响，并遭受了实际损失。这些风险事件反映出部分金融机构在通过互联网展业时，没有真正重视维护消费者权益，机构内部相关的治理机制、流程管控、绩效考核、风险问责、应急处置等方面的制度设计不合理、执行不到位。在移动互联网时代下，金融风险更容易在不同人群中传播，舆情信息扩散速度更快，金融风险衍变为社会风险的可能性上升，需要引起高度关注。

三、证券业

（一）股票质押风险犹存，稳妥化解压力较大

截至2020年末，深圳辖内有168家上市公司大股东存在股票质押情况，家数占辖内上市公司总数的53%。其中，高质押公司21家，涉及融资金额292亿元，近七成高质押公司股价触及或跌破平仓线，存量高质押公司普遍经营状况不佳或者大股东、实际控制人债务规模过大，偿债能力严重不足。在疫情影响持续、经济形势趋紧，部分产业周期性调整等因素叠加下，存量风险化解难度较大，新增风险时有发生，高质押公司家数和触及平仓线公司家数仍可能上升，"边化解边增加"的压力仍然较大。

（二）股票注册制加大退市力度，涉众维稳风险上升

2020年12月31日，沪深交易所发布退市新规，着力推动建设市场化、常态化退市机制。退市新规能够促进上市公司有序退市，但涉及投资者范围较广，涉众维稳风险可能上升。截至2020年末，深圳辖内共有 * ST公司10家、ST公司3家。其中，5家公司被立案调查，4家公司股价已连续多日低于1.5元，1家公司因连续两年被出具无法表示意见的审计报告已被暂停上市。若2021年相关公司基本面不能有明显改善，重大财务造假被坐实或重组未能如期完成，极有可能被暂停上市或直接触发退市指标。

（三）股票市场存在异常波动隐患，证券公司融资类业务违约风险上升

2020年，随着股票市场持续向好，投资者情绪高涨，大量资金快速进入股市，特别是第四季度

以来，新基金发行火爆，部分基金“抱团”持股特征明显，部分行业及个股估值较高，一旦出现突发事件，国际金融市场高位波动，投资者容易形成一致预期和羊群效应，对个别板块乃至全市场形成明显冲击。一旦股票市场异常波动，可能引发部分证券公司的融资类业务出现一定程度的违约，引发连锁反应。

四、保险业

（一）法人保险机构偿付能力整体稳健，个别机构风险综合评级不达标

截至2020年末，27家法人保险机构偿付能力充足率指标基本符合监管要求，偿付能力整体稳健，2家法人保险机构偿付能力未能满足监管标准①。截至2020年末，2家保险机构的综合偿付能力分别为132.99%和120.08%，第四季度风险综合评级分别为C和D。

（二）部分法人保险机构踩雷，行业资金运用难度加大

受新冠肺炎疫情、过度扩张及调控政策的影响，2020年第四季度起，华晨集团、永城煤电、华夏幸福等高评级企业陆续发生债券违约事件，对信用债市场形成冲击，对相关投资者造成损失。例如，平安保险向华夏幸福的股票投资约180亿元，债务投资360亿元，受违约影响形成浮亏。

今后一段时期，随着支持政策退出、房地产调控政策及供给侧改革的压力，部分大型民营企业及地方国有企业的经营困难可能加剧，深层次的问题难以在短期内解决，造成固定收益类金融产品违约率继续上升，对投资固定收益类资产比重高的保险机构形成负面影响，加大组合投资的管理难度。

（三）保险销售的合规问题比较突出，投保人投诉量增长迅速

2020年以来，辖内保险投诉案件高发频发，集中于保险销售及保险理赔等方面。部分保险机构的前端销售人员通过虚假宣传诱导投保人投保，出险后产生大量纠纷，主要涉及夸大保险责任或收益、隐瞒退保损失等合同重要内容、虚假宣传、给予合同约定以外的其他利益、阻碍消费者如实告知等现象。以某人寿公司为例，2020年共计受理客户投诉115026件，较上年同期增长86.8%，相关消费者权益保护工作亟须加强。

五、地方金融

（一）P2P平台风险处置顺利推进，需要关注资产处置进程及舆情风险

截至2020年末，深圳市纳入整顿的431家P2P网贷机构，已经全部转为非在营状态，其中，已完成业务清零的机构为260家，存量机构为171家。借贷余额下降至1084.96亿元，出借人数下降至125.92万人，金额及人数较年初分别下降2.6%和20.52%。目前，部分平台涉及人数及金额较多，

① 根据监管规定，核心偿付能力充足率低于50%、综合偿付能力充足率低于100%、风险综合评级低于B类的为不达标。

平台回款压力较大，难以按照前期兑付方案足额兑付，后续资产处置面临的舆情形势比较严峻。

（二）私募基金合规风险较为突出，风险外溢性较强

经初步摸排，当前深圳辖内存在风险的私募机构有142家，管理资产规模约1463亿元，涉及投资者5万余人。部分私募机构呈现集团化、全国化经营特征，自融自用、发行未备案产品、通过关联方发行产品违规募资等违法违规情形突出。部分私募机构跨区域、跨业态特征明显，联系银行、证券、保险等多个领域，风险外溢性较强。

（三）第三方财富管理公司良莠不齐，风险底数尚未摸清

按照工商注册信息，深圳市的“投资管理”类机构有13.3万家，“投资咨询”类机构有2.2万家，实业投资类机构3.4万家，上述总数近19万家，广义上可以划分为第三方财富管理公司。当前，受限于监管资源，这些机构的实际监管缺失，容易诱发道德风险，经营中不规范甚至违法违规行为可能普遍存在，存在较大风险隐患。

六、互联网金融与账户管理

（一）互联网金融进入常态化监管，风险事件偶有发生

当前，互联网金融整治工作基本结束，转入常态化监管阶段。整体来看，互联网资管、虚拟货币领域、互联网黄金理财等领域出现系统性风险可能性较小，但是零星风险事件偶有发生。特别是虚拟货币领域，随着比特币价格不断攀升，少数不法分子打着“虚拟货币”名义从事非法活动。

（二）账户欺诈风险有所收敛，机构支付业务合规管理有待加强

2020年，在打击整治涉诈对公账户专项行动下，企业账户涉诈风险有所收敛，但个人账户、支付账户的安全问题逐渐显现。部分支付机构及银行对商户实名制落实不到位，未按规定管理特约商户，未对商户开展尽职调查、监测，未按规定进行收单银行结算账户管理，风险监测不到位等问题时有发生。

七、房地产金融

（一）房地产贷款增速放缓，房地产贷款不良率处于低位

截至2020年末，深圳市房地产贷款余额为2.23万亿元，同比增长10.50%，增速较上年同期下降0.25个百分点。其中，房地产开发贷款余额同比增长9.7%，增速较上年末回落5.7个百分点，增速连续两年下滑，个人住房贷款余额同比增长10.6%，增速较上年末上升1.0个百分点。个人住房贷款平均首付比为43.2%，借款人平均月供收入比和全口径债务收入比分别为33.8%和40.0%。房地产贷款不良贷款率为0.20%，同比下降0.06个百分点。

（二）房地产贷款集中度管理对银行业信贷结构调整产生影响

截至2020年末，深圳市房地产贷款占各项贷款的比重为34.6%，以房地产为抵押的贷款占各项贷款的比重为47.9%，房地产信贷资产构成深圳银行业资产的重要组成部分。深圳部分国有银行及股份制银行分行房地产贷款余额占比远高于40%，但多数地方法人银行目前符合房地产集中度管理要求。2021年，随着房地产贷款集中度管理制度逐步落实落细，房地产贷款占比可能会发生调整，从而对信贷结构产生影响。

（三）主要房地产公司杠杆水平稳定，融资“三条红线”或对部分中小房地产企业融资产生压力

深圳辖内上市公司的财务报告显示，2020年，主要上市法人房地产企业的资产负债率整体保持稳定。最新财务报告显示，截至2020年9月末，18家A股上市法人房企资产负债率算术平均值为63.05%，较2020年6月末上升0.31个百分点，同比下降1.32个百分点。其中，资产负债率同比上升的有8家，同比下降的有10家。随着房企“三道红线”融资新规逐步落实，试点范围扩大，部分实际杠杆水平较高的中小房地产企业，融资压力可能会进一步加大。

八、金融市场

（一）交易所债券违约率处于低位，个别高风险债券后续兑付违约可能性较大

截至2020年末，深圳辖内交易所公司债券（含可转债）余额为8497.02亿元，涉及7家发行人的17只公司债券发生违约，涉及本金89.06亿元，本金违约率为1.05%。其中，2020年共新增5只违约债券，涉及2家发行人，相关债券托管规模为18.56亿元。

（二）银行间市场债务融资工具未出现违约情况

截至2020年末，深圳辖内银行间市场债务融资工具余额为4534.15亿元，已到期债务融资工具未出现违约现象。2021年1—6月，共有156只债务融资工具到期，涉及发行企业44家，规模1064.98亿元，其中民营企业债务融资工具到期金额329.18亿元。相关发行人最新评级未发生变动，最新评级展望均为稳定。经辖内主承销商排查，已到期债务融资工具兑付正常，发行人经营情况和偿付资金安排总体正常，暂未发现风险事项。

（三）非保本理财产品持续整改，下一步净值化转型难度加大

截至2020年末，深圳市法人金融机构[①]发行的非保本理财产品端余额为3.12万亿元，同比增长13.27%。从运作模式看，净值型产品余额为2.82万亿元，较年初增长33.62%，占比由年初的76.57%上升至90.34%。不符合资管新规的理财产品规模持续压降，12月末余额为9902亿元，占全部理财产品规模的31.7%，较上年末下降35.8个百分点。

---

① 统计口径为招商银行、平安银行、招银理财、平安理财及深圳农商行。

目前来看，部分投资者对净值型资管产品的收益波动容忍程度较低，投资需求期限通常较短，加大了下一步净值化转型难度。存量非标资产的处置有一定难度，在实际操作中受到回表政策的约束，部分股权类、债券类等资产无法回表。

九、跨境收支

（一）海外不确定性因素仍然存在，经常项目顺差延续面临冲击

目前来看，新冠肺炎疫情及地缘政治仍然是主要的不确定性因素，将在一定程度上影响外部需求，对出口规模形成冲击。下半年，人民币汇率持续升值，波动性加大，对出口型企业造成压力。第四季度，海外防疫物资紧缺的情况有所改善，我国防疫物资出口收汇大幅下降，难以继续支撑货物贸易顺差。中美冲突恐将长期存在，特别是在新兴技术领域，我国企业不断受到打压，深圳地区科技龙头企业经营情况需要关注。

（二）外部环境的不确定性导致资本项目下的波动可能加大

从宏观视角看，由疫情衍生的地缘政治摩擦加剧、监管政策变化、国际多边组织协调功能弱化及各国综合治理水平参差不齐等因素，将对跨境投资造成影响。受益于区域全面经济伙伴关系协定和中欧投资协定的签署，我国金融市场将稳步对外开放，预期证券投资项下资金进出规模将持续扩大，但是同时也更容易受到外部货币政策及全球金融周期的冲击，资本项目下的波动将会加大。

（三）全球金融市场风险传导至境内，对风险非中性外贸企业造成影响

2020 年 4 月之后，随着主要经济体政府出台大规模刺激政策，全球金融市场情绪趋于缓和，金融市场逐步修复。美国三大股指均持续创历史新高，与经济基本面脱节，风险隐患不断累积，未来美元指数的波动率将上升。从历史经验来看，当人民币处于升值或贬值阶段，远期结汇或售汇方向的交易会出现大幅波动，存在非理性市场行为。一旦美国通胀预期升温，10 年期国债利率上升，未来人民币汇率走势将有很大的不确定性，部分偏离风险非中性原则的外贸企业，可能会付出巨大代价。

第三部分　展望

一、未来形势的研判

总体来看，经过前期三年金融风险攻坚战，深圳市重点领域的突出风险得到有序处置，金融风险趋于收敛，金融业平稳健康发展，系统性风险处于可控状态。但当前深圳经济金融发展面临的困难和挑战仍然较多。从国际上看，疫情冲击的不确定性，全球产业链循环运行不畅，国际金融市场及地缘政治动荡，都会对深圳的外向型经济产生严重冲击。从国内来看，城市原有产业链、资本、劳动力面临其他城市竞争，部分民营及小微企业实际经营困难，信用风险可能上升，一些中小金融机构前期累积的风险可能逐步暴露，各种因素导致金融市场的未来波动可能加大。

一是经济增长的结构性问题依然存在。2020 年，深圳市债务水平增加了超过 1 万亿元，但从区域宏观经济的结构来看，民间消费意愿不强，投资相对依赖房地产及基础设施，工业投资下降较快等问题仍然相对突出。从长期来看，在宏观杠杆率较高的背景下，财政、金融政策对实体经济的支持效果遭到削弱，区域经济的结构性问题相对突出。

二是政策退出后不良资产反弹压力上升。2020 年，金融部门加大了对企业部门的贷款资金支持，弥补了企业因疫情而可能产生的流动性缺口，避免了短期内贷款违约率快速上升。从中长期来看，信贷增速将与经济实际增速匹配，一旦政策相对收紧，资产价格出现波动，信用风险可能加速暴露。

三是房地产供求矛盾的解决根本上需要供给侧发力。前期调研显示，供需长期失衡是导致区域房价上涨的根本性原因，单纯的房地产金融调控政策边际作用正在递减，主要表现为，房贷利率政策对房价影响时间较短、限贷政策对房价影响不显著、房贷调控对炒房行为的抑制作用减弱等，需要从供给侧发力才能从根本上解决“炒房”的问题。

四是外部风险冲击的具体传导路径及影响有待加强研判。深圳作为外向型经济城市，对外部冲击相对敏感，外部风险通过进出口企业及金融市场，最终会传导至金融部门。当前，针对重点产业链及企业的实时生产经营情况，以及外部风险的传导链条，缺乏颗粒度较细的信息可供跟踪分析。

二、2021 年主要工作思路与建议

以习近平新时代中国特色社会主义思想为指导，深入学习党的十九大和十九届五中全会精神，坚决贯彻中央经济工作会议和党中央、国务院的各项部署，以服务实体经济为根本方向，以改革创新为根本动力，坚持稳中求进工作总基调，不断完善金融管理的体制性机制性建设，提高金融服务高质量发展的能力，持续防范化解金融风险，不断增强金融风险治理能力，推动区域金融改革创新，统筹金融发展与金融安全，牢牢守住不发生系统性金融风险的底线。

（一）加强统筹协调，构建高效区域金融监管协同机制

有效发挥金融委办公室地方协调机制在防范化解金融风险方面的作用，建立常态化、机制化的多部门沟通会商机制，加强对金融风险信息的汇总研判及主动报告。畅通跨部门信息共享、联合研判、监测预警、综合治理等方面合作渠道，进一步强化央地间、跨部门金融监管工作协同。

（二）优化信贷结构，金融服务区域经济高质量发展

保持小微企业信贷支持政策的连续性及稳定性，加强中小微企业金融服务能力建设，实现普惠小微贷款继续“量增、价降、面扩”。推动金融系统继续向实体经济合理让利，小微企业综合融资成本稳中有降。保持房地产金融政策定力，实施好房地产金融审慎管理，加大住房租赁金融支持。围绕碳达峰、碳中和战略目标，设立碳减排支持工具，引导金融机构按照市场化原则加大对绿色金融的资金支持。进一步加大信贷对科技创新、制造业的支持，推动增加高新技术制造业信贷投放。

（三）稳妥有序，做好存量金融风险的化解收尾工作

继续有序处置重点高风险金融机构，压实机构主体责任，完善公司治理和内部控制，支持中小金融机构多渠道补充资本，加大对中小金融机构的地方政策支持。多方协调，发挥重点产业链及企

业的核心作用，积极化解大型企业集团流动性风险。推进 P2P 网贷风险专项整治，有序处理地方金融资产交易所风险，多措并举，加快推动资产兑付，积极探索征信、地方资产管理公司介入处置工作。

（四）未雨绸缪，严密防范增量金融风险

密切监测新冠肺炎疫情对辖内实体经济及金融机构的影响，并提前做好应对准备。加强重点领域新增风险的监测及研判，推动金融机构加快风险资产处置。加强互联网平台公司金融活动的审慎监管，坚决落实党中央、国务院关于强化反垄断和防止资本无序扩张、统筹金融发展与金融安全的决策部署，研究建立互联网金融监管长效机制。加强对房地产金融风险的研判，压实金融监管及金融机构各自责任，多部门协调抑制信贷资金违规流入房地产，持续对高杠杆房地产企业财务状况保持跟踪关注。摸清第三方财富管理公司风险底数。加强对金融风险舆情管理的跨区域、跨部门的协调，提高应对处置效率，避免金融风险向涉众维稳风险蔓延。

（五）明确和压实各方责任，形成常态化风险处置机制

不断探索完善市场化、法治化金融风险处置机制，压实金融机构防范化解金融风险主体责任，压实地方政府属地风险处置责任和维稳责任，压实金融管理部门的监管责任。加强人民银行对系统性风险的监测、防范、化解和处置职责，依法依规发挥最后贷款人作用，切实维护金融稳定。完善金融监管问责机制，增强监管有效性，加强对风险处置中的正反面案例的经验总结及学习分享，以点带面，以案促改。

（六）强化金融基础设施建设，做实金融消费者保护

建立地方“7 +4”类金融机构统计体系，完善统计报送纠错机制，推动建立自动化统计信息系统。加强个人征信信息保护，个人征信业务必须持牌经营，加快地方征信平台建设。多渠道、多层次开展金融消费者教育活动，压实金融机构在金融教育方面的主体责任，提升社会公众金融素养，强化投资者价值投资、理性投资和风险防范意识。防止金融产品过度营销，诱导过度负债，严肃查处侵害金融消费者合法权益的违法违规行为。

（七）聚焦“双区”建设，推动综合改革试点项目平稳落地实施

持续做好数字人民币在深圳地区的试点工作，加大对数字货币创新应用的研究，推动数字货币产业加快发展。稳妥推进本外币合一跨境资金池业务试点和本外币合一银行结算账户体系试点，推动“跨境理财通”试点落地。支持符合条件的外资机构在深圳依法合规获取支付业务许可证。完善金融科技监管框架，加快金融数字化转型，提升金融科技应用和管理水平。

中国人民银行深圳市中心支行金融稳定分析小组

组　　长：黄　富

副 组 长：张春光

成　　员：胡春冬　华继旺　李立宪　李晓霞　刘川巍　刘学成
刘　钟　孙春广　王洪波　吴　燕　熊　伟　余　钢
张海泓　周赞文　朱　凯　朱松涛　邹　颖

《深圳市金融稳定报告（2021）》编写组

总　　　纂：张春光

统　　　稿：赵玉旭

执　　　笔：熊　英

参与写作人员：暴　鹏　刁宇绮　高　敏　黄日画　黄镇海　江　薇
蓝　天　刘絮莹　申泽源　舒　磊　文　蕾　吴　彬
谢　青　阳中林　张东波　张　腾　赵　灵　郑创新